HISTOIRE
DE FRANCE

IX

Cet ouvrage
a obtenu de l'Académie des Inscriptions
et Belles-Lettres
en 1844
et de l'Académie Française
en 1856
LE GRAND PRIX GOBERT

PARIS. — IMPRIMERIE DE J. CLAYE, RUE SAINT-BENOIT, 7.

HISTOIRE
DE FRANCE

DEPUIS LES TEMPS LES PLUS RECULÉS JUSQU'EN 1789

PAR

HENRI MARTIN

Pulvis veterum renovabitur.

TOME IX

QUATRIÈME ÉDITION

PARIS
FURNE, LIBRAIRE-ÉDITEUR
Se réserve le droit de traduction et de reproduction
à l'Étranger.

M DCCC LVII

HISTOIRE DE FRANCE

CINQUIÈME PARTIE

GUERRES DE RELIGION.

LIVRE LI

Les Lettres, les Arts et les Sciences sous Henri II. Cujas. Ramus. Palissi.— François II. Catherine de Médicis et Marie Stuart. Gouvernement des Guises. Les Bourbons, les Montmorencis et les Châtillons.—Philippe II, Paul IV et l'inquisition. — Supplice d'Anne du Bourg. — Conjuration d'Amboise. La Renaudie. Premières insurrections protestantes. Cruautés des Guises. Guerre de pamphlets. Appels aux États Généraux. — Le chancelier de L'Hospital. Édit de Romorantin. — Les Français évacuent l'Écosse. — Assemblée des notables à Fontainebleau. Coligni présente les requêtes des réformés. La persécution suspendue. —Convocation des États Généraux. Projets terribles des Guises. Arrestation et procès du prince de Condé. Mort de François II. Avénement de Charles IX au trône et de Catherine de Médicis au pouvoir.

1559 — 1560.

Les Guerres de Religion vont s'ouvrir. Au moment de pénétrer dans ce gouffre, l'historien a besoin d'affermir son courage en jetant un regard derrière lui sur ce monde intellectuel où se repose l'œil fatigué des crimes et des misères de la politique et qui est comme la région supérieure, comme le ciel de l'histoire. Aucun siècle ne fut plus souillé que le seizième siècle; aucun pourtant n'a conservé un nom plus glorieux. Les lumières descendues à flots sur lui des pures régions de l'intelligence l'ont transfiguré aux yeux de la postérité.

Le règne de Henri II avait vu s'augmenter encore l'éclat dont les lettres environnaient la France de François Ier. La France n'avait plus de rivaux dans la connaissance de l'antiquité ; le collége de France, pour les langues anciennes, l'école de Bourges, pour le droit romain, dominaient toute la science européenne : Turnèbe (Tournebue), Muret, Dorat, Lambin marchaient d'un pas ferme dans la carrière philologique si largement ouverte par Budé, tandis que l'Italie chancelante laissait échapper de sa main le sceptre des beaux-arts et celui des lettres. Henri Estienne, héritier célèbre d'un nom déjà cher à la France, inondait l'Europe de ses éditions grecques et latines ; réfugié à Genève, comme son père, par suite des persécutions religieuses, il continua d'honorer par ses travaux la patrie qui l'avait banni et n'interrompit ses publications sur les littératures antiques que pour démontrer « la précellence de la langue françoise » ; sa passion pour l'antiquité ne l'empêchait pas de pressentir le caractère classique auquel s'élèverait à son tour le français moderne et l'universalité qu'aurait le français du XVIIe siècle comme l'avait eue celui du XIIIe [1] : il préparait en même temps les matériaux du vaste monument qu'il éleva quelques années après (le *Thesaurus linguæ græcæ*) et qui fut pour l'étude du grec ce qu'était pour le latin le glossaire de son père Robert Estienne (*Thesaurus linguæ latinæ*) [2].

---

1. Beaucoup d'esprits supérieurs, au XVIe siècle, avaient cette prévision ; c'est le cas de rappeler ici un de ces initiateurs trop oubliés auxquels c'est devoir et plaisir que de rendre justice ; Geoffroi Tory, le maître des Estienne, le précurseur de Rabelais, comme maniement et génie de la langue, et du grammairien Palsgrave comme règlementation des formes du langage. Artiste et savant, imprimeur habile, admirable graveur sur bois, profond linguiste, animé d'un noble amour pour la gloire et le progrès intellectuel de sa patrie, très-accrédité auprès de François Ier, il exerça sur le mouvement des esprits, à partir des dernières années du règne de Louis XII, une influence très-notable et très-salutaire. Nous lui devons d'avoir précisé l'orthographe et établi l'accent, l'apostrophe et la cédille. Son ouvrage le plus remarquable est le *Champ-Fleuri* (1529). M. Auguste Bernard nous donne en ce moment une importante publication sur Geoffroi Tory (ou plutôt *Tori*, car, en célébrant un réformateur de l'orthographe, il conviendrait de faire la réforme de cet y grec introduit sans raison à la fin des noms propres).

2. Toute la famille des Estienne ne quitta pas la France : un frère de Henri, nommé Robert comme leur père, resta à Paris et y maintint la tradition de la grande imprimerie française. — Le *Thesaurus* fut publié en 1572.

La supériorité de la France était surtout incontestable dans la jurisprudence : une foule d'hommes éminents remplissaient les chaires des écoles de droit et les bancs des cours de justice. On ne saurait même indiquer ici leurs travaux multipliés sur le droit civil, sur les coutumes, sur les libertés gallicanes, etc. Nous avons déjà parlé de cet illustre Dumoulin, si détesté de la faction ultramontaine et surnommé par ses contemporains le « Papinien françois »; à côté de Dumoulin, en face de Cujas, Doneau et plusieurs de ses émules fondaient à Bourges une école plus dogmatique et moins scientifique que celle de Cujas. Citons encore Baudouin, éminent juriste et théologien; Godefroi, qui réunit les lois romaines dans son ample recueil, le *Corpus juris civilis*[1]; Ranconnet; le Portugais Govea, philosophe péripatéticien et jurisconsulte; Conan, qui commença la classification générale des lois accomplie depuis par Domat; le judicieux Gui Coquille[2]; Barnabé Brisson, qui eut une fin si tragique durant les guerres civiles; Michel de l'Hospital, qu'attendait une si haute et si pure renommée politique. Parmi tous les autres, comme le soleil parmi les étoiles, brillait toujours le successeur et le vainqueur d'Alciat, le grand professeur de Bourges, Jacques Cujas[3]. La méthode historique et archéologique avait été créée par Alciat; Cujas trouva l'instrument tout préparé, mais il en tira d'inappréciables résultats dans ses immenses commentaires sur toutes les parties du droit romain, œuvre si parfaite, que, selon les juges les plus compétents, tous les autres commentateurs venant à disparaître et Cujas restant seul, la science n'aurait rien à regretter, rien à désirer[4]!

1. On commença aussi de rassembler les anciennes lois françaises : un premier recueil des ordonnances des rois, depuis saint Louis jusqu'à Henri II, parut en 1557.
2. *Institutions au Droit françois; Coutumes du Nivernois*, etc. V. les intéressantes études de M. Dupin sur son compatriote Gui Coquille.
3. Il n'est pas indifférent de remarquer que le plus grand des interprètes du droit romain naquit à Toulouse, dans la province qui avait conservé le plus de traditions romaines : c'était le fils d'un pauvre foulon. Ce fut L'Hospital qui, en sa qualité de chancelier du duché de Berri, attira Cujas à Bourges. Cujas enseigna aussi à Cahors, à Valence, à Avignon, à Turin et, plus tard, à Paris.
4. Consultez Gravina, Heinecius, Gennari, etc., sans parler des Français. Cujas fut aussi vénéré, de son vivant, à l'étranger qu'en France; dans les écoles d'Allemagne, quand on le nommait, tout le monde se découvrait. Un des plus beaux titres de Cujas est d'avoir retrouvé le texte véritable des illustres jurisconsultes du IIe et du

Une haute inspiration soutenait cette activité prodigieuse : c'était un idéal social qu'il poursuivait dans le passé; la conviction de la supériorité des principes romains, ou plutôt antiques, sur les principes féodaux, l'aspiration vers le retour de cet ordre meilleur, expliquent son ardeur persévérante et sa préoccupation exclusive. Ce grand homme de bien, qu'on ne pouvait certes pas accuser d'indifférence pour les intérêts moraux [1], se tint toujours à l'écart des luttes religieuses où s'engagèrent vivement Dumoulin, Baudouin et bien d'autres de ses confrères. Le droit romain, la « raison écrite, » la justice et l'égalité civile étaient pour lui une religion qui ne souffrait pas de rivale dans son esprit ni dans son cœur : quand on lui parlait du pape ou de Calvin, il secouait la tête, et se contentait de dire : *Nihil hoc ad edictum prætoris* (ceci est étranger à l'édit du préteur).

La postérité a donné raison au grand jurisconsulte de la Renaissance contre la tradition féodale : la féodalité a disparu des lois civiles comme de l'ordre politique, et le droit romain, transformé selon les besoins de la société moderne et combiné avec les meilleurs éléments de nos coutumes, est devenu l'élément principal de la législation française [2].

Tandis que l'école de Bourges répandait autour d'elle une paisible lumière, l'université de Paris était en proie à des orages bien plus violents qu'au temps même de l'établissement du collège de France. Un homme d'un génie aussi étendu, mais moins placide que celui de Cujas, secouait de la base au faîte tout le vieil édifice scolastique et traitait Aristote comme Luther avait traité le pape. C'était ce Pierre Ramus, aussi hardi de cœur que d'esprit,

---

IIIe siècle, des Papinien, des Ulpien, à travers les altérations et les interpolations du siècle de Justinien. Plusieurs autres jurisconsultes de l'école d'Alciat partagent avec lui cet honneur. C'est grâce à lui surtout qu'un écrivain étranger (A. Duck, *De Auct. Jur. civ.*, l. II, c. 5) a pu dire : « Si la jurisprudence romaine se perdait chez les autres nations, on la retrouverait tout entière chez les Français. »

1. « Le bien public doit exalter les forces du jurisconsulte; l'amour de l'honnête doit régner sur son âme. » *De ratione juris docendi;* 1585.

2. Cujas était loin de dédaigner l'étude du droit coutumier, et sentait qu'on ne pouvait arriver à son but que par la transformation progressive de ce droit. Il avait projeté, si la mort ne l'eût prévenu, d'appliquer sa méthode à l'explication des coutumes. *V.* sur Cujas, le *Discours* prononcé par M. La Ferrière à l'inauguration de la fête de Cujas (29 juillet 1855), dans l'Académie de législation de Toulouse.

qui porta la même fougue novatrice et la même ardeur de conviction dans la science, dans la religion, dans la politique, et qui termina par le martyre une existence qui n'avait été qu'une perpétuelle lutte. Pierre de La Ramée, dit *Ramus*, né de parents plus pauvres encore que ceux de Cujas et issu d'un de ces réfugiés liégeois échappés, en 1468, des ruines de leur patrie dévastée par Charles le Téméraire, avait quitté, dès l'enfance, ses campagnes natales de Picardie[1], pour venir chercher dans la grande ville le savoir dont il avait soif : réduit à acheter son pain quotidien au prix des plus humbles services, il fut, au collége de Navarre, valet le jour, étudiant la nuit[2]. Bientôt le valet de classe se présenta à l'examen de maître ès arts : il avait tout étudié, pour tenter de tout renouveler, la métaphysique, la logique, la grammaire, la rhétorique, les mathématiques. Réformer l'enseignement universitaire, introduire le grec et les mathématiques dans les colléges, unir les lettres aux sciences, l'éloquence à la dialectique et à la philosophie en renversant les formules barbares de la scolastique dégénérée, faire passer la Renaissance de la phase purement érudite et littéraire à une phase philosophique, telles étaient les pensées qui remplissaient cette jeune et généreuse intelligence. Ce n'était pas seulement la barbarie des formules qui révoltait l'humaniste, c'était la stérilité sophistique de la méthode, machine à trouver des arguments et non des vérités, qui dégoûtait le penseur. L'impétueux jeune homme (il avait 21 ans) s'attaqua, avec une audace et une violence extrêmes, non-seulement aux scolastiques, mais au dieu de l'École, rendit Aristote responsable des sottises de ses prétendus disciples, et prit pour sujet de sa thèse cette proposition : « que tout ce qu'avoit dit Aristote n'étoit que mensonge » (*quæcunque ab Aristotele dicta essent, commentitia esse*) (1536). Le monde lettré ne vit là d'abord qu'un paradoxe ingénieux ; mais lorsque, sept ans après (1543), Ramus lança deux traités, l'un de renversement, l'autre de reconstruc-

---

1. Il était compatriote de Calvin et né au village de Cuts en Noyonnais. Il vint à Paris, à pied, à huit ans, puis revint à douze et ne quitta plus.
2. « J'ai subi pendant de longues années la plus dure servitude, mais mon âme est toujours demeurée libre. » C. Waddington ; *Ramus, sa vie, ses écrits et ses opinions*, p. 21 ; excellente étude, qui fait connaître complétement l'homme et les œuvres.

tion; l'un qui attaquait toutes les parties de l'œuvre d'Aristote, l'autre qui essayait de formuler une nouvelle logique pour remplacer celle du Stagirite, le scandale fut inexprimable : la plupart des lettrés s'associèrent au soulèvement des universitaires, bien que Ramus en eût appelé à la tradition de Socrate et de Platon contre celle d'Aristote. Ses adversaires le citèrent au parlement, ni plus ni moins que s'il eût attaqué les dogmes de l'Église. Le parlement ne montrant point assez d'empressement à venger Aristote, on fit évoquer la cause au conseil du roi, qui la renvoya devant un tribunal arbitral : Ramus était condamné d'avance par la majorité des arbitres, et la sentence qui supprima ses livres et lui défendit d'enseigner la philosophie fut confirmée par François Ier, à qui l'on avait représenté le jeune maître ès arts comme un blasphémateur de la belle antiquité. Plus d'un péripatéticien demandait sérieusement qu'on envoyât cet hérétique aux galères, et Ramus répondait en se déclarant prêt, « non-seulement à affronter tous les travaux et tous les périls pour la vérité, mais à accepter au besoin une mort intrépide et glorieuse[1] ». Un instinct prophétique semblait lui révéler sa destinée. La persécution ne fut point alors poussée à l'extrême : François Ier laissa Ramus professer les humanités et devenir principal du collége de Presle.

Ramus avait gagné de nombreux partisans par son ardente éloquence, par son grand caractère, par la pureté et la dignité de ses mœurs : il trouva des protecteurs au parlement ; le cardinal de Lorraine, son ancien condisciple, dont l'esprit inquiet se plaisait aux nouveautés, quand elles ne gênaient pas sa politique, prit le téméraire novateur sous son patronage et, lors de la réaction qui suivit la mort de François Ier, Ramus fut en grande faveur par ce seul motif qu'il avait été persécuté sous le règne précédent : il fut nommé professeur de philosophie et d'éloquence au collége de France (1551). Son enseignement, auquel il joignit les mathématiques en 1559, eut un éclat immense : il en reste un

---

1. Waddington, *Ramus*, p. 36. « Je supporte sans peine et même avec joie ces orages, quand je contemple, dans un paisible avenir, sous l'influence d'une philosophie plus humaine, les hommes devenus meilleurs, plus polis et plus éclairés. » *Ibid.*, p. 14.

monument digne du respect de la postérité, sa *Dialectique*, où il entreprit, le premier, suivant ses paroles, de « mettre les arts libéraux en françois pour la France [1] ». C'est le plus ancien ouvrage de philosophie écrit dans notre langue (1555). Ainsi, Ramus fut, sous ce rapport comme sous beaucoup d'autres, l'émule de Calvin et le précurseur de Descartes [2] : le caractère le plus remarquable est le sens pratique, la logique concrète et vivante. Son traité des *Mœurs des anciens Gaulois* (1559) atteste également son patriotisme : il sentait bien l'unité de la Gaule et de la France [3].

Il eut un moment l'espoir d'un triomphe complet. Il fut adjoint, en 1557, à une commission chargée de réformer cette université qui l'avait voulu proscrire. Il aspirait à faire ouvrir des cours gratuits dans les colléges par des professeurs aux gages de l'État : c'était toute une révolution! Les réformes littéraires à peine ébauchées furent bientôt submergées par les tempêtes politiques et religieuses, au milieu desquelles Ramus fut entraîné par des convictions d'autant plus fortes qu'elles s'étaient introduites chez lui tardivement dans la maturité de l'âge et du génie. Il n'était pas encore protestant, mais il était déjà chrétien et spiritualiste fervent lorsqu'il combattait Aristote, et les scolastiques avaient été dans l'impuissance de répondre, lorsqu'il démontrait l'inconséquence de l'alliance de l'Église avec un philosophe qui n'admettait ni la création, ni la Providence, du moins en tant que s'appliquant aux êtres particuliers, ni la nature immortelle de l'âme [4]. La défense d'Aristote était plus facile quant à la méthode, à la logique, et l'*Organon*, une des gloires de l'esprit humain, ne devait pas succomber sous des attaques dont Ramus lui-même modéra la passion dans ses dernières années.

Le succès de la *secte* de Ramus fut très-retentissant, mais toujours très-disputé, très-incomplet et passager en France : elle s'étendit et dura davantage au dehors, en Suisse, en Allemagne,

---

1. Waddington, *Ramus*, p. 9.
2. A cette période de sa vie appartient aussi son *Arithmétique* (1555).
3. Il accole dans la tradition des lettres françaises « nos druides » avec Charlemagne.
4. *V.* sur cette question le livre de M. Jules Simon : *Le Dieu de Platon et le Dieu d'Aristote*.

aux Pays-Bas, en Angleterre, et garda partout des partisans
considérables, sans rester tout à fait dominante nulle part. L'ingénieux, l'éloquent, l'héroïque Ramus n'avait point la profondeur sereine ni la grande ordonnance d'un réformateur souverain, d'un fondateur d'empire philosophique : il ne fut pas
Descartes; mais il précéda Descartes et lui ouvrit la voie : la justice de l'histoire ne doit pas séparer leurs noms [1].

Nous reverrons Ramus aux prises avec les haines scolastiques
renforcées par les haines religieuses, jusqu'à cette horrible journée, où, mêlé à tant d'autres victimes, il tomba sous les coups
du fanatisme envenimé par l'envie [2].

Pendant les combats philosophiques de Ramus, une autre
révolution, aussi bruyante, mais à la fois bien moins disputée
et bien moins digne de sympathie, s'opérait dans la poésie :
on a indiqué plus haut (t. VII, p. 479) le caractère de la poésie de
Marot, ses qualités et son insuffisance, qui était encore celle de
la langue elle-même, pour atteindre au style élevé dont les anciens
nous ont laissé de si parfaits modèles : l'ignorance de Marot
(ignorance relative, s'entend) le préserva du pédantisme et sauva
son originalité nationale. Après Marot, l'érudition classique envahit tout : la Renaissance, lasse de ne produire que des commentateurs, voulut avoir ses poètes et son idiome poétique; une
troupe de jeunes gens, nourris à l'école de Turnèbe et de Dorat,
l'imagination pleine des anciens, s'irritèrent contre la langue
rebelle qui les forçait à bégayer des idées viriles dans un langage

1. A propos de tentatives de réformes, il ne serait pas juste d'oublier, dans le
tableau de la littérature au milieu du XVIe siècle, un livre singulier et hardi, le recueil
d'arrêts supposés de Raoul Spifame, frère de cet évêque de Nevers qui se fit calviniste (1556 ou 1558). Il y suppose que le parlement ordonne la fixation du commencement de l'année au 1er janvier; le dépôt de tout ouvrage nouveau à la bibliothèque
du roi; l'éclairage de Paris; la suppression des justices seigneuriales; la réunion des
biens de l'Église au domaine; la réduction du nombre des fêtes; l'établissement de
chambres du commerce; des commissaires de police dans chaque quartier; les abattoirs hors des villes; l'unité des poids et mesures; la conversion des cloches superflues
en canons et en monnaie, etc. Beaucoup d'historiens ont cru authentiques quelques-
uns de ces arrêts imaginaires. Le titre, assez bizarre, est *Dicæarchiæ Henrici regis
Christianissimi progymnasmata.* 1 in-8°.

2. Il fit une tentative de réforme de l'orthographe selon la prononciation (*Gramère*;
1562), tentative où la logique abstraite échoua, comme dans tous les essais de ce
genre, contre l'usage et la science étymologique coalisés.

presque enfantin; ils entreprirent de lui imposer violemment une transformation soudaine et de presser en quelques jours l'œuvre d'un siècle : n'ayant ni la patience, ni le temps, ni la science de faire éclore les germes que contenait notre idiome, ils essayèrent de greffer sur l'arbre des fruits tout venus, d'inoculer de force à la langue française les idiotismes, les tours, les propriétés du grec et du latin. C'était vers le même temps que les Italiens, nombreux autour de Catherine de Médicis et très-influents à la cour, introduisaient dans le beau langage une multitude de mots et de locutions de leur pays [1] : ces deux courants réunis inondèrent la langue française et causèrent une confusion incroyable; mais l'inondation ne produisit pas que des ravages, et les eaux, en se retirant, nous laissèrent bien des trésors. La Renaissance avait peu étudié jusqu'alors les principes de la formation et de la croissance des langues : elle se trompa comme ses jeunes adeptes; Rabelais et, avant lui, Geoffroi Tory, avaient en vain protesté contre les premiers symptômes de l'invasion. Les savants battirent des mains, *Ramistes* comme *Aristotéliciens*, lorsque Joachim du Bellai [2] lança le manifeste de la nouvelle école, le traité de *l'Illustration de la langue françoise*, et que Pierre de Ronsard, capitaine de la troupe dont du Bellai s'était fait le héraut, se jeta fièrement dans la carrière (1549). Le « populaire », qui avait compris Villon et Marot, ne comprit pas le nouveau style; mais Ronsard et sa cohorte se faisaient gloire de dédaigner les suffrages du vulgaire, vanité qui coûte toujours cher aux poëtes et que n'a jamais le génie. La cour ne se décida pas aussi vite que les lettrés en faveur des novateurs : l'aimable et spirituel Mellin de Saint-Gelais défendait vivement auprès du roi la tradition de Marot [3]; mais Henri II fut entraîné par sa sœur

---

1. Les militaires qui avaient si longtemps guerroyé en Piémont et en Toscane ne contribuèrent pas moins à naturaliser beaucoup de mots italiens en France.

2. Parent des du Bellai dont il a été si souvent question dans cette histoire.

3. A cette tradition se rattachaient encore quelques poëtes de talent, entre autres la *belle cordière* de Lyon, Louise Labé. Un écrivain bien autrement célèbre figura un moment sur les confins des deux écoles : c'était Théodore de Bèze; mais il quitta bientôt la poésie érudite et galante pour des chants plus sévères. Le zèle religieux s'empara de lui et l'émule de Marot et de Ronsard alla se faire à Genève le lieutenant de Calvin : sa plume infatigable ne fut plus consacrée qu'à la cause de la Réforme.

Marguerite de France, entraînée elle-même par son chancelier Michel de L'Hospital, qu'on trouve toujours mêlé à tout ce qui se produisit de considérable durant cette période de notre histoire : de la cour de France, le renom de la nouvelle école gagna les cours étrangères, et la gloire de la *Pléiade*, ainsi que se nommait cette bruyante troupe de poëtes, devint européenne. On n'hésitait point à élever Ronsard au niveau d'Homère et de Virgile; du Bellai se contentait d'être l'*Ovide françois*. L'éclat du talent de Ronsard et la vivacité d'impression d'un siècle qui n'était pas encore blasé sur les chefs-d'œuvre littéraires excusent cet enthousiasme hyperbolique : Ronsard n'avait ni l'invention, qui n'appartient qu'au génie, ni le goût, que ne comportait guère cette époque de transition tumultueuse; mais les Muses lui avaient donné la chaleur du coloris, le pittoresque de l'expression, l'abondance inépuisable des images, l'instinct de l'harmonie transformé par le travail en science du rhythme, et quelque chose de ce sentiment de la nature qui avait été la vie même de la poésie antique : la variété des modes élégiaques et lyriques où se jouait sa strophe ravissait l'oreille, autant que le charme voluptueux de ses tableaux enivrait le cœur et les sens. Ce qui doit amnistier le poëte, mais condamner le chef d'école, c'est que Ronsard triomphe dans la moyenne région de la poésie amoureuse, de l'ode anacréontique, mais voit fondre ses ailes d'Icare dès qu'il veut prendre un essor plus hardi vers le soleil de l'épopée et du pindarisme : en fait de style soutenu, il s'élève de quelques degrés à peine au-dessus de la sphère de Marot.

Ses contemporains n'en jugeaient pas ainsi et le plaçaient dans l'empyrée poétique à une hauteur d'où il fut bientôt précipité par d'autres dieux comme un Titan foudroyé : cinquante ans d'une gloire immodérée ont été expiés par deux cents ans d'un injuste mépris. Tout en reconnaissant aujourd'hui la valeur littéraire de Ronsard et de quelques-uns de ses acolytes, on ne peut cependant admettre leurs images sur cette voie sacrée de la tradition nationale que bordent les monuments de nos grands écri-

---

Les essais poétiques de sa jeunesse, absurdement interprétés par la malignité de l'esprit de parti, lui ont valu des accusations infamantes et iniques, qu'on doit s'étonner de voir reproduites dans des ouvrages récents.

vains et de nos grands artistes. Ils n'appartiennent pas à la vraie France, à cette « Gaule françoise », dont ils étouffent la naïveté primesautière sous leur roideur et leur emphase : exclusivement préoccupés de la forme, affectant une égoïste indifférence pour tout ce qui fait la vraie grandeur de l'homme, pour les problèmes qui bouleversaient leur siècle, ils manquèrent cette forme qu'ils cherchaient avec tant de passion, et ne comprirent pas que les grands sentiments font seuls les grands styles [1].

Nous ne nous arrêterons pas spécialement ici sur la marche de la prose française, dédaignée heureusement par l'école de Ronsard et assurée contre elle par des écrivains de génie; rappelons seulement que, grâce à Rabelais et à Calvin, et aussi grâce au mouvement général des esprits, elle était bien plus avancée, bien plus mûre que la poésie, et citons en passant Herberai des Essarts, ce traducteur de l'*Amadis*, qui avait emprunté à son modèle quelque chose de l'ampleur et de la grandiloquence castillane, puis un homme demeuré plus célèbre, le traducteur de Plutarque, Amiot, ce néologiste habile et discret, plein de sens et de mesure, qui « suça tout ce qu'il y avoit de doux et d'harmonieux en notre langage » : Montaigne lui donne la palme, « pour la naïveté et pureté de langage », entre tous les contemporains.

Le mouvement scientifique auquel la France avait commencé de s'associer sous François Ier poursuivait son cours : l'éloquent et judicieux Fernel régnait dans la médecine, et par la pratique et par l'enseignement, et faisait en même temps de belles découvertes dans les sciences exactes : il donna le premier la mesure approximative d'un degré du méridien. Ambroise Paré exposait ses vues et les résultats de ses expériences dans des livres aussi remarquables par la forme que par le fond [2]. Les sciences mathé-

---

1. Exception toutefois pour Joachim du Bellai : il nous a donné ce beau mot de *patrie*, qui n'avait pas d'équivalent dans notre vieille langue! Il fut à la fois l'initiateur de l'école et le plus retenu et le mieux inspiré de ses adeptes. — C'est Ronsard qui nous a dotés de l'ode. — Consultez, sur toute cette époque, le *Tableau historique et critique de la poésie française et du théâtre français au* XVIe *siècle*, par M. Sainte-Beuve, et les *Recherches de la France*, d'Étienne Pasquier, l. VI; et *V*. ÉCLAIRCISSEMENTS n° 1; Jodelle; les Mystères et la Tragédie.

2. Par ordonnance du 4 septembre 1555, le roi avait permis à un chirurgien de Paris de prendre les corps d'hommes et de femmes exécutés à mort ou décédés à l'Hôtel-Dieu pour en faire « anatomies publiques ». Plusieurs années après, l'inquisi-

matiques prenaient un vigoureux essor : les Grecs avaient entrevu, derrière la science des faits numériques, la science plus ardue qui révèle les lois des nombres et qui substitue aux rapports des quantités déterminées les rapports des quantités indéterminées : les Arabes la nommèrent algèbre; à peine ébauchée durant le moyen âge arabe et chrétien, elle fit de grands pas, avant le milieu du xvi° siècle, sous l'impulsion du Lombard Jérôme Cardan, génie puissant et bizarre qui a imprimé sur toute cette époque une si forte trace [1]; mais il était réservé à un Français, au Poitevin François Viète, de fonder définitivement la science abstraite par excellence, qui devait être « le plus puissant instrument de l'homme pour pénétrer les secrets de la nature ». Viète fixa la langue de l'algèbre par l'emploi systématique des lettres comme symboles généraux de quantité, et appliqua les formules algébriques à la science des grandeurs comme à la science des nombres, à la géométrie comme à l'arithmétique; par Viète, l'algèbre devint « la logique de l'invention géométrique [2] ».

L'histoire naturelle et la physiologie n'étaient pas moins en progrès que les sciences exactes : Paracelse, quittant les livres

tion d'Espagne poursuivait encore le grand Vesale pour ce qui était enfin permis en France.

1. Cardan est resté moins célèbre par ses découvertes dans les sciences positives que par sa passion pour les sciences occultes; comme Socrate, il croyait avoir un génie familier avec lequel il communiquait par l'extase. Il s'était approprié les rêves les plus hardis des cabalistes et des néoplatoniciens de Florence. Ce fut vers le même temps que le médecin suisse Paracelse réduisit en système les traditions populaires des Celtes et des Germains sur les esprits élémentaires et y rattacha une étrange théorie médicale où un génie pénétrant et profond est enveloppé sous des formes fantastiques. La tradition de Cardan et de Paracelse s'est perpétuée dans les *Rose-Croix* et les *Illuminés*. Au xvi° siècle, ces rêves ne s'enfermaient pas dans quelques petits cercles mystiques : ils préoccupaient toutes les têtes et la vogue des sciences occultes était encore immense. Henri II, Catherine, Diane, avaient une foi égale dans l'astrologie; le Musée Dusommerard en possède un curieux monument : c'est le double horoscope de Henri II et de Diane, réuni dans un même thème généthliaque. L'astronomie cependant se dégageait de l'astrologie, comme la chimie de l'alchimie. Le Polonais Copernic venait de révéler les véritables lois du mouvement de la terre et le vrai système du monde, entrevu par Pythagore et Aristarque de Samos, et probablement par nos druides, puis étouffé par l'hérésie astronomique de Ptolémée. Nous ne nous arrêterons point ici à ce grand événement, « l'admirable hypothèse » de Copernic, comme l'appelle Ramus, n'ayant conquis le rang de dogme scientifique et n'ayant porté ses fruits que dans le cours du siècle suivant.

2. Wronsky, *Introduction à la philosophie des mathématiques*; Kastner, *Histoire des mathématiques*; J. Reynaud, *Encyclopédie nouvelle*, article ALGÈBRE.

pour l'observation directe de la nature, venait de proclamer l'unité essentielle de la nature et de l'homme physique, la chimie universelle qui mêle et transforme incessamment le grand monde et le « petit monde », le corps humain. Tous les naturalistes du XVIᵉ siècle procèdent de ce médecin mystique. C'est en vertu de son principe d'unité que Gesner, Suisse élevé en France, fondateur de la zoologie moderne [1], au dire de Cuvier, classe les plantes par la génération, que Cesalpini assimile les semences végétales à l'œuf des animaux, que notre Belon, ce voyageur infatigable à qui nous devons l'introduction de tant de plantes asiatiques, ornement de nos jardins, démontre l'analogie essentielle du squelette de l'homme avec celui de l'oiseau [2].

Les sciences qui s'appliquent à la défense et à l'amélioration du territoire se développaient aussi parmi nous : l'art de l'ingénieur civil et militaire s'était répandu d'Italie en France : deux Provençaux, Saint-Remi et Adam de Crapone, s'illustrèrent, l'un par la défense de Metz et de Saint-Quentin, l'autre, par le creusement du canal du Rhône à la Durance (ou de La Roque à Arles), qui, dédommageant la Provence du déboisement de la vallée de la Durance, porta la fraîcheur et la fécondité dans les plaines désertes et pierreuses de la Crau (1557). Le grand Léonard de Vinci avait enseigné jadis à la France la construction des écluses et les premiers éléments de cet art de la distribution des eaux qui a créé tant de merveilles agricoles dans la Lombardie et l'Espagne arabe. Adam de Crapone avait conçu de plus vastes projets : il avait proposé à Henri II le plan de la jonction des deux mers, qui ne fut réalisé que sous Louis XIV. Sa mort prématurée (il fut, dit-on, empoisonné par des rivaux jaloux) et les guerres civiles ajournèrent sa noble entreprise à un siècle.

L'ensemble du mouvement scientifique de cet âge se résume dans un homme qui fut chez nous à la fois le savant le plus profond et l'un des plus habiles artistes de la Renaissance, Bernard Palissi, né en Agenais, homme admirable par le cœur, la raison

---

1. *Historia animalium;* 1551.
2. *Hist. des Poissons;* 1553; *Hist. des Oiseaux;* 1555; Sur Paracelse et son influence, V. une belle page de M. Michelet; *La Ligue et Henri IV,* p. 49-51. M. Michelet cite de Paracelse une admirable définition physique de la femme.

et l'imagination, une des plus riches natures et des plus complètes qui aient existé. Doué d'une merveilleuse variété d'aptitudes, géomètre, dessinateur, architecte, sculpteur, peintre à l'huile et sur verre, ses premiers travaux portèrent un cachet de haute utilité : il débuta par perfectionner la science naissante de la topographie; il parcourut toute la France, promenant en tous lieux et sur toutes choses un regard auquel rien n'échappait; il ouvrit, dans la physique et dans la chimie, qu'il s'efforçait d'arracher à l'alchimie, cette voie expérimentale que Bacon éclaira plus tard des lumières de la théorie. Presque illettré, ignorant le grec et le latin, son heureuse ignorance fit sa force et lui permit de n'avoir, au lieu des hommes, que la nature pour maîtresse : rien ne lui retint le bras, tandis qu'il abattait avec une ardeur héroïque les préjugés qui empêchaient la science de grandir. Sa persévérance était plus héroïque encore : on sait avec quelle constance il poursuivit, douze années durant (1543-1555), la recherche de la composition des émaux; abandonnant l'existence facile que lui assuraient ses talents dans l'arpentage et dans la peinture sur verre, réduit à la plus extrême misère, assiégé par les reproches de sa femme et les pleurs de ses enfants, il vendit ses dernières hardes et brûla ses derniers meubles pour alimenter son fourneau. De ce fourneau, qui, pareil à la cornue de l'alchimiste, avait englouti toutes les ressources de cette pauvre famille, sortirent enfin la fortune et la gloire : les sculptures en terre émaillée de Palissi, les « rustiques figulines », luttèrent triomphalement avec les faïences des della Robbia et les émaux sur cuivre de Léonard Limousin [1].

---

1. *Figuline,* poterie, de *figulus,* potier de terre. Tout le monde connaît les *figulines* de Palissi, plats ou bassins remplis de poissons, de reptiles et d'autres petits animaux, sculptés en plein relief et peints en émail avec une perfection dont rien n'approche. — Léonard, directeur de la fabrique de Limoges, prend ses sujets dans l'histoire, dans la mythologie, ou reproduit les compositions des peintres. La fabrique d'émaux de Limoges avait été réorganisée par François 1er : du XIe au XIVe siècle, elle avait été la plus célèbre de l'Europe et avait rempli l'Occident de ses produits, consacrés principalement aux sujets religieux; on les qualifie aujourd'hui très-improprement d'émaux byzantins. La fabrication des émaux sur cuivre, connue des anciens Gaulois, fut toujours en usage parmi nous. Les fabriques les plus connues, après celle de Limoges, ont été celles de Montpellier et d'Arras. — *V.* les intéressantes *Recherches sur l'histoire de la peinture sur émail,* par L. Dussieux. Paris, 1841.

Le connétable, la favorite, la reine, se disputèrent le patronage de l'artiste enfin vainqueur. Le Florentin Girolamo della Robbia avait propagé en France, sous François Ier, le goût de la décoration des édifices en terre cuite coloriée [1] et avait revêtu le château de Madrid presque entier d'une robe d'émail; Bernard Palissi décora Écouen de semblables ornements, qui n'ont laissé par malheur que bien peu de traces, et y exécuta, de plus, les célèbres vitraux de l'*Amour et Psyché;* il fut également appelé au château royal de Saint-Germain et au château d'Anet, chez Diane de Poitiers. Il put désormais, pendant trente ans, malgré les périls des guerres religieuses, livrer l'essor à son génie dans toutes les directions : les *Essais*, qu'il publia de 1557 à 1580, en portent témoignage. Après les considérations les plus nouvelles et les plus judicieuses sur les arts qui embellissent le séjour de l'homme et sur ceux qui assurent sa subsistance, sur l'agriculture, sur l'architecture, sur l'ordonnance et la culture des jardins, il passe en revue la nature entière, surtout l'économie de la terre et des eaux, et jette d'une main hardie les premiers fondements de cette majestueuse science géologique, dont l'édifice ne doit s'élever qu'après deux siècles [2]. Il forma le premier cabinet d'histoire naturelle qui ait existé chez nous, avec une méthode d'une admirable simplicité : il y faisait la démonstration publique de ses principes et de ses découvertes; ainsi que Ramus et Paré, il avait su trouver la forme de sa pensée, et le nerf et l'éclat de son style exprimaient complétement la force de son esprit et la grandeur de son âme [3]. Cet homme austère et pieux se fit protestant comme

---

1. Ce genre de décoration n'était nullement inconnu en France : il existe encore à Beauvais deux maisons ornées de carreaux de terre cuite coloriée; la *poterie azurée* de Beauvais était renommée dès le xve siècle, bien avant que la faïence italienne eût pénétré chez nous. On trouve fréquemment de ces carrelages en fouillant dans les ruines de nos vieux châteaux.

2. Il osa le premier relever cette opinion des anciens, aujourd'hui démontrée, que les coquilles fossiles sont de véritables coquilles déposées autrefois par la mer dans les lieux qu'elle occupait alors et que des animaux, et surtout des poissons, ont donné aux pierres figurées leurs différentes figures. Buffon, t. I, p. 267, in-4º. *V.* les Œuvres de Palissi, 1777; édition Faujas de Saint-Fond.

3. M. Michelet cite de cet infatigable travailleur un mot caractéristique : « la nature, la grande ouvrière..... l'homme, ouvrier comme elle ». Mot qui nous reporte involontairement à ces primitifs inventeurs des arts qui voyaient dans les puissances divines des dieux ouvriers, leurs patrons.

Ramus, comme Turnèbe, comme les Estienne, comme Jean Goujon, comme Paré[1], et montra le même dévouement à sa foi religieuse qu'aux progrès de l'art et de la science : son nom reparaîtra plus d'une fois parmi les tempêtes de la guerre civile.

Une étroite sympathie dut unir Palissi à son coreligionnaire, l'illustre Jean Goujon. Sans doute, le grave Palissi voyait avec douleur l'art s'abandonner à des tendances toutes sensuelles et les poétiques orgies de Ronsard se marier aux magnificences voluptueuses que le Primatice étalait dans Fontainebleau; le génie élevé de Jean Goujon devait s'associer dans une certaine mesure à ces sentiments : au milieu de ce débordement de licence païenne où l'art était emporté par les mœurs et les goûts de la cour, Jean Goujon resta toujours fidèle à l'idéal, et sa muse fut plutôt la chaste Diane antique que cette Diane terrestre et profane dont il immortalisa l'image. Jean Goujon était alors dans toute sa gloire ; le vieux Jean Cousin s'était retiré, vers 1550, à Sens, sa patrie, où il termina sa carrière en peignant le magnifique vitrail de la cathédrale[2], tandis que Jean Goujon associait tour à tour les miracles de son ciseau aux créations des principaux architectes, travaillait à Anet avec Philibert Delorme, au Louvre et à la fontaine des Innocents avec Pierre Lescot. Le plan primitif de l'architecte du Louvre a été étouffé sous les modifications et les adjonctions immenses qu'il a subies de règne en règne, et qui lui ont fait perdre en beauté ce qu'il a gagné en étendue[3] ; le sculpteur, plus

1. On a contesté que Paré eût appartenu à la réforme ; mais les pièces citées (les registres de la paroisse Saint-André-des-Arts) établissent seulement que ses enfants sont morts dans la religion catholique.
2. Sa maison existe encore à Souci, près de Sens.
3. En supprimant, par la pensée, le dôme pesant du pavillon de l'Horloge, ajouté sous Louis XIII, on retrouve le goût élégant et pur de Pierre Lescot dans la façade occidentale de la cour du Louvre ; le Louvre, achevé sur ce plan, eût été le chef-d'œuvre de l'école franco-italienne et il reste encore assez de l'inspiration de Lescot pour donner à la grande cour du Louvre, telle qu'on l'a terminée, un aspect d'une grâce et d'une majesté singulières. Le nouvel hôtel de ville de Paris avait été commencé presque en même temps que le nouveau Louvre. La maison de ville d'Étienne Marcel avait été démolie pour faire place à un édifice plus vaste et plus somptueux, dont la première pierre fut posée en 1535. Le plan primitif était, sinon dans le style ogival, au moins dans le style de transition qui s'en rapprochait le plus. Les progrès du goût italien firent bientôt suspendre la construction, qu'on reprit, en 1549, sur un plan nouveau, proposé par l'Italien Boccardo, dit le *Cortone*. Peut-être le premier plan est-il regrettable ; toutefois, l'œuvre du *Cortone* est d'un grand caractère ; il s'y mon-

heureux, n'a rien perdu au contact des générations suivantes, dont les œuvres ne servent qu'à rehausser la supériorité de ses admirables ouvrages.

Jean Goujon cependant n'était plus sans rival : Germain Pilon, élève de son père et de Jacques d'Angoulême, avait paru à la cour vers 1550. Il fut appelé à concourir à l'exécution de ce tombeau de François Ier pour lequel furent associés les plus brillants artistes et où l'on s'efforça de surpasser, par la grandeur des proportions et la richesse de la décoration sculpturale, tout ce que la France possédait de monuments de ce genre [1]. La renommée de Pilon s'accrut sous les fils de Henri II : il fut le sculpteur favori de Catherine de Médicis, comme Jean Goujon avait été le statuaire de Diane de Poitiers : ces deux rivales, qui se ressemblaient par l'étendue de l'esprit et la vivacité de l'imagination, comme par l'absence de tout sentiment moral, se piquèrent également d'aimer et de protéger les arts et les sciences. Les ouvrages les plus célèbres exécutés par Germain Pilon, sous le patronage de Catherine de Médicis, sont les statues et les bas-reliefs du tombeau de Henri II, le groupe des Parques et le groupe des trois Grâces portant une urne destinée à renfermer les deux cœurs de Henri II et de Catherine, monument d'une douleur conjugale aussi mensongère que celle dont un autre artiste avait été l'interprète dans le fastueux mausolée de l'époux de Diane de Poitiers. Les meilleures productions de Germain Pilon atteignent parfois à l'élégance et à la grâce de Jean Goujon ; mais elles s'en distinguent par des lignes moins sveltes et moins fières, par une molle suavité, une rondeur voluptueuse, charme déce-

---

tre, chose digne de remarque, moins Italien que Lescot au Louvre et garde quelque chose du style de transition dans l'élévation des combles, le goût des ornements et les saillies qui varient ses lignes. L'œuvre de Boccardo vient d'être, comme l'était depuis longtemps celle de Lescot, enveloppée par d'immenses constructions modernes ; on doit au moins louer, chez les continuateurs de l'hôtel de ville, l'intention de se rapprocher du premier architecte et d'éviter ces odieuses disparates qui font de tant d'édifices des monstres multiformes, effroi du bon goût et du bon sens. Par malheur, on n'a pas persévéré jusqu'à la fin dans cette imitation intelligente, et la toiture manquée détruit l'harmonie de l'ensemble.

1. L'architecture du monument appartient à Philibert Delorme ; les grandes figures à Germain Pilon ; les bas-reliefs, représentant les batailles de Marignan et de Cérisolles, à Pierre Bontemps et à Ambroise Pesret, vieux collaborateur de Brou. Ces bas-reliefs sont le chef-d'œuvre du genre.

vant, attrait plein de péril, qui dégénèrent en affectation et en mignardise dans les œuvres moins heureusement inspirées et qui présagent une décadence prochaine. L'art du xvi⁰ siècle, en effet, était parvenu à son apogée avec Cousin et Goujon, Delorme et Lescot; bien moins puissant et moins durable que cet art du moyen âge qu'il avait détrôné, il allait déjà commencer à redescendre la pente fatale : l'art éclos à la cour des Valois devait descendre avec les Valois au tombeau [1]!

Il nous faut rentrer maintenant dans ce triste monde politique où l'aveugle fanatisme, exploité par d'égoïstes et perverses ambitions, va dépasser les fureurs des Armagnacs et des Bourguignons et renouveler les ruines effroyables des Guerres des Anglais. La France va traverser de nouveau l'enfer!

Henri II avait laissé sept enfants légitimes : quatre fils, le nouveau roi François II, Charles-Maximilien, depuis Charles IX, Henri-Alexandre, depuis Henri III, François, duc d'Alençon, et trois filles, dont l'aînée, Élisabeth, venait d'être unie au roi d'Espagne et la seconde, Claude, au duc de Lorraine; la troisième, Marguerite, fut plus tard reine de Navarre et femme de Henri IV.

Le nouveau roi, dans la faible main duquel tombait ce terrible héritage, était un jeune homme de quinze ans et demi, frêle, scrofuleux, d'un caractère indécis et d'une intelligence paresseuse, marié avant la puberté et soumis en esclave à sa femme Marie Stuart, merveille de beauté, de grâce, d'esprit et d'adresse au service d'une nature violemment passionnée. Marie, à son tour, était entièrement gouvernée par ses oncles les princes lorrains. Les Guises avaient atteint, bien plus tôt qu'ils n'eussent

---

1. Parmi les sculpteurs de ce temps, il est juste de mentionner Prieur et Ponce Jacquio. Un autre sculpteur de langue française, quoique né hors du royaume de France, Jean de Douai, s'illustrait pendant ce temps au delà des Alpes et remplissait l'Italie de ses productions; il y est resté célèbre sous le nom de Jean de Bologne. — Une remarque bonne à faire en passant, à propos de nos artistes du xvi⁰ siècle, c'est qu'il faut se garder de les prendre pour des gens d'église, parce qu'on voit le titre d'abbé accolé aux noms de Primatice, de Delorme, de Lescot, etc.; ils n'étaient pas plus ecclésiastiques pour cela que l'*abbé* de Brantôme. Le roi leur donnait des abbayes en commende : ils en mangeaient les revenus sans en remplir les fonctions; les moines se vengeaient en appelant ces abbés laïques des abbés *comédataires* (mangeurs), au lieu de *commendataires*.

osé l'espérer, le but de ce mariage si habilement calculé : le sort continuait de tout faire pour eux : Henri II, comme naguère François Ier, disparaissait au moment où, après les avoir élevés, il songeait à les abaisser.

Le connétable, désespéré de la catastrophe qui le précipitait soudainement du pouvoir à peine reconquis, rêvait de s'allier à la reine mère et aux Bourbons contre les Guises. Dès qu'il avait vu Henri II blessé à mort, il avait écrit à Antoine de Bourbon, roi de Navarre, d'accourir de Béarn à Paris, et il s'était efforcé de démontrer à Catherine de Médicis la solidarité de leurs intérêts. Montmorenci échoua des deux côtés. Le roi de Navarre, qui lui gardait rancune pour le traité du Câteau-Cambresis, venait précisément, à la première nouvelle de la blessure du roi, de faire offrir aux Guises pleine réconciliation et assistance contre le connétable [1]. Il se mit en route à petites journées, ne sachant à quoi il se déciderait. Pour Catherine, esprit aussi net que celui d'Antoine était vague et flottant, elle vit tout de suite que son jour n'était pas encore venu, qu'on passait du règne de Diane de Poitiers sous celui de Marie Stuart, que la mère du roi lutterait en vain contre sa femme, et elle se résigna à prendre de bonne grâce la part qu'on voulait bien lui faire dans le présent, tout en se ménageant les chances de l'avenir. Ce n'était pas pour Montmorenci qu'elle eût hasardé la lutte : il avait beaucoup contribué à éloigner d'elle son époux; elle le haïssait au moins autant que Diane même, à qui Montmorenci s'était plus étroitement uni que jamais dans les dernières années [2]; beaucoup plus dirigée par l'intérêt que par la passion, elle eût sans peine fait taire ses ressentiments pour partager la bonne fortune du connétable, mais non pas, certes, pour le relever dans la mauvaise.

Les Guises ne firent aucune difficulté de sacrifier la duchesse de Valentinois à la reine mère. L'ingratitude leur coûta peu. L'orgueilleuse Diane avait refusé de quitter l'hôtel des Tournelles, jusqu'à ce que son royal amant eût rendu le dernier sou-

---

1. *Mém. journaux du duc de Guise.*
2 Catherine accusait Montmorenci de l'avoir traitée de « fille de marchand » et d'avoir dit que le seul enfant de Henri II qui lui ressemblât était sa fille naturelle, Diane.

pir ; elle avait déclaré que, tant qu'il vivrait, elle ne recevrait d'ordres que les siens. Elle resta seule, abandonnée, dix jours durant, dans cette cour peuplée de ses créatures et partit le onzième. La vengeance de Catherine ne fut pas, du reste, fort rigoureuse et eut pour limite l'intérêt des Guises ; ceux-ci entendaient qu'on respectât les biens de Diane, qui devaient revenir en partie à leur maison. La duchesse en fut quitte pour se retirer dans ses terres et pour céder à Catherine sa belle maison de Chenonceaux-sur-Cher[1], en échange du château de Chaumont-sur-Loire, après avoir restitué les pierreries et les joyaux de la couronne, qui avaient passé, avec la faveur royale, de madame de Châteaubriand à la duchesse d'Étampes et de la duchesse d'Étampes à Diane[2].

La coutume de France était que les reines, « advenant le décès de leurs maris, ne départoient de la chambre de quarante jours et ne voyoient clarté de soleil ni de lune que leur mari ne fût enterré » : Catherine dérogea à l'usage et suivit le jeune roi au Louvre, puis à Saint-Germain, où les Guises emmenèrent François II, pour le tenir plus étroitement à leur dévotion. Il fut arrêté que le duc de Guise aurait « le soin de ce qui regardoit la milice », le cardinal « la charge des affaires civiles » et la reine mère « la surintendance générale du gouvernement ». Les députés du parlement étant venus féliciter le roi de son avénement et s'informer « à qui il lui plaisoit que dès lors en avant on s'adressât pour savoir sa volonté », François II répondit qu'il avait donné « la charge de toutes choses à ses deux oncles », le duc et

---

1. Ce château, bâti sur les piles d'un pont du Cher, au milieu de charmants ombrages, est peut-être le mieux conservé de nos édifices du xvie siècle. Plus heureux qu'Anet, il a échappé aux orages révolutionnaires ; respecté et entretenu avec amour par ses possesseurs, il semblerait sorti d'hier des mains de Philibert Delorme, si quelques vestiges d'une époque plus récente n'y mariaient les souvenirs de Jean-Jacques Rousseau à ceux de Diane de Poitiers.

2. De Thou, l. xxiii. — Regnier de La Planche, *De l'État de France sous François II*. La Planche, protestant passionné, mais très-bien informé, au moins sur les faits, sinon toujours sur les vraies intentions des chefs de parti, est un des écrivains les plus remarquables de l'époque, et son livre est le document le plus important de ce court règne. — Pierre de La Place, *De l'Estat de la religion et de la respublique*. — *Mémoires de Castelnau* ; ces mémoires, écrits par un diplomate attaché à la cause catholique, mais judicieux et sans emportement, sont généralement impartiaux et toujours instructifs.

le cardinal. Le secrétaire d'État L'Aubespine fut envoyé redemander le sceau du feu roi au connétable, que son office de grand-maître retenait près du corps de Henri II pendant toute la durée des funérailles.

Après les obsèques, Montmorenci, accompagné de ses fils et des Châtillons, se rendit à Saint-Germain et tenta un dernier effort auprès du roi. Les Guises avaient fait la leçon à François II : le jeune roi interrompit le connétable, lui déclara qu'il le confirmait « en ses états et pensions, ainsi que ses enfants et neveux; mais que, désirant soulager sa vieillesse, il avoit baillé le maniement des affaires au cardinal et au duc de Guise; qu'au reste il le retenoit près de sa personne et de son conseil, le priant de le servir aussi fidèlement qu'il avoit fait ses prédécesseurs ». Le connétable s'excusa, en termes assez amers, de demeurer au conseil, pour y être soumis à ceux auxquels il avait toujours commandé, et repartit pour ses châteaux de Chantilli et d'Écouen, devenus une seconde fois l'asile de sa disgrâce.

Les Guises écartèrent également, sous prétexte d'une mission honorable, Louis de Bourbon, prince de Condé, qu'ils savaient disposé à tout entreprendre pour relever sa maison. Condé, chargé d'aller à la cour de Bruxelles ratifier au nom de François II le traité du Câteau-Cambresis, n'obtint du cardinal de Lorraine, qui gouvernait les finances, que mille écus pour frais de voyage, tandis qu'on prodiguait l'or à un simple gentilhomme expédié par les Guises auprès de l'empereur. Condé, le plus pauvre de tous les « sires du sang », ressentit vivement cette insulte à son indigence; il ne partit qu'après avoir essayé en vain de déterminer son frère aîné, le roi Antoine de Navarre, à disputer par les armes le gouvernement aux Guises.

Les Guises avaient fait pourtant tout ce qu'il fallait pour exaspérer un homme doué de la moindre énergie : le roi de Navarre, qui, sur son passage, avait reçu de la noblesse provinciale mille offres de service, n'essuya que des affronts à son arrivée à Saint-Germain : personne n'alla au-devant de lui; les Guises « attendirent qu'il allât les embrasser »; le principal appartement, qui devait être réservé au premier prince du sang, était occupé par le duc de Guise, et il fallut que le maréchal de Saint-André offrît le sien au roi Antoine, pour que celui-ci trouvât à se loger. Le lendemain, le conseil du roi étant assemblé, on ne l'y manda point. Jamais premier prince du sang n'avait été traité de la sorte. Les Guises avaient inspiré au roi une extrême défiance contre ses parents; le cardinal de Lorraine répétait incessamment à François II qu'il se gardât surtout d'approcher de sa personne le roi Antoine et le prince de Condé, « pour ce » que ceux-ci, le voyant « de petite complexion » et sans enfants, avec des frères en bas âge, pourraient bien, « par quelques méchancetés, comme poison ou embûches, s'abréger le chemin au trône ». Ces insinuations effrayèrent tellement le pauvre jeune roi, que rien ne les bannit de son esprit.

Le roi de Navarre, qu'on travestissait en redoutable conspirateur, n'eut pas même le courage de répondre à l'humiliante réception de Saint-Germain par une rupture ouverte : il accompagna la cour à Reims, où François II fut sacré le 18 septembre par le cardinal de Lorraine, archevêque de Reims. La présence des Bourbons et des Montmorencis à cette cérémonie ne servit qu'à rehausser le triomphe des Lorrains. Les Guises, d'accord avec la reine mère, obligèrent Montmorenci à résigner sa charge de grand-maître, comme incompatible avec l'office de connétable : la survivance de la grande-maîtrise avait été promise par Henri II au fils aîné de Montmorenci; la cour n'en tint compte et le duc de Guise fut nommé grand-maître; on voulut bien accorder à François de Montmorenci le bâton de maréchal en dédommagement. L'amiral de Coligni, gouverneur de Picardie et de Normandie, fut obligé de renoncer au premier de ces deux gouvernements; il demandait pour successeur le prince de Condé, mari de sa nièce; les Guises firent donner la Picardie au maréchal de Brissac, afin de regagner ce sage et habile capitaine. Presque tous les gouverneurs et commandants de places sur lesquels les Guises ne pouvaient compter furent changés.

Un régime qui froissait tant d'intérêts et soulevait de si puissantes inimitiés ne pouvait marcher longtemps sans résistance et sans obstacles : les masses encore catholiques, à la vérité, étaient affectionnées au libérateur de Calais; mais elles souffraient cruellement, surtout dans les campagnes, où les exactions de tout genre les épuisaient [1]. La bourgeoisie avait accueilli le renvoi du garde des sceaux Bertrandi et le rappel du chancelier Olivier, adroitement suggérés par Catherine aux Guises, comme l'espoir d'une administration moins immorale et moins dilapidatrice [2]: mais elle aspirait à d'autres garanties; et, si l'attitude passive des parlements, encore abasourdis des violences de Henri II, était de nature à la refroidir, elle voyait, par compensation, croître à côté d'elle l'agitation parmi la noblesse, habituée à regarder les « sires du sang » comme ses chefs naturels et indignée du despotisme de ces Lorrains qui foulaient aux pieds toutes les vieilles maisons françaises; les hommes attachés aux traditions avaient vu avec scandale le duc de Guise, aux obsèques du feu roi, passer devant trois princes du sang [3] : les patriotes s'indignèrent davantage de la cession de la souveraineté du duché de Bar imposée au roi par les oncles de sa femme en faveur du chef de leur maison, du duc de Lorraine. Les Guises rencontraient déjà les inconvénients comme les bénéfices de la pleine domination qu'ils avaient tant poursuivie : ce n'étaient pas seulement leurs fautes ou leurs excès, mais leurs mesures, même raisonnables et nécessaires, qui multipliaient leurs ennemis; ainsi, la suppression d'une foule d'emplois devenus inutiles dans l'armée depuis la paix ou qui avaient toujours été inutiles dans la maison du roi, dans les tribunaux, dans les finances. Il est vrai que le cardinal de Lorraine, avec son arrogant mépris des droits acquis et des intérêts privés,

---

1. Nous voyons, dans l'*Hist. du parlement de Normandie*, t. II, p. 277, que, dès 1555, avant la fin de la première période de la guerre commencée en 1552, une foule de villages, dans la Haute-Normandie, étaient désertés de leurs habitants qui, de désespoir, se faisaient mendiants et vagabonds. Les vicaires et les curés même désertaient pour échapper aux décimes royales et à l'impôt des clochers, et leur départ favorisait les progrès des missionnaires de la Réforme.

2. Olivier signala sa rentrée en fonctions par des édits importants : il entreprit de rendre à la magistrature son ancien lustre, en rétablissant les élections et en décrétant que chaque tribunal, lorsque surviendrait une vacance dans son sein, présenterait trois candidats au roi. Une autre ordonnance révoqua les aliénations du domaine royal; mais cet édit, fort bon en principe, ne fut qu'une occasion de scandale de plus : les Guises exemptèrent de la loi tous leurs amis. — De Thou, l. XXIII.

3. C'est-à-dire qu'il porta une des trois pointes du manteau de deuil de François II, les deux autres pointes étant aux mains du prince de Condé et du duc de Montpensier, tandis que le fils, le frère et le neveu de Montpensier étaient mis à l'écart. R. de Bouillé, *Hist. des Guises*, t. I, p. 528.

trouva moyen d'être injuste en ne ménageant rien dans des réformes au fond indispensables. Il rompit purement et simplement les engagements de l'État avec les banquiers, prit des termes pour le principal des créances et raya les intérêts, débutant de la sorte par tuer le crédit.

Une masse flottante de mécontents de toute origine se condensait ainsi peu à peu autour du noyau solide, compacte et toujours croissant des dissidents religieux, radicalement opposés aux Guises, comme aux ennemis capitaux de la Réforme. Les « malcontents » de toute classe et de toute croyance commencèrent à se rapprocher et à s'entendre; des écrits semés en divers lieux réclamèrent avec force « la libre assemblée des États Généraux pour remédier aux désordres du temps présent »; la presse, qui s'était essayée dans les luttes religieuses de la Réforme et qui s'apprêtait à prendre place entre les puissances politiques, élevait une voix qui bientôt devait tonner en éclats formidables.

Le nom redouté des États Généraux et les velléités hostiles du roi de Navarre, qu'excitaient les Montmorencis et les Châtillons, resserrèrent l'alliance de la reine mère et des Guises : ils persuadèrent au roi que « quiconque parloit de convoquer les États étoit son ennemi mortel et coupable de lèse-majesté; car, donnant cette ouverture, son peuple bailleroit la loi à celui duquel il la doit prendre, tellement qu'il ne lui resteroit rien d'un roi, sinon le titre seulement[1] ». Catherine jouait jeu double : elle affectait de demeurer étrangère aux mauvais procédés des Guises envers les Bourbons, ainsi qu'aux rigueurs contre les protestants : « elle faisoit bonne mine aux princes, entretenoit ceux de la religion en bonne espérance », et gardait à son service beaucoup de demoiselles de religion suspecte; mais, pendant ce temps, à la requête des Guises, elle écrivait au roi d'Espagne, son gendre, que le roi de Navarre et les princes « vouloient, par le moyen des États Généraux, la réduire à la condition d'une chambrière » et mettre à néant l'autorité du roi son fils. Philippe II était loin de se fier aux Guises et les contrecarrait vigoureusement en Angleterre et en Écosse; mais il attachait la plus haute impor-

---

1. Regnier de La Planche.

tance à ce que les Bourbons, fauteurs d'hérésie, fussent écartés du gouvernement de la France : il répondit sur-le-champ qu'il emploierait volontiers toutes ses forces à maintenir l'autorité du roi son beau-frère et celle des ministres de ce prince, dût-il en coûter la vie à lui et à quarante mille hommes qu'il avait tout prêts, « si aucun étoit si hardi d'attenter au contraire [1]. Philippe promettait ce qu'il eût été bien embarrassé de tenir : il n'avait, en réalité, ni soldats ni argent. Sa lettre, lue en plein conseil devant le roi de Navarre, produisit néanmoins tout l'effet désiré : Antoine, tremblant pour ses seigneuries des Pyrénées, abandonna toutes les menées politiques et se trouva trop heureux d'accepter la mission de conduire la reine d'Espagne, Élisabeth de France, à la frontière des états de son époux. Les Guises furent ainsi affermis pour quelques instants, grâce à la faiblesse du premier prince du sang, et reprirent, sans plus rien ménager, l'exécution interrompue du grand projet arrêté entre le feu roi et Philippe II pour l'anéantissement du protestantisme dans les états des deux couronnes.

Philippe II, qui venait de quitter les Pays-Bas pour retourner en Espagne (fin août), avait donné le signal de l'extermination avant de s'embarquer, en autorisant le grand inquisiteur d'Espagne, l'archevêque de Séville Valdès, à faire arrêter l'archevêque de Tolède, primat de Castille, coupable de tolérance[2]. Le 6 août 1559, Philippe avait réuni à Gand les États des Pays-Bas et leur avait déclaré qu'il consentait à retirer les troupes espagnoles introduites pendant la guerre et à donner le gouvernement des provinces à des seigneurs du pays, mais à la condition que ses édits seraient exécutés dans toute leur rigueur et qu'on ne souffrirait point dans les Pays-Bas l'existence d'un seul hérétique. Il prescrivit aux représentants des Pays-Bas d'obéir à sa sœur naturelle,

---

1. Regnier de La Planche.
2. Cet archevêque avait été l'ami de Charles-Quint, et l'éloquent et docte Ponce de la Fuente, l'ancien prédicateur de Charles, fut mis en prison, y mourut et fut brûlé en effigie. De là les bruits rapportés par de Thou, l. XXIII, et Brantôme, *Vie de Charles-Quint*, sur la prétendue hétérodoxie de l'impérial solitaire de Juste. — L'archevêque de Tolède ne dut la vie qu'au pape, qui réclama le droit de le juger. Philippe le garda près de sept ans en prison, malgré les réclamations du saint-siége.

Marguerite, duchesse de Parme, qu'il avait nommée gouvernante, avec l'évêque d'Arras, Perrenot de Granvelle, pour conseil. Charles-Quint et son successeur s'étaient presque fait un système de laisser le gouvernement des Pays-Bas « en quenouille ». Marguerite était la troisième gouvernante depuis le commencement du siècle. Philippe chargea la gouvernante et Granvelle de présider à la réorganisation religieuse des Pays-Bas sur un nouveau plan concerté avec le pape. Ces vastes et populeuses contrées n'avaient été divisées jusque-là qu'en cinq diocèses : Arras, Cambrai, Tournai, relevant de la métropole de Reims, Liége et Utrecht, relevant de la métropole de Cologne. Une bulle de Paul III, de mai 1559, avait créé treize nouveaux évêchés et érigé en archevêchés Cambrai, Malines et Utrecht, au détriment des droits des anciens métropolitains français et allemand [1]. Granvelle fut promu à l'archevêché de Malines et le pape et le roi choisirent tous les nouveaux évêques parmi les hommes les plus dévoués et les plus impitoyables. Philippe II montra l'exemple, en célébrant son retour en Espagne [2] par un double *auto-da-fé* à Valladolid et à Séville : le mouvement, qui n'avait pénétré que dans l'élite de la société lettrée, fut étouffé dans les flammes : soixante-trois condamnés périrent; cent trente-sept autres subirent des rétractations infamantes; une des victimes que l'inquisition envoya au bûcher ayant imploré la pitié du roi au nom de la bienveillance qu'il lui avait autrefois témoignée, Philippe s'écria que, si son propre fils était hérétique impénitent, il le livrerait lui-même à la mort.

Il fut accusé plus tard d'avoir été fidèle à cette horrible promesse!

Philippe avait prêté serment en personne à l'inquisition : il y eut quelque chose de bien plus extraordinaire; ce ne fut pas seulement la couronne, mais la tiare qui s'abaissa devant le Saint-Office, devenu le suprême pouvoir de la catholicité. Dans la bulle

---

1. Le cardinal de Lorraine réclama les droits de sa métropole et obtint seulement que les appels de Cambrai ressortiraient au siége primatial de Reims.
2. Ce retour eut lieu sous de tristes auspices : la flotte de Philippe fut presque entièrement détruite par une tempête à la hauteur de Laredo; Philippe lui-même n'échappa qu'à grand'peine au naufrage et perdit des richesses inestimables en joyaux et surtout en objets d'art réunis par son père.

du 15 février 1559 en faveur de l'inquisition, Paul IV avait déclaré que, si jamais il était reconnu que le pontife romain lui-même fût tombé dans l'hérésie avant son élection, l'élection, même faite à l'unanimité par le sacré collége, serait annulée avec tous les actes du pontife hérétique [1]. Voilà donc l'infaillible pontife soumettant son passé à une autre infaillibilité créée par la papauté, et le vicaire de Jésus-Christ abdiquant au pied du tribunal des sacrifices humains. La religion de la victime immortelle aboutissant à l'infaillibilité du bourreau, médiateur entre le ciel et la terre! C'est là le dernier mot du système de persécution [2]!

Les actes répondaient aux paroles chez Paul IV : il avait traduit devant l'inquisition le savant et respectable cardinal Moronè, l'ancien ami de Sadolet et de Contarini, et plusieurs évêques italiens; il ne s'occupait plus que d'arrestations, d'excommunications et de supplices; ce règne de délateurs et de bourreaux était devenu si intolérable, que le peuple romain, tout étranger qu'il fût aux idées de réformation, conçut contre Paul IV une implacable haine : durant l'agonie de ce vieux pontife, qui ne survécut que quelques semaines à Henri II et qui mourut, le 18 août 1559, à quatre-vingt-trois ans, la multitude soulevée enfonça les cachots de l'inquisition, délivra les captifs, brûla la prison, les registres, les procédures du Saint-Office, brisa et traîna par les rues la statue du pape. La mort de Paul IV fut suivie d'un conclave fort agité, qui se prolongea quatre mois : le cardinal de Lorraine, qui était la tête du gouvernement français, comme le duc de Guise en était le bras, n'osa quitter le conseil du roi pour se présenter aux suffrages du sacré collége; les Français tentèrent d'élever à la papauté le vieux cardinal de Tournon; les Espagnols le repoussèrent et les Guises ne l'appuyèrent peut-être pas très-franchement; Giam-Angelo Médichino, frère du trop célèbre marquis de Marignan, fut enfin élu le 26 décembre et prit le nom de Pie IV : habile diplomate et ami des arts, d'ailleurs ignorant en théologie,

---

1. *Bullar. amplissim. collect.*, t. IV, pars. I, p. 356; *Romæ*; 1745.
2. On en a fait la théorie de nos jours. *V.* J. de Maistre. Le dernier mot, il faut le reconnaître, avait été dit par un insensé; la violence des passions de Paul IV lui ôtait tout équilibre moral et toute possession de lui-même. *V.* son incroyable conversation avec deux agents français, dans Ribier, p. 665.

mondain et de mœurs peu sévères, il n'avait aucune des passions de son prédécesseur et n'eût demandé qu'à vivre en paix ; mais il ne dépendait plus de Rome d'arrêter le mouvement imprimé à l'Europe : le vrai centre de l'action catholique était en Espagne.

En France, les édits rigoureux se succédaient contre les « conventicules et assemblées illicites, tenues, tant de jour que de nuit, soit pour le fait de la religion, soit pour autre fin quelle qu'elle fût » : tous les membres de ces réunions devaient être punis de mort, ainsi que les non-révélateurs[1] : les *huguenots*, ainsi que l'on commençait à nommer les réformés français, pour les distinguer des luthériens[2], étaient journellement emprisonnés ou forcés de s'enfuir en abandonnant leurs biens et leurs enfants, « qu'on oyoit pleurer et crier à la faim », sans que personne, à Paris du moins, osât leur donner asile. On ne voyait que maisons abandonnées et dévastées dans le faubourg Saint-Germain, qui passait pour « une petite Genève ». On dressait des piéges aux réformés pour les obliger à se trahir eux-mêmes : on plaçait au coin des rues des « Notre-Dames » et des images de saints couronnées de fleurs ; quiconque refusait de saluer ces simulacres était assommé ou traîné en prison par le menu peuple. Les vengeances et les cupidités privées se donnaient libre carrière à la faveur de cette effervescence.

Ordre avait été donné de poursuivre avec vigueur les conseillers détenus à la Bastille. La commission commença par celui des prisonniers qui avait manifesté le plus ouvertement des opinions

1. Non-seulement on renouvela défense de porter des pistolets et des arquebuses, mais on prohiba, sous de graves peines, les amples manteaux et les larges bottines qui pouvaient servir à cacher ces armes.

2. Le mot de *huguenots*, auquel on a attribué des origines si diverses et si bizarres, n'est que le mot allemand *eidgenossen* (alliés, confédérés) francisé. On nomma *eignots* les réformés genevois lorsqu'ils se furent alliés à une partie des Suisses allemands, pour s'affranchir du duc de Savoie. Ce nom passa en France, mais assez obscurément, jusqu'à ce que le peuple de Tours en eût fait la fortune par une circonstance assez singulière. On s'imaginait qu'il revenait, la nuit, dans les rues de Tours, un lutin, un esprit malfaisant, appelé le *roi Hugon*, qui effrayait ou maltraitait les passants attardés. Probablement quelques Tourangeaux entendirent parler des *eignots*, sans savoir le sens de ce mot étranger : ils en firent le nom de *huguenots* et prétendirent que les *huguenots* étaient les gens du roi *Hugon*, parce qu'ils rôdaient dans l'ombre comme lui et tenaient leurs *sabbats* la nuit. Les catholiques firent de ce nom une injure : les protestants en firent un titre de gloire et voulurent que *huguenots* signifiât défenseurs de la race de Hugues Capet contre les Lorrains.

hétérodoxes. Le procès d'Anne du Bourg eut une solennité et une durée que n'avait encore présentées aucune affaire d'hérésie. Du Bourg ne se jeta point, avec une passion aveugle, au-devant du martyre ; il épuisa toutes les ressources légales pour défendre sa tête ; mais rien ne put le décider à déguiser sa foi. Il avait d'abord réclamé le droit de tout membre du parlement à n'être jugé que par le parlement en corps et refusé de répondre à la commission choisie par Henri II : un arrêt du conseil le somma de se soumettre, à peine de lèse-majesté. Il répondit et sa réponse fut telle, que l'évêque de Paris, Eustache du Bellai, membre de la commission [1], le déclara déchu des ordres sacrés (il était diacre), comme hérétique, et le renvoya devant les juges séculiers pour l'application de la peine. Du Bourg appela comme d'abus au parlement ; la grand'chambre rejeta l'appel : du Bourg appela de la sentence de l'évêque de Paris par-devant l'archevêque de Sens, Bertrandi, métropolitain de Paris : le métropolitain confirma la sentence de son suffragant ; du Bourg renouvela son appel comme d'abus, demanda que l'appel fût jugé par toutes les chambres assemblées, récusa le premier président Le Maître, les présidents Minard et Saint-André et deux ou trois autres magistrats, dénonciateurs de leurs collègues et promoteurs des poursuites : il prit courageusement à partie le cardinal de Lorraine. Le chancelier Olivier, qui voyait ce procès avec douleur et qui inclinait secrètement à la Réforme, fit accorder à l'accusé le ministère d'avocats et admettre une partie de ses récusations ; néanmoins, l'assemblée des chambres ne fut pas convoquée et l'appel comme d'abus fut rejeté de nouveau. Du Bourg s'adressa à l'archevêque de Lyon, « primat des Gaules » : la suprématie du siége de Lyon était fort contestée ; quoi qu'il en fût, le cardinal de Tournon, archevêque de Lyon, confirma les précédents arrêts ; un troisième appel comme d'abus ne fut pas plus heureux que les deux premiers. Il ne restait plus de recours que devant le saint-siége : du Bourg refusa d'invoquer « l'antechrist de Rome » et fut dégradé des ordres sacrés par l'évêque de Paris, « ce qu'il reçut d'un cœur et d'un visage fort joyeux », remerciant ceux qui le dégradaient de

---

1. Neveu des fameux du Bellai et peu digne de ses oncles.

lui ôter ainsi « le caractère de la bête dont il est parlé dans l'Apocalypse ».

Les juges laïques, suivant les principes admis par le parti régnant, n'avaient plus à débattre que l'application de la peine : le jugement avait été définitivement remis aux présidents et à un certain nombre de conseillers des diverses chambres ; la plupart désiraient le sauver et le pressaient de les y aider par quelques concessions. L'attention universelle était suspendue à ce grand procès : les opinions opposées se réjouissaient ou s'affligeaient suivant les bruits qui couraient de la fermeté ou de la faiblesse de du Bourg. Des complots s'ourdissaient pour le tirer de la Bastille, mais n'aboutirent qu'à le faire enfermer dans une cage de fer ; des écrits anonymes suppliaient et menaçaient tour à tour la reine mère et lui annonçaient de « grands troubles et émotions » si elle laissait s'accomplir un tel martyre ; les princes allemands s'émouvaient en faveur du captif. La nouvelle circula que du Bourg s'amendait ; son avocat, en effet, confessa en son nom qu'il avait grandement offensé Dieu et la sainte mère Église, à laquelle il souhaitait d'être réconcilié : les juges, aussitôt, le renvoyèrent dans sa prison sans lui demander s'il avouait son avocat et se préparèrent à communiquer sa conversion au roi et à solliciter sa grâce. Mais, tandis qu'ils délibéraient, « voici venir un bulletin écrit et signé de du Bourg, par lequel il désavouoit les conclusions de son avocat, persistant en sa confession de foi, laquelle il étoit prêt à confirmer par l'effusion de son sang. »

Dès lors sa perte fut assurée, et personne, dans le parlement, n'osa plus résister à la violence de ses persécuteurs ; mais ceux-ci apprirent à leurs dépens que la persécution n'était plus désormais sans périls et sans vengeance. Un complot fut tramé contre les trois présidents qui avaient appelé la colère du roi sur leurs collègues : le hasard sauva Le Maître et Saint-André, mais le président Minard, revenant un soir du Palais, fut tué roide d'une *pistolade* dans la rue Vieille-du-Temple (12 décembre 1559). On ne put jamais découvrir son meurtrier. Ce coup de pistolet était le signal des trente-cinq ans de guerres civiles qui allaient succéder à trente-cinq ans de barbaries exercées sur des victimes résignées.

Le meurtre de Minard ne fit qu'accélérer le supplice de du Bourg : le cardinal de Lorraine en prit occasion de presser la condamnation du magistrat hérétique, afin que l'exécution fût accomplie avant l'arrivée d'un ambassadeur qu'envoyait l'électeur palatin pour demander au roi la grâce de du Bourg, qu'il voulait nommer professeur dans son université de Heidelberg. La sentence fut prononcée le 22 décembre : tout ce que purent obtenir les anciens amis de du Bourg, fut qu'on lui épargnerait de « sentir le feu » et qu'il serait étranglé avant d'être jeté dans les flammes. Plusieurs présidents qui avaient voté pour la tolérance devant Henri II, de Thou et autres, eurent la criminelle faiblesse de signer l'arrêt. Du Bourg en entendit la lecture avec une contenance héroïque : il répondit par le cri des martyrs : « Je suis chrétien ! je suis chrétien ! » et arracha des larmes aux plus endurcis de ses juges par l'éloquence de ses adieux. Il fut exécuté le lendemain, en place de Grève (23 décembre)[1].

Le supplice de du Bourg, précédé et suivi de beaucoup d'autres, jeta le deuil dans tous les cœurs où subsistaient quelques sentiments d'humanité et l'exaspération dans le cœur des protestants. Sur ces entrefaites, le cardinal de Lorraine, qui, comme tous les hommes grands par l'esprit et petits par l'âme, supportait mal la prospérité, mit à la disposition des mécontents, par son insolence, bon nombre d'hommes de main et d'action étrangers aux querelles religieuses. La paix du Câteau-Cambresis avait amené le licenciement d'une multitude de pauvres gentilshommes et autres gens de guerre n'ayant que la cape et l'épée. Ces soldats congédiés suivaient la cour en foule, sollicitant, soit l'arriéré de leur solde, soit des pensions ou des bénéfices. Le cardinal, pour se débarrasser de leurs importunités, fit élever une potence à l'entrée du château de Fontainebleau, avec menace d'y faire attacher

---

1. *V.* le recueil des *Mémoires de Condé*, t. I, p. 213-304, édit. de 1743. — De Thou. — Théod. de Bèze. — La Planche. — La Place, etc. — Le procès des autres conseillers se prolongea et eut une tout autre issue, grâce aux événements considérables qui changèrent la situation. Un seul des accusés, de La Porte, faiblit et consentit à dire qu'il « tenoit les arrêts donnés en la grand'chambre pour bons et immuables ». Du Faur et de Foix, condamnés à la suppression de leurs offices, appelèrent à l'assemblée des chambres et parvinrent à faire casser leurs arrêts. Fumée fut acquitté. La suite de notre récit expliquera cette nouvelle réaction dans le parlement. *V.* P. de La Place, p. 20-25 ; éd. du *Panthéon littéraire*.

les solliciteurs qui n'auraient pas vidé la cour dans les vingt-quatre heures. Les solliciteurs partirent, mais en se promettant de présenter aux Lorrains des placets d'une autre nature. (De Thou. — Brantôme.)

L'occasion leur en fut bientôt offerte : la guerre de pamphlets qu'on faisait aux Guises préparait des hostilités plus sérieuses [1] et l'exemple des réformés écossais semblait inviter les réformés de France à tenter quelque grand coup. Après diverses alternatives de persécutions violentes et de demi-tolérance, les chefs des protestants d'Écosse, guidés par l'énergique prédicateur John Knox, s'étaient confédérés pour l'établissement public de leur culte (3 décembre 1557) [2]. Durant dix-huit mois, la reine mère, Marie de Guise, régente d'Écosse, hésita à prendre l'offensive contre eux; mais, après le traité du Câteau-Cambresis, ses frères les Guises, qui se sentaient ébranlés auprès de Henri II et qui espéraient se raffermir par un éclatant succès en Écosse, la poussèrent à rendre un décret de proscription contre toutes innovations religieuses. Knox et ses amis pensaient, sur le droit des peuples, comme Zwingli et non comme Luther et Calvin. La guerre éclata

1. On rappelait, dans ces pamphlets imprimés clandestinement, l'élection primitive des rois franks et les bornes imposées à leur pouvoir. On y avançait que, lorsque le roi était hors d'état de gouverner, par son âge ou autrement, le gouvernement appartenait, non point à la mère du roi ni à des conseillers étrangers, mais aux princes du sang appuyés sur les États Généraux; on imputait enfin aux Guises, non plus seulement de prétendre à la succession de la maison d'Anjou, mais de répandre partout une généalogie supposée, qui les faisait descendre de Charlemagne par ce duc Charles de Lorraine que Hugues Capet déposséda de son royal héritage. On les accusait d'insinuer que les Capétiens détenaient injustement la couronne qui appartenait à la race de Charlemagne, et de viser à s'élever au trône sur les débris de la maison de France. Du Tillet, greffier du parlement, un des érudits de ce siècle qui commencèrent à débrouiller les éléments confus de notre histoire nationale, répondit par un traité de la *Majorité des rois*, où il démontrait, d'après l'ordonnance de Charles V, passée dans le droit public de la monarchie, que les rois étaient majeurs en entrant dans leur quatorzième année et pouvaient dès lors choisir librement leurs conseillers. Il y prouvait aussi qu'il n'existait plus de descendants de Charlemagne. Ce traité fut inséré officiellement dans le recueil des ordonnances. Les Guises pensaient par là imposer silence à leurs accusateurs et n'en continuaient pas moins de propager leurs prétentions dans le peuple, qui ne lisait pas du Tillet. Les « mécontents » répliquèrent par de nouvelles récriminations. On cherchait de part et d'autre des autorités dans les événements de notre histoire, assez mal connus et plus mal interprétés. L'érudition historique était faible encore chez les plus doctes. De Thou, l. XXIII; — La Planche.

2. Ce fut là le premier des fameux *covenants* (ligues) d'Écosse.

et les protestants victorieux proscrivirent à leur tour le culte romain et déposèrent la régente (juin-octobre 1559). Des troupes françaises envoyées par les Guises rendirent un moment quelque avantage à Marie de Guise; mais la reine Élisabeth, provoquée par les prétentions menaçantes de la cour de France [1], fit plus que rétablir l'équilibre en accordant ouvertement des secours aux *covenantaires*, et la lutte continua.

Calvin avait réussi jusqu'alors à contenir les protestants français [2]; mais leur patience était à bout; la caste guerrière, en entrant dans la Réforme, en transformait le caractère : elle était incapable de la passivité acceptée par les martyrs des classes habituées à souffrir, et son esprit réagissait sur les bourgeois et les artisans, auxquels elle se mêlait dans les conventicules. Le cœur gaulois se réveillait chez tous contre cette doctrine de soumission au pouvoir de fait, qui s'était associée, chez les premiers chrétiens, à l'indifférence pour un monde qu'ils croyaient prêt à finir. Les protestants n'avaient plus rien de cette croyance, et le vigoureux réveil de la personnalité humaine n'était plus arrêté en eux que par l'attachement à la lettre de quelques textes isolés. Maintenant, on pouvait même contester que ces textes fussent applicables. Quelles étaient les « puissances » auxquelles on devait obéir? La majorité du roi n'était-elle pas évidemment fictive?

Une partie des réformés, et des plus éminents, doutaient encore : beaucoup ne doutaient plus et appelaient l'action qu'invoquaient avec eux bien d'autres « mal-contents » par motifs politiques ou

---

1. François II et Marie Stuart, à leur avénement en France, avaient pris le titre de roi et reine d'Angleterre et d'Irlande, tout en prétendant ne pas rompre le traité du Câteau-Cambresis, où chacun avait réservé ses droits. Il s'ensuivit les complications les plus singulières. Philippe II craignait sur toutes choses une révolution qui réunirait la France, l'Angleterre et l'Écosse. « Si la jeune reine (Marie Stuart) venoit à mourir », dit-il dans une lettre à Granvelle, « elle nous tireroit de graves embarras. » Le chef de l'orthodoxie continua donc à protéger l'hérétique Élisabeth, détourna le pape Pie IV, comme auparavant Paul IV, de lancer une sentence nominative de déposition contre elle et signifia à la cour de France qu'il ne souffrirait pas que les Français occupassent un point quelconque de l'Angleterre par une descente dont les Guises avaient eu la pensée et qu'appelait le parti catholique anglais. Ainsi Philippe II aida indirectement, mais très-efficacement, à la restauration définitive du protestantisme en Angleterre. *V.* Granvelle, t. V, p. 642; VI, 8, 93 et *passim*; et Mignet; *Marie Stuart*, t. I, Appendice A.

2. *V.* une importante missive à l'église d'Angers, prête à s'insurger dès 1556. *Lettres de Calvin*, t. II, p. 90.

privés. Il fallait que l'action fût centralisée et dirigée. Quelqu'un s'en chargea ; un de ces esprits violents, hardis, inventifs, qui peuvent, suivant les circonstances, tomber jusqu'à l'aventurier ou se relever jusqu'au héros.

Godefroi de Barri ou du Barri, sieur de La Renaudie, gentilhomme périgourdin, était déterminé à jouer sa tête pour réhabiliter, par quelque action illustre, son nom flétri par une condamnation judiciaire (il avait été condamné à l'amende et à la prison par le parlement de Dijon, pour avoir produit de fausses pièces dans un procès contre le greffier du Tillet, « plus par le crime d'autrui que par le sien, » dit de Thou) [1]. La Renaudie s'entendit secrètement avec le prince de Condé, qui avait beaucoup d'ambition et peu de scrupules, parcourut le royaume, relia les mécontents des provinces entre eux et avec les réfugiés protestants de Genève, de Lausanne, de Berne, de Strasbourg [2], et leur annonça un « capitaine muet », un chef secret, de grande autorité, dont il n'était que le lieutenant. Des consultations furent obtenues de maints jurisconsultes et théologiens de France et d'Allemagne [3], établissant que, le roi étant évidemment incapable de gouverner par lui-même, on pouvait « s'opposer légitimement au gouvernement que ceux de Guise avoient usurpé et au besoin prendre les armes pour repousser leur violence, pourvu que les princes, qui, en tel cas, sont nés magistrats légitimes, ou l'un d'eux, le voulussent entreprendre, étant requis de ce faire par les États du royaume ou par la plus saine

---

1. Suivant Brantôme (*Vies des capitaines françois*) et Bellefurest (*Hist. de France*, t. II, f° 1608), la protection du duc de Guise avait fait sortir de prison La Renaudie. Les historiens protestants nous apprennent le motif qui effaça ce bienfait de la mémoire de La Renaudie et qui, joint à son zèle pour la réforme qu'il avait embrassée à Lausanne, lui fit prendre les armes contre la maison de Lorraine : c'est que son beau-frère, échevin de Metz, accusé d'intrigues avec les princes d'Allemagne en faveur des protestants français, était mort à Vincennes dans les tourments de la question. V. *Mémoires de Condé*, t. I, p. 553.

2. Le docteur Lingard assure que La Renaudie passa en Angleterre pour solliciter la protection de la reine Élisabeth en faveur des protestants français. Ce qui est certain, c'est que Throkmorton, ambassadeur d'Élisabeth en France, excitait secrètement les mécontents à prendre les armes et avait offert au roi de Navarre l'appui de sa souveraine. Les agents de Philippe II agissaient de même en sens contraire.

3. Les principaux furent, dit-on, le jurisconsulte François Hotman, depuis célèbre par sa *Franco-Gallia*, l'ex-évêque de Nevers, Jacques Spifame, retiré à Genève, et Théodore de Bèze. Quant à ce dernier, du moins, nous en doutons fort.

partie d'entre eux. » La correspondance de Calvin atteste qu'il s'opposa formellement à la prise d'armes, à moins qu'on n'obtînt une déclaration des princes du sang enregistrée par les parlements; mais le mouvement était trop fort pour que Calvin pût l'arrêter [1].

Le 1er février 1560, se tint à Nantes, sous la présidence de La Renaudie, une assemblée secrète dont les membres, venus de toutes les provinces de France, prétendaient représenter les États Généraux, « pour extrême nécessité » : un certain nombre de bourgeois y figuraient à côté des nobles. La Renaudie protesta qu'il n'était aucunement question « d'attenter contre la majesté du roi, les princes du sang, ni l'état légitime du royaume »; puis il lut les avis des docteurs en droit et des théologiens et quelques informations dressées clandestinement touchant les méfaits des Guises afin de donner une apparence quasi légale à ce qui se tramait : il accusa les Guises de tendre non-seulement à l'extermination « de ceux de la Religion », mais à la ruine de la noblesse et à la destruction de la maison royale. Tous les assistants prêtèrent serment à La Renaudie, comme lieutenant du « capitaine muet »; il leur révéla pour lors le nom du prince de Condé. Le plan d'exécution fut arrêté. On nomma un conseil de guerre pour assister La Renaudie : on convint qu'un grand nombre de personnes, sans armes de guerre, viendraient à Blois, où le roi passait l'hiver par raison de santé, présenter à François II une requête pour la liberté du culte réformé; que cinq cents gentilshommes à cheval et mille soldats à pied, bien armés et bien équipés, suivraient cette première bande et paraîtraient subitement le 15 mars aux portes de Blois, qui leur seraient ouvertes par les premiers arrivés; que Condé se mettrait à leur tête; qu'on s'emparerait du duc de Guise et du cardinal de Lorraine, afin de les faire punir par justice, et que, « les deux Guises pris, s'il y avoit résistance, on fourniroit gens et argent, en sorte que force

---

1. L'*Histoire ecclésiastique* attribuée à Théodore de Bèze, le lieutenant de Calvin, approuve le mouvement (t. I, p. 253); mais cette histoire a été écrite après les grandes guerres civiles et son approbation rétrospective ne prouve pas que de Bèze ait pensé de même en 1560, ni surtout qu'il ait osé alors se séparer de son maître. V. les *Lettres de J. Calvin*, t. II, p. 382.

demeureroit au chef, jusques à ce qu'il eût fait établir un gouvernement légitime. »

Déjà février avançait. La Renaudie était à Paris, « acheminant les affaires »; il se trouva forcé de confier une partie de son secret à un avocat protestant nommé des Avenelles, qui était son hôte au faubourg Saint-Germain. Des Avenelles prit peur et révéla ce qu'il savait au secrétaire du duc de Guise, qui l'envoya en poste à Blois. Des rumeurs menaçantes, de vagues avertissements étaient déjà parvenus aux Guises. Philippe II, qui étendait dans toute l'Europe son immense espionnage, les avait prévenus qu'un orage allait éclater sur leurs têtes. Le cardinal de Lorraine, saisi de terreur, voulait appeler à grand bruit toutes les garnisons et tous les fidèles sujets au secours du roi. Le duc François s'y opposa, exigea que les préparatifs de défense s'organisassent le plus mystérieusement possible et que l'on se contentât d'emmener le roi de Blois, ville mal « défensable », au fort château d'Amboise. La reine mère, d'accord avec les Guises, manda en toute hâte Coligni et d'Andelot, sous prétexte de leur demander conseil. On les soupçonnait fort d'être de l'entreprise. On se trompait : comme chrétien évangélique et comme grand officier de la couronne, le consciencieux Coligni n'était pas homme à entrer dans une conjuration pour violenter le roi. Les trois Châtillons, y compris le cardinal, accoururent sans témoigner de défiance et l'amiral donna franchement et nettement les avis qu'on réclamait de lui. Coligni déclara qu'il n'était plus question d'employer la force pour exterminer les réformés et qu'il fallait leur accorder relâche par un bon édit, si l'on voulait avoir la paix en France. Le chancelier Olivier appuya vivement l'avis « de traiter les sujets du roi plutôt par douceur que par force ». Les Guises cédèrent à demi, dans l'espoir de désarmer la masse du parti protestant, tout en écrasant les conspirateurs; le 2 mars, une déclaration royale proclama l'abolition de tout le passé « au regard de la religion », moyennant que les délinquants vécussent dorenavant en bons catholiques : on « forcluoit seulement du pardon les ministres, prédicants et ceux qui, sous couleur de religion, auroient machiné contre le roi, sa mère et ses principaux ministres ». Les parlements furent invités à enregistrer l'édit sans délai, mais avec autorisation d'y insérer des réserves secrètes et de retenir en prison tous les détenus pour cause de religion jusqu'à nouvel ordre [1].

Le prince de Condé était convenu avec La Renaudie de devancer les conjurés à la cour : quand il sut la cour transférée de Blois à Amboise et le complot éventé, il n'en vint pas moins trouver le roi avec un grand courage, mais une grande folie; c'était se livrer pieds et poings liés et s'ôter toute chance d'agir. Les Guises le reçurent mal, mais sans éclater : ils attendaient. La Renaudie et les autres chefs des conjurés, avertis qu'on soupçonnait leurs projets, ne s'étaient pas déconcertés : ils avaient ajourné l'attaque de vingt-quatre heures et modifié leur plan; leurs gens continuaient à filer par petites bandes vers la Loire et, si le gros eût pu se réunir aux portes d'Amboise, le succès de leur audacieux coup de main n'eût été nullement impossible. Une seconde trahison perdit tout : un de leurs chefs, Lignières, vint découvrir à la reine mère tous les moyens d'exécution, les lieux de rendez-vous et les dépôts d'armes des conjurés. Aussitôt les Guises mirent en campagne la noblesse suivant la cour, les gardes du roi, les troupes assemblées à petit bruit aux environs d'Amboise : beaucoup de gentilshommes catholiques étaient accourus à leur aide des provinces voisines, sur la nouvelle d'une rébellion contre le roi, et Paris avait promis un secours d'infanterie. Nombre de conjurés, surpris isolément et sans armes, furent saisis et amenés prisonniers à Amboise; néanmoins, une troupe de gentilshommes gascons et béarnais, arrivés de Tours, qui était en grande fermentation, sous les ordres du baron de Castelnau-Chalosse, s'emparèrent du château de Noisai, à peu de distance d'Amboise. Le duc de Nemours [2] fut dépêché contre Castelnau, qui envoya prévenir La Renaudie. Celui-ci accourut à marche forcée du côté du Nord, pour secourir Castelnau, et fit porter à un corps de fantassins, venant du Midi, l'ordre de se jeter sur Amboise à travers les bois de la rive sud de la Loire. Mais Castelnau et les siens, cernés dans Noisai par le duc de Nemours, se lais-

---

1. *Mémoires de Condé*, t. I, p. 9.
2. Chef d'une branche cadette de la maison de Savoie, fixée en France sous François Ier, qui avait donné le duché de Nemours à son oncle Philippe de Savoie, frère de sa mère.

sèrent amuser par des pourparlers et eurent l'imprudence de se fier à la parole du duc, qui leur garantissait une libre entrevue avec le roi, s'ils déposaient les armes. Au lieu d'audience, ils ne trouvèrent à Amboise que le cachot en attendant la mort. Les fantassins du Midi n'eurent pas un meilleur sort : ils furent taillés en pièces ou pris par des détachements de cavalerie embusqués dans la forêt d'Amboise; on les amenait par troupes, liés à la queue des chevaux; plusieurs furent pendus sur-le-champ, sans forme de procès, aux créneaux du château.

Deux jours après (18 mars), La Renaudie, qui courait partout, cherchant à rallier le reste de ses gens, rencontra, dans les bois de Château-Renaud, son parent Pardaillan, qui tenait le parti des Guises et qui battait le pays avec des cavaliers de la maison du roi. Les deux cousins s'attaquèrent furieusement. La Renaudie passa son épée à travers le corps de Pardaillan et tomba mort, frappé d'une arquebusade par un valet de son ennemi. Le corps de cet homme intrépide fut rapporté à Amboise et attaché à une potence sur le pont de la Loire, avec cet écriteau : « La Renaudie, chef des rebelles ». Malgré les revers des conjurés, ils étaient animés d'une telle audace, qu'un assez grand nombre d'entre eux, ayant réussi à se joindre et à s'approcher d'Amboise, hasardèrent un dernier effort et assaillirent la ville en plein jour, le lendemain de la mort de leur chef (19 mars); s'ils eussent tenté le coup de main pendant la nuit, on ne sait ce qui eût pu arriver. Leur téméraire attaque fut repoussée : les Châtillons et Condé même furent obligés de figurer parmi « les défenseurs du roi » et les conjurés n'eurent plus qu'à se disperser, poursuivis et traqués par les gens d'armes qui arrivaient de toutes parts au secours des Guises.

Le rôle des soldats était fini : celui des bourreaux commençait. Dans les premiers jours du « tumulte d'Amboise », le jeune roi, s'il faut en croire les écrivains protestants, « demandoit souvent en pleurant ce qu'il avoit fait à son peuple pour lui en vouloir ainsi, et disoit vouloir entendre leurs plaintes et raisons; il disoit aussi à ceux de Guise : — Je ne sais ce que c'est, mais j'entends qu'on n'en veut qu'à vous; je souhaiterois que pour un temps vous fussiez hors d'ici, afin que l'on vît si c'est à vous ou à moi qu'on en veut. — Mais eux rejetoient cela entièrement, disant que lui ni ses frères ne vivroient une heure après leur partement et que la maison de Bourbon ne songeoit qu'à exterminer la maison royale (Regnier de La Planche). » Quoi qu'il en soit, les princes lorrains persuadèrent si bien François II, que le jeune monarque, par déclaration du 17 mars, au plus fort de la tempête, nomma le duc de Guise son lieutenant-général avec des pouvoirs illimités. La reine mère et le chancelier Olivier ne purent empêcher cette abdication de la royauté au profit des Lorrains. Tout ce qu'obtint Olivier, ce fut une amnistie en faveur de « ceux de l'entreprise » qui retourneraient paisiblement chez eux; mais le coup de main tenté sur Amboise fit révoquer cette amnistie deux jours après. Les vengeances de la faction victorieuse furent atroces, implacables. La Loire était couverte de cadavres attachés, six, huit, dix, quinze, à de longues perches. Les rues d'Amboise, tapissées de corps morts, ruisselaient de sang humain : on ne fit que « décapiter, pendre ou noyer gens », durant tout un mois. « Ce qui étoit étrange à voir, disent les contemporains, et qui jamais ne fut usité en aucune forme de gouvernement, on les menoit au supplice sans leur prononcer en public aucune sentence, ni déclarer la cause de leur mort, ni nommer leurs noms. Ceux de Guise réservoient les principaux après le dîner pour donner quelque passe-temps aux dames, et eux et elles étoient arrangés aux fenêtres du château, comme s'il eût été question de voir jouer quelque momerie [1], et, qui pis est, le roi et ses jeunes frères comparoissoient à ces spectacles, comme si l'on eût voulu les acharner, et leur étoient les patients montrés par le cardinal, avec des signes d'un homme grandement réjoui, et, lorsqu'ils mouroient plus constamment, il disoit : — Voyez, sire, ces effrontés et enragés ! Voyez que la crainte de la mort ne peut abattre leur orgueil et félonie. Que feroient-ils donc s'ils vous tenoient! » (R. de La Planche.)

Tels étaient les spectacles qui ébranlaient la frêle organisation de François II, dépravaient la jeune imagination et dénaturaient

---

1. La duchesse de Guise, dont la mère, la duchesse de Ferrare, était calviniste, montra une horreur et une épouvante extrêmes; mais on ne cite aucune marque de sensibilité de Marie Stuart.

les heureuses et brillantes facultés de l'aîné de ses frères. Peut-on s'étonner qu'une telle éducation ait produit Charles IX! Le cardinal de Lorraine se vengeait, avec la cruauté des lâches, de la peur qu'il avait eue. Chez le duc François, ce n'était pas de la peur, mais de la fureur : il se sentait engagé sans retour dans une lutte forcenée, où il laisserait la vie et peut-être la gloire, et le héros de Metz et de Calais n'était plus qu'un factieux ivre de sang. Ce qui l'exaspérait surtout, c'était l'attitude de ces hommes qui mouraient pour la plupart en défiant lui et ses frères. Les chefs, exécutés après un procès sommaire, firent trembler juges et bourreaux. Les Châtillons, la reine mère, et même un des Guises, le duc d'Aumale, avaient tâché de sauver le baron de Castelnau, qui appartenait à une famille illustre et qui avait servi la maison royale avec éclat. Le duc François et le cardinal rendirent le roi inexorable. Castelnau monta à l'échafaud en annonçant la justice de Dieu aux Guises [1]. Un gentilhomme, nommé Villemongis, que Calvin avait tâché en vain de détourner de l'entreprise, trempa ses mains dans le sang de ses compagnons décapités et, les élevant au ciel : « — Seigneur! s'écria-t-il, voici le sang de tes enfants : tu en feras la vengeance! » Le chancelier Olivier, qui avait eu des relations d'amitié avec Castelnau et avec beaucoup d'autres réformés, et qui partageait secrètement leur doctrine, n'avait pas eu le courage de refuser son ministère aux Guises vainqueurs : il fut tellement saisi des reproches amers que lui adressaient les victimes, qu'il se mit au lit et ne s'en releva pas : dans ses derniers moments, il avait sans cesse à la bouche le nom de du Bourg; le cardinal de Lorraine l'étant allé visiter, il le repoussa en s'écriant : « Ah! cardinal, tu nous fais tous damner! » et il mourut sans confession (30 mars).

Les Guises n'étaient pas capables de tels repentirs : ils eussent bien voulu pousser plus loin leur avantage et frapper de plus hautes têtes. La triste et sombre attitude des Châtillons était

---

1. Il avait soutenu la défense de sa foi avec beaucoup de force et de dignité contre le cardinal de Lorraine : comme il interpellait le duc de Guise, présent à l'interrogatoire : « Je ne sais que c'est de disputer », répondit le duc, « mais bien m'entends-je à faire couper têtes; ce n'est mon état de parler de telles choses!... » R. de La Planche, p. 265.

pleine de menaces [1] ; mais nul prétexte pour s'attaquer à eux.
Vis-à-vis de Condé, il y avait mieux que des prétextes ; mais
les preuves écrites manquaient. On fit une descente chez lui ;
on fouilla ses papiers ; on ne trouva rien. Le roi lui dit en face
« avoir entendu que par les informations il étoit chargé d'être
chef de la conjuration ». Condé paya d'audace ; il pria le roi d'assembler les princes, les chevaliers de l'ordre, les membres du
conseil privé et les ambassadeurs étrangers qui se trouvaient à
Amboise. « La compagnie étant réunie en la salle du roi », le
prince déclara que, sauf la révérence du roi, de ses frères et des
deux reines, « ceux qui avoient rapporté au roi qu'il étoit chef
et conducteur de certains séditieux qu'on disoit avoir conspiré
contre sa personne et son État, avoient faussement et malheureusement menti, et que, quittant, pour ce regard (à cet égard),
sa dignité de prince du sang, il leur vouloit faire confesser à la
pointe de l'épée que c'étoient poltrons et canailles, cherchant
eux-mêmes la subversion de l'État et de la couronne, de laquelle
il devoit procurer l'entretènement à meilleur titre que ses accusateurs. » Il termina en sommant les assistants, « s'il y en avoit
aucun qui eût fait ce rapport ou le voulût maintenir », de le
déclarer sur l'heure.

Le duc de Guise prit la parole, non pour relever le gant, mais
pour dire que, comme parent du prince, c'était à lui d'être son
second si quelqu'un acceptait le défi. Les Guises reculèrent :
n'ayant pu, dit-on, décider le jeune roi à poignarder son cousin
de sa propre main, à la façon des tyrans italiens, ils laissèrent partir le prince. Condé fit un détour pour éviter les embûches qu'on
eût pu lui tendre sur la route et alla rejoindre en Béarn son frère
le roi de Navarre [2]. Les Châtillons s'éloignèrent aussi, sans dissimuler leur profond ressentiment contre les Guises.

1. « De leur nature ils étoient si posés (Coligni et d'Andelot) que malaisément
s'émouvoient-ils et, à leur visage, jamais une subite et changeante contenance ne les
eût accusés. » Brantôme, *Capitaines françois*.
2. Sur la Conjuration d'Amboise, *V.* de Thou, l. XXIV ; — Regnier de La Planche ;
— de La Place ; — Davila, l. I-II ; — *Mémoires* de Vieilleville ; — *Mémoires* de Castelnau, édition de Le Laboureur ; — *Lettres* d'Étienne Pasquier, dans le tome II de
ses œuvres ; — *Mémoires* de Condé, t. I, édition de Secousse. Ce recueil de pièces
officielles, de manifestes, de pamphlets, de relations, de dissertations, porte le titre
de *Mémoires de Condé*, parce que la première édition fut publiée en 1565 par les pro-

Les Guises avaient senti que, derrière les Châtillons, il y avait les Montmorencis, que, derrière Condé, il y avait le roi de Navarre, et ils n'avaient osé frapper les uns sans tenir les autres : ils s'étaient, du moins, efforcés de compromettre dans leur cause le connétable et le roi de Navarre lui-même : ils donnèrent commission à Antoine de Bourbon, comme gouverneur de Guyenne, d'étouffer une révolte soldatesque fomentée dans l'Agenais par les affidés de La Renaudie ; le roi de Navarre, toujours sous le coup des menaces de Philippe II, n'osa refuser d'obéir. Quant à Montmorenci, on le chargea d'aller raconter au parlement de Paris « toute l'occurrence et les conséquences de l'entreprise d'Amboise » (28 mars). Le connétable ne s'en acquitta point à la satisfaction des Guises ; il blâma seulement les rebelles d'avoir voulu assaillir les ministres du roi sous les yeux du roi même, tandis que les Guises, dans leurs lettres adressées de par le roi aux cours souveraines, aux gouverneurs des provinces, aux bonnes villes, aux princes étrangers, représentaient le complot comme ourdi contre le roi, sa mère et ses frères ; ces lettres, datées du 31 mars, attestent que les Guises comprenaient que leur victoire ne terminait pas, mais commençait la lutte. Ils faisaient à l'opinion, après leur victoire, des concessions qu'ils avaient refusées auparavant. Ils promettaient la réunion d'un concile gallican avant six mois, « pour retrancher et réformer les mauvaises choses accumulées en l'Église de Dieu », et ils prenaient grand soin de proclamer que le prince de Condé n'avait pas trempé dans l'entreprise d'Amboise. La fermentation des provinces, les soulèvements qui éclataient en divers lieux, les découvertes qu'on faisait de jour en jour sur les vastes ramifications du complot de La Renaudie, rendaient au cardinal de Lorraine sa frayeur première. La guerre de pamphlets se renouvelait avec furie : ces inspirations de La Némésis calviniste atteignent parfois à l'âpre éloquence de la Boëtie ; chaque ligne semble écrite à la pointe du glaive, avec le sang des martys [1].

testants, sous les auspices du prince de Condé. Il a été fort augmenté depuis et l'on y a joint deux importants documents catholiques, le *Journal* de Brûlart, conseiller clerc au parlement de Paris et chanoine de Notre-Dame (1559-1569), et la correspondance de l'ambassadeur d'Espagne (1561-1564).

1. V. La Planche et le recueil des *Mémoires* de Condé. Un de ces pamphlets, le plus

Des pièces d'un style moins emporté et d'un caractère collectif étaient adressées en même temps aux parlements, au nom « des États de France » : on y réfutait les lettres écrites par le cardinal de Lorraine sous le nom du roi et l'accusation portée contre les conjurés d'avoir voulu ériger la France en république « à la manière des Suisses » ; on y accusait les Guises d'aspirer à la couronne et l'on réclamait instamment les États-Généraux et le concile.

Les Guises avaient de tous côtés des sujets d'alarme : ils étaient informés que Philippe II, à l'instigation du connétable, conseillait à son jeune beau-frère de les éloigner momentanément pour calmer les esprits[1] ; ils soupçonnaient la reine mère de correspondre avec l'amiral et de renouveler ses avances au parti réformé : elle avait fait demander aux huguenots des mémoires sur leurs griefs et sur l'état du royaume : espionnée, surprise par sa bru Marie Stuart, instrument dévoué des Lorrains, Catherine prétendit n'avoir eu d'autre but que de découvrir les secrets des « séditieux » ; elle se concerta même avec le cardinal de Lorraine pour attirer à la cour Regnier de La Planche, confident huguenot du maréchal de Montmorenci, l'aîné des fils du connétable, et pour tirer de lui des révélations sur les projets des Montmorencis et des Châtillons. Les Guises n'en comptèrent pas davantage sur Catherine : ils savaient, dit La Planche, « son naturel être de caresser ceux qui la rudoyoient ». Catherine, cependant, s'était donné un habile auxiliaire et avait obtenu, par sa perspicacité à juger les hommes, une véritable victoire, l'élévation de Michel de L'Hospital au rang de chancelier. L'Hospital se trouvait alors à Nice, auprès de la nouvelle duchesse de Savoie, Marguerite de France, dont il était le chancelier : la reine mère le rappela en France et lui confia les sceaux, du consentement des Guises :

---

vigoureux peut-être, l'*Épître au tigre de la France*, espèce de *Catilinaire* contre le cardinal de Lorraine, a été retrouvé, il y a quelques années, par M. L. Pâris, bibliothécaire de Reims. Dans un autre écrit, d'ailleurs fort remarquable, l'esprit de faction étouffe tellement l'esprit national, que l'auteur fait un crime aux Guises d'avoir donné et conservé Metz à la France, « contre les droits de l'Empire ». L'imprimeur du *Tigre de la France* fut découvert et pendu à Paris.

1. *Commentarii dell' azzioni del regno di Francia* ; à la suite des *Ambassadeurs vénitiens*, t. II, p. 684.

les princes lorrains ne virent dans L'Hospital qu'un homme d'assez humble origine et de grande capacité littéraire et judiciaire, qui devait en partie sa fortune à la bienveillance de leur maison[1] et qui serait pour eux un agent éclairé et docile. Ils connaissaient mieux ses talents que son caractère et s'étaient laissé prendre aux louanges classiques de sa muse latine et à sa déférence apparente envers les grands, reste des habitudes d'une condition inférieure : sa belle et imposante physionomie, qui rappelait les sages de l'antiquité[2], ne leur avait pas révélé, sous le courtisan, le grand citoyen et, sous les formes flexibles, le cœur inébranlable. L'Hospital avait pris pour devise les vers d'Horace sur le juste :

> Si fractus illabatur orbis,
> Impavidum ferient ruinæ.

Ce fier engagement de la vertu envers elle-même ne fut pas démenti. Entre les factions rivales, les égoïsmes déchaînés et les fanatismes contraires, L'Hospital n'apporta au pouvoir qu'une seule passion, le dévouement à cette patrie qu'il voyait entraînée loin de sa route véritable et disputée entre deux partis dont les doctrines étaient également contraires à son génie. Il avait compris l'effroyable avenir que préparaient à la France les persécutions religieuses; il ne voyait de salut pour l'État que dans la substitution d'un système de tolérance et de transaction au système de persécution; il conçut le plan hardi et nouveau d'amener les deux religions à vivre en paix sur le même sol, plan aussi éloigné, qu'on se garde de l'oublier, de la pensée des calvinistes que de celle

---

1. L'Hospital, né à Aigueperse, en Auvergne, était le fils d'un médecin attaché d'abord au fameux connétable de Bourbon, puis à la sœur de ce prince, femme du duc Antoine de Lorraine. Il fut successivement avocat, conseiller au parlement de Paris, conseiller au grand conseil et premier président de la chambre des comptes. Il ne se distingua pas moins par son talent pour la poésie latine que par son éloquence et son savoir comme jurisconsulte. V. ses Œuvres et Bayle, art. L'Hospital; Teissier, Éloges des hommes savants, et l'éloquent Éloge de L'Hôpital, par M. Villemain.

2. « Michel de L'Hospital a été le plus grand et le plus digne chancelier qu'il y ait eu en France. C'étoit un autre censeur Caton : il en avoit du tout l'apparence, avec sa grande barbe blanche, son visage pâle, sa façon grave, etc. » Brantôme, dans la Vie du connétable de Montmorenci. Le profond respect que le frivole et libertin Brantôme témoigne à L'Hospital est plus significatif que les éloges des plus graves historiens. Brantôme oublie dans cette figure un trait essentiel, une certaine douceur triste, une douleur intime qui la caractérise comme l'inflexibilité caractérise la physionomie de Calvin. V. le beau portrait de L'Hospital au Musée du Louvre.

des papistes. Ce grand dessein, qui ne se révéla que par degrés, suscita contre L'Hospital les fureurs des catholiques zélés; les uns le traitèrent de huguenot, les autres d'athée (l'historien *Belcarius*, par exemple) : les protestants louèrent le chancelier de protéger les champions de l'Évangile, mais le blâmèrent de « connoître la vérité » sans en faire confession publique; ce qui est probable, c'est que ce grand esprit, entendant beaucoup mieux la « vérité » et « l'Évangile » que ses contradicteurs, s'élevait au-dessus des sectes comme au-dessus des partis, bien qu'il aimât dans la Réforme le progrès rationnel et surtout le progrès moral qu'elle enfantait. Son gendre, sa fille, ses petits-fils embrassèrent la Réforme sans opposition de sa part, à ce qu'il paraît.

Catherine de Médicis accepta d'abord par intérêt personnel les vues que le patriotisme inspirait à L'Hospital, et ce fut une étrange association que celle de cet homme si consciencieux avec cette femme si dénuée de toute moralité; mais la pensée de L'Hospital fut invariable comme la vertu; la pensée de Catherine fut toujours subordonnée à la fortune et mobile comme l'égoïsme.

L'Hospital, arrivant au ministère le lendemain de la conjuration d'Amboise, au plus fort de la domination lorraine, se garda bien de heurter de front la puissance victorieuse : il eût été brisé à l'instant et, avec lui, l'unique espoir de la France : il louvoya, il s'efforça d'amortir l'ardeur de la faction lorraine, d'entraver sourdement ses projets les plus pernicieux; quand on l'interrogeait sur l'état de la chose publique : « toujours répondoit-il — Patience! patience! tout ira bien! »

Hélas, non! tout n'alla pas bien! Il était trop tard pour refréner ces factions formées, ces passions déchaînées par l'imprudence des rois, pour qu'un particulier fît ce que n'avait pas su ou voulu faire le roi de la Renaissance, le brillant et coupable François Ier; mais ce que L'Hospital ne fit pas, personne n'eût pu le faire!

Il rendit pourtant de grands services à la France; le premier fut de la sauver de l'inquisition espagnole. Les Guises avaient projeté d'organiser l'inquisition après la conjuration d'Amboise : L'Hospital leur montra, par l'exemple de Naples et de Rome, qu'ils soulèveraient les catholiques aussi bien que les protestants; les Guises exigèrent que, du moins, à défaut de l'inquisition, la juridiction épiscopale connût désormais exclusivement du crime d'hérésie. L'édit fut rendu à Romorantin, dans le courant de mai. Le parlement de Paris enregistra, non sans murmures, cette grande concession au clergé. L'Hospital, dans sa séance d'installation au parlement, interpréta l'édit d'une façon qui en modifiait singulièrement l'effet : il déclara que l'autorité civile ne devait plus poursuivre que les assemblées illicites et séditieuses, sans se mêler des choses de la conscience, et que les évêques et les curés, chargés du soin de ces choses, devaient, en attendant le concile, ramener les « dévoyés » surtout par les bonnes raisons et les bons exemples ; que l'expérience condamnait les moyens violents et que les erreurs de l'esprit ne se gouvernaient pas comme celles du corps (5 juillet). C'était précisément le sens des remontrances du parlement en 1555 et de la plupart des opinions énoncées dans la fameuse mercuriale. Une disposition que L'Hospital avait glissée dans l'édit de Romorantin, et qui menaçait de la peine du talion les auteurs de dénonciations calomnieuses, n'était pas moins significative. Le parlement enjoignit la résidence aux évêques, sous peine de saisie de leur temporel [1].

Il pouvait sembler bien étrange que les Guises laissassent ainsi démentir tout leur passé : ils ne se brouillèrent cependant pas avec L'Hospital : le cardinal de Lorraine affectait de se radoucir vis-à-vis des hérétiques ; il parlait de réformer les abus ; l'impôt des cinquante mille hommes fut aboli : un édit proclama la suppression, par voie d'extinction, de tous les nouveaux offices créés depuis trente ans. C'est que les embarras et les périls se multipliaient autour des gouvernants : tous les ressorts de l'État se détraquaient au milieu de la fermentation générale ; non-seulement il n'était plus possible d'augmenter les charges publiques pour combler le déficit croissant, mais la perception des impôts établis devenait de plus en plus difficile : les éléments de la conjuration d'Amboise se rapprochaient et s'agitaient plus formidables ; le prince de Condé, retiré auprès de son frère en Gascogne, secouait la torpeur du roi de Navarre, l'engageait malgré lui dans ses menées, correspondait avec le connétable, qu'il s'efforçait de

---

1. De Thou, l. xxv. — Isambert, XIV, 31.

décider à tirer l'épée, et se posait comme le chef de tous les mécontents ; les huguenots criaient hautement vengeance contre les massacreurs d'Amboise[1], et ce n'était point par les édits royaux qu'on pouvait juger de la situation de la France : tandis que les conciliabules nocturnes étaient encore sévèrement défendus, à Rouen, le parlement fermait les yeux sur les nombreuses assemblées des hérétiques ; à Caen, à Dieppe, à Saint-Lô, les réformés se réunissaient non-seulement de nuit, mais en plein jour ; ils s'étaient bâti à Dieppe un grand temple circulaire « en la forme d'un Colisée romain » ; dans le Dauphiné, dont le duc de Guise avait le gouvernement, ils faisaient pire ; à Valence, à Montélimart, à Romans, ils installaient leurs prêches de vive force dans les églises et les monastères : Maugiron, envoyé par Guise en Dauphiné, ne réussit que par la trahison à comprimer les protestants de Valence et des villes voisines : des exécutions sanglantes signalèrent cette triste victoire. Pendant ce temps, Montbrun, mari d'une nièce du cardinal de Tournon, se jetait sur le Comtat Venaissin avec une bande de huguenots dauphinois et soulevait les campagnards des terres papales contre le légat du pape, vengeant ainsi les Vaudois sur le théâtre même de leurs calamités : un autre vaillant capitaine, Mouvans, dont le frère avait été égorgé comme hérétique par la populace de Draguignan, courait la Provence à la tête de quelques centaines d'hommes, faisant fondre les reliquaires et brisant les images. Montbrun et Mouvans se défendirent contre des forces très-supérieures avec une audace et un bonheur inouïs.

Les affaires d'Écosse, sur ces entrefaites, avaient l'issue la plus désastreuse, non-seulement pour les Guises, mais pour la France :

---

1. *V.* les *Mémoires* de d'Aubigné. « En l'âge de huit ans et demi, mon père m'amena à Paris et, en passant par Amboise, un jour de foire, il vit, sur des poteaux, les têtes de ses compagnons de la conjuration d'Amboise, qui étoient encore reconnoissables ; ce dont il fut tellement ému, qu'il s'écria, au milieu de sept à huit cents personnes qui étoient là : « Les bourreaux ! ils ont décapité la France !... » Il me mit la main sur la tête en disant : « Mon enfant, il ne faut point épargner ta tête après la mienne, pour venger ces chefs pleins d'honneur dont tu viens de voir les têtes ; si tu t'y épargnes, tu auras ma malédiction. » D'Aubigné fut fidèle toute sa vie à l'admonition paternelle. De pareilles impressions, reçues dans l'enfance, faisaient des âmes de fer. Ce même d'Aubigné, à dix ans, pris entre des huguenots qu'on vouloit brûler, dansait la *Gaillarde* en face du bûcher et sauvait ses compagnons et lui-même par l'admiration que son intrépidité avait causée à l'un de ses gardiens.

en forçant la reine régente, leur sœur, à pousser à bout les protestants, les Guises avaient déterminé une révolution en Écosse au profit de l'Angleterre. Élisabeth avait publié un manifeste très-habile où elle protestait de son désir de rester en paix avec la France et rejetait sur les Guises la nécessité où elle était de prendre les armes pour défendre sa couronne en même temps que la liberté des Écossais (24 mars 1560) [1]; les Anglo-Écossais, maîtres de la campagne, resserrèrent la reine régente et les troupes françaises dans Leith, le port d'Édimbourg : la mort de la régente, qu'une maladie enleva le 10 juin, acheva de ruiner la cause catholique en Écosse; les Guises, n'espérant pas pouvoir secourir à temps la garnison de Leith [2], autorisèrent les représentants de la France en Écosse, l'évêque de Valence Montluc et le seigneur de Randan, à traiter avec Élisabeth et les rebelles. Il fut stipulé que les troupes françaises et anglaises évacueraient l'Écosse; qu'une amnistie générale serait accordée; que l'administration du royaume d'Écosse serait exclusivement confiée à des nationaux choisis par la couronne et par le parlement sur une liste dressée par le parlement; enfin, que François II et Marie Stuart renonceraient au titre de roi et reine d'Angleterre (6 juillet). Les chefs des protestants écossais ne s'en tinrent pas aux termes du traité : sans attendre la ratification de François et de Marie, ils assemblèrent le parlement, y firent décréter l'établissement de la Réforme, l'abolition de l'épiscopat et de la messe et l'interdiction du culte romain sous les peines les plus rigoureuses. François et Marie refusèrent en vain leur ratification; l'Écosse demeura protestante et livrée à l'influence de l'Angleterre; le but poursuivi si longtemps par la politique anglaise était atteint; la vieille alliance de la France et de l'Écosse était rompue et la perte de Calais bien compensée pour l'Angleterre.

1. Elle avait quelque temps hésité, par antipathie pour les maximes révolutionnaires de Knox, l'apôtre de la Réforme en Écosse, qui proclamait le droit des peuples de déposer les tyrans. Un évêque anglican, fugitif du temps de Marie Tudor, avait été plus loin : Poynet avait justifié le meurtre des tyrans (1558); mais c'était là une opinion individuelle, tandis que Knox parlait au nom d'un peuple. *V.* Hallam, *Litterat. of Europe*, t. II, ch. IV, s. II; §§ 28-31.

2. Hume prétend, d'après Spotswood, que les Guises offrirent en vain à Élisabeth de lui rendre immédiatement Calais, si elle voulait cesser de prendre part aux affaires d'Écosse. Cela est peu vraisemblable de la part du duc de Guise.

Les Guises ajournèrent leurs rêves de vengeance contre Élisabeth : ils n'avaient pas trop de toutes leurs ressources et de tous leurs efforts pour se défendre en France. Ils modifiaient en ce moment même leurs plans. Ils avaient gouverné jusqu'alors sous le couvert du despotisme royal; mais cette force d'emprunt ne reposait que sur la tête d'un jeune homme dont le tempérament débile et le sang vicié leur donnaient des alarmes croissantes : ils songèrent à s'assurer dans la nation l'appui qui pouvait leur manquer d'un instant à l'autre du côté de la royauté. La pensée des États Généraux les avait d'abord épouvantés : les dépositaires du pouvoir redoutent naturellement le contrôle des grandes assemblées; ils revinrent à cette idée plus mûrement examinée et se demandèrent s'il n'y avait pas moyen de tourner contre leurs adversaires l'arme dont ceux-ci les menaçaient. La majorité de la nation était certainement encore attachée à l'ancienne religion; cette majorité, ralliée, dirigée dans les élections par l'influence du pouvoir, ne pourrait-elle pas devenir la massue qui, dans leurs mains, écraserait leurs ennemis ?

Sur ces entrefaites, le projet d'une assemblée de notables fut proposé à la reine mère, soit par le chancelier et l'amiral, soit par les Guises eux-mêmes : c'était une sorte d'épreuve préalable avant les États-Généraux; on s'accorda sur cette question comme sur le choix d'un champ de bataille : la composition de ces assemblées purement consultatives étant à peu près arbitraire, les Guises comptaient bien se rendre maîtres du terrain. Les notables furent convoqués pour le 20 août, à Fontainebleau. Le roi de Navarre et le prince de Condé avaient été mandés; mais les Guises, craignant que les Bourbons, unis aux Montmorencis et aux Châtillons, ne se trouvassent en état de leur faire la loi, effrayèrent, dit-on, le roi de Navarre et le détournèrent de venir, par de faux avis que lui transmirent des serviteurs infidèles; quoi qu'il en soit, Antoine et son frère demeurèrent en Guyenne et Condé poursuivit ses menées dans le Midi; il envoya seulement un agent chargé de s'entendre avec le connétable et les Châtillons. Montmorenci et ses neveux, fort contrariés de la résolution des Bourbons, ne les imitèrent pas et se rendirent à la cour, mais avec une escorte de huit cents cavaliers.

L'assemblée s'ouvrit le 21 août : malgré l'absence des Bourbons, les princes lorrains ne maîtrisèrent point l'assemblée comme ils se l'étaient promis : dans la seconde séance (23 août), l'amiral, qui arrivait de Normandie, présenta au roi une requête au nom des réformés de cette province, qui offraient de prouver la conformité de leur doctrine avec les saintes Écritures et les traditions de la primitive Église, protestaient de leur fidélité envers le roi, condamnaient les entreprises telles que celle d'Amboise et demandaient le libre exercice de leur culte. Coligni ajouta que ceux qui lui avaient mis cette requête en main l'avaient assuré que, dans la Normandie seule, cinquante mille personnes la signeraient, si on leur permettait de se réunir.

Ces paroles hardies et la lecture de la requête soulevèrent des rumeurs diverses dans l'auditoire; l'irritation des princes lorrains n'intimida point les assistants, qui, sur l'ordre du roi, exposèrent successivement leurs opinions. L'évêque de Valence, Jean de Montluc, frère du fameux capitaine Blaise de Montluc, se signala par l'éclat et la vigueur de sa harangue; ce prélat, habile diplomate, ancien agent de François Ier en Turquie, était plus recommandable par ses talents que par sa moralité et se tournait du côté des huguenots parce qu'il croyait leur triomphe prochain[1] : il imputa les progrès des nouvelles opinions aux vices et à la négligence des évêques, qui, abandonnant leurs diocèses pour vivre mollement à la cour et dans la capitale, donnaient au reste du clergé des exemples de corruption trop généralement imités. Il approuva l'usage de chanter les psaumes en français : il réclama la réunion des États Généraux et celle d'un concile, sinon général, au moins national, où les ministres de la religion « prétendue réformée » seraient admis à discuter librement leurs croyances, « afin qu'on pût s'accorder, s'il plaisoit à Dieu »; il prouva enfin combien les persécutions sanglantes étaient opposées à l'esprit du christianisme et aux sentiments des grands conciles de la primitive Église. L'archevêque de Vienne, Charles de Marillac, diplomate comme Montluc, mais plus consciencieux et sincère-

---

1. Il était marié secrètement et eut un fils qui joua un rôle assez extraordinaire dans les guerres de la Ligue sous le nom de Balagni. Montluc changea de parti, fit l'apologie de la Saint-Barthélemi et mourut jésuite.

ment dévoué au bien de l'État, reproduisit le même avis sous des formes non moins éloquentes. Il établit qu'on ne devait point s'arrêter à l'opposition du pape pour assembler un concile national, selon la promesse du roi, et que les maux de l'Église et de l'État provenaient de la cessation des conciles et des États Généraux. Coligni reprit la parole à son tour pour attaquer l'administration des Guises et soutenir la requête qu'il avait présentée. Le duc de Guise releva vivement les assertions de l'amiral, déclara qu'il n'était pas de concile au monde qui pût lui faire abandonner la foi de ses pères et que, si « ceux qui présentoient la requête susmentionnée étoient cinquante mille ou plus de leur secte, le roi leur en opposeroit un million de la sienne ; » cependant les Guises ne s'opposèrent pas à la convocation des États Généraux : le cardinal de Lorraine avança, comme son frère, que tous les conciles futurs ne pourraient qu'ordonner l'observation des canons des conciles passés, qui avaient réglé de tous points l'état de la religion quant à la doctrine : il ne repoussait pas néanmoins le concile pour la réforme des abus et de la discipline ; il conseilla de suspendre provisoirement les peines contre ceux des « dévoyés de la foi » qui demeureraient étrangers aux séditions, et affecta de regretter les « grièves exécutions » qui avaient été faites sans profit aucun ; il adhéra enfin à la réunion des États, malgré les protestations du vieux cardinal de Tournon, fidèle aux maximes despotiques du gouvernement de François I[er 1].

Les États Généraux, d'un avis à peu près unanime, furent donc convoqués pour le 10 décembre à Meaux, et le concile national pour le 20 janvier à Paris. Les baillis et sénéchaux furent chargés d'assembler, dans le courant d'octobre, les Trois États de leurs districts pour la rédaction des cahiers de doléances et l'élection des députés aux États Généraux. La requête présentée par l'amiral ne fut point admise ; mais les peines corporelles contre les « dévoyés de la foi » restèrent provisoirement suspendues, sauf réserve contre les machinateurs de complots et séditions. Les Guises comptaient user largement de cette réserve.

1. *V.* sur l'assemblée de Fontainebleau, les *Mémoires de Condé*, t. I, p. 555 ; II, 643. — R. de La Planche. — Le président de La Place. — De Thou, l. xxv. — La Popelinière, *Hist. de France depuis l'an* 1530, etc. — Castelnau.

L'agent que les Bourbons avaient dépêché au connétable, arrêté par ordre des Guises, leur avait dévoilé les projets du prince de Condé : par suite des aveux de cet homme, le vidame de Chartres, seigneur de haute naissance, allié du connétable, ami du prince de Condé[1], fut enfermé à la Bastille; on arrêta plusieurs autres personnes notables, et François II écrivit au roi de Navarre d'amener son frère à la cour, afin que celui-ci se justifiât des pratiques qu'on lui imputait contre la sûreté de l'État (30 août). Les capitaines et les corps de troupes sur lesquels les Guises comptaient le plus furent répartis de manière à comprimer les mouvements qui pourraient éclater dans les provinces de la Seine et de la Loire : Orléans fut désigné, au lieu de Meaux, pour la réunion des États, afin de prévenir le dessein que Condé pourrait avoir de s'emparer de ce point central; ordre fut donné aux juges et officiers royaux d'empêcher que, dans les réunions électorales des bailliages, « il fût proposé aucune chose contre l'autorité de l'Église », et surtout de faire en sorte qu'on n'élût que de bons catholiques. Les nouvelles du Midi enhardissaient les Guises : les protestants dauphinois et provençaux avaient préparé un grand coup sur Lyon; un contre-ordre du roi de Navarre, dissuadé de cette entreprise par le connétable, fit manquer l'affaire (5 septembre); les bandes huguenotes se dispersèrent et les chefs protestants Montbrun et Mouvans quittèrent la France et se réfugièrent à Genève. Les Guises dépêchèrent à Lyon l'ancien favori de Henri II, le maréchal de Saint-André, qui s'était livré entièrement à eux, pour y faire une enquête contre les Bourbons. Pendant ce temps, l'agent de Condé, La Sague, avait fait de nouveaux aveux et livré le secret de dépêches écrites avec une encre sympathique : on y lut que le connétable, tout en détournant les Bourbons de faire la guerre civile dans le Midi, les engageait à venir en force à la cour, afin de prendre le dessus sur les Guises et de les mettre en accusation. Ce projet de Montmorenci n'avait plus de chances de succès, mais sa révélation con-

1. Il passait pour avoir eu des relations fort intimes avec Catherine de Médicis. Le cardinal de Lorraine lui succéda, dit-on, dans les bonnes grâces de la reine mère. Ces imputations sont très douteuses et il est possible que la froide Catherine, qui se fit du vice un ressort politique, y soit restée personnellement étrangère, par indifférence et non par vertu. Elle n'avait de goût sensuel que la bonne chère.

firma les Guises dans la résolution de perdre tous leurs ennemis.

Les Guises méditaient un plan audacieux et terrible : le pape et le roi d'Espagne avaient expédié en toute hâte des ambassadeurs en France, pour tâcher d'empêcher la réunion du concile national; Philippe II, qui ne craignait plus les Guises du côté de l'Angleterre ni de l'Écosse et qui commençait à croire qu'eux seuls pouvaient maintenir le parti catholique en France, s'était rapproché d'eux, et Pie IV s'était décidé à promettre la réouverture prochaine du concile de Trente, suspendu depuis 1552. Les Guises comptaient se servir de la réouverture du concile général comme d'un excellent prétexte pour établir l'inutilité du concile national et pour interdire aux États Généraux tout débat sur les matières de religion : ils espéraient obtenir une assemblée docile et dévouée, et la liberté que l'édit de convocation des États accordait à chacun d'énoncer ses griefs n'était, dans leur pensée, qu'un piége où devaient se prendre les adversaires du gouvernement et de l'église romaine. Les violences exercées dans les élections, durant lesquelles beaucoup de citoyens furent arrêtés ou obligés de s'enfuir pour avoir manifesté des opinions favorables à la Réforme ou aux princes du sang, n'étaient que le prélude des violences bien autrement vastes qui se préparaient. A l'ouverture des États, on assure qu'une profession de foi, conforme aux articles dressés par la Sorbonne en 1542, devait être présentée d'abord aux députés, puis aux chevaliers de l'ordre[1], aux cardinaux français, aux prélats, aux seigneurs, aux officiers royaux présents à Orléans : les laïques qui refuseraient de signer ce formulaire seraient, sans forme de procès, dégradés « de tous états, dignités et honneurs », et envoyés au feu dès le lendemain; les ecclésiastiques seraient remis aux juges de leur ordre. Dans cette extermination des chefs du parti protestant devaient être enveloppés Coligni et d'Andelot, et probablement le cardinal leur frère : on savait bien que les deux premiers au moins ne recule-

1. Les Guises avaient fait, au dernier chapitre de l'ordre, une promotion de dix-huit chevaliers de Saint-Michel. L'ordre de Saint-Michel, selon son institution première, ne devait avoir que trente-six chevaliers; sous les derniers Valois, il tomba dans l'avilissement par la facilité avec laquelle on le prodigua dans des intérêts de faction. Un des griefs des historiens de ce temps contre les Guises est d'avoir commencé à faire de cet ordre, autrefois si respecté, un « collier à toutes bêtes ».

raient pas. Le connétable et ses fils ne pouvant être accusés d'hérésie, on s'assurerait d'eux sous prétexte de complot contre l'État. L'exécution faite à Orléans se répéterait dans tous les bailliages et sénéchaussées : le formulaire serait présenté au serment de tous les habitants de chaque paroisse ; les récalcitrants seraient mis à mort ou bannis. En même temps, des troupes françaises se joindraient aux forces du duc de Savoie, du pape et des princes italiens pour exterminer les Vaudois des vallées du Piémont et aller ensuite étouffer dans Genève le foyer de l'hérésie, tandis que le roi d'Espagne envahirait le Béarn et empêcherait les vassaux de la maison d'Albret de venger les Bourbons, dont la perte devait être le premier acte de toute cette tragédie [1].

Pour l'exécution, les Guises comptaient sur les vieilles bandes d'Écosse et de Piémont, sur la portion catholique de la noblesse, sur les confréries et la clientèle des couvents; pour l'argent, sur le clergé. Déjà, l'évêque et les riches abbés de Paris venaient d'être sommés de payer une grosse somme sous six jours, à peine de garnisaires et même de vente des biens (7 octobre). La témérité de ce plan gigantesque enivrait l'audace du duc de Guise et étourdissait le cardinal Charles, aussi hardi à entreprendre que lâche devant le péril présent. Philippe II était loin de cette confiance : réduit à une telle détresse que, sur un revenu de dix millions de ducats [2], il en avait mangé neuf à l'avance [3], il était si peu en état de mouvoir de grandes forces, que son ministre, le Comtois Granvelle, l'avait tout récemment conjuré de ne point aider le duc de Savoie à attaquer Genève; « surtout qu'on n'aide point l'attaque du côté de la Franche-Comté, disait Granvelle, car

---

1. Ce plan, indiqué par de Thou et Tavannes et fortement énoncé par Castelnau et La Place, est largement développé par Th. de Bèze et par Regnier de La Planche ; son authenticité, quant au fond, n'est pas douteuse. Les Guises envoyèrent jusqu'en Turquie pour obtenir que le sultan ne troublât point, par quelque diversion contre les états autrichiens, l'œuvre de la destruction des hérétiques. Les interminables discussions sur la préméditation de la *Saint-Barthélemi*, intéressantes au point de vue historique, sont bien vaines au point de vue moral. La *Saint-Barthélemi*, c'est-à-dire l'extermination des hérétiques par la force ouverte ou par la ruse, avait toujours été dans le cœur des chefs du parti persécuteur. Ils massacrèrent, quand ils purent, comme ils avaient brûlé.

2. Granvelle, t. VI, p. 156. La couronne de France levait environ six millions et demi d'écus, dont la valeur différait peu de celle des ducats.

3. Granvelle, t. VI, p. 103, 194.

les Suisses, les Bernois, envahiront la Comté et l'on ne pourra les en chasser. » Les généraux de Philippe II venaient d'essuyer, sur la côte d'Afrique, un grand revers qui rappelait le désastre de Charles-Quint devant Alger. La flotte combinée du vice-roi de Naples, des Génois, du pape et de l'ordre de Malte, en voulant reprendre Tripoli, avait été complétement battue près de l'île de Gelves par les Turcs, qui prirent plus de cinquante galères et gros vaisseaux aux chrétiens. (De Thou, l. xx.)

Philippe, dans ce mauvais état de ses affaires, ne souhaitait pas un succès trop complet aux Guises : ils eussent été plus forts que lui. Ils le sentaient bien et s'en exaltaient davantage.

Tous leurs ressorts étaient préparés ; mais tout manquait sans une condition préalable, c'était de tenir les Bourbons.

On a vu plus haut que, dès la fin d'août, François II avait mandé le roi de Navarre et le prince de Condé : Antoine répondit en rétorquant les imputations dirigées contre son frère et en déclarant que, si ses calomniateurs voulaient se rendre parties et non juges, il mènerait Condé à la cour, « en si petite compagnie », qu'on reconnaîtrait son innocence et ses bonnes intentions. Les Guises jugèrent que les menaces seraient un mauvais moyen d'attirer leurs victimes dans le piége et ils dépêchèrent le faible et crédule cardinal de Bourbon vers ses deux frères, pour leur promettre, de la part du roi, sûreté entière, paisible audience et libre retour. La perplexité des princes était extrême. Refuser de paraître à Orléans, c'était reculer devant ces États Généraux qu'ils avaient appelés avec tant d'instances ; y aller peu accompagnés, c'était se jeter pieds et poings liés entre les mains de l'ennemi ; y marcher en armes avec des forces suffisantes pour se défendre, c'était donner le signal de la guerre générale. Condé eût sans doute adopté ce dernier parti ; mais Antoine était toujours retenu par la crainte de se voir arracher les domaines de sa femme et endormi par ses conseillers, qu'avaient achetés les Guises. Les princes, après avoir congédié Théodore de Bèze, qui s'était rendu de Genève en Gascogne au risque de sa vie, partirent de Nérac avec une faible escorte et se dirigèrent vers le Nord, sans résolution bien arrêtée.

Ils reçurent, chemin faisant, lettre sur lettre de la princesse de Condé, de la dame de Roie, mère de la princesse et sœur des

Châtillons, de la duchesse de Montpensier, favorite de Catherine de Médicis et attachée à la cause des princes et de la Réforme, quoique son mari se fût livré aux séductions des Guises[1] : tous les avis s'accordaient à détourner les princes du voyage d'Orléans ; on leur conseillait de se cantonner dans quelque place forte du Midi et de réclamer l'appui des ennemis de la maison d'Autriche et des anciens alliés de la France en Allemagne. Ils ne suivirent point ces conseils et continuèrent leur route. A Limoges, sept ou *huit cents gentilshommes* bien équipés accoururent autour d'eux et leur offrirent dix mille combattants au nom des réformés du Midi, s'ils voulaient entreprendre d'enlever la personne du roi aux Lorrains. L'offre dut tenter Condé, mais le roi de Navarre remercia et congédia toute cette noblesse : Condé lui-même éprouvait une hésitation honorable, au moment d'engager la France dans cette immense guerre civile dont l'approche glaçait d'effroi tous les hommes affectionnés à leur pays, et il avait, comme son frère, l'imprudence de se fier à la parole d'un roi enfant, aveuglément abandonné aux inspirations des ennemis de sa famille. En vain la princesse de Condé accourut-elle au-devant de son mari et le supplia-t-elle de laisser aller Antoine seul à la cour, afin que l'absence de l'un des deux frères garantît en quelque sorte la sûreté de l'autre : les Bourbons se fiaient sur leur naissance et répétaient que ce n'était pas chose si facile que de « faire mourir un prince du sang par justice ». Partout où ils passaient, cependant, ils appelaient auprès d'eux les ministres, diacres et surveillants des églises réformées et se recommandaient à leurs prières.

Les deux frères arrivèrent le 31 octobre à Orléans, où la cour était depuis quelques jours, entourée d'un formidable appareil militaire : le roi, avant de se rendre à Orléans, avait passé par Paris et dénoncé les Bourbons au parlement comme auteurs du tumulte d'Amboise et de tous les troubles postérieurs. Personne n'alla au-devant des deux frères, que leurs cousins, le duc de

---

1. C'était l'archevêque de Vienne, Marillac, qui, probablement d'accord avec son ami L'Hospital, avait engagé la duchesse de Montpensier à prévenir les princes des dangers qu'ils couraient : ce respectable prélat mourut, quelques semaines après, du chagrin que lui causait la situation de la France.

Montpensier et le prince de La Roche-sur-Yon, qui n'osèrent refuser cette déférence à la branche aînée de leur maison, quoiqu'ils en eussent abandonné les intérêts pour se mettre à la suite des Lorrains [1] : le roi reçut Navarre et Condé très-froidement ; la reine mère paraissait fort émue et avait les larmes aux yeux ; « larmes de crocodile », dit la Planche. Les Guises, qui tenaient à ne point figurer ostensiblement dans ce qui allait se passer, se retirèrent et laissèrent les Bourbons avec le roi : François II déclara au prince de Condé qu'il l'avait mandé pour savoir la vérité de sa bouche, touchant les entreprises qu'on lui imputait contre « l'état du royaume » ; le prince répliqua par de virulentes accusations contre les Guises : le roi avait sa leçon faite ; il fit arrêter Condé, qui réclama inutilement la sûreté promise ; on l'enferma dans une maison voisine qu'on avait fortifiée d'une tour et garnie de canons. Le roi de Navarre ne fut point arrêté ; mais on lui ôta ses officiers et ses gardes ; on l'environna de soldats et d'espions, et on ne lui accorda guère d'autre liberté que d'aller de son logis au logis du roi, où l'on recevait fort mal ses plaintes et où l'on le traitait avec insolence, afin de le provoquer à quelque imprudent éclat. On emprisonna ensuite la dame de Roie, belle-mère de Condé, le bailli d'Orléans et d'autres personnes d'opinions suspectes ; la princesse de Condé était accourue se jeter aux pieds du roi ; François II la repoussa durement : « — Votre mari, s'écria-t-il, a voulu m'ôter la couronne et la vie ; je ne puis moins faire que de m'en venger. »

L'ordre de l'arrestation de Condé avait été signé du conseil entier, excepté des instigateurs mêmes de cet ordre : les Guises voulaient rejeter la responsabilité officielle de leurs actes sur tous les hommes qui prenaient part aux affaires publiques et rester de leur personne à l'écart. Le chancelier lui-même signa, craignant de tout perdre en engageant la lutte sur cette question préalable. Une commission, composée du président de Thou, de deux conseillers, de quelques maîtres des requêtes, du procureur général Bourdin et du greffier du Tillet, fut chargée d'instruire le

---

1. Les Guises avaient donné, à l'un, le gouvernement de l'Anjou, du Maine et de la Touraine, à l'autre, le gouvernement de l'Orléanais, du Berri et de la Beauce, mais en leur imposant des surveillants sous le titre de lieutenants.

procès du prince sur le chef de haute trahison : en même temps, pour constater l'hérésie de Condé, les Guises lui dépêchèrent un prêtre « qui lui fit entendre avoir exprès commandement du roi de dire la messe en sa chambre; mais le chapelain fut renvoyé fort rudement par le prince, avec charge de dire au roi qu'il n'étoit venu vers Sa Majesté pour aucunement communiquer aux impiétés de l'Antechrist romain, mais pour rendre raison des fausses accusations qu'on lui avoit imputées » (R. de La Planche). La fierté de Condé ne se démentit en aucune circonstance : un gentilhomme, aposté apparemment pour tâter son courage, lui étant venu demander s'il n'y aurait pas moyen de l'accorder avec ses « cousins de Guise », il répondit qu'il ne connaissait d'autre voie d'accord avec eux qu'à la pointe de la lance. Il reçut les juges-commissaires du haut de sa qualité de prince du sang et leur déclara qu'il n'avait « autres juges que le roi, accompagné de ses princes, séant en la cour du parlement de Paris, les chambres assemblées. » L'historien de Thou rapporte que son père, qui ne présidait que malgré lui la commission, avait suggéré cette protestation au prince. Elle fut inutile : Condé fut débouté de son appel par le roi séant en son conseil privé [1] (15 novembre), qui lui enjoignit de répondre par-devant les commissaires, à peine d'être réputé convaincu de lèse-majesté.

Tandis que le procès du prince était poussé avec rapidité, on préparait la perte de son frère, de ses amis, de tous ceux qui eussent pu le défendre ou le venger. Les Guises, entourés d'un millier de lances et de sept ou huit mille fantassins et absolument maîtres dans Orléans, dont on avait désarmé les habitants, attendaient impatiemment les Montmorencis et les Châtillons pour envelopper tous leurs adversaires d'un coup de filet. Coligni, quoiqu'il sût, comme dit La Planche, l'échafaud déjà dressé pour le prince son neveu [2] et la prison prête pour lui et ses frères, obéit au mandement du roi : il dit adieu à sa femme, qui était sur le point d'accoucher, comme s'il eût compté ne plus la revoir,

1. Les arrêts rendus dans le conseil privé, qu'il ne faut pas confondre avec le grand conseil du roi ou conseil d'État, n'avaient « autre juridiction que l'absolue déclaration de la volonté particulière du roi ». *Mém.* de Castelnau, l. 1, c. 11. — C'était le pouvoir absolu s'élevant au-dessus de toutes les formes régulières de la justice.
2. Mari de sa nièce.

et lui recommanda de faire baptiser son enfant « par les vrais ministres de la parole de Dieu » et d'endurer plutôt la mort que de souffrir qu'il fût souillé des « superstitions de la papauté ». Coligni se rendit à Orléans, mais s'y rendit seul de sa famille : d'Andelot s'était retiré dans ses terres de Bretagne, et le connétable, prétextant une maladie, opposait délai sur délai aux messages pressants de la cour. On ménagea donc Coligni, de peur d'effaroucher les autres, et sa liberté fut provisoirement respectée. Le danger qui menaçait le roi de Navarre était, dit-on, plus imminent et d'une autre nature; on assure que, faute de prétexte pour l'envelopper dans le procès de son frère, les Guises avaient résolu de se défaire de lui par un assassinat, que le cabinet du roi devait en être le théâtre et que François II s'était engagé à porter en personne le premier coup. Le cœur aurait failli au jeune roi en présence de l'homme qu'il devait livrer au fer du duc de Guise et de Saint-André, et le duc de Guise n'aurait pu retenir l'expression de son mépris pour le malheureux jeune homme qui n'avait pas eu l'énergie du crime[1].

Le coup manqué, les Guises, prétend-on, ne se découragèrent pas : durant les préparatifs de l'ouverture des États, ils projetèrent d'emmener le roi chasser aux environs de Chambord et de Chenonceaux; on trouverait facilement à la chasse l'occasion d'amener quelque « accident » fatal au roi de Navarre. Le départ fut fixé au 16 novembre. On ne partit pas. Le dimanche 15 au soir, le roi tomba en « pâmoison » pendant les vêpres; revenu à lui, il se plaignit de douleurs dans l'oreille gauche, où il avait un abcès invétéré, et fut pris de la fièvre. Une dizaine de jours se passèrent sans aggravation notable. Les Guises activèrent avec une ardeur fébrile le procès de Condé. Aussitôt l'instruction terminée, ils réunirent les chevaliers de l'ordre attachés à leur faction, un certain nombre de membres du conseil privé et quelques pairs de France, et soumirent les pièces du procès à ce tribunal extraordinaire, qui répondit par un arrêt de mort[2]. Le

---

1. R. de La Planche; — de Thou, l. XXVI; — Th. de Bèze, p. 390. — L'auteur de la récente *Histoire des ducs de Guise*, M. de Bouillé, aurait dû se contenter d'établir que le fait n'est pas prouvé, sans le déclarer impossible. La *générosité* du duc François n'est pas une raison sérieuse.

2. *Mém.* de Castelnau.

vieux comte de Sancerre fut le seul qui refusa ouvertement et absolument de signer l'arrêt. Le chancelier de L'Hospital et un conseiller d'État, Guillart du Mortier, discutèrent, ajournèrent, prétextèrent la nécessité d'un plus mûr examen. On pouvait difficilement se passer du chancelier, mais on pensait bien vaincre sa résistance, et le jour où tomberait la tête du prince était déjà fixé; c'était le 10 décembre, le jour même de l'ouverture des États. Les Guises ne doutaient pas de maîtriser l'assemblée : les députés, à mesure de leur arrivée, étaient entourés de séductions et de menaces. Les protestants ayant triomphé dans les élections du Languedoc, les députés languedociens furent arrêtés et emprisonnés à leur entrée dans Orléans. Les Guises croyaient toucher au but.

Ils ne devaient pas l'atteindre. Le chancelier de L'Hospital savait que gagner du temps c'était tout gagner; le chirurgien du roi, l'illustre Ambroise Paré, lui avait certifié que le roi était perdu; le mal faisait d'effrayants progrès depuis le 26 novembre : l'abcès creva dans l'intérieur de l'oreille et la gangrène se déclara.

Les Guises étaient en proie à d'inexprimables angoisses : faute de quelques semaines, de quelques jours, ils manquaient leur destinée! Ils tentèrent la dernière chance qui leur restât : ils tâchèrent de se rattacher la reine mère, devenue maîtresse de la situation; ils lui offrirent d'être les premiers et les plus dévoués serviteurs de sa future régence; ils la supplièrent de consentir à la mort immédiate du roi de Navarre et du prince de Condé, en lui remontrant que, les princes détruits, elle serait souveraine absolue en France. L'Hospital intervint avec toutes les forces de sa conscience et de son génie, et Catherine fut un moment entre le chancelier et le cardinal de Lorraine comme entre son bon et son mauvais ange. L'Hospital l'emporta. Catherine prouva trop depuis qu'elle ne reculait pas devant le crime; mais, ici, elle comprit que le profit du crime ne serait pas pour elle; elle connaissait trop bien les Guises pour les croire capables d'obéir après avoir commandé. Elle jugea toutefois contraire à ses intérêts d'immoler les Guises aux Bourbons. Détruire les Bourbons, c'était maintenir la tyrannie des Guises; détruire les Guises, c'était livrer la France aux Bourbons ; ce n'était pour Catherine que changer de maîtres. S'assurer préalablement de la régence, s'établir entre les deux factions, les balancer l'une par l'autre, tout faire pour détourner la guerre civile et pour amener les catholiques à tolérer les réformés, sans se mettre dans les mains de ceux-ci, tel fut le système que conseilla L'Hospital et qu'adopta Catherine. Quels que fussent les périls, les difficultés, les impossibilités peut-être, pouvait-on demander plus ou autre chose à l'homme qui devait son titre à Catherine et qui était le ministre des Valois? Ce système se fût brisé à la première épreuve, si le roi de Navarre avait eu le caractère de son frère ; mais la reine et le chancelier comptèrent avec raison sur la faiblesse du roi Antoine.

Antoine de Bourbon fut donc mandé auprès du lit où gisait le roi mourant, et François II, docile jusqu'à la fin aux inspirations des Lorrains, déclara au Navarrois que c'était de son propre mouvement, et non de l'avis « de ceux de Guise », qu'il avait fait emprisonner le prince de Condé. Catherine appela ensuite le roi de Navarre dans son cabinet, lui fit de sévères reproches des entreprises que lui et son frère avaient tramées contre l'État, puis le somma de se réconcilier avec « ses cousins de Guise » et de renoncer par écrit à la régence, quand même les États Généraux voudraient la lui déférer ; elle lui promit à ce prix la première place après elle et la lieutenance générale du royaume. Antoine avait été prévenu secrètement qu'il « étoit mort s'il refusoit » ; il accepta et embrassa ceux qui, la veille encore, complotaient de lui couper la gorge.

François II ne tarda pas à rendre le dernier soupir (5 décembre) : il avait régné dix-sept mois et n'avait pas encore accompli sa dix-septième année. Dès que le roi eut expiré, on annonça au prince de Condé qu'il était libre ; mais Condé refusa de recevoir la vie comme une grâce et de sortir de prison « sans savoir qui étoit sa partie et par l'ordonnance de qui il avoit été constitué prisonnier. » Chacun rejeta tout sur « le pauvre roi défunt ». Pendant ce temps, le connétable, qui, à la nouvelle de la maladie du roi, s'était avancé lentement de Chantilli à Paris, de Paris à Étampes, entrait dans Orléans avec un grand cortége et reprenait possession de l'autorité militaire, en chassant les gardes que les Guises avaient posés aux portes de la ville. Il faillit croiser en chemin le corps du feu roi, que deux chambellans et un évêque aveugle (Guillard, évêque de Senlis) menaient à Saint-Denis « petitement » accompagné : les Guises, résolus à ne pas quitter la place un seul jour et à disputer opiniâtrement tout ce qu'ils pourraient conserver d'autorité, abandonnèrent les restes de celui qui ne pouvait plus rien pour leur fortune, malgré les devoirs que la charge de grand-maître imposait au duc François, et le roi fut enterré sans pompe à Saint-Denis, tandis que les États Généraux s'ouvraient bruyamment à Orléans en présence de son jeune successeur [1].

1. De Thou, l. xxvi. — La Planche. — La Place. — Castelnau. — Vieilleville. — *Belcarius.* — *Mémoires* de Condé. — Tavannes. — *Lettres* d'Étienne Pasquier.

LIVRE LII

GUERRES DE RELIGION, SUITE.

Minorité de Charles IX. Catherine de Médicis. Le roi de Navarre lieutenant-général du royaume. États Généraux d'Orléans. — La noblesse et le Tiers État se prononcent pour la tolérance. — Les poursuites pour hérésie suspendues. Ordonnance d'Orléans. — Réaction dans le parlement. — Progrès des réformés. — Le Triumvirat. — Édit de juillet. — États Généraux de Pontoise. Accord de la noblesse et du Tiers État contre le clergé, les parlements et les favoris. Les biens du clergé menacés. — Colloque de Poissi. — Transaction de la couronne et du clergé. — État violent de la France. Troubles de Paris. Édit de tolérance. — Le roi de Navarre passe aux catholiques. — Massacre de Vassi. Les catholiques s'emparent du roi. — Première Guerre de Religion. Condé et Coligni. Les protestants maîtres d'Orléans et de la Loire, de Rouen, de Caen, de Poitiers, du Dauphiné, d'une grande partie de l'Ouest, du Centre et du Midi. Dévastations iconoclastes. — Combat dans Toulouse. Négociations inutiles. Les deux partis appellent l'étranger.—Atroce réaction. Les catholiques reprennent Angers, Blois, Tours, Poitiers, Bourges. — Guerre terrible en Guyenne, Languedoc, Dauphiné, Provence. — Les catholiques livrent Turin au duc de Savoie. Les protestants livrent le Havre aux Anglais. — Mort du roi de Navarre et sac de Rouen. — — Bataille de Dreux. Siége d'Orléans. Assassinat du duc de Guise. — Paix d'Amboise.

1560-1563

A un adolescent scrofuleux et languissant succédait un enfant non moins frêle, mais bilieux, nerveux, d'une poétique imagination et d'une ardeur violente, qui faisait beaucoup espérer et beaucoup craindre[1]. Les audacieux chefs de parti qui avaient gouverné le feu roi étaient remplacés auprès du roi nouveau par une mère qui passait d'une longue dépendance sans dignité à un pouvoir mal assis: avec prodigieusement d'esprit, d'application et d'activité, mais point de cœur et point de caractère, Catherine de Médicis était fort au-dessous d'un rôle où n'eût pas suffi la force d'âme d'une Blanche de Castille.

---

1. L'Hospital lui donna pour devise deux colonnes avec la légende : *Pietate et justitia*. Charles IX, Justice et Miséricorde, quel assemblage !

Charles IX, né le 27 juin 1550, n'était âgé que de dix ans et demi : « à une majorité imaginaire » succédait, comme l'observent les historiens contemporains, « une minorité véritable », et les gouvernants, quels qu'ils fussent, ne pouvaient plus se cacher derrière un fantôme de roi. Cette minorité devait être la plus orageuse qu'eût vue la France ; il ne s'agissait point, comme au temps de Charles VIII, d'un simple choc d'ambitions individuelles ; les ambitions privées s'identifiaient ici avec les forces vives de la nation ; la société tout entière était engagée dans la querelle, et les masses du peuple, remuées jusque dans leurs dernières profondeurs, n'attendaient pour s'entre-heurter que le signal des grandes factions qui se partageaient la France.

Ce signal, le roi de Navarre pouvait le donner et ne le donna point : par mollesse plus que par scrupule, Antoine de Bourbon resta fidèle à l'engagement que lui avait extorqué Catherine de Médicis[1] et résista aux instigations de son parti, et spécialement de Calvin, qui le pressait de revendiquer les droits de sa naissance, supérieurs à ceux d'une « femme étrangère[2]. » Le cachet du feu roi, rendu par le cardinal de Lorraine, fut rompu et remplacé, suivant l'usage, par un nouveau scel, qu'on remit à Catherine. Le scel ou cachet royal était le signe du souverain pouvoir et demeurait entre les mains du principal dépositaire de l'autorité royale. Le partage du pouvoir fut réglé entre Catherine et Antoine, comme si l'une eût été régente, l'autre lieutenant-général du royaume ; mais on évita de se servir de ces titres. Le connétable recouvra la direction des affaires militaires, qu'avait eue le duc de Guise, et le conseil privé prit le maniement des finances, que s'était arrogé le cardinal de Lorraine ; à cela près, chacun garda ses honneurs et ses emplois : les Guises conservèrent leur place au conseil et le duc François resta grand-maître de la maison du roi. Cette transaction fut due surtout à l'éloignement du prince

---

1. Catherine, pendant ce temps (28 décembre), s'excusait de cet arrangement auprès de Philippe II et lui demandait pour elle un confesseur espagnol! R. de Bouillé, *Hist. des Guises*, t. II, p. 122, d'après les Papiers de Simancas. Une partie considérable de ces fameuses archives de la monarchie espagnole depuis Charles-Quint est restée, depuis 1811, aux Archives nationales de France, grâce au garde général des Archives, M. Daunou, qui nous l'a conservée en 1811.

2. *Lettres de Calvin*, t. II, p. 315.

de Condé, qu'on eut l'adresse d'écarter de la cour et des États-Généraux : on lui représenta que son honneur exigeait une justification régulière et officielle, et on l'envoya provisoirement « tenir prison gracieuse » dans les places que son frère possédait en Picardie, à Ham et à La Fère. Condé, en cédant, se montra beaucoup moins sagace qu'il n'avait été courageux.

C'était un coup de maître que d'avoir contenté le roi de Navarre et éloigné Condé au moment de l'ouverture des États; car, si le roi Antoine eût voulu revendiquer la régence, il eût sans doute réussi : les intrigues et les violences des princes lorrains étaient bien loin d'avoir obtenu un succès complet dans les élections : la noblesse provinciale et la haute bourgeoisie, qui avait dicté les choix du Tiers État [1], étaient en majorité opposées aux Guises; beaucoup d'ennemis de l'ancienne administration, et même un certain nombre de protestants, avaient été choisis ; la colère succédait à la terreur, et les incertains et les timides se retournaient contre ces arrogants despotes dont ils eussent peut-être subi et servi les projets sans la mort inopinée de François II. Tout annonçait que l'assemblée serait au moins en balance ; les « huguenots » et les « malcontents », qui faisaient cause commune, jugèrent que de nouvelles élections seraient décisives en leur faveur, et les représentants d'un grand nombre de bailliages et de sénéchaussées, remontrant qu'on avait écarté violemment les délégués de certains districts (à Angers, par exemple) et que l'assemblée était incomplète, réclamèrent une réélection générale ; ils prétendaient, en outre, que de nouveaux pouvoirs leur étaient nécessaires pour paraître devant le nouveau roi. Les deux tiers des députés furent toutefois d'avis contraire et le conseil du roi décida qu'il n'y avait pas lieu à réélection, attendu que, « par les lois du royaume, la mort saisissoit le vif et qu'en France l'autorité royale ne mouroit point » (20 décembre).

L'ouverture de l'assemblée avait eu lieu le 13 décembre [2] : le

---

1. *V.* Éclaircissements, II : Élections de Paris en 1560. Les Registres de l'Hôtel-de-Ville donnent de curieux détails sur la manière dont les choses se passèrent.
2. Le clergé comptait cent sept membres, ou cent dix-huit, suivant une autre relation, la noblesse, à peu près autant ; le tiers, environ le double, deux cent vingt-quatre ou deux cent vingt-cinq. *Recueil de pièces sur les États Généraux*, 1789, t. I. — Isambert, t. XIV, p. 56.

chancelier de L'Hospital adressa aux Trois Ordres un discours où de nobles sentiments et de sages maximes étaient exprimés avec une éloquence grave, simple et digne : le monarchisme un peu exagéré qu'on lui a reproché n'était pour lui qu'une forme du patriotisme ; le roi, pour lui, c'était l'unité vivante de l'État : il célèbre d'ailleurs, avec conviction, l'utilité des assemblées nationales et reconnaît hautement que les biens des sujets appartiennent au roi *imperio, non dominio et proprietate* (en souveraineté, non en domaine utile et en propriété), désavouant les maximes despotiques de ses prédécesseurs, les Duprat et les Poyet. On sent le cœur du citoyen dans ses regrets des atteintes portées à cette unité française que formulait « le vieil proverbe » : *une foi, une loi, un roi*, en même temps que les principes du philosophe dans sa ferme et franche réprobation des persécutions religieuses ; rien de plus touchant que l'exhortation qu'il adresse aux Français « de ne changer le nom de chrétiens pour ces noms diaboliques de luthériens, huguenots, papistes, noms de partis et de séditions », qui ne présagent que la ruine de la patrie. Il invite les bonnes villes à réprimer elles-mêmes les séditions, de quelque part qu'elles viennent, et termine en apitoyant l'assemblée sur la triste situation financière du jeune roi, que son père et son frère ont laissé plus endetté « qu'orphelin ne le fut jamais » : il prie les États d'aider le roi à acquitter « la foi de ses prédécesseurs » et promet que les dépenses seront réduites autant que possible.

Après la séance royale, les Trois Ordres, au lieu de se confondre comme aux États de 1484 [1], se transportèrent séparément dans trois églises d'Orléans, afin de procéder aux opérations préparatoires. Les ecclésiastiques choisirent pour orateur le cardinal de Lorraine, « s'il lui plaisoit en prendre la peine » (17 décembre) : l'orgueilleux prélat espérait que les deux autres États le solliciteraient également de « prendre cette peine », ce qui eût mis l'assemblée à sa discrétion ; le clergé envoya une députation aux

---

1. Nous avons dit (t. VII, p. 173) que l'esprit nobiliaire réagit contre la manifestation prématurée d'unité qui avait eu lieu aux États de 1468 et de 1484. Ceci ne s'appliquerait peut-être pas exactement aux États de 1560 ; c'était moins l'orgueil de la noblesse vis-à-vis du Tiers État que la commune opposition de la noblesse et du Tiers contre le clergé qui rendait, en 1560, la fusion impossible.

deux ordres laïques, afin de les engager à élire aussi le cardinal, en signe de l'union des Trois Ordres : les bourgeois répondirent que, « pour la grandeur et hautesse du seigneur cardinal et parce qu'il étoit du nombre de ceux qui examineront et jugeront les remontrances des États, ils n'osoient entreprendre de le requérir de prendre cette charge et nommeroient un de leur État pour faire leur remontrance particulière. » Telle fut la réponse officielle; mais plusieurs des assistants dirent nettement à l'envoyé du clergé qu' « ils ne vouloient prendre pour porter la parole pour eux celui duquel ils avoient intention de se plaindre. » La noblesse fit une réponse à peu près semblable. Le cardinal, ne pouvant être l'orateur des Trois États, ne voulut pas être celui d'un seul ordre et s'excusa auprès du clergé.

Ce premier échec était menaçant pour les Guises : la mauvaise conduite du clergé, l'immoralité du cardinal de Lorraine et ses déprédations financières étaient habilement exploitées par les députés protestants et leur donnaient une influence hors de proportion avec leur nombre.

Dix-huit jours s'écoulèrent entre la première et la seconde séance royale : le 1er janvier 1561, les orateurs des Trois Ordres répondirent au discours du chancelier. L'orateur du clergé, Jean Quintin, professeur en droit canon à Paris, déclama une longue diatribe contre « les détestables et damnées sectes du jourd'hui », exhorta le roi à ne pas oublier son titre de très-chrétien et à traiter les sectaires en rebelles et en ennemis; non-seulement il protesta contre tout dessein d'attenter aux propriétés ecclésiastiques, mais il réclama la suppression des contributions de tout genre, qui, sous cent noms différents, décimes, emprunts, subsides, amortissements, etc., avaient été prélevées sur les gens d'église, non-seulement avec saisie du temporel, mais avec contrainte par corps, depuis le commencement du règne de François Ier : il reconnaissait, du reste, la nécessité de réformer les mœurs du clergé et demandait le rétablissement des élections ecclésiastiques et l'abolition du Concordat et des annates. Les passages de ce discours relatifs à l'hérésie excitèrent de vifs murmures; l'amiral porta plainte au roi et à la reine mère, comme insulté personnellement par le harangueur, qui avait provoqué, en termes très-offensants, le châtiment de « quiconque avoit présenté ou présenteroit requête pour ceux de la nouvelle religion ». La majorité de la noblesse demanda la suppression des « articles injurieux » proposés par Quintin, qui fut obligé de s'excuser, quoique soutenu par son ordre. L'orateur de la noblesse, Jacques de Silli-Rochefort, damoisel de Commerci, et l'orateur du Tiers État, Jean L'Ange, avocat au parlement de Bordeaux, rivalisèrent de rudesse envers le clergé : Rochefort demanda qu'on acquittât les dettes de l'État aux dépens de l'ordre ecclésiastique et qu'on ôtât au clergé toute juridiction civile et féodale : il attaqua l'administration des Guises et présenta requête au roi de la part de ceux des membres de la noblesse qui réclamaient la liberté du culte dans l'intérieur de leurs châteaux[1]. L'Ange dit qu'on ne reviendrait à la première sincérité de l'Église que lorsque les ecclésiastiques, depuis le plus grand jusqu'au moindre, auraient amendé leurs trois principaux vices, savoir : ignorance, avarice et pompe superflue.

Les Trois Ordres, après la séance générale du 1er janvier, reprirent chacun séparément leurs discussions et achevèrent la rédaction de leurs cahiers : aucun monument historique n'offre un intérêt plus profond que ces cahiers d'États, où les diverses classes de la société consignaient solennellement leurs griefs et leurs espérances, et où les éléments des meilleures mesures législatives de la monarchie ont toujours été puisés. Si l'on compare les procès-verbaux des assemblées de Tours et d'Orléans, à soixante-dix-sept ans d'intervalle (1484-1561)[2], on voit, dans la seconde époque, les élus de la bourgeoisie, ces représentants directs ou indirects de la grande masse nationale, reproduire les mêmes

---

1. « Bien fut remarqué, en cette harangue de Rochefort, que, parlant au roi, il n'usa onc de ce mot de Majesté inventé depuis quelques années par les flatteurs, mais usa toujours de ce mot de Sire, duquel les plus grands rois de France se sont contentés jusques à notre temps. » Théod. de Bèze, p. 443. Le titre de *Majesté*, que les rois du moyen âge avaient employé quelquefois comme un lointain écho de l'emphase byzantine et que Louis XI avait commencé de s'attribuer habituellement, n'avait que difficilement passé en usage et choquait singulièrement la simplicité et la liberté du vieux langage français. *V.* ce qu'en dit L'Aubespine, homme de cour et secrétaire d'État. « Le langage françois étoit encore si net et si chaste, qu'on ne savoit que c'étoit de ce mot de Majesté et autres mots sycophantes que la flatterie a inventés depuis. » *Histoire particulière de la cour de Henri II.*

2. *V.* notre t. VII, p. 182 et suiv.

vœux que leurs devanciers avaient fait partager aux représentants des ordres privilégiés dans l'époque antérieure, vœux qui ne devaient se réaliser qu'après tant de générations; la périodicité des États Généraux, ou le gouvernement représentatif, la suppression des douanes intérieures, ou l'unité commerciale du pays, furent réclamées en 1561 comme en 1484[1]. La plupart des requêtes du Tiers étaient d'une haute portée et d'un grand sens : il demandait qu'on restituât au clergé et au peuple l'antique droit d'élire les évêques et les autres pasteurs ayant charge d'âmes; qu'on rendît les revenus de l'Église à leur légitime emploi, conformément aux anciens canons, à savoir : un tiers du revenu aux pauvres, un tiers à la réparation des églises et à l'entretien des colléges et des hôpitaux, enfin le dernier tiers seulement à la subsistance du clergé; il réclamait une amnistie en faveur de tous les prévenus pour fait de religion, avec admonition de vivre chrétiennement et sans scandale; l'abolition des annates, des dispenses, de tous les tributs payés à la cour de Rome; l'érection d'un collége dans chaque ville et de chaires nouvelles dans les universités, aux dépens des revenus ecclésiastiques; la réduction des fêtes chômables aux dimanches et aux fêtes de Notre-Dame et des apôtres; l'interdiction aux prêtres de recevoir des testaments; la réforme de l'ordre judiciaire; le système de candidatures électives dans toutes les fonctions judiciaires; la suppression des lettres d'évocation, des commissions arbitrairement formées, la poursuite d'office contre les crimes et délits, sans qu'il fût besoin de partie civile; la révision générale des anciennes lois et ordonnances. En ce qui regarde le commerce, le Tiers État demande que la circulation commerciale soit libre et franche dans l'intérieur du royaume; qu'on cesse de favoriser certains marchands étrangers aux dépens des nationaux par des priviléges spéciaux, et que tout Français puisse exporter et importer librement, moyennant les droits « accoutumés d'ancienneté » aux frontières, avec abolition des droits nouveaux; qu'on établisse une seule aune et un seul poids pour tout le royaume, d'après la

---

1. En janvier 1561, cependant, le Tiers ne demande plus les États Généraux que tous les cinq ans; en 1484, les Trois Ordres les avaient demandés tous les deux ans.

mesure de Paris[1]; qu'on interdise l'introduction des parfums, des broderies, des ouvrages en linge venant d'Italie ou d'ailleurs, comme excitant à un luxe contraire aux bonnes mœurs; que les banqueroutiers frauduleux soient punis de mort. — La dureté judaïque du calvinisme influait sur l'opinion : le Tiers veut la peine de mort aussi contre l'adultère.— Un chapitre du cahier du Tiers fort honorable pour la bourgeoisie est celui où elle prend la défense du peuple des campagnes contre la tyrannie des seigneurs et s'élève énergiquement contre les corvées arbitraires, les « contributions indues », les violences impunies dont les nobles accablent leurs « sujets » : le cahier demande que les nobles qui commettront de telles exactions soient déchus de leurs droits seigneuriaux; le cahier reproche également aux seigneurs leurs usurpations des biens communaux et l'exagération des droits de mouture, de cuisson, de pressurage, qu'ils exigent sous prétexte de « banalité ». Ce document officiel atteste combien la féodalité pesait encore durement sur les classes agricoles[2]. Le Tiers État demande que, dans tous les procès entre les seigneurs et leurs sujets, les juges royaux seuls décident. Il réclame l'abolition de la solidarité entre tous les membres de chaque paroisse pour la taille, solidarité qui faisait le désespoir et souvent la ruine du paysan : il se joint à la noblesse pour prier le roi de punir d'une forte amende (1,000 écus) les roturiers qui usurpent les privilèges de noblesse et qui augmentent ainsi les charges des non-privilégiés. Il prie le roi et les grands de pourvoir à l'éducation de la jeune noblesse, afin que les gentilshommes, éclairés et moralisés, abusent moins de leurs prérogatives et connaissent mieux leurs devoirs. Il demande enfin que « ceux qui ont manié les finances de l'État sous Henri II et François II » soient obligés d'en rendre compte devant les délégués des États Généraux[3].

---

1. Une commission fut formée par le gouvernement, mais sans résultat.
2. Les seigneurs se faisaient parfois donner des lettres de cachet pour séquestrer les filles et les marier malgré leurs parents !
3. Le grand historien que nous avons perdu, Augustin Thierry, qualifie d'*admirable* le cahier du Tiers État. Ce cahier, dit-il, « surpasse en valeur politique, en idées comme en étendue, ceux de la noblesse et du clergé; on y trouve un sentiment profond de la justice sociale et de l'intérêt public, le zèle pour l'ordre, l'instinct des réformes et la science pratique de toutes les matières de droit et d'administration. C'est

La noblesse n'exprima point ses vœux avec cet ensemble imposant : ses débats furent très-confus ; elle se partagea en quatre sections répondant à diverses nuances d'opinion et chaque fraction présenta son cahier particulier. Celle-ci excitait le roi, fils aîné de l'Église, à continuer de réprimer l'hérésie et de châtier au moins les prêcheurs et les auteurs de conciliabules ; celle-là, supérieure en nombre, souhaitait « qu'on donnât voie à la prédication de l'Évangile », que les « ministres du saint Évangile » fussent appelés au concile national projeté et qu'on adoptât une partie de la discipline genevoise[1] ; les autres se prononçaient seulement pour la tolérance du culte réformé à huis clos ; toutes requéraient la réforme disciplinaire de l'Église, la périodicité des États Généraux et Provinciaux[2], la réduction du nombre des officiers de justice et de finances et le rétablissement d'une démarcation plus profonde entre la noblesse et la roture. La noblesse faisait une proposition très-digne d'attention : c'était qu'on établît des haras sur les terres des évêques et des abbés, pour qu'on ne fût point obligé « d'acheter chevaux hors du royaume ». Au XVIe siècle, on se plaignait déjà de l'insuffisance de la race chevaline et de la diminution des hautes futaies.

La nécessité d'une réforme ecclésiastique était si généralement sentie, que le clergé lui-même, avouant le péril de l'Église et la corruption de ses membres, invoqua de prompts remèdes : ces remèdes, suivant lui, c'était le concile, le retour à la Pragmatique, la restitution des écoles et colléges sous la surveillance directe et active des évêques, la cessation de tous impôts sur l'Église, la remise en vigueur des ordonnances de François Ier et de Henri II contre les hérétiques, l'observation rigoureuse des dimanches et fêtes et l'interdiction aux tribunaux civils de recevoir aucun appel en matière de religion. Il demanda la prohibition des duels, réclamée aussi par le Tiers et consentie par la noblesse, moyen-

---

une sorte de nouveau code, n'ayant pas moins de 354 articles, et rédigé avec une telle précision qu'il pouvait immédiatement passer en loi ». *Essai sur l'hist. du Tiers État*, p. 92.

1. Les opinions ou les tendances protestantes avaient eu le dessus dans la noblesse de Touraine, de Normandie, de Bretagne, de Poitou, de Guyenne, du Toulousain.

2. Des États Provinciaux tous les cinq ans, des États Généraux tous les dix ans, demandaient le plus grand nombre. C'était reculer de beaucoup sur 1484.

nant l'établissement d'une sorte de tribunal du point d'honneur. Il accusa les hérétiques de vouloir faire « un état populaire et priver le roi de sa couronne ». Le clergé seul approuva complétement l'organisation du gouvernement et du conseil adoptée après la mort de François II; les deux autres ordres ne s'expliquèrent pas nettement à ce sujet. Les Trois Ordres se trouvèrent d'accord sur les réductions à apporter aux charges publiques.

Après que le conseil privé eut pris connaissance des cahiers, le roi de Navarre et le chancelier se transportèrent au couvent des cordeliers d'Orléans, où les Trois Ordres s'étaient réunis, leur exposèrent l'état des dettes de la couronne et les requirent de « s'employer à secourir le roi » (13 janvier). Les dettes dont on demandait l'extinction s'élevaient à près de 43 millions et demi[1]; les revenus de l'État, ne montant plus qu'à 12,260,000 livres, par la diminution des impôts, faisaient à peine face aux dépenses courantes, loin de suffire à payer les intérêts de la dette. Les députés, effrayés, déclarèrent qu'ils n'avaient pas de pouvoirs suffisants pour consentir aux grands sacrifices que sollicitait la couronne, et demandèrent à être renvoyés dans leurs provinces, afin de présenter dans chaque élection les états de finances dressés par le gouvernement. La cour fut obligée d'y consentir et la séance de clôture eut lieu le 31 janvier. Le chancelier annonça que la reine mère avait réduit de 2,300,000 livres les dépenses annuelles, par la suppression d'un certain nombre des offices de la maison du roi et la diminution des gages de toutes les charges : il pria chacun des Trois Ordres de coopérer au rétablissement des finances; le clergé, en rachetant, dans l'espace de six ans, les aliénations du domaine, des aides et des gabelles; le Tiers, en subissant, aussi pour six ans, un droit additionnel de 15 sous par muids de sel, un nouveau droit sur les vins et une crue de

---

1. Près de cent soixante millions de francs, valeur intrinsèque, le marc d'argent étant alors à environ 15 livres. La valeur relative pouvait être de 500 millions environ. « En douze ans », dit Castelnau, « on avoit levé plus d'argent sur les sujets que l'on n'avoit fait de quatre-vingts ans auparavant, outre le domaine presque tout aliéné. » V. sur les États de 1560-61, le *Recueil des États Généraux*, t. XI-XII; La Haie, 1789. — La publication des harangues et des cahiers fut défendue, pour ne pas donner à l'étranger connaissance de la situation de la France. Il est plus que douteux que cette mesure ait atteint son but.

tailles; la noblesse enfin, en supportant sa part des impôts de consommation : il offrait aux États d'acquitter eux-mêmes, par les mains de leurs délégués, les dettes qu'on voulait éteindre : les six années expirées, il promettait de remettre tous les impôts au taux où les avait laissés Louis XII. C'était promettre plus qu'on ne pouvait tenir. On convint que les États Provinciaux s'assembleraient le 20 mars prochain et que chacun des treize grands gouvernements de France élirait seulement, « pour éviter les frais », trois députés, un clerc, un noble et un bourgeois; les trente-neuf élus se réuniraient à Melun avant le 1er mai, afin d'examiner et de débattre les demandes du gouvernement [1].

Le parti qui avait réclamé une réélection générale finit donc par l'emporter, malgré la décision du conseil privé; le conseil, dirigé par le chancelier, n'attendit cependant pas, pour faire droit aux remontrances des États, l'octroi des subsides demandés. L'édit de Romorantin, qui attribuait exclusivement à la juridiction épiscopale la connaissance du crime d'hérésie, avait été confirmé le 7 janvier, mais avec l'intention déclarée de soustraire par là les hérétiques aux châtiments sanglants; puis, le 28 janvier, des « lettres royaux » avaient enjoint au parlement de Paris et au procureur-général de surseoir à toute poursuite pour le fait de la religion, même contre les personnes qui auraient assisté aux assemblées avec armes, et de mettre en liberté tous les détenus pour ces causes. Le jour même de la clôture des États Généraux (31 janvier), parut la célèbre ordonnance d'Orléans, qui promulguait, au nom du roi, la plupart des réformes réclamées par les représentants du Tiers État, en les affaiblissant toutefois dans leur hardiesse et leur portée [2]. Le Concordat et la vénalité des charges, ces deux grandes taches du règne de François Ier, sont effacées. L'Hospital, devenu ministre, fait triompher les principes qu'il avait naguère proclamés en beaux vers [3]; il

---

1. *Procès-verbal des États de* 1560, dans le *Recueil des pièces sur les États Généraux*, t. I (1789). — De Thou, l. XXVII. — La Place, l. IV. — Théod. de Bèze, l. IV. — Une ordonnance du 30 janvier régla l'assiette de la taxe pour le paiement des députés, chaque ordre payant les siens; c'était un progrès sur l'assemblée de 1484, où le Tiers avait payé pour tous. *Recueil des États Généraux*, t. XII, p. 328.

2. Augustin Thierry, *Essai sur l'hist. du Tiers État*, p. 93.

3. *V.* notre t. VIII, p. 23.

maintient les élections judiciaires rétablies récemment par Olivier, avec réserve à la couronne du choix entre trois candidats [1], et il applique la même combinaison aux élections ecclésiastiques : l'élection des chefs de l'Église est, non pas restituée au clergé seul, comme l'avait demandé l'orateur de l'ordre ecclésiastique, non pas seulement partagée entre le clergé et le peuple, suivant le vœu du Tiers État, mais partagée entre le clergé, le peuple et la couronne [2]. Le paiement des annates est interdit, comme tout autre transport d'or et d'argent hors du royaume, à peine d'une amende quadruple de la somme exportée : on s'entendra ultérieurement avec le pape à ce sujet. La résidence est obligatoire pour les bénéficiaires, à peine de saisie du temporel : ceux qui ont plusieurs bénéfices « par dispense » résideront dans l'un et commettront personnes suffisantes dans les autres. Dans chaque cathédrale ou collégiale, une prébende sera réservée pour un docteur en théologie, chargé de prêcher tous les dimanches et fêtes et de faire trois leçons publiques de l'Écriture sainte par semaine : chaque monastère aura de même un précepteur. Une autre prébende sera destinée à un précepteur d'école gratuite, nommé par l'évêque, le chapitre et les magistrats municipaux. Les revenus des confréries, la charge du service divin déduite, seront appliqués aux écoles et aux aumônes. On ne recevra pas de prêtre avant trente ans, de moine avant vingt-cinq, de religieuse avant vingt. Il est défendu de rien exiger pour les sacrements et autres choses spirituelles, chacun restant libre de donner ce que bon lui semblera.

Les offices seront réduits graduellement au même nombre que sous Louis XII. Le cumul des offices est interdit. Les élus des

---

1. Dans les tribunaux inférieurs, les magistrats municipaux devaient concourir avec les avocats et praticiens au choix des juges.
2. « Sitôt que vacation adviendra » dans un archevêché ou un évêché, trois candidats, « de suffisance et qualités requises », âgés au moins de trente ans, seront élus et présentés au choix du roi par une assemblée que composeront, s'il s'agit d'un archevêque, les évêques suffragants, le chapitre de l'église métropolitaine, douze gentilshommes élus par la noblesse du diocèse et douze notables bourgeois élus en l'hôtel de la ville archiépiscopale ; s'il s'agit d'un évêque, l'assemblée électorale se composera de l'archevêque métropolitain, des évêques comprovinciaux, du chapitre de la cathédrale et de vingt-quatre représentants de la noblesse et du Tiers État choisis comme ci-dessus. Isambert, t. XIV, p. 64.

finances redeviendront les élus du peuple. La juridiction du grand conseil est resserrée dans des limites mieux définies. Les baillis et sénéchaux doivent être de robe courte et gentilshommes, mais l'administration de judicature leur est interdite : leur office est de faire que force reste à justice [1]. Les tribunaux inférieurs, prévôtés, vigueries, etc., sont supprimés dans les villes qui possèdent bailliage ou sénéchaussée. Les substitutions sont restreintes à deux degrés. Il est défendu aux seigneurs hauts justiciers d'avoir des prisons au-dessous du rez-de-chaussée (cette mesure d'humanité fermait les affreux cachots des donjons féodaux); il est ordonné aux juges de protéger les pauvres sujets du roi contre les exactions indues des seigneurs; il est enjoint à ceux-ci de se comporter modérément envers leurs vassaux et de ne poursuivre leurs droits que par voie de justice. Il est défendu aux nobles de chasser dans les blés et les vignes en temps nuisible. Les exemptions de tailles, qui appesantissaient d'autant le fardeau de la masse taillable, sont réduites aux officiers « ordinaires et servant réellement le roi ». Le nombre des notaires est limité; leur âge, fixé à vingt-cinq ans : les actes notariés seront signés dorénavant par les parties. L'administration des deniers des villes, attribuée, sous Henri II, à des commissaires royaux, est remise aux magistrats municipaux. Il est enjoint d'abattre les saillies et auvents (ôte-vents) des pignons sur rues; on ne pourra plus bâtir les devantures dans les villes qu'en briques, moellons ou pierres de taille (cette ordonnance annonce une révolution dans l'architecture de nos villes). On fera dorénavant des alignements réguliers [2]. Il est défendu à tous nobles et officiers royaux de se livrer au commerce [3]. Les maisons de jeu et de prostitution seront fermées. La contrainte par corps est admise pour cédules (billets) reconnues et vérifiées entre marchands et non autres.

---

1. « Ceci », dit le président Hénault, « achève de faire deux états distincts de la robe et de l'épée. »

2. Le Tiers État avait demandé que les tueries, écorcheries, poissonneries, tanneries et autres métiers « portant puanteur ou mauvais air » fussent relégués hors des villes et en aval des rivières.

3. Il n'était pas juste que les nobles pussent avoir à la fois les priviléges accordés en vue de la profession des armes et les bénéfices de la profession commerciale. Il y a ici autre chose que le préjugé.

L'usage des dorures sur bois, sur plomb ou sur fer, des émaux, de l'orfévrerie et de divers objets de luxe étrangers est interdit aux manants et habitants des villes (les lois somptuaires étaient toujours renouvelées, toujours éludées et toujours inutiles [1]).

La magistrature tout entière eût dû recevoir avec acclamation les réformes de L'Hospital et se dévouer à leur accomplissement. Ces réformes vinrent, au contraire, se briser au premier pas contre la résistance du parlement de Paris. Une déplorable réaction avait eu lieu dans ce grand corps qui naguère s'illustrait par sa résistance à l'inquisition et aux sacrifices humains. Le retour des États Généraux et leur périodicité instamment réclamée contrariaient fort les prétentions du parlement et menaçaient de réduire de beaucoup son importance : d'une autre part, bien des magistrats qui reculaient devant les peines sanglantes en matière de religion ne reculaient pas moins devant la liberté du culte hétérodoxe : deux religions reconnues publiquement dans un État leur semblaient une monstruosité [2]. Les intérêts des parlementaires étaient froissés comme leurs prétentions et leurs préjugés; l'abolition de la vénalité des charges blessait les familles riches qui avaient fait de leurs offices des propriétés et qui voyaient les jurisconsultes et les avocats sans fortune près d'envahir désormais le parlement par droit de mérite : les gages des membres du parlement, ainsi que ceux de tous les autres officiers de la couronne, avaient subi une forte réduction; l'édit d'Orléans interdisait sévèrement aux juges de recevoir des présents, des pensions ou des bénéfices de leurs justiciables, et une autre ordonnance (avril 1561) leur défendit bientôt de « prendre soin d'autres affaires que de celles du roi », c'est-à-dire de se faire les

---

[1]. Isambert, t. XIV, p. 63. — L'Hospital avait publié auparavant quelques sages édits sur les conflits des tribunaux entre eux, sur les arbitrages, sur l'abolition des obstacles et la régularisation des péages particuliers qui entravaient la navigation des rivières. Une de ses ordonnances ôta aux veufs et veuves le pouvoir de dépouiller leurs enfants du premier lit au profit d'un nouvel époux.

[2]. V. ce que dit Étienne Pasquier là-dessus et sur les États Généraux; l. IV, *lettres* 9 et 13. — L'appel aux États Généraux est « une vieille folie qui court en l'esprit des plus sages François ». — Cette « débauche, que, dans une même ville, il y ait exercice de deux diverses religions... »Voilà l'esprit parlementaire chez un de ses représentants les plus instruits et les plus intelligents. Le parlement se sentait en présence des États Généraux, comme un usurpateur en présence du maître légitime dont il occupe la place.

hommes d'affaires des grands. La majorité du parlement tourna et s'allia contre le ministre réformateur avec le parti fanatique des présidents Le Maistre et Saint-André. Elle fit remontrances sur remontrances. Pour l'obliger à enregistrer l'ordonnance d'amnistie du 28 janvier, sans user d'une violence dangereuse en de telles circonstances, il fallut qu'une nouvelle déclaration royale bannît tous ceux des détenus qui, en sortant de prison, ne voudraient pas promettre de vivre catholiquement (22 février). Le parlement continua de repousser cette grande ordonnance du 31 janvier, qui sanctionnait les principes si longtemps revendiqués par le parlement lui-même.

Le parti huguenot levait de son côté un front menaçant : partout se déchaînait la discorde, partout surgissaient les obstacles autour du ministre qui s'était voué au salut de son malheureux pays. L'accord ménagé entre la reine mère et le roi de Navarre semblait près de se rompre avec éclat : on n'avait pu retenir longtemps Condé loin de la cour; il avait bien fallu le rappeler et lui donner place au conseil, après avoir fait proclamer solennellement son innocence de la propre bouche du jeune roi, avec autorisation de poursuivre en cour de parlement « autre et plus ample déclaration de sadite innocence » (13 mars). Guise et Condé se trouvèrent ainsi face à face dans le conseil : on en vit aussitôt les conséquences; le roi de Navarre, animé par son frère, déclara que Guise ou lui devait quitter la cour[1] : depuis six semaines, le cardinal de Lorraine s'était déjà volontairement retiré dans sa ville archiépiscopale de Reims, avec sa nièce, la jeune reine douairière Marie Stuart. Céder, c'était se livrer à la discrétion des Bourbons : Catherine résista; le roi de Navarre invita tous ses parents et amis à le suivre. On disait tout haut qu'Antoine allait se rendre à Paris pour s'y faire déclarer régent du royaume : déjà les Bourbons, le connétable, ses fils, ses neveux et les trois quarts de la noblesse de cour s'apprêtaient à monter à cheval, lorsque la reine mère, par le conseil du cardinal de Tournon, manda le vieux Montmorenci au nom du roi; le

---

1. Il avait déjà, quinze jours auparavant, voulu enlever au duc de Guise les clefs du palais que le duc tenait en qualité de grand-maître et que Catherine prit en main pour les mettre d'accord. Bouillé, *Hist. des Guises*, t. II, p. 138.

petit Charles IX commanda au connétable de ne point l'abandonner « pour ce qu'il avoit besoin de lui près de sa personne royale ». Le vieillard, habitué à ne respecter d'autre loi au monde que la volonté des rois, n'osa désobéir à un enfant de onze ans et resta : telle fut du moins l'explication qu'il donna de sa conduite; mais on crut généralement que Montmorenci ne se souciait point de partir et que cette scène avait été arrangée entre lui et Catherine. Le roi de Navarre ne se décida point à poursuivre son entreprise sans l'appui du connétable. Le bruit de cette querelle entre la reine mère et le roi de Navarre était déjà cependant parvenu dans la capitale : les États Provinciaux de l'Ile-de-France [1], qui s'assemblaient sur ces entrefaites, furent extrêmement orageux : la noblesse et le Tiers État annoncèrent l'intention de refuser tous subsides, si le roi de Navarre n'était élevé à la régence, si les Guises n'étaient exclus du conseil et de la compagnie du roi et de ses frères, et si l'on ne demandait compte à tous ceux qui avaient manié les finances sous Henri II et François II; il fallait, disait-on, exiger la restitution des dons immenses prodigués par ces deux rois tant aux Lorrains qu'au maréchal de Saint-André, à la duchesse de Valentinois, à ses gendres « et autres ».

Catherine, effrayée, s'efforça de regagner à tout prix le roi de Navarre, fit sentir au duc de Guise la nécessité de l'apaiser à force de déférence, et agit plus efficacement sur le frivole et voluptueux Antoine par une de ses filles d'honneur, mademoiselle de Rouet [2]; les intrigues galantes devenaient le grand ressort de la politique de Catherine, toujours entourée d'un essaim de brillantes et faciles beautés qu'elle dressait à servir sa diplomatie et qu'on appelait « l'escadron volant de la reine ». Voilà le chemin qu'avait fait la cour de France, d'Anne de Bretagne à Catherine de Médicis! Antoine se laissa désarmer par le titre de lieutenant-général du royaume, que lui décernèrent enfin offi-

1. Il avait été arrêté que les Trois États se rassembleraient d'abord dans chaque bailliage ou sénéchaussée; puis, que les délégués des bailliages se réuniraient aux chefs-lieux des treize grands gouvernements de France, pour nommer trente-neuf députés aux États Généraux.
2. V. une lettre de Calvin au roi de Navarre, où il le tance sur ses « folles amours ». *Lettres de Calvin*, t. II, p. 399 (mai 1561).

ciellement la reine mère et le conseil ; des « lettres royaux » du 25 mars annoncèrent à la France qu'il existait parfaite intelligence entre la reine mère et les Bourbons : les États Provinciaux furent convoqués de nouveau pour le 25 mai, afin de s'occuper spécialement du secours demandé par le roi et non « du gouvernement et administration du royaume » : les États Généraux furent ajournés au 1er août et les « lettres royaux » du 25 mars promirent en même temps la réunion « d'un certain nombre des plus grands, dignes et vertueux personnages du royaume, pour prendre leur avis sur ce qui se devra faire au fait de la religion [1] ». C'était, sous un titre plus modeste, le concile national qui avait dû d'abord se tenir au mois de janvier et qu'avait empêché la bulle papale qui convoquait le concile général à Trente pour Pâques. La bulle de convocation avait été reçue en France et les évêques avaient été avertis de se préparer au voyage de Trente; mais on ne doutait pas que la réouverture du concile de Trente ne se fît longtemps attendre : on savait bien d'ailleurs que les protestants n'acceptaient ni la convocation du pape ni la présidence de ses légats, et personne ne comptait sur cette assemblée pour apaiser le « différend de la religion ».

Un incident grave modifia, sur ces entrefaites, les forces respectives des partis. Montmorenci, qui avait largement profité des profusions de Henri II [2], s'était fort courroucé d'apprendre que les huguenots et les « malcontents » prétendaient revenir sur les dons et largesses des deux derniers rois : il en voulait au roi de Navarre d'avoir le premier soulevé cette question aux États Généraux : il était à la fois menacé dans ses intérêts et froissé dans ses sentiments; engagé dans une voie qui n'était pas la sienne, il s'y trouvait fort mal à l'aise : ses instincts, ses habitudes, sa vie passée, tout en lui était mortellement hostile à la Réforme. Il s'effraya quand la révolution religieuse déborda autour de lui : il s'irrita au bruit des désordres commis par les huguenots dans les provinces; les réformés, à peine échappés à l'extermination suspendue sur leurs têtes, réagissaient avec violence contre leurs oppres-

---

1. *Mém.* de Condé, II, 281.
2. S'il en faut croire le président de La Place, Montmorenci n'avait cependant pas reçu de Henri II à beaucoup près autant que les Guises et que Saint-André.

seurs; non-seulement les prêches clandestins se transformaient en assemblées publiques; mais les protestants, presque partout où ils étaient les plus forts, troublaient le culte catholique, insultaient les processions, installaient leurs assemblées dans les églises et commençaient même à briser les autels, « idoles et images ». L'aspect de la cour n'était pas moins menaçant pour le catholicisme : le roi de Navarre avait annoncé à l'ambassadeur de Danemark « que, devant que l'an fût révolu, il feroit prêcher l'Évangile par tout le royaume [1] ». La noblesse de cour, ne voyant guère dans le calvinisme que la suppression de l'abstinence et du confessionnal et l'abaissement du clergé, applaudissait aux nouveautés : déjà « chacun mangeoit librement de la chair en carême »; le prêche se célébrait, « au vu et su de tous », dans les chambres du prince de Condé et de l'amiral; la reine mère paraissait s'abandonner au torrent sans répugnance : un jour, elle mena le roi et toute la cour entendre prêcher l'évêque de Valence dans la grand'salle du château de Fontainebleau. L'évêque Montluc n'invoqua point les saints, attaqua « obliquement », dit de Thou, l'autorité du pape et prêcha sur la nécessité de prier Dieu en français et de mettre l'Écriture sainte en langue vulgaire à la portée de tous. Le connétable, scandalisé, dit tout haut qu'il « se contentoit de cette fois et n'y retourneroit plus ».

Le lendemain, laissant le flot des courtisans affluer au prêche de Montluc, Montmorenci alla au sermon d'un jacobin qui prêchait pour les petites gens dans la chapelle de la basse cour et y rencontra les ducs de Guise et de Montpensier et le maréchal de Saint-André. Guise sut mettre à profit cette rencontre pour se rapprocher du vieillard mécontent : les ressentiments de Montmorenci contre les Lorrains combattaient encore ses opinions et ses intérêts qui le ramenaient vers eux; mais on fit agir près de lui son ancien compagnon de faveur, l'adroit et insinuant Saint-André, sa vieille amie Diane de Poitiers, dont il avait, dit-on, jadis été l'amant entre François Ier et Henri II, enfin sa femme Madeleine de Savoie [2], catholique ardente et très-mal disposée

---

1. La Place, l. v, p. 121.—Il est vrai qu'en même temps il promettait tout le contraire à l'ambassadeur d'Espagne.
2. D'une branche bâtarde : elle était sœur des comtes de Tende et de Villars.

pour les neveux de son mari : on fit appel à sa dévotion, à sa fidélité envers la maison royale, qu'on lui montrait compromise par un changement de religion, « lequel amèneroit un changement d'état. » L'ambassadeur d'Espagne agit puissamment sur le vieillard, qui avait toujours été le complice de la politique autrichienne en France. Ses neveux et son fils aîné, le maréchal de Montmorenci, tâchèrent en vain de le retenir dans le parti des Bourbons. Le jour de Pâques, 6 avril, le connétable et le duc de Guise scellèrent leur pacte en communiant ensemble à Fontainebleau : le maréchal de Saint-André fut admis en tiers dans cette alliance, que leurs adversaires appelèrent le « triumvirat ». Les triumvirs du catholicisme n'allaient pas susciter moins de carnages que les triumvirs de l'ancienne Rome, mais à tout ce sang devait se mêler leur sang. Elle devait tous trois les dévorer, cette guerre civile qu'ils évoquaient par « la chair et le sang » de Celui qui a dit que quiconque tire l'épée mourra par l'épée.[1].

Catherine, qui avait bien voulu ôter le connétable au roi de Navarre, mais non pas le donner aux Guises, changea de jeu et se replia du côté des Bourbons et des Châtillons. Les nouvelles des provinces étaient sinistres : les émeutes catholiques répondaient aux émeutes protestantes et leur caractère était plus farouche encore; la Semaine-Sainte, exploitée par les prêtres, avait redoublé l'effervescence populaire : à Paris, les prédicateurs prêchaient furieusement contre les Châtillons et même contre la reine mère : le menu peuple tenta de saccager un hôtel du Pré-aux-Clercs où l'on avait fait le prêche, et fut vigoureusement repoussé à coups d'épée par une poignée de huguenots; à Beauvais, le cardinal de Châtillon, évêque de cette ville, ayant célébré la

---

1. De Thou, l. XXVII. — La Place, l. V. — Castelnau, avec les additions de Le Laboureur. — *Mémoires* de Condé, t. I-II. — La première partie du tome II renferme la précieuse correspondance de Perrenot de Chantonnei, frère du cardinal de Granvelle et ambassadeur de Philippe II en France, de 1561 à 1564. — *Lettres* de Pasquier. — Théod. de Bèze. — Nous avions cru à l'authenticité du pacte *écrit* qui se trouve inséré dans les *Mémoires-Journaux* du duc de Guise, et nous avions répété, dans notre édition précédente, que la pièce originale existe dans le fonds de Colbert, à la Bibliothèque; mais il y a erreur; la pièce, qui est dans un recueil de la fin du XVIe siècle, au *Supplément français*, n° 215, f° 131, v°, n'est point originale, et un nouvel examen du contenu nous a ramené à l'opinion de M. Michelet, qui la regarde comme supposée. — V. *La Ligue et Henri IV*, p. 466, *notes*.

cène dans son palais à la manière des protestants, au lieu de faire l'office de Pâques dans sa cathédrale, le peuple massacra un maître d'école hérétique que protégeait le cardinal et faillit mettre en pièces ce prélat lui-même [1]. L'Hospital tenta d'arrêter les violences des deux partis par un édit qui défendait, sous peine de la hart, de s'entre-injurier « par ces mots de papistes, huguenots ou autres semblables, d'abattre croix et images, forcer temples, attacher placards, piller et saccager maisons, sous prétexte des assemblées illicites qui s'y tiendroient »; cet édit renouvelait l'ordre de mettre en liberté les détenus pour cause de religion et autorisait tous ceux qui s'étaient enfuis hors du royaume depuis l'avénement de François II à y rentrer, pourvu qu'ils vécussent désormais « catholiquement » et sans scandale; ceux qui se refuseraient à prendre cet engagement pourraient vendre et emporter leurs biens (19 avril).

L'ambassadeur d'Espagne fit d'impérieuses représentations à la reine mère, qui répondit avec sa duplicité ordinaire et fit même engager Philippe II, par l'ambassadeur de France en Espagne, à correspondre avec les chefs du parti catholique [2]! L'édit, contre la coutume, avait été expédié aux gouverneurs des provinces, baillis et sénéchaux, avant que d'être présenté au parlement, dont L'Hospital prévoyait l'opposition. Le parlement fut si irrité de cette dérogation à ses priviléges, que peu s'en fallut qu'il ne donnât « ajournement personnel » au chancelier : il empêcha le prévôt de Paris de publier l'édit dans la capitale, continua de défendre les assemblées hétérodoxes sous peine de mort, et adressa remontrances sur remontrances au conseil du roi contre l'espèce d'égalité qu'on semblait établir entre les épithètes de « huguenot » et de « papiste », contre l'impunité qu'on accordait implicitement aux « conventicules », contre l'ambiguïté du terme « vivre catholiquement ».

[1]. Le cardinal de Châtillon vivait maritalement avec une noble dame normande, Élisabeth de Hauteville-Loré, que les frères et les amis du cardinal traitaient de comtesse de Beauvais et qui prenait le pas sur « madame l'amirale », comme femme du frère aîné. V. la correspondance de Chantonnei; ap. Mém. de Condé, t. II.

[2]. R. de Bouillé, Hist. des Guises, t. II, p. 123, d'après les Papiers de Simancas. Aux « triumvirs » s'étaient ralliés le cardinal de Tournon, le chef de la branche cadette des Bourbons, Montpensier, et le maréchal de Brissac, hostile aux réformés, comme le connétable, par habitudes militaires d'obéissance passive.

La fermentation du clergé était plus redoutable encore : le conseil du roi avait demandé aux évêques et aux baillis l'état général des biens de l'Église dans chaque diocèse ; le clergé vit dans cette mesure le prélude de sa spoliation et fit retentir de ses cris les États Provinciaux réunis le 25 mai. Ce fut au nom des « libertés du royaume » qu'il protesta contre « cette odieuse description qu'on demande du bien de l'Église », chose estimée « dure et inhumaine aux républiques libres ! » étrange langage qui pronostiquait de bien surprenants mélanges d'idées et de formules ! Le chapitre de Notre-Dame de Paris envoya au cardinal de Lorraine une adresse lamentable, où il confessait naïvement que « le spirituel ne pouvoit subsister sans l'aide du bien temporel, qui est l'instrument, nerf et force de toutes vertueuses actions » (29 mai). Le cardinal de Lorraine venait de sacrer Charles IX dans sa ville archiépiscopale de Reims (15 mai)[1] et l'on ne manqua pas de tirer parti du serment qu'avait prêté le roi de défendre l'Église et d'exterminer les hérésies : on fit appel à toutes les traditions nationales et religieuses de la France, à son orthodoxie inébranlable depuis le temps de son premier roi chrétien, pour conjurer le gouvernement de refuser aux hérétiques la liberté de culte que demandèrent sur ces entrefaites les églises réformées du royaume par une requête solennelle (11 juin).

Les partisans de la tolérance arguèrent de leur côté, des événements qui venaient de se passer en Piémont : durant les derniers cours de François II, le duc de Savoie, excité par le jésuite Passevin et prévenu du plan des Guises pour l'extermination de l'hérésie, avait voulu y concourir en traitant les Vaudois des Alpes piémontaises comme on avait traité, sous François Ier, leurs frères de Provence : en septembre 1560, les troupes de Philibert-Emmanuel avaient envahi les vallées vaudoises. Elles n'y trouvèrent pas des victimes sans défense comme à Cabrières et à Mérindol : les prin-

---

1. Le duc de Guise, comme au sacre de François II, précéda, en qualité de plus ancien pair, les Bourbons de la branche cadette ; Condé et Coligni ne figurèrent point au sacre pour ne point assister à la messe. Un peu avant le sacre, la reine mère avait demandé à Guise si, dans le cas où son fils et elle adopteraient la nouvelle religion, « à quoi, du reste, ils ne pensoient point », le duc et ses alliés leur dénieraient obéissance. Guise répondit que oui. Bouillé, t. II, p. 136, d'après les Archives de Simancas.

cipes de Luther et de Calvin étaient bien loin : le génie de nos races guerrières brisait enfin la doctrine de passivité : les montagnards défendirent par le fer contre les hordes de leur prince l'honneur et la vie de leurs familles [1]. La résistance grandit avec les forces employées à l'attaque : les vallées vaudoises du Dauphiné jurèrent alliance avec celles de Piémont : au printemps, arrivèrent les Vaudois provençaux, débris échappés jadis au grand massacre, agneaux changés en lions; ils amenaient avec eux la bande terrible de Mouvans. Dix fois battues, écrasées dans les défilés par cette poignée de héros, les troupes piémontaises redescendirent en lambeaux dans la plaine, et le duc complétement découragé, fit la paix et reconnut la liberté religieuse des Vaudois, malgré les cris de l'Espagne et de Rome (5 juin 1561) [2].

Catherine n'eut pas la force de garder le terrain où l'avait engagée L'Hospital. Elle céda aux instances des chefs catholiques sur la nécessité de s'entendre avec le parlement afin de fixer la jurisprudence vis-à-vis des dissidents, en attendant le résultat du synode ecclésiastique annoncé. Le 23 juin, les princes, les grands officiers de la couronne et le conseil privé se transportèrent au Palais de Justice, et le conseil se réunit au parlement pour délibérer; la discussion dura trois semaines. Trois opinions se partagèrent les suffrages : la première demandait la surséance de toutes peines contre les dissidents jusqu'à la décision d'un concile général ou national; la seconde réclamait purement et simplement la peine de mort; la troisième voulait la peine de mort contre quiconque prendrait part à des conventicules hérétiques et le renvoi aux juges d'église en cas d'hérésie simple ; le condamné pour hérésie simple, remis par les juges d'église au bras séculier, ne pourrait

---

1. Il y eut un incident bien touchant au commencement de la lutte. A l'arrivée des troupes du duc, les paysans catholiques des vallées voisines amenèrent leurs filles aux montagnards « hérétiques » pour qu'ils les sauvassent des soldats. Ils les vinrent reprendre après la victoire. V. sur cette guerre, A. Muston, *Hist. des Vaudois*, t. II, c. I-II.

2. Les Vaudois de Calabre n'eurent pas la même fortune que ceux de Piémont. Au moment où les Vaudois des Hautes-Alpes imposaient cette glorieuse capitulation au duc de Savoie, l'infortunée colonie calabroise, longtemps tolérée grâce à sa paisible obscurité, ayant voulu enfin pratiquer son culte au grand jour, attirait sur elle le glaive exterminateur du vice-roi de Naples et disparaissait tout entière parmi des horreurs renouvelées de Cabrières et de Mérindol (1561) !

être frappé d'une peine plus grave que le bannissement. Ce dernier avis ne l'emporta que de trois voix sur le parti de la tolérance; mais il eût toujours eu finalement la majorité; car les fanatiques purs s'y fussent ralliés faute de mieux (11 juillet). Les chefs du parti catholique saluèrent cette décision comme une victoire, et le duc de Guise « déclara haut et clair que son épée ne tiendroit jamais au fourreau quand il seroit question de faire sortir effet à cet arrêt [1] ». L'amiral, de son côté, déclara la décision inexécutable. Ce fut sous ces auspices fort peu rassurants que parut l'édit de juillet, promulgué « par manière de provision, jusqu'à la détermination du concile général ou de l'assemblée des prélats du royaume ». L'Hospital ayant adouci l'arrêt de la majorité par des dispositions qui protégeaient la vie privée et prescrivaient beaucoup de réserve aux magistrats, le parlement n'enregistra qu'à grand'peine l'édit ainsi amendé. Après le relevé des votes, Catherine de Médicis s'était fait apporter les scrutins et avait fait brûler tous les bulletins en sa présence, afin que personne ne pût être recherché plus tard pour les opinions énoncées : l'honneur de cette action appartient sans doute à L'Hospital.

Le prince de Condé avait été récemment déclaré innocent par le parlement, après révision des pièces de son procès et avec réserve de poursuites en réparation contre qui de droit (13 juin). Catherine parvint à ménager une réconciliation plâtrée entre Guise et Condé, à qui l'on donna le gouvernement de Picardie, résigné par Brissac : le duc de Guise, en présence du conseil, affirma n'avoir été ni l'auteur ni l'instigateur de la prison du prince : Condé répliqua qu'il tenait pour méchant et malheureux celui ou ceux qui en avaient été cause. « Je le crois ainsi, reprit Guise; cela ne me touche en rien [2] » et ils s'embrassèrent (24 août). Une trêve convenait à tous deux pendant la tenue des États Généraux et du synode gallican.

Les délégués des treize grands gouvernements de France s'étaient enfin assemblés, non point à Melun, mais à Pontoise, le 1er août : les deux ordres laïques seuls furent représentés à Pontoise par leurs vingt-six commissaires; les élus du clergé

---

1. *Lettres* de Pasquier, l. IV, lett. 10.
2. La Place, l. VI.

s'étaient réunis au synode ecclésiastique qui venait de s'ouvrir à Poissi, le 26 juillet. Une résolution très-importante avait été prise par le conseil privé, du consentement du parlement, et des lettres patentes du 25 juillet, peu concordantes avec l'édit contre l'hérésie, avaient autorisé « tous ceux des sujets du roi qui voudroient être ouïs en l'assemblée du clergé » à y venir en sûreté et liberté et s'en retourner de même. Ces « sujets du roi » qu'on invitait à conférer avec les prélats gallicans, c'étaient les « ministres du saint Évangile », les apôtres de la Réforme, les coryphées de Genève. Le vieux cardinal de Tournon avait protesté en vain : « C'est remettre en dispute nos articles de foi, c'est nous « appareiller » à ces ministres intrus qui n'ont pas reçu l'imposition des mains par succession de la primitive Église. » La Sorbonne ne fut pas plus écoutée : le cardinal de Lorraine s'était prononcé pour le colloque et s'était trouvé d'accord cette fois avec le parti de la tolérance : il avait des motifs plus sérieux que la vanité de briller dans un tournoi théologique contre les champions de l'hérésie; comme son frère, comme son parti, il pressentait, il voulait la guerre civile, et, dans la guerre civile, l'intervention étrangère[1], et il méditait un coup de maître; c'était d'enlever à ses ennemis le secours des luthériens allemands tout en se réservant d'assurer à sa cause l'appui du Roi Catholique. Il connaissait les dissidences qui séparaient les deux grandes sectes protestantes et il visait à les faire éclater de façon à rendre leur coalition impossible. Il parut donc se radoucir vis-à-vis des opinions hétérodoxes et fit des avances aux luthériens jusqu'au point de se rendre suspect à son parti, bien assuré qu'il était de se justifier par le résultat : il demanda aux princes protestants les plus voisins de la France d'envoyer au colloque leurs docteurs les plus distingués.

Le cardinal de Lorraine et le chancelier de L'Hospital avaient donc marché de concert, dans des vues bien différentes : L'Hospital avait et faisait partager à la reine mère l'espérance illusoire

---

1. Un prêtre, Arthus Désiré, venait d'être arrêté à Orléans, porteur d'une requête adressée, au nom du clergé de France, à Philippe II, pour invoquer son secours. Le parlement le condamna seulement à l'amende honorable et à l'emprisonnement dans un couvent, d'où on le fit bientôt échapper (14 juillet 1561).

d'obtenir du concile national, déguisé sous le nom de colloque, une transaction dont la ratification pourrait être ensuite proposée, sous peine de rupture, à la cour de Rome et à son concile prétendu œcuménique : les États Généraux devaient servir à maîtriser le parlement et le clergé. Une lettre adressée sur ces entrefaites au pape par la reine mère et rédigée, dit-on, par l'évêque de Valence, Jean de Montluc, jeta la consternation dans la cour de Rome (4 août). La reine mère y représentait les dissidents comme tellement formidables par leur nombre et leur puissance, qu'il n'était plus possible de les détruire : elle avançait qu'aucun d'eux n'étant anabaptiste ou « libertin » et ne niant le Symbole des apôtres, les amis de l'unité catholique souhaitaient qu'on les reçût dans la communion de l'Église, ou tout au moins qu'on discutât pacifiquement avec eux ; qu'il paraissait à propos, pour empêcher de nouvelles défections parmi les fidèles, d'ôter les images des autels et du sanctuaire, de retrancher les rites ajoutés au sacrement du baptême, de rétablir la communion collective sous les deux espèces, avec abolition des messes privées, de supprimer la fête du saint sacrement et de chanter les psaumes en langue vulgaire. Elle protestait que du reste on n'attaquerait pas l'autorité du saint-père et qu'on ne changerait rien à la doctrine dans le colloque projeté. Cette protestation n'était rien moins que suffisante pour rassurer le saint-siége! On était déjà loin de l'édit de juillet [1].

Les évêques cependant, en se réunissant à Poissi, annoncèrent qu'ils n'entendaient pas tenir un concile national, mais seulement réformer les abus sous le bon vouloir du pape. Les dispositions manifestées par les délégués des ordres laïques à Pontoise dépassèrent au contraire l'attente et même les désirs de L'Hospital : la réaction « anti-guisarde » l'avait complétement emporté dans les élections et de la noblesse et du Tiers État. Soit qu'on votât irrégulièrement et sommairement en assemblée générale, comme à Paris en 1560 [2], soit qu'on suivît le mécanisme le plus ordinaire des élections municipales où le vote se donnait par corporations choisissant des électeurs de second degré, les grands

1. De Thou, l. xxviii, § 6.
2. V. aux Éclaircissements, n° 11 ; Élections de 1560.

métiers, dans le Tiers État, avaient la prépondérance sur les petits; et, si les petits subissaient en majeure partie l'influence des confréries et du clergé, la portion la plus éclairée et la plus aisée de la bourgeoisie commerçante et industrielle, non moins que la majorité des lettrés, des légistes, des professions libérales, était au contraire nettement hostile au pape, aux Guises et au roi d'Espagne. Dans la moyenne noblesse, le parti protestant, bien plus ardent, bien plus actif que le parti catholique, s'était rallié tous les « mal-contents », partisans des princes du sang contre les princes « étrangers », ennemis du clergé et des grands, amis de la tolérance. L'élite de la bourgeoisie et l'élite de la noblesse faisaient ainsi cause commune. L'assemblée de Pontoise prit, dès les premiers jours, une attitude alarmante pour la reine elle-même : la question de la régence fut remise en délibération et il fallut que l'amiral et le roi de Navarre en personne s'interposassent afin de persuader aux deux ordres d'approuver « l'accord passé pour le fait du gouvernement ». Les États se montrèrent fort irrités de l'opposition du parlement à l'ordonnance d'Orléans et pressèrent le conseil d'agir d'autorité. Le parlement résista quelque temps encore; le conseil du roi suspendit de ses fonctions le premier président Le Maître, pour avoir qualifié de schismatique l'article de l'édit d'Orléans qui concernait les élections épiscopales[1]. L'ordonnance fut enfin enregistrée le 13 septembre.

Le mois d'août avait été rempli par la rédaction des cahiers généraux; le 27 août, les Trois Ordres se transportèrent de Pontoise et de Poissi à Saint-Germain, où était la cour. Les dispositions agressives contre le clergé se manifestèrent dès l'ouverture de la séance royale : les princes du sang ne voulurent point permettre que les cardinaux fussent assis au-dessus d'eux, suivant la coutume, et les cardinaux de Lorraine, de Guise et de Tournon sortirent plutôt que d'abaisser le chapeau rouge devant les fleurs de lis : ce fut après cet incident de fâcheux augure que l'orateur du clergé prit la parole et conjura le roi de défendre la religion et les droits et priviléges de l'ordre ecclésiastique : les orateurs des deux autres ordres répondirent par des harangues du caractère le plus menaçant. Le discours hardi et lucide du « vierg ou

---

1. *Journal* de Brûlart, p. 45.

maire d'Autun [1], Jean Bretagne, orateur du Tiers État, produisit surtout une impression profonde.

La lecture des cahiers ne diminua pas cette impression. Les deux ordres laïques demandaient, à des degrés un peu différents et avec quelques nuances, non pas une réforme, mais une révolution. Le cahier du Tiers État d'Orléans, déjà si large et si hardi, était dépassé non-seulement par le cahier du Tiers État de Pontoise, mais par celui de la noblesse. Nobles et bourgeois réclamaient d'un commun accord que tous ecclésiastiques fussent exclus du conseil du roi et « de toutes négociations publiques et séculières, » comme chose incompatible avec leurs charges spirituelles, avec leur prétention d'être exempts de la juridiction séculière et avec « le serment qui les oblige ailleurs » (au pape). Ils voulaient également l'exclusion de « ceux qui, pour avoir commandé ou manié les finances du royaume sous les deux derniers rois, pourroient être comptables, et dont on voyoit reluire les maisons aux dépens du public, jusqu'à ce qu'ils eussent rendu compte »; ceci enveloppait le connétable avec les Guises. Ils présentaient, pour remplacer les exclus, une liste de « gens vertueux, sages et de bonne conscience. »

La noblesse requérait que, « toutes les fois que la couronne viendroit ès mains d'un prince mineur de vingt ans ou incapable de manier les affaires », les assemblées des bailliages et sénéchaussées se pussent réunir d'elles-mêmes dans les trois mois pour former l'assemblée des États Généraux, laquelle procéderait au fait du gouvernement avec l'avis des princes du sang.

Elle confirmait la Loi Salique, qu'on sentait sourdement menacée autour des frêles enfants de Catherine.

Sur le concile, plein accord des deux ordres. Que le roi préside au concile national avec les princes du sang, le conseil et gens doctes, de bonne vie et mœurs, et qu'on n'accorde voix délibérative à aucun qui ait intérêt particulier à la réformation et soit juge en sa propre cause. « Que tous articles pour cejourd'hui

---

1. Les habitants d'Autun prétendaient faire remonter l'origine de ce titre de *vierg* (vicaire ou viguier?) jusqu'au *vergobreith* (*vergobretus*) des Édues et au temps de l'indépendance gauloise. — *V.* le discours du vierg d'Autun, dans La Place, l. VI, et dans les *Mémoires* de Condé, t. II, p. 457.

révoqués en doute soient décidés par la seule Parole de Dieu; les déterminations toutefois soumises au premier concile général saint et libre. »

Ceci était d'une immense portée. En attendant « le concile général saint et libre », qui ne fût jamais venu, le pouvoir temporel eût décidé entre le clergé et les réformés : l'Église était subordonnée à l'État. Plein accord non-seulement pour la liberté de conscience, mais pour la liberté du culte réformé. Qu'en attendant la décision du concile national, « le roi ne permette aucune persécution ès biens, offices ni personnes de ses sujets pour cause de religion, pourvu que ce soit une religion où Jésus-Christ ne soit renié, et que rien n'y soit attenté par armes, ni fait force aux personnes et biens des ecclésiastiques, ni aux temples, autels, images, etc., ni aucune chose tendant à sédition ». Que les assemblées de la nouvelle religion soient permises et que les officiers du roi y assistent pour le bon ordre.

La noblesse ne veut pas que l'on persécute parce que l'événement en a prouvé l'inutilité : que d'ailleurs les diverses opinions ne reposent que sur le zèle « que chacun a, de part et d'autre, pour le salut de son âme, tous croyant pareillement en Dieu et en Jésus-Christ notre Sauveur. » Le Tiers pose plus nettement le principe : « ils disent (les protestants) ne pouvoir en saine conscience communiquer aux cérémonies de l'église romaine. De les forcer de faire une chose qu'ils pensent en leur cœur être mauvaise, n'y a point de raison... ce qui se fait contre la conscience est péché ».

La langue que parlent ici les cahiers n'est pas plus celle de Calvin que celle de Rome; c'est la langue de L'Hospital et la vraie parole de la France. L'esprit du siècle garde une part dans la proscription maintenue contre les « libertins, anabaptistes et athéistes ».

Réforme radicale de la magistrature, de tous les offices de justice, police et finances : l'élection triennale partout à la place de la nomination royale à vie; que les charges ne soient plus des propriétés, mais des fonctions [1]. Le Tiers conseille au roi d'ôter

---

[1] La noblesse veut ôter tous profits aux juges, sauf des gages modiques, afin qu'on ne recherche plus ces fonctions que pour le service de Dieu, du prince et de la

aux ecclésiastiques toute juridiction et justice, comme incompatibles avec leurs vraies fonctions.

Plus de percepteurs royaux; que les villes et pays se chargent des tailles, des impôts directs; que les impôts indirects soient affermés.

Qu'aucun impôt nouveau ni augmentation des impôts qui vont être réduits ne puisse avoir lieu sans les États Généraux. Les États déclarent « toutes impositions mises sans le consentement des sujets depuis les derniers États de Tours (1484) n'être du vrai domaine du roi ni légitime revenu de la couronne. »

Les ordres laïques veulent aussi tous deux la périodicité des États, mais non pas, il est vrai, au même degré ni avec le même caractère. La noblesse demande 1° des États particuliers des bailliages et sénéchaussées se réunissant spontanément tous les ans, « afin de pourvoir à la levée et assiette des deniers du roi, aux choses de son service et de l'utilité publique, et d'ordonner de ce qui pourroit être en différend sur les droits des ecclésiastiques, de la noblesse et du Tiers et sur la police du pays »; 2° des États Généraux tous les dix ans.

Le Tiers renouvelle la requête de 1484; des États Généraux tous les deux ans.

Le Tiers aspire au gouvernement représentatif unitaire; la noblesse au gouvernement représentatif fédéral, autant que l'existence d'une royauté peut l'admettre; mais le Tiers, nous l'avons vu, n'est pas moins opposé que la noblesse à la centralisation administrative.

Sur les moyens de tirer l'État de sa détresse financière et de payer « les dettes du roi », l'esprit est le même : mais le Tiers est bien autrement radical que la noblesse. Tous deux demandent qu'on répète les dons et pensions excessifs accordés depuis l'avénement de Henri II, en n'exceptant personne que la reine mère. C'est la réponse au pacte du triumvirat!

---

patrie et pour « l'honnête honneur ». Elle parle, comme Rabelais, de cette multitude de juges, avocats et procureurs qui « pillent et mangent le peuple. » Elle veut que nul ne soit admis à intenter procès qu'il n'ait d'abord comparu devant arbitres. — Le Tiers demande que toutes les causes des pauvres soient plaidées et jugées gratuitement. — Les cahiers veulent que chaque paroisse nourrisse ses pauvres.

Cette répétition ne suffisant point à l'acquittement des dettes du roi, la noblesse propose que les dettes soient acquittées, deux tiers par le clergé, un tiers par le Tiers État; que, sur les bénéfices au-dessus de 400 livres de rente, le roi fasse vendre pour 800,000 livres à un million (24 à 30 millions de principal au denier 30) de terres et seigneuries ecclésiastiques, « attendu que ce sont biens... desquels la propriété appartient au commun du royaume, et les gens d'Église n'en ont que l'usufruit seulement. » Le reste des biens du clergé serait affranchi dorénavant du paiement des décimes. Le dernier tiers serait acquitté par le Tiers État, qui pourrait s'aider des vases et joyaux des églises et faire contribuer tous prêtres non nobles pour raison de leurs patrimoines ou acquêts.

Ainsi la noblesse pose nettement le principe que les biens du clergé appartiennent à l'État.

Le Tiers va beaucoup plus loin dans l'application du principe. Il débute par des propositions assez larges, comme d'attribuer à l'État le revenu de tous les bénéfices non desservis en personne par les titulaires, d'établir sur le revenu de tous les bénéficiers résidants un impôt progressif aboutissant à ne pas laisser aux cardinaux plus de 12,000 fr. de rente, aux archevêques 8,000, aux évêques 6,000, aux autres prélats 4,000 et le reste à proportion, de vendre les héritages, maisons, etc., occupés à titre de louage et de concéder à perpétuité aux détenteurs, ou autres, à leur refus, les immeubles ecclésiastiques « acensés et baillés » à vie ou à longues années, moyennant le paiement à l'État des cens et charges et d'une certaine somme comptant pour la concession de perpétuité; puis il laisse là toutes ces mesures partielles et pose carrément un « remède plus prompt et facile ». Les gens du Tiers « sont d'avis, Sire, que vous fassiez exposer en vente TOUT LE TEMPOREL DÉTENU ET POSSÉDÉ PAR LES GENS D'ÉGLISE, sous la réserve d'une maison principale qui demeurera au bénéficier pour son habitation. »

Le revenu foncier du clergé étant estimé, cette réserve à part, au moins à quatre millions [1], la vente du fonds, au denier 30,

---

1. Nous croyons cette estimation beaucoup trop basse. Cela n'équivaudrait guère qu'au budget actuel des cultes. Par contre, l'ambassadeur vénitien Correro élève le

produira 120 millions, sur laquelle somme 48 millions, « délivrés à profit et intérêt au denier 12 ¹ », assureront au clergé le maintien de son revenu actuel : sur les 72 millions restants, on acquittera les dettes du roi, et il restera près de 30 millions disponibles, que le Tiers propose de « mettre ès mains des villes principales du royaume, pour en accommoder les sujets à rente et intérêts raisonnables ², afin de faire croître les commerces et trafics de marchandises » ; lesquels rente et intérêts produiront au roi deux millions et demi par an, à employer aux fortifications des villes frontières et solde de la gendarmerie.

L'audacieuse grandeur des vues du Tiers État témoigne quels progrès d'intelligence avaient faits les classes moyennes. Bien que le Tiers gardât la supériorité politique sur la noblesse, l'ordre nobiliaire participait dans une assez large proportion à ces progrès, et, sans pouvoir effacer toutes leurs vieilles querelles ³, les deux ordres laïques étaient parvenus à se rapprocher sérieusement, sinon à s'entendre de tous points sur la France nouvelle qu'ils voulaient créer.

Qu'eût été cette France, si la crise du XVIᵉ siècle eût abouti à

---

revenu total du clergé à 7 millions d'écus (17 millions 1/2) ! *Ambass. vénit.*, t. II, p. 144. Ceci prouve à quel point la statistique était inconnue.

1. Le protestantisme, avec son sentiment plus vif des réalités sociales, amenait un mouvement d'opinion en faveur de la légitimité de l'intérêt; Calvin, toutefois, a encore des scrupules et préfère à l'intérêt simple la part de profit en risquant le capital, la commandite. V. ses *Lettres*, t. II, p. 451. — Il est intéressant de remarquer l'énorme écart entre le revenu foncier, au denier 30 (environ 3 1/3 p. 100), et le revenu mobilier, au denier 12 (8 1/3 p. 100).

2. C'est-à-dire au denier 12. Nous avions dit : « au denier 60 », d'après l'analyse inexacte de Garnier (*Hist. de France*, t. XV, p. 202 et suiv.). Notre travail a été refait sur le manuscrit de la Bibliothèque nationale, n° 8927, qui contient les cahiers de la Noblesse et du Tiers État. Le projet du Tiers équivaudrait aujourd'hui à une institution de crédit au capital de 300 millions.

3. Les gentilshommes réclament le maintien de tous leurs priviléges, droit de chasse exclusif, avec peine du fouet pour les roturiers qui chasseraient, réparation des atteintes portées aux juridictions seigneuriales, le service exclusif des compagnies d'ordonnance, les principales charges de guerre, ambassades et états de la maison du roi, etc. — A côté de ces réclamations d'esprit exclusif, d'autres, fort justes, manifestent l'énormité des abus de la monarchie.

Que l'édit de François Iᵉʳ sur les confiscations et amendes soit réformé « à ce qu'elles ne se puissent étendre sur les biens sujets à restitution par contrat ou desquels le délinquant ne soit que simple usufructuaire !... «

Un autre édit de François Iᵉʳ ordonnait « n'y avoir prescription contre le roi que de mille ans! » La noblesse demande qu'on la réduise à quarante ou soixante ans.

une révolution législative et non aux guerres civiles? Le Tiers eût-il entraîné la noblesse jusqu'au bout? Le clergé, sans terres et sans juridiction, subordonné à l'État, disparut comme ordre politique, ainsi qu'en Angleterre; la monarchie administrative et centralisatrice était arrêtée dans sa marche envahissante et faisait place à la monarchie représentative, simple centre politique et législatif d'une société s'administrant elle-même à tous les degrés.

L'histoire expose ce qui a été, sans insister sur ce qui eût pu être; mais l'historien ne peut se défendre de mêler à son admiration pour les mâles esprits qui exprimèrent ces pensées un sentiment de tristesse, en songeant à quel point ces voix courageuses, qui, seules, au XVIe siècle, eurent plein droit de parler et parlèrent si dignement non pas au nom des factions, mais au nom de la France, à quel point elles ont été étouffées par les rugissements des tempêtes civiles. Le souvenir de l'assemblée de Pontoise a été comme englouti sous les terribles événements qui l'ont suivie; ses cahiers n'ont jamais été publiés; nous ne savons pas même le nom de ses vingt-six membres; la plupart des historiens lui ont donné à peine un coup d'œil, et, pourtant, de 1356 à 1789, aucune réunion d'États Généraux ne mérite l'intérêt à un si haut degré. L'assemblée de 1561 a un caractère unique dans nos annales; 1356 est le premier essai, la préface de 1789; 1561 est autre chose : c'est une tentative dans une autre direction. L'alliance de la noblesse et de la bourgeoisie contre le clergé, contre l'aristocratie judiciaire et contre ce que nous nommons aujourd'hui la bureaucratie, semble sur le point d'ouvrir à la France des destinées nouvelles, dans une voie non pas semblable, mais analogue à celle de l'Angleterre. Que ceux qui regrettent pour la France cette constitution mixte, cette combinaison d'aristocratie et de démocratie qui a fait la société politique anglaise, pleurent cette grande occasion perdue; c'est la seule de notre histoire où la noblesse française ait montré en corps un véritable esprit politique; la forte éducation de la Renaissance avait un moment élevé l'élite de cette caste à des hauteurs d'où elle devait bien vite redescendre. Nous l'avons déjà dit à propos de Bayart et des derniers chevaliers, le XVIe siècle est l'âge de gloire de la noblesse française.

La terreur était dans le clergé et volait jusqu'à Rome. Les propositions des États venant après la demande de déclaration de biens signifiée au clergé par le chancelier, après la lettre semi-protestante expédiée par la reine mère au pape, enfin après la convocation des docteurs hérétiques à Poissi, semblaient dénoncer un plan concerté. Le saint-père et le roi d'Espagne étaient exaspérés contre la reine mère et ne savaient plus que penser des Guises, n'ayant pas le secret de la politique du cardinal de Lorraine. Catherine était pourtant loin de l'énergique résolution qu'on lui supposait au Vatican et à l'Escurial. L'Hospital lui-même était dépassé par l'impétueux mouvement des États Généraux, et, quoi qu'il pensât sur le fond, il ne se sentait pas des points d'appui assez forts pour soulever des masses si énormes. Maintenir l'édit d'Orléans, chercher une transaction religieuse à Poissi et, dans tous les cas, établir la tolérance, imposer au clergé un grand sacrifice pécuniaire par la peur des États, voilà où s'arrêta le chancelier.

Rome et l'Espagne tentèrent un double effort, expédièrent une double ambassade en France. Philippe II n'envoya que des menaces; Rome, plus habile, entama une profonde intrigue : désespérant de Catherine, elle s'efforça de gagner le chef même du parti ennemi, le roi de Navarre, et de le retourner contre les siens. Pie IV chargea le cardinal de Ferrare de poursuivre ce projet en même temps que de travailler à rompre le colloque, ou du moins à obtenir que la solution des questions posées à Poissi fût renvoyée au concile de Trente. Le légat, fin politique, jugea inutile de s'opposer à l'ouverture du colloque et réserva toutes ses ressources pour l'empêcher d'aboutir : il ne hâta pas son voyage et laissa les conférences de Poissi s'engager avant d'arriver à la cour. Il n'y fut pas reçu d'une façon bien encourageante; il trouva le protestantisme débordé autour de la reine mère, le prêche installé en toute liberté dans le château de Saint-Germain et l'édit de juillet annulé de fait : le chancelier refusa de sceller ses bulles, parce qu'elles renfermaient des instructions contraires à l'ordonnance d'Orléans; le légat, qui était « protecteur de France » à Rome et qui avait rendu de grands services diplomatiques à François Ier et à Henri II, usa de son ancien crédit et de ses puissantes relations pour forcer la main à L'Hospital, qui apposa enfin le sceau royal aux bulles, mais écrivit sous le sceau ces mots : *Me non consentiente*. Le parlement, à son tour, retrouvant ses répugnances gallicanes, refusa longtemps l'enregistrement. Les pages et les laquais des courtisans huguenots poursuivaient de leurs huées le porte-croix du légat, qui fut obligé de renoncer à paraître en public avec cet insigne de sa dignité; on colportait partout l'histoire de son grand-père, le pape Alexandre VI, et de sa mère, Lucrèce Borgia (le légat était un des fils de Lucrèce et du duc Alphonse d'Este). Le légat patienta, s'insinua, noua ses trames et attendit [1].

Le colloque s'était engagé d'une manière imposante. Les zélés, les vieux sorbonnistes, les brûleurs d'hérétiques avaient vu avec indignation accueillir à la cour le lieutenant de Calvin, ce Théodore de Bèze, dont ils avaient si longtemps envoyé au bûcher les disciples et les amis : après de Bèze, arriva sous la foi d'un sauf-conduit, le fameux émigré florentin Pietro Vermiglio, dit *Pierre Martyr*, un des organisateurs de l'église réformée d'Angleterre et maintenant chef de l'église de Zurich. Ces deux personnages avaient été précédés de onze ministres et de vingt-deux députés des principales églises réformées de France. Les prélats catholiques, de leur côté, avaient mandé leurs meilleurs théologiens. Le 17 août, les premiers venus entre les « ministres du saint Évangile » avaient présenté préalablement au roi une requête contenant quatre points : 1° que les évêques, abbés et autres ecclésiastiques ne fussent point juges, attendu qu'ils étaient parties; 2° que le roi présidât le colloque, assisté de la reine mère, des princes du sang et de personnes notables, de bonne vie et sainte doctrine, n'ayant intérêt à la cause; 3° que tous les différends fussent décidés par la seule Parole de Dieu, et que, là où il y aurait difficulté sur les mots, on eût recours à l'hébreu pour l'Ancien Testament, et au grec pour le Nouveau; 4° que deux secrétaires fussent élus de chaque part, lesquels conféreraient ensemble leurs « cahiers des disputes » chaque jour et les feraient approuver par les deux partis. La requête des ministres et les

[1]. La Place, l. VI.

cahiers des États étaient complétement d'accord. La reine mère promit à peu près tout de vive voix, mais évita de s'engager par écrit : le cardinal de Lorraine, qui continuait d'affecter une modération fort discordante avec son passé, discuta pacifiquement avec Théodore de Bèze chez le roi de Navarre et témoigna grande estime pour son esprit et ses talents. Les zélés en levaient les mains au ciel d'indignation !

La première conférence publique n'eut lieu que le 9 septembre. Le synode gallican avait jusqu'alors employé son temps en débats assez orageux sur la discipline, sur la réforme des abus et l'octroi des subsides. Les sorbonnistes supplièrent en vain la reine mère de ne point exposer « les tendres oreilles » du jeune roi au poison de l'hérésie : le roi, son frère le duc d'Orléans (Henri III), les princes, le conseil privé, les chevaliers de l'ordre se transportèrent au grand réfectoire des bénédictines de Poissi, où siégeaient six cardinaux, trente-six archevêques et évêques et un grand nombre de docteurs de Sorbonne et de délégués des chapitres et communautés. Le jeune roi ouvrit la séance par quelques mots simples et convenables à son âge; puis le chancelier exposa l'objet et le but de l'assemblée, et remontra qu'un concile vraiment œcuménique devenant presque impossible par l'opposition d'une grande partie des princes chrétiens, il fallait chercher en France même, et non plus au dehors, le remède aux maux de l'église de France : il exhorta l'assemblée à agir comme concile national pour la réforme des abus qui avaient pu se glisser contre la Parole de Dieu dans les mœurs et dans la doctrine. Il engagea les prélats « à ne fermer la porte, mais faire accueil en toute douceur à ceux de la nouvelle religion, chrétiens et baptisés comme eux », et les pria de bien considérer la grandeur des devoirs qu'on leur imposait, en les laissant juges dans leur propre cause. Ainsi, la requête des États afin que le clergé fût partie et non juge n'était point admise. C'était un très-grand point de gagné pour le catholicisme; le discours de L'Hospital n'en excita pas moins une irritation sourde parmi les ultra-catholiques.

On introduisit les ministres et les députés des églises réformées. Théodore de Bèze porta la parole au nom de ses coreligionnaires : dans un discours clair, méthodique, éloquent, plein de mesure et de convenance, il exposa les articles sur lesquels s'accordaient les catholiques et les réformés, et ceux sur lesquels ils différaient, et adoucit dans les termes les excès de la doctrine de Calvin : tout en maintenant le principe de la justification par la foi seule, il protesta contre l'imputation de mépriser les bonnes œuvres, « lesquelles ne sauroient être séparées de la foi, pas plus que la chaleur et la lumière du feu »; il nia que les réformés regardassent la sainte Cène comme une simple commémoration de la mort de Jésus-Christ et reconnut qu'il y avait un mystère dans ce sacrement, et que Jésus-Christ nous y faisait participer à son corps et à son sang, mais seulement spirituellement et par la foi : Jésus-Christ, dit-il, demeure éloigné corporellement du pain et du vin consacrés, autant que le plus haut ciel est éloigné de la terre. Jusque-là, l'auditoire avait paru captivé par l'habile harangue du prédicant; mais, à cette négation absolue de la présence réelle, des murmures éclatèrent parmi les prélats et les seigneurs catholiques; le discours achevé, le cardinal de Tournon, d'une voix tremblante de colère, déclara que, « sans le respect de Sa Majesté », lui et ses collègues se fussent levés « en oyant les blasphèmes et abominables paroles qui avoient été proférées et n'eussent souffert qu'on eût passé outre. » On se sépara au milieu d'une vive agitation.

Le cardinal de Lorraine était loin de partager le courroux du vieux Tournon : il était fort satisfait, au contraire, d'avoir vu Bèze tomber dans le piège et accuser si nettement la divergence des luthériens et des calvinistes[1]. Il attendait les docteurs luthé-

---

[1]. Les divergences entre les communions chrétiennes sur l'eucharistie étaient encore plus compliquées qu'on ne le croit communément et que nous ne l'avions indiqué à propos de Béranger (t. III, p. 90). 1° Pour les catholiques, *transsubstantiation*; c'est-à-dire substitution de la substance du corps et du sang du Christ à la substance du pain et du vin; les espèces ou apparences seules subsistant; les attributs demeurant quand la substance ne demeure pas; les phénomènes subsistant quand le sujet des phénomènes a disparu. 2° Pour les luthériens, *consubstantiation*, c'est-à-dire association de la substance du corps et du sang du Christ à la substance du pain et du vin, qui persiste avec les phénomènes; présence *réelle* au moment de la communion. 3° Pour les sacramentaires purs, simple figure et commémoration de la Cène. 4° Pour les calvinistes, présence spirituelle, le corps et le sang du Christ nourrissant l'âme, comme le pain et le vin nourrissent le corps. L'esprit si net de Calvin, dans ses impuissants efforts pour trouver un milieu entre le sens réaliste et le sens figuré, était arrivé à se payer de mots qui n'expriment aucune idée.

riens et ne demandait qu'à prolonger le colloque. Il fit décider qu'on répondrait sur deux points, l'autorité de l'Église et l'eucharistie. La majorité des prélats voulaient qu'on terminât le colloque après cette réponse. Le 16 septembre, dans une seconde séance publique, le cardinal de Lorraine réfuta avec un remarquable talent Théodore de Bèze. Il commença par établir que le clergé seul, et non les princes, avait droit de décider des choses de la foi; que le prince était dans l'Église, soumis à l'Église, non au-dessus de l'Église : il tira grand parti des dissidences qui existaient entre les réformés sur l'eucharistie. Le cardinal de Tournon, président du synode, supplia ensuite le roi de croire à la doctrine catholique exposée par le cardinal de Lorraine, de dénier audience à ceux qui s'étaient séparés de l'Église, s'ils ne souscrivaient à cette doctrine, et de les « renvoyer et en purger le royaume. » Théodore de Bèze demanda au contraire à parler sur-le-champ. La reine hésita : le conseil ajourna la suite de la discussion. Ce fut sur ces entrefaites qu'arriva le légat, accompagné du général des jésuites, Iago Lainez, successeur d'Ignace de Loyola [1]. Malgré ce renfort, les zélés n'obtinrent pas qu'on fermât le colloque; ils gagnèrent toutefois encore un grand point, ce fut que la publicité des débats fût restreinte et que le roi n'assistât plus aux séances. Il y en eut deux encore, les 24 et 26 septembre : Théodore de Bèze et Pierre Martyr y furent aux prises avec le cardinal de Lorraine, les docteurs Despence et de Saintes et le général des jésuites. Lainez se signala par ses emportements, traita les calvinistes de loups, de renards, de serpents, de singes qui contrefaisaient Rome à Genève, et conclut à renvoyer au concile de Trente tout ce débat, qui ne regardait « ni les femmes ni les gens de guerre ». C'était une allusion directe à la présence de la reine mère et de la

---

1. Lainez profita de son voyage en France pour presser la réception de sa compagnie, depuis si longtemps en suspens. Le parlement, qui avait résisté jusqu'alors à toutes les lettres de jussion obtenues par les jésuites, renvoya la question aux prélats assemblés à Poissi. Ceux-ci n'accordèrent aux jésuites qu'une demi-victoire; ils ne les approuvèrent que comme société et collége, non comme nouvel ordre religieux, et à condition qu'ils quitteraient le nom orgueilleux de Société de Jésus et subiraient la juridiction des évêques diocésains. Les jésuites furent mis en possession du collége de Clermont, à Paris, et le parlement enregistra leur réception, aux conditions que les prélats avaient imposées et que la Société n'observa pas. Continuateur de Fleuri (*Hist. ecclésiast.*, l. CLVII, § 32-34).

reine de Navarre. Quant au cardinal de Lorraine, fort contrarié de ne pas voir paraître ses Allemands [1], il essaya de suppléer au service qu'il avait attendu d'eux, en présentant aux ministres calvinistes une confession de foi allemande sur la consubstantiation dans l'eucharistie et en les invitant à la signer. Le cardinal pensait que, s'ils signaient, ils seraient rejetés par Genève; que, s'ils ne signaient pas, ils s'aliéneraient les luthériens. Mais Bèze, à son tour, demanda au cardinal s'il acceptait la consubstantiation luthérienne et rejetait la transsubstantiation. Il renvoya enfin aux prélats leur interpellation : « Qui vous a élus? — On vous a imposés à vos églises; elles ne vous ont pas choisis. »

La reine mère et le chancelier, voyant que les conférences générales n'aboutiraient à rien, s'avisèrent d'un autre expédient. Ce fut d'aboucher les plus modérés des théologiens catholiques avec les principaux ministres, afin qu'ils entreprissent de concert la rédaction d'un formulaire qui pût satisfaire l'un et l'autre parti sur la doctrine de l'eucharistie, un des deux points capitaux de la dispute. C'était une rude tâche. Théodore de Bèze, Pierre Martyr et trois ministres français, Marlorat, des Gallards et de l'Espine, entrèrent en conférence avec Montluc, évêque de Valence, Duval, évêque de Séez, et les docteurs Despence, Salignac et Bouthillier. Jean de Montluc était un représentant quelque peu équivoque du catholicisme. Ces dix théologiens parvinrent à rédiger, d'un commun accord, une confession de foi où ils reconnaissaient « que Jésus-Christ, en sa sainte Cène, nous présente, donne et exhibe véritablement la substance de son corps et de son sang, par l'opération de son Saint-Esprit, et que nous recevons et mangeons, sacramentellement, spirituellement et par foi, ce propre corps qui est mort pour nous. » La reine mère et le chancelier étaient pleins d'espérance: s'il faut en croire Théodore de Bèze, le cardinal de Lorraine approuva complétement cette confession de foi; mais, lorsqu'on en fit la lecture, le 4 octobre,

---

1. Ils arrivèrent enfin à Paris; trois envoyés par le duc de Wurtemberg et deux par l'électeur palatin; mais un des Wurtembergeois mourut et l'on eut avis que les deux Palatins seraient d'accord avec les calvinistes, en sorte qu'on renonça à les appeler. Th. de Bèze, t. I, p. 615.

devant l'assemblée de Poissi, la majorité des prélats et des docteurs de Sorbonne se soulevèrent contre l'ambiguïté des termes, et, après cinq jours de débats, le synode et la Sorbonne déclarèrent la confession « insuffisante, captieuse et pleine d'hérésie », dressèrent une autre définition de l'eucharistie, suivant laquelle on recevait le corps de Jésus-Christ non plus seulement « spirituellement et par la foi », mais « réellement et substantiellement », et prièrent le roi d'obliger de Bèze et ses adhérents à y souscrire ou à sortir du royaume (9 octobre)[1].

Les ministres rejetèrent à leur tour la confession des sorbonnistes et réclamèrent, mais en vain, la continuation du colloque : le synode gallican se sépara (fin octobre) après avoir publié quelques canons disciplinaires[2], et les évêques s'apprêtèrent à se rendre au concile de Trente, qui allait enfin se rouvrir : le légat avait atteint son but. Cet avortement était, au reste, inévitable, puisque c'était une pure illusion que de croire à la possibilité d'un accord amiable entre les prélats gallicans et les pasteurs calvinistes, et que le gouvernement n'osait se faire juge entre eux, comme le demandaient les États Généraux.

Dans la seconde partie de leur plan, la transaction financière, Catherine et L'Hospital avaient réussi. Guise et le connétable avaient été dépêchés, d'une part, à l'assemblée du clergé, l'amiral et d'Andelot, de l'autre, aux États de Pontoise, pour demander, les premiers, un secours de 15 millions payé par le clergé en six ans, les autres, un impôt sur les denrées. Le clergé lutta pied à pied pendant quarante jours et consentit enfin, le 21 octobre, à payer, durant neuf ans, 1,600,000 livres par an pour le compte du roi. Les deux ordres laïques accordèrent de leur côté, pour six ans, un impôt sur les vins, qui devait produire

---

1. Théod. de Bèze, *Hist. ecclésiastique*, l. IV. — P. de La Place, l. VI-VII. (Son livre de *l'État de la religion et de la république* finit avec le colloque de Poissi.) — *Journal de Brûlart* et *Lettres de l'ambassadeur d'Espagne*, dans les *Mémoires* de Condé, t. I-II. — *Discours des actes de Poissi*, ibid., t. II, p. 490. — De Thou, l. XXVIII.

2. Plusieurs de ces canons sont remarquables. Les prélats avertissent les curés et autres ecclésiastiques de combattre, au lieu d'exploiter, les superstitions populaires sur les faux miracles, les images prétendues miraculeuses, etc., et d'empêcher que le peuple tombe en aucune idolâtrie à ce sujet. Les évêques, nonobstant l'ordonnance d'Orléans, paraissent considérer toutes les dispositions du Concordat comme valables jusqu'à ce que le pape les ait modifiées. *V.* Théod. de Bèze, l. IV.

annuellement 1,200,000 livres[1]. La reine mère avait autorisé à la fois les commissaires catholiques à promettre au clergé le maintien de l'édit de juillet, c'est-à-dire l'interdiction de tout autre culte public que le catholique, et les commissaires protestants à promettre aux ordres laïques l'abrogation de l'édit de juillet et la liberté du culte réformé[2]. L'assemblée de Pontoise se sépara.

C'était aux ordres laïques que la reine mère était décidée à tenir parole. La reine mère et le chancelier laissèrent partir les prélats pour Trente, mais, loin de chasser du royaume les prédicants réformés, ils invitèrent Théodore de Bèze et ses compagnons[3] à ne pas s'éloigner, afin qu'on pût s'aider de leur assistance dans l'œuvre de tolérance et de pacification, à laquelle se rattachait le pouvoir royal, après avoir échoué dans sa tentative de réunion religieuse[4]. Catherine et L'Hospital s'étaient arrêtés au dessein de convoquer, dans le courant de l'hiver, un certain nombre de présidents et de conseillers des divers parlements et de les faire délibérer, avec le conseil privé, sur la rédaction d'un édit de tolérance qui remplacerait l'édit de juillet demeuré presque partout sans exécution. La réunion était une chimère :

---

1. C'était une augmentation de 5 sous par muid, ou 7 sous 1/2 par pipe ou queue, sur l'ancien droit levé à l'entrée des villes, qui était de 4 sous 2 deniers. Personne ne devait être exempt du nouvel impôt. Sauf ce point, cette transaction se rapprochait des propositions du cahier de la noblesse, qui voulait que le clergé payât les deux tiers des dettes du roi et le Tiers État l'autre tiers ; c'étaient les propositions de la noblesse amoindries.

2. Garnier, *Hist. de France*, t. XV, p. 202.

3. Sauf Pierre Martyr, qui n'était pas Français. Le départ de Pierre Martyr fut signalé par un événement qui eut beaucoup de retentissement. Ce ministre de Zurich, à son passage à Troies, reçut l'abjuration de l'évêque de Troies, Antoine Caracciolli, qui déposa la mitre et la crosse et se fit élire ministre par les protestants de son ancien diocèse. Théod. de Bèze, l. v, p. 767.

4. Cette tentative n'était pas toutefois complètement abandonnée : il y eut encore à Poissi une conférence entre les ministres et les principaux des sorbonnistes sur les images et le culte des saints. De Bèze y reprocha aux catholiques les expressions « scandaleuses » de l'office de la Vierge. « Vous lui criez dans vos temples, disait-il :

> Roga Patrem, jube Natum,
> Et jure matris impera. »

(Prie le Père, commande au Fils, ordonne, du droit d'une mère.)

L'inconvenance de ces termes et des titres idolâtriques, tels que celui « d'épouse de Dieu », prodigués à la Vierge par les mystiques, explique le fanatisme avec lequel les protestants s'acharnèrent partout sur les monuments de ce culte, qui avait été la principale source d'inspiration des arts au moyen âge.

la tolérance était le parti que réclamaient la raison et l'humanité; mais il y a des temps funestes où la victoire de la raison n'est plus ou n'est pas encore possible. La reine et le chancelier étaient abusés, l'une par son froid scepticisme, l'autre par sa sagesse même, sur la force frénétique des passions qu'ils avaient à combattre. Déjà les chefs du parti catholique, les Guises, le connétable, Saint-André, Nemours, ne pouvant obtenir qu'on expulsât les ministres et qu'on fermât les prêches ouverts dans les faubourgs de Paris sous la protection de la police, s'étaient retirés de la cour, dans une attitude menaçante, et l'un d'eux, le duc de Nemours, avait essayé d'enlever l'aîné des deux frères du roi, le petit duc d'Orléans, pour en faire un instrument de guerre civile. Nemours, menacé d'un procès de lèse-majesté, quitta le royaume. Les projets de L'Hospital n'avaient pas seulement pour adversaires les fanatiques aveugles et les ambitieux qui exploitaient les fanatiques : beaucoup d'hommes, éclairés d'ailleurs et indépendants des factions, mais nourris dans l'idée de l'unité de l'Église et de l'État, regardaient la coexistence de deux cultes différents dans un même royaume comme une « débauche », comme un scandale qui présageait la ruine de la société et la dissolution de l'unité nationale[1]. La longue unité religieuse de la France, depuis le baptême de Clovis, pesait sur eux du poids des siècles! Ils ne voulaient pas comprendre que c'était la guerre civile, bien plus que la tolérance du nouveau culte, qui pourrait mener la France à un partage, à un traité de Passau! Il fallut à cette classe d'esprits une longue et douloureuse expérience pour les habituer, et fort imparfaitement, à la dualité du culte, la même expérience

---

[1]. La conduite des calvinistes, là où ils dominaient, fournissait de redoutables arguments aux adversaires de la liberté de conscience. « Ce seroit crime capital à Genève de faire aucun exercice de la religion catholique, tant s'en faut qu'on y voulût tolérer liberté de conscience, pour autant qu'ils estiment d'endurer deux religions contraires être clause contrevenante à l'expresse parole de Dieu, qui commande que toute idolâtrie et fausse religion soit exterminée. On ne permettroit donc à Genève, non pas qu'en un temple, mais seulement en une maison privée, l'on y célébrât une messe, sous peine de la vie; et un roi de France sera forcé de permettre, outre son gré et contre sa conscience, qu'on bâtisse en son royaume théâtres et autres lieux en ses villes et faubourgs, pour l'exercice de la superstition nouvellement forgée par un sien sujet (Calvin), banni et contraire à sa religion ancienne? » Gabriel de Saconnai, *Discours des troubles advenus à Lyon*, dans le tome IV des *Archives curieuses*, p. 329.

qui fut nécessaire aux protestants pour leur apprendre à ne plus aspirer à changer la tolérance en domination !

Si telles étaient les dispositions d'une partie des esprits les plus graves, même dans cette haute bourgeoisie dont les représentants s'étaient prononcés pour la tolérance, qu'on juge des orages qui grondaient au fond des masses populaires. Le peuple était comme une mer soulevée à la fois par deux courants opposés : d'une part, le mépris pour les moines, la vieille antipathie contre Rome, l'instinct du progrès, du mouvement, du changement, sous sa forme la plus tumultueuse et la plus destructive ; de l'autre, l'amour des usages, des traditions, des souvenirs et l'instinct de l'insuffisance de ce qu'on apportait à la France en échange de ce qui avait été si longtemps la substance de sa vie. Malgré les éternels débats des communes et du clergé, la famille, la cité, l'Église, étaient étroitement enchaînées l'une à l'autre et vivaient de la même vie ; chaque ville avait, pour ainsi dire, sa religion communale comme son patriotisme communal ; c'était ce culte des saints patrons, qui avait remplacé et qui égalait en importance le culte des divinités topiques chez les anciens : tous ces rites locaux avaient pour lien commun le culte de la vierge Marie, de la reine des saints, de la patronne universelle, associé à la grande liturgie de la vie et de la Passion du Christ. L'existence entière des individus, des familles et des sociétés était enveloppée dans l'ensemble de ce culte, qui mariait le sentiment chrétien aux splendeurs plastiques du paganisme, qui prenait l'homme à la fois par le cœur, par l'imagination, par les sens, et qui ne le quittait pas du berceau jusqu'à la tombe. Les églises étaient le théâtre de toutes les fêtes et de toutes les joies du peuple, ses palais bien plus splendides que ceux des rois, où, roi à son tour, il oubliait, dans des songes du ciel, ses durs travaux et ses misérables demeures. Que lui offrait-on à la place de tout ce magnifique symbolisme catholique, de cet immense poëme en action qui se déroulait incessamment avec le cercle de l'année ? Le culte abstrait de l'Esprit dans des temples nus et vides pour les yeux de la chair ; l'enthousiasme de la réforme morale, l'exaltation de la dignité du chrétien éclatant dans les chants d'une harmonie nouvelle, art unique d'un culte iconoclaste. Ces chants, nous l'avons dit, avaient un instant ému la foule; mais cette réforme morale, cet accroissement de dignité humaine, elle ne les comprenait pas; elle repoussait, en majorité, le calvinisme au moins autant pour les vertus austères que pour le dogme déplorable qu'il apportait et pour la guerre qu'il faisait au sentiment traditionnel et à l'imagination. Jamais peut-être il n'y avait eu dans les masses moins de moralité, moins d'esprit évangélique qu'à cette époque si brillante pour les classes lettrées. Tandis que la Renaissance éclairait les couches supérieures de la société, la multitude n'avait d'autres enseignements que ceux d'un bas clergé ignorant et corrompu, et sa religion, toute de pratiques extérieures, était un vrai paganisme.

A Paris et dans la majeure partie de la France, la multitude suivait donc ses précepteurs accoutumés et s'enivrait des déclamations sanguinaires qui faisaient retentir les mille chaires des paroisses et des couvents, et qui prêchaient la sédition, le pillage et le meurtre au nom de la foi[1].

De quelque côté que penchât le peuple, il ne paraissait nulle part comprendre l'idée de la coexistence des deux cultes; quiconque parlait de tolérance et d'humanité était, aux yeux de la masse catholique, un huguenot déguisé; la minorité protestante, imposante par le nombre, formidable par les éléments qui la composaient, nobles, bourgeois et l'élite des artisans, avait à son tour soif de vengeance et de destruction : sa fureur, amassée durant tant d'années de souffrances, faisait enfin explosion. Dans le nord et le centre de la France, les réformés gardaient encore quelques égards et pour l'autorité royale et pour les admonitions de leurs chefs; ils évacuèrent, sur un nouvel édit du roi, beaucoup d'églises dont ils s'étaient saisis; mais l'impétuosité des Méridionaux n'écoutait plus rien : tout le Midi était en feu;

1. « Notre noblesse ne veut frapper! s'écriait le farouche Vigor, grand-vicaire d'Évreux. N'est-ce pas grande cruauté, disent-ils, de tirer le couteau contre son oncle, contre son frère? — Viens çà! Lequel t'est plus proche, ton frère catholique et chrétien, ou bien ton frère charnel huguenot? La conjonction spirituelle est bien plus grande que la charnelle, et, partant, je dis que, puisque tu ne veux pas frapper contre les huguenots, tu n'as pas de religion. Aussi, quelque matin, Dieu en fera justice et permettra que cette bâtarde noblesse soit accablée par la commune. » Sermons de Vigor, dans Ch. Labitte, *De la Démocratie chez les prédicateurs de la Ligue*. Paris, 1841. Nous aurons à citer plus d'une fois ce curieux et utile ouvrage.

les officiers royaux et les magistrats eux-mêmes se partageaient entre les factions au lieu de les contenir. A Carcassonne, à Cahors, à Grenade, en Provence, on égorgeait les protestants. A Montauban, à Montpellier, à Nîmes, à Foix, à Castres, à Marmande, dans les Cévennes et dans les Hautes-Pyrénées, on chassait, parfois on assommait les prêtres et les moines, on brisait les statues et les verrières, on dansait la farandole autour des bûchers où brûlaient les reliques et les hosties, on s'emparait des églises, on suspendait le culte catholique[1]. En Guyenne, le mouvement prenait un caractère moins fanatique et plus politique qu'en Languedoc : là, dans les conciliabules secrets de la noblesse et de la bourgeoisie huguenotes, s'il en fallait croire Montluc, on n'aurait pas craint de débattre la déposition des Valois et l'élévation « d'un roi des fidèles », qui eût été le prince de Condé. Le roi de Navarre était complétement déconsidéré par sa mollesse et ses incertitudes. Pendant ce temps, les souvenirs de 1548 se réveillaient violemment chez les classes populaires de cette province, qui n'avaient point pardonné à la royauté : des prédications républicaines, tout à fait étrangères aux principes de Calvin, soulevaient les campagnes ; les paysans refusaient rentes, cens et corvées à leurs seigneurs, en les défiant de prouver leurs droits par la Bible. Quand on les menaçait de l'autorité du roi : « Quel roi ? disaient-ils ; c'est nous qui sommes les rois[2] ». Blaise de Montluc, chargé par la reine mère de rétablir la paix publique en Guyenne, ne fit que porter au comble l'exaspération des esprits par les cruautés qu'il exerça contre les ennemis de la « religion du roi », ainsi qu'il nommait les insurgés protestants : ce mot est caractéristique.

1. Calvin fit tout ce qu'il put pour s'opposer au désordre. « Dieu », écrivait-il, « n'a jamais commandé d'abattre les idoles, sinon à chacun en sa maison, et en public à ceux qu'il arme d'autorité. » (Juillet 1561.) *Lettres de Calvin*, t. II, p. 417. — Nous avions cité, dans notre édition précédente, d'après Voltaire (*Essai sur les Mœurs*), une lettre de Calvin écrite dans un sens tout opposé ; cette pièce a, depuis, été reconnue l'œuvre d'un faussaire. *Lettres de Calvin*, t. II, p. 588. — Pour s'expliquer les profanations d'hosties, il faut se rendre compte nettement de l'idée protestante. Ceux mêmes des réformés qui croyaient à la présence réelle du corps et du sang de Jésus-Christ n'admettaient cette présence que dans l'instant mystérieux de la communion et avaient en horreur la doctrine du corps et du sang du Christ conservés par le prêtre, exposés sur l'autel, promenés en procession, portés aux malades, exposés à des accidents vulgaires. C'était, pour eux, une effroyable idolâtrie.
2. *Mémoires* de Montluc ; collect. Michaud, t. VII, p. 215-218.

Pendant ce temps le seigneur de Crussol, chargé dans les provinces du Rhône d'une mission semblable à celle de Montluc, agissait en sens contraire et donnait la prépondérance aux huguenots.

Dans la plupart des autres provinces, les paysans, comme le menu peuple des villes, restaient au contraire en majorité attachés au catholicisme, tandis qu'une foule de seigneurs installaient le prêche dans leurs manoirs. Il y eut à Dijon un combat acharné entre le menu peuple et les huguenots. Le parti catholique prenait à Paris une attitude aussi séditieuse que le parti huguenot en Guyenne : le clergé était exaspéré contre la reine mère et le chancelier ; un bachelier du collège de Harcourt, Jean Tanquerel, soutint publiquement une thèse sur « le droit du pape de déposer les rois et empereurs qui favorisent l'hérésie ». Le parlement obligea la Sorbonne à déclarer la proposition « témérairement soutenue » : le bachelier s'enfuit. Le châtiment, fort modéré, du prêtre Artus Désiré n'avait pas découragé les factieux ecclésiastiques qui sollicitaient l'intervention étrangère : le roi d'Espagne ne cacha point à l'ambassadeur de Catherine qu'il recevait force requêtes semblables des « fidèles de France » et qu'il ne « leur défaudroit pas en si grand besoin. »[1]. La majorité du parlement n'était guère moins hostile à L'Hospital que le clergé et ne pouvait s'habituer à voir les deux prêches publics ouverts à Popincourt et au Patriarche (faubourg Saint-Marceau) braver les « arrêts de la cour ». La fermentation était extrême dans la capitale. Le conseil ayant fait arrêter un minime qui dépassait ses confrères par la frénésie de ses prédications, l'attitude de Paris devint telle qu'on relâcha ce moine pour prévenir une grande émeute. Le parti catholique s'enhardit. Le 27 décembre, les protestants étant assemblés au Patriarche, le curé de l'église voisine de Saint-Médard fit sonner les cloches à toutes volées afin de couvrir la voix du prêcheur huguenot ; les réformés envoyèrent deux de leurs gens inviter les prêtres à cesser ce grand bruit : ils

---

1. Il y avait là quelque fanfaronnade : pendant ce temps, la gouvernante des Pays-Bas conjurait Philippe de ne pas intervenir en France s'il ne voulait perdre la Flandre. La détresse financière de l'Espagne ne s'était pas améliorée. V. Granvelle, t. VI, p. 444-452.

répondirent en massacrant un des députés; l'autre courut demander vengeance; les protestants assaillirent l'église, l'épée à la main. Les prêtres et leurs ouailles s'étaient préparés à la résistance; mais les portes de l'église furent enfoncées, grâce à l'assistance du guet, qui prit parti pour les huguenots. On se battit jusqu'au pied de l'autel : les images furent brisées; le saint-sacrement, profané; beaucoup de catholiques furent blessés et une quinzaine, parmi lesquels des prêtres, furent emmenés prisonniers au Châtelet par les archers, comme agresseurs et auteurs de l'émeute. La population ameutée par le tocsin n'osa attaquer à fond les huguenots au retour. Le lendemain, les gens de Saint-Médard prirent leur revanche en incendiant la maison du Patriarche; mais une poignée de cavaliers huguenots mirent les incendiaires en déroute.

Le parlement, irrité de la conduite des officiers de police, intenta des poursuites contre le lieutenant criminel, le chevalier du guet et le prévôt des maréchaux. Le conseil du roi, de son côté, afin d'empêcher les émeutes contre les prêches, enjoignit aux bourgeois de Paris et des autres cités de porter leurs armes aux hôtels de ville; en même temps, la reine mère, effrayée de l'attitude de Philippe II, s'enquit auprès de Coligni des forces que « ceux de la religion » pourraient mettre à la disposition du roi : Coligni assura qu'il existait en France au moins deux mille cent cinquante églises réformées. Les protestants déclarés, d'après leur propre témoignage, pouvaient être au nombre de trois à quatre cent mille hommes en état de porter les armes, sans compter leurs fauteurs et adhérents secrets [1].

Ce fut sur ces entrefaites que s'ouvrit, au château de Saint-Germain, l'assemblée convoquée pour aviser à un édit de pacification (3 janvier 1562) [2]. L'Hospital avait choisi, dans les huit parlements du royaume, les présidents et les conseillers les plus

---

1. *Mémoires* de Condé, t. II, p. 587. Une autre version dit cinq cent mille.
2. Dans le discours d'ouverture de l'assemblée, L'Hospital énonça, pour la première fois, l'idée de la séparation de l'Église et de l'État. « Il ne s'agit pas ici de constituer la religion, mais la *république*; plusieurs peuvent être citoyens, qui ne seront pas chrétiens. » *Mémoires* de Condé, t. II, p. 612. Il avait commencé par démontrer ce qu'il y avait d'odieux et d'absurde dans le conseil qu'on donnait au roi de se mettre à la tête d'une partie de ses sujets pour exterminer l'autre.

disposés à seconder ses plans; il les réunit au conseil privé et s'assura ainsi la majorité. Mais la présence du connétable, de Saint-André et de quelques-uns de leurs affidés rendit les débats orageux, quoique les Guises ne fussent pas venus; on fit une concession au pape pour adoucir le légat et les chefs catholiques; la défense de payer les annates fut levée (10 janvier); puis, le 17 janvier, fut arrêté un édit qui enjoignait à « ceux de la nouvelle religion » d'évacuer les temples et de restituer les biens d'église dont ils s'étaient emparés, et leur défendait « d'édifier d'autres temples dedans ou dehors les villes », mais surséait provisoirement à toutes peines « pour le regard des assemblées qui se feroient de jour hors des villes ». Les règlements que les réformés établiraient entre eux pour l'exercice de leur religion seraient soumis à l'autorité royale; il leur était interdit de faire enrôlements, impositions, création d'officiers, synodes et consistoires, sans autorisation du roi. Les ministres devaient prêcher « la pure parole de Dieu », selon le Vieil et le Nouveau Testament et le symbole de Nicée, sans injures contre la messe et les cérémonies catholiques : l'observation des fêtes et des degrés prohibés pour le mariage était imposée aux réformés [1].

Théodore de Bèze et les autres ministres et députés des églises demeurés à la cour se hâtèrent d'expédier une circulaire à leurs coreligionnaires pour leur recommander d'obéir sans délai; mais cela n'était pas facile à obtenir de la masse du parti, qui avait espéré davantage. Quant aux catholiques zélés, leur irritation était universelle contre l'édit, qui, disaient-ils, « approuvoit deux religions ». L'édit avait été envoyé simultanément à tous les parlements; Rouen, Rennes, Bordeaux, Grenoble, Toulouse même, avec des restrictions, enregistrèrent; le trop fameux parlement d'Aix, le parlement de Cabrières et de Mérindol, refusa d'enregistrer : il y fut forcé par le gouverneur de Provence, le vieux comte de Tende, de la maison de Savoie, qui favorisait les protestants; mais le premier consul d'Aix, nouveau d'Oppède, qui avait exercé une atroce terreur religieuse dans sa ville, quitta Aix à la tête des zélés et commença la guerre civile avec une férocité

---

1. *Mémoires* de Condé, t. III, p. 8.

sauvage (5 février). En Bourgogne, au contraire, le parlement de
Dijon fut soutenu dans un semblable refus par Tavannes, lieutenant du duc d'Aumale dans le gouvernement de la province ;
Tavannes provoqua une réunion des États de Bourgogne pour
protester contre la tolérance. Le parlement de Paris, excité par
le légat, soutenu par le corps de ville, donnait l'exemple de la
résistance : la vérification fut repoussée par une majorité beaucoup plus forte que celle qui avait combattu la tolérance lors de
l'édit de juillet[1]. Le parlement de Paris lutta plus de six semaines
contre les lettres de jussion et n'enregistra enfin, le 6 mars, que
sous le coup d'une émeute suscitée dans l'enceinte même du
Palais de Justice par les écoliers, par la jeunesse protestante ou
anti-guisarde : le parlement avait obtenu auparavant une restriction à l'édit, c'est à savoir que les officiers de justice devaient
être « de la religion du roi et de ses prédécesseurs ».

L'édit ne fut pas longtemps observé et l'on n'en put juger les
résultats. L'accord de la reine mère et des princes du sang eût
seul donné quelques chances de succès à la politique du chancelier : cet accord n'existait plus ; le légat et les chefs catholiques
avaient réussi à enlacer dans leurs filets le roi de Navarre et à
l'entraîner, pour ainsi dire, à conspirer contre lui-même. Aidés
par les favoris d'Antoine, le chambellan d'Escars et l'évêque
d'Auxerre, qui trahissaient depuis longtemps leur maître, ils
brouillèrent le roi de Navarre avec tous ses amis, l'aigrirent
contre sa femme, excitèrent sa jalousie contre son frère Condé,
lui persuadèrent qu'il n'était que le second dans le parti protestant et qu'il serait le premier dans le parti catholique ; on le
poussa d'abord adroitement du calvinisme vers la confession
d'Augsbourg, puis, de la confession d'Augsbourg, on le ramena
au catholicisme par toutes les petites passions qui se disputaient
cette âme vulgaire et versatile[2]. On lui fit espérer que sa conver-

---

1. Le président de Thou, qui avait voté pour la tolérance lors de la fameuse *mercuriale*, fut un des députés envoyés à la cour pour protester contre l'édit.

2. Dès l'automne de 1561, avant d'avoir rompu avec ses amis, il avait déjà envoyé au pape des paroles de soumission par d'Escars. *V. Lettres de Calvin*, II, 441. Le savant jurisconsulte Baudouin, après avoir beaucoup flotté entre les deux religions, revint à l'église romaine avec le roi de Navarre, qui l'avait attaché à sa personne. Baudouin avait présenté au colloque de Poissi un livre du théologien flamand Cassan-

sion serait magnifiquement récompensée : tantôt on lui parlait de faire annuler par le pape son mariage avec l'hérétique Jeanne d'Albret, afin qu'il pût épouser la veuve de François II, la belle reine d'Écosse ; Philippe II l'aiderait à revendiquer les droits de Marie Stuart sur l'Angleterre. Tantôt on lui offrait un autre leurre, la souveraineté de la Sardaigne en dédommagement des prétentions de Jeanne d'Albret sur la Navarre : on lui montrait comme un paradis terrestre cette île insalubre, mal cultivée et mal peuplée ; on faisait briller, derrière le trône de Sardaigne, la conquête de Tunis et de l'Afrique. Les Espagnols le compromirent et l'engagèrent sans s'engager eux-mêmes. Il en vint à déclamer ouvertement en faveur de l'inquisition et à seconder les instances impérieuses de Philippe II pour que les Châtillons fussent éloignés du conseil et de la cour : les Châtillons, tâchant encore d'éviter une rupture éclatante avec leur infidèle allié, se retirèrent volontairement et sans que la reine mère eût consenti à les disgracier (fin février). Le roi de Navarre ne tarda pas à renvoyer sa femme dans son duché de Vendôme, après avoir tenté en vain de la contraindre à rentrer avec lui dans le giron de l'Église ; il garda auprès de lui son fils Henri, âgé de huit à neuf ans, afin de le faire élever dans la religion catholique ; mais Jeanne, avant de partir, « fit une longue et sévère remontrance » à l'enfant « pour lui persuader de n'aller jamais à la messe ; que, s'il ne lui obéissoit en cela, elle le déshériteroit, ne voulant plus qu'on la tînt à l'avenir pour sa mère » [1].

Catherine et L'Hospital, au moment du départ des Châtillons, s'étaient efforcés de rétablir l'équilibre, en faisant décider en conseil le renvoi des gouverneurs de provinces dans leurs gouvernements et des évêques dans leurs diocèses : on eût ainsi écarté les chefs des factions ; mais le maréchal de Saint-André, le

---

der sur la conciliation des différends de la religion. Catholiques et protestants avaient également repoussé les conciliateurs. Les fluctuations de Baudouin paraissent avoir eu des motifs plus respectables que celles du roi de Navarre. Le grand Dumoulin hésita fort aussi entre le catholicisme, le calvinisme et le luthéranisme, pour lequel il penchait davantage. Les jurisconsultes étaient attirés par le sentiment moral et l'esprit rationnel de la Réforme, mais repoussés par son dogme. La justice et la prédestination sont inconciliables.

1. *Négociations ou Lettres politiques d'Hippolyte d'Este, cardinal de Ferrare*, p. 156.

premier auquel on s'adressa, refusa net de partir pour Lyon. Les chefs catholiques, loin de consentir à se disperser, s'étaient donné rendez-vous pour la mi-mars à Paris, où le prince de Condé se disposait à leur disputer le terrain : le roi de Navarre, en gage d'oubli du passé, avait écrit de sa main aux Guises de venir au plus tôt le joindre, « le mieux accompagnés qu'ils pourroient », pour faire casser l'édit de janvier, et la reine mère voyait avec effroi son autorité et celle du conseil complétement méconnues.

Le duc de Guise et le cardinal de Lorraine avaient passé une partie de l'hiver à poursuivre la grande intrigue nouée l'année précédente et qui n'avait pu aboutir dans le colloque de Poissi. C'est l'épisode le plus décisif pour juger la moralité, nous ne dirons pas du cardinal, qui ne fait question pour personne, mais de ce duc François qu'on a voulu ériger en héros catholique du temps de saint Louis. Un point capital pour les Guises, dans la guerre civile qu'ils préparaient, était, nous l'avons dit, de fermer aux huguenots la grande pépinière des soldats, l'Allemagne. Pour cela, le cardinal jugea qu'il ne suffisait pas d'exploiter les dissidences entre luthériens et calvinistes; qu'il fallait aller jusqu'à se faire passer pour luthérien aux yeux des luthériens, et il fit accepter un rôle capital au duc dans cette sacrilége comédie. Quatre des frères lorrains, les cardinaux de Lorraine et de Guise, les ducs de Guise et d'Aumale, donnèrent rendez-vous, à Saverne en Alsace, au duc Christophe de Wurtemberg, qui avait une alliance de famille avec la maison de Lorraine. C'était le plus influent et le plus respecté des princes protestants d'Allemagne [1]. Ils le prièrent d'amener ses docteurs pour un entretien amiable (février 1562). Le cardinal Charles se montra d'accord avec les ministres luthériens à peu près sur toutes choses : il abandonnait les messes privées, les images, le mérite des œuvres; il était tout prêt à renoncer à son chapeau rouge. Quant au duc François, il se laissa endoctriner par son cousin le duc Christophe en personne, écouta avec componction les explications dogmatiques du

---

1. Le vieux landgrave Philippe de Hesse, si magnanime dans sa jeunesse, avait bien baissé comme moralité et comme conviction religieuse. Il y a de tristes choses sur son compte dans Granvelle.

bon Allemand et finit par dire en propres termes : « S'il en est ainsi, je suis luthérien! » Le duc et le cardinal se justifièrent, « au nom de Dieu et sur le salut de leur âme », d'avoir fait mourir un seul homme pour cause de religion! Ils terminèrent en jurant de ne faire aucun mal aux réformés et en proposant une conférence de religion en Allemagne, avec le concours de l'empereur, pour contre-balancer le concile de Trente et l'influence de Philippe II [1].

Ils partirent convaincus d'avoir complétement pris pour dupes les Allemands et gagné la première campagne, qu'il s'agissait de rendre décisive. On mettrait les torts de la rupture du côté des chefs huguenots, qu'on ferait passer outre Rhin pour des séditieux politiques et non religieux.

Ils commencèrent de tenir parole aux Allemands en faisant pendre, à leur passage à Saint-Nicolas en Lorraine, un artisan qui avait fait baptiser son enfant selon le rite des réformés! De là, le duc et le cardinal de Guise allèrent visiter leur mère, la douairière Antoinette de Bourbon, dans sa résidence de Joinville. A quelques lieues de Joinville, la petite ville commerçante de Vassi, qui faisait partie du douaire de Marie Stuart, avait été récemment envahie par la Réforme. L'évêque de Châlons, diocésain de Vassi, avait essayé inutilement d'expulser le ministre huguenot. Le ministre lui avait répondu en face qu'il n'était point évêque légitime, puisque son élection n'avait pas été confirmée par le peuple, et l'évêque avait dû se retirer au milieu des huées. Il alla se plaindre à la vieille duchesse Antoinette. La duchesse douairière, blessée dans son orgueil autant que dans son violent catholicisme, pressa ses fils avec emportement de mettre un terme à ces scandales. Le duc François, partant pour Paris, prit sa route par Vassi avec une nombreuse escorte militaire et arriva le dimanche, à l'heure du prêche. Il avait projeté de fermer le prêche d'autorité et de disperser violemment la congrégation, en foulant aux pieds l'édit

---

1. C'était vers le même temps qu'ils faisaient proposer la main de leur nièce Marie Stuart à un des fils de l'empereur, après l'avoir offerte à Philippe II pour son fils. C'était leur appât universel. Mignet, *Marie Stuart*, t. I, ch. III. — Sur la conférence de Saverne, V. M. Michelet, qui a si bien percé à jour cette intrigue. *Guerres de Religion*, ch. XIV. Le récit original, écrit par le duc de Wurtemberg, est traduit dans le *Bulletin de la Société de l'hist. du protestantisme français*; 1855; t. IV, p. 184

du 17 janvier ; ceci n'est pas douteux ; au lit de la mort ; on dit qu'il se défendit d'avoir prémédité davantage. Quoi qu'il en soit, il paraît que Guise envoya quelques-uns de ses gens sommer le ministre et les notables huguenots de venir le trouver ; les domestiques du duc, en entrant dans la vaste grange qui servait de temple, débutèrent par des injures et des coups de feu : les réformés essayèrent de les repousser et de se barricader ; mais les arquebusiers du duc arrivèrent, et la lutte s'engagea entre trois ou quatre cents soldats armés jusqu'aux dents et un millier d'hommes, de femmes, d'enfants, n'ayant pour défense que des pierres et des bâtons. Le duc était accouru pour arrêter le désordre, à ce qu'il prétendit depuis ; il n'arrêta rien, et, quelques pierres ayant atteint un de ses officiers et lui-même, la rage de ses gens redoubla ; le carnage dura une heure entière dans la grange, sur le toit, dans la rue. Soixante personnes des deux sexes restèrent mortes sur la place et plus de deux cents furent grièvement blessées. Le ministre, tout sanglant, fut emmené prisonnier à la suite du duc, ainsi que le prévôt de la ville, coupable d'avoir laissé exécuter l'édit de janvier [1].

La nouvelle du massacre de Vassi excita une irritation terrible parmi les protestants et une joie féroce parmi leurs ennemis ; tandis que Guise, craignant l'effet de cette catastrophe en Allemagne, tâchait de rejeter le tort de l'agression sur les victimes, les prédicateurs catholiques glorifiaient le massacre « d'après l'exemple de Moïse, qui commanda de tuer sans exception tous ceux qui avoient adoré le veau d'or, et de Jéhu, qui fit mourir, pour le même zèle, deux rois, cent douze princes, et *manger aux chiens la reine Jézabel* [2]. » Théodore de Bèze et un autre député des protestants vinrent trouver le roi et la reine mère au château de Monceaux en Brie et leur demander justice contre les violateurs de l'édit de janvier : le prince de Condé appuya cette requête avec véhémence et offrit cinquante mille hommes à Catherine, au nom des réformés. Le roi de Navarre déclara, au contraire, que « qui toucheroit le bout du doigt de son frère de Guise le touche-

---

1. De Thou, l. XXIV. — Théod. de Bèze, t. I, p. 721. — RELATIONS DIVERSES dans les *Mémoires de Condé*, t. III, p. 5 et suiv.
2. Castelnau, l. III, c. 7.

roit à tout le corps » ; il paraissait avoir complétement oublié que ce même « frère de Guise » avait naguère conspiré de lui couper la gorge. Il parla fort durement à Bèze. « Sire, répliqua celui-ci, il est vrai que c'est à l'Église de Dieu d'endurer les coups et non pas d'en donner ; mais souvenez-vous que c'est une enclume qui a usé beaucoup de marteaux[1]. »

La crise se précipitait. Catherine avait tâché inutilement d'amener Guise d'abord à suspendre son retour; puis à se rendre à Monceaux plutôt qu'à Paris ; le duc François donna rendez-vous dans son château de Nanteuil au connétable, au duc d'Aumale, aux maréchaux de Saint-André, de Brissac et de Termes, et entra dans Paris, avec eux, le 16 mars, à la tête de deux mille chevaux. Le prévôt des marchands et les échevins vinrent recevoir Guise « en grande compagnie » à la porte Saint-Denis ; le peuple l'accueillit « comme envoyé de Dieu et cria par les rues : Vive Guise ! comme on crie : Vive le roi ! quand le roi vient. »

Il y avait dans Paris deux camps en présence, ainsi qu'au temps des Bourguignons et des Armagnacs : Condé, entouré de quelques centaines de gentilshommes, de soldats et d'écoliers enrégimentés, protégeait à main armée les prêches de Popincourt et du faubourg Saint-Marceau ; la lutte était imminente ; Catherine de Médicis, en proie à de cruelles perplexités, avait conduit le roi de Monceaux à Melun, pour être à portée de gagner Orléans, où l'évêque de Valence et les partisans de la Réforme l'engageaient à se retirer avec ses fils. Elle correspondait secrètement avec Condé, lui recommandait « les fils et la mère », l'autorisait à prendre les armes, mais sans savoir bien encore à quoi se résoudre. A peine était-elle à Melun, qu'elle y vit arriver une députation parisienne, conduite par le prévôt des marchands, qui venait la solliciter de ramener le roi à Paris et de permettre qu'on rendît aux bourgeois leurs armes. Catherine accorda la seconde requête, qu'elle eût rejetée en vain ; mais, au lieu de partir pour Paris, elle emmena Charles IX à Fontainebleau, tandis que le roi de Navarre suivait le prévôt des marchands et allait assister à la procession de Pâques fleuries (22 mars), qui fut comme une revue solennelle

---

[1]. Bèze, *Hist. ecclés.*, t. II, p. 3.

du parti catholique dans la capitale. La présence du roi Antoine acheva de constituer, pour ainsi dire, le gouvernement de la faction catholique : l'ambassadeur d'Espagne se rendit auprès du roi de Navarre [1] et des triumvirs, « qui tenoient conseil tous les jours, auquel ils faisoient venir les présidents, conseillers, gens du roi et officiers de la ville, maintenant que c'étoit le vrai conseil du roi. » Condé délibérait aussi avec les siens [2]. Il reconnut l'impossibilité de disputer la capitale aux catholiques : ceux-ci étaient tellement supérieurs, que, de l'aveu du protestant La Noue, « les novices des couvents et les chambrières des prêtres, avec des bâtons de cottrets, auroient suffi pour tenir bride aux huguenots. » Le prince, toutefois, s'indignait à l'idée d'abandonner la place à ses ennemis : il s'avisa d'un expédient, afin de mettre son honneur à couvert ; son frère, le cardinal de Bourbon, avait été nommé depuis quelques jours, par la reine, gouverneur provisoire de Paris : Condé insinua au cardinal que, « si le duc de Guise sortoit par une porte, il se retireroit par l'autre. » Le cardinal enjoignit aux deux rivaux de quitter Paris. Condé partit ; mais Guise se fit faire violence par le peuple pour rester et l'on « posa bonne garde aux portes », afin d'empêcher les huguenots de rentrer (23 mars).

L'évacuation de la capitale pouvait encore être compensée par la possession de la personne du roi : si Condé eût marché droit à Fontainebleau et conduit sur la Loire Charles IX et sa mère, le prestige de l'autorité royale eût légitimé, pour les esprits encore incertains, la prise d'armes des réformés ; les zélés « papistes » eussent été les « rebelles » et leurs chefs eussent été probablement contraints de transiger. Condé n'alla point à Fontainebleau, mais à Meaux ; il y donna rendez-vous à la noblesse huguenote des provinces voisines, écrivit une circulaire aux églises réformées pour les avertir de se mettre en défense et se contenta d'en-

---

1. Il lui donne, dans sa correspondance, ce titre que Philippe II avait toujours refusé au « duc de Vendôme ». *Papiers de Simancas*, B 14.

2. Dans une assemblée des « principaux de l'église de Paris, quelques personnages, gens de fait et de bien », avaient proposé de tuer le duc de Guise au milieu de la procession de Pâques fleuries, pour venger les « pauvres fidèles de Vassi ». Il fut décidé qu'on se contenterait de se tenir sur la défensive, « sans venir à telles voies extraordinaires ». Théod. de Bèze, t. II, p. 5.

voyer à la reine mère un gentilhomme pour « savoir sa volonté. » Les rivaux de Condé se hâtèrent de profiter de sa faute. Le roi de Navarre et les triumvirs se rendirent bien accompagnés à Fontainebleau (26 mars) et pressèrent la reine mère de revenir à Paris ; Catherine, encouragée par L'Hospital [1], résista plusieurs jours ; mais, lorsqu'on apprit que Condé avait quitté Meaux et se rapprochait de Paris, Antoine signifia à la reine mère que lui et ses alliés avaient décidé d'emmener le roi et ses frères, de peur que les huguenots ne s'emparassent de leurs personnes ; que, quant à elle, elle était libre de suivre ou non ses fils. Catherine plia, selon sa coutume, et la cour se transporta de Fontainebleau à Melun, le 31 mars, puis, le lendemain, à Vincennes ; le petit roi, étourdi et effrayé de ce brusque départ, pleurait « comme si on l'eût mené en prison ». La cour resta quelques jours à Vincennes et s'installa ensuite au Louvre (6 avril) : l'éclatante violation de l'édit de janvier signala le triomphe des chefs catholiques sur Catherine ; le connétable se mit à la tête du peuple de Paris, pour aller saccager et incendier les deux prêches de Popincourt et du faubourg Saint-Jacques, que personne n'entreprit de défendre. Cette expédition, peu digne d'un connétable de France, valut à Montmorenci le sobriquet de « capitaine brûle-bancs [2]. »

C'était peut-être Coligni qui avait été la principale cause des retards de Condé : Coligni avait longtemps reculé devant la responsabilité de la guerre civile ; depuis un mois, retiré dans son château de Châtillon-sur-Loing, il voyait avec angoisse approcher l'heure où tant de calamités fondraient sur ses proches, sur ses coreligionnaires, sur la France entière : ses frères, et même le doux et pacifique cardinal Odet, ses amis, sa femme Charlotte de Laval le pressaient de monter à cheval, d'aller joindre Condé ; Coligni ne se dissimulait pas l'infériorité des forces des réformés ; les images les plus décourageantes et les plus lugubres assié-

---

1. L'Hospital tint tête jusqu'au bout aux promoteurs de guerre civile. « Ce n'est point aux gens de robe longue d'opiner sur le fait de la guerre », lui dit le connétable irrité. — « Ces gens-là ne savent pas conduire les armes », répliqua L'Hospital, « mais ils savent quand il en faut user. » Pasquier, t. II, *lettres* IV et XV.

2. *Mémoires* de Condé, t. III, p. 187 et suiv. — Théod. de Bèze, t. II, l. V. — Castelnau. — *Correspondance* de Chantonnei. — *Journal* de Brûlart. — Davila, l. III. — De Thou, l. XXIX. — *Mémoires* de La Noue.

geaient sa pensée. Après deux jours de débats, il refusa. La nuit d'après, il fut réveillé par les sanglots de sa femme : « — Ah! monsieur, je tremble qu'être tant sage pour les hommes ne soit pas être sage à Dieu : il vous a donné la science de capitaine; pouvez-vous en refuser l'usage à ses enfants?... Vous serez meurtrier de ceux que vous n'empêchez pas d'être meurtris. — Mettez la main sur votre sein, répliqua-t-il : sondez à bon escient votre conscience, si elle pourra digérer les déroutes générales, les opprobres de vos ennemis et ceux de vos partisans, les reproches des peuples, qui jugent trop communément les causes par les mauvais succès, les trahisons des vôtres, l'exil en pays étranger, votre honte, votre nudité, votre faim et, ce qui est plus dur, celle de vos enfants; votre mort, enfin, par le bourreau, après celle de votre mari... Je vous donne trois semaines pour vous éprouver : quand vous serez à bon escient fortifiée contre tels accidents, je m'en irai périr avec vous et avec nos amis. — Ces trois semaines sont achevées; ne mettez point sur votre tête les morts de trois semaines, ou je serai témoin contre vous au jugement de Dieu[1]! »

Elle avait vaincu : il partit. Triste et intrépide, il marcha au-devant de sa destinée. Il rejoignit le prince à Meaux. Jamais on n'eût pu associer des esprits plus opposés que ceux des deux chefs qui levèrent ensemble l'étendard de la Réforme. Condé, petit homme de chétive apparence, mais plein de grâce et de feu, nature aimable et légère, toute de mouvement et de passion, était, dit Brantôme, « plus ambitieux que religieux » et homme de plaisir au moins autant qu'ambitieux[2]. Coligni, au contraire, imposant et taciturne, sévère jusqu'à la dureté contre tout désordre, avec une âme, au fond, capable de toutes les tendresses, inébranlable dans ses affections comme dans ses devoirs, ne cherchant que la vérité dans ses croyances, que la justice dans ses actions, était le plus grand caractère qu'eût formé le protestantisme[3]. Ces deux

1. *V.* dans le grand historien protestant, d'Aubigné (*Hist. universelle,* l. III, c. 2), toute cette magnifique scène. Jamais l'idéal de Corneille même n'a dépassé cette réalité.

2. « Le bon prince étoit bien aussi mondain qu'un autre et aimoit autant la femme d'autrui que la sienne, tenant fort du naturel de la race des Bourbons, qui sont fort d'amoureuse complexion. » Brantôme, *Capitaines françois,* t. III, p. 313.

3. Personne n'avait encore montré cet homme héroïque dans toute sa grandeur comme l'a fait M. Michelet. *Guerres de Religion,* passim.

hommes, qui devaient éprouver peu de sympathie l'un pour l'autre, ne montrèrent pas toujours l'accord nécessaire au bien de la cause commune.

Condé, après avoir célébré la cène à Meaux avec les Châtillons, le jour de Pâques 29 mars, s'était mis aux champs le 30, à la tête d'un gros corps de noblesse huguenote, spontanément rassemblée de tout le nord de la France au bruit du massacre de Vassi : le prince se dirigea sur le pont de Saint-Cloud et s'en empara sans résistance; ce fut là qu'il apprit que ses ennemis l'avaient devancé et s'étaient rendus maîtres de la personne du roi : son plan de campagne fut promptement arrêté; il prit la route d'Orléans; c'était la seule place qui pût, jusqu'à un certain point, tenir tête à Paris par sa position centrale, et le parti huguenot, qui s'y était fortement organisé, n'attendait que l'appel de ses chefs. Le prince fut rejoint, chemin faisant, par un message de la reine mère, qui le priait de revenir sur ses pas, de ne point entamer la guerre. Il était trop tard; au même moment, Condé recevait courrier sur courrier de d'Andelot, qui l'avait précédé à Orléans et qui venait de se saisir d'une des portes de la ville avec l'aide des protestants orléanais. Les garnisons des environs accouraient au secours du commandant d'Orléans : le prince, de son côté, précipita sa course et deux mille cavaliers s'élancèrent au grand galop sur sa trace; on fit six lieues ventre à terre : bagages, chevaux et cavaliers tombaient et roulaient dans la poussière, aux éclats de rire de toute cette jeune noblesse, sans que personne s'arrêtât pour relever son compagnon : les voyageurs, étonnés en les voyant passer et disparaître comme un bruyant tourbillon, se demandaient si c'était la réunion « de tous les fous de France[1] ! »

Sous ces joyeux auspices commença la plus horrible guerre civile des temps modernes ! Ces fils des Gaulois, comme leurs pères, couraient à la mort en riant.

En arrivant sous les murs d'Orléans, le 2 avril, à onze heures du matin, Condé et Coligni trouvèrent la ville au pouvoir de leurs coreligionnaires et toutes les rues retentissant du chant des psaumes : d'Andelot avait annoncé qu'on ne voulait « qu'assurer la

---

1. *Mémoires* de La Noue.

ville au roi » et faire respecter l'édit de janvier, et les catholiques, surpris par la soudaine insurrection des huguenots, avaient cédé tous les postes sans effusion de sang. Le prince et les Châtillons s'occupèrent aussitôt de s'établir fortement dans cette grande place d'armes : Condé écrivit, le 7 avril, à toutes les églises protestantes du royaume de lui expédier tout ce qu'elles pourraient de soldats et d'argent, « afin de résister aux ennemis de la religion chrétienne, qui tiennent le roi et la reine mère captifs ». Bèze et ses collègues, retirés à Orléans à la suite du prince, envoyèrent une circulaire dans le même but. Le lendemain, Condé lança un manifeste où il exposait les griefs qui le contraignaient à s'armer pour remettre en liberté le roi et sa mère et maintenir l'édit de janvier : il protestait de « son amour et respect » pour son frère le roi de Navarre, qu'il conjurait d'avoir égard à ses raisons; il proposait de poser les armes, pourvu que le connétable, le duc de Guise et le maréchal de Saint-André lui en donnassent l'exemple et quittassent la cour, et que les victimes du massacre de Vassi obtinssent justice. Il se hâta d'écrire aux princes protestants d'Allemagne, puis fit passer à l'empereur Ferdinand la copie des lettres qu'il avait reçues de la reine mère durant les dernières semaines, afin de prouver que Catherine et son fils ne prêtaient que forcément l'appui du nom royal aux triumvirs. Quant à la reine d'Angleterre, les huguenots n'avaient pas besoin de justification auprès d'elle et son ambassadeur Throckmorton n'avait cessé de pousser à la guerre civile. Presque tous les chefs protestants, suivant le témoignage de Bèze (t. II, p. 35), voulaient qu'on demandât un « prompt et suffisant secours » aux princes d'Allemagne; mais Coligni déclara qu'il aimerait mieux mourir « que consentir que ceux de la Religion fussent les premiers à faire venir les forces étrangères en France ». On requit donc seulement d'abord les princes allemands d'interposer leur médiation pacifique et l'on pria les cantons protestants de la Suisse ou d'empêcher les cantons catholiques d'envoyer des soldats aux « usurpateurs de la Majesté royale » ou d'accorder aux églises de France un secours équivalent [1].

1. V. les instructions des agents de Condé, dans les *Mémoires* de Condé, III, 270-271.

Les chefs catholiques, devant l'attitude de leurs ennemis, montrèrent une hésitation inattendue : L'Hospital, qu'ils avaient d'abord écarté du conseil, put de nouveau faire entendre sa voix ; comme après la Conjuration d'Amboise, les Guises essayèrent de séparer les réformés paisibles des « séditieux » et, à la suite d'une déclaration du roi et de la reine mère, qui démentit les bruits propagés par les huguenots touchant la « prétendue captivité de Leurs Majestés » (8 avril), d'autres lettres patentes du 11 confirmèrent l'édit de janvier et permirent derechef l'exercice du culte réformé hors de l'enceinte des villes, sauf à Paris et dans sa banlieue. Les chefs catholiques espéraient ainsi désarmer les protestants et priver d'appui le prince et l'amiral ; il n'était plus temps : un acte d'association fut dressé ce même jour, 11 avril, à Orléans et signé par tous les seigneurs et gentilshommes qui se rendirent à l'appel du prince : on y vit les plus grands et les plus anciens noms du royaume : les La Rochefoucauld, de Poitou, les Rohan, de Bretagne, les Grammont, de Gascogne, les Duras, de Guyenne, dominaient la noblesse de provinces entières par eux-mêmes et par leurs alliances. Les associés jurèrent, « devant Dieu et ses anges », de demeurer unis jusqu'à la majorité du roi, « pour maintenir l'honneur de Dieu et de son pur service, la liberté du roi et de la reine, l'observation des édits », et d'obéir au prince de Condé, « leur chef et conducteur ». Le 27 avril, un nombreux synode de ministres et de délégués des églises sanctionna, par sa présence à Orléans, l'association des seigneurs[1]. Les associés, pour témoigner qu'ils étaient les vieux Français, les vrais amis de la couronne, n'adoptèrent d'autre signe de ralliement que la casaque et l'écharpe blanches, « couleur du roi » : à cette nouvelle, les chefs « papistes » eurent le cynisme de répondre en prenant la casaque et l'écharpe rouges d'Espagne et en imposant au petit roi lui-même la livrée de l'étranger ! C'était la dernière conséquence

---

1. L'incident le plus remarquable de ce synode fut la condamnation d'un livre dont l'auteur, Morelli, bourgeois de Paris, réclamait pour le peuple le droit d'élire directement ses pasteurs, droit que s'attribuaient les ministres et les anciens, qui laissaient seulement au peuple la faculté de déférer son opposition au consistoire et d'appeler du consistoire au synode. Le génie théocratique de Calvin l'emporta ; l'auteur, ne voulant pas se rétracter, fut exclu de la communion. Théod. de Bèze, t. II, p. 34.

du traité du Câteau-Cambresis : le vasselage de la France, étalé par les Guises et par Montmorenci devant l'Europe[1].

Le parti réformé, qui comptait dans son sein tant de gentilshommes et de gens de guerre, s'était constitué de manière à pouvoir transformer, au premier signal, son organisation religieuse en organisation politique et militaire : les lettres de Condé furent ce signal ; on eût dit une traînée de poudre embrasant cent mines à la fois ; les explosions se succédèrent coup sur coup : chaque jour, les triumvirs consternés recevaient la nouvelle de quelque révolte ou de quelque surprise de ville : en peu de semaines, les protestants furent levés en masse par toute la France. A la réception des premières lettres écrites de Meaux par le prince, les huguenots s'étaient saisis de Tours, de Blois, du Mans, d'Angers (du 30 mars au 5 avril). Rouen se déclara le 15 avril et entraîna Dieppe, le Havre, Pont-Audemer, Caen, Bayeux, Coutances, Falaise, Vire, Saint-Lô, Carentan. Poitiers, la plupart des villes d'Angoumois et de Saintonge et les îles de la côte d'Aunis s'armèrent pour « la religion ». Bourges et Sancerre furent occupés, quoique le parti protestant fût peu nombreux dans les contrées du centre : la moitié au moins du Languedoc et bon nombre de places de Guyenne et de Gascogne avaient, depuis le commencement de l'hiver, rejeté violemment le catholicisme ; en Provence, les protestants, quoique soutenus par le comte de Tende, gouverneur de la province, ne purent se maintenir qu'à Sisteron et dans quelques petites places des Basses-Alpes ; le père et le fils étaient opposés l'un à l'autre dans cette lutte parricide ; le comte de Sommerive s'était mis à la tête des catholiques contre son propre père, le comte de Tende. En Dauphiné, au contraire, les protestants s'emparèrent de presque toutes les villes. La Motte-Gondrin, lieutenant du duc de Guise au gouvernement de Dauphiné, détesté des protestants

---

1. Les Guises signifiaient par là qu'ils renonçaient à leur ancienne politique catholique sans être espagnole. « Le roi », dit franchement le chanoine Sacounai, « le roi étant en parfaite amitié avec le roi d'Espagne catholique, son frère, il a voulu emprunter son écharpe avec son secours, se confiant plus en lui qu'en plusieurs de ses propres sujets. » *Discours sur les troubles de Lyon,* ap. *Archives curieuses,* t. IV, p. 325. Les catholiques tâchèrent de pallier l'odieux d'une telle manifestation en ajoutant à l'écharpe rouge la croix blanche de France.

pour maints actes de cruauté, fut pris et pendu à Valence par la noblesse huguenote, à la tête de laquelle était le baron des Adretz, personnage destiné à une lugubre renommée; les vainqueurs de La Motte-Gondrin marchèrent de Valence sur Lyon, où ils soulevèrent les protestants; d'Agoult, comte de Sault, lieutenant du duc de Nemours au gouvernement de Lyonnais, facilita l'entreprise par sa connivence; Lyon prit parti « pour l'Évangile » (30 avril). Châlon, Mâcon, Autun, s'insurgèrent à leur tour, tandis que Tavannes, lieutenant du duc d'Aumale en Bourgogne, chassait les protestants de Dijon, d'Auxonne et de Beaune, et invitait les paysans à leur courir sus. Dans la Champagne, la Picardie, l'Ile-de-France et la Bretagne, la bourgeoisie protestante se trouva trop faible pour se saisir d'aucune grande ville; elle fut victime, au contraire, des émeutes populaires [1]; Sens, qui avait pour archevêque le cardinal de Guise, fut souillé, les 12 et 13 avril, par de hideuses scènes de carnage; une centaine de protestants, hommes, femmes et enfants, furent égorgés et jetés dans l'Yonne.

Ce massacre, plus atroce encore que celui de Vassi, transporta de fureur les huguenots : ils s'étaient comportés d'abord, si ce n'est dans le Midi, avec une modération qui avait aidé à leurs succès; dans chaque ville où ils étaient en force, ils s'étaient emparés des portes, de l'hôtel-de-ville, de l'arsenal; en déclarant qu'ils ne voulaient qu'assurer la liberté de leur culte et non opprimer les catholiques; en Normandie, dans les provinces poitevines, aux bords de la Loire, il n'y avait eu presque aucune effusion de sang; on avait promis sûreté aux prêtres et le « culte romain » n'était suspendu que par la retraite volontaire des gens d'église :

1. Il est intéressant d'examiner, dans cette crise générale de la France, les diversités de l'esprit provincial. L'humeur discuteuse de la Normandie accueillit d'abord la Réforme; puis il semble que le génie artiste et plastique, mêlé à des éléments si âprement positifs chez cette population complexe, ait réagi contre le calvinisme; la turbulente, railleuse et positive Gascogne prêta faveur au mouvement anti-catholique; le violent et passionné Languedoc se souvint des Albigeois; le Dauphiné, peuple de montagnards, sérieux, sévère et raisonneur, accueillit ce que repoussa l'ardente, mobile et sensuelle Provence. La Bretagne, paysanne et bourgeoise, aussi difficile à entamer que son sol de granit, ferma l'oreille aux nouveautés et ne suivit pas sa noblesse. Paris et la région du Nord, foyer de l'esprit d'unité nationale, rejetèrent presque en masse la doctrine dont le fondateur était pourtant sorti de ces contrées.

à Angers, on avait pactisé pour le maintien des deux partis dans le corps municipal et des deux cultes dans la ville. Les généraux protestants et les plus éclairés des ministres, Théodore de Bèze, par exemple, sentaient combien il leur importait de conserver à leur prise d'armes un caractère de légitime défense; mais la logique intolérante du calvinisme l'emporta sur le bon sens de ses chefs. Le massacre de Sens fut l'occasion ou le prétexte du déchaînement des huguenots; mais on n'eût pu, dans aucun cas, les retenir longtemps de « venger Dieu » et d'anéantir ce qu'on leur avait appris à détester comme des monuments d'idolâtrie. Moins barbares, en général, que leurs adversaires envers les hommes, leur rage fut implacable contre les choses. Ce fut le 21 avril 1562, jour néfaste dans nos annales, que commença l'œuvre de dévastation qui devait dépouiller la France de cette antique parure que les âges modernes ont bien su détruire, mais n'ont pas su remplacer encore. Le 21 avril, les soldats et les bourgeois réformés envahirent les églises d'Orléans, brisèrent les statues, renversèrent les autels, brûlèrent les chaires et les boiseries; le prince et l'amiral coururent à la cathédrale (Sainte-Croix) et firent les derniers efforts pour arrêter la frénésie de leurs gens : prières, menaces, coups, tout fut inutile; Condé saisit une arquebuse et coucha en joue un homme qui travaillait à jeter bas « une image bien haut montée ». — « Monsieur, lui cria cet homme, ayez patience que j'abatte cette idole; vous me tuerez après! » Les chefs crurent reconnaître le doigt de Dieu et laissèrent achever l'œuvre [1].

Ce fut comme un coup de trompette infernale qui éveilla partout l'esprit de destruction, auxiliaire du fanatisme, et cette fureur délirante qui s'accroît et s'enivre de ses propres excès. La hache retentit d'un bout de la France à l'autre; « ce qui avoit été bâti en quatre cents ans étoit détruit en un jour ». La rage iconoclaste envahit à la fois Rouen, Lyon, Caen, Poitiers, Bourges, Tours, toutes celles de nos cités qui étaient tombées entre les mains des calvinistes. Les mille figures du grand portail de Saint-Étienne de Bourges furent criblées d'arquebusades; on

---

1. Théod. de Bèze, t. II, p. 32.

ruina le chœur splendide de Saint-Jean de Lyon, « construit de marbre avec colonnes de jaspe et de porphyre, et tout figuré dedans et dehors des histoires du Vieux-Testament ». On démolit les vénérables basiliques de Saint-Just et de Saint-Irénée, berceau de l'église lyonnaise [1]. Les crucifix et les « Notre-Dame » étaient traînés dans la boue, les fonts baptismaux prostitués aux plus vils usages : après avoir foulé aux pieds les objets du culte, détruit les produits du génie humain, on s'en prit aux restes des morts ; on conclut, de la négation du purgatoire et de la condamnation des prières pour les morts, à la destruction des sépultures ; on viola les tombeaux, non pas seulement des saints, mais des souverains et des personnages célèbres ; à Vendôme, les monuments des Bourbons-Vendôme, aïeux du chef même des calvinistes, à Angoulême, les sépulcres des Valois-Angoulême, ancêtres de la maison régnante, furent ruinés et leurs dépouilles profanées. A Cléri, en haine du fameux pèlerinage de Notre-Dame de Cléri, le tombeau de Louis XI fut renversé, sa statue de cuivre fut brisée, ses ossements brûlés avec ceux des ducs de Longueville, descendants du grand Dunois. A Sainte-Croix d'Orléans, on brûla le cœur du feu roi François II ; à Bourges, on profana les restes de Jeanne de France, première femme de Louis XII ; à Rouen, on saccagea les tombeaux de Rollon, de Guillaume Longue-Épée et de Richard Cœur-de-Lion [2] : la mémoire révérée de Georges d'Amboise protégea cependant son tombeau ; les vandales s'arrêtèrent devant ce chef-d'œuvre et devant les portes de Saint-Maclou. Les sépulcres de Guillaume le Conquérant et de la reine Mathilde furent détruits à Caen, dans les deux basiliques que le conquérant et sa femme s'étaient construites comme d'immenses mausolées pour abriter leurs restes. On forçait les prêtres, par les menaces, quelquefois même par les tourments, à livrer les reliques qu'ils s'efforçaient de dérober aux outrages. Aucun nom n'était assez respecté, aucun souvenir assez national, pour défendre ces

---

1. *V.* une lettre de Calvin aux ministres de Lyon, où il qualifie de « zèle inconsidéré » les ravages qu'on a faits aux temples et s'indigne qu'un des ministres ait agi dans l'insurrection « en soudard ou capitaine » et qu'il ait autorisé la vente du butin fait en l'église Saint-Jean. *Lettres de J. Calvin*, t. II, p. 465.
2. Les statues des anciens héros normands ont été conservées : celle de Richard Cœur-de-Lion a été retrouvée par M. Deville, ensevelie sous les dalles du chœur.

dépouilles antiques, qui expiaient si impitoyablement l'exagération superstitieuse des hommages qu'on leur avait rendus : on ne fit pas même grâce à saint Irénée, pas même à saint Martin de Tours! les restes de ces deux grands hommes furent jetés au Rhône et à la Loire. Les disciples de Calvin avaient raison de traiter en ennemis les deux apôtres de la Gaule, qui eussent aussi bien rejeté les ithaciens huguenots que les ithaciens papistes. Une dernière profanation couronna toutes les autres : le monument de Jeanne Darc fut renversé du haut du pont d'Orléans, renversé par des mains françaises[1] !

Les fureurs des huguenots fournirent à leurs ennemis de terribles armes : la soif du sang et de la vengeance dévorait les populations catholiques à l'aspect ou au récit de tant de sacriléges; l'indignation gagnait les hommes les plus étrangers aux superstitions, les plus disposés naguère à seconder les novateurs contre les abus de l'Église; une partie des gens du peuple qui avaient participé aux profanations par entraînement et par esprit de désordre eurent bientôt horreur de leur ouvrage. La masse catholique, d'abord étourdie et surprise, commençait de s'organiser à son tour. Les nouvelles étaient déjà moins bonnes pour les huguenots : à Angers, les catholiques, transgressant l'accord passé avec les protestants à la suite de dévastations commises par ceux-ci, avaient livré la ville au lieutenant du duc de Montpensier, gouverneur d'Anjou (6 mai), et les meurtres, les exécutions, les violences de tout genre décimaient et ruinaient les huguenots

---

1. *V.* le *Discours du saccagement des églises de France;* Paris, 1563, par dom Claude de Saintes, bénédictin; le *Discours des troubles advenus à Lyon;* Lyon, 1563, par Gabriel de Saconnai, un des chanoines-comtes de Lyon; dans le t. IV des *Archives curieuses de l'Hist. de France* : Théodore de Bèze, t. II, *passim.*, et le continuateur de Fleuri, *Histoire ecclésiastique*, t. XXXIII, l. CLXII. Claude de Saintes, déclamateur fanatique, ordinairement assez vulgaire, s'élève parfois, à force de passion, jusqu'à la véritable éloquence : *V.* son apostrophe « aux habitants des très-puissantes, très-nobles et opulentes villes de Lyon, Tours, Poitiers, Bourges, Orléans, Rouen et autres... qui, pour accomplir leur malheur et se priver de la protection de Dieu, ont embrasé de leurs mains les corps des plus anciens, des plus notables saints, doctes, charitables et admirables, que, depuis les apôtres, Jésus ait suscités en toute la chrétienté..... Hélas! tant de barbares, tant d'ennemis de Dieu et de la France ont-ils passé parmi nous et pardonné à ces morts, afin que les instruits et convertis à Jésus jetassent leurs cendres, plus de douze cents ans après leur mort, au feu et au vent?... O villes lamentables! etc. » *Archives curieuses,* t. IV, p. 398.

angevins [1]. Les protestants avaient échoué, presque sans coup férir, dans une tentative pour se saisir de Bordeaux : Toulouse avait été le théâtre d'un affreux combat ; les bourgeois protestants et les écoliers de l'université, favorisés par les capitouls et maîtres de l'artillerie de la ville, s'étaient battus cinq jours entiers contre la majorité de la population, dirigée par le parlement (11-16 mai) : des renforts de troupes régulières, amenés de Guyenne par Montluc, décidèrent la victoire en faveur des catholiques ; les protestants évacuèrent la ville par capitulation ; mais la capitulation fut violée et une grande partie des fugitifs furent massacrés par les soldats ou par les paysans ; il périt, dit-on, trois mille personnes dans le combat et la retraite. Le parlement de Toulouse sévit avec un acharnement forcené contre les vaincus ; le conseil du roi, qui trois fois, grâce à L'Hospital, amnistia les protestants toulousains, ne put arracher à ces magistrats fanatiques leurs victimes : ils firent périr dans les supplices deux cents réformés. L'élite de la bourgeoisie toulousaine fut anéantie.

Les chefs des deux partis, établis à Paris et à Orléans, travaillaient cependant à se mettre en état d'entrer en campagne : les chefs catholiques s'étaient hâtés d'expédier des agents en Suisse et en Allemagne pour y lever des soldats, et l'on avait déjà reçu de Philippe II, qui avait un peu réorganisé ses finances, l'offre d'une armée de trente-six mille combattants. Cet excès de zèle parut effrayer un peu, non-seulement Catherine, mais le roi de Navarre et peut-être les triumvirs eux-mêmes : on demanda au roi d'Espagne de l'argent et beaucoup moins de soldats [2]. Cathe-

---

1. *V. La Réforme et la Ligue en Anjou*, par E. Mourin ; Paris-Angers, 1856. — Le duc de Montpensier se montra dans la guerre civile sous l'aspect le plus hideux. Les contemporains donnent des détails monstrueux sur le mélange de férocité, de bas fanatisme et d'obscénité qui apparut chez ce personnage, jusque-là fort insignifiant. Les révolutions, qui brisent les liens et les freins sociaux, manifestent les héros et les monstres.

2. *Corresp.* de Chantonnei, p. 38 ; ap. *Mém.* de Condé, II. — On convint que Philippe fournirait trois mille Espagnols, trois mille Italiens, quatre mille lansquenets, mille *pistoliers* (reîtres) et deux mille cavaliers de ses ordonnances des Pays-Bas ; mais les Pays-Bas montrèrent une telle opposition à faire marcher leurs troupes en France, que Philippe dut convertir son secours de cavaliers belges et de mercenaires allemands en un subside de 30,000 écus par mois. *V.* Gachard ; *Correspondance de Philippe II*, t. I, p. 210-221 ; Bruxelles ; 1848. Il n'eût jamais pu venir à bout d'envoyer trente-six mille hommes.

rine avait recouvré quelque part au gouvernement : avec sa flexibilité ordinaire, elle s'était ralliée à ceux qui s'étaient montrés plus forts qu'elle, et ceux-ci, qui sentaient l'importance de son concours pour l'opinion de la France et surtout de l'Allemagne, cherchaient à lui faire oublier leurs violences de Fontainebleau par les égards dont ils l'entouraient au Louvre. La reine mère profitait de la part d'autorité qu'on lui rendait pour reprendre son rôle de médiatrice; elle dépêcha successivement à Orléans l'évêque de Valence Montluc, le gouverneur de Metz Vieilleville et d'autres négociateurs qui furent bien accueillis, mais ne purent rien obtenir. L'attitude des triumvirs n'était pas propre à engager les protestants à désarmer : les triumvirs avaient présenté requête au roi pour réclamer la révocation de l'édit de janvier et l'interdiction de tout autre culte que le catholique, offrant à ce prix de « se retirer au bout du monde » (4 mai). En même temps, des poursuites avaient été ordonnées par le parlement, non pas contre les meurtriers, mais contre les victimes de Vassi [1]. Un emprunt de 200,000 écus d'or fut demandé à la ville de Paris pour nourrir la guerre civile; d'autres emprunts furent levés sur le clergé dans les diocèses, et le roi de Navarre, après avoir, en sa qualité de lieutenant-général du royaume, ordonné à tous les suspects d'hérésie de quitter Paris, prit le commandement des troupes catholiques le 1er juin et se porta sur Montlhéri avec les triumvirs. Condé était sorti d'Orléans, et les deux frères se trouvèrent face à face, chacun à la tête d'environ huit mille combattants. Catherine avait fait décider qu'on essaierait de traiter de vive voix : la reine mère, le roi Antoine, le prince et l'amiral s'abouchèrent à Thouri en Beauce, dans une vaste plaine, « rase comme la mer, » où l'on ne pouvait craindre d'embuscade. Des ordres sévères avaient été donnés pour éviter que les deux escortes n'en vinssent aux injures et aux coups; mais, lorsque les gentilshommes des deux partis s'approchèrent et que chacun reconnut dans les rangs opposés un frère, un cousin, un ami, loin de se quereller, on se mêla, on s'embrassa, on se conjura mutuellement de ne pas

---

1. Les présidents Séguier et de Harlai avaient quitté leurs sièges le jour où le duc de Guise, tout sanglant encore du massacre, était venu présenter au parlement une justification dérisoire.

« donner entrée à cette misérable guerre, en laquelle il faudroit que les propres parents s'entre-tuassent ».

L'entrevue des deux Bourbons offrit un triste contraste avec cette scène touchante : le roi Antoine ne montra qu'entêtement, sécheresse et dureté, et Catherine elle-même ne voulut ou n'osa pas désavouer le refus que faisait le roi de Navarre d'éloigner les triumvirs; elle déclara, comme lui, qu'il n'était pas possible d'avoir deux religions dans le royaume, « vu que tous ceux de l'église romaine s'étoient mis en armes contre l'édit de janvier »; qu'on pouvait accorder la liberté de conscience, mais non la liberté de culte.

On se sépara, plus aigris qu'auparavant; Coligni voulait, avec toute raison, livrer bataille sur-le-champ, pour décider la querelle sans les funestes secours de l'étranger et profiter de la première ardeur des réformés. Condé ne se décida pas : il écrivit aux princes protestants d'Allemagne, afin de les prier ou d'arrêter les levées que faisaient les agents catholiques, ou d'envoyer aux réformés de France des renforts équivalents; mais en même temps il renoua les négociations avec son frère et la reine mère. Le 12 juin, ordre de désarmer fut envoyé, de par le roi, la reine mère et le roi de Navarre, au prince et à ses associés; on promettait, à ce prix, amnistie, liberté de conscience et retraite du duc de Guise, du connétable et du maréchal de Saint-André en leurs maisons. De nouvelles conférences eurent lieu à Saint-Simon, près d'Orléans. On signa une trêve de quelques jours. L'espoir d'éloigner à la fois les triumvirs et les chefs protestants jusqu'à la majorité du roi s'était emparé de l'esprit de Catherine; secondée par l'adroit évêque de Valence, elle parvint enfin à faire entrer jusqu'à un certain point le roi de Navarre dans ses vues. Elle avait obtenu des triumvirs une offre conditionnelle de retraite; elle obtint que les chefs huguenots promissent par écrit qu'à l'heure même du départ des triumvirs, Condé se remettrait entre les mains de la reine et du roi de Navarre, comme garant de l'obéissance du parti (24 juin). Les triumvirs, en effet, quittèrent, le 27 juin, le camp des catholiques, qui était à Talci, près de Beaugenci, et Condé s'y rendit le 28. Le 30, tous les chefs protestants vinrent trouver Catherine à Beaugenci, pour « entendre son intention ». La reine mère leur répéta que l'exécution de l'édit de janvier était devenue impossible. Condé s'écria que lui et les siens aimeraient mieux quitter le royaume que de vivre sans religion et qu'il en demandait la permission à Sa Majesté, si c'était le seul moyen de mettre le royaume en repos. C'était l'évêque Montluc qui avait suggéré cette proposition au prince, en lui persuadant que la reine ne l'accepterait pas : la reine au contraire se hâta de prendre Condé au mot, offrit au prince et à ses amis des « lettres de sûreté » pour vendre leurs biens ou en toucher les revenus à l'étranger, et promit que le roi, devenu majeur, rappellerait les exilés volontaires.

Les chefs huguenots, pris au piège, demandèrent jusqu'au lendemain afin d'aviser aux conditions et prièrent la reine de leur permettre d'emmener le prince : ils étaient trop bien accompagnés pour qu'on pût les refuser et Condé regagna son camp. Soldats et ministres se soulevèrent au bruit de l'accord passé avec la reine : on criait que les grands et les riches livraient les pauvres au couteau ; les généraux ne demandèrent pas mieux que de se laisser forcer la main ; des lettres du duc de Guise, qui semblaient indiquer des intelligences entre la reine mère et les triumvirs et que l'on intercepta trop à point pour que leur authenticité ne soit pas un peu suspecte, servirent de prétexte à la rupture. Catherine, désespérant de renouer la trame qu'elle avait si artistement tissue, alla rejoindre le roi et laissa le champ libre à la guerre.

Les généraux protestants revinrent sur Beaugenci, que le roi de Navarre avait reçu en dépôt pendant la trêve et qu'il refusait de rendre. Beaugenci fut emporté d'assaut. Jusqu'alors les généraux et les ministres étaient parvenus à maintenir dans l'armée protestante une sévère discipline ; on y faisait la prière matin et soir ; on n'y entendait que psaumes et sermons, au lieu de jurements et de chansons profanes ; on n'y souffrait ni jeux, ni filles, ni maraude. Tout ce bel ordre fit naufrage à Beaugenci : les soldats reprirent leurs vieilles habitudes et commirent toute espèce de désordres et de violences ; la confiance des zélés dans la protection du Seigneur en fut un peu ébranlée. Une fâcheuse nouvelle arriva sur ces entrefaites au camp huguenot : pendant que les protestants se jetaient sur Beaugenci, un corps catholique avait emporté Blois (4 juillet). Les protestants blésois en état de porter les armes se retirèrent par le pont de la Loire et gagnèrent Orléans. On ne tarda pas à apprendre que divers corps de Suisses catholiques et d'Allemands levés dans les électorats ecclésiastiques étaient en marche pour rejoindre l'armée « papiste ». Les délais avaient été très-défavorables à celle des deux factions qui ne disposait pas des ressources régulières de l'État : l'argent manquait aux chefs protestants; quelques-uns des seigneurs associés témoignaient un retour de scrupule en voyant que la reine mère les désavouait; beaucoup d'autres voulaient retourner défendre leurs foyers et leurs familles, exposées à d'affreux dangers en leur absence. On n'était plus en état de tenir la campagne contre un ennemi qui se renforçait de jour en jour. Les généraux protestants jugèrent que le parti le plus sage était de séparer l'armée et d'entretenir la guerre en détail dans les provinces, jusqu'à ce qu'on eût reçu de l'étranger des secours suffisants pour reprendre l'offensive. Coligni dut faire taire ses répugnances : d'Andelot fut dépêché en Allemagne, Briquemaut en Angleterre, pour solliciter une prompte assistance; Soubise partit pour Lyon, où l'on espérait recevoir bientôt les renforts suisses; La Rochefoucauld retourna en Saintonge, Duras en Guyenne; Yvoi fut envoyé à Bourges avec deux mille fantassins; le prince et l'amiral demeurèrent à Orléans avec quatre mille fantassins et un millier de gentilshommes.

La rupture des négociations avait enfin laissé déborder la fureur du parti catholique; le parlement de Paris, dont la majorité s'était contenue jusqu'alors à grand'peine, provoqua et sanctionna tout ensemble une réaction forcenée : dès le mois de juin, le parlement avait obligé à une profession de foi orthodoxe tous les membres de la magistrature, du barreau, de la basoche et de l'université, obligation qu'il étendit ensuite à tous les officiers royaux et municipaux; une procession expiatoire eut lieu en mémoire de la profanation de l'église Saint-Médard et fut suivie d'exécutions et de massacres dans Paris : plus de soixante personnes soupçonnées d'hérésie furent égorgées ou noyées par le peuple; le parlement fit pendre le chevalier du guet qui avait assisté au sac de Saint-Médard et les lieutenants-généraux des bailliages de Pontoise et de Senlis, qui n'avaient commis d'autre crime que de favoriser les prédicants huguenots [1]. Les chefs catholiques avaient décidé qu'il fallait, comme ils disaient, « lâcher la grande lévrière », c'est-à-dire déchaîner la multitude : un arrêt du 13 juillet autorisa tous les manants et habitants des villes, bourgs et villages à prendre les armes contre tous ceux qui saccageaient les églises ou « faisoient conventicules illicites » ; un arrêt du 17 décréta l'arrestation de tous les « ministres et prédicants de la nouvelle secte » et leur mise en jugement comme criminels de lèse-majesté divine et humaine, avec peine capitale contre leurs fauteurs et receleurs ; enfin, des lettres-patentes du 22 juillet, vérifiées en parlement, déclarèrent tous les rebelles criminels de lèse-majesté et leurs biens et seigneuries confisqués [2] ; le prince de Condé seul était excepté, comme retenu « malgré lui » dans les rangs des « séditieux ». Les populations des campagnes répondirent à l'appel du parlement par une levée en masse : des bandes forcenées de paysans se déchaînèrent de toutes parts, vengeant la dévastation de leurs églises par le meurtre des ministres, des nobles huguenots et de tous les réformés qu'ils pouvaient atteindre [3]. « Les femmes mêmes, comme enragées, marchoient en guerre avec les hommes ».

1. Les protestants se vengèrent en pendant le curé de Saint-Paterne d'Orléans, grand persécuteur et compromis l'année précédente dans les intrigues de certains membres du clergé avec la cour d'Espagne.
2. Le 27, le parlement enregistra une bulle qui conférait les pouvoirs inquisitoriaux aux cardinaux de Lorraine et de Ferrare.
3. Le poëte Ronsard, qui tenait en commende la cure d'Évailles, en Vendomois, figura dans la guerre civile en Beauce et dans le Maine ; il s'était mis à la tête de la noblesse catholique du Vendômois, pour repousser les bandes protestantes qui saccageaient les églises des campagnes. — De Thou, l. xxx. — Bèze, l. vii. — Il servit la cause catholique de la plume comme de l'épée et trouva des inspirations éloquentes contre les novateurs qui prêchaient

. . . . une doctrine armée,
Un Christ enpistolé, tout noirci de fumée,
Qui, comme un Méhémet, va portant en la main
Un large coutelas rouge de sang humain.

Mais on eût pu lui demander à son tour quel Christ il servait.
V. son discours à la reine mère et son apostrophe à Bèze, dans ses *OEuvres choisies*, p. 309-321.

La réaction gagna bientôt les villes : dès le 12 juillet, à la nouvelle de la prise de Blois et de la marche des catholiques sur Tours, les protestants avaient évacué le Mans; sept ou huit cents hommes armés, traînant après eux leurs femmes et leurs enfants, s'étaient retirés du Mans en Normandie. L'évêque Charles d'Angennes rentra aussitôt, à la tête d'une troupe de bandits, dans sa ville épiscopale et dirigea les vengeances des orthodoxes contre les malheureux qui n'avaient pas pu ou voulu suivre la retraite de leurs coreligionnaires. Deux cents personnes des deux sexes périrent dans les supplices, malgré les lettres de pardon accordées par la cour. Les mêmes scènes d'horreur se répétèrent dans les autres villes et les bourgs du Maine, de la Beauce et de tous les pays de la Loire. L'armée catholique, après avoir signalé par le meurtre et le viol son entrée dans Blois, s'était emparée de Tours sans résistance le 11 juillet : tous les protestants tourangeaux en état de porter les armes avaient pris la route de Poitiers; ils furent atteints en chemin par une division de l'armée catholique, obligés de capituler et ramenés à Tours. La populace catholique de Tours se rua sur eux et en jeta plus de cent vingt dans la rivière. Le carnage continua plusieurs jours, sans épargner ni sexe ni âge; on promena par les rues, au bout d'une pique, le cœur du président du présidial de Tours. L'arrivée du duc de Montpensier, gouverneur de la province, ne fit que régulariser les massacres : quiconque refusait de souscrire à la confession de foi catholique était condamné à mort. La Loire, l'Indre et la Sarthe roulaient par centaines les cadavres des protestants. La vengeance éclatait là même où il n'y avait point eu d'outrage. Le sang coulait en Picardie, où les protestants ne s'étaient saisis d'aucune ville importante; en Champagne, où ils n'avaient été que victimes et non tyrans. Le gouverneur du château d'Abbeville fut égorgé par le peuple, parce qu'il s'efforçait d'arrêter l'émeute catholique; à Troies, à Meaux, se répétèrent les atrocités de Sens; les protestants de Meaux, à la vérité, avaient provoqué leur malheur par leurs violences : à Bar-sur-Seine, le procureur du roi fit pendre son propre fils pour hérésie! La France entière était devenue un théâtre d'horreur, où toutes les passions perverses, tous les instincts brutaux et sauvages, la barbarie, la rapacité, la luxure, s'associaient au fanatisme, pour l'effroi et la honte de l'humanité [1].

Les généraux catholiques poursuivaient leurs tristes avantages; aussitôt après la recouvrance de Tours, ils avaient détaché sur Poitiers une forte division. Les protestants poitevins, quoique renforcés par des réfugiés des villes de la Loire, n'étaient point assez nombreux pour défendre la vaste enceinte de Poitiers; les bourgeois voulaient se rendre; le capitaine envoyé par Condé les en empêcha. Le 1er août, le maréchal de Saint-André, arrivé au camp, fit donner un assaut général; au milieu du combat, le gouverneur du château, qui jusqu'alors s'était maintenu neutre « au nom du roi », tourna ses canons contre les défenseurs de la ville et décida ainsi leur défaite. La ville fut livrée au pillage et le maire pendu. La chute de Poitiers détermina la soumission d'Angoulême et de plusieurs autres places, et Saint-André quitta le Poitou pour aller rejoindre devant Bourges le roi de Navarre, le connétable et le duc de Guise, qui avaient fait venir le jeune Charles IX et la reine mère dans leur camp, afin que les huguenots n'eussent plus à qualifier l'armée royale d'armée « navarroise » ou « guisarde » : grâce aux secours de Suisse et d'Allemagne [2], les généraux catholiques étaient à la tête de dix-huit mille combattants. Condé et Coligni avaient compté que Bourges ferait une longue résistance et qu'ils auraient le temps de la secourir. Leur attente fut déçue : le gouverneur Yvoi se laissa intimider ou gagner et rendit la ville le 31 août, moyennant amnistie et liberté de conscience. La capitulation fut fort mal observée et les protestants furent chassés de Bourges.

Les généraux huguenots, à leur tour, expulsèrent d'Orléans les catholiques, qu'ils avaient jusqu'alors traités avec quelque ménagement; un très-grand nombre de catholiques furent également chassés de Lyon, puis de Rouen, en représailles d'un arrêt de

---

1. Théod. de Bèze, l. VI-VII. — De Thou, l. XXX. — Mém. de Condé, t. III. — Castelnau. Un des grands griefs des écrivains protestants, c'est que les catholiques rebaptisaient les enfants des huguenots. Le fanatisme papiste tombait ainsi dans l'anabaptisme.

2. Il était arrivé cinq mille Suisses et plus de sept mille Allemands. Mais le secours d'Allemagne ne fut pas aussi profitable aux catholiques qu'ils l'espéraient : une bonne partie de leurs reitres désertèrent et passèrent aux protestants.

proscription générale lancé contre les rebelles de Normandie par la majorité catholique du parlement de Rouen, réfugiée à Louviers. Pour se faire une idée de l'état de la France, il faut se représenter non-seulement les massacres, les exécutions, les exécrables violences qui étaient partout le cortége de la guerre civile, mais aussi ce spectacle étrange et lamentable de populations entières chassées ou émigrées volontairement, errant de ville en ville, de canton en canton, suivant les chances de la guerre.

Ces chances, quoique variant de province à province, tournaient peu à peu contre le parti le plus faible en nombre. L'histoire générale ne saurait suivre les vicissitudes infinies des luttes qui ensanglantaient tous les coins de la France. Nulle part la guerre ne fut plus atroce et le succès plus disputé qu'en Guyenne : le parti protestant, très-fort dans ces contrées, avait là pour lui, par exception, une grande partie de la population des campagnes et s'appuyait sur les seigneuries des Pyrénées, où s'était retirée la reine de Navarre et où l'on obéissait à la reine Jeanne et non à son mari; mais il avait à combattre un adversaire aussi redouté pour ses talents et son audace que pour son génie impitoyable, Blaise de Montluc. Il faut entendre Montluc lui-même, dans ses *Mémoires*, pour comprendre à quelle barbarie systématique, à quel degré de mépris pour la vie des hommes, la dépravation qu'engendrent les discordes civiles peut conduire une nature qui avait été susceptible de loyauté et de générosité. Les garnisons égorgées tout entières, les puits comblés de corps humains, les arbres des chemins érigés en gibets, marquaient partout la trace de Montluc. L'arrivée de trois mille Espagnols animés d'une haine frénétique contre les protestants ajouta, s'il était possible, aux horreurs de cette guerre d'extermination. Montluc lui-même semblait trop doux à ses soldats : quand il ordonnait de tuer les hommes, on mutilait, on égorgeait, avec les hommes, les femmes et les enfants. Montségur, Penne-d'Agenais, Agen, Terraube, furent les principaux théâtres de ces effroyables exploits, que les bandes huguenotes de Duras imitaient et vengeaient par des torrents de sang. Dans la seule ville de Lauzerte en Querci, les protestants massacrèrent cinq ou six cents personnes, dont près de deux cents prêtres; cent vingt prêtres furent mis à mort à Çaylus. Les gens de Duras étaient aussi féroces et plus indisciplinés que ceux de Montluc. Les généraux catholiques Burie et Montluc repoussèrent les tentatives de Duras contre Bordeaux et se rendirent maîtres de tout le cours de la Garonne : Duras marcha par le Périgord vers la Saintonge pour joindre La Rochefoucauld et conduire avec lui leurs troupes combinées à Orléans, d'après les ordres de Condé. Burie et Montluc l'assaillirent et le battirent complètement à Ver en Périgord (9 octobre). Il n'en exécuta pas moins son projet de se rendre à Orléans avec La Rochefoucauld; mais, au lieu de six ou huit mille hommes annoncés, ces deux chefs n'en conduisirent pas deux mille à Condé. Après leur départ, la Saintonge, l'Aunis et les îles se soumirent au duc de Montpensier, lieutenant-général du roi dans ces provinces [1]. La Rochelle, ville où les protestants dominaient, mais qui avait gardé la neutralité de peur de compromettre ses priviléges, fut obligée de recevoir garnison et de renoncer à l'exercice du culte réformé. De toutes les provinces aquitaniques, les huguenots ne conservèrent plus guère que Montauban et les seigneuries des Pyrénées; ils se virent réduits en Guyenne à la guerre de partisans.

Les protestants se soutenaient mieux en Languedoc : ils dominaient dans l'est de cette grande province, à Nîmes, à Béziers, à Agde, à Montpellier, dans les montagnes du Vivarais et des Cévennes; Toulouse, Albi, Carcassonne, Narbonne, tenaient pour les catholiques, que dirigeait le vicomte de Joyeuse, lieutenant du connétable; les deux frères de Crussol commandaient les protestants. Les deux partis se signalèrent par une infinité de siéges et de combats sans résultats décisifs : Beaucaire fut pris et repris d'assaut dans un même jour; il y eut douze cents morts; la place resta aux protestants.

La guerre de Languedoc fut sans cesse mêlée à la guerre de Provence et de Dauphiné : les huguenots avaient la prépondé-

1. L'illustre Bernard Palissi, arrêté à Saintes comme huguenot, fut envoyé à Bordeaux, où il eût été condamné à mort par le parlement, si le connétable, dont Bernard avait décoré les châteaux, ne se fût entendu avec la reine pour le sauver et n'eût fait évoquer sa cause au grand conseil, à la faveur de son titre « d'inventeur des rustiques figulines du roi ».

rance en Dauphiné, les catholiques en Provence; le culte catholique était interdit dans tout le Dauphiné, sauf à Embrun et à Briançon; le parlement de Grenoble, violemment épuré, subissait le joug des protestants; le commandant catholique de la province, Maugiron, avait été rejeté en Savoie par le chef des huguenots, par ce terrible des Adretz, dont le nom est resté dans le souvenir populaire comme un symbole de meurtre et de destruction : c'était le Montluc des huguenots. Pas plus que Montluc, il n'avait l'excuse du fanatisme et il n'avait pas même, ainsi que Montluc, un certain sentiment de devoir politique : moitié fou, moitié grand capitaine, il semblait toujours animé de l'ivresse sauvage des anciens guerriers scandinaves. Rapide comme l'oiseau de proie, il volait en quelques jours de la Saône à la Durance, des Alpes aux montagnes d'Auvergne, portant partout la terreur et la mort. Le comte de Sommerive, chef des catholiques provençaux, et Fabrizio Serbelloni, parent du pape et commandant d'un corps italien réuni dans le Comtat Venaissin, avaient emporté d'assaut et dépeuplé par d'horribles cruautés la ville protestante d'Orange, qui appartenait en toute souveraineté au prince Guillaume de Nassau[1] (5 juin). Des Adretz accourt, immole les garnisons de trois ou quatre forteresses aux mânes des citoyens d'Orange, revient comme la foudre sur Grenoble et passe par Lyon pour aller ravager et reconquérir le Forez[2]; ses bandes dévastatrices poussèrent jusqu'en Auvergne, où elles pillèrent l'abbaye de la Chaise-Dieu[3], et jusqu'au Pui-en-Velai, où elles voulaient ruiner un lieu fameux de pèlerinage; mais elles furent repoussées par l'Auvergne levée en masse. Un renfort de trois à quatre mille Suisses protestants était arrivé à Lyon; des Adretz repart pour la Provence, se joint à Montbrun, chef des protestants de Provence, écrase à Vauréas le comte de Suse, qui commandait les catho-

---

1. Elle lui avait été rendue par le traité du Câteau-Cambresis.
2. A Montbrison, il fit sauter l'un après l'autre, du haut d'une tour, tous les soldats de la garnison. L'un d'eux s'y étant repris à deux fois sans se précipiter : « Tu es bien long à te décider, lui cria des Adretz. — Monseigneur, répliqua cet homme, je vous le donne en dix. » Il fut le seul qui obtint grâce.
3. Les protestants saccagèrent aussi la Grande Chartreuse, près de Grenoble, et la fameuse métropole monastique de Cluni; la magnifique bibliothèque de Cluni fut brûlée.

liques sous le comte de Sommerive (25 juillet). Cette victoire ne fit que retarder la ruine du parti huguenot en Provence, où les forces étaient par trop inégales. Sisteron, quartier général des réformés provençaux, deux fois assiégé par Sommerive, étant à la veille de succomber, toute la population valide, au nombre de quatre mille hommes, femmes et enfants, s'échappa la nuit par les montagnes (5 septembre), et, guidée par Montbrun et Mouvans, parvint à gagner Grenoble à travers les cols les plus inaccessibles des Hautes-Alpes. On envoya ces malheureux à Lyon occuper les maisons des catholiques bannis. Le parti catholique souilla son triomphe en Provence par des massacres juridiques bien plus exécrables que toutes les fureurs de la guerre : il fit périr dans les supplices près de treize cents réformés, dont cinq cents femmes et enfants !...

Après la prise de Sisteron, les catholiques provençaux combinèrent leurs opérations avec leurs coreligionnaires du Languedoc, pour accabler les protestants languedociens et leur enlever Montpellier : des Adretz accourut au secours de Montpellier ; il fut rappelé presque aussitôt par le danger que courait Lyon ; mais l'attaque concertée contre Montpellier n'en échoua pas moins, et les protestants de Languedoc surprirent et défirent près de Saint-Gilles les comtes de Sommerive et de Suse (27 septembre).

Les affaires des huguenots allaient mal sur ces entrefaites autour de Lyon : la Bourgogne était complétement perdue pour eux ; Tavannes les avait chassés d'Autun, de Chalon et de Mâcon, et Vienne venait d'être emportée par le duc de Nemours, chargé du commandement d'un corps d'armée formé en grande partie de troupes auxiliaires : le pape avait contribué pour son argent ; il y avait des mercenaires allemands, trois mille Italiens à la solde de Philippe II, des Savoyards et des Piémontais, fournis par le duc Philibert-Emmanuel, qui fit payer chèrement ses services à la faction catholique. Dès le mois de juillet, ordre avait été dépêché à Bourdillon de la Platière, commandant des forces françaises en Piémont, de rendre au duc de Savoie Turin, Chivasso, Chieri et Villanuova d'Asti : Bourdillon, désolé et indigné, adressa au conseil du roi d'inutiles représentations ; les hommes qui avaient pris l'écharpe d'Espagne n'en étaient plus à se soucier des conquêtes de la France; Turin fut évacué et l'on ne garda plus en Piémont que Pignerol, avec les deux petites places de La Pérouse et de Savigliano, remises par le duc en échange de sa capitale et de trois forteresses importantes [1].

Malgré quelques échecs et malgré la retraite d'une partie des auxiliaires suisses, rappelés par le canton de Berne sur les instances du gouvernement royal, des Adretz parvint à couvrir Lyon et à empêcher Nemours de bloquer complètement cette grande cité : les catholiques furent obligés de lever le siège de Grenoble et les protestants demeurèrent assez forts en Dauphiné et en Languedoc pour tenir des États Provinciaux à Valence et à Nîmes dans le courant de novembre.

Le principal effort de la guerre civile se portait alors vers la Normandie. Les hostilités avaient été très-acharnées tout l'été autour de Rouen : les protestants rouennais avaient cruellement saccagé le gros bourg catholique de Darnetal, rival de Rouen pour la fabrication des draps ; mais ils n'avaient pu se saisir de Pont-de-l'Arche ni de Caudebec, et bientôt ils s'étaient vus menacés dans Rouen même par le duc d'Aumale, envoyé en Normandie avec une mission expresse du roi, à cause de la défiance que le duc de Bouillon La Mark, petit-fils de Diane de Poitiers et gouverneur de la province, inspirait aux triumvirs. D'Aumale fut repoussé des abords de Rouen ; mais il prit Pont-Audemer et Harfleur et resta maître de presque tout le cours de la Seine : les paysans secondaient généralement les armes catholiques. Pendant ce temps, la Bretagne, que la guerre civile n'avait point entamée, jetait sur la Basse-Normandie un gros corps de troupes qui aidait le grand prieur, frère de Guise, et Matignon, lieutenant-général du roi en Basse-Normandie, à enlever aux protestants Avranches, Granville, Cherbourg, Domfront, Séez, Alençon, Baïeux. Caen, effrayé, se déclara neutre, ainsi que le duc de Bouillon, qui s'était retiré dans cette ville.

Les progrès des catholiques en Normandie et la perte de Poitiers et de Bourges avaient déterminé les chefs des réformés à tout faire pour hâter la venue des secours étrangers. D'Andelot

---

1. La France avait possédé Turin vingt-six ans ; la Savoie, vingt-trois.

avait rencontré beaucoup de bon vouloir chez les princes protestants d'Allemagne, qui, après un peu d'hésitation causée par les lettres de la reine mère et des Guises et par les instances des négociateurs envoyés au nom du roi, accordèrent toute facilité à l'ambassadeur huguenot pour lever des soldats et promirent même une cotisation de 100,000 florins d'or. Mais l'effet de cette promesse se faisait fort attendre; il fallait des ressources immédiates; la reine d'Angleterre pouvait seule les fournir. Les agents de Condé avaient demandé à Élisabeth 300,000 couronnes d'or et mille soldats anglais; mais Élisabeth aimait mieux donner plus de soldats et moins d'argent, et n'entendait nullement aider ses « frères de France » pour l'amour désintéressé de l'Évangile : elle saisissait au contraire avec joie l'occasion, prévue et préparée, de mettre à profit les malheurs de la France. Les agents des réformés subirent ses dures conditions et le traité d'Élisabeth et de Condé fut signé à Hamptoncourt, le 20 septembre : le prince promit de remettre le Havre-de-Grâce au lieutenant de la reine, qui devait l'occuper avec une garnison de trois mille Anglais et sans la permission de qui aucun soldat français ne pourrait demeurer dans la place : un autre corps de trois mille Anglais serait envoyé au secours de Rouen et de Dieppe, aux frais de la reine. Élisabeth s'engageait à faire tenir aux représentants de Condé en Allemagne 100,000 couronnes d'or après la remise du Havre. Le Havre servirait de gage à l'Angleterre pour la restitution de Calais[1].

Ainsi chaque parti jetait tour à tour à l'étranger les lambeaux de la France : le traité des huguenots avec Élisabeth était plus funeste encore que celui des catholiques avec le duc de Savoie, et l'on ne manqua pas de faire ressortir cet accablant contraste, que Guise avait rendu Calais à la France et que Condé livrait le Havre aux Anglais. Coligni avait consenti, la rougeur au front et le deuil dans le cœur; il y eut des protestants qui ne purent se résoudre à ce sacrifice : Morvilliers, gouverneur de Rouen et de la Haute-Normandie par commission de Condé, résigna son gouvernement dès qu'il sut qu'on allait introduire les Anglais en France. Le

---

1. Dumont, *Corps diplomatique*, t. V, p. 94. — L'ambassadeur d'Élisabeth en France, Throckmorton, avait rejoint Condé à Orléans, pendant le siège de Bourges.

comte de Montgommeri, l'involontaire meurtrier de Henri II, moins scrupuleux que Morvilliers, vint prendre à sa place le commandement de Rouen. Il y fut bientôt assiégé. Après la prise de Bourges, le roi de Navarre et les triumvirs avaient hésité entre le siége d'Orléans et celui de Rouen; Orléans leur parut trop bien défendu et ils jugèrent plus sûr de « couper les bras de la rébellion » avant d'essayer de la frapper au cœur. L'annonce d'une descente prochaine des Anglais en Normandie acheva de les décider. Le roi et l'armée furent ramenés du fond du Berri : Saint-André se rendit en Champagne avec un corps de troupes afin de repousser les Allemands prêts à entrer en France avec d'Andelot, et le gros des forces royales se dirigea sur Rouen, qui fut investi le 29 septembre par dix-huit mille hommes. La place était défendue par un millier de soldats et par quatre mille bourgeois huguenots. La nouvelle du débarquement de trois mille Anglais au Havre (5 octobre) fit presser vivement les attaques : le 6 octobre, le couvent fortifié de la montagne Sainte-Catherine, qui commande Rouen du côté de Paris, fut emporté par surprise : les 13 et 14 octobre, sans attendre que la brèche fût ouverte, deux assauts terribles furent donnés au corps de la place; le second coûta la vie à plus de huit cents des assiégeants et à quatre ou cinq cents des assiégés, parmi lesquels beaucoup de femmes, qui avaient montré un courage intrépide. Le matin du second assaut, le roi de Navarre, comme il visitait la tranchée avec le duc de Guise, avait été atteint d'une arquebusade à l'épaule gauche : on ne réussit pas à extraire la balle, et l'inflammation, qu'on n'avait pas crue d'abord très-dangereuse, alla s'aggravant.

Le lendemain de la blessure du roi de Navarre, des négociations s'ouvrirent entre les assiégés et le conseil du roi : L'Hospital s'efforçait de sauver Rouen, et Guise lui-même désirait éviter la dévastation de cette grande cité. On proposa une capitulation honorable à Montgommeri et à ses soldats; on offrit aux bourgeois la liberté de conscience sans culte public, pourvu qu'ils reçussent dans la ville le roi et ses capitaines et qu'ils renvoyassent leurs ministres. En même temps, un mandement royal fut adressé à tous les baillis du royaume : le roi y déclarait que la guerre n'avait plus pour but la religion, mais la conservation de la couronne, et offrait amnistie entière à tous les rebelles qui viendraient se joindre aux troupes royales contre les Anglais en Normandie, ou contre les Allemands en Champagne (19 octobre). Après cinq ou six jours de pourparlers, le conseil de ville rejeta la capitulation. Les assiégés comptaient sur de nouveaux renforts des Anglais; mais les vents contraires retinrent le second convoi de trois mille hommes expédié par Élisabeth au Havre. Les vieilles murailles de Rouen, foudroyées du haut des positions dominantes qu'occupaient les assiégeants, furent bientôt ouvertes par le canon et la mine : le 26 octobre, l'armée catholique entra de vive force dans la ville par la brèche de la porte Saint-Hilaire. Guise tâcha en vain d'épargner à la « seconde cité de France » les horreurs du sac et du pillage : le soldat y fit un butin immense et les courtisans se montrèrent plus âpres à la curée que la soldatesque elle-même [1]. Aux fureurs des soldats victorieux succédèrent les vengeances juridiques : en dépit d'un édit d'amnistie arraché par l'influence de L'Hospital, le parlement de Normandie, raccouru de Louviers, condamna à mort et fit pendre ou décapiter Augustin Marlorat, premier pasteur de Rouen et un des principaux acteurs du colloque de Poissi [2], d'Esmandreville, président en la cour des aides, de Crozé, gouverneur du Havre, qui avait livré cette place aux Anglais, et plusieurs capitaines et notables bourgeois; le comte de Montgommeri était parvenu à s'échapper par la rivière. Condé et ses associés, pour venger Marlorat et ses compagnons d'infortune, envoyèrent au gibet un conseiller au parlement de Paris, beau-frère du premier président Le Maistre, et un abbé, qui étaient prisonniers à Orléans.

Le roi de Navarre, qui avait voulu entrer à Rouen par la brèche, précédé de timbales et porté par des Suisses dans son lit de

---

1. Bèze rapporte que, pendant plusieurs semaines, les marchands de Paris, d'Amiens, de Beauvais « ne faisoient qu'emplir charrettes par terre et vaisseaux sur la rivière » des dépouilles qu'ils achetaient à vil prix (t. II, p. 664). L'ambassadeur d'Espagne, au contraire, prétend que la plupart des habitants aisés « composèrent » avec les soldats pour leurs personnes et leurs biens. *Mém.* de Condé, t. II, p. 109.

2. Il montra beaucoup de fermeté, se faisant honneur devant les juges d'avoir rejeté l'habit de moine et d'avoir une femme et cinq petits enfants. Floquet, *Hist. du parlement de Normandie*, t. II, p. 453.

douleur, ne survécut que trois semaines à la catastrophe de cette grande ville : il expira le 17 novembre, à l'âge de quarante-deux ans, des suites de sa blessure envenimée par ses imprudences. Il avait passé tout le temps de sa maladie à « deviser » avec sa maîtresse, mademoiselle de Rouet, des bois d'orangers et des rivières aurifères de son futur royaume de Sardaigne. Quand il se sentit perdu, on prétend qu'il déclara mourir dans le sein de la confession d'Augsbourg. Il laissait pour héritier un enfant de neuf ans, qui devait un jour parvenir au trône de France par la ruine commune des Valois et des Guises et remplir une des plus éclatantes destinées de notre histoire.

Tandis que le roi Antoine terminait en Normandie sa pitoyable carrière, la guerre prenait une face nouvelle. La chute de Rouen avait entraîné la soumission de Dieppe, qui renvoya ses auxiliaires anglais, puis de Caen et de presque toute la Normandie ; mais l'heureux retour de d'Andelot rendit, sur ces entrefaites, l'espoir aux protestants : d'Andelot, malade de la fièvre et ne pouvant se tenir à cheval, conduisit des bords du Rhin à Orléans trois mille reîtres et quatre mille lansquenets, après avoir adroitement évité le maréchal de Saint-André et le duc de Nevers, gouverneur de Champagne, qui l'attendaient pour le combattre au passage. Dans les premiers jours de novembre, Condé et Coligni sortirent enfin d'Orléans et se mirent en campagne, avec huit ou neuf mille fantassins et cinq mille chevaux : partout où passèrent les huguenots, les prêtres furent massacrés et les églises saccagées : ils s'emparèrent de Pithiviers, d'Étampes, de Dourdan, de Montlhéri, et, repoussés de Corbeil par Saint-André, ils vinrent asseoir leur camp sous les murs de Paris, à Montrouge, Arcueil et Gentilli, répondant par cette bravade à un arrêt du parlement qui, le 16 novembre, avait condamné à mort l'amiral et tous ses associés, le prince seul excepté. Les chefs huguenots n'espéraient pas se rendre maîtres de la capitale, défendue par son immense population et par la majeure partie de l'armée royale, que le connétable et le duc de Guise avaient ramenée de Normandie ; mais ils comptaient, en portant les ravages de la guerre au cœur de l'Ile-de-France, forcer les chefs catholiques à accepter la bataille ou décourager les Parisiens. Les chefs catholiques, qui savaient leurs ennemis sans argent et qui attendaient un renfort considérable d'Espagnols et de Gascons, ne se laissèrent point attirer en plaine. Les protestants vinrent insulter Paris le 28 novembre, et une vive escarmouche eut lieu devant les boulevards du faubourg Saint-Victor. L'alarme fut grande dans Paris; le premier président Le Maistre, le dénonciateur d'Anne du Bourg, mourut, dit-on, de la frayeur que lui avait causée le bruit du combat.

La reine mère fit recommencer les pourparlers : Condé essaya de faire valoir les droits que lui donnait la mort du roi Antoine au titre de lieutenant-général du royaume; mais ses adversaires lui opposèrent le droit d'aînesse de son frère le cardinal Charles, personnage beaucoup plus nul encore qu'Antoine [1]. La reine mère souhaitait la paix et redoutait également de voir le triomphe des triumvirs et de se brouiller avec le parti que l'expérience avait démontré le plus fort : elle offrit assez de concessions pour mécontenter le duc de Guise : elle consentait à accorder l'exercice du culte là où il avait existé avant la guerre, sauf à Paris, dans les villes frontières et à la cour; les seigneurs hauts-justiciers pourraient tenir le prêche ouvert dans leurs châteaux. Les biens confisqués seraient rendus, mais la question de la restitution des charges et offices serait ajournée à la majorité du roi. Condé ne l'entendait pas ainsi et voulait être, non point amnistié, mais avoué de tout ce qu'il avait fait : il voulait que les forces militaires fussent licenciées des deux côtés; les chefs catholiques prétendaient que « le roi » restât armé : Condé déclara que cette prétention cachait un piège et rompit les négociations. Ce délai avait servi ses rivaux, en permettant à six ou sept mille Espagnols et Gascons de les joindre. Un plus long séjour devant Paris devenait très-périlleux pour les protestants : déjà des défections

---

[1]. La mort du roi de Navarre avait suggéré au cardinal de Bourbon l'idée de se marier et il en sollicita la permission à Rome durant plusieurs mois. Le nonce appuya fort sa demande : « On est maintenant ici, écrivait-il, dans une forte opinion que les enfants de la reine ne vivront pas, parce que les astrologues prédisent leur mort; c'est pourquoi le cardinal de Bourbon désire se marier..... Je n'ai pu encore parler à ces astrologues, mais je leur demanderai leurs sentiments le plus tôt qu'il me sera possible et en informerai plus amplement Votre Éminence. » La lettre est d'autant plus curieuse, qu'elle est adressée, comme toute la correspondance du nonce, à saint Charles Borromée, neveu du pape Pie IV. *Archives curieuses*, t. VI, p. 130.

importantes avaient eu lieu parmi eux; leurs Allemands demandaient de l'argent à grands cris; des négociants anglais avaient promis de faire toucher une forte somme au Havre « sur bons gages », et le comte de Warwick, qui commandait six ou sept mille Anglais dans cette ville, pouvait en détacher trois ou quatre mille pour seconder les opérations de Condé en Normandie. Le prince décampa le 9 décembre : il avait intérêt à son tour à éviter la bataille, au moins jusqu'à ce qu'il eût opéré sa jonction avec les Anglais. Cependant, au lieu de se diriger rapidement vers la Normandie, il perdit quelques jours à menacer inutilement Chartres et Dreux, et donna ainsi aux triumvirs le temps de l'atteindre. Les deux armées se trouvèrent en présence sur la rive gauche de l'Eure, le 19 décembre, à peu de distance de Dreux [1].

Les armées, divisées chacune en deux corps, marchaient sur deux lignes presque parallèles : le premier corps des catholiques, commandé par Saint-André, qu'accompagnait le duc de Guise [2], avait même dépassé les protestants, lorsque le connétable, qui menait la seconde et la plus forte division, engagea le combat par une violente canonnade. Cette attaque était une faute grave : les catholiques, très-supérieurs en infanterie et très-inférieurs en cavalerie (ils avaient quatorze ou quinze mille fantassins contre sept à huit mille, et deux mille chevaux seulement contre près de cinq mille), devaient attendre, pour assaillir leurs ennemis, que ceux-ci eussent quitté la plaine de Beauce et passé le bourg du Tréon, au delà duquel le pays devient couvert, accidenté, coupé de ravins profonds et désavantageux « aux gens de cheval ».

---

1. Après avoir quitté Paris pour se mettre à la poursuite des huguenots, les triumvirs, quand ils se crurent certains de pouvoir obliger l'ennemi à combattre, hésitèrent à encourir une si grande responsabilité sans un ordre exprès du roi, de la reine mère et du conseil privé, et dépêchèrent Castelnau (l'auteur des *Mémoires*) à Catherine pour obtenir cet ordre : on ne pouvait rien demander à Catherine qui lui fût plus désagréable que de se compromettre par une telle décision; elle répondit « qu'elle s'émerveilloit comment de si bons capitaines demandoient conseil à une femme et à un enfant pleins de regret de voir les choses en telle extrémité... qu'il falloit demander à la nourrice du roi si l'on donneroit la bataille! » On n'en put rien tirer de plus; elle écrivit aux généraux de faire ce qu'ils jugeraient le plus à propos. Castelnau, l. IV, c. 4.
2. Guise, pour tâcher de réfuter ceux qui imputaient exclusivement la guerre civile aux « Lorrains », affectait de n'avoir pas dans l'armée d'autre commandement que celui de sa compagnie d'ordonnance et d'un gros de volontaires.

L'imprudence de Montmorenci fut punie sur-le-champ : son neveu l'amiral fondit sur lui avec un corps de cavalerie française et allemande; la cavalerie du connétable, rangée en une seule haie suivant l'ancienne tactique, fut enfoncée du premier choc par les reitres, auxquels leurs files redoublées donnaient un poids irrésistible; beaucoup de gens d'armes s'enfuirent sans tourner la tête jusqu'à Paris; le duc d'Aumale et le seigneur de Damville, fils puîné du connétable, se détachèrent en vain de l'avant-garde avec un gros escadron pour secourir Montmorenci : d'Aumale fut renversé et foulé aux pieds des chevaux; Montberon, le plus jeune des fils de Montmorenci, fut tué, et le connétable lui-même, blessé d'un coup de pistolet à la mâchoire, fut enveloppé et forcé de rendre son épée à un reitre.

L'infanterie bretonne et française du connétable avait été en même temps dissipée et les canons enlevés par le prince de Condé; mais un gros bataillon de cinq mille Suisses catholiques soutint longtemps à lui seul tout l'effort des divers corps de l'armée protestante et parvint, malgré de très-grandes pertes, à se replier sur l'avant-garde des triumvirs. Cette avant-garde, qui s'était arrêtée aux détonations de l'artillerie, demeura immobile pendant plus d'une heure et laissa la cavalerie huguenote s'éparpiller à la poursuite des fuyards ou s'épuiser contre les Suisses; enfin Guise et Saint-André s'ébranlèrent : peu d'instants suffirent pour changer l'aspect de la bataille; l'infanterie française et allemande des protestants, déjà lassée et « recrue », fut rompue avec un grand carnage par les Gascons et les Espagnols, et la cavalerie elle-même, aisément culbutée, entraîna dans sa fuite le prince et l'amiral. Condé n'alla pas loin : son cheval, atteint d'une arquebusade à la jambe, s'arrêta court, et le prince fut obligé de « donner sa foi » à Damville.

Guise et Saint-André eussent peut-être dispersé complètement l'armée huguenote et délivré le connétable, s'ils avaient poussé, l'épée dans les reins, les reitres et les gens d'armes fugitifs; mais Guise ne souhaitait pas bien ardemment la délivrance de Montmorenci : au lieu de poursuivre la cavalerie, il se jeta sur les lansquenets huguenots et fit mettre bas les armes à quinze cents de ces mercenaires. Ce court répit suffit à l'amiral pour rallier treize ou quatorze cents chevaux et pour les ramener à la charge. Ce fut le plus terrible choc de la journée. Le maréchal de Saint-André fut battu, fait prisonnier et tué, entre les mains de ceux qui l'avaient pris, par un homme qui avait à venger sur lui une ancienne injure. Le jeune duc de Nevers, gouverneur de Champagne et fils du duc qui s'était signalé dans la campagne de 1557, fut blessé mortellement. La cavalerie catholique eût été détruite sans le feu meurtrier de l'infanterie, qui contint et écarta les huguenots. Enfin, à l'entrée de la nuit, Coligni évacua le champ de bataille, jonché de plus de sept mille morts ou mourants : il se retira en bon ordre, emmenant une partie de son artillerie, et alla loger au village de la Neuville, où s'étaient retirés les débris de l'infanterie, avec le bagage des protestants : la cavalerie huguenote s'y retrouva presque au complet le lendemain.

Par une singularité qui ne s'était probablement jamais rencontrée, les deux généraux en chef étaient prisonniers de part et d'autre : le champ de bataille restait aux catholiques ; mais ils avaient acheté chèrement cet avantage : leur cavalerie et leurs braves auxiliaires suisses étaient hachés. La cavalerie des protestants avait bien moins souffert ; ils n'avaient pas perdu d'aussi grands personnages, mais leur infanterie était presque détruite [1].

Le lendemain de la bataille, les catholiques prirent, à Nogent-le-Rotrou, l'ambassadeur d'Angleterre, Throckmorton, qui avait suivi l'armée protestante. Le connétable fut envoyé sous escorte à Orléans, où il eut pour hôtesse sa petite-nièce la princesse de Condé : les protestants craignirent d'abord que le prince n'obtînt pas un si bon traitement ; ils tremblèrent pour ses jours, en le sachant au pouvoir d'un ennemi mortel qui avait failli naguère l'envoyer à l'échafaud ; mais ils apprirent bientôt que le duc de Guise avait usé envers l'illustre vaincu de « toute gracieuseté » et lui avait même offert son lit le soir de la bataille : la plupart des historiens assurent que ces deux « capitaux adversaires, l'un triomphant et l'autre captif, prirent leur repos ensemble, dans

---

[1]. *V.* les relations de la campagne et de la bataille dans Bèze, l. VI. — De Thou, l. XXXIV. — Castelnau, l. IV, c. 3-5. — La Noue, c. 9-10. — *Mém.* de Condé, t. IV, p. 114-189 et 685-696. — *Correspond.* de Chantonnei. — *Journal* de Brûlart. — *Mém.* de Mergei.

le même lit, comme s'ils eussent été les meilleurs amis du monde ». Guise, si cruel à Amboise, se retrouvait capable de générosité dans la grande guerre. Le héros reparaissait sous le factieux. Pourquoi d'ailleurs eût-il souillé par un crime la gloire nouvelle qu'il venait d'acquérir? Condé prisonnier ne pouvait plus lui porter obstacle : sa demi-victoire, plus heureuse pour lui qu'un triomphe complet, le débarrassait d'un collègue impérieux et obstiné : le roi de Navarre mort, le connétable prisonnier, faisaient de Guise le chef unique et absolu du grand parti catholique; s'il parvenait à consommer la ruine des huguenots, il en aurait seul tout l'honneur et tout le profit. Il espérait bien réduire la reine mère à un rôle tout passif et Catherine semblait résignée à ce rôle. Pendant vingt-quatre heures, à Paris et à Vincennes, où était la cour, on avait cru la bataille perdue : lorsque les fuyards du corps de Montmorenci apportèrent la nouvelle de la défaite et de la prise du connétable, Catherine témoigna fort peu d'émotion et dit tranquillement : « Eh bien! nous prierons Dieu en françois! » La nouvelle étant démentie, avec le même sang-froid, elle ordonna d'allumer les feux de joie sur toutes les places, de chanter le *Te Deum* dans toutes les églises, mena le roi en procession à Notre-Dame et dépêcha au duc de Guise des lettres patentes de commandant général des armées du roi « durant l'absence du connétable ». Guise eut en outre le gouvernement de Champagne, vacant par la mort du duc de Nevers, et trente colliers de chevalier de l'ordre à distribuer à ses créatures.

Coligni, élu général par les protestants le lendemain de la bataille, avait ramené ses troupes au midi de la Loire, jeté les débris de son infanterie dans Orléans et cantonné sa cavalerie dans les petites villes des bords du Cher, qu'il prit de vive force et que saccagèrent les reîtres. Guise reparut bientôt à son tour sur la Loire et vint, dans les premiers jours de janvier 1563, asseoir son camp entre Beaugenci et Meung. Le mauvais temps et le manque de cavalerie, de munitions et de grosse artillerie l'empêchèrent de rien entreprendre pendant le reste du mois. La reine mère, qui était accourue à Blois, pour se rapprocher du théâtre de la guerre, profita de ce délai afin de recommencer à négocier, au grand mécontentement de l'ambassadeur d'Espagne : le 8 janvier, L'Hospital avait obtenu du conseil une amnistie en faveur de tous ceux qui poseraient les armes ; cet édit excita un violent orage à Paris, où les quarteniers et dizainiers de la milice bourgeoise venaient de se faire autoriser par le parlement à exercer une inquisition rigoureuse sur tous leurs concitoyens [1] : le parlement de Paris refusa l'enregistrement et Catherine retira l'édit. Catherine poursuivit toutefois les négociations : on parla d'échanger et d'aboucher les deux généraux prisonniers; mais ceci ne convenait point au duc de Guise : on ne conclut rien et Coligni s'aperçut qu'on travaillait à débaucher ses reîtres, mécontents et mal payés. L'amiral se décida à reprendre le projet interrompu par la bataille de Dreux et à conduire sa cavalerie au-devant de l'argent d'Angleterre : le 1er février, laissant à Orléans son frère d'Andelot avec l'infanterie et quelque noblesse française, il repassa la Loire à Jargeau avec trois à quatre mille chevaux et se dirigea par la Beauce vers la Normandie centrale.

Le duc de Guise n'essaya pas d'arrêter ni de poursuivre l'amiral : il vit au contraire avec joie l'éloignement de Coligni et conçut un large plan pour terminer la guerre ; c'était l'attaque immédiate d'Orléans et la convocation générale des compagnies d'ordonnance, du ban et de l'arrière-ban, pour le 10 mars ; cette levée en masse serait soldée aux dépens de l'Église, pour la défense de laquelle on combattait, et une première ordonnance pour l'aliénation de 100,000 livres de rentes de l'Église fut envoyée sans délai au parlement. Orléans pris, on irait, avec trente ou quarante mille hommes, accabler l'amiral partout où il se trouverait et chasser les Anglais de Normandie. L'exécution de ce plan fut entamée avec vigueur : le 5 février, Guise s'avança vers Orléans par la rive méridionale de la Loire et s'établit à Olivet, à une demi-lieue de la ville. Dès le lendemain il donna l'assaut au faubourg du Portereau, où était logée toute l'infanterie protestante :

---

1. Les protestants, retournant contre les catholiques le reproche que ceux-ci leur avaient adressé, accusaient les chefs du parti de laisser la commune de Paris se «gouverner comme un canton suisse». Le prévôt des marchands, le corps de ville et les chefs de quartier s'habituaient, en effet, à une initiative démocratique assez menaçante. V. Mém. de Condé, t. IV, p. 222.

pendant que l'infanterie française et gasconne défendait bravement son poste, les lansquenets abandonnèrent lâchement leur quartier et se précipitèrent en désordre vers le fort des Tournelles et le pont de la Loire, pour se réfugier dans la ville. Les catholiques entrèrent après eux dans le faubourg et plus de huit cents soldats huguenots furent tués, pris ou noyés. Le 9 au soir, le vieux et célèbre fort des Tournelles fut surpris par la négligence de ses gardiens, et les catholiques s'y établirent pour battre à leur avantage les retranchements du pont et des îles. D'Andelot, malgré la fièvre quarte qui le minait, dirigeait la défense avec une constance, une énergie, une activité admirables ; mais le succès de cette défense devenait de jour en jour plus douteux : la bourgeoisie huguenote et les réfugiés de toutes les villes voisines qui l'avaient renforcée étaient décimés par une cruelle épidémie qui avait enlevé dix mille personnes dans Orléans ; l'infanterie française, dont le chef Duras avait été récemment blessé à mort, était très-peu nombreuse et les lansquenets n'inspiraient plus aucune confiance. Partout l'horizon était sombre autour des assiégés : un secours prochain, immédiat, leur était indispensable, et rien n'annonçait ce secours : du côté du Midi, Lyon, Grenoble, Montauban étaient serrés de près par les catholiques et suffisaient à peine à leur propre salut ; des Adretz, naguère la terreur des catholiques, avait trahi la cause protestante, comme il l'avait embrassée, par un caprice d'amour-propre ; Montbrun et Mouvans avaient été obligés de s'assurer de sa personne pour l'empêcher de livrer ses places au duc de Nemours (10 janvier). Du côté de la Normandie, point de nouvelles du retour de l'amiral ; les vents contraires retenaient les vaisseaux et l'argent d'Élisabeth, et les reîtres ne voulaient pas quitter, sans avoir touché leur solde, les bords de la mer et la plantureuse Normandie. Guise, cependant, allait enfin recevoir de Paris et de Nantes la grosse artillerie qu'il attendait, et il avait arrêté, pour la nuit du 18 au 19 février, l'attaque des îles de la Loire, sur lesquelles s'appuie le grand pont d'Orléans. Guise ne doutait pas que le succès de cette attaque n'entraînât la chute de la place. La terreur régnait dans Orléans : le bruit y courait que Guise voulait tout tuer, jusqu'aux animaux, et semer du sel sur les ruines de la ville.

Une catastrophe inattendue prévint l'assaut. Depuis le massacre de Vassi, les plus implacables haines des huguenots, auparavant dirigées contre le cardinal de Lorraine, s'étaient concentrées sur la tête du duc de Guise; les zélés du parti ne rêvaient que la mort du « tyran », non-seulement cette mort que le guerrier donne au guerrier sur un loyal champ de bataille, selon les principes de l'honneur chevaleresque, mais la mort à tout prix, par tous les moyens. La tradition grecque et romaine, d'un côté, la tradition juive, de l'autre, glorifiaient également le tyrannicide, et l'esprit violent de la tradition juive l'emportait de plus en plus chez les calvinistes sur l'esprit de l'Évangile. Plus d'un huguenot, exalté par la lecture de l'Ancien Testament et confirmé par l'*Institution chrestienne* de Calvin, se crut appelé au rôle d'Aod ou de Jahel. Il y eut de nombreux projets sans exécution : une première tentative contre la vie de Guise avait déjà eu lieu, dit-on, pendant le siège de Rouen [1] : un jeune gentilhomme de l'Angoumois, Poltrot de Méré, parent de La Renaudie, qui avait été employé comme espion par les généraux français dans la dernière guerre contre l'Espagne et qui s'était mis au service de Soubise, commandant protestant de Lyon, ne cessait de se vanter que le « tyran » ne mourrait que de sa main. C'était une tête ardente et malsaine, et il ne paraît pas qu'on ait prêté grande attention à ses propos.

1. Papyr. Masson. *Vita Francisci Guisiæ*; Montaigne, *Essais*, l. I, c. 23. — Montaigne dit tenir d'Amiot que, durant ce siège, un « prince des nôtres » (Guise) fut averti par la reine mère d'une entreprise qu'un gentilhomme tramait contre sa vie. Le lendemain, le duc, en se promenant sur la montagne Sainte-Catherine, aperçut ce gentilhomme et le fit appeler. L'autre perdit la tête, confessa tout et demanda grâce, en disant qu'il n'avait point été poussé par une haine particulière, mais par l'intérêt du parti réformé et qu'on lui avait persuadé « que ce seroit une exécution pleine de piété d'extirper, en quelque manière que ce fût, un si puissant ennemi de sa religion. » — « Je vous veux montrer, répliqua le prince, combien la religion que je tiens est plus douce que celle dont vous faites profession. La vôtre vous a conseillé de me tuer sans m'ouïr, n'ayant reçu de moi aucune offense, et la mienne me commande que je vous pardonne, tout convaincu que vous êtes de m'avoir voulu tuer sans raison. » Et il le laissa partir sain et sauf. Le trait est beau assurément; c'était cependant ce même homme qui avait entrepris, au nom de cette même religion, l'extermination de tant de milliers de ses concitoyens, dont il n'avait « reçu aucune offense ». Il n'est pas facile d'accommoder cette action ni ce langage avec les boucheries d'Amboise et les momeries sacriléges de Saverne; pourtant qui sait tout ce qu'il peut y avoir de contradictions au fond de ces âmes violentes et troublées! Il est certain que Guise, si cruel avant la guerre, le fut moins dans la guerre même. Le roi de Navarre s'y était montré pire que lui!

Vers la fin de janvier, Poltrot s'en vint au camp des catholiques, à Messas, près de Beaugenci, et se fit présenter au duc de Guise comme un homme qui abandonnait le parti des rebelles. Un certain nombre de protestants avaient déjà délaissé de la sorte et même combattu leurs coreligionnaires; Poltrot fut accueilli sans défiance. Le 18 février, tandis qu'on préparait l'assaut des îles de la Loire, Poltrot se mit en prière, suppliant Dieu « de changer son vouloir si ce qu'il vouloit faire lui étoit désagréable, ou, sinon, de lui donner force et constance. » Vers le coucher du soleil, comme le duc, accompagné seulement de deux gentilshommes, se rendait des avant-postes au château de Cornei, où venait d'arriver sa femme, Poltrot le suivit, lâcha sur lui, à six ou sept pas, un pistolet chargé de trois balles, puis, piquant des deux, s'enfuit à toute bride à travers les bois.

Le duc avait reçu toute la charge dans l'aisselle : il tomba sur le cou de son cheval; aux cris de ses deux compagnons, on accourut, on l'emporta au château de Cornei. Sa blessure suspendit tout et, durant six jours, sa vie ou sa mort fut l'unique pensée de la cour et de l'armée. Les secours de la médecine et de la chirurgie furent impuissants, et le duc refusa de recourir à l'assistance des prétendues sciences occultes et de laisser « charmer » sa plaie « par des enchantements défendus de Dieu » : le grand duc de Guise expira le mercredi des Cendres, 24 février, au milieu de sa famille et de ses soldats désolés : il fit une fin pieuse et chrétienne, se disculpa, dit-on, d'avoir prémédité le massacre de Vassi, recommanda sa femme et ses enfants à la reine mère, conseilla la paix à Catherine et donna à son fils aîné, Henri, ces conseils de modération et de mépris du monde que les mourants donnent si volontiers et que les vivants suivent si rarement. François de Guise avait vécu quarante-quatre ans[1].

Cette soudaine et tragique péripétie changeait les destinées de la France : Guise tombait au moment où la victoire semblait prête à remettre entre ses mains la puissance des anciens maires du

---

1. Brantôme, *Vie du duc de Guise;* — Castelnau, l. IV, ch. 10. — *Mémoires* de Condé, t. IV, p. 240-270. — De Thou, l. XXXIV. — La relation de l'évêque de Riez, qui assista le duc à la mort, est évidemment arrangée, surtout en ce qui regarde Vassi.

palais. La mort de Guise relevait le parti protestant et livrait à Catherine de Médicis le pouvoir qu'elle avait si longtemps attendu, jamais possédé : le roi de Navarre mort, le triumvirat détruit, le cardinal de Lorraine absent, il n'y avait plus de chef catholique pour faire la loi à Catherine : elle allait régner enfin ! Catherine dissimula, comme de coutume : elle affecta autant de douleur que de colère du meurtre de Guise ; avant même que le duc eût rendu le dernier soupir, elle assura à l'héritier de Guise, au vif déplaisir des Montmorencis, la survivance de la grande-maîtrise et du gouvernement de Champagne ; elle témoigna un ardent désir de venger la mort du héros catholique. L'assassin, « troublé par la grandeur du fait qu'il venoit de commettre », avait erré toute une nuit parmi les bois de la Sologne, puis s'était retrouvé le matin presque au point de départ ; son cheval était harassé ; il se cacha dans une ferme isolée et y fut arrêté le lendemain. On le mena devant la reine, accourue au camp (21 février), et il fut interrogé en présence du conseil privé. Il dit ou on lui fit dire[1] que l'amiral, dès l'été précédent, l'avait engagé à tuer le duc de Guise ; qu'il avait refusé alors ; mais qu'au mois de janvier dernier, Coligni était revenu à la charge et l'avait décidé, par les exhortations de deux ministres, l'un desquels était Théodore de Bèze. Il chargea aussi La Rochefoucauld et deux ou trois capitaines protestants, et assura que Coligni avait aposté plusieurs autres gentilshommes pour faire partager le sort de Guise aux principaux seigneurs du parti catholique. La reine mère était, suivant lui, menacée.

L'interrogatoire de Poltrot reçut aussitôt une grande publicité et on l'expédia aux reîtres de Coligni pour tâcher de les aliéner du général huguenot. Coligni, ainsi que La Rochefoucauld et Bèze, qui avaient accompagné l'amiral en Normandie, se hâtèrent de répondre par un mémoire adressé à la reine : ils y prouvaient l'invraisemblance du récit de Poltrot, œuvre d'un homme qui cherchait à retarder son supplice en compliquant son procès par de hautes complicités : Coligni affirmait avoir vu Poltrot pour la première fois en janvier dernier : il avouait l'avoir pris à sa solde

---

1. La liste des conseillers présents n'inspire pas grande confiance. L'Hospital n'y était pas. *V. Mém.* de Condé, t. IV, p. 286.

et envoyé comme espion au camp de Guise, mais niait absolument lui avoir donné aucune autre mission. Il confessait cependant qu'au moment où il partait pour la Normandie, Poltrot lui avait dit « qu'il seroit facile de tuer le duc de Guise »; mais il assurait avoir réputé ce propos « chose frivole » et « n'avoir jamais ouvert la bouche pour inciter Poltrot à l'entreprendre ». « Au reste, ajoutait-il, j'ai maintes fois averti le cardinal de Lorraine et madame de Guise de complots contre la vie du duc; mais, depuis que j'ai été dûment informé que ledit de Guise et le maréchal de Saint-André avoient attitré certaines personnes pour tuer M. le prince de Condé, moi et mon frère d'Andelot, depuis ce temps, lorsque j'ai ouï dire à quelqu'un que, s'il pouvoit, il tueroit le duc de Guise jusques en son camp, je ne l'en ai plus détourné; mais, sur ma vie et sur mon honneur, je n'ai jamais induit personne à le faire. Ce que j'en dis n'est pas pour regret que j'aie à la mort de M. de Guise, car j'estime que ce soit le plus grand bien qui pouvoit advenir à ce royaume et à l'Église de Dieu, et particulièrement à moi et à toute ma maison. »

Les paroles de Coligni portent le cachet de la vérité : lui aussi croyait à la légitimité du tyrannicide inspiré par le ciel; il acceptait le fait consommé, mais ne l'avait pas suggéré.

Quant à Théodore de Bèze, il déclara n'avoir jamais vu ni excité Poltrot, mais reconnaître, dans son « fait », un juste jugement de Dieu, « menaçant de semblable ou plus grande punition tous les ennemis jurés du saint Évangile ».

La moralité des sectes religieuses du XVIe siècle, issue de la tradition juive [1], avait donc reculé sur la question de l'homicide relativement à la moralité chevaleresque, issue de cet esprit gaulois, qui, selon le témoignage des anciens, condamnait les embûches, la fraude dans le meurtre, et n'admettait que l'attaque à force ouverte, poitrine contre poitrine. C'est surtout de l'honneur chevaleresque que provient notre réprobation de l'assassinat politique lors même que la personne frappée eût mérité la mort par voie de justice et que la voie de justice est fermée [2].

---

1. Les catholiques adoptèrent aussi le principe du tyrannicide et en firent un usage effréné.

2. Quand cette réprobation s'affaiblit dans les sectes politiques, c'est que les sou-

Coligni terminait sa justification, « bien froide », dit Pasquier, en priant la reine de garder Poltrot en lieu sûr jusqu'à la paix, afin que la confrontation du meurtrier avec ceux qu'il accusait fît connaître la vérité (12 mars). Cette requête ne fut point exaucée : Poltrot, qui avait été envoyé à Paris, fut condamné par le parlement, tenaillé avec des tenailles ardentes et écartelé le 18 mars, après avoir varié, dans ses derniers interrogatoires, au point d'ôter toute valeur à ses allégations. Il déchargea Théodore de Bèze, chargea Soubise et d'Andelot, déclara que Coligni ne lui avait pas suggéré son dessein, mais en avait eu connaissance et l'avait approuvé. La précipitation de son supplice fit juger que la reine mère voulait tenir suspendue sur la tête de Coligni une accusation qu'on ne pourrait plus ni prouver ni réfuter : tout ce qui tendait à affaiblir et à déconsidérer les chefs des partis, à miner et à ruiner les individualités puissantes, servait la politique de Catherine [1].

Pendant qu'on jugeait Poltrot à Paris, Catherine pressait à Orléans des négociations qu'elle pouvait désormais conduire en liberté [2]. Les pourparlers entamés entre la reine et la princesse de Condé continuèrent entre le prince et le connétable, qu'on aboucha dans une île de la Loire. Catherine eût craint de se préparer des embarras en traitant sans le concours du vieux Montmorenci. Les deux prisonniers de Dreux étaient également ennuyés de leur captivité : le connétable cependant se montra d'abord assez « roide », selon sa coutume; mais la situation respective des deux partis était encore une fois changée : Coligni avait reçu l'argent d'Angleterre, levé des gens de pied et rapidement rétabli les affaires des huguenots en Normandie; Caen, Dieppe et presque toute la Normandie centrale et la Basse Normandie avaient relevé, de gré ou de force, la bannière de la Réforme : Élisabeth s'était

---

venirs de l'antiquité classique obscurcissent nos traditions propres, c'est-à-dire la morale chevaleresque combinée avec la morale chrétienne.

1. *Mémoires* de Condé, IV. — Théod. de Bèze.

2. Elle eut d'abord, au moment de la mort de Guise, une singulière idée : ce fut d'appeler en France un prince luthérien allemand, le duc de Wurtemberg, et de lui confier le commandement militaire et la médiation entre les partis; ce duc s'excusa d'accepter une telle charge et conseilla de rétablir purement et simplement l'édit de janvier. Théod. de Bèze, II, p. 272.

décidée à de grands sacrifices et faisait dans le nord de l'Allemagne de nombreuses recrues afin de secourir les huguenots; Soubise venait de repousser avec un grand carnage une tentative du duc de Nemours pour surprendre Lyon : on commençait à craindre, d'un autre côté, que l'empereur et l'Empire ne profitassent des malheurs de la France pour tâcher de recouvrer Metz, Toul et Verdun. Le désordre, d'ailleurs, régnait dans l'armée; les ressources manquaient; le clergé jetait les hauts cris à l'idée de payer les frais de la guerre qu'il avait provoquée. Catherine fit entendre au connétable, ainsi qu'au nonce du pape, qu'il fallait faire la paix à tout prix, sauf à la transgresser quand on en trouverait le moyen : « on pourra mieux en effet châtier ces gens-là, écrivait le nonce à la cour de Rome, quand ils seront dispersés et désarmés, outre qu'il est expédient de les décréditer auprès des étrangers [1]. » L'ambassadeur d'Espagne protesta en vain et accusa le nonce de s'être laissé séduire. Le connétable se rendit aux instances de Catherine.

Il fallait maintenant obtenir des concessions de Condé; car la reine ne voulait ni ne pouvait rétablir l'édit de janvier en son entier : Catherine insinua au prince que, « faisant la paix sans trop s'opiniâtrer sur les conditions, il seroit élevé au degré du feu roi de Navarre, son frère, et feroit dès lors tout ce qu'il voudroit pour ceux de la religion » : les voluptés de la cour, les charmes des filles d'honneur, agirent sur le prince au moins autant que les arguments de Catherine. Le prince était déjà tout gagné lorsqu'il entra dans Orléans, du consentement de la reine, pour y conférer avec le conseil de l'association protestante. Il trouva le conseil divisé en deux partis bien tranchés : d'un côté, tous les ministres, au nombre de soixante-douze; de l'autre, la plupart des gentilshommes : les gens de guerre ne demandaient que la paix; les ministres du saint Évangile réclamaient la continuation de la guerre, à moins que l'édit de janvier ne fût intégralement rétabli; que la liberté ne fût assurée aux consistoires et aux synodes; que les auteurs des massacres de Vassi, de Sens, etc., ne fussent châtiés. Ils invitaient le prince à requérir

---

1. Lettres du nonce Prosper de Sainte-Croix; *Archives curieuses*, VI, p. 136.

le roi de punir rigoureusement « tous les athéistes, libertins, anabaptistes, servétistes » et autres hérétiques et schismatiques qui s'écarteraient de la confession de foi présentée à Sa Majesté en juin 1561 [1] : à peine échappés aux bûchers, ils réclamaient déjà le droit d'y traîner d'autres victimes !

Condé passa outre et conclut avec la reine. Le traité, arrêté dès le 12 mars, fut rédigé le 19 à Amboise, sous forme d'édit, sans attendre l'arrivée de l'amiral. Le préambule de l'édit, qui décèle la main de L'Hospital, représentait éloquemment les malheurs causés par la diversité des opinions religieuses et « scrupule des consciences », les périls de l'État en proie aux étrangers, l'impossibilité de guérir par la force matérielle une maladie « cachée dedans les entrailles et esprits du peuple. »

L'édit, en attendant le remède du temps et d'un saint concile et la majorité du roi, permettait donc à tous barons, châtelains, hauts justiciers, seigneurs tenant pleins fiefs de haubert, de pratiquer librement dans leurs maisons, avec leurs familles et sujets, la religion « qu'ils disent réformée »; les autres gentilshommes ayant fiefs (sans vassaux) et demeurant sur les terres du roi avaient le même droit pour eux et leurs familles seulement. La bourgeoisie n'était pas si favorablement traitée : la liberté de conscience était reconnue généralement et le culte réformé était maintenu dans les villes où « ladite religion » était exercée jusqu'au 7 mars courant; mais, dans le reste de la France, le culte ne pourrait être célébré, hors des manoirs nobles, que dans les faubourgs d'une seule ville par bailliage ou sénéchaussée; Paris et le ressort de sa prévôté et vicomté demeuraient exempts de tout exercice de « ladite religion ». Tous les arrêts rendus pour le fait de la religion depuis la mort de Henri II étaient annulés : chacun rentrait dans ses biens, honneurs et offices. Condé et tous

---

1. « Vers ce temps, dit Castelnau, il y eut à Lyon une nouvelle secte de *déistes* : » ces déistes étaient les nouveaux ariens ou anti-trinitaires, qui reçurent plus tard le nom de sociniens et qui commençaient à nier, en même temps que la divinité de Jésus-Christ, la coéternité et la consubstantialité du Verbe et de l'Esprit avec le Père. Les nouveaux ariens firent de très-grands progrès en Pologne et en Hongrie ; en Transilvanie, leur secte devint la religion de l'État, sous le prince Jean Zapoly, protégé des Turcs, qui favorisaient l'arianisme pour ses affinités avec l'islam ; mais l'arianisme n'acquit pas d'importance en France.

ceux qui l'avaient suivi et secouru étaient déclarés bons et loyaux sujets du roi, qui les réputait avoir agi à bonne fin et intention et pour son service. La mémoire de toutes les offenses commises de part et d'autre durant les troubles devait demeurer « éteinte et comme morte ». Toutes associations « dedans et dehors le royaume », levées de deniers, enrôlements d'hommes étaient prohibés sous de rigoureuses peines, et les étrangers devaient être renvoyés le plus tôt possible hors du royaume [1].

Quels que fussent les vœux et les espérances de L'Hospital en rédigeant l'édit d'Amboise, cette paix ne faisait que terminer le premier acte d'un drame immense, dont tous les héros devaient tomber l'un après l'autre sous le glaive des batailles ou sous le poignard des assassins. Trois des principaux acteurs avaient déjà disparu de la scène [2], mais le plus illustre d'entre eux laissait après lui une robe sanglante que la main des factions allait étaler aux yeux du peuple neuf années durant, jusqu'à l'effroyable nuit de la vengeance !

1. *Mémoires* de Condé, t. IV, p. 311. A la paix d'Amboise se termine l'*Histoire ecclésiastique* de Théod. de Bèze.
2. Un autre personnage important dans le parti catholique, le cardinal de Tournon, était mort en 1562, âgé de près de quatre-vingts ans.

LIVRE LIII

GUERRES DE RELIGION, SUITE.

CHARLES IX, suite. — Les partis après la paix. — Le Havre repris aux Anglais. — Majorité de Charles IX. — Fin du CONCILE DE TRENTE. Ses décrets disciplinaires repoussés en France. — Catherine de Médicis change de politique. — Mort de Calvin. — Voyage de la cour autour du royaume. Griefs des huguenots. Querelles des Guises, des Montmorencis et des Châtillons. Entrevue de Bayonne. — Assemblée et ordonnance de Moulins. — LES JÉSUITES EN FRANCE. — SAINT PIE V. Idéal du système de persécution. — Révolte des protestants aux Pays-Bas. Réaction et vengeances de Philippe II. Le DUC D'ALBE. — Projets contre les chefs protestants en France. Condé et Coligni préviennent Catherine. Ils tentent d'enlever le roi. Levée en masse des protestants. SECONDE GUERRE CIVILE. Surprise d'un grand nombre de places. Combat de Saint-Denis. Mort du connétable. Les deux partis rappellent les étrangers. Catherine plie. Paix de Lonjumeau. — Mort de Don Carlos et d'Élisabeth de France. Guerre du duc d'Albe et de Guillaume de Nassau. — La paix de Lonjumeau violée par les catholiques. Trahison de Catherine. Condé et Coligni lui échappent. LA ROCHELLE et JEANNE D'ALBRET. Commencements de HENRI DE NAVARRE (Henri IV). — Les sceaux enlevés à L'Hospital. Édit proscrivant le culte réformé. — TROISIÈME GUERRE CIVILE. — Les protestants reprennent l'offensive. Fureurs de la guerre. Le DUC D'ANJOU (Henri III) et Tavannes. Combat de Jarnac. Meurtre de Condé. Coligni commande au nom de Henri de Navarre. — Masses de troupes étrangères en France. Pie V défend de faire quartier aux hérétiques. — Guerre des Pyrénées. — Les protestants assiégent Poitiers. HENRI DE GUISE. — La tête de Coligni mise à prix. — Bataille de Moncontour. — Constance de Coligni. Il relève les huguenots. Il ressaisit le Midi et marche sur la Loire. Catherine cède. Traité de Saint-Germain.

1563-1570

La paix de religion fut inaugurée sous de sombres auspices. L'amiral rentra dans Orléans avec sa cavalerie le 23 mars, quatre jours après la signature de l'édit : l'honneur de voir le parti huguenot avoué de ses entreprises par le roi n'éblouit pas Coligni sur les conditions de la paix; il se montra fort mécontent de l'égoïsme des gentilshommes : « Restreindre la religion à une ville par bailliage, s'écria-t-il, c'est ruiner plus d'églises par un trait de plume que les forces ennemies n'en eussent pu abattre en dix ans : la noblesse eût dû se rappeler que les villes lui avaient montré l'exemple, et les pauvres aux riches. » Il était impossible en effet aux pauvres gens des villes et des campagnes de se transporter hebdomadairement à dix ou quinze lieues de chez eux pour assister au prêche. Calvin ressentit une si vive indignation que, dans une de ses lettres, il traite Condé de « misérable [1] ».

Si les réformés rigides exprimaient un tel mécontentement, l'irritation était plus vive encore chez les zélés catholiques contre cette paix teinte du sang de leur grand Guise, à qui tout un peuple en deuil venait de faire dans Paris des obsèques royales (19 mars). La reine mère, à force de prières, de promesses, de remontrances, obtint du parlement de Paris un enregistrement passif et silencieux : l'édit fut reçu par le parlement « en robes noires »; on n'en lut que le commencement et la fin, « de peur de scandaliser l'assistance des avocats, procureurs et peuple » (27 mars); le parlement ne notifia point l'édit, suivant la coutume, aux bailliages et sénéchaussées de son ressort. Plusieurs des parlements provinciaux résistèrent ouvertement : on fut obligé d'interdire le parlement de Provence et de le remplacer momentanément par une commission de maîtres de requêtes de l'hôtel. Le parlement de Toulouse venait d'approuver, « par provision, » au moment où la paix fut conclue, un acte d'association dressé, « sauf le bon plaisir du roi », par le cardinal d'Armagnac, archevêque d'Auch, le cardinal Strozzi, évêque d'Albi, Blaise de Montluc et trois autres capitaines, au nom des Trois États de Guyenne et de Languedoc; quiconque ne se joindrait pas aux associés contre les hérétiques devait être déclaré « rebelle et désobéissant au roi [2]. » La paix rompit ou du moins suspendit cette ligue provinciale, dont Montluc devait être le général en chef; mais l'exemple n'en fut pas perdu. Le parlement de Toulouse n'enregistra l'édit d'Amboise qu'après plusieurs lettres de jussion, le mutila en le publiant et en défendit l'impression dans son ressort. Le parlement de Dijon, d'accord avec les États de Bourgogne, province où le lieutenant-général Tavannes était parvenu à asseoir

---

1. *Lettres de Calvin*, t. II, p. 495.
2. Bèze, t. III, p. 52.

solidement la prépondérance catholique, adressa au conseil du roi une longue et docte remontrance sur l'impossibilité de la coexistence des deux cultes [1].

On dut céder, à Dijon comme à Toulouse, et même recevoir sur les bancs des parlements les conseillers qui avaient été expulsés « pour la religion »; mais, de l'enregistrement de l'édit à son exécution, il y avait loin encore. Le conseil privé, par lettres du 7 avril, avait ordonné le désarmement général de la bourgeoisie : on n'obéit pas plus à cet ordre qu'à l'article de l'édit d'Amboise qui prescrivait de laisser rentrer paisiblement chez eux les réformés chassés ou exilés volontairement. Paris refusa de désarmer tant que le prêche ne serait pas formellement interdit à la cour et « dans les maisons du roi », ainsi que Catherine l'avait promis au parlement : Rouen, Tours, le Mans, Chartres imitèrent Paris. Le peuple se jeta sur les huguenots qui revenaient dans leurs foyers. Les réformés, voyant l'édit violé aussitôt que promulgué, ne se hâtèrent pas de mettre bas les armes : les chefs restèrent entourés d'une nombreuse gentilhommerie ; le conseil de la commune de Lyon garda ses auxiliaires suisses et demeura sur la défensive durant près de trois mois; les catholiques de Bourgogne en profitèrent pour ajourner leur obéissance, et Tavannes, jaloux des lauriers de Montluc, commença d'organiser sous le titre de « Confrérie du Saint-Esprit », une société secrète destinée à préparer les moyens de renouveler la guerre civile, « advenant qu'il fût donné occasion de réprimer et châtier ceux de la religion dite réformée [2]. »

Le parti ultra-catholique entrait dans une phase nouvelle : ne disposant plus du gouvernement, il tendait à s'organiser en dehors du gouvernement. La reine mère envoya dans les provinces des commissaires chargés d'obliger les deux factions à observer l'édit : les principaux étaient Vieilleville, vieux capitaine étranger aux partis, et Biron, destiné à une grande illustration militaire.

---

1. *Mémoires* de Condé, t. IV, p. 356. — Cette pièce, œuvre d'un conseiller nommé Bégat, eut une grande célébrité : c'est un morceau précieux pour l'histoire. On y voit que la Réforme avait manifesté en Bourgogne comme en Guyenne des tendances égalitaires et républicaines.

2. *Mémoires* de Tavannes, collect. Michaud, t. VIII, p. 289. — *Lettres* d'Ét. Pasquier, l. IV, lett. 22.

Le 17 mai, la reine mère et le chancelier menèrent le roi tenir lit de justice au parlement, pour imposer l'enregistrement d'un édit ordonnant l'aliénation de biens d'église jusqu'à concurrence de 100,000 écus d'or de rente, avec faculté de rachat. Le parlement défendait l'inaliénabilité des biens d'église comme celle du domaine royal. Le chancelier prouva la nécessité absolue de décréter cette mesure sans attendre l'autorisation du pape : le roi devait maintenant cinquante millions; on en avait dépensé dix-huit depuis un an et touché moins de huit et demi, l'impôt ayant rendu un tiers de moins que de coutume à cause des troubles. Il fallait cinq à six millions pour acquitter la solde des troupes et reprendre le Havre, que les Anglais ne paraissaient nullement disposés à évacuer de bon gré. La transaction financière de Poissi ne suffisait plus, et L'Hospital était entraîné vers les remèdes héroïques des États de Pontoise. La situation des finances était bien empirée depuis deux ans [1]. On tâcha d'apaiser le clergé par des concessions. Il fut enjoint aux protestants d'observer les jours fériés (14 juin), et l'interdiction du culte réformé à la cour et dans les maisons du roi fut proclamée par lettres patentes (19 juin); mais on ne l'observa pas bien rigoureusement.

Le plus grand embarras de la cour, c'étaient les suites de la mort du duc de Guise et du procès de Poltrot. Une victime obscure ne suffisait pas à la maison de Guise, qui avait trop d'intérêt à croire que l'amiral avait ou provoqué ou consenti le meurtre du duc François. La veuve, les enfants et les frères du héros assassiné[2] entretenaient, par leurs plaintes et leurs vêtements de deuil, la fermentation du peuple parisien, et réclamaient instamment une audience solennelle du roi pour lui demander justice. Les huguenots, de leur côté, célébraient en vers et en prose cet « unique Poltrot, libérateur du peuple de Dieu ». Bèze lui décernait la couronne du martyre; une lettre attribuée à Spifame, l'ex-évêque de Nevers, lettre qui respire le sang, comparait Poltrot à David; déclarait qu'une fois la guerre ouverte, tout est per-

---

1. *Mém.* de Condé, IV, 349-352. Le clergé, au mois de mars 1564, racheta la portion aliénée de ses biens, moyennant 3,230,000 liv. *Journal* de Brûlart, p. 141.

2. Il restait trois frères, le cardinal de Guise, le duc d'Aumale et le marquis d'Elbeuf, sans compter le cardinal de Lorraine, absent, et le bâtard, abbé de Cluni. Le grand prieur était mort des suites de la journée de Dreux.

mis, même la trahison ; invitait la reine à faire décimer les Parisiens « comme au temps des Maillotins », pour leur refus de désarmer, et à faire pendre le premier président[1] et ses collègues[2]. Coligni lui-même continuait à se défendre dans les termes les plus propres à exaspérer ses adversaires : après avoir passé quelques semaines dans son manoir de Châtillon-sur-Loing, il annonça son arrivée à la cour, qui était à Saint-Germain, et se mit en route, escorté de six cents gentilshommes. Les Guises et leurs amis lui eussent infailliblement livré bataille dans le château même. La reine, effrayée, pria Condé d'aller au-devant de lui pour l'inviter à suspendre sa venue : le prince revint, accompagné de d'Andelot, et déclara en plein conseil que, bien que l'édit de paix dût couvrir tous les actes commis en temps d'hostilité, l'amiral consentait à suivre la voie de justice par-devant juges non suspects, pourvu que ses adversaires en fissent autant pour les attentats à eux imputés ; il ajouta que, la voie de justice réservée, il prendrait comme adressé à lui-même tout ce qui serait tenté contre l'amiral. Le maréchal de Montmorenci fit la même déclaration au nom de son père et au sien (15 mai) : le connétable, sans en être mieux disposé pour la Réforme, s'était réconcilié avec ses neveux, par ressentiment de ce que la reine avait donné la grande-maîtrise à l'héritier de Guise au lieu de la lui restituer[3]. Le conseil privé défendit toute offense réciproque aux deux partis et ajourna toutes poursuites judiciaires « jusqu'à ce que les armes eussent été posées ».

Catherine fit appel au patriotisme des chefs catholiques et protestants et les conjura d'ajourner leurs querelles tant que l'étranger aurait pied dans le royaume : la recouvrance du Havre s'offrait comme une heureuse diversion. La plupart des protestants, honteux d'avoir introduit l'Anglais en France, ne demandaient qu'à sauver les apparences vis-à-vis de leur alliée Élisabeth. Condé, qui n'avait pas été très-fidèle à ses engagements envers la reine d'Angleterre en traitant sans son aveu, obtint de Catherine

---

1. C'était de Thou, qui avait succédé à Le Maistre.
2. Spifame finit tragiquement en 1566 : il fut décapité à Genève pour avoir produit des pièces fausses dans un procès relatif à son mariage.
3. Catherine lui donna, pour l'apaiser, le duché de Châtellerault.

qu'on offrirait à Élisabeth, moyennant l'immédiate évacuation du Havre, le remboursement de ses avances et le renouvellement du traité du Câteau-Cambresis, qui promettait la restitution de Calais en 1567. Si l'on fit cette offre, c'est qu'on s'estimait sûr qu'elle serait refusée et qu'Élisabeth ne lâcherait pas « son gage ». Élisabeth en effet déclara qu'on verrait qui l'emporterait de « l'Angloise » ou de la « Florentine ». Sur le refus de la reine d'Angleterre, la guerre, qui existait de fait depuis l'automne précédent, fut déclarée le 6 juillet : le maréchal de Brissac commença aussitôt à resserrer la place, et, quinze jours après, le connétable vint prendre la direction du siége, tandis que la cour s'établissait à Fécamp, pour encourager l'armée par le voisinage du roi. La noblesse des deux religions affluait à l'envi dans cette armée rapidement formée : Condé rejoignit bientôt le connétable ; mais Coligni ne parut pas : toujours lent à se résoudre aux partis extrêmes, mais inébranlable dans les résolutions une fois adoptées, l'amiral avait été le dernier à consentir aux alliances étrangères ; maintenant il se refusait à rompre des nœuds qu'il prévoyait devoir être bientôt resserrés par une nécessité funeste. Quelques huguenots allèrent plus loin et se jetèrent dans les rangs des Anglais. La plupart, au contraire, ne songèrent qu'à faire oublier leur faute à la France.

On s'attendait à une longue et opiniâtre résistance : la garnison anglaise, sous les ordres du comte de Warwick, était forte de six à sept mille combattants ; les Anglais étaient maîtres de la mer ; ils avaient enlevé tous les navires du Havre et des ports voisins, et l'on n'avait ni moyens d'intercepter les secours d'Angleterre ni intelligences à espérer dans la ville ; car toute la population française avait été expulsée au moment de la déclaration de guerre. L'attente générale fut trompée : dès le commencement du siége, les Français étaient parvenus à couper les sources qui alimentaient les assiégés ; la privation d'eau pure, la disette de vivres et l'absence de toutes mesures de salubrité engendrèrent dans la ville une épidémie tellement meurtrière, que la garnison se démoralisa en quelques jours ; les dehors de la place furent abandonnés presque sans combat, et Warwick, n'osant attendre l'assaut, entra en pourparlers dès le 26 juillet. La capitulation fut signée le 28; les vaisseaux français furent restitués et la grosse tour du port fut livrée au connétable, qui accorda un délai de six jours pour le rembarquement des Anglais. La nuit suivante, apparut en rade une flotte de soixante voiles, qui amenait aux assiégés des provisions et dix-huit cents soldats; elle n'arriva que pour recevoir la garnison vaincue, qui reporta le typhus dans Londres.

Ce prompt succès, dû en partie à l'incapacité du général ennemi, fit beaucoup d'honneur au gouvernement de Catherine. Les hostilités cessèrent presque entièrement aussitôt après la reprise du Havre : le gouvernement français avait atteint le but de ses efforts, et la reine d'Angleterre, sentant son impuissance contre la France unie, ne s'opiniâtra point à poursuivre une lutte qui ne pouvait que servir les intrigues de Rome contre l'Angleterre et ramener les armes françaises en Écosse. Le retour de Marie Stuart dans son royaume [1] n'avait abattu ni la domination

1. Après la mort de son mari, la jeune veuve de François II, qui s'était attiré la haine de sa belle-mère Catherine de Médicis en servant trop vivement les intérêts de ses oncles de Guise, se retira en Lorraine durant quelques mois; ses oncles, qui ne l'aimaient que comme un instrument utile à leur politique, la pressèrent, la forcèrent, pour ainsi dire, de retourner en Écosse, pour tâcher d'y relever le parti catholique. Trois de ses oncles, Aumale, Elbeuf et le grand prieur, et une foule de jeunes gentilshommes français, qui ne pouvaient se décider à se séparer de leur charmante reine, la reconduisirent dans son sauvage royaume. Marie partit avec désespoir : rien n'est plus touchant que le récit de Brantôme, témoin oculaire, qui fut du voyage d'Écosse. « Et la galère étant sortie du port (de Calais), s'étant élevé un petit vent frais, on commença à faire voile..... Elle, sans songer à autre action, s'appuie les deux bras sur la poupe de la galère, du côté du timon, et se met à fondre à grosses larmes, jetant toujours ses beaux yeux sur le port et lieu d'où elle étoit partie, prononçant toujours ces tristes paroles : « Adieu, France !... adieu, ma chère France, je ne vous verrai jamais plus. » Elle fit dresser son lit sur la poupe même et recommanda qu'on l'éveillât dès qu'il ferait jour, si l'on voyait encore la France. « A quoi la fortune la favorisa; car, le vent étant cessé, on ne fit guère de chemin cette nuit, si bien que, le jour paroissant, parut encore le terrain de la France..... Elle se leva sur son lit et se mit à contempler la France encore tant qu'elle put ! » (Brantôme, *Dames illustres; Marie Stuart*.) Marie Stuart entrevoyait sa sombre destinée : de ce pays des plaisirs et des arts où elle avait été si adorée, elle retombait au milieu d'un peuple barbare, dont la rudesse naturelle était redoublée par le fanatisme. La parure, la danse, la musique, la poésie profane, tout ce qu'elle aimait était, pour les ministres qui avaient « réformé » l'Écosse, autant de pompes de Satan. Ils avaient en horreur les mœurs libres et brillantes de la Renaissance : « Ce n'est pas une femme, s'écriait John Knox, en parlant de Marie Stuart, c'est une déesse païenne, c'est Diane ou Vénus ! » Il faut voir, dans les écrits de Knox lui-même, qui s'en vante, tout ce que la jeune reine eut à souffrir de l'intolérance des réformateurs et des intrigues d'Élisa-

du protestantisme ni l'influence d'Élisabeth sur l'Écosse ; Marie, tyrannisée par ses propres sujets, qui lui disputaient jusqu'au droit de maintenir dans sa chapelle le culte catholique, était, jusque dans Holyrood, sous la main de sa rivale ; cependant, elle avait toujours refusé de ratifier le traité de 1560 et de renoncer à ses droits sur la couronne d'Angleterre, à moins qu'Élisabeth ne la reconnût son héritière présomptive. La guerre avec la France pouvait relever le parti catholique en Écosse et même en Angleterre, où l'on venait de décréter contre les papistes les mesures les plus acerbes[1]. Élisabeth, trop politique pour se laisser emporter par le ressentiment, ne voulut pas courir gratuitement de tels risques et se résigna même à faire les avances vis-à-vis de cette Catherine qu'elle avait naguère défiée. Les négociations furent promptement engagées.

Catherine se sentait forte d'une victoire nationale : L'Hospital lui conseilla, immédiatement après l'expulsion des Anglais, de couper court aux réclamations de Condé, qui rappelait incessamment à la reine ses promesses touchant la lieutenance générale du royaume. Charles IX était entré dans sa quatorzième année le 27 juin 1563 : le 17 août, la reine mère et le chancelier menèrent le jeune roi tenir un lit de justice au parlement de Rouen. Charles IX prononça d'une voix enfantine un petit discours où on lui faisait déclarer qu'ayant atteint l'âge de majorité, il ne voulait plus endurer qu'on lui désobéît, et que tous ceux qui contreviendraient dorénavant à l'édit de la paix, dont on venait de voir les heureux fruits devant le Havre, seraient châtiés comme rebelles.

beth. Là est, presque autant que dans ses passions indomptables et dans l'éducation reçue à la cour des Valois, l'explication des fautes et des crimes de Marie Stuart. La France, qu'elle avait tant regrettée et célébrée en vers pleins de grâce, a gardé à sa mémoire une indulgence dont on retrouve la trace dans l'intéressante et poétique *Vie de Marie Stuart*, de M. Dargaud. M. Mignet est plus sévère, et, malheureusement, sa sévérité n'est que trop motivée.

1. Le serment de la suprématie (*Test*) avait été imposé aux membres des communes, aux maîtres d'école, aux tuteurs et aux procureurs. On établit qu'il serait exigé de quiconque aurait désapprouvé le culte établi, célébré ou entendu une messe privée. Le premier refus entraînait la confiscation et la prison perpétuelle ; le second refus, la mort. Élisabeth craignit de pousser les catholiques au désespoir et avertit secrètement les évêques de ne demander le serment qu'une fois. Un nouveau symbole de croyance nationale fut rédigé, sur ces entrefaites, par la *convocation* (assemblée du clergé) et promulgué par la reine : c'était le corps de doctrine d'Édouard VI, modifié et corrigé.

Il présenta ensuite à l'enregistrement un édit qui confirmait la
« déclaration » d'Amboise, ordonnait aux bourgeois et paysans,
sous peine de la hart, de remettre sur-le-champ leurs armes, sauf
les épées et dagues, aux gouverneurs des villes et des châteaux
royaux, cassait tous capitaines et sergents de bandes créés dans
les villes, renouvelait plus sévèrement les défenses portées par
l'édit d'Amboise contre les ligues secrètes ou publiques et les
intelligences avec l'étranger, interdisait enfin à tous gentilshommes et autres étant à la solde du roi de se mettre aux gages
d'autres princes et seigneurs que le roi. Le chancelier exposa plus
amplement les motifs de l'édit et exhorta les magistrats à rendre
bonne justice à tous les sujets du roi[1]. Puis, la reine mère, se
levant et s'agenouillant, dit qu'elle remettait avec joie à son fils
majeur l'administration du royaume. Le roi l'embrassa et lui dit
« qu'elle gouverneroit plus que jamais[2] ».

Le choix fait du parlement de Rouen pour recevoir la déclaration de la majorité annonçait qu'on ne voulait plus ménager le
parlement de Paris, qui donnait chaque jour de nouveaux sujets
de plainte au gouvernement. Le parlement de Paris, irrité de
l'atteinte portée à ses prérogatives, refusa de publier le nouvel
édit et envoya au roi une députation conduite par le premier
président de Thou, pour se plaindre que le roi majeur eût
approuvé la coexistence des deux religions dans le royaume et
réclamer contre le désarmement des Parisiens. Tous les membres
du conseil affirmèrent que le roi avait agi de leur avis : le jeune
monarque répéta d'un ton très-ferme la leçon que lui avait ap-

---

1. « ..... Je vois chaque jour des hommes passionnés, ennemis ou amis des personnes, des sectes et factions, lesquels jugent pour ou contre, sans considérer l'équité
de la cause. Vous êtes juges du pré, du champ, non de la vie, non des mœurs, non de
la religion. Vous pensez bien faire d'adjuger la cause à celui que vous estimez plus
homme de bien ou meilleur chrétien, comme s'il étoit question entre les partis lequel
d'entre eux est le meilleur poëte, orateur, peintre, artisan, et enfin de l'art, doctrine
ou autre quelconque suffisance, non de la chose qui est amenée en jugement..... »
V. le procès-verbal du lit de justice dans Isambert, t. XIV, p. 147-150. — De Thou,
l. xxxv. — *Mémoires* de Condé, t. IV, p. 574.

2. La reine mère fit rédiger pour l'usage du roi, peu de temps après sa majorité,
une espèce d'instruction générale sur l'étiquette de la cour, sur l'emploi du temps,
sur la façon de vivre royalement, sur la conduite à tenir pour s'affectionner la noblesse
et les principaux de chaque ville. Ce document est fort curieux. *Mém.* de Condé, t. IV,
p. 651.

prise sa mère. « Les rois nos prédécesseurs, dit-il aux députés, ne vous ont mis au lieu où vous êtes pour être les tuteurs ni protecteurs du royaume, ni conservateurs de ma ville de Paris : je vous commande de ne vous mêler que de la justice. Vous vous êtes fait accroire que vous étiez mes tuteurs; je vous ferai connoître que vous ne l'êtes point, mais mes serviteurs et sujets[1] ».

Malgré ces vertes paroles, la moitié du parlement vota encore contre l'enregistrement et une seconde députation fut envoyée au roi : elle n'obtint pour réponse qu'un arrêt du conseil qui déclara que la connaissance « des choses de l'état du royaume » n'appartenait aucunement au parlement et qui ordonna l'enregistrement immédiat (24 septembre). Le parlement obéit enfin et Paris mit bas les armes au commencement d'octobre.

Le feu de la discorde, pendant qu'on l'étouffait d'un côté, se rallumait de l'autre. Le 26 septembre, la mère, la veuve, les enfants et les frères du feu duc de Guise vinrent, en grand cortège de deuil, trouver le roi à Meulan et requirent la permission de poursuivre en justice le « meurtre proditoire et inhumain » du chef de leur maison. Trois Bourbons, le cardinal Charles, le duc de Montpensier et son fils avaient signé la requête, qui n'impliquait nommément personne. Le cardinal de Châtillon, le seul des trois Châtillons qui fût présent à la cour, obtint que la cause serait évoquée du parlement de Paris au grand conseil. Avec le parlement, on était sûr que Coligni serait condamné; avec le grand conseil, qu'il serait acquitté. Les Guises récusèrent plus de la moitié du grand conseil : Coligni récusa presque tout le reste, en sorte que le roi et la reine mère se virent à peu près seuls pour décider ce grand procès : c'était un spécieux prétexte pour ne rien décider, ce que fit Catherine par un arrêt du 5 janvier 1564 : le roi « retint à lui et à sa personne la connoissance dudit procès » et en ajourna le jugement à trois ans, « pour l'opportunité du temps [2]. »

Le temps n'était guère opportun en effet et les passions ne se calmaient pas. Ce n'étaient que querelles et qu'homicides par tout le royaume. Les huguenots étaient le plus souvent victimes,

---

1. *Journal* de Brûlart, p. 133-135.
2. *Mémoires* de Condé, IV, 495.

quelquefois agresseurs. La conduite de la reine de Navarre fomentait l'irritation des catholiques : Jeanne d'Albret avait, depuis quelques mois, « planté » violemment le calvinisme en Béarn : les prêtres avaient été chassés de Pau et de Lescar, et le culte catholique interdit, du consentement des États et de l'évêque même de Lescar, Louis d'Albret. La cour de Rome résolut de frapper un coup d'éclat : le tribunal suprême de l'inquisition romaine cita devant lui tous les prélats français convaincus ou suspects d'hérésie : le cardinal de Châtillon, évêque de Beauvais; Saint-Romain, archevêque d'Aix; Montluc, évêque de Valence ; Caraccioli, ex-évêque de Troies; Guillart, évêque de Chartres; Barbançon, de Pamiers; Saint-Gelais, d'Usez; Louis d'Albret, de Lescar; puis la reine de Navarre elle-même fut citée à comparaître avant six mois (28 septembre 1563) : ce délai passé, Jeanne d'Albret devait être, par le seul fait de sa contumace, déchue de ses royaume, principautés, droits et possessions quelconques et ses domaines dévolus au premier occupant catholique, sans préjudice des « peines plus graves » qu'elle aurait pu encourir [1]. En même temps, on assure qu'un complot fut ourdi entre les agents de Philippe II et les chefs de la faction ultra-catholique française pour assurer l'exécution du mandat inquisitorial : des troupes espagnoles, secondées par les catholiques de Gascogne, devaient descendre brusquement des Pyrénées et surprendre dans Pau la reine de Navarre, son fils et sa fille. Le bûcher attendait Jeanne; ses enfants, Henri et Catherine, auraient eu pour partage une éternelle captivité. La conspiration, si le fait est vrai, n'aboutit pas. Le pape fut obligé de reculer : la cour de France lui adressa, au nom de la dignité royale, des libertés gallicanes et de la suzeraineté du roi sur les domaines d'Albret, une protestation si vigoureuse, que le vieux Pie IV laissa tomber la citation, non-seulement de la reine Jeanne, mais des prélats qui avaient été déposés ou suspendus par contumace [2].

Le pape avait intérêt en ce moment à ménager la cour de France et à ne pas entraver, par des violences intempestives, les

---

1. *Mém.* de Condé, t. IV, p. 669.
2. De Thou, l. XXXV-XXXVI. — Pallavicini, *Histoire du concile de Trente,* l. XXIII, c. 6. — *Mémoires d'État* de Villeroi, *pièces justificatives.*

efforts qu'allait faire le cardinal de Lorraine afin de rattacher la reine mère aux intérêts catholiques et de faire accepter au gouvernement français les canons du concile de Trente, récemment terminé. Il est nécessaire de s'arrêter un moment ici pour jeter un coup d'œil sur les opérations de cette célèbre assemblée. Le concile de Trente, dont on avait si longtemps et si vainement espéré la pacification de la chrétienté, s'était rouvert le 18 janvier 1562, sans attendre les prélats de France ni d'Allemagne : ses premiers actes ne furent pas de bon augure pour cette réforme morale et disciplinaire, si ardemment souhaitée, qui devait, disait-on, fermer la bouche aux hérétiques. La majorité, composée de pauvres évêques italiens, presque tous pensionnaires de la cour de Rome, consentit que l'initiative des propositions appartînt exclusivement aux légats du pape, puis que les décisions de l'assemblée fussent soumises à la révision du saint-père; ce qui fit dire spirituellement à l'ambassadeur de France, Saint-Gelais de Lansac, que les légats faisaient venir le Saint-Esprit par la valise du courrier de Rome. C'était abdiquer fondamentalement les droits et les traditions des conciles et changer le concile en commission pontificale. L'opposition cependant s'accrut à mesure que les évêques des autres nations arrivèrent à Trente. Les prélats espagnols et portugais, entrés les premiers en lice, se montrèrent également ardents à poursuivre l'hérésie et à presser la réforme de la cour de Rome. Ils s'indignaient de la servilité de leurs collègues vis-à-vis du saint-siége et du sacré collège : « Les très-illustres cardinaux », s'écriait ironiquement l'archevêque de Braga, « ont besoin d'une très-illustre réforme ». Ils s'efforcèrent de faire décréter que la résidence des évêques dans leurs diocèses était de droit divin, ce qui eût emporté cette conclusion, que les évêques tenaient leurs pouvoirs immédiatement de Dieu et non du pape. La lutte se prolongea plusieurs mois sur cette question.

L'arrivée des ambassadeurs du roi de France et de l'empereur compliqua le débat. Les représentants de la France et de l'Empire étaient d'accord avec les Espagnols pour demander la réformation de la cour de Rome, mais non pas pour frapper sans ménagement le protestantisme. Les instructions des ambassadeurs français, choisis par la reine mère et par L'Hospital avant l'explosion de la guerre civile [1], ne furent pas changées par les chefs de la faction catholique, devenus maîtres du gouvernement; le cardinal de Lorraine, au risque d'exciter les ombrages de Philippe II, continuait à caresser l'Allemagne et à séparer, autant qu'il pouvait, le luthéranisme du calvinisme. Les deux branches de la maison d'Autriche, l'espagnole et l'allemande, avaient adopté deux systèmes opposés, l'un de guerre et de persécution, l'autre de conciliation et de paix : ce fut aux représentants de la branche allemande que les agents français eurent ordre de se rallier, les chefs catholiques français voulant, dans leur politique complexe, la guerre avec les protestants de l'intérieur, la paix avec les protestants du dehors. La querelle s'était engagée entre les cours catholiques sur la forme même du concile, avant que le concile fût ouvert; l'Espagne voulait que la nouvelle assemblée fût la continuation pure et simple de l'ancienne, qui s'était séparée si brusquement en 1552 : l'empereur et la France demandaient au contraire que le concile recommençât entièrement *à novo* et qu'on ne tînt point compte des sessions précédentes, où les principales doctrines des novateurs avaient été condamnées par un petit nombre d'évêques, pour la plupart italiens ou espagnols. A cette proposition se rattachait une dernière et faible espérance de voir les luthériens allemands et les rois du Nord adhérer au concile. Le pape adopta une formule ambiguë qui ne satisfit personne, mais avec l'intention de donner raison en fait à l'Espagne. Les propositions des deux autres grands gouvernements catholiques effrayaient le saint-père : les ambassadeurs français avaient ordre de demander, d'accord avec les Allemands, que le concile fût transféré en Allemagne; que la proposition et la décision des matières ne fussent pas réservées au pape ni à ses légats, mais que le pape se soumît aux décrets du concile; que le pape ne s'entremît plus de l'élection ni de la provision des évêques et autres pasteurs des âmes; que toutes les taxes pontificales, mandats, dispenses à prix d'argent, évocations en cour de Rome, fussent

---

1. C'étaient Saint-Gelais de Lansac, Arnauld du Ferrier, maître des requêtes, et Gui du Faur de Pibrac, conseiller d'État et juge-mage de Toulouse, si connu par ses *Quatrains* moraux; ces deux derniers avaient été persécutés naguère sous Henri II, et du Ferrier avait joué un rôle important, comme président aux enquêtes, dans la fameuse mercuriale.

abolis; enfin, les ambassadeurs français étaient chargés de repousser le projet d'une ligue générale des puissances catholiques contre les puissances protestantes, projet dont on parlait toujours à Rome, mais qui n'avait rien de bien sérieux. Les ambassadeurs impériaux réclamèrent en outre la réforme du pape et de sa cour, le mariage des prêtres, la communion sous les deux espèces, la célébration d'une partie au moins des offices en langue vulgaire. Les Français les appuyèrent encore [1].

Pendant presque toute l'année, il n'y avait eu à Trente que quelques prélats français : le cardinal de Lorraine parut enfin, suivi d'une vingtaine d'évêques et d'une douzaine de docteurs de Sorbonne (13 novembre 1562). Son arrivée porta au comble les alarmes du saint-père : on craignit à Rome que ce cardinal ne se mît à la tête de tous les « ultramontains » contre Rome et les Italiens. « Le cardinal de Lorraine est un second pape », disait ironiquement Pie IV; « il a 300,000 écus de rente en bénéfices; il ne manquera donc pas d'occasions de faire des remontrances sur le cumul [2]. » Le cardinal ne justifia pas toutes les appréhensions de Pie IV : il affecta le rôle de modérateur et, tout en soutenant les réclamations de la cour de France, il parut chercher un milieu sur la question de l'autorité du pape; il ne renonça point à la doctrine gallicane de la supériorité du concile, mais il accorda que les évêques n'étaient établis de Dieu que par l'intermédiaire

---

[1]. La cour de France, immédiatement après le colloque de Poissi, avait déjà demandé très-instamment au pape la communion sous les deux espèces, du consentement et à la requête des évêques français réunis à Poissi. Les ambassadeurs français demandèrent que, si l'on n'accordait pas le mariage des prêtres, on ne conférât plus les ordres qu'à des hommes d'un âge mûr et de mœurs éprouvées. — Continuateur de Fleuri, t. XXXIII. — Le mariage des prêtres effrayait la cour de Rome plus que tout au monde : « A la tête d'un clergé qui aurait femme, enfants et patrie, le pape serait réduit à être évêque de Rome. » Pie IV, par ces paroles, montra nettement le fond des choses.

[2]. Le pape n'avait pas tort : les obstacles à la réforme ecclésiastique ne venaient pas tous de Rome : V. un Mémoire secret du nonce Prosper de Sainte-Croix au cardinal Borromée : « Je demandai, dit-il au chancelier, ce qu'il pensoit du concile de Trente; il me répondit... « que tout le mal de ce royaume venoit des François mêmes et de la vie déréglée des ecclésiastiques, qui ne veulent point qu'on les réforme..... Je sais qu'ils ont envoyé certains articles à Rome, touchant lesquels je puis b'en assurer que, si le pape les approuvoit, ils en seroient les plus mécontents de tous les hommes, attendu qu'ils ne les ont faits qu'à dessein de persuader à ceux de ce royaume que c'est le pape qui ne veut point la réforme du clergé, pendant qu'ils la rejettent eux-mêmes. » Archives curieuses, VI, 138.

du souverain pontife. La plupart des prélats qui l'accompagnaient défendirent beaucoup plus franchement que lui les doctrines françaises[1].

Sur ces entrefaites, le cardinal de Lorraine reçut coup sur coup la nouvelle du meurtre de son frère et celle de la paix d'Amboise : ces événements, tant déplorés du parti catholique en France, servirent à Trente la politique romaine. Le cardinal de Lorraine jugea l'appui de Rome et de l'Espagne indispensable au soutien de sa maison chancelante; Philippe II sentit, de son côté, la nécessité de resserrer plus que jamais ses liens avec le saint-siége; l'esprit d'indépendance que montraient les évêques espagnols, leurs plaintes sur les impôts qui pesaient sur les biens du clergé, lui avaient déjà causé des ombrages, et il les avait désavoués sur la question de la résidence; les rois devaient préférer des évêques courtisans à des évêques affranchis des influences de cour par les chaînes mêmes qui les attacheraient à leurs diocèses; le pape le fit comprendre sans peine à Philippe. Depuis que Rome n'espérait plus mettre sous ses pieds les peuples et les rois, sa politique était d'obtenir à tout prix l'alliance des rois contre les novateurs et, au besoin, contre les peuples. Les débats du concile de Trente se décidèrent bien plutôt en dehors qu'en dedans du concile, bien plutôt entre le pape et les rois qu'entre les légats et les évêques. Le pape, assuré de Philippe II, réconcilié avec le cardinal de Lorraine par qui Rome espérait l'accession de la France, tourna ses efforts du côté de l'empereur : l'habileté du légat Moronè triompha de très-grandes difficultés; l'empereur renonça au droit de proposition pour les évêques, à condition que ce droit fût accordé aux ambassadeurs accrédités près du concile; l'empereur renonça à demander la « réforme du chef de l'Église », afin que la cour de Rome ne demandât point de son côté la réforme des abus qui profitaient aux princes; l'empereur renonça enfin à faire décider la supériorité du concile sur le pape; le pape promit de réformer lui-même sa cour et donna

---

1. Nicolas Psaume, évêque de Verdun, ayant fait un discours très-vif contre les prétentions de la cour de Rome, l'évêque d'Orviéto dit ironiquement : *Gallus cantat* (le coq ou le *Gaulois* chante). *O utinam*, s'écria le savant Danès, évêque de Lavaur, *O utinam ad Galli cantum Petrus resipisceret !* (Plût au ciel qu'au chant du coq Pierre se repentît !)

des espérances sur la « concession du calice » à l'Allemagne et aux pays slaves. L'empereur se relâcha peu à peu sur le reste : l'impossibilité de ramener les états luthériens lui était enfin démontrée et il voyait bien qu'il ne s'agissait plus que de conserver les pays demeurés catholiques et non de regagner les autres (avril-mai 1563).

L'opposition dès lors n'eut plus d'autre appui que les représentants de la France, mal secondés, entravés même par le cardinal de Lorraine, qui reconnut que le pape avait « l'administration universelle de l'Église » et que le concile n'était que la continuation de la précédente assemblée : les évêques français se découragèrent, les plus fermes d'entre eux se retirèrent[1], et le concile marcha rapidement vers sa conclusion. Le concile ne toucha ni à la cour de Rome ni au sacré collége, et, par compensation, il laissa les princes en possession des droits de nomination, de collation, etc., dont ils s'étaient emparés, sauf du droit de conférer les bénéfices à charge d'âmes en commende à des laïques, abus qu'on jugea par trop scandaleux : les levées de décimes et d'autres impôts sur le clergé ne furent point prohibées d'une manière absolue. Le pape consentit à quelques sacrifices d'argent indispensables sur les dispenses, les indulgences, les expectatives, les réserves[2]; mais, en général, on peut dire qu'on ne fit que les réformes qui ne préjudiciaient ni au pape ni aux rois. Ces réformes toutefois ne furent pas sans importance. La cour de Rome était alors sous l'influence du neveu du pape, le cardinal Charles Borromée, prélat très-pieux, très-charitable et très-austère, que l'Église a canonisé, et le népotisme, pour la première fois peut-être, tournait au profit de la morale et de la religion : la suppression de beaucoup d'abus honteux et la fondation des séminaires diocésains préparèrent des générations ecclésiastiques plus instruites et plus dignes. Le cumul fut enfin aboli, bien qu'avec des restrictions et des échappatoires qui permirent encore de transgresser maintes fois le principe[3].

---

1. Il n'en resta que six.
2. Encore faut-il observer que les dispenses ne devinrent pas gratuites, comme le voulait le concile.
3. Le cumul des évêchés disparut, mais non pas celui des autres bénéfices.

Mais, en même temps qu'on travaillait à épurer le clergé, on élevait une barrière infranchissable entre l'Église et les populations protestantes, et l'on creusait de plus en plus profondément la ligne de démarcation qui séparait le clergé des laïques. Les derniers vestiges de la liberté et de l'égalité chrétienne furent effacés par les canons qui validèrent les nominations d'évêques faites directement par le pape et qui décidèrent que le consentement et l'intervention du peuple ou du magistrat n'étaient point indispensables pour le choix des évêques et des autres pasteurs, le défaut de ce consentement n'annulant pas l'ordination conférée par les supérieurs hiérarchiques, tandis qu'au contraire le choix par le peuple ou le magistrat n'avait aucune valeur sans l'ordination. C'était la réponse à la fameuse maxime de Luther : *Nous sommes tous prêtres!*

D'innombrables anathèmes furent lancés contre les opinions des protestants sur le purgatoire, les images, le culte des saints, le divorce, sur tous les points enfin qui n'avaient pas été décidés dans les premières sessions du concile. Le sacrement de mariage, légitimement conféré, fut déclaré indélébile, même en cas d'adultère[1] : on jeta l'anathème sur quiconque niait que le célibat fût supérieur et préférable au mariage[2], et l'on rompit ainsi décidément avec tout le mouvement de la moralité moderne et avec toute philosophie fondée sur le perfectionnement et non sur le renversement de la nature. On fixa le minimum d'âge pour la prêtrise à vingt-cinq ans, pour les vœux religieux à seize, sans tenir compte des observations si sages faites par la France. La question du « calice » ou de la communion sous les deux espèces fut remise à la discrétion du pape : on ne discuta même pas le

---

1. On sait que le texte le plus positif de l'Évangile sur le divorce est celui-ci : » Quiconque renvoie sa femme, si ce n'est pour cause de fornication, et en épouse une autre, est adultère. » *Évang. selon saint Matth.*, c. XIX, v. 9.

2. « Si quelqu'un dit que l'état de mariage doit être préféré à celui de la virginité et du célibat, et que ce n'est pas quelque chose de meilleur et de plus heureux de demeurer dans la virginité et dans le célibat que de se marier, qu'il soit anathème! » Canon X. — Parmi les canons relatifs au mariage, il y eut des mesures d'ordre sages et utiles : on établit les trois bans publics, pour empêcher les mariages clandestins qui occasionnaient de grands troubles dans les familles. Il fut décidé qu'on ne pourrait plus être marié que par son curé ou avec la délégation du curé ; que le curé tiendrait registre des mariages. L'anathème fut prononcé contre les seigneurs qui empêchaient la liberté du mariage parmi leurs sujets.

mariage des prêtres, et l'on décréta des peines graves contre ceux d'entre eux qui manquaient au vœu de chasteté. On rédigea plusieurs canons pour rétablir la hiérarchie ecclésiastique dans la plénitude de sa juridiction, si profondément entamée par les rois et les juristes; la monarchie ecclésiastique et monacale d'Espagne, basée sur l'inquisition, n'avait pas un grand intérêt à empêcher ces mesures; il n'en était pas de même de la France. Les ambassadeurs français, déjà très-mécontents de l'affaire de la reine de Navarre et de la neutralité observée par le concile dans le débat élevé pour la préséance entre la France et l'Espagne, protestèrent vivement et annoncèrent la résistance certaine de leur cour : le concile modéra quelques-uns de ses décrets et acheva enfin ses sessions le 3 décembre 1563[1]; la clôture fut accompagnée d'acclamations prononcées par le cardinal de Lorraine et répétées par toute l'assemblée, à la manière des anciens : deux cent cinquante-cinq prélats souscrivirent les canons de Trente; plus de la moitié étaient Italiens. L'assemblée avait terminé sa carrière par une véritable abdication entre les mains du pape, qu'elle reconnut implicitement supérieur à elle en le priant de confirmer ses canons, en lui laissant le droit exclusif de les interpréter et en imposant à tous les évêques et bénéficiaires le serment de fidélité à l'église romaine. Avec l'assemblée de Trente finit cette grande institution des conciles, qui avait vivifié l'Occident durant les beaux siècles de l'Église, mais qui n'avait plus donné que des résultats fatalement mélangés depuis que la force matérielle avait fait invasion, le glaive et la torche à la main, dans le domaine inviolable de l'esprit[2].

Le saint-siége fut ainsi consolidé par cette assemblée, qu'il avait tant redoutée et qui semblait devoir abattre sa puissance; mais le lien de la république chrétienne était à jamais dissous; le catholicisme romain n'avait sauvé ses doctrines qu'en retran-

---

1. Un des derniers décrets excommunia les duellistes et leurs témoins.
2. *V*. sur l'ensemble des débats du concile, les deux histoires, ou plutôt les deux vastes plaidoyers opposés du Vénitien Fra-Paolo Sarpi, ennemi de la cour de Rome, et du cardinal Pallavicini, apologiste de l'assemblée et du saint-siége. *V*. aussi le continuateur de Fleuri; L. Ranke, *Hist. de la Papauté*, dont le résumé lumineux renferme quelques faits nouveaux, et la nouvelle *Hist. du concile de Trente*, par F. Bungener; 2 vol. in-12; Paris, 1847.

chant définitivement de l'Église la moitié des peuples chrétiens; l'espoir de voir l'unité rétablie par un concile s'évanouit sans retour.

Rien n'était moins assuré que l'acceptation des décrets du concile par les nations catholiques elles-mêmes, dont plusieurs avaient été si faiblement représentées à Trente : les difficultés devaient être graves en Pologne, dans les états catholiques d'Allemagne et surtout en France; les maximes gallicanes étaient trop ouvertement renversées par les canons disciplinaires de Trente pour que la résistance ne fût pas formidable. Rome et l'Espagne s'efforcèrent d'enlever, pour ainsi dire, de haute lutte, l'adhésion de la cour de France. L'empereur avait été ramené à seconder, au moins en paroles, la politique de Philippe II, et le cardinal de Lorraine, décidé à jeter son masque de modération et à reprendre la direction du parti « papiste » en France, venait de repasser les Alpes après avoir fait un voyage à Rome pour s'entendre avec le saint-père. Dès le commencement de l'année 1564, on vit arriver à la cour de France une grande ambassade envoyée par le pape, l'empereur, le roi d'Espagne et le duc de Savoie : les ambassadeurs requirent le roi de faire observer dans son royaume « les articles du saint concile de Trente » et l'invitèrent à cesser d'aliéner le temporel de l'Église, à révoquer « l'absolution » accordée par son édit de paix aux « criminels de lèse-majesté divine, Dieu seul ayant droit de remettre les péchés commis contre sa majesté », et enfin à châtier les auteurs « notoirement connus » du meurtre du feu duc de Guise; ils lui offraient aide et confort à sa première réquisition. Le jeune roi, bien instruit par sa mère et par le chancelier, répondit évasivement (février 1564). Philippe II, de son côté, éluda une proposition d'entrevue entre le pape et tous les grands princes catholiques pour aviser à une entente générale; Catherine y insistait fort, mais Philippe n'espérait rien tirer d'effectif ni d'elle ni de l'empereur et pensait que d'une telle entrevue il ne sortirait que du vent, ou bien que l'on mettrait l'Espagne en avant pour l'abandonner ensuite [1].

Le cardinal de Lorraine cependant pressait vivement la reine

---

1. V. Granvelle, t. VII, p. 385.

mère et le conseil d'ordonner la réception du concile : L'Hospital lui résista en face avec énergie, et une altercation très-chaude eut lieu entre eux, à propos d'un nouvel édit qui accordait aux réformés quelques facilités pour l'enseignement et l'exercice de leur religion en maisons privées, dans les villes où le culte public leur était interdit. Le cardinal s'emporta jusqu'aux injures et reprocha violemment au chancelier d'avoir oublié ce qu'il devait à la maison de Lorraine; L'Hospital répondit qu'il n'avait rien oublié, mais qu'il n'acquitterait pas les dettes de sa reconnaissance aux dépens du roi et de l'État [1]. Le cardinal parvint à faire révoquer l'édit, mais eut moins de succès à l'égard du concile. L'irritation du parti ultramontain fut redoublée par le bruit que fit une consultation de Charles Dumoulin contre les décrets du concile : ce célèbre jurisconsulte avait entrepris de démontrer que le concile de Trente n'avait d'universel que le titre et qu'il était radicalement nul; par malheur, ses arguments et surtout son style, empreints de protestantisme, soulevèrent contre lui le parlement de Paris, qui supprima l'ouvrage et fit arrêter l'auteur. L'Hospital n'abandonna pas Dumoulin, et un ordre du roi prescrivit l'élargissement du prisonnier, qui promit de ne plus rien publier sans autorisation expresse du roi (juin 1564) [2]. Le parlement, malgré sa rigueur envers Dumoulin, n'était nullement disposé à favoriser la réception intégrale du concile : les présidents et les gens du roi, consultés à ce sujet par le conseil, répondirent qu'ils n'avaient pas d'observations à faire quant à la doctrine, mais que, « quant aux décrets de la police et réformation, ils y avoient trouvé plusieurs choses dérogeantes aux droits du roi et

---

1. Correspondance du nonce Prosper de Sainte-Croix, lettre du 25 février 1564. — *Mém.* de Condé, t. V, p. 50.

2. *Mémoires* de Condé, t. V, p. 81-138. — Dumoulin avait donné, vers le même temps, une autre consultation dans une affaire grave : Antoine de Créqui, évêque de Nantes, ayant été nommé à l'évêché d'Amiens, le vidame d'Amiens (d'Ailli de Picquigni) et la plupart de la noblesse du diocèse protestèrent contre cette élection, parce que les représentants de la noblesse et du Tiers État n'avaient point été appelés à y prendre part, ainsi que l'avaient prescrit les États Généraux et l'ordonnance d'Orléans. Antoine de Créqui était d'ailleurs repoussé comme indigne ; on l'accusait de deux viols ; ce qui ne l'empêcha pas d'être promu au cardinalat dès l'année suivante. Cet incident prouve que l'ordonnance d'Orléans n'était déjà plus qu'une lettre morte, et que L'Hospital était dans l'impuissance de faire respecter son ouvrage. V. *Mémoires* de Condé, t. V, p. 66-79.

privilèges de l'église gallicane¹ ». Suivant ces décrets, toutes les constitutions des papes en faveur des gens d'église devaient être observées; le pape devenait le seul juge des évêques, à l'exclusion des conciles nationaux et provinciaux; les évêques avaient droit de procéder contre les laïques par l'amende et la prison; les affaires ecclésiastiques pouvaient être évoquées à Rome dès la première instance; il était permis aux ordres mendiants de posséder des biens-fonds². C'eût été la ruine de toute la tradition gallicane. Le gouvernement ne répondit point aux instances du pape et du roi d'Espagne par un refus positif, mais prétexta la situation difficile du royaume pour ajourner indéfiniment la publication des décrets du concile : les évêques furent autorisés à exécuter de fait dans leurs diocèses les canons qui n'étaient point en contradiction avec les lois du royaume³.

A ne juger Catherine de Médicis que par ses actes, depuis qu'elle régnait véritablement, c'est-à-dire depuis la mort du duc de Guise, et par la confiance qu'elle semblait conserver à L'Hospital, on eût pu croire que la reine mère poursuivait sincèrement la réalisation du système de tolérance qu'avait conçu le chancelier. Telle n'était pas cependant la pensée de Catherine : pour se consacrer à une entreprise si violemment combattue par le génie du siècle, il fallait le dévouement de L'Hospital à la justice et à l'humanité; or, Catherine était aussi indifférente à l'humanité qu'à la religion ; le succès était son seul dieu⁴, et les plans de L'Hospital lui semblaient irréalisables. Elle voyait bien que la paix d'Amboise n'était pour les catholiques qu'une trêve forcée et désespérait de les contenir longtemps⁵.

---

1. Lettre de l'évêque d'Orléans (Morvilliers) à l'évêque de Rennes (Bochetel), ambassadeur en Allemagne; ap. Le Laboureur, addit. à Castelnau, t. II, p. 338.
2. *Hist. ecclésiast.*, t. XXXIV, p. 120-180.
3. Le Laboureur, additions à Castelnau, t. II, p. 339.
4. Nous savons que Catherine, dans ses lettres, a toujours le nom de Dieu à la bouche ; mais elle joue la piété, comme elle joue la sensibilité dans ses rapports avec ses enfants ; il ne faut jamais oublier, quand on étudie Catherine, que l'on s'attaque à la plus grande comédienne du xvi⁰ siècle, ce qui n'est pas peu dire. Les retards apportés à la publication de sa correspondance, dans le recueil des *Documents inédits*, sont regrettables.
5. V. l'exposé que Castelnau (l. v, c. 10) fait de la situation des partis : « ..... Il se parloit dès lors de voir un soulèvement universel des catholiques pour abolir les

A la mort de son fils aîné, les circonstances l'avaient placée dans une position intermédiaire entre les partis : un peu plus tard, elle avait cru au triomphe prochain des huguenots et s'y était préparée [1] : puis, contrainte de prêter son nom aux chefs catholiques, elle avait vu, dans la guerre civile, les huguenots redoutables à la vérité, mais très-inférieurs en nombre, et la masse du peuple fidèle à l'ancien culte. Elle jugea dès lors qu'elle s'était trompée et que la force était encore et demeurerait aux catholiques ; elle crut reconnaître en même temps qu'il serait dangereux de s'aliéner le parti le plus fort et facile de saisir la direction de ce parti : Navarre et Guise étaient morts, les fils de Guise étaient des enfants, le cardinal de Bourbon absolument incapable, les Montmorencis divisés entre eux [2] ; le cardinal de Lorraine humiliait son orgueil devant la reine mère et mettait ses services aux pieds de Catherine. Le parti opposé avait conservé, au contraire, ses chefs, ses hommes d'action, les inflexibles Châtillons et Condé, déjà soupçonné ou accusé d'aspirer à la couronne : les huguenots tendaient, disait-on, à faire un État dans l'État.

Catherine résolut donc de placer ses fils à la tête du parti catholique et se proposa pour but le rétablissement de l'unité dans le royaume par la ruine du protestantisme. Mais ce n'était point à la force ouverte qu'elle projetait de recourir ; elle voulait éviter les dangereux secours de Philippe II et le retour des troupes étrangères en France ; elle voulait miner lentement les boulevards du calvinisme et non les emporter d'assaut. Reprendre peu à peu, par

---

huguenots ; que, si le roi et son conseil ne vouloient leur prêter faveur, on s'en prendroit à lui-même..... »

1. D'après les lettres du nonce Prosper de Sainte-Croix (Santa-Croce), du reste assez favorable à Catherine, le sieur de Rambouillet, envoyé en Allemagne par la reine mère et le roi de Navarre avant la fin de 1561, aurait été chargé de demander aux princes luthériens quels secours d'hommes et d'argent ils donneraient au roi très-chrétien « dans le temps qu'il changeroit de religion ». Archives curieuses, t. VI, p. 50. — Catherine, après s'être ralliée, bon gré mal gré, aux triumvirs, se défendit de cette imputation comme d'une calomnie et dépêcha Rambouillet lui-même pour expliquer sa mission à Philippe II et montrer ses instructions, qui ne contenaient rien de semblable. Rambouillet selon, toute apparence, ne montra ou ne dit pas tout.

2. Le fils aîné du connétable favorisait les huguenots ; le second fils, Damville, qui venait d'être subrogé à son père dans le gouvernement de Languedoc, s'était attaché aux Guises et aux zélés catholiques.

des interprétations restrictives de l'édit d'Amboise, les concessions accordées aux huguenots, désarmer et dissoudre leurs associations religieuses et militaires, séduire ou accabler les grands après avoir dégoûté les petits par les entraves apportées à l'exercice du culte, par la partialité des magistrats et des officiers royaux, par l'impunité assurée aux violences des catholiques ; réduire les plus opiniâtres à une révolte prévue et dépouillée d'avance de tous moyens de succès ; arriver enfin à la suppression du culte réformé sans rallumer les bûchers et sans se soucier de poursuivre le secret des consciences ; voilà quel fut le plan adopté par Catherine, sauf à prendre tous les détours et à subir tous les délais que conseillerait la prudence, sauf, en d'autres termes, à ployer sous les événements avec la flexibilité d'une grande intelligence sans dignité ni force morale. Si le plan de L'Hospital péchait par trop de foi dans le pouvoir de la raison, le plan de Catherine péchait par trop d'incrédulité dans la puissance des convictions religieuses : le plus irréalisable des deux plans était encore le second : la France en fit la sanglante expérience.

Les vues de Catherine ne se bornaient point à la ruine du parti protestant : d'autant plus avide de pouvoir absolu qu'elle avait été plus longtemps dépendante, elle visait à abattre tout ce qui était grand par soi-même, toute cette oligarchie qui s'était reformée autour du trône sous le faible Henri II et qui s'était fortifiée à la faveur des troubles : elle aspirait à gouverner avec des hommes créés par elle et prêts à tout faire pour elle, des étrangers, des nobles sans fortune, des hommes nouveaux, sans liens, sans scrupule et sans foi, ministres tels que les aimaient ces tyrans italiens dont elle avait étudié profondément et dont elle allait appliquer, sur une vaste échelle, la politique perfide. Elle se garda bien toutefois de renvoyer L'Hospital : sa vertu devait servir à masquer les vices des autres.

La direction nouvelle imprimée à l'éducation des fils de Catherine fut le premier symptôme dont les huguenots eurent lieu de s'alarmer : cette éducation avait été, dans les premiers temps du règne de Charles IX, un sujet de scandale pour les catholiques : le petit roi travestissait, dans des mascarades, les costumes et les cérémonies de l'Église ; le duc Henri d'Orléans jetait au feu tous les livres d'heures et les chapelets dont il pouvait s'emparer et ne savait que « psaumes et prières huguenotes ». Ces tendances furent complétement changées[1] : le roi et ses frères furent ramenés aux pratiques orthodoxes. Quant à l'éducation morale, elle demeura complétement nulle chez ces malheureux enfants, nourris au milieu de tous les genres de corruption. Leur esprit ne fut développé qu'aux dépens de leur cœur. La cour suivit l'exemple de la reine et de ses fils; Catherine annonça qu'elle chasserait tous les gentilshommes et « damoiselles » qui ne « feroient pas leur devoir à Pâques »; presque personne ne désobéit. La cour avait tout à fait changé de sentiments envers le calvinisme depuis qu'elle avait vu les apôtres de Genève proscrire les arts et les jeux, le luxe et la galanterie : la cour voulait bien qu'on réformât la messe et le confessionnal, mais non pas qu'on réformât les mœurs; sa licence élégante se révolta contre le dur fanatisme des novateurs, et un événement tragique, arrivé à Orléans vers la fin de la guerre civile, acheva de perdre la Réforme dans l'esprit des courtisans : deux personnes notables d'Orléans, ayant été surprises en adultère, furent condamnées au gibet par les autorités huguenotes, d'après les nouvelles lois établies à Genève par Calvin. La noblesse de cour, habituée à jouer avec l'adultère, accueillit par une explosion d'indignation cet acte de rigueur barbare, également étranger aux lois et aux mœurs françaises. L'animadversion et les sarcasmes de la jeunesse se détournèrent dès lors des moines sur les prédicants. La reine mère vit avec plaisir cette réaction, et la galanterie fut plus que jamais le ressort de sa politique : elle enlaça Condé dans les piéges où s'était pris naguère son frère Antoine; elle le retint au milieu des plaisirs de la cour et toléra complaisamment ses amours avec mademoiselle de Limeuil (de la maison de la Tour d'Auvergne). La princesse de Condé, Éléonore de Roie, déjà souffrante et maladive, s'affligea tellement de l'infidélité de son mari, qu'elle en mourut. Mademoiselle de Limeuil était devenue grosse : Catherine chassa de sa cour cette jeune personne, qu'elle avait rendue l'instrument et

---

1. V. les détails curieux que donnent Marguerite de Valois dans ses *Mémoires* (ancienne collection des *Mémoires sur l'Histoire de France*, t. LII, p. 146; 1789), et le nonce Prosper de Sainte-Croix, *Archives curieuses*, VI, 88.

la victime de ses intrigues, et voulut remarier le prince à la veuve du maréchal de Saint-André, un des plus riches partis de France. Les Guises, de leur côté, firent une tentative pour se réconcilier avec leur rival par une alliance de famille, et le cardinal de Lorraine lui offrit la main de Marie Stuart. Cette négociation causa de vives inquiétudes aux réformés, dont les chefs les plus inébranlables, les Châtillons, venaient de quitter la cour, soucieux et mécontents.

La cour était partie de Fontainebleau, le 13 mars 1564, pour un long voyage. Dès le commencement de 1562, la reine mère avait projeté de faire avec Charles IX le tour de la France : ce dessein, interrompu par les troubles, fut repris aussitôt après la recouvrance du Havre. Les motifs qu'alléguait Catherine étaient très-plausibles : reconnaître par ses propres yeux l'état du royaume, montrer le roi majeur aux provinces, faire sentir partout la présence du gouvernement, raffermir l'autorité centrale ébranlée par l'anarchie et par les tyrannies locales, fruit de la guerre civile. La cour visita d'abord la Champagne : elle passa trois ou quatre semaines à Troies, et un traité important fut signé dans cette ville, le 11 avril. Depuis la reprise du Havre, les hostilités entre la France et l'Angleterre s'étaient bornées à des courses sur mer, ou plutôt à de vraies pirateries que les corsaires des deux nations exerçaient non-seulement contre l'ennemi, mais contre la marine marchande des peuples voisins. Catherine avait besoin de la paix; Élisabeth, encore davantage. La paix fut conclue dans les termes les plus généraux et les plus simples, chacun réservant vaguement ses droits et ses prétentions : l'Angleterre renonça implicitement à Calais; Élisabeth n'eut pas même le dédit de 500,000 écus promis par le traité de 1559; elle se contenta de 120,000; seulement on garda de part et d'autre les navires conquis; c'étaient les Anglais qui avaient fait le plus grand nombre de prises[1]. Élisabeth mit la paix à profit pour réorganiser les finances,

---

1. Léonard, *Traités de paix*, t. II, p. 318. — Lettres du secrétaire d'ambassade Sarron; ap. *Mémoires* de Condé, t. II, p. 194-198. — Castelnau, l. v, c. 4, 7, 8. Élisabeth avait tâché d'enlever par la ruse ce qu'elle ne pouvait reconquérir par la force : elle avait offert 100,000 angelots d'or au capitaine Gourdan, gouverneur de Calais, pour qu'il livrât sa place aux Anglais. Mais ce brave officier répondit « qu'il

l'armée, la marine d'Angleterre et relever la prospérité publique. La France ne devait pas en tirer de tels bénéfices! Son gouvernement ne devait user de la paix que pour lui préparer à loisir de nouvelles calamités.

De Troies, la cour se rendit à Bar-le-Duc, où Charles IX tint sur les fonts de baptême le fils de sa sœur Claude et du duc Charles de Lorraine. Catherine employa son séjour sur les marches de Lorraine à négocier avec les princes protestants de la Haute Allemagne : elle s'efforça d'acheter leur neutralité pour le cas où les troubles se renouvelleraient en France. Le duc de Wurtemberg, l'électeur palatin, le duc de Deux-Ponts, refusèrent de s'engager; le margrave de Bade et l'un des ducs de Saxe acceptèrent et promirent même des soldats[1]. La cour se dirigea ensuite sur Lyon par la Bourgogne, associant partout les fêtes et les pratiques dévotes, afin de se faire bien venir des populations catholiques : la reine mère ne négligea rien pour réveiller le dévouement personnel que lui avait jadis témoigné le brave et remuant Gaspard de Tavannes, tout-puissant sur les catholiques bourguignons. Tavannes, en abordant le roi devant la porte de Dijon, pour toute harangue, mit la main sur son cœur et dit : « Ceci est à vous. » Puis, reportant la main sur son épée : « Voilà de quoi je puis vous servir[2]. »

La cour apprit en Bourgogne une nouvelle qui réjouit fort les zélés catholiques : « le pape de Genève », le grand organisateur de l'hérésie, Calvin était mort le 24 mai 1564, dans sa cinquante-sixième année; assailli quasi par toutes les douleurs physiques qui se peuvent réunir pour accabler l'infirmité humaine, épuisé par la phthisie compliquée d'un asthme, torturé par la goutte, par la gravelle, par de continuelles douleurs de tête et d'estomac, il travailla, il écrivit, il lutta jusqu'au dernier souffle, laissant un des grands exemples du pouvoir de la volonté soutenue par une conviction inébranlable. Il mourut en recommandant à ses dis-

---

aimoit mieux son honneur que tous les trésors d'Angleterre ». Brantôme, *Vie du duc de Guise.*

1. Davila, t. I, p. 174. — Sur les détails du voyage, *V.* le *Recueil et discours du voyage du roi*, etc., par Abel Jouan, dans le Recueil du marquis d'Aubais, t. I.

2. *Mém.* de Gaspard de Tavannes, rédigés par son fils Jean de Tavannes.

ciples d'être « fermes en leur vocation, unis en Christ, inflexibles envers les ennemis de Christ : Qu'on prenne garde au peuple, pour le maintenir toujours en l'obéissance de la doctrine ; il y a des gens de bien, mais aussi des malins et rebelles [1]...... » Son œuvre était trop fortement cimentée pour ne pas subsister après lui, et Théodore de Bèze, le plus distingué d'entre les disciples, recueillit l'héritage et maintint la tradition du maître.

Le calvinisme, au moment où il perdit son fondateur, était gravement menacé en France : les plans de Catherine se déroulaient avec l'itinéraire de la cour ; le passage du roi à Lyon (juin-juillet) fut signalé par la construction d'une forte citadelle, et le gouverneur, trop favorable aux réformés, fut remplacé par une créature de la reine mère. D'autres citadelles royales s'élevaient à Orléans, à Valence, à Sisteron, à Montauban, places qui avaient été les principaux refuges des huguenots, tandis qu'on démolissait les remparts construits par les bourgeois autour de ces mêmes villes durant la guerre. Une ordonnance du 24 juin défendit l'exercice du culte réformé, non-seulement dans les résidences ordinaires du roi, mais dans toutes les villes où il séjournait; puis un nouvel édit, daté du château de Roussillon en Dauphiné (4 août), décréta des peines très-graves contre les seigneurs protestants qui admettraient aux exercices religieux célébrés dans leurs châteaux d'autres personnes que leurs « sujets », et contre les ministres qui feraient exercice quelconque de religion hors des lieux désignés : toute tenue de synode, toute levée de deniers, étaient interdites aux réformés; on leur avait déjà défendu d'ouvrir des écoles et des colléges ; les prêtres et moines défroqués et mariés devaient quitter leurs femmes, les religieuses leurs maris, et retourner à leur profession ou sortir du royaume [2].

L'inquiétude et la colère gagnèrent les plus paisibles des protestants : les plaintes les plus vives éclatèrent de toutes parts; on n'entendait parler que de meurtres et d'attentats commis impu-

---

1. Théod. de Bèze, *Vie de Calvin* ; ap. *OEuvres françaises de Calvin*, publiées par P.-L. Jacob (P. Lacroix) ; Paris, Ch. Gosselin, 1842.
2. Isambert, t. XIV, p. 170-172.

nément contre les réformés : l'évêque du Mans [1] et le duc de Montpensier, gouverneur d'Anjou, Maine et Touraine, encourageaient tous les excès dans ces contrées. En Guyenne, les violences étaient réciproques ; mais les catholiques zélés prirent une attitude tellement factieuse que le lieutenant général de la province, Couci de Burie, et le premier président du parlement de Bordeaux furent obligés de les dénoncer au roi : le comte de Foix-Candale, son frère l'évêque d'Aire et le marquis de Trans avaient entrepris de former dans la Guyenne et la Gascogne une ligue organisée hiérarchiquement par paroisses, juridictions, sénéchaussées et provinces, sous la direction d'un chef suprême, assisté d'un conseil choisi dans les Trois États [2] (août 1564). Le prince de Condé, enfin réveillé du sein des voluptés par les clameurs et les reproches de son parti, écrivit à la reine mère une lettre assez énergique. Catherine ne voulait pas encore pousser les réformés au désespoir : elle fit une réponse aigre-douce au prince, envoya le maréchal de Vieilleville dans le Maine, le maréchal de Bourdillon dans la Guyenne, pour apaiser les troubles, et accueillit très-bien les doléances des protestants bordelais [3] (septembre 1564). Mais, pendant ce temps, elle conférait secrètement à Avignon avec le Florentin Antinori, agent affidé que lui avait dépêché le pape, exposait à l'envoyé de Pie IV son plan de destruction graduelle du calvinisme et priait le saint-père de prendre patience quant à l'acceptation du concile (Davila, t. I, p. 175).

Catherine eut peu de peine à démontrer que la situation générale de l'Europe n'était pas favorable à une agression ouverte et immédiate contre les hérétiques de France. Le pape, à la vérité,

1. Il avait, dit-on, en 1562, volé les douze apôtres d'argent massif qui décoraient le sanctuaire de sa cathédrale, sous prétexte de les mettre à l'abri des huguenots : les *douze apôtres* défrayèrent le faste du prélat au concile de Trente. V. *Mémoires* de Condé, V, 277-318.
2. *Mém.* de Condé, t. V, p. 177.
3. Ce fut durant le séjour de Charles IX en Dauphiné que parut l'édit de Crémieux, ordonnant aux villes qui avaient droit d'élire leurs maires, consuls, échevins, etc., de présenter deux candidats au choix du roi pour chacune de ces charges, au lieu de faire immédiatement l'élection. Le gouvernement comprenait l'importance du rôle que reprenaient les corps municipaux dans ce temps orageux et voulait intervenir autant que possible dans leur formation. — V. sur l'application de cet édit, le *Journal* de Brûlart, ap. *Mém.* de Condé, t. I, p. 146, et la relation des troubles de l'amiers, ap. *Archives curieuses*, t. VI, p. 311.

avait amené le roi de Pologne à recevoir les décrets du concile, quoique les réformés et même les sociniens fussent très-forts dans ce pays et y eussent obtenu la liberté du culte; dans l'Allemagne méridionale, la maison ducale de Bavière tentait, non sans succès, une réaction catholique avec l'aide des jésuites; mais ces avantages étaient plus que balancés par l'avénement d'un empereur quasi luthérien : Maximilien II, élu roi des Romains depuis deux ans, venait de succéder sur le trône impérial à son père Ferdinand, mort le 25 juillet 1564; on croit que des motifs politiques l'empêchèrent seuls d'abjurer le catholicisme; sans réaliser toutes les espérances des réformés, il rompit entièrement avec la politique de son cousin Philippe II, accorda la liberté religieuse aux dissidents de Bohême, puis aux luthériens d'Autriche, et adopta la plus complète tolérance. Le vieux Pie IV, qui, au fond, n'avait l'humeur ni belliqueuse ni fanatique, ne désapprouva pas le système de temporisation que lui avait révélé Catherine : il avait en ce moment quelques motifs de mécontentement contre Philippe II et se trouvait bien disposé pour la cour de France, qu'il satisfit sur un point important d'étiquette : il maintint à Rome la préséance de la France sur l'Espagne, question qui avait été fort débattue à Trente. (De Thou, livre XXXVII.)

Après avoir parcouru la Provence, dont les populations saluèrent le roi du cri de « vive la messe! » la cour alla passer en Languedoc l'hiver de 1564 à 1565, hiver dont la rigueur fut comptée au nombre des calamités de l'époque. Ni la rudesse de la saison, ni les voix irritées des partis s'entr'accusant au pied du trône, n'interrompirent les fêtes par lesquelles les bonnes villes accueillaient à l'envi le jeune monarque. Catherine s'efforçait de substituer à la passion des disputes théologiques le goût des plaisirs et de la galanterie; mais le relâchement des mœurs ne rendit pas les opinions plus tolérantes.

Les rivalités des grands continuaient à compliquer les haines religieuses; pendant que le vieux connétable accompagnait la cour et que le second de ses fils, Henri de Montmorenci-Damville, persécutait les huguenots dans son gouvernement de Languedoc, le fils aîné du connétable, le maréchal François de Montmorenci, gouverneur de Paris et de l'Ile-de-France, ami des protestants et adversaire irréconciliable des Guises, était sur le point de rallumer la guerre civile dans le Nord par une rixe violente avec le cardinal de Lorraine. Le cardinal, qu'effrayait le sort de son frère, avait obtenu de la reine mère, à son retour de Trente, l'autorisation de s'entourer de gardes, par dérogation aux ordonnances qui interdisaient à tous les sujets du roi de marcher en armes par le royaume. Dans les premiers jours de l'année 1565, il forma le projet d'entrer en grande pompe dans Paris, où il ne s'était pas montré depuis longtemps, afin de raviver l'affection des Parisiens pour sa famille et de leur faire voir l'héritier de Guise, le jeune duc Henri. Il se mit donc en route avec une nombreuse escorte. A cette nouvelle, le maréchal de Montmorenci déclara au parlement qu'il ne souffrirait pas que personne transgressât les édits du roi : le cardinal n'avait qu'à exhiber l'autorisation royale; il ne daigna pas le faire; il franchit la porte Saint-Denis, sans écouter le prévôt des maréchaux qui venait signifier à ses gens de déposer leurs arquebuses et leurs piques; mais, arrivé près du marché des Innocents, il rencontra le maréchal accompagné d'un gros de cavalerie. Les gens du maréchal firent feu sur les « Lorrains »; le cardinal, saisi d'effroi, sauta à bas de cheval et se jeta dans une maison voisine, entraînant avec lui son neveu, enfant de quatorze ans, dont le jeune courage s'indignait de cette fuite : l'escorte du cardinal se dispersa et le prélat tremblant n'osa pas quitter son asile avant la nuit (8 janvier). Le peuple, dont les Lorrains avaient espéré l'assistance, ne remua pas. Les Lorrains sortirent de Paris le surlendemain, le cœur gros de honte et de colère. Le cardinal porta plainte au roi : le duc d'Aumale écrivit à tous les seigneurs de la faction ultra-catholique pour réclamer main-forte et vengeance; Montmorenci, de son côté, appela dans Paris Coligni et les partisans des Châtillons. Catherine agit avec décision et promptitude : elle interdit aux Guises et aux Châtillons le séjour de Paris et obligea tous les grands de s'engager par serment à ne jamais prendre les armes sans le commandement du roi (18 mars 1565). La querelle du cardinal et de Montmorenci fut évoquée au conseil [1].

---

1. De Thou, l. xxxvii. Cette querelle occasionna une guerre de pamphlets dans

Catherine, dans cette occasion, avait paru fermement résolue de maintenir la paix publique : les plus modérés des protestants hésitaient encore à croire aux mauvaises intentions de la reine lorsqu'ils entendaient le langage austère et loyal du chancelier; jamais L'Hospital ne s'était exprimé plus énergiquement sur le maintien des promesses du roi que dans la déclaration de Marseille (9 novembre 1564) et dans les lits de justice de Toulouse (6 février) et de Bordeaux (12 avril 1565). « Vous voulez, disait L'Hospital en s'adressant au roi lui-même au milieu du parlement de Bordeaux, vous voulez que vos ordonnances soient gardées, quelque chose que l'on souffle aux oreilles que vous ne le voulez ainsi; vous ne trompez personne et ne voulez point faire autrement que ce que vous avez déclaré par vos ordonnances [1]. »

Au moment même de cette admonition solennelle, Catherine cependant n'avait d'autre pensée que de préparer, avec le moindre péril possible, la violation des promesses faites au nom de son fils, et s'apprêtait à une démarche qui devait exciter au dernier degré les alarmes des réformés.

Catherine avait annoncé, dès le commencement du voyage, le désir de revoir sa fille aînée, la reine d'Espagne, lorsque la cour séjournerait dans le voisinage des Pyrénées; elle avait tâché, sous ce prétexte, d'arranger une entrevue avec Philippe II : elle voulait dissiper les soupçons du roi catholique, qui la regardait comme à demi huguenote, et lui faire agréer, ainsi qu'au pape, le système de temporisation. Philippe ne vint pas, mais envoya, avec sa femme, un autre lui-même, le duc d'Albe[2]. L'entrevue se fit le 14 juin, sur la Bidassoa, d'où le roi et la reine mère ramenèrent la reine d'Espagne à Bayonne. Près de trois semaines se passèrent en bals, en joutes et en festins; la cour de France y étala un luxe effréné, afin de déguiser aux Espagnols le triste état des finances du royaume; singulière ruse que d'achever de se

laquelle le parti lorrain n'eut pas l'avantage. Les pamphlétaires huguenots maniaient la plume avec une incontestable supériorité.

1. *Recueil de divers mémoires*, etc., *servant à l'histoire de notre temps*; Paris, 1623; p. 414 et suiv.
2. Une lettre de Madrid, du 7 juin 1565, prévient le cardinal de Granvelle que le duc d'Albe va à Bayonne « pour traiter grande chose avec les François ». Granvelle, t. IX, p. 252.

ruiner pour déguiser sa ruine! Ces fêtes, aussi élégantes que somptueuses, signalèrent le goût florentin de la fille des Médicis; la poésie et les arts furent appelés à les embellir; Ronsard, que la cour déclarait « le plus grand poëte qui eût paru depuis le siècle d'Auguste », imita, dans les intermèdes et les divertissements, les « bergeries espagnoles qui succédaient aux Amadis [1] ».

Quels serpents se cachaient sous ces fleurs? Quels projets s'agitèrent parmi ces bruyantes joies mêlées de tant d'échos sinistres? Nous n'en sommes plus aux suppositions des historiens contemporains. Nous possédons les lettres où le duc d'Albe rendit compte à son maître de ses premières conférences avec Catherine, et d'autres pièces du cabinet de Philippe II complètent à peu près ces lettres.

La situation du Roi Catholique, au moment où il fit partir Albe pour les Pyrénées, était difficile : les « Morisques » de Grenade, chrétiens par force, s'agitaient sous le joug de l'inquisition : l'Espagne avait à soutenir dans la Méditerranée une guerre incessante contre les Turcs, avec lesquels Philippe II s'était fait un point d'honneur de ne jamais pactiser, et, à l'époque même des conférences de Bayonne, les chevaliers de Malte, alliés infatigables de l'Espagne dans cette lutte, étaient assaillis dans leur île par toutes les forces maritimes de l'empire othoman [2]; aux Pays-Bas, la fermentation allait toujours croissant depuis l'établissement des nouveaux évêchés; Perrenot de Granvelle, nommé cardinal et archevêque de Malines, avait gouverné quelque temps sous le nom de la duchesse Marguerite; mais la prépondérance de cet

---

1. Michelet, *Guerres de Religion*, p. 335. — De Thou, l. XXXVII. — *Ample discours de l'arrivée de la reine catholique*, etc., *et du magnifique accueil qui lui fut fait*; Paris, 1565. — *Relation* d'Abel Jouan. — *Mémoires* de la reine Marguerite : *V*. la nouvelle édition publiée par la Société de l'Histoire de France.

2. Le siége de Malte est resté un des plus grands événements militaires du XVIe siècle. On sait avec quel héroïsme les chevaliers se défendirent, durant près de quatre mois, contre la formidable armée des Turcs. Les secours espagnols amenés par le vice-roi de Sicile contraignirent enfin les Turcs à se rembarquer le 8 septembre; mais le principal honneur de cette victorieuse résistance est demeuré à un Français, au grand maître Parisot de La Valette, Toulousain de naissance. La cité nouvelle qu'on rebâtit sur les débris de l'ancienne ville, ruinée par les boulets des Turcs, reçut le nom de cité de La Valette. — C'étaient aussi deux Français, d'Aubusson et L'Ile-Adam, qui avaient jadis défendu Rhodes avec tant de gloire contre les mêmes ennemis.

étranger (il était Comtois), dans le conseil de la gouvernante était devenue insupportable aux grands seigneurs flamands et wallons, et le peuple lui imputait les persécutions religieuses prescrites par Philippe ; les catholiques ne détestaient pas moins que les protestants tout ce qui ressemblait à l'inquisition d'Espagne, tout ce qui portait atteinte aux vieilles libertés de leurs provinces ; le déchaînement devint si général contre Granvelle, que ce prélat, craignant pour sa vie, quitta les Pays-Bas et se retira en Franche-Comté (mars 1564). Le départ de Granvelle ne rétablit pas la tranquillité dans les Pays-Bas : les principaux seigneurs s'opposèrent énergiquement à la réception des décrets du concile de Trente. La hardiesse des réformés s'accrut : le peuple disputait aux bourreaux les victimes condamnées pour hérésie, et les protestants célébraient leur culte presque publiquement en beaucoup de lieux. Le comte d'Egmont fut député vers Philippe II pour lui exposer l'état des choses et le prier de ne pas prescrire la réception du concile sans modifications, ainsi que d'adoucir les édits contre l'hérésie. Egmont n'obtint rien : Philippe écrivit à la gouvernante Marguerite de tenir la main à la stricte exécution des édits, et donna pour mission au duc d'Albe de pousser la cour de France aux dernières rigueurs et de ramener Catherine à la politique du traité du Câteau-Cambresis ; mais il espérait peu, ceci importe à constater, le succès de cette mission.

Pour dire ce que fut en réalité cette fameuse entrevue de Bayonne où l'on a cherché tant de mystères tragiques, l'histoire n'a rien de mieux à faire que de laisser la parole à l'un des deux principaux acteurs, et d'analyser les dépêches du ministre de Philippe II.

La première dépêche du duc d'Albe à Philippe est datée de Saint-Jean de Luz, du 15 juin. Albe rapporte au Roi Catholique ses conversations avec les principaux personnages de la cour de France. Rien n'est plus curieux que ce récit. Ce terrible Fernand Alvarez de Tolède, qu'on s'est habitué à considérer exclusivement comme le type de la violence fanatique, se montre ici comme l'esprit le plus souple et le plus délié. Le renard apparaît où l'on croyait rencontrer le tigre. Il manie tous ces princes et ces courtisans français avec une dextérité inimaginable, les prend par leurs passions, par leurs intérêts, en tire subtilement tous les renseignements, toutes les lumières qui peuvent servir les desseins de son maître [1].

Ces conversations sont suivies d'un premier entretien du duc d'Albe avec Charles IX. Albe dit au jeune roi que Dieu l'a réservé pour une grande œuvre, le châtiment des offenses qu'on fait chaque jour à la majesté divine dans le royaume de France. « A quoi il me répondit avec vivacité : — Oh! pour prendre les armes, il n'y faut pas songer ; je n'ai pas envie de ruiner mon royaume, ainsi qu'on avoit commencé à le faire, en s'engageant dans les guerres précédentes. — Ces mots me révélèrent la leçon qu'on lui avait apprise. »

Dans la seconde lettre, de Bayonne, 21 juin, Albe dit qu'il a voulu laisser la reine mère prendre l'initiative des négociations ; qu'il faut maintenir les catholiques de France aussi affectionnés à la royale personne de don Philippe « qu'ils se montrent présentement, c'est-à-dire à l'égal de ses propres sujets. Dans le cas où l'on n'obtiendroit point de la reine la sanction des arrangements nécessaires pour le triomphe de la religion, il seroit temps de leur faire observer (aux catholiques français) le peu de fruit qu'on a retiré des efforts tentés, et de leur dire que c'est maintenant à eux qu'il appartient de considérer ce qui reste à faire pour que la religion n'achève pas de se perdre. Une fois qu'on sera renseigné sur ce point et sur la nature de leurs offres (et, d'après la chaleur et la résolution que je remarque chez quelques-uns d'en-

---

1. C'est le cardinal de Guise qui vient lui dire que trois ou quatre « malheureux » (*malaventurados*) (Condé et les Châtillons) sont la cause de tout le mal ; que le connétable, quoique de bonne intention, se laisse entraîner par la chair et le sang à les soutenir. C'est le maréchal de Bourdillon, qui prétend que la reine mère est de « la faction » (huguenote). C'est le duc de Montpensier, qui, tout ému des grandes protestations d'amitié qu'Albe lui fait au nom du roi d'Espagne, se jette dans les bras du ministre espagnol, en s'écriant qu'il se feroit mettre en pièces pour Sa Majesté Catholique et que, si on lui ouvrait le cœur, on y trouverait gravé le nom de Philippe. L'entretien du duc d'Albe avec Blaise de Montluc est surtout une scène de haute comédie. Albe surexcite avec malice l'immense vanité du capitaine gascon ; il l'aborde en lui déclarant que c'est à lui seul et à ses soins qu'on doit cette royale entrevue ; que Philippe ne veut se gouverner en toute chose que par ses conseils ; il l'enivre de caresses et de flatteries, et se fait remettre par lui un mémoire sur les affaires de France.

tre eux, il pourroit arriver qu'ils fissent des propositions auxquelles on est loin de s'attendre), en comparant lesdites offres avec les ressources disponibles de Votre Majesté, elle pourra se résoudre sur le choix des moyens à employer. Les bons catholiques (le cardinal de Guise, Montpensier, Montluc, etc.) disent qu'il y a deux moyens d'en finir : 1° chasser tous les ministres et obliger leurs fauteurs à vivre dorenavant en bons catholiques; 2° prendre les cinq ou six qui sont à la tête de la faction et leur couper la tête, ou tout au moins les confiner en lieu où ils ne puissent renouveler leurs trames. »

Catherine, cependant, continuant à garder le silence et, de son côté, voulant voir venir, Albe s'est décidé à lui faire demander par la reine d'Espagne ce qu'elle a à communiquer à don Philippe. Catherine se plaint des défiances du roi son gendre. La reine Isabelle (Élisabeth) lui demande un entretien pour le duc d'Albe. La conférence s'engage sur les affaires de la religion [1], Catherine montre la situation meilleure qu'à l'époque du traité de paix : elle prétend qu'on gagne du terrain. Albe conteste ce progrès. La reine Élisabeth paraît avoir embrassé avec ardeur les idées de son époux et soutient vivement le duc d'Albe. La reine mère paraît céder peu à peu et fait part de tout ce qui s'est dit au cardinal de Bourbon et au connétable. Cette entrevue n'a pas eu lieu en secret : on s'est contenté de faire sortir les courtisans. Albe reconnaît la circonspection et la grande sagacité avec laquelle Catherine s'est défendue.

Catherine se montre refroidie dans une seconde conférence [2]. Elle parle cependant d'un double mariage entre sa fille Marguerite et don Carlos, son fils le duc d'Orléans (Henri III) et la princesse de Portugal ou une autre parente du roi Philippe. Élisabeth répond que le Roi Catholique n'est pas disposé à marier présentement son fils. Ce second entretien a lieu dans une petite pièce d'où l'on peut être entendu, au grand mécontentement d'Albe.

Le lendemain, Catherine va trouver Élisabeth chez elle : on discute avec plus de précaution et de secret. Catherine est « toujours froide pour la religion ». Albe et Élisabeth demandent avec instance

---

1. *Troisième lettre, du même jour, 21 juin.*
2. *Lettre sans date.*

le renvoi de L'Hospital, qu'ils appellent le « fauteur et l'appui des méchants ». Catherine refuse absolument. Albe vante extrêmement à Philippe « la haute énergie et la prudence consommée » que déploie Élisabeth. Suit une discussion non moins infructueuse sur la réception du concile de Trente. Catherine parle d'une assemblée gallicane pour délibérer à ce sujet, ce qui inquiète fort le duc d'Albe. Le duc avoue qu'il a été obligé de convenir qu'on ne peut recourir immédiatement à la guerre. Mais exiger la réception du concile et la destitution des magistrats et officiers huguenots, c'est exiger la guerre; Catherine sait bien le démontrer. Le mécontentement est réciproque. Catherine, néanmoins, promet beaucoup, si Philippe consent au double mariage qu'elle propose et s'il veut bien faire quelque chose pour le duc Henri d'Orléans. Elle paraît fort préoccupée de l'établissement de ce jeune prince et ferait de grandes concessions si Philippe voulait investir Henri de quelqu'un des riches domaines autrefois disputés entre la France et l'Espagne [1].

Le récit s'arrête ici brusquement et sans conclusion : l'on ne voit pas dans quels termes on se sépare. Sans doute, le duc d'Albe, sur le point de quitter Bayonne, n'a point écrit ses dernières conférences avec la reine mère, se réservant de les reporter de vive voix à Philippe II [2].

Mais diverses pièces suppléent à cette lacune. Le 20 août, le cardinal de Granvelle, qui avait reçu, à Besançon, copie des let-

1. Granvelle, t. IX, p. 281-330.
2. Dans le cours de son récit, il entre peu dans le détail des moyens d'action qu'il propose à Catherine contre les huguenots. Le rôle que joue Élisabeth dans le débat étonne au premier abord et déroute les idées accréditées sur le caractère et la position de cette jeune reine. Faut-il voir, dans son ardeur à se faire l'instrument de Philippe, le zèle d'un fanatisme partagé ou l'énergie fébrile de la terreur que lui inspire son dur et soupçonneux époux? — Quant au propos que les historiens attribuent au duc d'Albe proposant à Catherine le meurtre des chefs protestants : « Mieux vaut une tête de saumon que dix mille têtes de grenouilles! » les correspondances n'y font point allusion; toutefois le propos est vraisemblable. Albe écrivait quelque temps auparavant à Philippe II, à propos des chefs des mécontents aux Pays-Bas : « Il faut dissimuler, puis leur couper la tête. » (Granvelle, t. VII, p. 233.) Le mot de la tête de saumon fut, dit-on, entendu, par le petit prince de Béarn, Henri de Bourbon, enfant de douze ans, que Catherine aimait à garder auprès d'elle et qui l'amusait par sa gentillesse, ses saillies spirituelles et sa brusquerie montagnarde. Le « Béarnois » était déjà fin et avisé : les paroles de l'Espagnol le frappèrent, et il les rapporta à sa mère Jeanne d'Albret.

tres d'Albe, écrit que « la reine mère a promis de faire merveilles, ajoutant néanmoins qu'elle éviteroit tout ce qui pourroit amener la reprise des hostilités. — Je suis bien persuadé », ajoute Granvelle, « qu'elle ne fera rien de bon. » Vers la mi-septembre, Catherine expédie à Philippe II un « mémorial » où elle rappelle les propositions de mariages qu'elle a faites à Bayonne, et, moyennant qu'on donne « quelque état » à son fils d'Orléans, propose qu'on fasse ligue contre le Turc « entre le pape, l'empereur, les deux rois de France et d'Espagne, les Allemands et autres ». Le 25 septembre, Philippe II résume, dans une lettre à son ambassadeur à Vienne, ce qui s'est passé à Bayonne et depuis. La reine mère a proposé divers mariages. La reine d'Espagne, conformément à l'ordre du roi, a éludé. On a pressé la reine mère de remédier aux maux de la religion en France : on lui a fait de vives observations sur l'inconvenance qu'il y avait à recevoir un ambassadeur turc, pendant que ces infidèles assaillaient la chrétienté. Catherine s'est excusée sur ce qu'elle ne pouvait rompre les anciennes alliances tandis que le roi son fils était en jeune âge; puis, après l'entrevue, revenant sur cette fin de non-recevoir, elle a fait proposer une ligue contre le Turc; mais le Roi Catholique ne se fie à elle ni pour ligue ni pour mariages. Si pourtant on avait des preuves de sa bonne foi, on pourrait donner suite à ses propositions.

Le cardinal de Granvelle couronne le tout en écrivant que l'entrevue de Bayonne a eu sans doute pour but d'endormir sur les démarches par lesquelles les Français excitaient les Turcs à la guerre (15 octobre)[1].

En somme, on ne conclut rien, et l'on resta sur les défiances réciproques, assez bien motivées de part et d'autre; car Granvelle complotait, depuis un an, de faire surprendre Metz, et Catherine, de son côté, avant de proposer une ligue à Philippe, avait rêvé une ligue contre Philippe avec le pape, Venise et Florence, afin de reprendre Milan pour son fils favori, le duc d'Orléans[2]. Cependant, les négociations secrètes demeurèrent fort actives entre les deux cours.

1. Granvelle, t. IX, p. 481, 516, 543, 594.
2. Granvelle, IX, 160.

Catherine était repartie de Bayonne en refusant au duc d'Albe de supprimer les prêches autorisés par l'édit d'Amboise dans les provinces voisines des frontières d'Espagne [1]; les chefs protestants, néanmoins, ne doutèrent pas qu'une ligue secrète n'eût été nouée entre les puissances catholiques, et renouèrent de leur côté leurs relations avec l'Angleterre, l'Allemagne et les mécontents des Pays-Bas [2].

La cour, de Bayonne, rentra dans l'intérieur de la Gascogne et passa par Nérac, résidence accoutumée de Jeanne d'Albret : la reine de Navarre fut obligée d'y souffrir le rétablissement du culte catholique, qu'elle avait empêché jusqu'alors; elle suivit avec ses enfants la cour qui cheminait lentement vers la Loire. Davila, le serviteur et l'historien italien de Catherine, raconte que, le long de la route, Charles IX montrait avec dépit à Jeanne les églises dévastées, les couvents en ruines, les statues brisées, les sépulcres ouverts. S'il en faut croire Davila, l'impression que produisait ce spectacle sur l'esprit violent du jeune roi, et la haine qui s'allumait chez lui contre les huguenots, se traduisaient dans tous ses gestes et dans toutes ses paroles.

La cour termina enfin au mois de décembre ce long voyage, qui avait rempli près de deux années. Elle ne se reposa que peu de temps à Tours et à Blois, où de nouvelles plaintes lui furent adressées par les réformés des provinces voisines, et ne tarda pas à se remettre en route pour Moulins. Le roi avait convoqué dans cette ville, pour le mois de janvier 1566, les princes, les grands officiers de la couronne, les chevaliers de l'Ordre, un certain nombre de prélats et les présidents des parlements : le motif donné à la convocation était l'urgence de remédier aux désordres constatés et de satisfaire aux doléances reçues par le roi durant son voyage. La reine mère, quels que fussent ses desseins ultérieurs, voulait retarder l'explosion des nouveaux orages qui montaient à l'horizon. La querelle du cardinal de Lorraine et du maréchal de Montmorenci était toujours pendante, et l'ajourne-

---

1. Par compensation, elle souffrit que la Biscaye et le Guipuzcoa fussent démembrés par le pape du diocèse de Bayonne, comme une partie de la Belgique l'avait été de la province ecclésiastique de Reims.

2. Castelnau, l. VI, c. 1. — La Popelinière, t. I, p. 382.

ment imposé aux poursuites des Guises contre Coligni, pour le meurtre du duc François, devait expirer avant un an : Catherine entreprit d'accommoder ces deux grandes affaires. Il fallut que le vieux connétable menaçât son fils aîné de le déshériter pour que celui-ci se décidât à prononcer quelques paroles de paix. Il y eut moins de difficultés du côté du cardinal de Lorraine, qui sacrifiait tout au désir de se concilier la reine : le cardinal et le maréchal protestèrent n'avoir pas eu intention de s'offenser mutuellement. Une scène plus dramatique se passa le 29 janvier dans le conseil du roi : Coligni jura qu'il n'avait été ni l'auteur ni le complice de l'assassinat du duc de Guise et défia au combat quiconque voudrait soutenir le contraire. Le conseil, à l'unanimité, déclara qu'il n'existait aucunes charges contre l'amiral, et le roi le déclara innocent et « enjoignit aux parties de vivre désormais en paix et amitié ». Le cardinal de Lorraine et la veuve du prince assassiné, Anne d'Este, promirent d'obéir et donnèrent à l'amiral le baiser de paix; mais le jeune duc Henri de Guise, qui accomplissait sa seizième année et qui n'avait point paru à Moulins, ne se crut pas engagé par les paroles de sa mère et de son oncle. Le duc d'Aumale protesta plus ouvertement : il retarda son arrivée à Moulins, pour ne point prendre part à la réconciliation, et, quand il fut en présence des Châtillons, il manifesta son animosité contre eux avec tant de violence, que la reine fut obligée d'éloigner les deux partis de la cour. Coligni et d'Andelot accusèrent d'Aumale d'avoir tenté de les faire assassiner. La reine de Navarre, irritée de la rigueur avec laquelle on interdisait le culte réformé à la cour, ne tarda point à se retirer aussi avec ses enfants et à regagner la Gascogne et le Béarn. Au sortir d'une assemblée où l'on venait de jurer la paix, tout le monde prévit le retour prochain de la guerre [1].

L'assemblée de Moulins eut des résultats plus durables dans l'ordre civil que dans l'ordre politique : Catherine, tout en abandonnant secrètement la politique de L'Hospital, laissait encore au chancelier liberté entière quant aux réformes judiciaires et civiles,

---

1. De Thou, l. xxxix. — Davila, t. I, p. 181-182. — La Popelinière, t. I, f° 383. *Journal* de Brûlart, p. 163.

et L'Hospital poursuivait toujours la pensée de cette grande ordonnance d'Orléans, dont les articles les plus importants étaient demeurés sans exécution par la résistance de Rome et des parlements et par les désordres de la guerre. L'épuration de la magistrature, la simplification de la justice, le préoccupaient sans cesse : peu de lois et de bonnes lois, c'était là un de ses axiomes; il eût voulu substituer autant que possible, dans la jurisprudence, l'équité naturelle à l'érudition indigeste et sophistique : il avait vu de plus près, en faisant le tour de la France, la corruption de l'ordre judiciaire, et il en était revenu désolé et indigné [1]. Une ordonnance, élaborée par le chancelier, fut discutée entre lui et les chefs des parlements appelés à Moulins. Depuis l'ordonnance d'Orléans, L'Hospital avait déjà publié plusieurs édits d'une haute portée : il avait réuni, en 1561, la postulation et la plaidoirie des procès, c'est-à-dire les fonctions des procureurs et celles des avocats, dans l'espoir de relever le caractère des procureurs; mais l'esprit de chicane était trop invétéré pour que de tels remèdes pussent être efficaces. C'était aux transactions commerciales que l'esprit de chicane était le plus funeste, et les commerçants désiraient ardemment être jugés « d'après la bonne foi, non d'après la subtilité des lois et ordonnances ». L'Hospital avait entrepris de les satisfaire en les faisant juger par leurs pairs, et le premier tribunal de commerce avait été fondé à Paris par ordonnance de novembre 1563, sous le titre de juridiction consulaire [2]. Le parlement de Paris entrava tant qu'il put cette institution, qui enlevait

1. Une phrase de son discours d'ouverture de l'assemblée de Moulins mérite d'être citée. — « Qu'on n'accuse pas le temps de telle perversité, ains (mais) la malice des hommes. Il n'est saison si fâcheuse qui puisse détourner ni le bon juge de faire droiture, ni le bon théologien d'interpréter sainement les Écritures, ni le sage capitaine de bien servir son roi et défendre le royaume. Par ainsi faut-il régler et châtier les fautes des hommes, et non se plaindre du temps, qui va selon que les hommes se gouvernent. » La Popelinière, t. I, f° 383. — C'est là l'éternelle réponse de la vertu à cette fatalité qui est, dans les temps d'anarchie morale, l'excuse et le refuge des âmes faibles et des cœurs corrompus.

2. Le nouveau tribunal se composa d'un juge et de quatre consuls des marchands, élus pour un an. La première année, le prévôt des marchands, les échevins et cent notables bourgeois furent chargés de l'élection : l'année expirée, le juge et les consuls sortant de charge devaient appeler soixante notables marchands qui éliraient trente d'entre eux, lesquels, avec le juge et les consuls sortants, choisiraient les nouveaux juges et consuls. Leurs jugements devaient être sans appel jusqu'à concurrence de 500 livres. Isambert, t. XIV, p. 153.

aux tribunaux civils les affaires commerciales; mais L'Hospital n'était point accoutumé à reculer devant le parlement : non-seulement il maintint les juges-consuls à Paris, mais il les établit à Orléans, à Troies, à Reims, à Sens, à Beauvais, à Bourges, à Soissons (février-novembre 1566)[1]. Le temps n'a fait que consolider, en la généralisant, cette création d'un grand homme.

Un édit de janvier 1564, embrassant des matières fort diverses, avait restreint de nouveau les abus de la juridiction ecclésiastique, en statuant qu'il fallait être engagé dans les ordres majeurs, c'est-à-dire être au moins sous-diacre, pour avoir droit d'être renvoyé aux juges d'Église. Les vérifications des parlements sur les édits, et les réponses sur requêtes, durent être désormais rédigées en français : c'était le complément de l'édit de Villers-Cotteretz. En « tous actes et écritures », l'année dut commencer dorénavant le 1er janvier. Cette dernière mesure rétablissait l'antique année romaine à la place de l'année chrétienne, commençant à Pâques : la mobilité du jour de Pâques donnait à l'année pascale les plus graves inconvénients et l'avait toujours fait repousser par une grande partie de la chrétienté[2]. Le parlement de Paris résista, comme il résistait à tous les progrès, et ne subit la réforme de l'année qu'après l'assemblée de Moulins[3].

En février 1566 parut la grande ordonnance de Moulins en quatre-vingt-six chapitres, qui réunit, développa, compléta les réformes judiciaires partielles opérées depuis l'ordonnance d'Orléans : L'Hospital y combinait tous les moyens possibles d'obliger les magistrats inférieurs à observer les ordonnances et à « faire droiture », suivant son énergique expression ; il prescrivait des tenues périodiques de Grands Jours dans les provinces; durant les intervalles entre les Grands Jours, les maîtres des requêtes de

1. Isambert, t. XIV, p. 184.
2. Malgré les beaux travaux des bénédictins sur l'*art de vérifier les dates,* la vieille année pascale est encore aujourd'hui une source de fréquentes erreurs dans les travaux historiques : il est superflu de dire que, dans tout le cours de cette histoire, nous avons réduit les années pascales en années commençant au 1er janvier.
3. De Thou, l. xxxvi. — Isambert, XIV, p. 169. — Quelques-unes des dispositions de l'édit de janvier 1564 attestent ce qu'on pourrait nommer des préjugés classiques chez L'Hospital : ainsi la défense de constituer à une fille plus de 10,000 livres de dot, défense qui ne fut pas plus observée que les lois somptuaires et qui appartient au même ordre d'idées.

l'hôtel devaient faire des tournées alternatives, à la manière des *missi dominici* de Charlemagne, afin de présenter au chancelier des rapports sur l'administration de la justice dans tout le royaume; les juges élus étaient soumis à des examens de capacité et devaient avoir au moins vingt-cinq ans : il ne devait plus y avoir qu'un présidial par bailliage, et chaque présidial ne serait plus composé que de six juges : les gages des magistrats supprimés accroîtraient aux autres; mais les épices étaient abolies à peine de concussion. — Les juges laïques poursuivront et jugeront les criminels ecclésiastiques avant de les renvoyer aux juges d'Église pour les peines canoniques. — La connaissance de toutes causes civiles est ôtée aux magistrats municipaux : on leur laisse la police et les causes criminelles selon les priviléges de leurs villes. Par compensation, les villes où la police était administrée par les officiers royaux ou par ceux des seigneurs hauts justiciers obtiennent le droit de former par voie d'élection un tribunal de police dont les membres prêteront serment devant les juges du roi ou du suzerain. — Chaque ville, bourg ou village est tenu de nourrir ses pauvres; la mendicité vagabonde est interdite. — La preuve par témoins ne sera plus admise en matière civile pour une valeur supérieure à cent livres. — Des peines graves sont portées contre les libelles. — Les banquets et assemblées de confrérie sont interdits. Ce n'était pas la première fois que L'Hospital s'attaquait aux confréries organisées « parmi le menu peuple sous prétexte de religion »; il y voyait un dangereux instrument de faction et de guerre civile; mais ses efforts furent impuissants contre ces associations, qui couvraient de leur réseau toutes nos cités [1].

Le parlement de Paris, quoique ses chefs eussent participé à la rédaction de l'œuvre de L'Hospital, n'enregistra qu'après plusieurs mois de remontrances et de tracasseries. L'édit de Moulins est demeuré, avec celui de Villers-Cotteretz, une des bases de la législation française jusqu'à la Révolution [2].

---

1. Isambert, t. XIV, p. 189-212.
2. Le savant jurisconsulte Gui Coquille avait laissé, sur l'assemblée de Moulins, des *Mémoires* cités dans le catalogue de ses œuvres; il est fâcheux que ce document n'ait point été publié.

C'est un des plus imposants spectacles de l'histoire que de voir ce noble vieillard travailler ainsi au profit d'un lointain avenir pour se consoler de son impuissance contre les misères du présent. L'Hospital n'avait plus ses illusions de 1560 : il luttait sans aide et sans espoir; il voyait la France invinciblement entraînée jusqu'au fond d'un abîme de malheurs et de forfaits. — « Quand cette neige sera fondue, disait-il tristement en passant la main sur sa barbe blanche, quand cette neige sera fondue, il ne restera que de la boue!... »

Les catholiques et les protestants étaient comme deux nations ennemies en présence sur le même sol : il était impossible que cette trêve menteuse, qui remplaçait la guerre ouverte par l'émeute et l'assassinat, subsistât longtemps encore : l'intolérance était égale des deux côtés; on était de part et d'autre également disposé à recourir à la force pour empêcher l'exercice du culte ennemi; mais, dans les rixes qui éclataient partout et sans cesse, tout l'avantage était pour les catholiques, beaucoup plus nombreux[1] et favorisés par les magistrats, par la plupart des chefs militaires et par la cour. Leurs excès étaient toujours impunis; ceux des protestants toujours châtiés à la dernière rigueur; il n'y eut peut-être pas une seule exécution à mort en punition des meurtres innombrables commis sur les réformés[2]. L'octroi de la liberté du culte aux catholiques des domaines d'Albret, concession qui dut coûter à l'impérieuse Jeanne, ne rendit pas plus modérés les catholiques d'Aquitaine et de Languedoc. Les confréries bravaient impunément l'ordonnance de Moulins : ces associations religieuses avaient d'étroites affinités avec les corps de métiers, chaque métier ayant son patron, sa bannière bénite et ses pra-

---

1. Rien n'est plus difficile à établir, même approximativement, que la force respective des deux partis : il y a des écrivains qui prétendent que les protestants formaient au moins le quart de la population française; Castelnau les réduit au centième! Le nonce Prosper de Sainte-Croix les élève du huitième au dixième de la population totale. Le chiffre de trois à quatre cent mille hommes, sans les femmes et les enfants, ce qui faisait peut-être un million et demi d'individus, nous paraît le plus vraisemblable. En 1562, la population de la France était probablement fort au-dessous de vingt millions d'âmes. Après la première guerre civile, le nombre des protestants commença de s'affaiblir.
2. On prétend que, depuis trois ans, il avait péri plus de trois mille huguenots. *V.* de Thou, l. xxxix; — La Popelinière, l. x, f° 384.

tiques dévotes ; mais des personnages plus considérables s'affiliaient aux artisans pour les diriger. « Les confréries, observe un historien [1], avaient des lieux et des jours d'assemblée fixés, une police, des repas, des exercices, des deniers communs : il suffit d'ajouter à cela un serment d'employer ses biens et sa vie pour la défense de la foi. Avec cette formule, les confréries devinrent, comme d'elles-mêmes, dans chaque ville, des corps de troupes prêts à agir au gré des chefs, et leurs bannières, des étendards militaires. » Au-dessus des confréries particulières commençaient à se former les confréries du Saint-Esprit, associations générales qui tendaient à réunir tous les catholiques zélés de chaque province.

A ces éléments de force matérielle, le parti catholique commençait à joindre des moyens d'action d'un autre ordre : le mouvement parti de Rome sous Paul IV gagnait la France ; les jésuites avaient enfin pris pied sur notre sol. L'assemblée gallicane de Poissi ne les avait approuvés comme société enseignante qu'à condition qu'ils abjureraient leur nom et leur règle. Les jésuites firent grand bruit de cette approbation plus qu'équivoque, se turent sur les conditions restrictives, et, trois ans après, voyant à la tête de l'université de Paris un recteur bien disposé pour leur institut, ils se firent immatriculer dans le corps universitaire et ouvrirent leur collège de Clermont (depuis le collège Louis le Grand), dans la rue Saint-Jacques, sous le titre de Collège de la Société de Jésus (octobre 1564). Mais leur incorporation n'avait point été autorisée par les quatre facultés et leurs classes furent bientôt suspendues par un nouveau recteur. Les jésuites présentèrent requête au parlement afin d'obtenir l'incorporation définitive : le parlement les renvoya devant le recteur, pour qu'ils eussent à lui exposer la nature et le but de leur institut. C'était les jeter dans un grand embarras : s'ils se disaient prêtres séculiers, ils mentaient ; s'il s'avouaient réguliers ou moines, ils se mettaient en opposition avec l'église gallicane, qui n'avait pas consenti à les accueillir en qualité de nouvel ordre religieux. Ils s'en tirèrent avec cette subtilité qui devint un de leurs attributs distinctifs, et refusèrent de « prendre qualité pré-

---

1. Anquetil, *Esprit de la Ligue*, t. I, p. 206.

cise ». L'université refusa de les recevoir dans son sein et leur interdit l'enseignement public. L'évêque, les curés, le corps de ville, les ordres mendiants soutinrent l'université avec ensemble. Les intérêts s'accordaient avec les opinions pour combattre les jésuites : les uns repoussaient les disciples d'Ignace comme ultramontains, les autres comme nouveaux venus et comme rivaux.

Les jésuites en appelèrent au parlement : l'université soutint le procès, après avoir demandé une consultation au fameux Charles Dumoulin, tout suspect qu'il fût d'hérésie [1]. Cette affaire eut un éclat extraordinaire : les deux avocats les plus renommés du barreau de Paris, Étienne Pasquier et Pierre Le Tourneur (*Versoris*), plaidèrent, celui-ci pour, celui-là contre les jésuites. On remarque, dans leurs plaidoyers, que *Versoris*, quoique dévoué aux Guises et à la faction ultra-catholique, n'ose pas nier la supériorité du concile sur le pape, tandis que le gallican Pasquier dit nettement que, plus la Société de Jésus se montre soumise au pape, plus elle doit être suspecte aux Français. Il reproche aux jésuites d'extorquer des testaments au profit de leurs collèges et d'aspirer à ruiner l'enseignement salarié de l'université par leur enseignement gratuit [2]. Le procureur général

1. Dumoulin, à la vérité, était en train de se brouiller avec les calvinistes : il inclinait beaucoup plus à la confession d'Augsbourg qu'à celle de Genève et, dans sa *Concorde des quatre Évangélistes*, qu'il publia en 1565, il attaqua vivement certaines doctrines de Calvin. Le déchaînement des théologiens de Genève contre lui et le chagrin que lui causaient les troubles de la France produisirent sur lui une telle réaction qu'il retourna à l'ancienne religion et mourut catholique, en décembre 1566. V. sa *Vie*, par J. Brodeau. — De Thou, l. xxxviii.

2. L'université n'aurait point eu à redouter ce moyen de concurrence, si les réformes proposées par Pierre Ramus avaient été adoptées : Ramus, nommé, sous Henri II, membre d'une commission pour la réforme de l'université, présenta à Charles IX un Mémoire plein de vues très-remarquables sur ce sujet : il eût voulu qu'on réduisît le nombre illimité des régents, qu'ils fussent salariés par l'État aux dépens des couvents et des chapitres, que l'instruction fût gratuite, et que l'on séparât les collèges, ou l'enseignement moyen, des Facultés, ou de l'enseignement supérieur, à peu près sur le plan qui a été réalisé depuis la Révolution. Il dénonçait les exactions des suppôts de l'université sur les écoliers : les chiffres qu'il cite sont curieux : l'étudiant avait près de 900 livres à débourser pour arriver au doctorat en médecine, plus de 1,000 (3,000 francs environ, qui en vaudraient au moins 9,000) pour le doctorat en théologie! la faculté de décret (droit canon) s'était réformée en 1534, et les dépenses ne dépassaient pas 28 écus. Ramus réclamait vivement le *rétablissement* (il aurait dû dire l'établissement) de l'enseignement public du droit civil à Paris, interdit par les papes. Il attaque le système dialectique, les débats abstraits sur les règles et les principes, au profit du système pratique, dans l'enseignement des lettres comme dans celui de la

conclut contre les jésuites; mais les chefs du parti catholique, qui voyaient dans la Société de Jésus une machine de guerre formidable aux protestants, firent jouer tant de ressorts, que le parlement ne jugea point à fond, « appointa les parties », et accorda provisoirement aux jésuites l'autorisation de continuer leurs leçons, sans être agrégés à l'université (29 mars 1565). Ce provisoire devint perpétuel. Les succès des jésuites furent rapides : on trouvait chez eux, comme le reconnaît leur adversaire Pasquier, « l'érudition et la religion tout ensemble », et ils apportaient au catholicisme français les connaissances et surtout les talents qui lui avaient manqué jusqu'alors pour combattre la Réforme à armes égales. Ils rendirent l'éducation de la jeunesse catholique beaucoup plus littéraire, à la vérité, sans la rendre plus chrétienne; car, agissant tout au rebours des souhaits du réformateur Ramus, ils détournèrent systématiquement leurs écoliers de l'étude périlleuse de la Bible pour les rejeter dans la littérature classique et mythologique de la Renaissance. Ils eurent bientôt des établissements florissants à Lyon, à Toulouse, à Bordeaux, dans toutes nos principales villes : ils s'adressaient au peuple par la prédication, comme à la jeunesse par l'enseignement, et leur célèbre orateur Edmond Auger, Champenois dressé à Rome par Ignace de Loyola [1], reçut de l'enthousiasme de ses partisans le surnom de *Chrysostôme françois*. Le catéchisme rédigé par Auger eut un débit immense.

L'importance de la Société de Jésus s'accroissait journellement en Europe : elle envahissait une grande partie de l'Allemagne et se prenait hardiment corps à corps avec la Réforme sur son sol natal; forte du patronage de la branche ducale de Bavière, qui semblait ambitionner un rôle inverse de celui qu'avait rempli la

---

médecine. En théologie, il voudrait qu'on substituât les livres saints aux *questionnaires* du moyen âge. Ses opinions protestantes s'étaient renforcées; il attaque la philosophie païenne en général, Platon comme Aristote, en faveur de l'enseignement exclusif de la Bible. Cet intéressant Mémoire a été réimprimé dans le tome V des *Archives curieuses de l'Histoire de France*. Sur l'affaire des jésuites, *V.* de Thou, l. XXXVII; — *Histoire ecclésiastique*, l. CLXVIII-CLXIX. — *Lettres* d'Étienne Pasquier, l. IV, let. 24.

1. Il avait été envoyé en France par sa compagnie vers 1559 : ses fougueux sermons excitèrent, dit-on, des émeutes sanglantes contre les protestants. Il faillit être pendu par représailles à Valence en 1562; mais son éloquence toucha un ministre protestant, qui le sauva. *V.* Ch. Labitte, *Prédicateurs de la Ligue*, p. 20.

maison de Saxe, la Société faisait de Munich une Rome allemande et de l'université d'Ingolstadt la rivale de Wittemberg. Ses émissaires se répandaient d'une part en Autriche, en Hongrie, en Pologne, de l'autre dans la Souabe et les électorats ecclésiastiques. Le protestantisme était ébranlé dans des provinces où il avait eu naguère une supériorité décidée. Il est très-remarquable que les contrées où éclata cette espèce de contre-révolution catholique correspondaient à peu près aux provinces occupées autrefois par les Romains : c'est à l'occasion du protestantisme que s'est manifestée, mais c'est à l'empire romain et même au delà que remonte la distinction fondamentale qui existe entre la vraie Germanie, la vieille Teutonie du Nord, et ces régions rhénanes et danubiennes, où la langue teutonique recouvre un vieux fond de race celtique et de tradition gallo-romaine, rebelle au véritable esprit germanique.

Les dispositions personnelles de l'empereur Maximilien II ralentirent cependant l'impulsion donnée par les jésuites au catholicisme dans l'Allemagne méridionale : l'empereur manifestait une impartialité entière entre les deux factions religieuses; à la diète qu'il avait convoquée à Augsbourg en 1566, pour obtenir des secours contre les Turcs en Hongrie, il s'occupa non-seulement à pacifier les catholiques et les protestants, mais encore à réconcilier les protestants entre eux : le calvinisme, prépondérant chez les protestants des Pays-Bas et ralliant ceux des réformés allemands qui avaient eu du penchant pour les doctrines sacramentaires, gagnait du terrain aux dépens du luthéranisme, et la confession de Genève venait d'être adoptée par l'électeur palatin et par ses sujets, à la vive satisfaction des protestants français, mais au grand courroux des luthériens : Maximilien ferma les yeux sur cette innovation, contraire aux termes de la paix de Passau. Le parti ultramontain obtint toutefois un succès à la diète d'Augsbourg; ce fut l'adoption du concile de Trente par les princes catholiques allemands [1].

Catherine de Médicis, bien éloignée des intentions loyalement conciliatrices de l'empereur, eût souhaité néanmoins son alliance

---

1. Consultez Ranke, *Hist. de la Papauté*, l. v, *passim*; Coxe, *Histoire de la maison d'Autriche*, t. II, c. 36.

comme contre-poids à la pression de Philippe II : elle lui fit demander la main d'une de ses filles au nom de Charles IX ; mais les agents de l'Espagne se jetèrent à la traverse et poussèrent Maximilien à répondre qu'il n'entendrait à ce mariage qu'après que la France aurait rendu à l'Empire Metz, Toul et Verdun [1].

Philippe II tout à la fois empêchait le gouvernement français de s'appuyer au dehors sur d'autres alliances que la sienne et le poussait au dedans vers les dernières violences. Le cardinal de Lorraine, désormais tout espagnol [2], avait repris crédit auprès de la reine mère. La cour de Rome secondait énergiquement le roi d'Espagne. Le pape Pie IV était mort le 9 décembre 1565 et avait été remplacé par le grand inquisiteur Michel Ghislieri, cardinal d'Alexandrie, qui prit le nom de Pie V. Ce nouveau pontife, sombre, austère, ennemi des abus, du népotisme et des vices, ardent à poursuivre les réformes intérieures commencées sous l'influence de saint Charles Borromée, mais d'autant plus impitoyable qu'il était plus sincère dans ses convictions fanatiques, rappela le terrible Paul IV, avec la gravité et la dignité des formes en plus. L'âme et les mœurs des Simon de Montfort et des Arnaud Amauri revivaient dans SAINT PIE V, comme l'appellent les ultramontains qui ont fait de lui leur idéal. Une sombre terreur comprima de nouveau la pensée humaine dans toute l'Italie ; l'inquisition fit remonter ses poursuites jusqu'à vingt années en arrière ; trois des premiers littérateurs de l'Italie montèrent au bûcher comme hérétiques : le docte Padouan Zanetti, l'éloquent Annius Palearius, de Milan, et le Florentin Pietro Carnesecchi. Les agents du saint-office vinrent réclamer Carnesecchi à la table même du duc de Florence, dont il était le sujet et l'ami. Le duc Côme n'osa défendre son hôte. Un homme tel que Pie V ne pouvait comprendre la politique tortueuse de Catherine de Médicis :

1. De Thou, l. xxxix. — Catherine avait fait faire auparavant des propositions de mariage à la reine d'Angleterre, d'abord pour le roi, puis pour son frère Henri, quoique Élisabeth eût plus du double de l'âge de ces jeunes princes. — V. Castelnau. — — Mignet, *Marie Stuart*, t. I, ch. IV.

2. « N'y a famille en ce royaume qui soit plus dédiée au service de Votre Majesté que la nôtre. » Lettre du cardinal de Lorraine à Philippe II, du 19 novembre 1568. *Papiers* de Simancas, B 23, pièce 69.

il frémissait de courroux en apprenant les ménagements que gardait la reine mère envers les chefs des huguenots, surtout envers le « cardinal apostat », Odet de Châtillon, qui avait enfin résigné son évêché, mais qui touchait encore le revenu de ses bénéfices.

Il était évident que Catherine ne pourrait plus louvoyer longtemps : les chefs protestants ne contenaient qu'à grand'peine leurs coreligionnaires aigris par de continuels outrages, et les événements des Pays-Bas devaient décider la crise en France. Les huguenots se sentaient d'autant plus étroitement liés aux réformés des Pays-Bas, que ceux-ci avaient en grande majorité quitté le luthéranisme pour le calvinisme. Le refus fait par Philippe II d'accorder aucun adoucissement au régime qui pesait sur les Pays-Bas avait amené l'explosion. Durant l'hiver de 1565 à 1566, une grande partie de la noblesse se confédéra pour repousser l'inquisition et défendre les libertés publiques [1]. Les confédérés se rendirent en corps à Bruxelles et demandèrent à la gouvernante Marguerite d'Autriche la suspension de la persécution et la convocation des États Généraux (avril 1566). Quelques-uns des conseillers de la gouvernante voulurent d'abord traiter la requête avec dédain [2] : plusieurs des gentilshommes confédérés étant pauvrement habillés, le comte de Berlaimont prétendit qu'on ne devait point « avoir peur de pareils gueux ». Les confédérés adoptèrent par bravade le surnom qu'on leur donnait par mépris; ils s'habillèrent de bure comme les « gueux » (les mendiants) et attachèrent à leurs chapeaux des cuillers et des écuelles de bois; le cri de : « Vivent les Gueux » ! devait bientôt retentir au milieu des batailles !

La gouvernante n'avait presque point de forces militaires à sa

---

1. L'acte de confédération, qu'on nomma le « compromis des nobles », fut rédigé par un jeune homme de race et de langue française (fils d'un Savoyard et d'une Bourguignonne), qui devait être, autant que Guillaume de Nassau lui-même, le fondateur de la république hollandaise. C'était Philippe de Marnix, seigneur de Sainte-Aldegonde, grand homme trop peu connu de la France et qu'un illustre écrivain a récemment relevé à la place qui lui appartient. *V.* le *Marnix* de M. Edgar Quinet; Paris, 1854.

2. La requête, comme le « compromis des nobles » et l'acte d'union de l'église réformée d'Anvers, premier acte officiel de la réforme neerlandaise, avait été rédigée par Marnix. E. Quinet; *Marnix*, p. 31.

disposition : elle essaya de gagner du temps par des promesses vagues; les populations perdirent patience; les protestants se soulevèrent d'une extrémité à l'autre des Pays-Bas et, comme en France, se vengèrent de leur longue oppression sur les monuments des arts catholiques; la cathédrale d'Anvers et une foule d'autres églises furent cruellement dévastées. Le culte réformé s'installa dans plus de la moitié des villes sans que les gouverneurs pussent y mettre obstacle. Marguerite d'Autriche fit comprendre au roi son frère qu'il fallait céder, au moins pour un moment : elle obtint de Philippe II l'autorisation d'accorder un pardon général et traita avec la noblesse confédérée par l'entremise du prince d'Orange, gouverneur de Hollande, de Zélande, d'Utrecht et d'Anvers, du comte d'Egmont, gouverneur de Flandre et d'Artois, et du comte de Horn, amiral de Flandre : c'étaient les trois plus grands seigneurs des Pays-Bas et, tout en soutenant les intérêts et les libertés de leur patrie, ils avaient gardé beaucoup de ménagements envers le roi et la gouvernante et n'étaient point entrés dans la confédération des Gueux. La gouvernante, par acte du 23 août 1566, suspendit les persécutions et permit provisoirement les prêches partout où ils s'étaient établis sans permission.

La conduite de Philippe II fut un chef-d'œuvre de perfidie : tandis qu'il écrivait officiellement à Marguerite qu'il n'avait « jamais eu d'autre intention que de traiter ses sujets avec toute la clémence possible, n'abhorrant rien tant que la voie de rigueur » (31 juillet), il mandait au pape qu'il ne pardonnerait qu'en ce qui le concernait et pour les délits qu'il était en son pouvoir de remettre, mais qu'il ne se désisterait pas de venger Dieu (12 août). C'est la plus colossale application qu'on ait jamais faite de la doctrine de l'équivoque, dont les casuistes jésuites n'avaient pas encore donné la théorie. La restriction mentale enveloppait ici l'extermination d'un peuple [1].

---

1. Reiffenberg; *Correspond. de Marguerite d'Autriche*, p. 96-105; — Gachard, *Corresp. de Philippe II*, t. I, p. CXXIII; 446. « Vous assurerez Sa Sainteté que je tâcherai d'arranger les choses de la religion aux Pays-Bas, si c'est possible, sans recourir à la force, parce que ce moyen entraînera la totale destruction du pays, mais que je suis déterminé à l'employer cependant, si je ne puis d'une autre manière régler le tout comme

Il feignit de savoir gré à Orange et aux autres seigneurs de leurs efforts pour arrêter les désordres populaires; mais, en même temps, il écrivit à la gouvernante de lever des troupes allemandes et wallonnes, afin de se maintenir et de regagner le plus de terrain possible, jusqu'à l'arrivée d'une armée espagnole. Marguerite prétexta la nécessité de réprimer les séditions et les violences contre le culte catholique. Devant les armements de Marguerite, les Gueux reprirent les armes, et le premier auteur de leur confédération, Marnix, prépara un grand coup pour s'emparer d'Anvers et de la Zélande. L'heure était décisive : si les trois grands seigneurs, Orange, Egmont et Horn, se fussent déclarés, ou même Orange seul, à défaut des deux autres trop éloignés de cette pensée, le succès de la révolution eût été assuré.

Le prince d'Orange, très-flottant jusqu'alors en matière de religion et peu sympathique au calvinisme, ne se décida point. La gouvernante fit prendre l'offensive à ses généraux dans le pays wallon, où les catholiques avaient conservé la supériorité du nombre : Tournai se soumit; Valenciennes, déclarée criminelle de lèse-majesté par Philippe II pour avoir refusé de recevoir garnison, se rendit à discrétion après trente-six heures de batterie. De nombreux supplices suivirent cette victoire; les huguenots français qui s'étaient jetés dans Valenciennes n'obtinrent aucune merci (24 mars 1567) [1]. La prise de Valenciennes jeta partout l'effroi : pendant que l'insurrection wallonne succombait, le mouvement échouait aussi en Zélande; Bois-le-Duc était repris; les Gueux étaient écrasés sous les murs d'Anvers, qu'Orange et les luthériens fermèrent à la révolte calviniste (23 mars) : les prison-

---

je le désire, et, en ce cas, je veux être moi-même l'exécuteur de mes intentions, sans que ni le péril que je puis courir, ni la ruine de ces provinces, ni celle des autres états qui me restent puissent m'empêcher d'accomplir ce qu'un prince chrétien et craignant Dieu est tenu de faire pour son saint service et le maintien de la foi catholique. » *Lettre de Philippe II à son ambassadeur à Rome*, ap. Gachard; *ib*. Philippe tint parole quant à la ruine de la Belgique « et de ses autres états »; mais il ne fut pas lui-même « l'exécuteur de ses intentions »; il se vantait en avançant que le péril ne le retiendrait pas; il ne savait tuer que de loin. Tels étaient envers les Pays-Bas les sentiments de l'homme à qui l'on a osé élever récemment une statue dans Bruxelles.

1. Le gouvernement français, dès l'année précédente, avait défendu à ses sujets, sous peine de la vie, de porter secours aux rebelles des Pays-Bas contre le roi d'Espagne.

niers furent égorgés par ordre de la gouvernante. Anvers et les principales villes de Hollande, de Zélande, de Frise, furent occupées militairement; le culte protestant disparut aussi vite qu'il s'était élevé et les vengeances du gouvernement furent même secondées, à Gand et ailleurs, par une réaction populaire qu'avaient provoquée les excès des réformés. Les poutres des temples protestants, rapidement construits, plus rapidement abattus, servirent de gibets pour pendre ceux qui les avaient érigés. Le prince d'Orange comprit trop tard que Philippe II n'en resterait pas là et profiterait du raffermissement de son autorité pour écraser tout ce qui portait obstacle au despotisme. Il ne voulut être ni le témoin ni la victime des catastrophes qui se préparaient : il préféra se réserver d'en être un jour le vengeur; il se démit de tous ses emplois et engagea les comtes d'Egmont et de Horn à quitter avec lui les Pays-Bas. Egmont ne put croire que Philippe eût oublié ses services et son sang tant de fois versé pour la maison d'Autriche : il repoussa les avis d'Orange et voulut le détourner de sacrifier ainsi sa fortune : « Adieu, prince sans terres! lui dit-il enfin. — Adieu, comte sans tête! » répondit Orange. Et ils se séparèrent pour ne plus se revoir. Orange se retira en Allemagne, dans les domaines héréditaires des Nassau (avril 1567)[1].

Les succès de la gouvernante et la soumission des Pays-Bas n'avaient ni modifié les plans ni ralenti les préparatifs de Philippe II : le Roi Catholique ne voulait plus seulement détruire l'hérésie, mais effacer jusqu'aux derniers vestiges des libertés neerlandaises et wallonnes. La nomination du duc d'Albe au commandement des forces militaires destinées pour les Pays-Bas annonçait assez les desseins de Philippe. Une dizaine de mille hommes des vieilles bandes espagnoles et italiennes, les soldats les plus aguerris de l'Europe, s'étaient rassemblés sur les confins du Milanais et du Piémont : le duc d'Albe vint, au mois de juin, se mettre à la tête de ces troupes, que devaient joindre, chemin faisant, quatre mille Allemands et quelques centaines de cavaliers franc-comtois.

---

1. De Thou, l. XL-XLI. — Strada, *De Bello Belgico*. — Bentivoglio, *Guerre di Fiandra*, l. II-III. — Bernardino de Mendoça. V. surtout le récit d'Edgar Quinet, d'une lumière et d'une vigueur extraordinaires.

Albe demanda le passage par la Provence et le Dauphiné : Catherine refusa, de peur, écrivit-elle, de donner trop tôt l'éveil aux huguenots; mais on ne peut guère douter qu'elle n'ait promis d'agir contre l'hérésie dès que le duc d'Albe se serait établi solidement dans les Pays-Bas. Durant la lutte qui avait grondé si près de nos frontières, elle paraissait estimer que c'était « grand heur de se voir délivrés de pareilles calamités et d'être en repos », et « qu'il se falloit mettre en peine de s'y conserver [1] »; mais, depuis le succès des armes de la gouvernante, elle devenait moins pacifique.

Elle continuait néanmoins son jeu double. Tandis qu'elle assurait secrètement de sa coopération le lieutenant de Philippe II, elle affectait, dans le conseil du roi, une extrême défiance du passage de cette armée espagnole sur la frontière : elle fit si bien que Condé et les Châtillons eux-mêmes conseillèrent ou approuvèrent la levée d'un gros corps suisse et l'accroissement des compagnies françaises pour mettre nos places à l'abri de tout danger. Les chefs protestants pressèrent Charles IX et sa mère de barrer la route au duc d'Albe dans la Savoie et la Bresse; quelques hommes éclairés, étrangers ou même hostiles au calvinisme, mais dévoués avant tout à leur patrie, eussent souhaité qu'on profitât de la situation des Pays-Bas pour arracher les provinces belges à l'Espagne [2]. Catherine était bien éloignée d'une telle pensée! Au lieu d'arrêter la marche du duc d'Albe, elle lui envoya des vivres et des munitions : les soupçons un peu ébranlés des huguenots se raffermirent; le corps entier de la Réforme européenne s'émut de ce qui se passait dans les Pays-Bas et de ce qui semblait s'apprêter en France. Pendant que les républiques helvétiques et surtout Genève voyaient en frémissant l'Espagnol à leurs portes, Charles IX reçut à Paris une grande ambassade

---

1. Mss. de Béthune, v. 8703, f° 90.
2. *V.* sur ce sujet, les solides réflexions de Pasquier : « Si nous étions bien avisés, il y auroit maintenant matière de réunir l'état de Flandre au nôtre; mais la folie de ceux qui pensent être les plus sages ne le permet pas..... Il est aux portes de Paris, et, par manière de dire, un faubourg; toutefois jamais ne s'est préparée occasion pour le recouvrer, que nous ne l'ayons laissé échapper, pendant que, par discours fantasque, nous nous amusons à la conquête d'Italie, que Nature a séparée d'avec nous de mœurs, de langue et d'un haut entrejet de montagnes. » L. v, *lett.* 1.

envoyée par l'électeur palatin et cinq autres princes allemands, qui priaient le roi de France, au nom de l'ancienne amitié qui les unissait à sa couronne, de faire observer fidèlement l'édit de pacification et de laisser prêcher et ouïr l'Évangile sans obstacle à Paris et partout ailleurs.

Cette intervention étrangère blessa singulièrement le jeune monarque, qui avait alors dix-sept ans et dont le caractère se montrait de plus en plus impétueux et irascible. Il répondit avec emportement qu'il conserverait l'ancienne amitié de sa couronne pour les princes d'Allemagne, à condition que ceux-ci ne se mêleraient pas plus de ses affaires qu'il ne se mêlerait des leurs. Le lendemain, Charles IX « rabroua » fort rudement l'amiral, qui se plaignait de l'inégalité avec laquelle on traitait les catholiques et les réformés. « Vous ne demandiez d'abord qu'un peu d'indul« gence, dit-il : aujourd'hui vous voulez être nos égaux, demain « vous voudrez être nos maîtres et nous chasser du royaume ! » On prétend que le roi, en rentrant dans la chambre de sa mère, s'écria « qu'il étoit de l'avis du duc d'Albe, et que de pareilles têtes étoient trop hautes dans un état [1] ». Le duc Henri d'Anjou [2], jeune homme de quinze à seize ans, dont Catherine exaltait avec prédilection l'ambition précoce, eut aussi sur ces entrefaites une scène violente avec le prince de Condé ; le vieux Montmorenci souhaitait résigner l'épée de connétable à son fils aîné, et Condé, fort mal à propos pour les intérêts de la Réforme, se jetait, pour son propre compte, en travers de cet arrangement. Catherine engagea le vieillard à garder son titre et fit promettre par Charles IX au duc d'Anjou la lieutenance générale du royaume, qui emportait le commandement suprême des forces militaires. De cette occasion naquit la haine du jeune duc d'Anjou contre Condé, haine qui eut de tragiques résultats [3].

L'exaspération des huguenots était au comble : le ministre Sureau osa publier un livre où il avançait que c'était chose permise de tuer le magistrat ou le prince persécuteur de l'Évan-

---

1. Davila, L. IV, p. 157-158. Davila, toutefois, ne doit être lu qu'avec réserve.
2. On avait donné à l'aîné des deux frères de Charles IX le duché d'Anjou en échange de celui d'Orléans, réuni à la couronne.
3. *Histoire des cinq rois* (par J. de Serres), p. 318. — Brantôme, *Vie du prince de Condé*. — Davila, t. I, p. 188.

gile¹. Des lettres anonymes menaçaient Catherine du sort de François de Guise. Un grand nombre de protestants avaient pris les armes pour défendre Genève contre les Espagnols et s'étaient enfermés dans cette métropole du calvinisme. Le duc d'Albe n'attaqua point Genève : il gagna les Pays-Bas par la Bresse, la Franche-Comté et la Lorraine (juillet-août); le premier acte de son autorité fut l'arrestation des comtes d'Egmont et de Horn : personne ne résista. Les chefs des protestants français reçurent presque en même temps cette nouvelle et l'avis secret² que la cour de France allait suivre l'exemple du duc d'Albe, que la révocation de l'édit d'Amboise, la captivité éternelle de Condé et la mort de Coligni étaient décidées. Les emprunts que contractait le gouvernement, les levées de soldats qui se poursuivaient sous des capitaines hostiles à la Réforme, l'entrée en France de six mille Suisses, qu'on faisait avancer à grandes journées au cœur du royaume, sous prétexte d'en former un corps d'observation sur la frontière de Picardie, tout indiquait en effet que la cour méditait quelque chose de sinistre. On était assuré maintenant que ses préparatifs ne menaçaient pas l'Espagne; donc, ils menaçaient la Réforme. Néanmoins, on n'a jamais connu avec certitude le plan de Catherine.

Les chefs protestants s'étaient déjà réunis deux fois depuis un mois à Valeri, chez le prince de Condé, et à Châtillon, chez l'amiral, sans pouvoir s'accorder sur la justice et la nécessité de la révolte. Coligni avait retenu jusqu'alors la fougue de ses amis : une fois la nécessité d'agir démontrée, il proposa et fit adopter le plan le plus audacieux : c'était d'insurger en masse les protestants, d'attaquer et de détruire les Suisses avant qu'ils fussent renforcés de troupes françaises, d'arrêter ou de chasser le cardinal de Lorraine et de s'emparer du roi, de ses frères et de sa mère, afin de gouverner sous le nom de Charles IX³. Les espé-

---

1. La Popelinière, t. I, f° 383, v°. — Davila, t. I, p. 195.
2. On a cru que cet avis venait de L'Hospital.
3. Les événements qui venaient de se passer en Écosse durent encourager les protestants et leur sembler d'un favorable augure. Marie Stuart, après avoir montré en faveur de l'infant d'Espagne des dispositions que l'indécis Philippe II ne sut pas mettre à profit, puis refusé l'archiduc Charles, frère de l'empereur Maximilien II, s'était décidée à épouser, en juillet 1565, son cousin Henri Stuart de Darnley, catholique et

rances de Condé allaient plus loin, peut-être, et le titre de « roi des fidèles » que lui décernaient, dans leurs conciliabules, les plus ardents des huguenots, dut retentir plus d'une fois dans ses rêves ; mais jamais certainement Coligni n'encouragea ces pensées téméraires [1].

bien vu de Philippe II et de Rome. Elle ne tarda pas à se dégoûter de ce jeune homme sans caractère et sans conduite et donna toute sa confiance et plus encore, selon toute apparence, à un jeune aventurier piémontais, David Riccio, de valet de chambre musicien devenu diplomate et agent secret des relations de Marie avec Rome et l'Espagne. Riccio poussait Marie à la téméraire entreprise de restaurer le catholicisme en Écosse. Les chefs protestants gagnèrent Darnley, exaspéré des mépris et de l'infidélité présumée de sa femme. L'époux de Marie fit égorger le favori aux pieds de la reine, enceinte de six mois (9 mars 1566). Le réformateur de l'Écosse, John Knox, consulté sur la légitimité du complot, avait répondu que l'Église de Dieu devait être sauvée, « même au prix du sang d'un idolâtre ». La reine d'Angleterre avait adhéré, au moins par son silence. Ce crime fut vengé par un crime. Marie, après la première explosion de colère, feignit de se réconcilier avec son époux, endormit la défiance de Darnley par des caresses perfides et avec des circonstances odieuses ; puis, une nuit, le pavillon où logeait Darnley sauta en l'air par l'explosion de sacs de poudre, et l'on retrouva le cadavre du prince dans un champ voisin (10 février 1567). Le cri public accusa le comte de Bothwell, nouvel amant de la reine, et la reine elle-même. Les soupçons se changèrent en certitude lorsqu'on vit Bothwell divorcer avec sa femme, puis épouser Marie trois mois après le meurtre de Darnley. Ce mariage monstrueux décida la perte de Marie Stuart. L'Écosse se souleva pour empêcher le meurtrier de Darnley de faire périr l'enfant royal après le père. Les seigneurs qui avaient été complices de Bothwell, parmi lesquels l'archevêque catholique de Saint-André, ne défendirent pas Marie ; la plupart se joignirent aux insurgés ; la reine, abandonnée de son armée, fut obligée de se livrer à ses sujets révoltés, qui l'enfermèrent au château de Lochleven et la contraignirent à résigner la couronne au profit de son fils Jacques VI, enfant de treize mois. La régence fut déférée au comte de Murray, frère naturel de Marie et principal chef des protestants écossais (juillet 1567). V. Mignet, *Marie Stuart*, t. I, ch. III-VI. — *Papiers d'État relatifs à l'histoire de l'Écosse au XVIe siècle, tirés des Archives et Bibliothèques de France, et publiés pour le Banyatine Club d'Edimbourg*; par A. Teulet ; t. II ; Dargaud, *Hist. de Marie Stuart*, t. I, l. v, vi, vii.

1. Nous avons parlé des projets de révolution dynastique attribués par Montluc à des huguenots gascons avant 1562 : une lettre de la duchesse de Ferrare, Renée de France, à Calvin, confirme les accusations du général catholique. « Plusieurs avocats, docteurs ou autres, dit-elle, ont voulu persuader les peuples que le roi de Navarre, et, après lui, le prince de Condé, étoit le roi David, et que David étoit leur similitude... et ont laissé croire aux simples gens telle chose, *pour exterminer un pupille* (Charles IX). » Cette lettre confidentielle, du mois de mars 1564, pleine de révélations précieuses, devait être brûlée et ne le fut pas, probablement à cause de la mort de Calvin. Le tableau que Renée de France y fait du parti calviniste n'est pas flatté : elle décrit sans ménagement « les adulations et envies », les pieux mensonges, les prédications sanguinaires, « jusques à exhorter les simples femmelettes à dire qu'elles voudroient de leurs mains tuer et étrangler » les ennemis de l'Évangile. Ce document a été réimprimé dans le tome V des *Archives curieuses de l'Histoire de France*, p. 399 et suiv. — Il subsiste, des projets d'usurpation de Condé, un monument d'une

Le projet de l'amiral pouvait réussir par l'excès même de sa hardiesse : un service de « postes à pied », secrètement organisé, transmit rapidement, d'un bout de la France à l'autre, les instructions des chefs rédigées en chiffres et en « écritures couvertes ». La noblesse protestante, toujours sur le qui-vive depuis plusieurs mois, dut être tout entière à cheval en quelques jours; l'attaque générale fut fixée à la Saint-Michel (29 septembre). Tandis que divers détachements surprendraient Toulouse, Lyon, Troies et quelques autres places, la noblesse des provinces du Nord devait se réunir à Rosoi (ou Rosai) en Brie, entre Seine et Marne, pour exécuter le grand dessein de l'amiral. Le poste était bien choisi : on savait que la cour passerait les derniers jours de la belle saison dans les châteaux de la Brie. La cour s'établit, en effet, à Monceaux, un peu après la mi-septembre : la sécurité de Catherine était complète; l'époque fatale cependant approchait et chaque jour qui s'écoulait ajoutait aux chances favorables de la conspiration. Les premiers avis sur les mouvements des huguenots, envoyés par Montluc et Tavannes du fond de leurs provinces, furent traités assez dédaigneusement : la reine dépêcha néanmoins le seigneur de Thoré, le plus jeune des fils du connétable, au château de Châtillon : l'envoyé trouva Coligni fort occupé à faire ses vendanges. Catherine se rassura tout à fait et repoussa le conseil de L'Hospital, qui voulait qu'on renvoyât les Suisses afin de rassurer les huguenots. Sur ces entrefaites, les nouvelles les plus menaçantes arrivèrent coup sur coup : Châtillon, si paisible deux ou trois jours auparavant, était encombré de gens armés; la Brie se couvrait au loin de cavalerie. Le connétable se fâcha d'abord, suivant sa coutume, et prétendit qu'il était impossible que cent cavaliers « se missent ensemble » à son

autre nature, une médaille mentionnée par Leblanc (*Traité des monnaies de France*, p. 270), qui dit l'avoir vue à Londres, et décrite par Sécousse (*Mémoires de l'Académie des Inscriptions*, t. XVII, p. 107). C'était, selon Leblanc, un écu d'or portant d'un côté l'écusson de France, de l'autre la tête de Condé, avec la légende : *Ludovicus XIII, Dei gratiâ Francorum rex primus christianus*. Suivant Brantôme, cette pièce aurait été frappée au moment de l'insurrection de 1567 et il en serait tombé un exemplaire entre les mains du connétable, qui l'aurait exhibé en plein conseil, le 7 octobre (*Vie du prince de Condé*). Il reste bien de l'obscurité à cet égard : on peut encore douter que la pièce ait été faite par ordre de Condé; les protestants ont accusé leurs ennemis de l'avoir fabriquée.

insu; on disputait encore, lorsqu'on apprit que Rosoi et Lagni étaient occupés et la route de Paris interceptée par les protestants.

La cour se réfugia en toute hâte à Meaux (25 septembre) et dépêcha courrier sur courrier pour presser la marche des Suisses, qui venaient d'arriver à Château-Thierri. Le 27 septembre, dans la journée, le maréchal François de Montmorenci fut chargé d'aller au-devant des chefs protestants, d'écouter leurs doléances et de les engager à déposer les armes. Le vrai but de la reine était d'arrêter les assaillants quelques heures, afin de donner le temps aux Suisses de gagner Meaux et à la cour de prendre un parti. Ce but fut atteint : Condé et les Châtillons, qui étaient déjà en avant de Lagni, ne purent refuser de conférer avec François de Montmorenci : tandis qu'il discutait avec eux en pleins champs, les Suisses arrivaient à marche forcée; les protestants, avertis enfin de leur approche, se remirent trop tard en route : les Suisses étaient entrés à Meaux au commencement de la nuit.

Il y eut de vifs débats ce soir-là dans le conseil du roi, au retour du maréchal de Montmorenci. Le connétable montra une prudence et une modération inaccoutumées; il proposa de rester à Meaux, d'y attendre des renforts et de négocier plutôt que de risquer, pour rouvrir au roi le chemin de Paris, un combat qui exposerait la personne royale et rendrait toute réconciliation impossible. Mais le cardinal de Lorraine et le duc de Nemours, allié des Guises[1], prétendirent qu'il serait honteux et d'ailleurs tout aussi dangereux pour le roi de se laisser assiéger dans une petite ville. L'Hospital se joignit en vain au connétable : la reine mère, encouragée par les protestations du colonel suisse Pfeiffer, se rangea de l'avis des Lorrains. On partit pour Paris le surlendemain à quatre heures du matin (29 septembre) : la maison du roi et la noblesse de cour, huit ou neuf cents cavaliers, sans autres armes que la cape et l'épée, n'eussent pu soutenir le choc d'une cavalerie bien équipée; mais les six mille Suisses environnaient la famille royale d'un formidable rempart. A une demi-lieue de Claie, on vit paraître sur le flanc gauche de la petite

---

1. Il avait épousé la veuve du duc François, Anne d'Este.

armée royale la cavalerie huguenote, qui avait passé la Marne à Lagni. Le prince et l'amiral n'avaient encore avec eux que cinq cents gentilshommes cuirassés et armés de pistolets et d'épées : la noblesse picarde qu'ils attendaient se trouvait en retard. Cinq cents cavaliers ne pouvaient espérer de rompre six mille fantassins d'élite; il n'y eut que quelques escarmouches, durant lesquelles on remarqua l'air assuré et surtout irrité du jeune roi, qui se mit, l'épée au poing, à la tête des Suisses. Le connétable, craignant que Charles IX ne s'exposât trop et que les huguenots ne reçussent du renfort pendant le trajet, pressa le roi, la reine mère et la cour de gagner Paris par un autre chemin, tandis que lui-même arrêterait l'ennemi avec les Suisses. Charles IX suivit ce conseil et arriva enfin à Paris vers la nuit tombante, « grandement harassé de la faim et de la longue traite ». Il frémissait de colère en pensant que ses sujets l'avaient forcé de fuir devant eux et garda une amère rancune aux réformés [1].

Les protestants faillirent prendre, à défaut du roi, le cardinal de Lorraine : le cardinal avait conseillé à la cour le parti le plus courageux, mais à condition de n'en point partager le péril; tandis que la cour se dirigeait vers Paris, il avait pris la route de Reims : sa couardise faillit lui coûter cher : il alla tomber, près de Château-Thierri, dans une bande de huguenots champenois et ne leur échappa que grâce à la vitesse de son genet d'Espagne : son bagage et sa riche vaisselle furent mis au pillage. Arrivé à Reims, Charles de Lorraine dépêcha message sur message au duc d'Albe pour le conjurer d'entrer en France; il offrait de livrer au duc plusieurs places frontières, priait le Roi Catholique de prendre en sa protection lui et sa maison, si le roi de France s'accordait contre eux avec les huguenots, et engageait Philippe, dans le cas où Charles IX et ses frères viendraient à mourir, à revendiquer la couronne de France au nom de sa femme Élisabeth, se moquant de la Loi Salique [2].

---

1. Castelnau, l. IV, c. 3-5. — *Mémoires* du duc de Bouillon, ap. *Anc. Collect. des Mémoires sur l'Hist. de France*, t. XLVII, p. 422-432. — Ces deux écrivains furent tous deux témoins et acteurs. — Davila, t. I, p. 202-204. — De Thou, t. II, p. 592-594. — La Popelinière, part. II; f° 18. — Tavannes, *Anc. Collect.* XXVII, p. 121-122. — Pasquier; l. v, *let.* 2. — Brûlart, p. 176.
2. Gachard; *Correspond. de Phil. II*, t. I, p. 593. — Lettre du duc d'Albe à Phil. II,

Ainsi, dès 1567, les Lorrains provoquaient, au moins éventuellement, la destruction de la nationalité française.

Les chefs huguenots, cependant, continuaient les hostilités avec une vigueur et une violence extrêmes : après avoir échoué dans une tentative comme celle de Meaux, ils ne pouvaient se sauver qu'à force d'énergie. Ils osèrent entreprendre de bloquer Paris avec une poignée de soldats : ils donnèrent rendez-vous à tous leurs partisans sous les murs de la capitale ; rejoints à Claie par la noblesse protestante de Picardie, qui avait surpris en passant Soissons dès le 27 septembre [1], ils brûlèrent en une nuit tous les moulins qui alimentaient la partie septentrionale de Paris, de la porte du Temple à la porte Saint-Honoré, tâchèrent d'intercepter les arrivages de la basse Seine en occupant Saint-Denis, ceux de la Marne en tenant Lagni, ceux de la haute Seine et de l'Yonne en envoyant garnison à Montereau. Ils établirent leur quartier général, le 2 octobre, à Saint-Denis, dont le prince de Condé fit fermer l'église pour la préserver des profanations, et ne suspendirent pas leurs opérations durant les pourparlers commencés à Claie et continués à Saint-Denis sous les auspices de L'Hospital. Le chancelier alla deux fois conférer avec le prince de Condé. Les chefs protestants ne se contentaient plus de l'édit d'Amboise : ils demandèrent la liberté de leur culte « sans distinction des lieux ni des personnes », l'égale admission aux emplois pour les sectateurs des deux religions, la réduction des impôts, augmentés sans raison par l'avarice des conseillers étrangers et surtout des « Italiens », qu'on investissait de hauts emplois au préjudice de la noblesse française, enfin, la convocation des États Généraux. Ils affichèrent leurs requêtes dans toutes les villes dont ils s'étaient emparés. A ces réclamations hautaines, qui s'attaquaient mainte-

du 1er novembre 1567. « La Loi Salique est une plaisanterie (una baia) », dit le duc d'Albe.

1. Les huguenots laissèrent à Soissons une garnison qui commit des dévastations effroyables dans cette ville, alors si riche en monuments religieux : de cette époque date la ruine de la célèbre basilique de Saint-Médard, l'édifice le plus considérable qui subsistât en France de l'époque carolingienne. La description faite par M. P. Lacroix du sac des églises et des abbayes soissonnaises (*Histoire de Soissons*, t. II, p. 420 et suivantes), d'après les manuscrits locaux, offre le tableau le plus exact et le plus complet de la situation des vieilles villes de France sous la domination des huguenots.

nant à « l'Italienne » au moins autant qu'aux « Lorrains », Catherine fut saisie d'une colère qui lui fit oublier sa dissimulation habituelle : deux déclarations royales contre les insurgés furent publiées les 6 et 13 octobre, et, le 7 de ce mois, un héraut alla sommer les chefs protestants de venir trouver le roi « sans armes », ou de déclarer s'ils entendaient s'avouer rebelles. Ce ton de maître étonna les chefs huguenots : ils craignirent que les prétentions politiques qu'ils avaient émises ne leur nuisissent auprès des souverains étrangers; ils répondirent avec modération et ne parlèrent plus que de la religion et de la sûreté des personnes. C'était bon pour le dehors, mais mauvais pour l'intérieur, où les réclamations politiques leur eussent fait des amis.

Le connétable, un peu refroidi par l'âge et influencé par son fils aîné, semblait se rapprocher de L'Hospital : il renoua les négociations, presque malgré la reine; il eut, à la Chapelle-Saint-Denis, une conférence avec Condé et les Châtillons; mais on ne put s'entendre : les protestants réclamaient une liberté religieuse illimitée et définitive; le connétable prétendait que l'édit d'Amboise n'était que provisoire et que le roi ne pouvait promettre de renoncer à rétablir un jour l'unité catholique. On se sépara, après une altercation très-vive entre le connétable et son neveu, l'ex-cardinal de Châtillon, qui était au camp des huguenots en habit de cavalier. La reine vit avec une joie cruelle la rupture des Montmorencis et des Châtillons; L'Hospital vit avec une profonde douleur la querelle remise encore une fois à la décision des armes et l'étranger rappelé en France par les deux partis. Les huguenots dépêchèrent des agents en Allemagne; la reine mère envoya Castelnau à Bruxelles demander du secours au duc d'Albe et implora l'assistance pécuniaire du pape et des princes italiens. La ville de Paris donna 400,000 livres et mit sur pied un gros corps de milice : le peuple avait été réarmé le jour même de l'arrivée du roi; un certain nombre de prélats assemblés à Paris pour les affaires de l'Église votèrent 250,000 écus au nom du clergé; on ouvrit des emprunts sur l'hôtel de ville au denier douze, garantis par les décimes du clergé[1]; on leva des emprunts

---

1. Pasquier, l. v, let. 4. — L'assemblée ecclésiastique de 1567 consentit à ce que le clergé, à partir de l'expiration des engagements qu'il avait contractés envers la

forcés sur de riches marchands; on engagea les diamants de la couronne à Venise pour 100,000 écus; les rubis à Florence pour 100,000 autres [1].

Les compagnies d'ordonnance, la noblesse catholique, les enseignes d'infanterie, entraient à la file dans Paris : les huguenots se renforçaient aussi, quoique en bien moindre proportion, et leurs affaires étaient en assez bon état dans les provinces; s'ils n'avaient pas réussi à surprendre Lyon, Toulouse, Metz ni Troies, ils avaient été plus heureux à Orléans, à Dieppe, à Auxerre, à Mâcon, à la Charité, à Vienne, à Valence, à Sisteron, à Montpellier, à Nîmes, à Montauban [2] : les citadelles construites dans plusieurs de ces villes servirent à fortifier la rébellion qu'elles devaient, disait-on, rendre impossible. Le 24 octobre, un corps de quatre mille réformés normands, angevins, bretons et manceaux, après avoir pris sur son chemin Étampes et Dourdan, traversa la Seine en bateaux près de Saint-Cloud, dont le pont était occupé par les catholiques, et joignit Condé et les Châtillons à Saint-Denis. Les chefs protestants profitèrent de ce renfort pour occuper encore de nouveaux postes au nord, à l'est et à l'ouest de Paris, dans le double but d'affamer cette capitale et de fermer le passage au secours préparé, disait-on, par le duc d'Albe. D'Andelot se porta sur Poissi avec un très-fort détachement; Montgommeri fut expédié contre Pontoise.

C'était une grande témérité que de diviser ainsi ses forces en présence d'un ennemi très-supérieur en nombre : c'était trop

---

couronne en 1561, se substituât au roi dans le service de 630,000 livres de rentes annuelles sur l'hôtel de ville, moyennant que lesdites rentes fussent rachetables en dedans dix ans, au prix de 7,560,036 livres. — *Hist. ecclés.*, t. XXXIV, p. 499.

1. *Papiers* de Simancas; B. 23, pièce 101.

2. Les protestants souillèrent leurs succès à Nîmes et à Alais par d'affreux massacres, que l'évêque de Lodève, Briçonnet, vengea par des atrocités semblables. L'évêque de Nîmes, Bernard Delbène, eût été précipité dans un puits, après bien d'autres catholiques, si son grand vicaire ne se fût généreusement sacrifié pour le sauver et mourir à sa place. A Montpellier, les huguenots ruinèrent la superbe cathédrale de Saint-Pierre, bâtie par le pape Urbain VI au XIVe siècle, et toutes les autres églises. V. *Histoire de Languedoc*, l. XXXIX, p. 275; *Mémoires* de J. Philippi, président en la cour des aides de Montpellier; ancienne *Collection des Mémoires sur l'Histoire de France*, t. XLVI, p. 393-395-398. — Déjà, en 1562, les sépultures de Maguelonne, l'antique chef-lieu de l'évêché transféré plus tard à Montpellier, avaient été ruinées, ainsi que les vingt-cinq églises et chapelles des beaux faubourgs de Montpellier.

compter sur le système temporisateur du connétable. Montmorenci, à la vérité, eût volontiers attendu la jonction d'un corps de cavalerie wallonne et flamande qui se formait à Cambrai; mais les cris du peuple de Paris ne lui laissaient point de relâche : les Parisiens, furieux de voir saccager leurs terres et leurs maisons de campagne, disaient, dans leur langage pittoresque, que c'était « grande honte de laisser une mouche assiéger un éléphant; » le parti lorrain accusait le connétable de connivence avec ses neveux. Montmorenci se décida enfin à saisir l'offensive : le 10 novembre, l'armée catholique sortit de Paris et se déploya dans la plaine des Vertus. Elle comptait six mille Suisses, dix mille fantassins français, tant de la milice parisienne que des compagnies régulières, trois mille chevaux et dix-huit pièces de canon.

Condé et Coligni, que d'Andelot et Montgommeri ne pouvaient rejoindre à temps, n'avaient guère sous la main que quinze cents chevaux, douze cents arquebusiers à pied, quelques centaines de piquiers et pas un canon : sur leurs quinze cents cavaliers, trois cents à peine étaient armés de lances, les autres, d'épées et de pistolets; un grand nombre n'avaient pas d'armures; pas un cheval n'était bardé. Les généraux huguenots, cependant, considérant qu'une retraite sans combat découragerait leurs amis des provinces et de l'étranger, acceptèrent avec audace cette lutte si prodigieusement inégale. A la lenteur des mouvements du connétable, ils jugèrent que la journée serait fort avancée avant que l'attaque commençât et que la nuit viendrait bientôt en aide aux plus faibles. Ils ne se laissèrent pas enclore dans Saint-Denis et partagèrent leur petite armée en trois corps : Condé au centre, en avant de Saint-Denis; Coligni, à droite, couvrant Saint-Ouen; le Picard Genlis, sur la gauche, à Aubervilliers. Ils distribuèrent habilement leurs arquebusiers pour soutenir les cavaliers et déployèrent leur cavalerie en haie afin de dissimuler sa faiblesse numérique. Le connétable donna la même disposition à sa gendarmerie, au lieu de profiter de sa supériorité pour doubler les files; il tira peu de parti de son artillerie et encore moins de ses masses d'infanterie. Après quelques volées de canon, le connétable fit attaquer Aubervilliers; Genlis s'y défendit avec succès, tandis qu'au centre et à droite, Condé et Coligni chargeaient avec furie, perçaient la haie de la gendarmerie catholique et rejetaient une partie de cette cavalerie sur le régiment parisien, fort de six mille hommes, qui était placé en seconde ligne et qui se mit en désarroi. Le connétable, qui faisait face à Condé, environné, blessé, sommé de se rendre, ne répondait qu'à grands coups d'épée : serré de près par l'Écossais Robert Stuart, il lui brisa deux ou trois dents d'un revers du pommeau de son épée; Stuart ou quelque autre (on ne le sut jamais avec certitude) lui lâcha un coup de pistolet dans les reins et il tomba mortellement blessé.

Les maréchaux de Montmorenci et de Damville arrivèrent au secours de leur père, trop tard pour le sauver, mais assez tôt pour l'arracher vivant des mains des ennemis; François de Montmorenci, renforcé par un corps de réserve aux ordres de Damville et du duc d'Aumale, rétablit le combat au centre et dispersa les arquebusiers protestants qui avaient fait merveilles : la nuit tomba, très à propos pour les huguenots. Ils se retirèrent sur Saint-Denis, sans être poursuivis, et y furent rejoints, durant la nuit, par la division de d'Andelot, raccourue de Poissi. L'armée catholique rentra dans Paris, après avoir occupé le champ de bataille quelques heures en signe de victoire; mais, dès le lendemain, les huguenots reparurent dans la plaine, brûlèrent le village de la Chapelle, insultèrent les barrières de Paris et présentèrent de nouveau la bataille aux catholiques[1].

La bataille ne fut point acceptée : les chefs catholiques étaient réunis autour du lit de mort de leur général, qui expira le 12 novembre, deux jours après le combat[2]; il avait près de soixante-quinze ans. Peu de personnages historiques ont fourni une aussi longue carrière politique et militaire; le nom d'Anne de Montmorenci retentissait depuis plus d'un demi-siècle à la cour et dans les armées; mais sa valeur réelle, comme politique et comme guerrier, était bien au-dessous de sa renommée. C'était

---

1. La Popelinière, *deuxième part.*, f° 26-30. — De Thou, l. XLII. — Castelnau, l. IV, c. 5-7. — Tavannes, t. XXVII, p. 126-130. — Pasquier, l. v, *let.* 4. — Brûlart, p. 170-184. — D'Aubigné, col. 303-307, édit. de 1626.

2. Fidèle à son caractère jusqu'au bout, Montmorenci « rabrouoit » encore en mourant le moine qui le confessait. Davila, t. I, p. 173.

le dernier des quatre grands chefs catholiques qui avaient donné le signal de la guerre civile en 1562 : la guerre civile les avait dévorés tous les quatre.

On fit à Montmorenci des obsèques quasi-royales ; mais il y manqua cette sympathie et ce deuil populaire qui avaient donné un caractère si solennel aux funérailles du grand Guise.

La bataille de Saint-Denis couvrit de gloire les protestants [1] et leur donna l'avantage immédiat d'enlever toute unité d'action à l'armée catholique, privée du seul général qui pût imposer son autorité à tant de princes et de capitaines ombrageux et jaloux; mais d'autres intérêts bien différents trouvèrent aussi leur compte à la mort de Montmorenci. On ne crut point à la sincérité des regrets de la reine mère, qui subissait malgré elle les services impérieux du connétable, et les Guises virent sans chagrin le chef d'une maison rivale périr presque sous les coups de ses propres neveux. Personne ne jugea plus sainement que le maréchal de Vieilleville cette sanglante journée dont les deux partis s'attribuaient le succès. « Votre Majesté, sire, dit Vieilleville au roi, « n'a point gagné la bataille, encore moins le prince de Condé. « — Et qui donc ? — Le roi d'Espagne ; car il est mort, de part « et d'autre, assez de vaillants capitaines et de braves soldats « françois pour conquêter la Flandre et tous les Pays-Bas [2] ».

Montmorenci ne fut pas remplacé dans l'office de connétable : la reine mère ne voulut confier à aucun capitaine un si grand pouvoir et fit donner à son fils préféré, le duc d'Anjou, le commandement suprême avec le titre de lieutenant-général du royaume, sous prétexte qu'il n'était pas séant à « la majesté du roi » de marcher en personne contre des rebelles. Catherine voulait, autant que possible, détourner Charles IX de commander et d'agir par lui-même. Charles, violent, inégal, capable de brusques élans et de révoltes soudaines contre la domination maternelle,

---

1. Un ambassadeur turc, qui, du haut de Montmartre, fut témoin de la bataille, exprima bien vivement son admiration pour les huguenots, en voyant cette poignée d'hommes enfoncer tant d'escadrons et de bataillons. « Oh ! s'écria-t-il, si le Grand Seigneur avoit mille hommes tels que ces *blancs*, pour mettre à la tête de chacune de ses armées, l'univers ne lui dureroit que deux ans ! » D'Aubigné, t. I, col. 307.

2. *Mém.* de Vieilleville, l. IX, c. 30.

n'inspirait, au fond, à sa mère que de l'inquiétude et de l'antipathie : bien dupe qui jugerait Catherine sur l'étalage hypocrite de tendresse maternelle qui remplit ses lettres; Catherine n'eût jamais d'affection que pour un seul de ses enfants, celui qui devait être Henri III, nature docilement perverse qui se laissa pétrir au gré de sa mère et préparer au rôle du *Prince* selon Machiavel interprété par Catherine. Il le gâta plus tard en y ajoutant des vices de son crû, des vices *nuisibles* qui perdirent le fruit des crimes *utiles*. Sa mère en espérait mieux et l'aimait comme la vipère aime le plus venimeux de ses rejetons.

Les huguenots, malgré l'honneur qu'ils avaient acquis, furent obligés de changer leur plan de campagne : trop peu nombreux, ils n'avaient pas réussi à affamer Paris, et les puissants renforts qui arrivaient de nouveau à l'armée royale rendaient leur position de plus en plus périlleuse. Le comte d'Aremberg amenait au roi de France, par ordre du duc d'Albe, quinze cents chevaux flamands et wallons [1], et l'on attendait sept ou huit mille Gascons levés par Montluc. A la vérité, un corps presque aussi nombreux de protestants poitevins et gascons était en route pour le camp des insurgés, et d'autres levées huguenotes se faisaient dans la Haute Guyenne, le Haut Languedoc et les provinces du centre : la guerre s'éparpillait bien moins qu'en 1562 et les deux partis travaillaient à concentrer leurs forces. Mais l'arrivée des protestants d'Aquitaine n'eût pas rétabli l'équilibre; les secours attendus d'Allemagne pouvaient seuls y suffire. Les généraux huguenots résolurent d'aller au-devant de ces secours, qu'ils n'avaient pas obtenus sans peine. Les agents de Catherine avaient réussi à persuader aux princes luthériens que la rébellion des huguenots était politique et non religieuse; les électeurs de Saxe et de Brandebourg, le landgrave de Hesse, le margrave de Bade refusèrent leur assistance aux révoltés, et un des princes de Saxe s'enrôla même à la solde de Charles IX. L'électeur palatin, zélé calviniste, ne se laissa point ébranler : il promit d'envoyer aux huguenots son fils

---

1. Le duc d'Albe, après la réception des dépêches du cardinal de Lorraine, avait offert de marcher en personne avec vingt mille combattants au secours de Charles IX. Catherine ne voulut pas se donner un maître et n'accepta pas. — Castelnau, l. vı, c. 6-9. — Gachard, *Corresp. de Philippe II*, t. I, p. 608.

Jean-Casimir et, malgré l'opposition de la plupart des princes, les aventuriers allemands accoururent s'enrôler pour la guerre de France en plus grand nombre que la première fois.

Condé et les Châtillons décampèrent donc le 14 novembre et se retirèrent de Saint-Denis à Montereau : ils y furent rejoints par six ou sept mille hommes de Guyenne et de Poitou, qui avaient pris, en passant, quelques canons à Orléans, redevenu la capitale des huguenots. Ils se remirent en route à la fin du mois pour la Lorraine, malheureux pays condamné à servir de grand chemin à toutes les armées entre la France et l'Allemagne : ses faibles souverains n'étaient pas en état de faire respecter leur territoire. La marche des huguenots à travers la Champagne, au cœur de l'hiver, fut aussi pénible que dangereuse : sans ressources, sans magasins, sans places fortes, réduits à vivre de la rançon des petites villes et des bourgades qu'ils traversaient, suivis à quelques lieues de distance par une armée plus que double de la leur et bien pourvue de toutes choses [1], il eussent été infailliblement accablés si les forces catholiques eussent été mieux dirigées; mais les divisions des capitaines qui commandaient sous un général de seize ans firent perdre aux catholiques tout le bénéfice de leur nombre. Le maréchal de Cossé-Gonnor [2] et plusieurs autres capitaines répugnaient à faire s'entr'égorger tant de milliers de Français. Les protestants franchirent sans obstacle la Seine et la Marne. Catherine accourut au camp pour tâcher d'apaiser les dissensions des lieutenants de son fils et d'amuser les huguenots par des pourparlers. Les chefs protestants lui dépêchèrent le cardinal de Châtillon, le diplomate du parti, mais continuèrent leur route. Tandis que Châtillon se débattait avec les négociateurs de la reine

---

1. La cour faisait argent de tout pour nourrir la guerre. La vénalité des charges reparut le front levé, foulant aux pieds la législation de L'Hospital. Le chancelier ne put empêcher la publication d'un édit du 12 novembre, qui permit aux officiers de justice de transmettre leurs offices à prix d'argent, moyennant que le tiers du prix fût versé dans les coffres de l'État : on créa treize nouvelles charges de maîtres des requêtes, qu'on vendit 18,000 livres chacune, douze de conseillers laïques au parlement, à 12,000 livres, sept de conseillers au Châtelet, à 6,000 livres. — Isambert, t. XIV, p. 225. — *Journal* de Brûlart, p. 184. — On créa d'autres charges encore; puis, au mois de janvier 1568, on fit, dans chaque bonne ville, douze nobles à prix d'argent. — Isambert, t. XIV, p. 226.
2. Frère du feu maréchal de Brissac.

mère, Condé et Coligni entrèrent en Lorraine et opérèrent leur jonction avec le prince Jean-Casimir, près de Pont-à-Mousson (11 janvier 1568). La joie des huguenots fut extrême quand ils virent se déployer aux bords de la Moselle les épais escadrons des « cavaliers noirs »[1] : Jean-Casimir avait amené huit mille chevaux de combat et trois mille lansquenets. Cet élan de joie fut suivi d'un moment d'angoisse : les mercenaires allemands réclamèrent 100,000 écus d'or que leur avaient promis les agents de Condé pour le jour de la jonction ; le prince n'en avait pas 2,000 à leur donner et déjà les reîtres menaçaient de s'en retourner. L'armée protestante fut admirable : tous ces hommes, qui faisaient la guerre à leurs dépens depuis trois mois, se dépouillèrent du peu qui leur restait pour satisfaire leurs avides auxiliaires et sauver « la cause ». Les simples soldats et jusqu'aux *goujats* (valets de soldats) rivalisèrent de zèle avec les seigneurs et les gentilshommes. En donnant tout, on n'arriva qu'à 30,000 écus ; mais Jean-Casimir, touché du dévouement des huguenots, décida ses soldats à se contenter provisoirement de cet à-compte[2].

Les réformés revinrent à leur premier dessein de concentrer les hostilités autour de Paris ; faire souhaiter la paix aux Parisiens, si ardents à la guerre civile, semblait toujours le point décisif. Les troupes catholiques étaient encore de beaucoup les plus nombreuses : le duc de Nevers[3], arrivé de Piémont avec un corps italien soldé par le pape[4], auquel il réunit les forces catholiques du Dauphiné et quatre mille Suisses de nouvelles levées, avait repris Mâcon chemin faisant, puis s'était rallié à l'armée du duc d'Anjou ; néanmoins la reine mère ne voulut point qu'on hasardât de bataille pour arrêter les huguenots. On se contenta de les harceler et de munir de garnisons toutes les places importantes des contrées qu'ils devaient traverser. L'armée protestante, voyant les principaux passages des rivières bien gardés, fit un

---

1. *Schwarz-reiter*. Les reîtres portaient des armures noires.
2. La Noue, c. 15. Brantôme dit qu'une harangue de Ramus entraîna les reîtres.
3. Ludovic de Gonzague. Le duché de Nevers venait de passer, par mariage, de la maison allemande de Clèves dans la maison italienne des Gonzagues, marquis de Mantoue.
4. Pie V contribua de 10,000 onces d'or pour la guerre contre les « hérétiques de France ».

grand détour, alla franchir la Marne et la Seine près de leurs sources, gagna Auxerre et le Gâtinais, puis, tout à coup, se porta rapidement sur Chartres, pas assez rapidement toutefois pour que les généraux catholiques n'eussent pas le temps de jeter dans Chartres une bonne garnison (24 février). La ville fut investie. Condé et les Châtillons furent joints sur ces entrefaites par cinq ou six mille huguenots du Midi, reste de dix ou douze mille qui, après avoir guerroyé avec diverses fortunes en Languedoc, en Dauphiné, en Auvergne, avaient débloqué récemment Orléans et pris Blois. Ils purent alors disposer de vingt-huit à trente mille combattants : les catholiques en avaient au moins quarante mille, sans compter quatre ou cinq mille reîtres que leur amenait le duc Jean-Guillaume de Saxe. On n'avait pas encore vu de telles forces en présence dans la guerre civile.

Les protestants avaient reçu la nouvelle d'un succès considérable dans l'Ouest : la Rochelle, cette forte cité maritime que l'intérêt de ses priviléges et de son commerce avait fait hésiter à s'immiscer dans la première guerre de religion, venait de se déclarer en faveur de l'insurrection (10 février). La Rochelle fut désormais la place d'armes du parti réformé dans les régions aquitaniques et garda une inviolable fidélité à la cause qu'elle avait embrassée [1].

Le siége de Chartres était une entreprise bien calculée pour obtenir, soit une bataille décisive, ce que désiraient surtout les protestants, soit un grand avantage moral et matériel à la fois par la prise d'une ville importante sous les yeux de l'armée catholique. Cette alternative commença d'effrayer Catherine : L'Hospital redoubla d'efforts, dans le conseil, auprès de la reine mère, auprès du jeune roi. On a conservé un mémoire qu'il adressa, en faveur de la paix, à Charles IX[2] : il y démontrait avec une courageuse franchise que les protestants ne s'étaient armés que pour sauver leur liberté et leur vie : il y exprimait des vœux pour que

---

1. Un écrivain rapporte que Catherine, après la paix de 1563, avait vendu 200,000 francs aux Rochellois la suppression de la garnison placée dans leur ville par le duc de Montpensier. Ces 200,000 francs coûtèrent cher ! — Coustureau, *Vie du duc de Montpensier.*

2. *Discours des raisons et persuasions de la paix en 1568*, par M. le chancelier de L'Hospital ; ap. *Anc. collect. des Mémoires sur l'Histoire de France*, t. XLVIII, p. 224.

la « naturelle bonté » du roi et de ses frères ne fût pas « corrompue par des pestes sanguinaires! » Les vœux de L'Hospital ne devaient point être exaucés! Cependant il atteignit, du moins en apparence, le but immédiat qu'il poursuivait. Catherine offrit aux réformés des conditions de paix non-seulement acceptables, mais avantageuses : c'était le maintien de l'édit d'Amboise, avec abolition de toutes les restrictions qui l'avaient modifié depuis 1563 ; la liberté religieuse serait maintenue aux réformés, « jusqu'à ce qu'il plût à Dieu que tous les sujets du roi fussent réunis en une même religion. » Les auxiliaires allemands seraient congédiés avec de l'argent avancé par le roi. Les protestants n'avaient rien de plus à demander, sinon des garanties pour l'exécution de si belles promesses ; mais, quand on parla de garanties, de places de sûreté, les négociateurs de Catherine se récrièrent contre cet outrage à la parole royale. Les pourparlers traînèrent plus de trois semaines. Chartres, cependant, tenait toujours ; les assiégeants souffraient beaucoup : les gentilshommes protestants, à bout de ressources, tourmentés par la pensée des dangers que couraient leurs familles en leur absence, criaient d'accepter la paix offerte par le roi ; des compagnies entières s'en retournaient sans congé : il était à craindre que l'argent de la cour ne finît par débaucher une partie des reitres. Les chefs durent céder à la nécessité : Condé le fit avec assez d'insouciance ; Coligni, avec une répugnance excessive et seulement à la dernière extrémité. L'édit de la paix fut signé à Longjumeau le 23 mars et enregistré le 27 au parlement de Paris [1].

Cette paix mal assurée souleva au même degré la défiance des protestants et la colère des catholiques. Rome et l'Espagne exprimèrent le plus violent mécontentement et Catherine eut grand'peine à les calmer par la protestation secrète que ses desseins n'étaient pas changés. Rien n'était plus inopportun que cette paix pour Philippe II, qui venait de démasquer son système d'extermination et qui se fermait la voie à toute transaction avec les novateurs. Une mystérieuse tragédie s'était jouée dans l'intérieur

---

[1]. La Popelinière, *deuxième part.*, fos 48-49. — De Thou, l. XLII, t. II, p. 605-625. — La Noue, c. 17-18. — Davila, t. I, p. 226. — Castelnau, l. VI, c. 2. — L'ambassadeur d'Angleterre, Thomas Sackville, figura comme médiateur.

de la maison royale d'Espagne : l'infant don Carlos, fils de Philippe et d'une princesse de Portugal, sa première femme, devenait de plus en plus suspect à son père à mesure qu'il avançait en âge : aussi emporté, aussi impétueux, aussi désordonné que Philippe était faux et taciturne, il dissimulait mal son mépris pour le règne des moines et son aversion pour son père; bien que violent jusqu'à la férocité, il affectait d'être révolté du cruel traitement infligé aux Pays-Bas; il s'était mis en rapport avec leurs envoyés à la cour d'Espagne; il avait essayé, dit-on, de s'évader pour passer en Flandre et il annonçait l'intention de défaire tout ce que faisait son père. Philippe porta plus loin ses soupçons et se persuada que l'infant conspirait contre sa vie. Une nuit, à la suite d'une conférence entre le roi et le tribunal suprême de l'inquisition, don Carlos fut arrêté dans sa chambre par Philippe en personne (18 janvier 1568); quelques jours après, Philippe signifia officiellement au nonce du pape l'arrestation de son fils, déclarant « qu'il avoit préféré l'honneur de Dieu et la conservation de la religion catholique à sa propre chair et à son sang, et que, pour obéir à Dieu, il avoit sacrifié son fils unique [1]. » Ces paroles semblaient annoncer que le père avait décidé la mort de son fils. Don Carlos mourut en effet dans sa prison. Suivant les historiens espagnols, il fut enlevé, vers la fin de juillet 1568, par une fièvre maligne; mais l'opinion générale, au dehors, fut qu'il avait été mis à mort en vertu d'une sentence de l'inquisition, et cette opinion n'a été ébranlée que de nos jours par la connaissance de documents où l'on a cru voir que la nature épargna ce grand attentat au Roi Catholique, que la santé de don Carlos était ruinée par ses excès et qu'on le laissa s'éteindre [2]. La reine d'Espagne, Élisabeth de France, suivit de près au tombeau le fils de son époux : elle mourut en couches la même année (3 octobre 1568), et un sombre roman fut édifié sur ces deux tombes : on raconta, en France et partout, qu'Élisabeth et Carlos, destinés l'un à l'autre avant que Philippe prît pour lui-même la fille de Henri II, s'étaient

---

1. Lettre du nonce du pape; ap. *Laderchii Annal. eccles.*, t. XXIII, p. 144.
2. W. H. Prescott; *History of the reign of Philip II, King of Spain*; London; 1855. — Il reste bien des obscurités; V. les lettres citées par M. Charrière, *Négociations du Levant*, t. III, p. 20 et suiv.

épris d'une passion mutuelle et que le monarque jaloux les avait fait périr tous les deux. Le caractère d'Élisabeth, mieux connu, a démenti cette tradition, et la jeune femme de Philippe II nous apparaît maintenant toute soumise à l'influence de son époux et absorbée par le fanatisme qui l'entoure.

Si l'équitable histoire incline maintenant à décharger Philippe II des crimes qu'on lui imputait envers sa famille, elle n'a point à tempérer ses jugements sur les crimes de Philippe envers ses sujets et envers l'humanité : les premières violences du duc d'Albe n'avaient été que de faibles préludes. Le 16 février 1568, l'inquisition d'Espagne condamna en masse, sauf exceptions nominales, tous les peuples, ordres et états des Pays-Bas, et les déclara hérétiques, apostats et criminels de lèse-majesté, les uns, pour s'être ouvertement révoltés contre Dieu et le roi ; les autres, pour n'avoir pas réprimé les rebelles. Le duc d'Albe fut chargé de mettre à exécution cette monstrueuse sentence : dès la fin de l'année précédente, la gouvernante Marguerite d'Autriche, voyant son autorité annulée de fait par les pouvoirs extraordinaires du duc d'Albe, avait envoyé sa démission à Philippe II. Le duc érigea, sur les ruines de tous les droits et de toutes les lois des Pays-Bas, un tribunal d'exception qu'il appela le « Conseil des troubles, » et que les Espagnols eux-mêmes qualifièrent de « Tribunal de sang » (*el tribunal de la sangre*). Les échafauds furent dressés en permanence dans toutes les villes ; les emprisonnements, les confiscations, les exécutions se succédaient d'heure en heure [1] ; personne n'était assez inoffensif ou assez obscur pour être assuré d'échapper à l'arrêt de proscription lancé contre un peuple entier ; la terreur planait sur toutes les provinces ; des milliers de citoyens, l'élite des Pays-Bas, fuyaient cette terre de désolation ; les nobles, les gens de guerre se retiraient en Allemagne pour y préparer la vengeance ; les négociants, les fabricants émigraient en Angleterre. Le « Tribunal de sang » avait entamé le procès des comtes d'Egmont et de Horn : le prince d'Orange fut à son tour sommé de comparaître ; il repoussa la compétence de ces bourreaux

---

1. En France, sous Henri II, on coupait la langue aux condamnés hérétiques : le duc d'Albe perfectionna : il leur fit brûler la langue secrètement, pour que leur silence parût un acquiescement. E. Quinet, *Marnix*, p. 47.

étrangers arbitrairement transformés en juges. Ses biens furent confisqués; son fils aîné, âgé de douze ans, fut enlevé de l'université de Louvain et envoyé en Espagne.

Le prince éclata : « converti » par Marnix, il embrassa ouvertement la confession de Genève et invoqua les antiques lois du Brabant, qui, de même que celles d'Aragon, autorisaient formellement le sujet opprimé à résister par la force au prince violateur des lois; il engagea tout ce qui restait à lui et à ses frères pour lever des soldats; il obtint l'appui plus ou moins avoué de tous les princes protestants d'Allemagne et même des couronnes de Danemark et d'Angleterre; il retint à son service la plupart des compagnons d'armes de Jean-Casimir, qui étaient encore en France, attendant leur paiement, et organisa le plan d'une triple attaque contre les Espagnols. Tandis que les Allemands envahiraient les Pays-Bas par la Frise et la Gueldre, un corps de protestants français, réuni en Picardie et grossi de réfugiés flamands, devait se jeter sur l'Artois et la Flandre. Ce plan manqua : la cour de France, sur les plaintes du duc d'Albe, ordonna au maréchal de Cossé de disperser ou de détruire les bandes huguenotes de Picardie; Cossé les poursuivit, les accula dans Saint-Valeri, à l'embouchure de la Somme, et prit les chefs, qui furent condamnés à mort comme séditieux. Pendant ce temps, les deux frères du prince d'Orange entraient en Frise, avant que Guillaume fût prêt à les seconder du côté de la Gueldre avec le principal corps d'armée : Adolphe de Nassau fut tué au combat d'Heiligherlée; mais l'autre frère, Louis de Nassau, défit et tua le comte d'Aremberg, lieutenant du duc d'Albe (23 mai). La vengeance de l'Espagnol ne fut que trop prompte; il fit mourir sur l'échafaud, à Bruxelles, les comtes d'Egmont et de Horn [1] et dix-neuf autres seigneurs wallons et flamands, pour ne pas laisser d'ennemis derrière lui; puis il marcha en Frise, attaqua Louis de Nassau à Gemmingen, près de l'embouchure de l'Ems, et tailla en pièces sa petite armée (21 juillet). Les protestants eurent plus de sept mille morts.

Le prince d'Orange ne se découragea point : il avait prié l'em-

---

1. Le comte de Horn était le chef d'une branche des Montmorencis, établie dans les Pays-Bas.

pereur de s'interposer auprès du roi d'Espagne; il ne resta pas oisif en attendant le résultat de cette médiation, qui échoua devant l'inflexibilité de Philippe II ; mais, malgré toute son activité, il ne fut en état de reprendre sérieusement la campagne qu'au commencement de l'automne. Avant ce temps, la France fut de nouveau en feu [1].

La paix n'avait existé, à vrai dire, que dans le texte de l'édit de pacification : les ligues catholiques s'étendaient de province en province [2]; presque partout, les populations catholiques, soutenues plus ou moins ostensiblement par les officiers royaux, s'opposaient de vive force à l'exercice du culte réformé; le duc de Nemours, gouverneur de Lyon et du Dauphiné, refusait des lieux d'assemblée aux protestants de Lyon et de Grenoble, ce qui lui valut du pape une lettre de félicitations. Le parlement de Toulouse alla bien plus loin : il fit arrêter le gentilhomme qui lui apportait l'édit à enregistrer de la part du roi et qui était protestant, le poursuivit au criminel pour des faits étrangers à sa mission et lui fit couper la tête ! Cet excès d'audace demeura impuni. Les chaires retentissaient d'appels au meurtre; les jésuites enseignaient, avec l'autorité de leur nouvelle vogue, qu'on ne devait avoir ni paix ni trêve avec les hérétiques; que c'était chose agréable à Dieu de les mettre à mort, et qu'on n'était point obligé de leur garder la foi promise [3]. Chaque jour on apprenait

1. Le dernier espoir du parti catholique venait de s'éteindre en Écosse : le 2 mai 1568, Marie Stuart s'était échappée de sa prison de Lochleven et s'était mise à la tête de ses partisans soulevés. Le 13 mai, l'armée de la reine fut défaite à Langside par l'armée du régent Murray : la coupable et infortunée Marie, trompée par les témoignages d'intérêt qu'elle avait reçus d'Élisabeth durant son emprisonnement, alla chercher un asile sur le sol anglais : elle n'y trouva qu'une nouvelle et bien plus longue captivité, suivie d'une mort cruelle. Élisabeth ne lui pardonna jamais d'être plus belle et plus jeune qu'elle, et d'être son héritière. Leur rivalité ne pouvait manquer d'être fatale à Marie : la passion effrénée devait succomber devant la force réfléchie et l'habileté hypocrite.

2. V. l'acte constitutif de la « sainte ligue » de Champagne, signé le 26 juin 1568. Cet acte contient l'adhésion de l'évêque de Troies et d'un grand nombre de membres du clergé champenois à l'association contractée par la « noblesse et autres », sous la direction du lieutenant du roi en ses pays de Champagne et de Brie. Le gouverneur de Champagne était le jeune duc de Guise. Les associés jurent la conservation de la couronne dans la maison de Valois, « aussi longtemps qu'elle gouvernera selon la religion catholique et apostolique ». Ceci est assez significatif. — *Journal de L'Estoile*, édit. de Lenglet-Dufresnoi, t. III, p. 31.

3. De Thou, t. II, l. XLIV, p. 675.

de nouveaux assassinats, de nouveaux massacres : à Amiens, on égorgea cent huguenots; à Auxerre, on en égorgea cent cinquante; le sang coula dans vingt autres cités. Un des plus grands seigneurs de France, René de Savoie, comte de Cipierre, second fils du comte de Tende, s'était mis à la tête du parti réformé en Provence : il fut massacré dans Fréjus avec une trentaine de ses amis par le baron des Arcs, à la tête de trois cents bandits secondés de la populace : on accusa son propre frère, le comte de Tende-Sommerive, d'avoir aposté les meurtriers de concert avec la cour! Les protestants se sentaient partout sous le couteau : ils entendaient leurs ennemis dire hautement que, dès que la moisson et les vendanges seraient achevées, on ferait main basse sur les huguenots et que, « si le roi le vouloit empêcher, on l'enfermeroit dans un couvent et l'on en mettroit un autre à sa place [1] ».

Cet « autre » était apparemment le duc d'Anjou, que Catherine accoutumait à faire parade d'une dévotion théâtrale et d'une haine mortelle contre les hérétiques, afin de s'aider de lui pour maîtriser le roi si Charles tentait de s'émanciper : le bruit se répandait peut-être que Charles IX hésitait entre les conseils de sa mère et ceux de L'Hospital.

La conduite de la cour n'attestait cependant pas d'hésitation : tandis que les réformés renvoyaient leurs Allemands, la cour gardait ses Suisses et ses Italiens, mettait des garnisons dans les villes que venaient d'évacuer les huguenots, faisait garder les ponts, les gués, les routes, restait enfin sur le pied de guerre et fermait les yeux sur les plus effroyables excès des catholiques. Les protestants s'arrêtèrent dans l'exécution du traité : ils avaient rendu les places qu'ils tenaient au nord de la Loire; ils ne rendirent qu'une partie des villes du Midi. Sancerre, Albi, Castres, Montauban, Milhaud, etc., refusèrent ou différèrent de recevoir les troupes royales; les Rochellois, au nom de leurs anciennes franchises, fermèrent leurs portes à la garnison qu'on leur envoyait, continuèrent d'accroître leurs fortifications et leur marine, reçurent dans leurs murs le comte de La Rochefoucauld et des soldats protestants, avec les précautions nécessaires pour rester les maî-

1. De Thou, t. II, l. XLIV, p. 676.

tres chez eux. La cour sentit trop tard la faute qu'elle avait commise en évacuant une telle position militaire et maritime : négociations, caresses, menaces, tout fut employé, tout fut inutile. Les plus riches citoyens, les « plus gros », comme dit d'Aubigné, eussent cédé; le menu peuple, les courageux matelots de La Rochelle ne le permirent pas.

Si inquiète que fût Catherine de l'attitude de La Rochelle, là n'était point sa principale préoccupation : les conseils et l'exemple du duc d'Albe lui revenaient sans cesse à la pensée; elle ne songeait qu'à renouveler contre Condé et les Châtillons le coup manqué l'année précédente. Elle tâcha d'abord de séparer les chefs protestants du gros de leur parti : elle expédia aux gouverneurs des provinces une formule de serment par laquelle tous les réformés étaient tenus de s'engager à dénoncer les menées secrètes dont ils pourraient avoir connaissance; elle adressa sommation sur sommation au prince et aux autres chefs du parti, afin qu'ils eussent à rembourser sans délai 300,000 écus d'or avancés par le roi, sur leur garantie, pour la solde des troupes de Jean-Casimir : en même temps, elle leur interdit de lever aucunes cotisations pour cet objet sur les églises réformées, afin que la charge entière retombât sur eux. Ce n'était pas seulement ruiner les chefs protestants, c'était leur demander l'argent destiné à soudoyer leurs bourreaux. Sur ces entrefaites, Condé et Coligni furent informés que la cour sollicitait du pape la permission d'aliéner des biens de l'Église jusqu'à concurrence de 50,000 écus d'or de rente. La bulle, scellée le 1er août, accorda l'autorisation, « moyennant que le produit des biens vendus fût employé à l'extermination des hérétiques ». L'arrivée de la bulle souleva d'orageux débats dans le conseil du roi : le chancelier, soutenu par quelques membres du conseil, combattit avec une extrême énergie la publication d'un acte conçu dans de pareils termes. Il l'emporta; le conseil, tout en usant de la permission obtenue, pria le saint-père de modifier la rédaction de la bulle [1].

Catherine n'avait cédé qu'à la crainte d'avertir trop tôt les chefs protestants, qu'elle s'apprêtait à surprendre en trahison.

---

1. De Thou, t. II, p. 677. — La Popelinière, part. II, f° 61. — *Hist. de notre temps* (1570), p. 88-110. — D'Aubigné, t. I, col. 370. — Davila, t. I, p. 232.

Aucun d'eux n'avait reparu à la cour depuis le traité de Longjumeau : Condé et Coligni venaient de se réunir au château de Noyers, dans l'Auxerrois, pour conférer de leurs périls communs; le cardinal de Châtillon était dans une de ses terres du Beauvaisis; d'Andelot, en Bretagne; la reine de Navarre, en Béarn. Catherine dressa son plan de concert avec le cardinal de Lorraine et René de Birague (Birago), le plus affidé, le plus habile et le plus dangereux de ses favoris italiens. Des troupes filèrent sur la Bourgogne; Tavannes, sur qui la reine mère croyait pouvoir compter sans réserve, eut ordre de cerner Noyers et d'y saisir le prince et l'amiral; mais Tavannes n'était pas moins fin que hardi : il craignit d'être sacrifié, si, par hasard, l'entreprise échouait, et d'être rendu responsable de la rupture de la paix. Au dire de son fils Jean de Tavannes, rédacteur des mémoires qui portent son nom, Gaspard de Tavannes s'arrangea de manière à faire tomber entre les mains de Condé des lettres qui ne permettaient plus de doute sur l'imminence du danger.

Les chefs protestants n'avaient plus à balancer. Des émissaires furent envoyés dans toutes les directions pour assigner aux réformés un rendez-vous général à la Rochelle. Le 23 août, Condé expédia au roi une lettre et une requête dans lesquelles il énumérait tous les griefs des réformés, rejetait tout le mal sur le cardinal de Lorraine et annonçait que la noblesse protestante se voyait contrainte, pour le salut du royaume, de prendre les armes contre ce prêtre infâme, ce *tigre de la France*, et contre ses complices[1]. Il s'exprimait comme si son intention eût été d'attendre la réponse

---

1. C'est dans cette requête qu'on voit apparaître pour la première fois le nom de « politiques » comme un nom de parti : Condé reproche aux Lorrains de traiter de politiques, c'est-à-dire d'hommes qui sacrifient la religion aux intérêts temporels, les catholiques ennemis des troubles et des factions, tels que le chancelier et les Montmorencis. (*Hist. de notre temps*, p. 100.) Le second des Montmorencis, Damville, s'éloignait peu à peu des Guises pour se rapprocher de son aîné. Il y avait assurément dans ce parti, si l'on peut l'appeler un parti, des indifférents, des égoïstes, des sceptiques, que leurs sentiments plaçaient au-dessous et non au-dessus des sectes religieuses; mais il y avait aussi des hommes que leurs ennemis caractérisaient admirablement en croyant les injurier. « C'étaient en effet des « politiques », c'est-à-dire des hommes préoccupés avant tout de l'intérêt général et permanent de l'État et possédant la notion la plus juste de cet intérêt. Les factieux et les agents espagnols et romains les qualifiaient d'athées, parce qu'ils ne sacrifiaient pas aux opinions de sectaires les devoirs de citoyens.

du roi à Noyers ; mais, le 25 août, au point du jour, il partit précipitamment avec l'amiral. Condé et Coligni traînaient après eux, par les chaleurs d'été, des femmes enceintes, des enfants au berceau [1], chers otages qu'ils ne voulaient point abandonner à la merci de leurs ennemis : leur escorte n'était que de cent cinquante chevaux de combat. A cette nouvelle, les chefs des corps de troupes qui venaient d'arriver en Bourgogne se mirent en mouvement : les fugitifs avaient de l'avance ; ils firent une trentaine de lieues et atteignirent la Loire ; mais la plupart des passages étaient gardés. On indiqua au prince un gué près de Sancerre, ville huguenote : Condé passa des premiers, tenant son plus jeune fils entre ses bras ; toute la troupe suivit en chantant le psaume : *Au sortir d'Israel d'Égypte!* Quelques heures après, ceux qui les poursuivaient parurent à l'autre bord de la Loire ; mais la rivière grossit durant la nuit et, le lendemain matin, elle avait cessé d'être guéable. Les fugitifs remercièrent le ciel de leur salut comme d'un miracle. Le danger, en effet, était à peu près passé : il n'y avait presque point de troupes dans le Berri, et le faible cortége du prince et de l'amiral, renforcé chemin faisant par la noblesse protestante du centre, gagna le Poitou sans obstacle ; le maréchal de Vieilleville, qui avait été dépêché en Poitou pour négocier avec les Rochellois, fit fermer les portes de Poitiers, mais n'attaqua point le prince, qui protestait de son intention d'attendre paisiblement la réponse du roi à sa requête. Condé entra seul dans la Rochelle, pour ne pas porter ombrage à cette ville républicaine, toujours en défiance des grands et des nobles. Il confia aux Rochellois sa femme, ses enfants et les familles de ses amis, puis alla se mettre à la tête de la noblesse poitevine (18 septembre).

Condé fut bientôt rejoint sur la Charente par la reine de Navarre et par son fils le prince de Béarn, partis de Nérac avec quatre ou

---

1. La seconde femme de Condé, de la maison d'Orléans-Longueville, enceinte ; les quatre enfants du prince, dont trois en bas âge ; la seconde femme de d'Andelot, grande dame lorraine, qui avait abandonné tous ses biens pour épouser et suivre le héros protestant ; elle avait un enfant de deux ans ; les quatre enfants de Coligni, récemment veuf de leur généreuse mère. — De Thou, t. II, p. 680. — La Popelinière, 2ᵉ part., fº 62. — D'Aubigné, t. I, col. 371-372. — Mathieu, *Hist. de France*, t. I, p. 312.

cinq mille Gascons et Béarnais : Montluc, malade et pris à l'improviste, ne put leur barrer le passage[1]. L'intrépide Jeanne, résolue de se sauver ou de se perdre avec « la Cause », expédia au roi un manifeste semblable à celui de Condé et s'établit à la Rochelle, qui succédait à Orléans comme capitale de la Réforme ; elle arma de sa propre main Henri de Béarn, qui n'avait pas quinze ans, le présenta aux Rochellois et à l'armée et le donna pour compagnon d'armes au prince son oncle. D'Andelot, accouru de Bretagne à la tête d'un gros corps de protestants bretons, normands, angevins et manceaux, était parvenu, de son côté, à passer la Loire à gué, non loin de Saumur, à travers les troupes catholiques ; il opéra sa jonction avec le prince et l'amiral. La cour ne réussit à se saisir d'aucun personnage important : le cardinal de Châtillon, trop éloigné pour gagner le lieu du rendez-vous général, se réfugia en Normandie, d'où il trouva moyen de passer en Angleterre. Il y servit plus efficacement son parti qu'il n'eût pu le faire à la Rochelle même.

La colère de la reine et de ses conseillers égala leur désappointement : ils firent encore quelques efforts pour désunir le parti protestant ; un édit royal promit paix et sûreté aux réformés qui s'abstiendraient de prendre part à la révolte ; mais Catherine ne tarda pas à reconnaître qu'il était trop tard et qu'une lutte à mort avait recommencé. Elle jeta le masque alors, et sa rupture ouverte avec L'Hospital annonça qu'elle ne voulait plus rien ménager ni rien cacher. La présence de L'Hospital, dès longtemps importune, était devenue redoutable à la reine mère : le jeune roi, malgré ses emportements, son orgueil, sa dissimulation, pouvait peut-être encore entendre la voix de la justice et de la vertu ; il écoutait L'Hospital avec une sorte de respect ; il semblait regretter qu'on ne suivît pas ses conseils. Catherine se hâta de parer à ce danger : elle obséda Charles d'insinuations malveillantes ; elle représenta le chancelier au roi comme un huguenot déguisé, un ami des

---

1. Palma-Cayet, qui avait été sous-précepteur de Henri IV, dit, dans sa *Chronologie novennaire* (*Collect.* Michaud et Poujoulat, t. XII, première partie, p. 166), que Montluc avait été chargé de s'assurer de la reine de Navarre et de son fils et de les amener à la cour. Il n'y a pas trace de cet ordre dans les *Mémoires* de Montluc, qui n'aime point à parler de ses échecs.

rebelles; elle l'accusa d'avoir provoqué par ses avis l'évasion du prince et de l'amiral. A la froideur qui succéda tout à coup aux manières affectueuses du roi, L'Hospital jugea que tout était perdu : la dernière chance de servir sa malheureuse patrie lui était enlevée ; il se retira dans sa maison de Vignai, près d'Étampes, où le roi lui fit bientôt après redemander les sceaux (7 octobre). Jour funeste pour la France ! c'était l'étendard national qui tombait devant les bannières sanglantes des factions : il ne devait plus être relevé que par Henri IV[1] ! Coligni le tenta en vain!

Les sceaux furent confiés, après quelque intervalle, à Morvilliers, évêque d'Orléans, qui ne les accepta que dans l'espoir de les

---

1. De Thou, l. XLIV, 678. — Davila, p. 236-237. — D'Aubigné, col. 373. — *Journal* de Brûlart, p. 197. — Mathieu, p. 311-312. — Écoutons la propre voix de L'Hospital dans le testament où il a rendu témoignage de lui-même à la postérité :

« Voyant que mon labeur n'étoit agréable au roi et à la reine, et que le roi étoit tellement pressé qu'il n'avoit plus de puissance, voire qu'il n'osoit dire ce qu'il en pensoit, j'avisai qu'il me seroit plus expédient de céder volontairement à la nécessité et aux nouveaux gouverneurs, que de débattre avec eux, avec lesquels je ne pouvois plus demeurer.

« Je fis place aux armes... et me retirai aux champs avec ma femme, famille et petits-enfants, priant le roi et la reine, à mon partement, de cette seule chose, que, puisqu'ils avoient arrêté de rompre la paix et de poursuivre par guerre ceux avec lesquels peu auparavant ils avoient traité la paix, et qu'ils me reculoient de la cour parce qu'ils avoient entendu que j'étois contraire et mal content de leur entreprise, je les priai, dis-je, s'ils n'acquiesçoient à mon conseil, à tout le moins, après qu'ils auroient saoulé et rassasié leur cœur et leur soif du sang de leurs sujets, qu'ils embrassassent la première occasion de paix qui s'offriroit, devant que la chose fût réduite à une extrême ruine.....

« Ayant fait cette remontrance en vain, je m'en allai avec une grandissime tristesse, de quoi le jeune roi m'avoit été ravi, et ses frères, en tel âge et temps auquel ils avoient plus affaire de notre gouvernement et aide ; auxquels si je n'ai pu aider si longtemps que j'eusse bien voulu, j'en appelle Dieu à témoin, et tous les anges et les hommes, que ce n'a pas été ma faute, et que je n'ai jamais eu rien de si cher que le bien et le salut du roi et de ma patrie ; et ce me sentant grandement offensé que ceux qui m'avoient chassé prenoient une couverture de religion, et eux-mêmes étoient sans pitié et sans religion..... »

Testament du chancelier de L'Hospital, ap. Brantôme, *Digression sur M. de L'Hospital*, intercalée dans la *Vie du connétable de Montmorenci*. L'Hospital écrivit ce testament dix jours avant sa mort, en 1573.

Les derniers édits mémorables qu'ait publiés L'Hospital sont l'ordonnance de Paris, de juillet 1566, portant qu'aucune terre ne serait dorénavant érigée en duché, marquisat ou comté, sinon à charge de réversion à la couronne faute d'hoir mâle ; et l'édit de Saint-Maur, de mai 1567, abolissant le droit qu'avaient les mères dans les pays de droit romain (Guyenne, Languedoc, Provence, Dauphiné) de succéder à tous les biens de leurs enfants. L'édit établit que les biens patrimoniaux retourneraient aux parents du côté paternel, et que la mère aurait seulement les acquêts et l'usufruit de la moitié des propres. Isambert, t. XIV, p. 217-221.

rendre un jour à L'Hospital ; la principale influence dans le conseil appartint au Milanais Birague, ancien président du parlement de Turin sous la domination française, qui fit payer cher à la France ses services passés [1] ; le jeune roi fut livré aux leçons d'un autre Italien, du Florentin Gondi, qui lui inculqua les maximes des tyrans ultramontains et qui ne négligea rien pour étouffer dans son âme tout ce qu'elle avait pu garder d'équité naturelle, de loyauté française, de sentiment d'honneur et d'instinct du vrai [2].

Des mesures violentes suivirent immédiatement la retraite de L'Hospital : la reine mère avait écrit à Philippe II pour lui annoncer que la liberté religieuse allait être révoquée et qu'il ne restait plus qu'à combiner les opérations militaires en France et aux Pays-Bas. Elle tint parole : le 28 septembre, le parlement enregistra un édit qui défendait, sous peine de mort, l'exercice de toute autre religion que la catholique romaine et ordonnait aux ministres protestants de quitter la France sous quinze jours, interdisant toutefois de « rechercher en leurs consciences » ceux qui avaient professé la religion prétendue réformée et qui se tiendraient paisibles en leurs maisons [3]. Un second édit, publié le même jour, enjoignit à tous les protestants qui occupaient des offices de judicature ou de finances de se démettre de leurs emplois sous quinzaine ; tous les membres des parlements et des universités furent astreints à prêter serment de catholicisme. Rome et l'Espagne durent enfin prendre au sérieux les promesses de Catherine : ce n'étaient plus là les subterfuges des deux premières guerres civiles; on ne prétendait plus poursuivre seulement des séditieux et non des hérétiques. Il eût fallu avoir cent

---

1. C'était lui qu'on accusait d'avoir dit que le roi se devrait défaire des chefs huguenots, non par la main des gens d'armes, mais par celle des *cuisiniers*.

2. C'était le fils d'une entremetteuse de la cour de Henri II, qui avait gagné, par « ses services », l'amitié de ce monarque. Elle devint gouvernante des enfants de France. Charles IX fit son fils comte de Retz, puis maréchal de France. *V.* Brantôme, *Vie de Charles IX.* — Suivant Brantôme, Gondi n'eut pas une meilleure influence sur les manières de Charles IX que sur son cœur : il lui apprit à avoir toujours le blasphème à la bouche. Les réformés proscrivant avec rigueur les jurements, contraires aux préceptes du décalogue : *Tu ne prendras pas le nom de Dieu en vain*, c'était, aux yeux de bien des gens, faire preuve d'orthodoxie que de jurer et de blasphémer sans cesse.

3. Montluc, dans ses *Mémoires*, blâme fort cette restriction, qui lui paraît détruire tous les bons effets de l'édit ! *V.* les édits dans Isambert, t. XIV, p. 228, et dans Jean de Serres, *Mémoires de la Troisième Guerre civile*, p. 203-219; 1571.

mille hommes et vingt millions pour exécuter de pareils édits ; on ne les avait pas ; on s'était trouvé prêt pour la trahison, non pour la guerre. L'armée n'était pas rassemblée : les biens d'église n'étaient pas vendus encore ; l'argent octroyé par le clergé, par la ville de Paris, etc., n'était pas dans la caisse militaire[1] : pour la seconde fois, les huguenots furent prêts avant des adversaires qui avaient compté les surprendre et qui disposaient de toutes les ressources régulières de l'État : cette faction de soldats se leva comme un seul homme avec un immense cri de fureur et de désespoir. La cour reçut coup sur coup de terribles nouvelles : les trois quarts du Poitou, l'Angoumois et la Saintonge avaient été conquis en trois semaines par les généraux réformés ; dans les places prises d'assaut ou rendues à discrétion, les capitaines étaient mis à mort, les garnisons catholiques dépouillées ou massacrées ; les chefs protestants ne pouvaient contenir la rage de leurs soldats : plusieurs capitulations furent violées et Coligni ne fit respecter qu'à grand'peine les conditions accordées à la garnison d'Angoulême. La surprise de Blaye livra aux protestants du sud-ouest l'embouchure de la Gironde. Pendant ce temps, les huguenots du sud-est se levaient en masse sous le commandement général de Crussol d'Acier. Les gouverneurs catholiques du Midi, Tende-Sommerive, de Gordes, Joyeuse, Montluc lui-même ne purent arrêter ce torrent qui roulait des Alpes et du Rhône vers la Charente, grossissant de province en province et renversant sur son passage églises et couvents dans le sang des prêtres et des moines. Crussol d'Acier s'était fait peindre, sur sa cornette verte, sous la figure d'Hercule exterminant une hydre dont les têtes étaient coiffées de capuchons, de mitres et de chapeaux rouges[2].

D'Acier ne rencontra d'obstacles sérieux qu'en Périgord. Tandis que le gros des forces catholiques s'assemblait au bord de la Loire, sous les ordres du duc d'Anjou, le duc de Montpensier avait com-

---

1. Le clergé donna 1,800,000 livres outre les décimes ; la ville de Paris, 300,000. *Journal* de Brûlart, p. 195.

2. Le Laboureur, additions aux *Mémoires* de Castelnau, t. II, p. 589. — On a prétendu qu'un des chefs protestants, Briquemaut, portait un collier d'oreilles de prêtres ; mais le fait paraît controuvé. — *V.* La Popelinière, l. xiv-xv. — De Thou, l. xliv, 681-688. — D'Aubigné, col. 381-382. — Montluc, t. xxv, anc. col., p. 106-135.

mencé les opérations contre les protestants avec un premier corps d'armée que commandaient sous lui le jeune duc de Guise et le jeune Cossé-Brissac, fils du feu maréchal de Brissac. Montpensier s'avança de Poitiers jusqu'à Périgueux et, renforcé par les catholiques de Guyenne, essaya d'empêcher la jonction de d'Acier, qui arrivait par le Querci, avec Condé, qui était en Saintonge. L'indiscipline de Mouvans, ce fameux chef des huguenots provençaux, valut un succès aux catholiques : Mouvans, s'étant écarté du gros de l'armée avec trois ou quatre mille hommes, fut surpris, défait et tué par Cossé-Brissac ; c'était un des premiers capitaines qui eussent tiré l'épée pour la Réforme et sa mort fut célébrée comme une grande victoire ; mais, malgré cet échec, d'Acier, qui avait encore seize à dix-huit mille combattants, força le passage et, dans les derniers jours d'octobre, réunit à la cavalerie de Condé ses épais bataillons d'arquebusiers dauphinois et languedociens. Montpensier n'eut que le temps de se replier en toute hâte du Périgord sur le Haut-Poitou : il y rencontra le reste des troupes royales, conduites par le duc d'Anjou, à qui sa mère avait donné pour conseil ce même Tavannes qui avait laissé échapper Condé et Coligni ; Catherine, à ce qu'il paraît, ne soupçonna jamais la vérité à cet égard. Tavannes, au reste, n'en remplit pas moins bien son rôle auprès du jeune prince.

Les deux armées furent en présence vers le milieu de novembre, à cinq ou six lieues de Poitiers : chacune d'elles pouvait mettre en ligne vingt et quelques mille hommes de bonnes troupes ; les protestants n'avaient pas un seul étranger parmi eux ; les catholiques avaient six mille Suisses. Après de sanglantes escarmouches, les catholiques se retirèrent sur Poitiers ; les protestants se portèrent sur Saumur, pour tâcher de se saisir du pont de cette ville ; ils s'emparèrent en passant du château de Champigni, principale résidence du duc de Montpensier, prirent et pendirent le confesseur du duc, le cordelier Babelot, fameux par les atrocités qu'il avait commises dans les guerres civiles de compte à demi avec son pénitent. Le meurtre et le viol étaient les jeux accoutumés des scélérats dont s'entourait ce duc, qui couvrait d'infamie ce nom de Bourbon dignement porté par ses cousins [1].

1. Brantôme, *Vie de M. de Montpensier*. — De Thou, t. II, l. XLIV, p. 692.

Les protestants n'entamèrent pas le siége de Saumur : le duc d'Anjou s'étant avancé contre Loudun, occupé par un corps de réserve, Condé et Coligni revinrent secourir Loudun : on se trouva de nouveau face à face durant quatre ou cinq jours; mais la gelée était si « véhémente » que les deux armées, engourdies par le froid, n'eurent pas le courage d'en venir aux mains : le verglas faisait rompre bras et jambes aux soldats qui tentaient d'aller à l'escarmouche. Les généraux se décidèrent à mettre leurs troupes en quartiers d'hiver, les catholiques en Touraine, les réformés en Poitou; cette résolution avait déjà trop tardé : les troupes avaient tant souffert qu'il mourut, dans l'une et l'autre armée, sept ou huit mille hommes des suites de cette rude campagne : c'était l'hiver le plus rigoureux qu'on eût vu depuis cinquante ans [1].

Les chefs protestants employèrent le reste de la mauvaise saison à se procurer des ressources pour la campagne prochaine : le grand conseil des confédérés, où la reine de Navarre montrait un esprit aussi viril que Coligni lui-même, décréta la vente des biens ecclésiastiques dans les provinces occupées par les huguenots; il se rencontra bon nombre d'acquéreurs assez confiants dans l'avenir de la cause pour répondre à cet appel; à la vérité, Jeanne d'Albret et son fils, Condé et les principaux chefs promirent garantie sur leurs propres biens. Le conseil communal de la Rochelle prêta quelque argent : les armateurs rochellois en donnèrent bien davantage; ils avaient armé une escadre de corsaires qui infestaient l'Océan et la Manche, pillant les navires de toutes les nations catholiques et consacrant fidèlement la dime du butin à la « Cause [2] ». Cette dime rapporta 100,000 écus d'or pendant la guerre. Les ports anglais étaient ouverts aux Rochellois, et la reine Élisabeth, cédant aux sollicitations de sa « bonne sœur » Jeanne

---

1. La Popelinière, 2ᵉ part., fº 74. — La Noue, c. 22. — De Thou, l. XLIV, p. 692-693.

2. Castelnau. — La Noue, c. 28. — Le chef des corsaires rochellois, Jean Sore, animé d'une haine implacable contre l'église romaine, se signala par de sanglants exploits et de grandes cruautés : un jour, dans la rade de Palma, aux Canaries, il prit à l'abordage un grand navire portugais, où se trouvaient plus de quarante jésuites, profès ou novices, qui s'en allaient en mission aux Indes. Tous furent massacrés ou jetés à l'eau. Le « martyre » des jésuites portugais eut beaucoup de retentissement dans la catholicité. V. la relation dans le tome VI des *Archives curieuses*. — La Popelinière, deuxième partie, fº 94.

d'Albret et du cardinal de Châtillon, accorda aux huguenots un secours plus direct : elle leur envoya 100,000 angelots d'or, quelques canons et des munitions de guerre ; mais elle eut grand soin de se faire payer en « sel, en laines et en métal de cloches ». L'Allemagne protestante se préparait à assister plus puissamment les réformés de France[1].

La Réforme avait fait un grand effort aux Pays-Bas en même temps qu'en France : le prince d'Orange avait enfin passé la Meuse le 7 octobre avec une armée allemande et pénétré au cœur du Brabant ; il y reçut un renfort de deux mille cinq cents protestants picards et champenois commandés par Genlis, qui entra en Belgique du côté des Ardennes et qui brûla sur sa route le célèbre monastère de Saint-Hubert. L'expédition ne fut pas heureuse : Orange ne put contraindre le duc d'Albe à livrer bataille, ni entreprendre le siège d'aucune place importante en présence de l'armée espagnole, aussi nombreuse et beaucoup mieux disciplinée que la sienne. Les cités belges, décimées, terrifiées, veuves de leurs meilleurs citoyens immolés ou émigrés, ne bougèrent pas. Orange, manquant d'argent et de vivres, recula vers Liége, puis se rabattit sur le Hainaut et le Cambrésis ; là, voyant son dessein avorté, il se laissa persuader par Genlis d'entrer en France, traversa la Somme près de Saint-Quentin et poussa jusqu'à Soissons (fin novembre). Il eût voulu aller à grandes journées rejoindre Condé en Poitou ; mais ses mercenaires allemands, mal payés, découragés par le froid et par la disette, travaillés par les agents de la cour de France, se refusèrent absolument à le suivre et il fut réduit à accepter les propositions du gouvernement français, qui lui offrait le libre passage à travers la Champagne s'il voulait regagner l'Allemagne sans hostilités. L'armée d'Orange, arrivée en Alsace, se sépara, et le prince, avec les Français, les réfugiés flamands et quelques Allemands qui restèrent attachés à sa fortune, se joignit à Wolfgang de Bavière, duc de Deux-Ponts, qui rassemblait aux bords du Rhin une nouvelle armée pour secourir les protestants français.

Quelques événements dignes de mention eurent lieu au cœur de l'hiver, hors du principal théâtre des hostilités. Sancerre, la

---

1. La Noue, c. 28. — La Popelinière. — Castelnau.

seule place que les huguenots possédassent dans le voisinage de la Loire, se défendit héroïquement contre un corps d'armée catholique et l'obligea de lever le siége (décembre-janvier) : ce fut un avocat nommé Joanneau qui dirigea ces courageux bourgeois. Les protestants de Normandie firent sur Dieppe et le Havre deux tentatives malheureuses, à la suite desquelles leur parti fut entièrement comprimé dans cette grande province. Beaucoup de protestants des contrées du nord se réfugièrent en Angleterre, où ils portèrent, suivant La Popelinière, l'industrie du fer, dans laquelle les Anglais étaient plus « paresseux » que les Français et les Flamands. Dans la Guyenne, l'étoile de Montluc pâlissait : sept seigneurs protestants, qu'on nommait les « sept vicomtes » du Querci, dominaient le Querci et l'Albigeois et tenaient en bride, avec huit mille combattants, tout le reste de la Haute Guyenne et du Haut Languedoc. Ils avaient peine à se décider à quitter leur pays pour se rallier à l'armée des princes : Condé et Coligni projetèrent d'aller les prendre en Querci, afin de gagner avec eux la haute Loire et d'opérer leur jonction aux bords de ce fleuve avec les Allemands du duc de Deux-Ponts, qui commencèrent à se mettre en mouvement dès le mois de février.

Tavannes, qui dirigeait l'armée catholique sous le nom du duc d'Anjou, devina ce dessein et entreprit d'en empêcher l'exécution. Les catholiques avaient été renforcés par deux mille reîtres et par trois ou quatre mille Provençaux; les réformés, au contraire, s'étaient affaiblis; il était plus difficile de retenir sous les drapeaux des volontaires que des troupes réglées, et beaucoup de huguenots étaient allés se reposer dans leurs foyers. Les catholiques avaient donc, à leur tour, intérêt à combattre le plus tôt possible. Aussitôt les grands froids passés, le duc d'Anjou rentra en campagne : il se porta au midi de la Charente, coupant aux protestants la route du Périgord et du Querci; puis il chercha un passage pour attaquer l'armée protestante accourue sur la rive opposée. Tous les ponts, toutes les places de la Charente, étaient au pouvoir des huguenots : l'armée catholique assaillit la petite ville de Châteauneuf, sur la rive méridionale du fleuve, et s'en empara; le pont de Châteauneuf était coupé; on entreprit de le rétablir et de jeter un pont de bateaux à côté, pendant que le gros de l'armée faisait une fausse marche sur Cognac. Coligni, plus près de l'ennemi que Condé, ne fut pas trompé par cette manœuvre : tout en surveillant le cours de la Charente entre Cognac et Châteauneuf, il fit ses préparatifs pour disputer le passage sur ce dernier point; il plaça une forte avant-garde en observation à la tête du pont de Châteauneuf et s'établit à l'abbaye de Bassac, à une petite lieue plus bas. Condé était avec l'arrière-garde à Jarnac, à une lieue au delà de Bassac; Henri de Béarn était resté à Saintes. Les dispositions prises par Coligni étaient bonnes, mais furent très-mal exécutées : l'avant-garde huguenote, ne trouvant ni vivres ni couvert au poste assigné, alla se loger à distance et fit si mauvaise garde que la plus grande partie de l'armée catholique traversa la rivière, de nuit, avant que l'alarme fût donnée (12 au 13 mars 1569).

L'indiscipline de la gentilhommerie protestante eut de fatales conséquences : Coligni, voyant l'ennemi passé, voulut battre en retraite sur Jarnac et Cognac; mais l'avant-garde était tellement éparpillée qu'il fallut trois heures pour la réunir. La retraite devenait impossible : Coligni fit tête entre des ruisseaux, des étangs et des haies, près de l'abbaye de Bassac et du village de Triac, et envoya prévenir Condé, qui avait déjà fait filer son infanterie dans la direction de Cognac et qui n'avait autour de lui que trois ou quatre cents chevaux. Le prince fit rappeler l'infanterie et courut avec sa faible escorte au secours de l'avant-garde. Les huguenots, après une vigoureuse résistance, avaient été forcés dans leur position par Guise, Montpensier, Tavannes et le duc d'Anjou en personne : plusieurs capitaines étaient morts ou pris; Coligni et d'Andelot se défendaient à grand'peine contre une multitude toujours croissante d'ennemis. Au moment de joindre Coligni, Condé, déjà blessé la veille par une chute de cheval, reçut encore du cheval de son beau-frère, le comte de La Rochefoucauld, un coup de pied qui lui cassa la jambe; il ne voulut pas néanmoins quitter le champ de bataille : « Noblesse française! cria-t-il à ses compagnons d'ar« mes, voici le moment tant désiré! Souvenez-vous en quel état « Louis de Bourbon entre au combat pour Christ et sa patrie[1]! »

---

1. D'Aubigné, *Hist.*, col. 395. — La devise de Condé, inscrite sur sa cornette, était : « Doux le péril pour Christ et le pays. »

Et il se précipita sur les catholiques. Sa charge impétueuse renversa d'abord tout ce qu'elle rencontra; mais sa petite troupe fut bientôt engloutie dans les masses de la gendarmerie et des reîtres, et le prince tomba engagé sous son cheval expirant. Autour de Condé renversé se livra un combat vraiment homérique : cette poignée d'hommes d'élite fit des prodiges de valeur et de désespoir; on signala surtout un vieillard nommé La Vergne, qui combattait entouré de vingt-cinq fils, petits-fils et neveux : le chef de famille mourut avec quinze des siens, « tous en un monceau »; presque tous les autres furent pris. Les deux tiers de l'escadron de Condé restèrent tués ou blessés sur la place. Le prince, incapable de se relever, donna enfin son gantelet à un gentilhomme catholique appelé d'Argence; mais à peine d'Argence avait-il reçu la foi du prince, que le Gascon Montesquiou, capitaine des gardes suisses du duc d'Anjou, reconnut Condé, accourut et lui tira par derrière un coup de pistolet dans la tête. Condé tomba roide mort !

Coligni et d'Andelot, informés de la mort du prince, se retirèrent au galop vers Saint-Jean-d'Angéli, tandis que la cavalerie catholique poursuivait les débris de l'avant-garde huguenote le long de la Charente : le gros de l'infanterie protestante, qui revenait à marche précipitée, s'arrêta à temps et se replia en bon ordre sur Cognac avec l'artillerie.

Le duc d'Anjou et ses jeunes lieutenants étaient aussi enivrés de leur triomphe que s'ils eussent tué la Réforme elle-même avec le prince de Condé. Le duc n'exprima que des sentiments bas et cruels, qui révélaient ce que devait être un jour Henri III; il témoigna une odieuse joie à l'aspect du cadavre de son cousin, très-probablement assassiné par son ordre; Brantôme assure que le prince avait été « recommandé » à plusieurs des favoris du duc [1]. Anjou avait communié le matin, au même moment peut-être où il venait de donner ces ordres meurtriers! Il fit porter à Jarnac le corps de Condé sur une ânesse, « par manière de déri-

---

1. Deux capitaines renommés entre les huguenots furent égorgés, comme Condé, après avoir été reçus à merci : un des deux était l'Écossais Robert Stuart, accusé d'avoir tué le président Minard et le connétable de Montmorenci. Le connétable avait été tué dans un loyal combat, et non en trahison.

sion », et il se disposait, d'après le conseil du moine Claude de Saintes, à faire ériger une chapelle au lieu où le prince avait péri, si son ancien gouverneur Carnavalet ne l'eût détourné de s'avouer par là hautement l'instigateur de l'assassinat. Les restes de Condé, par l'entremise du duc de Longueville, son beau-frère, furent rendus au prince Henri de Navarre, qui les fit ensevelir à Vendôme. La cour s'associa aux sentiments du duc d'Anjou en ordonnant dans toutes les églises de France un *Te Deum* qui fut répété à Rome, à Madrid et à Bruxelles [1].

Les huguenots, si affligés qu'ils fussent, étaient fort éloignés de la consternation où les supposaient leurs ennemis : le duc d'Anjou en eut bientôt la preuve, à la vigueur avec laquelle fut repoussée l'attaque dirigée contre Cognac deux jours après le combat. Les huguenots n'avaient pas perdu plus de quatre cents hommes; la plupart de leur cavalerie s'était promptement ralliée; leur infanterie était à peu près intacte et toutes les places fortes de la contrée leur appartenaient encore. Jeanne d'Albret, « qui n'avoit d'une femme que le sexe », accourut à l'armée avec son fils Henri de Navarre et son neveu Henri de Condé, fils aîné du prince dont l'héroïque fin avait racheté bien des faiblesses; elle harangua la gendarmerie réunie à Tonnai-Charente, « mêlant d'une belle grâce », dit d'Aubigné, « les pleurs et les soupirs avec les résolutions »; elle présenta aux troupes les deux jeunes princes comme les héritiers et les futurs vengeurs de Condé. Henri de Navarre, enfant remuant et réfléchi tout à la fois, qui devenait peu à peu un jeune homme plein d'énergie et d'intelligence, prêta d'une voix ferme et animée le serment de ne jamais abandonner la Cause : les soldats répétèrent ce serment avec enthousiasme et proclamèrent Henri leur chef [2]; le commandement effectif fut concentré dans les mains de Coligni, qui se mit en

---

1. *V.* la relation de la campagne par Gaspard de Tavannes, insérée dans les *Mémoires* de son fils Guillaume de Tavannes, *Anc. collect. des Mémoires sur l'Hist. de France*, XLIX. — La Noue, c. 23. — Castelnau, l. VII, c. 4. — D'Aubigné, col. 391-397. — La Popelinière, part. II, fos 83-84. — De Thou, l. XLV, t. II, p. 702-705. — Brantôme, *Vie du prince de Condé*.

2. D'Aubigné, col. 398-399. — Jeanne d'Albret fit frapper à cette occasion une médaille d'or portant son effigie et celle de son fils, avec cette noble légende : *Pax certa, victoria integra, mors honesta* (Paix assurée, victoire entière, ou mort glorieuse). Davila, t. I, p. 258. — La Popelinière, deuxième partie, fo 98.

mesure de disputer pied à pied aux catholiques le résultat de leur victoire, pendant que la reine de Navarre aliénait ses terres, engageait ses joyaux, donnant à tous l'exemple de « préférer la liberté de conscience aux richesses, aux grandeurs, à la vie même ».

L'armée catholique menaça inutilement Angoulême après Cognac. A défaut de grosse artillerie, que les généraux demandaient depuis trois mois et que le roi n'envoyait pas, les catholiques ne purent entamer le siége d'aucune place considérable et furent obligés de se rabattre sur le Périgord, où ils emportèrent à grand'peine quelques forteresses huguenotes. Timoléon de Cossé-Brissac, jeune homme qui annonçait de grands talents militaires, mais qui se montrait aussi féroce qu'intrépide [1], fut tué au siége de Mucidan et sa mort fut vengée par l'extermination des habitants et de la garnison, auxquels on avait promis la vie sauve.

Les fautes du gouvernement royal aidèrent les huguenots à rétablir leurs affaires. Durant la lutte qui venait d'avoir lieu aux bords de la Charente, les provinces de l'Est étaient témoins d'autres opérations militaires compliquées d'intrigues politiques. La reine mère recommençait à se défier des Lorrains, depuis que le jeune duc de Guise se signalait à l'armée; cependant elle n'osa refuser au duc d'Aumale le commandement des troupes destinées à barrer le passage aux confédérés allemands; mais elle lui associa le duc de Nemours, excellent moyen de désorganiser l'armée par la rivalité de deux chefs égaux en droits. Catherine s'imagina parer à cet inconvénient en se rapprochant avec le roi du théâtre de la guerre et en se rendant à Nanci et à Metz (fin février 1569). Le roi y reçut un nouveau renfort de trois ou quatre mille reîtres conduits par le margrave de Bade et le rhingrave; mais, sur ces entrefaites, le duc de Deux-Ponts, accompagné du prince d'Orange et de son frère Louis de Nassau, partait des bords du Rhin avec sept mille reîtres, cinq mille lansquenets et deux mille protestants français et flamands. L'Allemagne protestante le suivait de ses vœux; elle montrait une irritation extrême, depuis l'édit qui prohibait le culte réformé en France, et l'empereur lui-même

---

[1]. « Il aimoit à tuer, jusque-là qu'avec sa dague il se plaisoit à s'acharner sur une personne, à lui en donner des coups jusqu'à ce que le sang lui en rejaillissoit sur le visage! » — Brantôme, *Vie de Timoléon de Cossé-Brissac.*

avait assez mal accueilli les explications des agents de Catherine à ce sujet. Le duc d'Aumale avait pris un parti qui ne manquait pas de vigueur : c'était d'aller au-devant de l'ennemi jusqu'au revers des Vosges et de s'établir à Saverne, à l'entrée de l'Alsace. Aumale ne fut point attaqué : les Allemands tournèrent au sud, se dirigèrent vers la Franche-Comté, territoire neutre de droit, souvent violé de fait, et, de là, entrèrent en Bourgogne, suivis et harcelés par Aumale et Nemours (fin mars).

Tavannes, pressentant les tiraillements qu'allait occasionner le partage de l'autorité dans l'armée de l'Est, avait envoyé un de ses officiers proposer au roi et à la reine mère un plan qui eût pu avoir de grands résultats. C'était de laisser l'armée de l'Ouest au duc de Montpensier et d'autoriser le duc d'Anjou à s'en détacher avec deux mille chevaux, pour aller prendre le commandement dans l'Est et donner bataille aux Allemands. Toutes les chances étaient en faveur du duc d'Anjou dirigé par Tavannes. La reine mère eût consenti; mais le cardinal de Lorraine fit jouer tous les ressorts imaginables pour empêcher l'adoption de ce projet. Le cardinal voyait avec chagrin les espérances de Catherine se réaliser et la renommée naissante du duc d'Anjou balancer la vieille popularité des Guises dans le parti catholique : il eût voulu, d'accord avec l'ambassadeur d'Espagne, qu'on appelât le duc d'Albe en France; il excitait sous main la jalousie de Charles IX contre son frère, qu'il accusait de négocier secrètement avec Coligni; il réussit à retarder durant six semaines la réponse aux propositions de Tavannes. Quand le consentement fut accordé, il était trop tard : le duc de Deux-Ponts avait traversé toute la Bourgogne et le Nivernais et forcé le passage de la Loire à la Charité (20 mai), sans qu'Aumale et Nemours eussent pu s'entendre pour l'arrêter ni pour le combattre : ils avaient cependant été renforcés par quatre ou cinq mille Allemands et Wallons envoyés par le duc d'Albe [1].

Le duc de Deux-Ponts marcha rapidement par le Berri vers le Limousin et l'Angoumois. Le duc d'Anjou, menacé d'être enfermé entre Coligni et les Allemands, se replia sur la Vienne, puis sur

1. Sur les mouvements militaires et les intrigues politiques, *V.* deux lettres de Tavannes à la reine; *Anc. collect.*, t. XXVII, p. 367-398, et Castelnau, l. VII, c. 3.

la Creuse, et vint camper entre Preuilli et le Blanc en Berri, au moment où le duc de Deux-Ponts arrivait au Blanc. Aumale et Nemours rejoignirent Anjou aux bords de la Creuse. Les protestants allemands, inférieurs de moitié aux armées d'Anjou et d'Aumale réunies, s'étaient hâtés de continuer leur route par le Limousin : le duc d'Anjou se mit à leur poursuite. Par deux fois la cavalerie allemande de l'armée royale refusa de charger les réformés allemands : les reîtres du duc d'Anjou déclarèrent qu'ils ne pouvaient combattre à jeun. L'armée catholique mourait de faim dans ce pays peu fertile et déjà ravagé par les protestants; elle était à son tour en proie à l'indiscipline : gens d'armes et fantassins s'en allaient par bandes sans congé. Le 9 juin, l'armée de secours força le passage de la Vienne à quelques lieues de la source de cette rivière et, le 10, elle opéra sa jonction près de Chalus avec les bataillons de Coligni, après avoir exécuté, presque sans perte, une marche de cent lieues en pays ennemi. La joie de cette réunion inespérée fut troublée par un double malheur : d'Andelot, qui était l'homme le plus considérable du parti protestant après son frère l'amiral et qui s'était rendu si cher à ses coreligionnaires par sa valeur, ses talents et son dévouement inébranlable, venait de mourir à Saintes le 27 mai ; le duc de Deux-Ponts mourut, le 14 juin, le lendemain de la jonction. Il laissa le commandement de son armée à son lieutenant, Wolfrad de Mansfeld. Les protestants attribuèrent au poison ces deux morts si regrettables pour leur cause; cependant la mauvaise santé de d'Andelot et les fatigues qu'il avait bravées suffisaient pour expliquer sa fin prématurée. Quant au duc de Deux-Ponts, on rapporte que, souffrant, épuisé par sa pénible expédition, il s'imagina ranimer ses forces par le vin et qu'un excès de table l'emporta; version assez vraisemblable et selon les mœurs des princes allemands [1].

L'armée royale, sur ces entrefaites, avait reçu un renfort de six mille Italiens expédiés par le pape et par le duc de Florence [2] :

---

1. D'Aubigné, t. I, col. 404. — La Popelinière, deuxième partie, f° 97. — Castelnau, l. VII, c. 5-6. — Gaspard de Tavannes, XXVII, p. 461. — Guillaume de Tavannes.

2. Le pape avait enjoint à son général, le comte de Santa-Fiore, de n'accorder de

le duc d'Anjou se rapprocha de l'ennemi et planta ses tentes à la Roche-l'Abeille, à une lieue des huguenots, qui étaient à Saint-Yrieix. Ceux-ci, trop forts pour qu'on attribuât leur démarche pacifique à la crainte, firent demander à Anjou un sauf-conduit, afin d'envoyer au roi une requête dans laquelle ils sollicitaient le libre exercice de leur religion par tout le royaume, « avec les sûretés requises », offrant à cette condition de poser les armes. Le duc d'Anjou refusa de laisser passer le député sans une autorisation expresse du roi. Avant qu'on eût reçu la réponse de Charles IX, les catholiques essuyèrent un échec, le 25 juin, par l'imprudence du jeune duc de Guise, qui s'engagea, avec ses chevau-légers [1] et les arquebusiers, contre toutes les forces des huguenots : quatre ou cinq cents tirailleurs et beaucoup d'officiers restèrent sur la place. Grâce à Tavannes, le mal n'alla pas plus loin et le duc d'Anjou maintint sa position. Le mauvais temps et le manque de vivres et de fourrages contraignirent les deux armées à s'écarter l'une de l'autre : la désertion continuait parmi les catholiques, harassés d'une si longue campagne. Le duc d'Anjou fut conseillé de donner quelques semaines de repos à ses troupes et de les répartir dans les garnisons limitrophes de la Guyenne et du Poitou. Les protestants se virent ainsi maîtres de la campagne.

Ce n'était pas un grand avantage pour eux ; ils eussent mieux aimé une bataille décisive. Ils renouvelèrent leurs tentatives de négociations, qui avaient été assez mal accueillies; Coligni pria

---

quartier à aucun huguenot et de faire tuer sur place tous ceux qui tomberaient entre les mains de ses soldats. — Catena, *Vie de Pie V*, p. 85. — « En aucune façon et pour « aucune cause, » écrivait Pie V à la reine mère, « il ne faut épargner les ennemis de « Dieu..... Aucun respect humain, touchant les personnes ou les choses, ne vous doit « induire en la pensée d'épargner les ennemis de Dieu, qui n'ont jamais épargné ni « Dieu ni vous-même..... Ce n'est que par l'entière extermination des hérétiques que « le roi pourra rendre à ce noble royaume son antique religion..... Nous avons appris « que quelques personnes travailloient à faire épargner un certain nombre de prison-« niers. Vous devez employer tous vos efforts pour que cela n'ait pas lieu et pour que « ces hommes très-scélérats soient livrés à de justes supplices. » *Epist. Pii V*, 28 mars-13 avril 1569. L'année précédente, au plus fort des égorgements des Pays-Bas, il avait écrit au duc d'Albe : « Continuez, cher fils, d'accumuler ces belles actions, comme des « degrés qui vous conduiront à la vie éternelle. » Le Dieu sous l'invocation duquel on a béatifié SAINT PIE V n'est pas sans doute le Dieu de l'Évangile?

1. Il était colonel-général de la cavalerie légère française.

son cousin le maréchal de Montmorenci de remettre au roi la requête qui n'avait pu être présentée directement; mais Montmorenci était un médiateur suspect à la cour. Charles IX déclara qu'il n'accorderait rien que les protestants n'eussent mis bas les armes : c'était déclarer qu'on refusait absolument de traiter. Les chefs protestants continuèrent leurs opérations et entreprirent des siéges, à défaut de bataille : ils prirent Confolens, Châtelleraut, Lusignan et quelques autres places du Périgord, du Limousin et du Haut Poitou.

Les hostilités n'étaient pas concentrées uniquement dans cette région, et les vallées des Pyrénées étaient le théâtre d'événements qui devaient avoir quelque influence sur le sort de la guerre : Terride, le plus renommé, après Montluc, des chefs catholiques de la Gascogne, avait été chargé d'envahir les domaines de la reine de Navarre : dès le printemps, il s'était jeté sur le Béarn et, secondé par les catholiques du pays, il avait pris Oloron, Pau, Lescar, Orthez, puis entamé le siége de Navarreins, seule place du Béarn qui fût fortifiée à la moderne. Navarreins se défendit avec une opiniâtreté qui fit perdre à Terride tout le fruit de ses premiers succès. Coligni, quelques jours avant sa jonction avec les Allemands, avait envoyé Montgommeri en Querci prendre le commandement des troupes rassemblées par les « sept vicomtes » : Montgommeri trompa la vigilance de Montluc et du maréchal de Damville, gouverneur du Languedoc, passa la Garonne dans les montagnes où elle prend sa source, emporta d'assaut Tarbes, entra en Béarn; à son approche, Terride leva le siége de Navarreins, évacua Pau et se renferma dans Orthez : il s'entendait mal avec Montluc; celui-ci ne le secourut pas à temps; il fut assailli dans Orthez par Montgommeri et forcé de se rendre, « vies et bagues sauves » (commencement d'août). La capitulation fut fort mal observée, et plusieurs des principaux seigneurs du Béarn, qui avaient pris parti pour les catholiques contre la reine de Navarre, furent livrés par Montgommeri aux officiers de Jeanne d'Albret, qui les firent mettre à mort comme rebelles à leur souveraine. La qualité de souveraine pouvait être contestée à Jeanne hors de la Navarre; car le Béarn, malgré les prétentions des Béarnais à l'indépendance, avait été primitivement un fief du duché d'Aquitaine et par conséquent du royaume de France : rien, d'ailleurs, pas même les violences commises à Pau par les catholiques, ne pouvait excuser la violation de la foi jurée[1].

Les catholiques rendaient avec usure aux huguenots leurs cruautés : dans les provinces où les protestants étaient trop faibles pour faire autre chose qu'une guerre de partisans, ils n'obtenaient presque jamais de quartier; on n'entendait parler que de choses effroyables. A Auxerre, le cœur d'un partisan huguenot fut mis en vente sur le marché; des forcenés le firent griller et le dévorèrent! A Orléans, le prévôt royal ayant fait arrêter comme suspects les habitants les plus connus par leur zèle pour la Réforme, le menu peuple, excité par des moines, attaqua les deux prisons où l'on avait entassé ces malheureux, força l'une et incendia l'autre : plus de cent vingt personnes, parmi lesquelles des femmes et des enfants, furent égorgées ou brûlées (21 août). La fureur des catholiques vint se briser contre les remparts de la Charité : ils ne purent recouvrer cette place, dans laquelle le duc de Deux-Ponts avait laissé garnison, et ne réussirent pas à nettoyer de huguenots le cours de la Loire.

Si Coligni eût été véritablement le maître de son armée, il eût donné bien d'autres embarras aux catholiques du côté de la Loire et même au nord de ce fleuve : il voulait aller prendre Saumur, s'y fortifier, puis reporter la guerre, comme en 1567, dans la Beauce et l'Ile-de-France. La noblesse poitevine, qui faisait sa principale force, l'obligea de renoncer à ce projet pour assiéger Poitiers. Les réformés poitevins ne voyaient rien d'aussi essentiel que d'arracher à l'ennemi la capitale de leur province. Cette vaste cité, mal fortifiée et commandée par de hautes collines, avait été facilement emportée par les catholiques en 1562; mais les circonstances étaient fort différentes : cette fois, le château était au pouvoir des défenseurs de la ville; le comte du Lude, gouverneur de Poitou, était à la tête d'une nombreuse garnison, que renforcèrent encore le duc de Guise et son frère le duc de

---

1. De Thou, l. XLV, t. II, p. 713-715. — D'Aubigné, col. 404-421. — Castelnau, l. VII, c. 7. — La Popelinière, deuxième partie, fos 100-105. On a remarqué depuis que le massacre des prisonniers béarnais avait eu lieu le 24 août, jour de *Saint-Barthélemi*.

Mayenne avec plus de douze cents chevaux (22 juillet). L'espoir de s'emparer des deux héritiers de Guise confirma les huguenots dans leur dessein, et la place fut investie le 24 juillet.

La répugnance de Coligni à entreprendre ce siége ne fut que trop justifiée : la vaste circonférence de la place, les défenseurs ne manquant pas, devint pour la défense une cause de force plutôt que de faiblesse; la garnison, animée par la présence et par l'exemple du duc de Guise, soutint vaillamment toutes les attaques et rendit aux assiégeants sorties pour assauts. Les huguenots n'avaient point assez de grosse artillerie ni de pionniers pour mener vivement le siége : ils réduisirent les assiégés à une grande disette, mais souffrirent eux-mêmes davantage encore des maladies qui se répandirent dans leur camp; les chaleurs furent, cet été, aussi violentes que le froid avait été rigoureux l'hiver précédent; presque tous les seigneurs et les capitaines se trouvèrent hors de service, et Coligni, à son tour, fut atteint d'une cruelle dyssenterie; mais son énergie fut plus forte que le mal : il ne quitta pas l'armée. Il s'estima heureux néanmoins d'avoir un prétexte honorable d'abandonner l'entreprise, après six semaines d'inutiles efforts (24 juillet-7 septembre). Charles IX, cédant aux instances du cardinal de Lorraine, qui tremblait pour ses neveux, avait enjoint au duc d'Anjou de secourir à tout prix Poitiers. Tavannes conseilla une diversion contre Châtelleraut, où s'étaient retirés les malades de l'armée protestante, et le duc d'Anjou se porta sur cette ville à la tête d'une quinzaine de mille hommes. Coligni marcha au secours de Châtelleraut : les catholiques, repoussés dans un premier assaut, délogèrent à l'approche de Coligni, qui avait encore près de vingt mille combattants, malgré les pertes essuyées devant Poitiers. Coligni poursuivit le duc d'Anjou; mais Tavannes établit l'armée catholique dans une forte position au bord de la Creuse, à six lieues de Châtelleraut, et les huguenots ne purent l'y forcer. Coligni ramena ses troupes harassées en deçà de la Vienne, aux environs de Faye-la-Vineuse, sur les confins de la Touraine et du Poitou, et leur accorda quelques jours de repos (13 septembre).

Ce fut durant ce cantonnement que Coligni reçut la nouvelle de l'arrêt rendu contre lui par le parlement de Paris, le 13 septembre, en confirmation et amplification d'une première sentence du 19 mars : il avait été condamné par défaut, comme « principal auteur et conducteur de la rébellion et conspiration faite contre le roi et son État », « à être pendu et étranglé en place de Grève « et, après, porté et pendu au gibet de Montfaucon, au plus haut « lieu et éminent qui y soit, si pris et appréhendé pouvoit être ; « sinon, par figure et effigie » ; tous ses biens étaient déclarés acquis et confisqués au roi ; ses enfants, « ignobles, vilains, roturiers, intestables, infâmes et incapables de tenir offices, dignités et biens dans le royaume » ; enfin, une somme de 50,000 écus d'or au soleil était promise à qui le représenterait à justice. Les 50,000 écus furent garantis par l'Hôtel de Ville de Paris. La cour ne trouva pas l'arrêt suffisant et, peu de jours après, le roi manda au parlement d'ajouter que les 50,000 écus seraient comptés à qui livrerait l'amiral « mort ou vif ». Des arrêts analogues furent lancés contre le comte de Montgommeri et le vidame de Chartres (Ferrières-Maligni) : les enfants de d'Andelot furent assimilés à ceux de Coligni ; le cardinal de Châtillon avait été, dès le mois de mars, déclaré déchu de tout ce qu'il tenait du roi et renvoyé, « pour le surplus », par-devant son supérieur, l'archevêque de Reims [1].

La cour, en faisant offrir par la main de la justice une récompense publique à l'assassinat, voulait apparemment se venger d'avoir échoué dans un crime secret : La Rivière, capitaine des gardes du duc d'Anjou, désireux d'effacer les services de son camarade Montesquiou, avait séduit un valet de chambre de l'amiral, qui promit d'empoisonner son maître. Quelques indices décelèrent le dessein de ce misérable ; il fut arrêté, jugé et pendu le 21 septembre, au camp de Faye [2].

L'armée protestante ne put se reposer longtemps dans ses quartiers ; elle y resta trop encore pour sa sûreté. L'armée royale s'était renforcée bien plus vite que Coligni ne l'avait prévu : le roi avait mandé, « sous griève peines », non-seulement les troupes régu-

---

1. L'arrêt contre Coligni fut exécuté en effigie et ses armoiries furent traînées à « queue de cheval » par les carrefours de Paris. — Le roi défendit au parlement de poursuivre la reine de Navarre, son fils et le jeune prince de Condé. — *Journal de Brûlart*, p. 201-211.
2. De Thou, l. XLV, t. II, p. 731.

lières, mais la noblesse du ban et de l'arrière-ban; dès le 15 septembre, le duc d'Anjou s'était trouvé assez fort pour quitter les bords de la Creuse, s'avancer sur la basse Vienne et s'établir à Chinon, à quatre lieues du camp protestant; le 26, le duc, se voyant une supériorité décidée, passa la Vienne et prit la route de Loudun, puis de Mirebeau, afin de se porter en arrière des protestants et de les séparer du Bas Poitou, pays planturoux d'où ils tiraient leurs fourrages et la plupart de leurs ressources. Tavannes, aidé de Biron, grand maître de l'artillerie, conduisait les opérations. Coligni leva son camp le 29 septembre et se dirigea vers le Poitou central : les armées se rencontrèrent le 30 dans la plaine de Saint-Clair. Après un engagement où ils essuyèrent quelques pertes, les protestants, à la faveur de la nuit, gagnèrent Moncontour et mirent la petite rivière de Dive entre eux et leurs adversaires. Les chefs catholiques tournèrent la position de Coligni et remontèrent la Dive jusqu'à sa source, pour aller déboucher dans l'intervalle qui sépare la Dive de la Thoue et Moncontour d'Airvaut. L'armée protestante aurait eu tout le temps d'opérer sa retraite : elle avait à peine dix-huit mille combattants, épuisés par de longs travaux, à opposer à plus de vingt-cinq mille hommes de troupes fraîches, et deux gentilshommes de l'armée royale, appartenant à ce parti politique qui redoutait le triomphe de la faction ultra-catholique, avaient donné aux avant-postes huguenots l'avis d'éviter à tout prix le premier feu de cette brillante armée; les protestants d'ailleurs attendaient des renforts de Montgommeri, victorieux en Gascogne, et le prince d'Orange était parti récemment, déguisé, pour regagner l'Allemagne et y faire de nouvelles levées.

Coligni désirait vivement ajourner le choc décisif; mais il ne fut pas plus maître de ses soldats qu'à l'époque du siège de Poitiers. La noblesse huguenote, dégoûtée de tant de fatigues et de souffrances, demandait à grands cris la victoire ou la mort; les mercenaires allemands réclamaient argent ou bataille. Il fallut céder : Coligni ne put pas même choisir son champ de bataille; comme on se mettait en mouvement, le 3 octobre au matin, une mutinerie des lansquenets et des reîtres lui fit perdre deux heures et l'empêcha d'atteindre un poste avantageux qu'il avait reconnu auprès d'Airvaut, sur la Thoue. Coligni fut réduit à recevoir le combat dans la plaine d'Assai, entre Moncontour et Airvaut. Il prit les meilleures dispositions possibles : il tâcha de dissimuler son infériorité numérique en soldats et en canons; il entremêla la cavalerie française, la cavalerie allemande et les arquebusiers, afin que ces différentes armes se prêtassent un mutuel secours; puis il attendit l'ennemi. Chacune des deux armées était divisée en deux gros corps : l'avant-garde catholique, sous le duc de Montpensier, était opposée à l'amiral; la « bataille » catholique, sous le duc d'Anjou, au comte Louis de Nassau. Le combat ne s'engagea que vers trois heures de l'après-midi, après une longue canonnade. Le choc des deux avant-gardes fut terrible : la noblesse protestante, déployée en haie et armée seulement de pistolets et d'épées, fut rompue par les fortes lances et les grands chevaux [1] des compagnies d'ordonnance; mais le feu bien nourri des reîtres et surtout des arquebusiers huguenots arrêta la fougue de la gendarmerie, et les cavaliers protestants se rallièrent. Coligni ne se dissimula pourtant pas l'issue trop probable de la journée; il envoya prier les princes (Henri de Navarre et Henri de Condé) de se réserver pour l'avenir de la cause et de se retirer à Parthenai, ce qu'ils firent à leur grand regret [2]; cette mesure de triste présage découragea ceux des réformés qui s'aperçurent de la retraite des princes. Le combat cependant était soutenu presque partout avec une grande valeur : Coligni avait ramené à la charge l'avant-garde huguenote; il fit le coup de pistolet avec le

---

1. *V.* dans Montluc (*Anc. collect.*, fin du tome XXV et tome XXVI, p. 30) des détails curieux sur le prix exorbitant des grands chevaux de bataille. La plupart des volontaires huguenots ne pouvaient y atteindre. La France, dès ce temps, n'élevait plus assez de chevaux de guerre pour sa consommation. *V.* les observations statistiques faites par les ambassadeurs vénitiens J. Michiel et Suriano, *Relat. des ambuss. vénit.*, t. I, p. 396; 492.

2. Dans cette bataille figuraient, à la tête des armées, quatre princes du nom de Henri, dont le plus âgé n'avait pas dix-neuf ans : c'étaient Henri de Lorraine, duc de Guise, né le 31 décembre 1550; Henri de France, duc d'Anjou, né le 19 septembre 1551; Henri de Bourbon, prince de Condé, né le 29 décembre 1552, et Henri de Bourbon, prince de Navarre et de Béarn, duc de Vendôme, né le 14 décembre 1553. Tous les historiens font naître Henri IV le 13 décembre : M. Bascle de Lagrèze a rétabli la date véritable, le 14, entre une heure et deux du matin, d'après le *Journal des naissances et morts des princes de Béarn*, tenu par l'évêque d'Oloron. (*Hist. du château de Pau*, p. 205.)

rhingrave, chef d'un corps de reîtres catholiques, et le tua roide ; mais la balle du rhingrave avait percé la joue de l'amiral : étouffé par le sang qui coulait de sa blessure et enveloppé par les cavaliers ennemis, Coligni allait périr s'il n'eût été dégagé par les reîtres protestants de Wolfrad de Mansfeld. Il fut obligé à son tour de quitter la plaine. Au même instant, un nombreux escadron fut lancé par le duc d'Anjou au secours de l'avant-garde catholique : Mansfeld et ses reîtres reçurent si bien ces nouveaux assaillants que le margrave de Bade, général des Allemands au service du roi, demeura mort sur la place et que le duc d'Aumale faillit périr avec lui.

Le duc d'Anjou en personne, pendant ce temps, s'était élancé avec le gros de sa cavalerie sur le corps de bataille des huguenots : il y rencontra une telle résistance qu'il se vit un moment dans le plus grand danger, son cheval s'étant abattu dans la mêlée ; le maréchal de Cossé et Biron, à la tête d'une réserve de cavalerie, rétablirent le combat. Les catholiques n'avaient encore engagé que leur cavalerie : l'infanterie et surtout le redoutable bataillon des Suisses avançaient à grands pas ; les reîtres protestants se rompirent dans une charge malheureuse contre les Suisses et se renversèrent sur les lansquenets. Le sort de la journée était décidé : tandis que la cavalerie catholique se ralliait de toutes parts, les escadrons protestants se massèrent en colonne et se retirèrent en assez bon ordre par Airvaut sur Parthenai, repoussant les détachements qui essayèrent de les poursuivre, mais abandonnant leur malheureuse infanterie à la rage des vainqueurs. La plaine d'Assai offrit alors un effroyable spectacle. Les lansquenets, au nombre de quatre mille, furent presque tous exterminés par les Suisses, dont la furieuse jalousie de métier était plus implacable encore que le fanatisme. Deux mille fantassins français eurent le même sort ; les catholiques s'excitaient à la boucherie en criant « la Roche-l'Abeille » et « Sainte-Colombe » ; Sainte-Colombe était le nom d'un des seigneurs béarnais exécutés à Orthez contre la foi jurée, après la victoire de Montgommeri. Ainsi, dans un cercle infernal, le meurtre appelle le meurtre. Le duc d'Anjou, saisi d'un accès d'humanité trop rare dans sa vie, arrêta enfin le carnage en ordonnant « qu'on pardonnât aux

François » : il sauva le brave et vertueux La Noue, le Bayart protestant, que l'atroce Montpensier voulait faire égorger de sang-froid. Crussol d'Acier, le fameux chef des huguenots du Midi, fut aussi épargné; le comte de Santa-Fiore, qui l'avait pris, désobéit aux ordres monstrueux du pape en laissant la vie à son captif [1].

Un long cri d'allégresse retentit dans la catholicité à la nouvelle de cette grande victoire, que les premiers bruits faisaient plus complète encore : la joie la plus vive et la plus sincère fut celle de Pie V [2] et de Catherine. Philippe II, malgré sa haine contre les hérétiques, ne souhaitait pas à la cour de France des succès assez décisifs pour qu'elle pût se passer de son alliance, et le cardinal de Lorraine et Charles IX lui-même étaient presque aussi offusqués l'un que l'autre de la renommée croissante du duc d'Anjou. Le roi, que sa mère ne put retenir davantage, écrivit à son frère de l'attendre, puis accourut à l'armée, afin d'enlever au duc d'Anjou l'honneur de l'entière destruction des rebelles. Catherine et le cardinal de Lorraine suivirent Charles IX.

Les huguenots, malgré la grandeur de leur revers, bien plus terrible que celui de Jarnac, n'avaient perdu ni le courage ni l'espérance : Coligni leur restait, personnification sublime de ce parti d'héroïque obstination et de forte individualité, qui ne fut jamais plus indomptable que dans le malheur [3]. Dans la nuit même qui suivit la bataille, les princes, l'amiral et les principaux capitaines, réunis à Parthenai, expédièrent des lettres et des ambassadeurs en Angleterre, en Écosse, en Allemagne, en Danemark, en Suisse, pour avertir leurs confédérés du « bon espoir »

1. *Mémoires* de Tavannes, Anc. collect., t. XXVII, p. 169-180. — Castelnau, l. VII, c. 8-9. — La Noue, c. 26. — La Popelinière, l. XIX, fos 130-141. — De Thou, t. II, p. 734-750. — Davila, p. 286-291. — Brantôme, *Vie de M. de Montpensier*. — D'Aubigné, col. 451-457. — La perte des protestants s'éleva environ à six mille soldats; mais le nombre des morts passa dix mille, une multitude de goujats ou valets d'armée ayant été massacrés dans la déroute. Les catholiques avaient perdu cinq cents cavaliers, mais très-peu de fantassins. — La Popelinière, auteur protestant, observe que la plupart des blessés protestants guérirent, que la plupart des blessés catholiques moururent. On accusait les huguenots de mâcher ou d'empoisonner leurs balles.
2. Le pape envoya au duc d'Anjou un chapeau et une épée bénits : il avait fait un pareil envoi au duc d'Albe.
3. V. dans d'Aubigné, col. 348, un beau passage sur la situation de l'amiral après Moncontour.

qui leur restait et les prier de leur envoyer « le plus de secours et le plus tôt qu'ils pourroient ». Le lendemain, ils se rendirent à Niort, où ils recueillirent les débris de l'armée vaincue; puis, après avoir muni de fortes garnisons Niort, Saint-Jean-d'Angéli et Saintes, ils laissèrent Jeanne d'Albret avec La Rochefoucauld à La Rochelle, passèrent la Charente et prirent la route du Querci pour aller joindre Montgommeri et se refaire une armée sur les bords du Tarn et de la Garonne.

La vigueur et la promptitude de leurs résolutions n'auraient pourtant pas sauvé les réformés, si les vainqueurs de Moncontour avaient su profiter de la victoire. En huit ou dix jours, tout le Poitou fut perdu pour les huguenots : presque toutes les villes et forteresses ouvrirent leurs portes aux premiers détachements qui les sommèrent; la garnison de Niort, découragée par la mort de son commandant, le brave de Moy, qui périt assassiné dans une sortie par un misérable nommé Louviers de Maurevert[1], abandonna la place qui lui était confiée : les garnisons du Bas Poitou se retirèrent à La Rochelle et à Marans; celles du Haut Poitou gagnèrent, par le Berri, Sancerre et la Charité. Le roi, parti de Tours, était arrivé à Niort presque aussitôt que l'armée catholique. Il y eut là de vifs débats sur le plan d'opérations à suivre : Tavannes et les capitaines les plus expérimentés voulaient poursuivre les princes et l'amiral jusqu'au fond de la Gascogne, les réduire à s'enfermer dans quelque place forte et les y assiéger afin de terminer la guerre d'un

1. Ce Maurevert (ou Maurevel), destiné à une infâme célébrité, avait été, dans sa première jeunesse, page chez le duc de Lorraine : châtié pour quelque mauvaise action, il tua en trahison le gouverneur des pages et passa au service d'Espagne. Après la paix du Câteau-Cambresis, il trouva moyen de rentrer en France et d'obtenir sa grâce. Le prix magnifique offert par le parlement de Paris pour la tête de l'amiral tenta sa cupidité : il s'offrit à la cour, se fit donner de l'argent d'avance et alla joindre les huguenots, comme s'il se fût converti à leur religion. Il fut accueilli sans défiance; néanmoins, il ne trouva pas l'occasion d'exécuter sûrement son projet : il assassina Moy, un des principaux chefs protestants, pour n'être pas tout à fait inutile à ceux qui l'employaient. Les bontés que Moy, loyal et généreux soldat, avait eues pour cet homme ajoutaient à l'horreur de l'action. Maurevert fut récompensé non-seulement par de l'argent, mais par des honneurs! Le roi lui donna le collier de l'ordre!

Voici la lettre qui l'atteste :

« A mon frère le duc d'Alençon,

« Mon frère, pour le signalé service que m'a fait Charles de Louvier, sieur de « *Moureveil* (Maurevert), présent porteur, *étant celui qui a tué Mouy, de la façon qu'il*

seul coup. Mais il suffisait que Tavannes eût avancé cette opinion pour qu'elle fût contredite par le favori du roi, par le comte de Retz (Gondi) : le cardinal de Lorraine craignait que le duc d'Anjou n'acquît une nouvelle gloire et travaillait sourdement auprès du roi contre Anjou et Catherine ; les Montmorencis redoutaient la ruine entière de leur parent l'amiral et la domination des « papistes » violents. Des intérêts souvent opposés se coalisèrent pour faire rejeter l'avis de Tavannes, qui, offensé et découragé, demanda son congé et retourna en Bourgogne.

Le conseil du roi décida qu'on recouvrerait les places de Saintonge et d'Angoumois avant d'envoyer l'armée en Gascogne et qu'on commencerait par Saint-Jean-d'Angéli. Ce fut le salut de « la Cause » : au lieu de la prompte soumission des villes poitevines, on rencontra dans Saint-Jean-d'Angéli la plus opiniâtre résistance ; cette place retint l'armée du roi devant ses murailles plus de six semaines (16 octobre - 2 décembre) et lui coûta cinq ou six mille hommes. « Saint-Jean, » dit La Noue, « aida à réparer en quelque sorte les ruines que Poitiers et Moncontour avaient faites. » On était au cœur de l'hiver lorsque Saint-Jean capitula enfin, et l'armée royale, épuisée, décimée par les maladies, se trouva hors d'état de pousser plus loin ses progrès : le roi, la reine mère et le duc d'Anjou retournèrent aux bords de la Loire et l'armée fut séparée. Saintes avait été évacuée au bruit de la capitulation de Saint-Jean ; mais Angoulême, Cognac et d'autres places huguenotes commandaient encore le cours de la Charente,

« vous dira, je vous prie, mon frère, lui bailler de ma part le collier de mon ordre, ayant été choisi et élu par les frères compagnons dudit ordre pour y être associé, « et faire en sorte qu'il soit par les manants et habitants de ma bonne ville de Paris « gratifié de quelque honnête présent, selon ses mérites ; priant Dieu, mon frère, qu'il « vous tienne en sa sainte et digne garde. Écrit au Plessis-lez-Tours, le 10e jour d'oc- « tobre 1569.

« Votre bon frère,
« CHARLES. »

Ce triste monument de l'immoralité des derniers Valois a été publié et déposé entre les manuscrits de la Bibliothèque Nationale, par décret de la Convention, le 14 ventôse an II. — V. l'édition du *Journal de L'Estoile*, publiée par MM. Champollion, p. 308. — Nous voudrions pouvoir douter de l'authenticité de cette pièce, qui ne paraît pas avoir été contestée. Le fait de l'élection de Maurevert par les chevaliers de Saint-Michel nous paraît bien difficile à admettre, quoique cet ordre fût rempli des créatures des Guises. Il est certain que le cri de l'armée fut si fort contre Maurevert, qu'on fut obligé de le renvoyer chez lui. Brantôme, *Vie de l'amiral*.

et La Rochelle défiait toutes les menaces. Pendant ce temps, les princes et l'amiral, établis aux environs de Montauban, reposaient et réorganisaient leurs troupes en pays ami, puis, malgré les efforts de Montluc, opéraient leur jonction dans l'Agénais avec Montgommeri et saccageaient les petites places catholiques de cette contrée, tandis que leurs partisans obtenaient dans le Bas Languedoc un succès de haute importance par la surprise de Nîmes (15 novembre)[1]. De petits corps d'aventuriers protestants se maintenaient dans un certain nombre de villes fortes et de châteaux en Vivarais, en Auvergne, en Berri, en Nivernais et jusqu'en Bourgogne, où Vézelai venait de soutenir avec gloire un long siége[2]. Tout annonçait une lutte interminable.

Catherine de Médicis était retombée dans ses perplexités : la trahison avait échoué ; la force échouait à son tour ; à quoi servaient les victoires, si l'ennemi terrassé reprenait, comme le géant de la Fable, une vigueur nouvelle en touchant la terre et se relevait plus terrible après chaque défaite? La cour était à bout de ressources : dons volontaires de bonnes villes et du clergé, décimes ecclésiastiques, aliénations de biens d'église (on en avait vendu pour 570,000 écus d'or), emprunts, engagements du domaine, on avait tout employé, tout dévoré ; augmenter les impôts était impossible dans les provinces ruinées par la guerre, difficile et dangereux dans les autres ; la masse catholique ne combattait pas, comme les huguenots, pour la liberté et pour la vie, et l'on ne pouvait exiger d'elle ces sacrifices extrêmes que le désespoir arrachait aux réformés. Quant aux secours étrangers, le pape avait fait tout ce qu'il pouvait pour la cour de France ; le Roi

---

1. Les protestants s'introduisirent dans la ville par un aqueduc. Les passions violentes des Languedociens n'éclatèrent nulle part avec plus de fureur qu'à Nîmes : à la Saint-Michel de 1567, les protestants, exaspérés par de longs outrages, avaient signalé leur prise de possession de la ville par un affreux massacre. Depuis la paix de 1568, ils avaient été à leur tour cruellement persécutés : ils se vengèrent de nouveau, en novembre 1569, par le meurtre du gouverneur et de plus de cent cinquante catholiques égorgés de sang-froid après la victoire. — De Thou, t. II, p. 744.

2. Rien ne fit autant de bruit que les exploits de la châtelaine de Banegon, jeune veuve qui défendit intrépidement contre les catholiques son manoir des montagnes d'Auvergne. Les catholiques, contre leur ordinaire, traitèrent assez courtoisement cette héroïne. — La Popelinière, deuxième partie, f° 150. — Il y a de curieux détails sur cet épisode dans les *Annales d'Auvergne*, numéro de septembre-octobre 1839 ; Clermont-Ferrand.

Catholique n'avait encore envoyé que quatre ou cinq mille soldats allemands et wallons et faisait attendre, depuis plusieurs mois, un second renfort de quatre mille Espagnols. Philippe II avait à supporter à cette époque des dépenses énormes pour sa guerre maritime contre les Turcs, et une dangereuse révolte des Maures de Grenade occupait une partie de ses forces en Espagne même. Philippe d'ailleurs n'était pas fâché de voir la France s'épuiser par la guerre civile et nourrissait toujours la pensée d'amener Charles IX et sa mère à appeler le duc d'Albe en France. Catherine était moins disposée que jamais à se livrer à la discrétion du roi d'Espagne. Elle rentra donc dans son ancien système d'intrigues diplomatiques, plus conforme à son génie que les violences où elle s'était jetée par dépit. Aussitôt après la bataille de Moncontour, voulant profiter de l'abattement où elle supposait les huguenots, elle avait envoyé à la reine de Navarre Castelnau, puis le maréchal de Cossé, chargés d'offrir une amnistie avec liberté de conscience, sans liberté de culte. Ces propositions avaient été rejetées; mais les négociations continuaient et les « confédérés » expédièrent des députés avec les requêtes du parti vers le roi, qu'ils trouvèrent à Angers dans le courant de janvier 1570.

Les requêtes des protestants et les concessions de la cour étaient loin encore de se rapprocher. Le roi, à son tour, dépêcha Biron en Languedoc vers les princes et l'amiral; le roi, la reine mère et le duc d'Anjou écrivirent dans les termes les plus bienveillants à ce même Coligni, dont ils avaient mis la tête à prix et poursuivi la mort par le poignard et le poison. Les huguenots ne se laissèrent pas prendre à de belles paroles : le prince de Béarn et l'amiral répondirent fort respectueusement aux dépêches du roi, mais ne cessèrent point de forcer ses villes et de battre ses soldats. La mésintelligence de Montluc et de Damville servit les huguenots, qui exercèrent de terribles ravages autour de Toulouse, par représailles des cruautés du parlement.

Du Toulousain, la petite armée protestante se porta dans le Languedoc central : elle insulta en passant le Roussillon, en haine de Philippe II, avança en combattant à chaque pas, avec des succès divers, contre les partis[1] et les garnisons catholiques,

---

1. Ces partis étaient souvent formés par les paysans des contrées que ravageaient

et fit halte à Nîmes au mois d'avril. Ce fut là que Coligni révéla aux compagnons de ses labeurs l'audacieux projet qu'il avait conçu pour contraindre la cour à la paix. Il se proposait de faire après une grande défaite ce qu'il eût fait après une victoire : il revenait à son dessein favori de reporter la guerre autour de la capitale. Il fit valoir la facilité qu'on aurait de recevoir des renforts d'Allemagne en retournant dans le nord du royaume ; il appuya sur l'évidente lassitude de la cour. Les difficultés énormes d'une pareille entreprise, le refus que firent la plupart des méridionaux de quitter encore une fois leur pays, le danger d'être écrasé entre des masses ennemies, rien n'arrêta l'amiral. Il détermina quatre ou cinq mille hommes d'élite à le suivre, tous à cheval, sans artillerie ; la légèreté et la mobilité de ce corps d'armée devaient compenser sa faiblesse numérique, et l'amiral comptait rallier, chemin faisant, tous les réformés des provinces qu'il traverserait. Bien en prit à Henri de Béarn d'avoir partagé la rude éducation des enfants de ses montagnes natales et d'avoir, dès son bas âge, endurci son corps à la fatigue et son âme aux périls[1] : ce n'était pas chose facile que de supporter une telle campagne à seize ans.

La marche des huguenots faillit être arrêtée par un accident fatal : après avoir longtemps côtoyé le Rhône, ils venaient de se rabattre sur le Forez et de surprendre Saint-Étienne, lorsque l'amiral tomba gravement malade (fin mai). Les protestants comprirent ce que valait Coligni quand ils se sentirent menacés de le perdre : la consternation fut si grande que beaucoup de gens abandonnaient déjà l'armée. Des saignées sauvèrent l'amiral : mieux eût valu, pour l'honneur de la France, qu'on eût laissé mourir ainsi ce grand homme ! A peine hors de danger, Coligni, renforcé par quelques détachements venus des bords de

---

les huguenots : la vengeance et les passions religieuses changeaient les villageois en soldats. Les paysans du Périgord, entre autres, se signalèrent par leur haine contre les protestants.

1. Les historiens ont insisté avec raison sur l'influence que l'éducation vigoureuse du *Béarnais* a eue sur toute sa carrière. Cependant on a peut-être un peu exagéré la différence que cette éducation avait mise entre lui et les autres princes de son temps : les princes et les nobles étaient généralement habitués dès l'enfance à des exercices violents, à une gymnastique militaire qui les préparait aux fatigues des armes.

la Loire, reprit sa marche et s'avança en Bourgogne pour y rejoindre une troupe de gentilshommes et de soldats qui s'étaient réfugiés à Genève et qui attendaient l'occasion de rentrer en France. Avant que l'amiral eût reçu ce renfort, il rencontra près d'Arnai-le-Duc un gros corps d'armée catholique arrivé d'Orléans sous le maréchal de Cossé (26 juin). Coligni profita des accidents du terrain avec une grande habileté : il soutint, avec moins de cinq mille hommes, l'attaque de plus de douze mille, et, le surlendemain, il s'éloigna si rapidement que le maréchal de Cossé, embarrassé de bagage et d'artillerie, ne put l'atteindre ni l'empêcher de gagner la Loire entre Sancerre et La Charité. Coligni s'arrêta un moment dans ce canton, où les réformés possédaient quatre ou cinq places fortes, et, de là, députa de nouveau vers le roi.

Le moment était favorable pour traiter : Catherine, bourrelée de soupçons et d'inquiétudes, suspectait Cossé d'avoir laissé volontairement échapper Coligni et se défiait également des « politiques », tels que les Montmorencis, Vieilleville et Cossé, qui ménageaient les huguenots, et des zélés catholiques de la faction espagnole et lorraine; elle hésitait à se servir des uns comme des autres; elle avait espéré annuler ces deux partis au profit de son fils préféré; mais la jalousie de Charles IX contre le duc d'Anjou renversait ses plans les plus chers. Les nouvelles de la guerre, sur ces entrefaites, devenaient partout alarmantes : tandis que Coligni tenait tête à Cossé et entrait en Gâtinais, les capitaines catholiques de l'Ouest, qui avaient, pendant les premiers mois de l'année, serré d'assez près La Rochelle, essuyaient échecs sur échecs : battus complétement à Sainte-Gemme, le 15 juin, par le brave La Noue, ils reperdirent Luçon, Fontenai [1], Brouage, l'île d'Oleron, Saintes; malgré les efforts du vieux baron de La Garde, venu de Marseille avec huit galères, les protestants eurent l'avantage sur terre et sur mer, et toute cette côte retomba en leur pouvoir, depuis les Sables-d'Olonne jusqu'à la Gironde.

Catherine commença de se montrer plus facile et pressa le roi

---

1. Ce fut au siége de Fontenai que La Noue eut le bras fracassé; on l'amputa et Jeanne d'Albret elle-même lui tint le bras durant l'opération. La Noue remplaça par un « bras de fer » le membre qu'il avait perdu.

de faire des concessions. Rome et l'Espagne avaient pris l'alarme : au premier bruit des pourparlers, Pie V avait écrit les lettres les plus virulentes à Charles IX, à Catherine, au duc d'Anjou : « Comme il ne peut y avoir de communion entre Satan et les fils « de la lumière, » écrivait-il à la reine mère, « on se doit tenir « pour assuré qu'il ne peut y avoir aucune composition entre les « catholiques et les hérétiques, sinon pleine de fraude et de fein- « tise. » Philippe II offrait un secours immédiat de neuf mille combattants. Il était trop tard : la résolution de la cour de France était arrêtée et la paix fut signée à Saint-Germain le 8 août.

La mémoire de toutes les choses passées de part et d'autre depuis les troubles était déclarée éteinte et abolie. La religion catholique devait être rétablie partout où elle avait été suspendue ; les maisons et les biens saisis sur les ecclésiastiques ou autres catholiques devaient leur être restitués, sans restitution des fruits perçus, des meubles vendus, etc. La liberté de conscience était implicitement accordée par tout le royaume, personne ne pouvant être dorenavant « recherché ni astreint à faire chose contre sa conscience pour le regard de la religion ». Le libre exercice de la religion « dite réformée » était octroyé à toute personne ayant haute justice ou plein fief de haubert, savoir : dans le principal domicile, que le maître fût présent ou absent, et, dans les autres maisons, en sa présence seulement, le tout tant pour le seigneur que pour sa famille, ses sujets « et autres qui y voudroient aller ». Les simples feudataires avaient le même droit pour eux, leurs familles et dix de leurs amis au plus. L'exercice du culte réformé était maintenu dans les villes où il se trouvait établi le 1ᵉʳ août 1570, et concédé dans les faubourgs de deux villes de chacun des grands gouvernements de France et dans quatre des places de la reine de Navarre, en ses pays d'Albret, d'Armagnac, de Foix et de Bigorre[1]. Le culte réformé était interdit « à dix lieues alentour de Paris, à deux lieues alentour de la cour ». Ne devait être faite aucune distinction pour cause de religion dans les universités, écoles, hôpitaux, maladreries et aumônes publiques. Le roi déclarait la reine de Navarre, les princes de Navarre et de Condé, et tous ceux qui

---

1. Le silence du traité sur le Béarn indiquait la reconnaissance de la prétendue souveraineté de Jeanne d'Albret sur cette ancienne vicomté.

les avaient suivis et secourus, ses bons et loyaux sujets, et les enfants du duc de Deux-Ponts, les Nassau, Wolfrad de Mansfeld, etc., ses bons voisins, parents et amis. « Ceux de la religion » étaient déclarés capables de toutes charges royales, seigneuriales et municipales, et devaient être remis en possession de leurs offices : les jugements et arrêts rendus contre eux devaient être rayés de tous registres judiciaires; on leur accordait, dans leurs procès civils ou criminels portés devant les parlements, la faculté de récuser, sans allégation de motifs et en dehors des récusations de droit, quatre présidents ou conseillers par chaque chambre des parlements de Paris et de Bordeaux, et trois par chaque chambre des parlements de Rouen, de Rennes, de Dijon, d'Aix et de Grenoble; le parlement de Toulouse était déclaré totalement incompétent pour les procès où figuraient des réformés. Enfin, pour rassurer, disait l'édit, les « prétendus réformés » contre les inimitiés qu'ils avaient encourues, le roi donnait en garde, pour deux ans, aux princes de Navarre et de Condé et à vingt gentilshommes de « la religion » désignés par l'autorité royale, les villes de La Rochelle, Cognac, Montauban et La Charité, où se pourraient retirer « ceux de la religion » qui n'oseraient retourner si tôt en leurs maisons. Tous les membres des parlements, tous les officiers royaux et municipaux et les principaux habitants des villes des deux religions étaient astreints à jurer « l'entretènement de l'édit »[1].

Après tant de revers, les protestants pouvaient être heureux et fiers d'une pareille transaction : pour la première fois, de sérieuses garanties leur assuraient l'exécution des promesses royales; les principales difficultés élevées depuis 1563 sur l'interprétation de l'édit d'Amboise étaient résolues à leur avantage; le petit nombre des villes de prêche était compensé jusqu'à un certain point par la facilité accordée à chacun d'assister aux offices religieux chez les seigneurs. Catherine désirait si vivement la paix qu'elle avait fait autoriser par Charles IX ses négociateurs à des concessions plus larges encore, si les huguenots ne se fussent pas

---

1. *V.* l'édit dans les *Mémoires de l'Estat de France sous Charles IX*, t. I, p. 5-12; Middelbourg, 1578; et dans La Popelinière, deuxième partie, f° 195. — Ici finissent les *Mémoires* de Castelnau et de La Noue.

montrés satisfaits; mais Coligni, de son côté, était tellement las de la guerre qu'il se hâta de conclure aussitôt que la cour eut accordé les places de sûreté. L'extrême facilité de la reine mère témoignait également et de son découragement présent et de ses arrière-pensées pour l'avenir : la promptitude de Coligni révélait le dégoût indicible que causaient les désordres inséparables des luttes civiles à cet homme d'ordre et de discipline, jeté par le malheur des temps à la tête d'une faction; lui, aussi, de plus, avait ses arrière-pensées, bien différentes de celles de Catherine : c'était de réconcilier la France avec elle-même, de diriger vers un but éclatant et patriotique les forces qu'elle employait à se déchirer les entrailles, de l'arracher enfin à la guerre civile, non par la paix, chose impossible, mais par une glorieuse et fructueuse guerre étrangère.

LIVRE LIV

GUERRES DE RELIGION, *suite*.

CHARLES IX, suite. CATHERINE ET COLIGNI. — Les partis après la paix. Le PROBLÈME DE LA SAINT-BARTHÉLEMI. Dispositions de Catherine, de Charles IX, de Coligni, du duc d'Anjou. Prépondérance des *politiques* sur les zélés catholiques. Avances aux protestants. Négociations avec l'Angleterre, l'Allemagne et les mécontents des Pays-Bas. Coligni veut donner à la France la Belgique et des établissements en Amérique. Coligni à la cour. Sa faveur près du roi. Jalousie de Catherine. — Charles IX refuse d'entrer dans la *Sainte Ligue* contre le Turc. Bataille de Lépante. — Question de la guerre avec l'Espagne. Lutte dans le conseil entre le parti de Coligni et le parti du duc d'Anjou. — Mort de Jeanne d'Albret. — Révolte de la Hollande et de la Zélande contre Philippe II. Invasion du Hainaut par les protestants français. Défaite de Genlis. — Efforts désespérés de Catherine contre Coligni. Violentes fluctuations de Charles IX. Catherine conspire avec Anjou et les Guises l'assassinat de Coligni. — Mariage du roi de Navarre et de Marguerite de Valois. — Coligni blessé en trahison. Les protestants demandent vengeance. LE CONSEIL DE LA SAINT-BARTHÉLEMI. Angoisses du roi. Catherine entraîne Charles IX. Nuit du 24 août. Mort de Coligni et MASSACRE DE PARIS. — Variations, hypocrisie, contradictions de la cour. — Lâcheté du parlement. — Massacres dans les provinces. — Effet au dehors. Réjouissances à Rome. — Catherine renoue avec les puissances protestantes. — Conversion forcée des Bourbons. Le culte réformé interdit *provisoirement*. — Résistances locales. QUATRIÈME GUERRE DE RELIGION. Siéges de La Rochelle et de Sancerre. La Noue et Jacques Henri. Résistance invincible. Traité de La Rochelle. — Le duc d'Anjou roi de Pologne. — Le traité de La Rochelle est rejeté par les huguenots du Midi. Fédération protestante. Les huguenots réclament plus qu'avant la Saint-Barthélemi. — Rapprochement des politiques et des huguenots. Violente réaction contre la royauté. Déluge de pamphlets. La *Franco-Gallia* de Hotman. — La guerre recommence. Complots et arrestation du duc d'Alençon et du roi de Navarre. Mort de Charles IX. Catherine régente.

1570-1574

Le sentiment général du parti protestant, à la lecture de l'édit de Saint-Germain, fut une satisfaction mêlée de défiance : les réformés ne pensaient pas que la cour eût renoncé à ses mauvaises intentions, mais ils espéraient avoir dorénavant les moyens de s'en garantir. Les deux jeunes princes, l'amiral et les principaux chefs, après avoir reconduit jusqu'à la frontière ce qui restait des auxiliaires allemands, traversèrent rapidement le royaume et allèrent rejoindre Jeanne d'Albret à La Rochelle. Ils y restèrent réunis, « afin d'attendre plus sûrement l'exécution et avancement de la paix ». Bien des voix autour d'eux la nommaient déjà la « paix boiteuse et mal assise »[1], par allusion aux deux négociateurs qu'avait employés la cour; le boiteux Biron et le seigneur de Malassise, Henri de Mesmes.

Pie V et Philippe II virent avec une égale amertume cette transaction « infâme et perverse », qui brisait la ligue des puissances catholiques, au moment où le Saint Père, encouragé par les succès des armes orthodoxes en France et dans les Pays-Bas, venait enfin de prendre une attitude ouvertement offensive contre l'Angleterre et, d'accord avec le Roi Catholique, fomentait des révoltes dans le nord de ce royaume, complotait l'invasion de l'Irlande et se flattait de voir se relever le parti catholique écossais, ranimé par le meurtre du régent Murray[2]. Cependant les complications des événements européens ne permirent pas au pape et au roi d'Espagne de laisser éclater tout leur courroux. Philippe lui-même était alors obligé de traiter avec « ses rebelles », les Morisques[3], et le pape était très-préoccupé des grands mouvements des flottes turques dans la Méditerranée et avait peur que les huguenots prissent Avignon[4]. De même, en France, si les zélés furent très-irrités et attribuèrent à la colère du ciel un terrible débordement du Rhône et d'autres « prodiges », tels que tempêtes et tremblements de terre, qui suivirent d'assez près la paix « impie », cependant l'agitation moins générale et les

---

1. V. ce que dit à ce sujet un de ces négociateurs, de Mesmes de Malassise, ap. *Anc. collect.*, t. XLVI, p. 175.

2. Pie V avait lancé, le 25 février 1570, une bulle d'excommunication et de déposition contre Élisabeth; dès novembre 1569, les comtes de Northumberland et de Westmoreland avaient levé l'étendard de l'insurrection en faveur du catholicisme et de la royale captive Marie Stuart; mais le duc d'Albe ne se décida point assez tôt à les secourir; ils échouèrent et furent obligés de s'enfuir en Écosse. Plusieurs centaines de personnes périrent dans les supplices.

3. Il accorda à ceux qui se soumirent le rétablissement de leurs coutumes et l'exemption de l'inquisition. L'élite des Morisques maintint quelque temps encore dans les montagnes l'étendard du prophète.

4. Charrière, *Négociat. du Levant*, t. III, p. 54-56; 120-121.

excès moins multipliés qu'après les traités de 1563 et 1568 semblèrent attester que les masses commençaient à se fatiguer de la guerre civile et qu'il ne serait pas impossible à l'autorité royale de faire respecter les engagements qu'elle avait pris. La modération relative de la masse catholique tenait en partie à ce qu'elle ne recevait plus d'en haut l'impulsion du désordre. Non-seulement la cour était découragée, mais les Lorrains eux-mêmes, suivant Tavannes, « avoient consenti à la paix, sous l'espérance d'attraper les huguenots désarmés. » Catherine vainquit sans doute l'opposition du cardinal de Lorraine par les mêmes arguments qu'elle avait employés auprès du nonce lors de l'édit d'Amboise : elle laissa entendre qu'elle comptait rendre la paix plus meurtrière que la guerre et ne manqua pas d'insinuer de semblables espérances à Rome et à Madrid, où l'on en tint peu de compte.

Quelles étaient les dispositions réelles de Catherine au moment où elle conclut le pacte de Saint-Germain? Nous avons indiqué, avant l'entrevue de Bayonne, la politique qu'elle conçut à partir de 1563, qu'elle tenta d'appliquer par la fraude, de 1563 à 1567, puis par la force mêlée à la fraude, de 1567 à 1569. Elle avait certainement toujours les mêmes vues, les mêmes désirs, mais non plus la même confiance. Plus elle avait cru toucher au but après le meurtre de Condé, la défaite de Coligni et le triomphe de son fils préféré, du duc d'Anjou, plus elle était stupéfaite et découragée d'avoir vu le succès définitif lui échapper et les ressources inattendues de ces forces morales qu'elle ne pouvait comprendre déjouer les calculs de sa sagesse machiavélique.

Il est donc à peu près certain qu'en 1570, lorsqu'elle traita, elle voulait surtout respirer et se reconnaître, et n'avait point de plan arrêté : c'est ce qui résulte de l'ensemble des documents diplomatiques. Nul doute pourtant qu'elle n'ait toujours rêvé la perte de Coligni, de l'homme qui était pour elle le grand obstacle : l'idée de détruire les chefs de parti ne lui sortit jamais de l'esprit; mais, en 1570, ses espérances étaient à ce sujet très-affaiblies et très-vagues. Quant à l'extermination générale des hérétiques tramée deux ans d'avance par cette « grande reine » et poursuivie sans déviation jusqu'au dénoûment avec « une admirable dissimulation », c'est un roman inventé par le fanatisme dépravé ou le machiavélisme cynique des panégyristes italiens de Catherine et accepté par le ressentiment des huguenots[1].

Les historiens de Catherine ont associé Charles IX au complot des deux ans et à « l'admirable dissimulation » de sa mère : ils ont plus fait que les protestants eux-mêmes pour attirer sur le nom de ce malheureux et coupable prince l'immense exécration qui l'accable. Ici, ce n'est plus seulement de l'exagération ; c'est une complète erreur. Ce n'était point par sentiment moral que Charles IX était incapable de mériter les hideuses louanges que la postérité a changées en malédictions : les leçons des maîtres que lui avait imposés sa mère avaient détruit chez lui tous principes ; à ses yeux, la bonne foi n'était que sottise[2], la compassion que lâcheté ; mais la fougue et l'inégalité de son humeur ne lui eussent pas permis une si longue perfidie, et, surtout, il était absolument sans parti pris : la rancune qu'il gardait aux protestants pour l'entreprise de Meaux était balancée par la haine jalouse qu'il portait à son frère Henri, par sa défiance envers sa mère et envers les Guises. Il subissait comme une sorte de fatalité l'habile domination de Catherine, mais parfois il mordait son frein avec colère, et il était tout aussi capable d'en venir aux dernières violences contre les Lorrains ou même contre le duc d'Anjou que contre Coligni. Quoique Catherine le tînt par des chaînes savamment forgées, il pouvait bien finir par retourner contre elle les leçons qu'elle lui avait données.

Que ferait-il ? où irait-il ? Il n'en savait rien. Il recevait les plans de trahison que lui adressait Tavannes, le conseiller de son frère, qui eût voulu devenir le sien[3] ; mais, tout à l'heure, il allait écouter les projets les plus contraires.

---

1. Nous n'avions pas admis, dans notre édition précédente, la donnée vulgaire du plan de la Saint-Barthélemi ; mais nous avions attribué à Catherine des vues beaucoup trop arrêtées en ce qui regarde Coligni et les autres chefs. C'était changer les désirs en projets.

2. « Le roi ne faisoit point de difficulté de fausser sa foi toutes et quantes fois qu'il vouloit et lui venoit en fantaisie. » Brantôme, *Vie de Charles IX*.

3. Voir une lettre de Gaspard de Tavannes adressée au roi, au plus tard au commencement de 1571. Tavannes y expose nettement la situation telle qu'elle lui apparait : il dit que la paix a chance de durée, parce que ni l'un ni l'autre des deux partis ne veut ni ne peut renouveler la guerre ouverte ; mais que, « si l'un des deux voit « une occasion bien sûre pour mettre fin entière *à la chose de question*, il la prendra.....

En attendant, les politiques avaient le dessus à la cour sur les zélés catholiques : peu s'en était fallu qu'une sanglante tragédie ne le montrât aux dépens des Lorrains. Avant même que la paix fût signée, les partisans de la tolérance avaient travaillé à préparer un rapprochement complet entre la cour et les chefs protestants ; les Montmorencis [1] avaient proposé le mariage du prince Henri de Navarre avec la troisième sœur du roi, Marguerite de France. Il avait été question de ce mariage presque dès la naissance des deux jeunes gens : Charles IX en reprit vivement la pensée ; mais Marguerite, alors âgée de dix-huit ans, avait fait un autre choix : elle commençait le cours de ses innombrables galanteries et avait accordé au jeune duc de Guise, le plus brillant cavalier de France, tous les droits possibles sur son cœur et, dit-on, sur sa personne. Henri de Guise, encouragé par le cardinal de Lorraine, voulait tourner au profit de son ambition la victoire de son amour et aspirait à la main de la princesse. Au mois de mai 1570, le mariage de Marguerite et de Guise passait à la cour pour chose faite : tout à coup, en juin, le roi, la reine mère et le duc d'Anjou éclatèrent contre les audacieuses prétentions de Guise [2] : le roi, qui ne connaissait pas les demi-mesures, donna ordre à son frère le bâtard d'Angoulême [3] de tuer le duc de Guise à la chasse. Le bâtard, non par répugnance au crime, mais par lâcheté, manqua l'occasion d'agir : les reproches que lui fit le roi furent entendus par un courtisan, qui, peut-être à l'instigation

« Car de demeurer pour jamais en l'état où l'on est, personne ne le peut ni le doit « espérer. Et n'y en a point (d'occasion) de si approchant la victoire entière, que de « prendre les personnes..... De surprendre ce qu'ils tiennent, réduire leur religion, « rompre tout à une fois les alliances qui les soutiennent, il est impossible. Ainsi, il « n'y a moyen que de prendre les chefs tout à la fois pour y mettre une fin. » Là-dessus il expose les difficultés de l'entreprise et donne des conseils au roi afin d'éviter les surprises que les huguenots pourraient renouveler de leur côté contre sa personne. Il termine en disant « que les choses sont en bon train pour venir au-dessus des « affaires et qu'il faut observer l'édit, pour ne leur donner occasion de prendre les « armes... de façon que Sa Majesté ait temps de les lever premièrement. » Cette pièce se trouve à la suite des *Mémoires* de Guillaume de Saulx-Tavannes et dans le t. XXVII de l'*Anc. collect. des Mém. sur l'Hist. de France*, p. 198 ; Paris, 1787.

1. Le maréchal duc de Montmorenci, le maréchal duc de Damville, les seigneurs de Méru et de Thoré.
2. Papiers de Simancas, B 27, pièces 25, 66, 107, 124.
3. Fils naturel de Henri II et d'une Écossaise de la maison de Fleming ; il était alors grand prieur de l'ordre de Malte en France.

de Catherine, avertit Guise : le meurtre de Guise eût jeté le roi dans les bras des huguenots et renversé le pouvoir de la reine mère. Le jeune duc, forcé de renoncer à Marguerite, ne trouva pas de meilleur expédient, pour apaiser le roi, que de se marier à une autre : il épousa Catherine de Clèves, comtesse d'Eu, sœur de la duchesse de Nevers et veuve du prince de Portien[1].

Guise, à ce prix, rentra en grâce et suivit la cour en Champagne, où le roi, à son tour, allait se marier : après de longues négociations, l'empereur Maximilien II avait accordé à Charles IX la main de sa seconde fille, Élisabeth, sans insister davantage sur la restitution des Trois Évêchés à l'Empire. Cette alliance avec la maison d'Autriche ne poussait nullement la France vers l'Espagne : elle faisait Charles IX pour la seconde fois beau-frère de Philippe II, qui, veuf d'Élisabeth de France, venait de prendre pour quatrième femme sa nièce, la fille aînée de l'empereur; mais, de l'autre part, elle donnait à Charles un beau-père dont il n'avait à attendre que des conseils de tolérance et d'humanité. Élisabeth d'Autriche, jeune femme douce, simple et modeste, n'eut d'ailleurs et ne rechercha aucune part d'influence dans les événements du règne de son époux. Les noces se célébrèrent, le 26 novembre 1570, à Mézières, où l'archiduchesse Élisabeth avait été amenée par l'archevêque électeur de Trèves, chancelier de l'Empire. Les princes et les grands huguenots avaient été invités aux fêtes du mariage. Ils s'excusèrent et ne quittèrent pas leur asile de La Rochelle, bien que l'amiral eût écrit en termes respectueux à la reine mère pour protester de son oubli du passé et de son dévouement.

Le roi, à son retour de la frontière, reçut à Villers-Cotteretz une grande ambassade des princes protestants d'Allemagne, qui l'envoyaient féliciter et sur son mariage et sur le rétablissement

1. De Thou, t. II, p. 805. — Davila, t. I, p. 309. — La reine Marguerite, dans ses *Mémoires*, prétend n'avoir jamais songé au duc de Guise ; mais Marguerite n'est digne de foi que pour les faits qui ne concernent pas sa vie privée ; ses spirituels *Mémoires* ne sont rien moins que des confessions. Les Archives de Simancas (B 28, pièce 59) nous apprennent que le duc d'Anjou mit dans cette affaire un extrême acharnement contre Guise. Il dit que, « dans le cas où le duc de Guise, après son mariage, porteroit encore les yeux sur elle (Marguerite), il se déclareroit renégat et mécréant s'il ne lui donnoit de la dague dans le cœur ». Il y avait là sans doute autre chose que de la politique : on sait quels bruits d'inceste coururent plus tard sur Henri III et Marguerite.

de la Paix de Religion en France (23 décembre). L'orateur qui parla au nom du protestantisme germanique professa sur la tolérance des maximes tout à fait semblables à celles de L'Hospital et que les princes protestants eussent bien dû commencer par appliquer dans leurs états. Charles IX répondit de la manière la plus favorable aux conseils des souverains allemands et ne tarda pas à dépêcher un ambassadeur à l'électeur de Saxe, afin de renouer, par l'intermédiaire de ce prince, une alliance défensive avec les protestants d'Allemagne.

La cour fit des avances plus directes aux huguenots : ceux-ci ayant envoyé des députés au roi pour exposer divers griefs relatifs à l'exécution de l'édit de Saint-Germain, la cour s'empressa d'expédier à La Rochelle des commissaires, à la tête desquels était le maréchal de Cossé, chargé d'instructions tout à fait conciliantes (fin décembre). Les chefs réformés se plaignaient qu'on leur retînt encore diverses places et châteaux; que le roi entretînt aux environs de La Rochelle des forces menaçantes; qu'on eût publié, le 4 octobre, un édit qui interdisait les fonctions de l'enseignement public aux protestants partout où le culte réformé n'était point autorisé; ils laissèrent entendre que le crédit des « politiques » ne les rassurerait pas tant que le vrai chef du parti de la tolérance, le chancelier de L'Hospital, ne rentrerait point dans l'exercice de sa charge. Cossé, de son côté, se plaignit, au nom du roi, de l'obstination des princes et des chefs réformés à rester armés et réunis dans La Rochelle : il réclama contre les pirateries que les Rochellois continuaient à exercer aux dépens des Espagnols et des Portugais, « nations alliées du roi »; mais, en même temps, il insinua que le roi n'était pas irrévocablement enchaîné à ces alliances et qu'on pourrait peut-être l'amener à porter les armes françaises dans les Pays-Bas. Les huguenots furent surpris et émus de ces ouvertures, et le comte Louis de Nassau, qui avait suivi les princes à La Rochelle, se hâta d'écrire à son frère en Allemagne et d'entrer en correspondance avec le roi. Cossé jeta aussi quelques paroles de l'union de la princesse Marguerite avec Henri de Navarre. Catherine suivait à la fois deux projets de mariage pour sa fille, expression de deux politiques entre lesquelles elle se réservait de choisir; les zélés, ne pouvant avoir Marguerite pour Guise, poussaient à la marier à un prince catholique, au jeune roi de Portugal.

Les réformés obtinrent une partie de leurs demandes; mais L'Hospital ne rentra point en fonctions, et les sceaux furent, au contraire, remis à l'Italien René Birague, l'intime confident de la reine mère (2 mars 1571). Le premier édit notable publié sous le ministère de Birague consacra la destruction d'une des parties les plus essentielles de l'œuvre législative de L'Hospital. Dans la déclaration du 16 avril 1571, rendue sur les « plaintes et doléances du clergé, » le roi affirme que son intention a « toujours été, comme elle est et sera, » de « nommer » aux archevêchés, évêchés et autres bénéfices dépendant de la couronne personnes capables, etc.: c'était la réédification du Concordat sur les débris de l'ordonnance d'Orléans. Le parlement réclama, non point au nom de l'ordonnance d'Orléans, mais au nom de la vieille Pragmatique, et n'enregistra que sous toutes réserves en faveur du principe d'élection. L'édit d'avril 1571 rendit plus de latitude à la juridiction ecclésiastique et, dans l'intérêt de l'orthodoxie et de la censure, défendit de publier aucun livre sans le nom de l'auteur et celui de l'imprimeur [1].

Sur ces entrefaites, des nouvelles sinistres arrivèrent à La Rochelle des extrémités opposées du royaume : les passions des ultrà-catholiques n'avaient pu se contenir davantage, et un double massacre d'hérétiques avait eu lieu à Rouen et à Orange (février-mars 1571) : les victimes étaient assez nombreuses, surtout à Orange, où les catholiques avaient été poussés et aidés au meurtre par les sujets du pape, leurs voisins du Comtat. Plusieurs des plus considérables d'entre les huguenots partirent aussitôt de La Rochelle pour aller demander justice à Charles IX, et le vieux Briquemaut, un des députés, voyant qu'on traînait l'affaire en longueur, dit en face au roi que, « s'il ne faisoit justice » et si les papistes continuaient leurs « insolences, il seroit à craindre que ceux de la religion ne fussent contraints de recourir aux armes [2]. »

La cour céda : le maréchal de Montmorenci eut ordre d'aller à

---

1. Isambert, t. XIV, p. 232.
2. *Mémoires de l'Estat de France sous Charles IX*. t. I, f° 44, v°.

Rouen tenir en respect les séditieux; les officiers du prince d'Orange furent remis en possession de la ville et du château d'Orange, et des commissions choisies dans les parlements de Paris et de Grenoble poursuivirent le procès des massacreurs; il y eut beaucoup d'amendes, d'emprisonnements, de bannissements, et plusieurs exécutions à mort. Un édit du 12 mai défendit sous de graves peines le port des armes à feu, ce qui impliquait le désarmement des milices bourgeoises. Catherine, pendant ce temps, pour maintenir un peu l'équilibre, engageait le roi à bien traiter les Guises et à se plaindre, devant les meneurs catholiques, d'avoir été « abusé dans l'accord » (dans la paix)[1].

C'étaient là des paroles; les actes étaient à l'avantage des huguenots. Une grande concession fut accordée; l'autorisation de tenir à La Rochelle un synode national des églises réformées, que Théodore de Bèze vint présider de Genève[2]. La direction où s'engageait de plus en plus la diplomatie royale ne devait pas être moins agréable aux huguenots. A la suite du refus que le jeune roi de Portugal, à l'instigation de Philippe II, venait de faire de la main de Marguerite de France (janvier 1571), le système des alliances protestantes semblait tout à fait prévaloir : Gaspard de

1. Papiers de Simancas, B 29, pièce 6; B 130, pièce 34; ap. R. de Bouillé, *Hist. des Guises*, t. II, p. 480-481.

2. Ce synode fut signalé par de très-importants débats sur le dogme et la discipline. La majorité, dirigée par Théodore de Bèze, condamna ceux qui niaient que Jésus-Christ fût « substantiellement » présent dans l'eucharistie, c'est-à-dire les sacramentaires, les disciples de Zwingli, et ôta aux diacres la voix délibérative qu'ils avaient dans les consistoires. Une imposante minorité réagit contre ces décisions, et l'illustre Ramus, au nom du synode provincial de l'Ile de France, se mit en communication avec le principal pasteur de l'église zwinglienne de Zurich, Bullinger. Dans sa lettre à Bullinger, il lui demande si, dans les questions générales sur la doctrine et la discipline, sur l'élection et la destitution des pasteurs, sur l'excommunication et l'absolution, ce n'est pas à l'Église tout entière à prononcer et non au consistoire seul? C'était la lutte entre la théocratie et la démocratie au sein de la Réforme. Le représentant de l'église de Zurich répondit dans le sens de Ramus. On ne sait quelle fut l'opinion de Coligni sur cette grave question disciplinaire; mais, quant au débat théologique sur l'eucharistie, l'amiral se déclara pour Ramus et les sacramentaires contre la tradition de Calvin.

La lutte recommença sur la question disciplinaire dans un nouveau synode national, à Nîmes, en mai 1572 : la majorité décida derechef contre le synode provincial de l'Ile-de-France et somma les dissidents de se soumettre. L'effroyable catastrophe du 24 AOUT vint bientôt étouffer ces dissensions intestines de la Réforme et faire disparaître le plus éminent des champions de la démocratie religieuse. V. C. Waddington; *Ramus*, p. 239-247.

Schomberg (Schönberg), l'envoyé du roi près de l'électeur de Saxe, était retourné une seconde fois au delà du Rhin afin d'assister à une assemblée des princes protestants convoquée pour le mois de septembre ; Charles IX appuyait auprès du duc de Florence, alors brouillé avec l'Espagne, la demande d'un emprunt secret faite par Louis de Nassau et Coligni dans l'intention de renouveler le soulèvement des Pays-Bas ; enfin, les agents de la cour de France sollicitaient vivement pour le duc d'Anjou la main d'Élisabeth, d'une reine excommuniée et « déposée » par le pape. C'étaient deux huguenots, le vidame de Chartres et le « cardinal apostat », Odet de Châtillon, établi depuis 1568 en Angleterre, qui avaient eu la première idée de cette négociation et avaient suggéré une initiative indirecte à Élisabeth elle-même dès octobre 1570 [1]. Charles IX était entré avec passion dans cette ouverture, très-désireux qu'il était de se débarrasser de son frère en l'envoyant régner de l'autre côté de la Manche ; quant à la reine mère, après avoir paru d'abord désirer beaucoup l'alliance d'Élisabeth, elle avait écrit tout à coup à l'ambassadeur à Londres, La Mothe-Fénelon, que son fils Anjou ne voulait à aucun prix de ce mariage, pour avoir « toujours si mal ouï parler de l'honneur » d'Élisabeth [2] ; qu'elle en avait grand regret ; qu'il vît s'il n'y aurait pas moyen de faire accepter à Élisabeth le jeune duc d'Alençon au lieu de son frère Anjou.

C'était la première fois qu'Anjou résistait à sa mère. Ses favoris, Tavannes et autres, l'engageaient fort à rester le chef du parti catholique en France au lieu de se faire le mari sans pouvoir de la reine d'Angleterre, et le pape et l'Espagne lui proposaient soit le commandement de la grande flotte qu'ils avaient armée avec Venise contre le Turc, soit la direction d'une descente en Irlande avec la main de Marie Stuart, si l'on réussissait à la délivrer. Charles IX défendit à son frère d'accepter, fit entendre à l'ambassadeur d'Angleterre qu'il croyait la ligue contre le Turc préparée à deux fins et qu'il fallait songer à une

---

1. *Correspond. diplomat.* de La Mothe-Fénelon, t. VII, p. 143 ; et t. III, p. 412-466.

2. Elisabeth passait, depuis fort longtemps, pour entretenir des relations intimes avec le comte de Leicester.

contre-ligue, et prit vis-à-vis d'Anjou une attitude si menaçante que Catherine dut se hâter d'écrire en Angleterre qu'Anjou « désiroit infiniment » la main d'Élisabeth (18 février)[1].

Les pourparlers continuèrent avec l'Angleterre, et, d'une autre part, le mariage de Marguerite de France avec le prince de Navarre fut proposé directement à Jeanne d'Albret par Biron, envoyé du roi à La Rochelle, tandis que Louis de Nassau, mandé de La Rochelle à la cour sous un déguisement, conférait en secret avec Charles IX, Catherine et les Montmorencis (juillet 1571). Le comte Louis pressa le roi de secourir les Pays-Bas contre Philippe II, comme son père Henri II avait secouru l'Allemagne contre Charles-Quint; la récompense du bienfait serait cette fois plus splendide encore : au lieu de Metz, de Toul et de Verdun, c'était la Flandre, c'était l'héritage de Bourgogne que Nassau offrait à l'ambition du jeune roi. Louis dépeignit l'effroyable misère des Pays-Bas, le désespoir des peuples, le succès assuré d'une invasion libératrice, que seconderaient les armes de l'Allemagne. Il était difficile de ne pas rester au-dessous de la vérité en exposant la situation des Pays-Bas sous le duc d'Albe : ce n'était point assez pour Albe d'avoir fait couler des torrents de sang sur les places de toutes les cités; il semblait avoir pris à tâche de détruire la richesse publique dans le présent et dans l'avenir; il attaquait, dans son principe même, l'existence d'une société fondée sur l'industrie et le commerce, avec cette ignorance ou ce mépris des plus simples éléments de l'économie politique, que rien n'égalait chez les proconsuls espagnols, sinon leur habileté dans la politique proprement dite, dans l'art du commandement; singulière analogie entre les Espagnols et les Turcs, nations qui se sont montrées également propres à gouverner et à détruire tout ce qu'elles gouvernaient.

Depuis le commencement des troubles, les Pays-Bas avaient été à charge à l'Espagne, au lieu de lui venir en aide financièrement, comme par le passé : Albe entendait que ces provinces ne coûtas-

---

1. V. sur les relations des cours de France et d'Angleterre, l'importante correspondance de l'ambassadeur Bertrand de Salignac de La Mothe-Fénelon (1568-1575), publiée par M. Teulet, 7 vol. in-8°, 1840-1841, les pièces insérées dans les *Mémoires* du duc de Nevers, t. I, p. 479 et suiv., et la correspondance de l'ambassadeur anglais Walsingham.

sent plus rien et remboursassent ce qu'elles avaient coûté, et que son maître n'eût plus à débattre les subsides, année par année, avec les États. Il résolut d'introduire aux Pays-Bas le système d'impôts qui était le fléau de l'industrie en Espagne, qui avait quelque temps entravé les progrès de la France au moyen âge et que la France avait rejeté. Il extorqua par la terreur aux États-Généraux un impôt extraordinaire du centième de la valeur de tous les biens fonds, puis l'établissement permanent d'un droit du vingtième sur le prix de tout immeuble vendu et d'un droit du dixième sur le prix de tout objet mobilier vendu à l'intérieur ou exporté. C'était le trop fameux *alcabala*[1] d'Espagne. Devant le cri d'épouvante et de fureur qui s'éleva de toutes parts et dont l'écho retentit jusque dans les conseils de Philippe II, le duc d'Albe consentit à laisser les Pays-Bas se racheter du vingtième et du dixième pour deux ans par un abonnement annuel de deux millions de florins (août 1569); mais il fit retarder encore de près d'un an l'amnistie décidée à l'Escurial et qu'il fut chargé de proclamer, au nom du pape et du roi, du haut d'un trône élevé sur la grande place d'Anvers (juillet 1570). Cette amnistie, qu'Albe avait longtemps disputée à la clémence de Philippe II et qui venait après DIX-HUIT MILLE exécutions à mort[2], exceptait quiconque avait agi ou parlé en faveur des libertés publiques, et, pour mieux dire, exceptait ces libertés elles-mêmes! Albe se dédommagea, l'année suivante, en refusant de renouveler l'abonnement de l'*alcabala* et en ordonnant la perception directe (août 1571).

L'émigration recommença dans des proportions immenses : l'élite des fabricants et des ouvriers alla porter en Angleterre cette grande industrie de la fabrication des draps, qui avait fait depuis des siècles la richesse de la Flandre : l'Angleterre, quoique maîtresse de la matière première, de la laine, n'avait pu jusqu'alors rivaliser avec la Flandre ; elle trouva une source de fortune dans les calamités du continent[3]. La France eut aussi sa part. Une

---

1. Sur l'*alcavala* ou *alcabala* et ses conséquences, V. le *Traité de la théorie et la pratique du commerce*, par don Geronimo de Ustaritz, traduit en français par Gournai.
2. Juan de Vargas, président du *Conseil des Troubles* et le bras droit du duc d'Albe, prétendait, un peu plus tard, qu'on s'était perdu par trop d'indulgence !
3. Les ouvriers flamands repeuplèrent en Angleterre d'anciennes villes ruinées, Norwich, Colchester, Sandwich, Southampton, etc. — De Thou, l. XLVI.

multitude de commerçants s'y réfugièrent avec ce qu'ils purent emporter de leurs capitaux. Tout ce qui ne pouvait ou ne voulait émigrer s'agitait avec furie. La Belgique avait laissé, sans bouger, verser son sang le plus pur : elle s'ébranla quand on la frappa dans ses intérêts matériels. Albe, de son côté, se raidit avec frénésie : il se fit ériger dans la citadelle d'Anvers, avec les canons pris à Gemmingen, une statue qui le représentait foulant aux pieds la rébellion ; il redoubla de moyens de terreur[1].

Un peuple réduit à de telles extrémités devait accueillir comme un sauveur quiconque attaquerait son tyran, et des provinces entières, qui, en 1568, avaient attendu l'issue de l'expédition du prince d'Orange avant d'oser remuer, étaient maintenant disposées à s'armer au premier signal. La marche des événements venait en aide au comte Louis de Nassau, arrivé à la cour de France quelques semaines avant l'établissement définitif de l'*alcabala* : Charles IX fut vivement frappé des grandes choses qu'on lui proposait : il objecta seulement que la saison était trop avancée pour cette année et déclara qu'il se déciderait après avoir pris conseil de l'amiral. Louis de Nassau retourna plein d'espérance à La Rochelle ; il fut suivi de près par une lettre fort gracieuse du roi à Coligni, et la cour se rendit à Blois comme pour épargner la moitié du chemin à ceux qu'elle appelait.

Ces négociations transpiraient. Philippe II était trop bien servi par ses espions de toute espèce (le fanatisme lui en fournissait autant que la cupidité) pour ignorer aucune des démarches publiques ou secrètes de la cour de France ; les inquiétudes du roi d'Espagne allaient croissant ; son ambassadeur Alava se plaignait de ne pouvoir obtenir la moindre justice des corsaires huguenots, représentait le roi de France et sa mère comme entièrement livrés aux hérétiques, et poussait le Roi Catholique à une rupture ouverte. Alava menaça Charles IX de la guerre. Charles répondit qu'il ne la craignait pas, que l'Espagne pouvait faire ce qu'elle voudrait[2]. Catherine se hâta de s'interposer et protesta auprès de Philippe contre « les impostures et mente-

---

1. Sur les affaires des Pays-Bas, V. Gachard, *Correspondance de Philippe II*, t. II, *passim*.
2. *Corresp. de Walsingham*, p. 136.

« ries » d'Alava, qui, dit-elle, « *à la persuasion et ambition d'au-
« cuns*, s'est laissé aller à s'employer à nous mettre mal tous les
« uns contre les autres, ce qui est cause que nous ne saurions
« plus l'endurer en ce royaume[1] ». Cette phrase contient probablement une insinuation contre les Guises. Philippe était loin de vouloir prendre l'initiative d'une rupture ; il accueillit les protestations de la reine mère et remplaça son ambassadeur (fin août 1571), mais sans être aucunement persuadé qu'Alava eût « menti ».

Les anxiétés étaient plus vives encore à La Rochelle qu'à Madrid ; là, c'était de l'existence même qu'il s'agissait. Les propositions de la cour avaient excité parmi les réformés les impressions les plus diverses : Louis de Nassau et le jeune Téligni, gendre de l'amiral, qui avait accompagné Nassau à la cour, étaient tout confiance ; la reine de Navarre était combattue entre ses répugnances calvinistes et la satisfaction qu'elle éprouvait du grand mariage offert à son fils ; l'amiral, qui ne connaissait que trop bien Catherine, exprima d'abord une profonde défiance. De récents et tragiques événements étaient de nature à fortifier ses appréhensions : son frère aîné, le cardinal de Châtillon, était mort à Southampton, le 14 février 1571, au moment de s'embarquer pour la France, et l'on soupçonnait son valet de chambre de l'avoir empoisonné ; s'il y avait eu crime, qui l'avait ordonné ? la cour de Rome, le roi d'Espagne ou la cour de France[2] ? Peu de jours après l'arrivée du roi aux bords de la Loire, Lignerolles, un des favoris du duc d'Anjou, fut assassiné en plein jour par Georges de Villequier, vicomte de la Guerche, aidé de cinq ou six autres seigneurs (1er septembre 1571). Le roi affecta d'abord une vive colère ; les meurtriers furent arrêtés, mais ils ne tardèrent pas à obtenir grâce entière. Personne ne douta que l'assassinat n'eût été commandé par le roi ou par Catherine, et l'on s'évertua à en pénétrer les causes mystérieuses.

1. Archives de Simancas, cot. B. 32.
2. Les *Mémoires de l'Estat de France sous Charles IX*, t. I, f° 50, v°, disent que le valet de chambre du cardinal, « depuis les massacres de 1572, fut exécuté à mort dans La Rochelle, en qualité d'espion », et qu'il déclara, en mourant, que la reine mère lui avait fait faire le coup. Ce « cardinal renié », tant détesté des ultra-catholiques, était si bon, au dire de Brantôme, qu'il n'avait jamais refusé un service à personne.

Ceci n'engageait guère à se fier à la cour. La résistance de Coligni néanmoins faiblissait peu à peu; la mort de Lignerolles fut expliquée à l'avantage des « huguenots¹ »; chaque jour c'étaient de nouvelles avances à l'amiral. Le roi et la reine mère lui avaient écrit tour à tour pour le presser de leur apporter le secours de ses conseils; le maréchal de Montmorenci le conjurait de ne pas laisser perdre l'occasion d'abattre la faction espagnole et lorraine. Le maréchal de Cossé revint à La Rochelle apporter à Coligni une ordonnance royale qui l'autorisait à s'entourer d'une garde de cinquante gentilshommes. L'amiral céda. Il n'était pas sûr de ne pas marcher à sa perte, mais il s'était décidé à risquer sa vie pour sauver ses frères des Pays-Bas et pour dédommager la France, par une glorieuse conquête, des maux qu'il avait contribué à lui faire; il aimait mieux (ses bourreaux eux-mêmes l'ont reconnu²) mourir que de recommencer la guerre civile, et il était convaincu que le retour de la guerre civile ne pouvait être prévenu que par la guerre étrangère³. Dès qu'il crut voir une chance sérieuse d'amener le roi à entreprendre cette guerre, il partit pour la cour. Les princes protestants ne suivirent pas Coligni. Jeanne d'Albret remercia vivement le roi de l'honneur qu'il faisait à son fils et poursuivit la négociation du mariage, mais ne sortit pas de La Rochelle. Le prince de Navarre était en Béarn; les chefs des réformés jugèrent prudent de ne pas se livrer tous ensemble⁴.

1. Depuis la Saint-Barthélemi, les écrivains protestants et, après eux, Davila, ont prétendu que Lignerolles avait été immolé pour prévenir son indiscrétion sur le grand projet d'extermination des huguenots. Cette version est tout à fait chimérique : d'après la correspondance de Catherine avec l'ambassadeur de France en Angleterre, elle soupçonnait Lignerolles de pousser le duc d'Anjou à refuser la main d'Élisabeth; elle dit « qu'il s'en repentira ». Lettre du 25 juillet; *Corresp.* de La Mothe-Fénelon, t. VII, p. 234. L'ambassadeur d'Angleterre en France, Walsingham, dit, dans une lettre du 3 décembre, que Lignerolles était un agent de l'Espagne et des Guises et que « sa mort n'est pas un médiocre avancement pour la cause ». *Lettres et Négociations* de Walsingham, etc.; Amsterdam; 1700; p. 184.

2. Tavannes, ap. *Anc. collect.*, t. XXVII, p. 222.

3. « Je sais bien ce qu'il m'en a dit à La Rochelle, voyant bien le caractère de ses « huguenots, que, s'il ne les occupoit et amusoit au dehors, pour le sûr ils recommen- « ceroient à brouiller au dedans, tant il les connoissoit brouillons, remuants, frétil- « lants et amateurs de picorée. » Brantôme, *Vie de l'amiral de Châtillon*.

4. La plupart des historiens modernes font venir Jeanne et son fils à la cour avec Coligni, ou même avant lui. La comparaison attentive des témoignages contemporains prouve le contraire.

L'amiral arriva le 18 septembre à Blois[1]; les Guises et le duc de Montpensier lui avaient quitté la place. Lorsque l'amiral voulut embrasser les genoux du roi, Charles IX le releva, lui serra la main, l'appela *son père*. « Nous vous tenons maintenant, lui dit-il en riant, vous ne nous échapperez plus[2]. » Les actions du roi donnèrent l'interprétation la plus favorable à ses paroles, dans lesquelles on devait chercher plus tard une sinistre équivoque. Charles IX témoigna un vif intérêt pour tout ce qui regardait l'amiral : « Monsieur l'amiral, » dit Brantôme, « étoit pauvre, « d'autant qu'il avoit eu toujours plus de souci de la vertu que « des biens. » Charles IX lui fit un présent de 100,000 livres, et comme cadeau de noces[3] et comme dédommagement du sac de Châtillon-sur-Loing, pillé pendant la guerre; il lui octroya pour un an le revenu des bénéfices du feu cardinal de Châtillon et combla de libéralités son gendre Téligni et les gentilshommes de sa suite. Coligni fut bien moins sensible à ces faveurs pécuniaires qu'aux faveurs politiques qui les accompagnèrent; le roi lui rendit sa place au conseil, le consulta sur toutes choses, lui accorda des requêtes qu'il avait refusées au duc d'Anjou et à la reine mère elle-même. Au bout de peu de jours, les courtisans, toujours si prompts à reconnaître d'où souffle le vent de la faveur, ne s'adressaient plus à d'autre intermédiaire qu'à l'amiral. Le roi répondit de la façon la plus satisfaisante au cahier présenté par les députés des églises réformées touchant l'exécution de l'édit de Saint-Germain (14 octobre).

Toutes les espérances de Coligni avaient été dépassées par l'ac-

1. Pérussis, *Hist. des guerres du comté Venaissin, de Provence, de Languedoc*, etc., p. 133, dans le recueil du marquis d'Aubais, t. I. L'ouvrage contemporain de Pérussis aide à fixer quelques dates importantes de cette époque.
2. *Mém. de l'Estat de France*, t. I, f° 54, v°. — De Thou, t. III, l. L, p. 67. — D'Aubigné prétend que le roi tint ce propos à l'amiral « après trois embrassades et une joue collée à l'autre »; col. 527.
3. Le grave Coligni venait de se remarier avec les circonstances les plus romanesques. Une noble dame de Savoie, l'héritière d'Entremonts, s'était éprise de l'amiral sur sa renommée; elle voulut devenir, comme elle disait, la « Martia » de ce « nouveau Caton » et, malgré les défenses rigoureuses du duc de Savoie, son suzerain, elle s'échappa de Savoie et vint épouser Coligni à La Rochelle (mars 1571). Le roi, à cette occasion, écrivit à Philibert-Emmanuel en faveur non-seulement de la dame d'Entremonts, mais des sujets de Savoie qui avaient porté les armes pour les protestants français (septembre 1571).

cueil que faisait Charles IX à ses plans. Cette jeune âme, dévoyée, pervertie, mais non pas vulgaire, se réchauffa un moment aux rayons de la vraie gloire. Rien de plus grand que les desseins conçus par l'amiral afin de prévenir le retour des maux de la France, en employant à relever son ascendant et sa puissance tous ces bras qui, depuis dix ans, déchiraient ses entrailles; tous ces hommes turbulents et intrépides pour lesquels le repos était devenu un supplice et la guerre un besoin [1]. Les frontières de la France portées jusqu'à l'embouchure de l'Escaut, son patronage jusqu'à l'embouchure de l'Ems; les provinces wallonnes et flamandes réunies à la couronne; le Brabant et les pays maritimes du Nord indépendants sous le protectorat des Nassau, alliés de la France; sauf à faire une part à l'Angleterre; la marine française puissamment organisée; l'Espagne assaillie non-seulement aux Pays-Bas, mais dans les Indes; la France pénétrant à son tour dans ce Nouveau Monde que lui avaient fermé ses orgueilleux voisins : tels étaient les tableaux que déroulait Coligni aux yeux de Charles IX. La pensée de disputer l'Amérique à ses conquérants n'était pas nouvelle chez Coligni : dès 1555, il avait essayé de fonder une colonie au Brésil [2]; en 1562 et 1564, il avait dirigé deux expéditions vers la Floride, région encore inoccupée par les Européens [3]; et, tout récemment, quelques

1. Dès 1565, Chantonnei écrivait à son frère le cardinal de Granvelle : « Il y a « autant plus de gens de guerre et aventuriers en France qu'il importe au roi de les « éloigner de son pays, comme il y a faute de soldats en Espagne. » Granvelle, t. IX, p. 590.

2. *V.* notre tome VIII, p. 488.

3. La première expédition, composée de deux ramberges, mit à la voile le 18 février 1562, sous le commandement de Jean Ribaud, de Dieppe : Jean Ribaud parcourut les côtes des pays maritimes qu'on appelle aujourd'hui Floride, Géorgie et Caroline, donna à toutes les rivières, à tous les lieux remarquables, des noms français qu'ils n'ont pas conservés, bâtit dans la Caroline du Sud, à l'embouchure de la rivière de Santa-Cruz (aujourd'hui l'Ediscowe), une petite forteresse qu'il nomma Charles-Fort, y laissa garnison et retourna en France; mais la guerre civile, qui avait éclaté sur ces entrefaites, fit oublier la petite colonie; la misère y amena la discorde; bref, elle était tout à fait ruinée et le fort abandonné, lorsque, après la paix de 1563, Coligni chargea le capitaine Laudonière d'y mener du renfort. Laudonière partit du Havre avec trois bâtiments (avril 1564), construisit, plus au sud, à l'embouchure de la rivière de Mai ou de San-Matheo, une nouvelle forteresse, la Caroline, fit alliance avec plusieurs *paraoustis* ou chefs des indigènes. L'indiscipline des soldats et des matelots fit perdre le fruit de ces heureux commencements : malgré leurs chefs, ils provoquèrent, par leurs incursions maritimes, les Espagnols des Antilles et atti-

semaines avant de quitter La Rochelle, il avait expédié de ce port une petite escadre chargée d'aller reconnaître les Antilles et de préparer des moyens d'attaque contre ce vaste archipel (4 juillet)..

Le parti des politiques secondait l'amiral avec ardeur : ce parti se grossissait, depuis qu'il semblait avoir la prépondérance, de tout ce qui se rallie volontiers au plus fort ; quelques-uns même des favoris italiens de Catherine, surtout son parent Strozzi, poussaient à la guerre contre l'Espagne. Strozzi s'était fait promettre par le roi le commandement d'une expédition navale qui devait s'assembler aux environs de La Rochelle pour aller, disait-on,

rèrent ainsi sur la colonie naissante un orage qui l'écrasa. Au moment où Jean Ribaud venait d'amener de Dieppe sept navires portant trois cents colons, avec leurs femmes, leurs enfants, leurs instruments de travail, une escadre espagnole, conduite par Pedro Melendez de Avila, jeta sur la côte un corps de troupes qui surprit la Caroline et massacra presque tous les colons sans distinction de sexe ni d'âge. Laudonière, avec deux des navires français, parvint à gagner le large ; les autres furent brisés à la côte par une tempête ; les équipages se rendirent aux Espagnols par une capitulation qui fut indignement violée ; Melendez fit égorger Jean Ribaud et tous ses compagnons et suspendre leurs cadavres à des gibets, avec cette inscription : « Pendus, non comme François, mais comme hérétiques » (septembre 1565). Presque toutes les victimes, au nombre de huit ou neuf cents, appartenaient, en effet, à la religion réformée. L'amiral et le parti huguenot demandèrent vengeance ; la cour de France adressa à Philippe II des réclamations qu'il ne prit pas au sérieux ; bien que Ribaud et Laudonière n'eussent agi que sur commission du roi, Catherine, à ce que nous apprennent les manuscrits de Granvelle (an. 1565, pièce LXXIV), avait eu la lâcheté de désavouer l'entreprise de Floride aux premières plaintes portées par l'Espagne contre cette usurpation de ses droits imaginaires sur ce pays. On ne douta pas que les Guises et leurs amis n'eussent instruit Philippe II du second voyage de Jean Ribaud, et que Melendez n'eût combiné son attaque sur les renseignements venus de France. — Un simple particulier fit ce que le gouvernement ne voulait pas faire, et vengea l'honneur et le sang de la France : un gentilhomme gascon, Dominique de Gourgues, équipa trois petits bâtiments à ses frais, trompa la vigilance de Montluc, qui avait ordre de s'opposer à toute entreprise de ce genre, partit de Royan avec une poignée de braves le 22 août 1567, descendit en Floride, rallia autour de lui les sauvages, qui aimaient les Français et détestaient les Espagnols, surprit à son tour la Caroline et deux autres forteresses bâties par Melendez et traita les Espagnols comme ils avaient traité les compagnons de Jean Ribaud : les vaincus furent accrochés à des arbres avec cette inscription : « Pendus, non comme Espagnols, mais comme assassins ». De Gourgues repartit après avoir ruiné les forts qu'il ne pouvait garder et revint en France au mois de juin 1568. Il trouva la cour tout occupée de complots contre les huguenots, fut traité presque en criminel d'État et faillit être livré à Philippe II, en récompense de sa généreuse action ! La paix de 1570 et le changement de la politique royale semblaient, à l'époque où nous sommes parvenus, rouvrir à de Gourgues une carrière de gloire. V. les pièces réimprimées dans le tome VI des *Archives curieuses*, la relation du capitaine Laudonière, et de Thou, t. XLIV.

descendre en Flandre, et il s'efforçait de gagner Catherine elle-même aux vues des politiques. Tavannes assure que la reine mère fut ébranlée. Il est certain que Catherine, tenant, comme elle faisait, les fils de la diplomatie française dans sa main, laissa aller les choses beaucoup plus loin qu'elle n'eût fait si elle avait eu un parti pris absolu pour le maintien de l'alliance espagnole. Elle était de ces esprits qui se ménagent à la fois les deux chances opposées[1]; elle jugeait également téméraires la guerre ouverte contre l'Espagne et l'attaque par force ou par fraude contre les chefs huguenots, et pourtant les circonstances pouvaient l'emporter à l'une ou à l'autre entreprise. Le plus grand tort des adversaires de l'Espagne aux yeux de Catherine était d'avoir à leur tête un homme qui était presque le dictateur d'un parti puissant et qui semblait acquérir rapidement une haute influence sur le roi. On ne peut douter que Catherine n'eût commencé de prendre l'alarme, quoique Tavannes assure que la reine mère, connaissant « comme elle possédoit son fils, ses humeurs et gouverneurs, ne se donnoit peine de ses opinions, s'assurant les pouvoir changer en un mouvement[2]. » Charles IX ne pouvait plus se passer de Coligni et, l'amiral s'étant retiré dans son manoir de Châtillon, le roi le rappela plusieurs fois dans le courant de l'automne et de l'hiver. Charles IX entra dans Paris avec Coligni à sa droite et fit abattre, à la requête de l'amiral, une pyramide élevée, près des Innocents, sur l'emplacement de la maison d'un marchand huguenot brûlé pour avoir tenu chez lui un « conventicule ». Il y eut une petite émeute, facilement réprimée : un des séditieux fut pendu (décembre 1571)[3]. Les Guises se tenaient à

1. V. le très-remarquable portrait que fait de Catherine M. Ranke; Hist. de France aux XVIe et XVIIe siècles, l. IV, c. III. Seulement nous croyons qu'il juge trop favorablement Catherine en admettant qu'elle avait cherché, dans les premières années de Charles IX, à faire équilibre au parti le plus fort en inclinant au plus faible. Nous croyons qu'elle ne chercha jamais qu'à reconnaître où était la force pour s'y porter.
2. Anc. collect., t. XXVII, p. 205-221.
3. La masse, à Paris, très-catholique, n'en aimait pas mieux le fils catholique de Catherine, le duc d'Anjou. M. Michelet fait remarquer qu'il y eut, sur ces entrefaites, une autre émeute contre les favoris italiens de la reine mère. « Le bruit courait qu'ils volaient des enfants pour les tuer et en fournir le sang à la reine mère et au duc d'Anjou, à qui les médecins ordonnaient, pour l'épuisement, des bains de sang humain. » Guerres de Religion, p. 394. Ainsi Catherine n'avait pas réussi à substituer Anjou aux Guises à la tête du parti.

l'écart, se plaignaient, remuaient : le roi, de retour sur la Loire, les invita à revenir à la cour et à consentir à « un apaisement avec l'amiral ». Le jeune duc de Guise, au lieu de se rendre à Blois, vint à Paris en grand cortége, et, de là, écrivit à Charles IX, de concert avec son oncle d'Aumale et son frère Mayenne, une lettre assez altière, qui offrait l'alternative ou d'un combat singulier avec Coligni ou d'un arbitrage des frères du roi, assistés des maréchaux et des principaux capitaines (14 janvier 1572)[1]. Les Guises ne parurent point à Blois, et le jeune Mayenne partit pour aller faire une campagne sur la flotte de la « ligue sainte » contre le Turc.

La disgrâce des princes lorrains, le crédit de l'amiral, les alliances protestantes où s'engageait le roi, excitaient une extrême agitation à Paris, en France, en Europe. Le parti de la Réforme n'osait s'abandonner sans réserve à la joie d'une révolution si peu espérée : le parti ultra-catholique frémissait ; les prêcheurs déclamaient avec furie ; le prédicateur même du roi, Sorbin de Sainte-Foix, s'attaquait publiquement à Charles IX et ne craignait pas d'exhorter le duc d'Anjou à entreprendre l'œuvre d'extermination abandonnée par son frère, « non sans lui donner quelque espérance « de la primogéniture, comme Jacob l'avoit eue sur son frère « Esaü[2]. » Le clergé s'attachait à décrier dans l'esprit du peuple la guerre « impie » que préparaient les hérétiques contre le « défenseur de la foi, » contre Philippe II, au moment où ce « pieux monarque » venait de remporter sur les infidèles une des plus glorieuses victoires que Dieu eût jamais accordées aux armes chrétiennes.

Les Turcs, après avoir enlevé à la chrétienté l'île de Chypre[3],

---

1. « Ils ne pensent pas, si ledit amiral a quelque chose à leur demander, qu'il ne le demande en homme de bien et seul à seul, comme, de leur côté, ils désireroient le faire... étant le véritable moyen dont les hommes de bien ont toujours usé, que les prédécesseurs de Sa Majesté ont permis..... Si cette réponse n'agréoit pas à Sa Majesté, ils la prient d'ordonner à Monsieur, son frère, ainsi qu'à monsieur le duc (d'Alençon), de s'adjoindre les maréchaux de France, ainsi que d'autres... braves capitaines de ce royaume, et les prient d'informer messieurs les ducs de Guise et d'Aumale et marquis de Mayenne de ce qu'ils feroient en pareil cas, en signant de leurs noms..... » Papiers de Simancas, B 41, pièce 12.

2. *Le Toesin contre les massacreurs ;* ap. *Archives curieuses*, t. VII, p. 31.

3. Cette guerre de Chypre avait été une grande faute de la part des Turcs. Dans l'hiver de 1568 à 1569, les Mores de Grenade, poussés au désespoir par des lois nou-

si longtemps gouvernée par des princes français et depuis passée sous le gouvernement des Vénitiens, venaient de perdre sur les côtes de la Grèce, dans le golfe de Lépante, une terrible bataille contre les flottes combinées de l'Espagne, de Venise et du pape (7 octobre 1571). L'immense désastre des infidèles enivrait tous les peuples catholiques : ce n'étaient que processions, que cantiques d'actions de grâces ; on racontait que le pape avait vu en extase la victoire des chrétiens, tandis que les armées étaient aux prises. La faction espagnole voulut tirer parti de cette effervescence. Le pape, qui avait fort mal accueilli les premières ouvertures de la cour de France relativement au mariage de la sœur du roi avec un hérétique et qui avait protesté qu'il n'accorderait point de dispense de parenté, ne se contenta pas d'écrire à Charles IX et à Catherine des lettres fort énergiques : il envoya en France le cardinal Alexandrin, son neveu, avec mission de faire abandonner le projet de mariage et d'amener le roi à entrer dans la Sainte Ligue contre le Turc [1]. Le légat fut reçu avec de

velles qui proscrivaient leur costume, leur langue, leurs usages, jusqu'à leurs bains et leurs ablutions, et les contraignaient d'adopter en toutes choses les coutumes espagnoles, s'étaient soulevés avec fureur dans les Alpujarras, avaient proclamé un roi nommé Aben-Humeya, relevé l'étendard du prophète et invoqué le secours des Africains et des Turcs. La force manqua aux Africains, la volonté au sultan ; le grand Soliman eût saisi avec transport une telle occasion de frapper le plus implacable ennemi de l'islamisme au cœur de sa puissance ; le sultan Sélim II, son successeur, aima mieux se jeter sur les possessions des Vénitiens, qui ne l'avaient pas provoqué, et laissa écraser les malheureux montagnards des Alpujarras, dont l'insurrection se fût infailliblement étendue parmi les Morisques de Murcie et de Valence, à la première apparition d'une flotte turque. Sélim enleva Chypre et une partie de la Dalmatie aux Vénitiens et Tunis à un vassal de l'Espagne ; mais sa flotte fut presque entièrement détruite dans une bataille où toutes les forces maritimes de l'empire othoman furent engagées contre toutes celles de l'Espagne et de l'Italie, que commandait en chef don Juan d'Autriche, fils naturel de Charles-Quint, déjà célèbre par la défaite des « rebelles » de Grenade. Plus de deux cents bâtiments turcs furent pris ou brûlés : la supériorité des équipages et de l'armement des chrétiens, et surtout la supériorité des arquebusiers espagnols sur les archers musulmans, décidèrent cette victoire, dont les discordes des Espagnols et des Vénitiens, fomentées par la cour de France, ne permirent pas de tirer grand parti. De Thou, l. LIV, *passim*.

1. *V.* la lettre de Pie V du 25 janvier 1572 : *Lettres de Pie V*, l. v, let. 13, éd. Goubau. Philippe II, de son côté, écrivit à la cour de France pour tâcher de renouer ce mariage de Marguerite avec le roi de Portugal qu'il avait fait manquer un an auparavant. On ne répondit même pas. Le cardinal Alexandrin avait été précédé à la cour par le cardinal Louis d'Este, neveu de l'ancien légat Hippolyte d'Este et héritier de ses riches bénéfices en France et de son titre de protecteur de France à Rome. Dans la suite de Louis d'Este figurait un jeune homme qui commençait de s'élever à une

grands honneurs, mais n'obtint ni l'un ni l'autre point; cependant, après avoir pris congé, il écrivit à Rome qu'il ne partait pas mécontent et qu'il aurait à dire de vive voix (*a bocca*) des choses assez satisfaisantes¹ (6 mars 1572). Le légat avait à sa suite comme « auditeur » un homme qui devint, bien des années après, le pape Clément VIII ; Clément VIII raconta à un célèbre diplomate français, d'Ossat, qu'un jour que le cardinal Alexandrin insistait contre le mariage hérétique, Charles IX le prit par la main et lui dit : « Monsieur le cardinal, tout ce que vous me dites est bon, je le reconnois et en remercie le pape et vous, et, si j'avois quelque autre moyen de me venger de mes ennemis, je ne ferois point ce mariage, mais je n'en ai point d'autre que celui-ci² ».

Ce témoignage semblerait nous ramener à la donnée vulgaire d'un accord permanent entre le roi et sa mère pour attirer les huguenots dans le piége des NOCES VERMEILLES. Ce serait une erreur. Charles IX eut certainement plus d'une fluctuation; néanmoins, il y a tout lieu de croire qu'il était plus disposé à tromper Rome que Coligni, et que ces « ennemis » que le légat prenait pour les huguenots étaient les Espagnols.

Loin d'entrer dans la Ligue Sainte, la cour de France, qui avait expédié un évêque comme ambassadeur en Turquie, à la grande indignation du pape (juillet 1571), poussait Venise à la paix avec le Turc, qui refaisait sa flotte et gardait ses conquêtes. La France contrecarrait à la fois les deux branches de la maison d'Autriche, malgré la récente alliance de famille du roi avec l'empereur. On commençait à songer, pour Anjou, au trône de Pologne, que le roi Sigismond Jagellon, vieux et malade, allait bientôt laisser vacant, et, à l'instigation de Louis de Nassau, on visait plus haut encore, à l'Empire même, soit pour Charles IX, soit

---

éclatante renommée ; c'était le Tasse. M. Valery a réuni, dans ses *Curiosités et Anecdotes italiennes*, p. 248 et suiv. (Paris, 1842), les détails les plus intéressants sur le séjour du Tasse en France, sur ses relations avec Charles IX, Ronsard, etc. Le Tasse resta une année entière en France : les sentiments les plus caractéristiques que l'on remarque dans ses lettres sont, il faut bien l'avouer, une assez grande malveillance pour les Français et un ardent fanatisme. Le poëte de la réaction catholique appelait et approuva la Saint-Barthélemi.

1. *Lettere e Negociati del sr. Cl. Alessandrino* ; ap. Ranke, *Hist. de France*, l. IV, c. 3.
2. *Lettres du cardinal d'Ossat*, t. III, p. 417.

pour Anjou, après Maximilien II[1]. Les pourparlers matrimoniaux continuaient avec la reine d'Angleterre, non plus pour le duc d'Anjou, mais pour le duc d'Alençon. Anjou, n'osant plus refuser ouvertement[2], avait suscité des difficultés quant à la religion et réclamé une « publique assurance » d'avoir le libre exercice du culte catholique dans sa chapelle; Élisabeth n'ayant point voulu prendre cet engagement, la négociation s'était rompue à l'entrée de l'hiver, mais elle se renoua au printemps en faveur d'Alençon, qui n'affectait pas les scrupules orthodoxes de son frère Henri et qui montrait au contraire une vive sympathie à l'amiral et aux huguenots. Alençon avait seize ans, Élisabeth trente-huit, ce qui rendait la proposition plus que bizarre. Catherine en fit une bien plus étrange encore : par une lettre du 5 juin 1572, elle demanda à Élisabeth d'épouser Alençon et de consentir au mariage de sa prisonnière Marie Stuart avec Anjou, en reconnaissant Marie pour son héritière.

Cette incroyable lettre prouve que Catherine perdait tout son sens politique lorsqu'il s'agissait des intérêts de son fils Henri, l'unique objet de son aveugle affection; car on ne peut croire qu'elle voulût, comme elle le promettait aux Guises, faire manquer le mariage d'Alençon[3]. Cette femme était le mensonge même et l'on se perd dans l'abîme de sa fausseté; mais elle n'était pas seulement fausse, elle était très-chimérique; ce serait une grande erreur de croire que, dans les politiques de cette école perverse, la suppression du sens moral profite au sens pratique et positif. Comme la plupart des incrédules du moyen âge et même de la Renaissance, Catherine reportait sur les mystères

---

1. Groen van Prinsterer, *Archives de la maison d'Orange-Nassau*, t. IV, p. 31-33; 181. Chose curieuse, c'était un grand vizir, homme très-éclairé, qui avait suggéré, le premier, ce double projet, de 1569 à 1570, dans le but d'allier fortement la France et la Turquie contre l'Espagne. Il eût voulu qu'on donnât Marguerite de Valois au roi de Hongrie, protégé du sultan, et que son maître Sélim se jetât sur les possessions espagnoles au lieu d'attaquer les Vénitiens. *V.* Charrière, *Négociations du Levant*, t. III, p. 73-75.

2. Le cardinal de Lorraine lui offrit, de la part du clergé, 400,000 écus par an pour qu'il refusât (fin juillet). Charles IX dit qu'il était bien aise de savoir son clergé si riche, « par où il espéroit qu'il en pourroit tirer de grandes subventions pour payer ses dettes, mais qu'il ne trouvoit bon qu'il se mêlât de telles affaires ». *Corresp.* de La Mothe-Fénelon, t. IV, p. 213.

3. Lettre citée par M. Michelet; *Guerres de Religion*, p. 398.

fatalistes des sciences occultes la croyance qu'elle refusait aux dogmes religieux : ses astrologues lui avaient prédit qu'elle verrait tous ses fils rois; elle marchait dans cette confiance [1].

Il faut connaître la situation de l'Angleterre pour comprendre toute l'absurdité de la combinaison proposée à Élisabeth. La haine mutuelle des deux reines d'Angleterre et d'Écosse était arrivée au dernier excès; du fond de sa prison, Marie Stuart était de moitié dans tous les complots des catholiques anglais et de l'Espagne contre la rivale qui la retenait captive. En 1571, un plan avait été formé pour prendre ou tuer Élisabeth et pour lui substituer sur le trône d'Angleterre Marie Stuart, remariée à un grand seigneur catholique, le duc de Norfolk. Ce plan avait été adopté avec passion par le pape Pie V, comme chose « de la plus haute importance pour le service de Dieu et le bien de son Église [2] » : il voulait, disait-il, vendre les calices des églises et jusqu'à ses habits pour cette sainte entreprise qu'il fit agréer sans peine à Philippe II, très-irrité des procédés hostiles d'Élisabeth [3]. On a conservé les délibérations du conseil d'Espagne sur le meurtre projeté d'Élisabeth [4]. Le complot fut découvert (septembre 1571); le duc de Norfolk monta sur l'échafaud, et l'ambassadeur de Philippe II fut chassé d'Angleterre (octobre 1571). On peut juger si Élisabeth était disposée à reconnaître Marie pour son héritière !

La cour de France se rabattit de l'alliance matrimoniale sur

1. J. Michiel, ambassadeur de Venise en France, dans sa relation écrite en 1561, parle de cette prédiction qu'il attribue à *il famoso astrologo Nostradamus*. Ambassad. vénit., t. I, p. 422. Tout était bon à Catherine pour trouver des couronnes à Anjou : elle marchanda la Transylvanie, la Chypre, Alger même, auprès de la Porte Othomane. Les Algériens, craignant une descente des Espagnols après Lépante, avaient envoyé demander la protection de la France, et la cour de France proposa au sultan d'investir le duc d'Anjou du royaume d'Alger moyennant tribut. La Porte éluda la proposition. V. Charrière, *Nég. du Levant*, t. III, p. 229, 250, 290-302.

2. Gachard, *Corespond. de Philippe II*, t. II, p. 185. — Mignet, *Marie Stuart*, t. II, p. 428.

3. A la fin de 1568, des bâtiments espagnols qui portaient à Anvers 400,000 écus prêtés à Philippe II par des banquiers génois, s'étant réfugiés dans les ports anglais pour échapper aux corsaires de La Rochelle, Élisabeth prit l'argent, sauf à en payer l'intérêt aux Génois : le duc d'Albe fit saisir les personnes et les propriétés des Anglais dans les Pays-Bas; Élisabeth usa de représailles envers les Néerlandais, négocia, mais ne rendit pas les 400,000 écus.

4. Mignet, *Marie Stuart*, t. II, p. 421 et suiv.

l'alliance purement politique avec l'Angleterre, si nécessaire pour le cas de rupture avec Philippe II.

La négociation du mariage de la princesse Marguerite avait été poursuivie durant tout l'hiver de 1571 à 1572. Coligni, tout à fait persuadé de la sincérité du roi, pressait Jeanne d'Albret de venir à la cour avec son fils. La reine de Navarre était en proie à de cruelles perplexités : l'intérêt de sa maison et de son parti la poussait en avant; la fausseté de Catherine, la crainte des attaques qui seraient dirigées contre la religion du prince de Navarre, la retenaient; ses conseillers accoutumés, ses ministres, ses docteurs, ne faisaient que redoubler ses anxiétés par leurs divisions. Jeanne suivit l'exemple et les conseils de l'amiral : elle se rendit à Blois, le 4 mars 1572; mais elle n'amena pas encore son fils. Le roi l'accueillit avec tendresse : il l'appela « sa grand'tante, son tout, sa mieux aimée »; mais les tracasseries de Catherine firent bien expier à la reine de Navarre les caresses de Charles IX. Catherine s'efforçait, par des subtilités, des faux-fuyants, des surprises de toute espèce, d'imposer à Jeanne les conditions qui convenaient à ses vues et la faisait, pour ainsi dire, mourir à coups d'épingles. La violente Jeanne était obligée de se contraindre à grand effort pour ne pas éclater à chaque instant et tout rompre. — « Je suis en mal d'enfant! écrivait-elle à son « fils... Vous pouvez dire que ma patience passe celle de Griseli« dis... Je n'ai nulle liberté de parler au roi ni à Madame (Mar« guerite), mais seulement à la reine mère, qui me traite à la « fourche... » Rien n'est frappant comme le tableau que la plume énergique de Jeanne trace de cette cour, où la fourberie se cachait sous le masque de la légèreté, où la licence ne prenait plus la peine de se cacher. « Madame (Marguerite) est belle et « bien avisée, et de bonne grâce, mais nourrie en la plus mau« dite et corrompue compagnie... Ce ne sont pas les hommes, ici, « qui prient les femmes, ce sont les femmes qui prient les « hommes. Si vous y étiez, vous n'en échapperiez jamais sans « une grande grâce de Dieu ». Henri IV n'était pas destiné, en effet, à échapper à ce genre de péril!

Les mœurs de la cour inspiraient tant d'effroi à Jeanne, qu'elle ne voulait y faire venir son fils qu'à la dernière extrémité, et pour « faire l'office qui ne se fait point par procureur [1] ».

La difficulté, entre Jeanne et Catherine, portait sur le cérémonial et sur le lieu du mariage. La reine mère exigeait que le cérémonial fût catholique et que le mariage fût célébré à Paris. Il y avait certainement chez elle, dans le choix de Paris, sinon un projet, au moins une arrière-pensée sinistre [2]. Jeanne ne voulait pas entendre parler de messe et eût souhaité tout autre lieu que Paris, sachant bien la haine des Parisiens pour les huguenots. Mais le roi insista, « alléguant qu'on avoit accoutumé de faire les « noces des filles de roi en la ville capitale du royaume, et qu'il « entendoit que le principal lieu de France fût le théâtre où l'on « vît l'affection qu'il avoit à la paix [3] ».

Jeanne céda sur ce point, et l'on convint d'un moyen terme quant à la cérémonie. Le roi ne parlait qu'avec colère de l'obstination du pape à refuser la dispense. « Ma tante, dit-il un jour à « la reine de Navarre, je vous honore plus que le pape et aime « plus ma sœur que je ne le crains. Si monsieur le pape fait trop « la bête, je prendrai moi-même Margot par la main, et la « mènerai épouser en plein prêche. [4] »

Le traité de mariage fut enfin signé le 11 avril : le roi promettait à sa sœur une dot de 300,000 écus d'or, sans compter 250,000 livres que donnaient à Marguerite sa mère et ses deux autres frères. Le 29, une alliance défensive, conçue en termes généraux, fut conclue avec les ambassadeurs de la reine d'Angleterre [5]. Le maréchal de Montmorenci et Paul de Foix, un des magistrats per-

---

1. V. les deux lettres de Jeanne à Henri de Navarre et à M. de Beauvoir, ancien gouverneur de ce prince, ap. *Bulletin de la Société de l'Hist. de France*, t. II, n° 5, p. 163-176, mai 1835. Jeanne y reproche à sa future belle-fille de se « serrer extrêmement » et de se gâter le visage à force de fard, suivant la coutume d'Espagne. C'est vers cette époque, en effet, que s'altère le noble et gracieux costume de la cour de François Ier et que les femmes commencent à se déformer, à s'écraser la taille dans des busces et à s'élargir démesurément les hanches avec des *vertugades*.

2. Catherine exigeait de plus que, d'après l'édit de Saint-Germain, le culte protestant fût interdit au prince de Navarre, quand il serait à la cour, et qu'au contraire, Marguerite eût, en Béarn, le libre exercice du culte catholique.

3. *Mém. de l'Estat de France*, t. I, f° 152, v°.

4. L'Estoile, p. 24.

5. On y promettait aux marchands anglais en France un lieu d'entrepôt pareil à ceux qu'ils avaient eus à Anvers et à Bruges. Dumont, *Corps diplomat.*, t. V, part. I, p. 210.

sécutés sous Henri II, furent envoyés auprès d'Élisabeth afin de poursuivre le mariage d'Alençon. Les préparatifs contre l'Espagne étaient en pleine activité : des navires de guerre, des transports, des soldats s'assemblaient à Bordeaux et à Brouage, sous les ordres de Strozzi et du vieux baron de La Garde : d'autres armements se faisaient en Normandie; on parlait d'alliance avec le Turc même. Durant le séjour de Jeanne d'Albret à Blois, des conventions définitives furent arrêtées entre le roi et Louis de Nassau, stipulant pour son frère et pour lui : le roi promit d'envoyer sous peu l'amiral en Flandre avec une puissante armée, et « fut accordé « entre eux que, si cette guerre avoit heureuse issue, le roi auroit « pour sa part tout le pays qui estoit depuis Anvers jusques en « Picardie, et que le prince d'Orange retiendroit Hollande, « Zélande et Frise, » sauf à faire des concessions à l'Angleterre en Zélande [1]. Louis de Nassau partit vers le commencement de mai pour la Picardie, où se réunissaient des corps nombreux de huguenots, non-seulement avec la permission, mais avec l'argent du roi. Catherine et ses affidés, pendant ce temps, redoublaient de protestations obséquieuses auprès de Philippe II et du duc d'Albe, ainsi que l'attestent les nombreuses dépêches des archives de Simancas[2], et assuraient qu'on n'armait que contre les pirates, c'est-à-dire contre les Gueux de mer, les émigrés neerlandais, qui couraient les mers par flottes entières. Le Roi Catholique et son lieutenant s'y fiaient aussi peu l'un que l'autre, et le duc d'Albe, au mois de mars, s'occupait à mettre l'île de Walcheren en défense contre une descente probable des Français [3].

La cour de France n'avait plus à lutter contre l'inflexible Pie V, qui s'était refusé à toute concession. Le vieux pontife mourut le 1er mai 1572 et fut remplacé, dès le 13, par le cardinal Buoncompagno, qui prit le nom de Grégoire XIII, et qui, plus diplomate et moins rigide, ne repoussa pas le mariage mixte d'une façon

---

1. *Mém. de l'Estat de France*, t. I, f° 156, v°. — *Mém.* de Nevers, t. I, p. 536.
2. Le secrétaire d'ambassade Aguillon (intérimaire depuis le rappel d'Alava) écrit de Blois au duc d'Albe qu'un des confidents du duc de Nevers lui assure que le roi et la reine désirent continuer la paix et amitié avec le Roi Catholique, et qu'on n'armera contre lui ni pour aucune chose qui le touche. Le duc de Nevers était un des affidés de Catherine et fut un des promoteurs de la Saint-Barthélemi.
3. Gachard, *Correspond. de Philippe II*, t. II, p. 238-240.

aussi hautaine et aussi absolue. Le cardinal de Lorraine, parti pour le conclave, avait reçu en chemin la nouvelle de l'élection du nouveau pape; il n'en continua pas moins sa route vers Rome : les plus confiants des protestants virent, dans cet exil volontaire, l'aveu de la défaite du parti lorrain. C'était, du moins, une nouvelle preuve de la poltronnerie du cardinal, qui prévoyait, qui désirait quelque terrible explosion des catholiques en France, mais qui entendait bien éloigner le plus possible sa personne du conflit. Il était parti en envoyant prévenir le duc d'Albe « de se tenir sur ses gardes, qu'il entrevoyoit des troubles en France, et croyoit l'armée de mer destinée contre les Pays-Bas [1]. »

Cependant, au moment du départ du cardinal, Guise et Aumale reparaissaient à la cour et y étaient bien reçus [2] : après que Coligni eut renouvelé sa déclaration qu'il n'avait participé en rien à la mort du duc de Guise « et qu'il tenoit pour calomniateur et scélérat quiconque diroit qu'il l'avoit fait faire », les princes lorrains avaient consenti à signer un « formulaire » de paix avec lui.

La confiance de l'amiral redoublait à mesure que le temps avançait : le roi se plaignait à lui de l'esprit brouillon de sa mère, de la dissimulation « italienne » de son frère d'Anjou [3]; il se moquait du fanatisme de Montpensier, qu'il appelait « un brutal « et un boucher. Le comte de Retz, » disait-il, « est *Espagnol;* « mes secrétaires d'État ne me sont point fidèles; je ne sais par « quel bout commencer [4]. » Charles voulait que l'on cachât à la

---

1. Lettre du duc d'Albe à Philippe II, du 18 juillet; ap. Gachard, t. II, p. 267-268. Cette lettre prouve que Catherine, quoi qu'elle pensât, n'avait confié au cardinal aucune mission secrète à Rome. C'est dans cette même lettre qu'Albe traite si mal le cardinal. « En réponse à ce que le roi (Philippe) lui écrit touchant les Guises, il dit que, dans tous les temps, il a regardé comme très-important de se concerter avec eux; mais, ajoute-t-il, il y a en ceci deux choses à considérer : qu'aucun d'eux n'a part aux affaires, à l'exception du cardinal de Lorraine (et il y avait alors très-peu de part), et que celui-ci, quand il est en faveur, est insolent et ne se souvient de personne, tandis que, quand il est en disgrâce, il n'est bon à rien. »

2. L'ambassadeur d'Espagne prétend même que le roi et les princes faisaient beaucoup plus d'accueil au duc de Guise qu'à l'amiral, et que le roi tenait aux Lorrains des propos équivoques qui leur donnaient bonne espérance. *Papiers* de Simancas, B 31, p. 30, dépêche du 14 juin.

3. Henri de Valois prenait ses « résolutions et conclusions sur les conseils de César Borgia ». Ce sont les propres termes de son frère d'Alençon. Lettre d'Alençon, citée ap. *Ambassad. vénit.*, t. II, p. 3, d'après les mss. de Dupuy.

4. L'Estoile, p. 24-25. — D'Aubigné, col. 529.

reine mère les plans d'exécution de la « grande entreprise », et ne semblait plus se fier qu'à l'amiral et à son gendre Téligni, jeune homme d'une grande capacité diplomatique [1]. L'amiral répondit aux témoignages d'affection de Charles IX par une marque éclatante de la foi que les réformés avaient en sa parole royale; il lui fit rendre les places de sûreté plusieurs mois avant l'époque fixée. La Rochelle seule, en vertu de ses priviléges, ne reçut pas de garnison.

Au milieu de ces apprêts et de ces espérances, une triste nouvelle retentit comme un glas funèbre : la reine de Navarre, malgré la répugnance que lui inspirait Paris, s'était rendue dans cette ville, vers le milieu de mai, avec la cour, pour les préparatifs des noces; elle tomba malade le 4 juin et, le 9, elle n'existait plus.

Elle mourut avec sa fermeté et sa dévotion accoutumée, après avoir dicté un testament que les historiens protestants citent avec vénération. Les écrivains du parti contraire n'ont pu se dispenser de rendre justice à son mâle courage, à sa vigoureuse intelligence, à la chasteté de sa vie, à la sincérité de sa foi; mais ils lui ont reproché, non sans raison, un zèle calviniste poussé jusqu'au fanatisme, qui l'entraîna, non-seulement à des actes de violente intolérance [2], mais à d'étranges aberrations morales [3].

A la douleur des huguenots se mêlèrent des soupçons sinistres : autour du lit de mort de la reine de Navarre, on parlait de poison; l'on accusait la reine mère; on rappelait l'assassinat du prince de

---

1. Coligni l'avait envoyé à Constantinople pendant la dernière guerre civile, pour tâcher de lier le Grand Seigneur avec les protestants. Brantôme, t. IX, p. 218.

2. L'interdiction absolue du culte catholique en Béarn et l'expulsion de tous les ecclésiastiques. Ces mesures intolérantes, il est vrai, furent prises à la suite de sanglantes révoltes. On doit citer, par compensation, un ensemble de dispositions législatives très-sages et très-équitables, sauf un rigorisme calviniste excessif. V. la *Vie de Jeanne d'Albret* par mademoiselle Vauvilliers.

3. V. la lettre de Renée de France à Calvin, dont nous avons déjà tiré plus d'une révélation. *Archives curieuses*, t. V, p. 405. La vieille duchesse de Ferrare y reproche à la reine de Navarre d'avoir soutenu devant elle « qu'il étoit permis de mentir pour maintenir la religion, qu'il se falloit défendre en toutes les sortes qu'on pouvoit, et que le mensonge étoit bon et saint en cet endroit ». — Ainsi le calvinisme en était à son tour aux « fraudes pieuses », tant raillées par l'auteur du *Traité des Reliques*. — Si cette lettre n'était acceptée par les écrivains protestants, qui avaient intérêt à la contrôler, nous aurions eu quelques doutes sur son authenticité; mais elle ne paraît pas contestée. — V. le récit des derniers moments de Jeanne et son testament dans les *Mémoires de l'Estat de France*, t. I, fos 160-174.

Condé, la fin mystérieuse de d'Andelot, du duc de Deux-Ponts, du cardinal de Châtillon, du maréchal de Vieilleville, un des chefs des politiques, mort récemment durant une visite de la cour à son château de Durétal. Depuis, les historiens huguenots ont imputé le crime prétendu au parfumeur italien de la reine mère, qui aurait vendu à Jeanne des gants et d'autres objets imprégnés d'un venin subtil. Ils affirment, et de Thou, après eux, qu'on ouvrit le corps de Jeanne pour dissiper les soupçons, mais qu'on se garda bien de toucher au cerveau, où « étoit le mal », l'empoisonnement s'étant opéré par l'odorat. Davila, pour qui tous les crimes politiques sont des traits de génie, croit honorer sa protectrice Catherine en montrant, dans la mort de Jeanne d'Albret, la « première foudre de la tempête préparée contre les huguenots ». Néanmoins, un autre historien, Palma-Cayet, qui avait été sous-précepteur du prince de Navarre et qui dédia son livre à ce prince, devenu le roi Henri IV, nie l'empoisonnement avec des détails tellement précis, qu'on ne peut guère repousser son témoignage : il assure que le chirurgien de la feue reine lui ouvrit non-seulement le corps, mais le cerveau, en présence de son médecin et de plusieurs officiers de sa maison, lesquels vivaient encore au moment où lui Cayet écrivait; qu'il fut constaté que la reine était morte d'un « apostume aux poumons ». Les historiens même qui parlent de poison reconnaissent l'existence de la maladie de poitrine[1].

Si le récit de Palma-Cayet est vrai, on conçoit que l'amiral, certain que la mort de Jeanne d'Albret était naturelle, ait rejeté les avis qui l'assaillirent de toutes parts à l'occasion de ce malheureux événement, et n'y ait pas vu un motif de modifier ses

1. De Thou, t. VI, l. LI, p. 341. — Davila, t. I, p. 319. — D'Aubigné, t. I, col. 531. — Palma-Cayet, *Chronologie novennaire*, p. 94; ap. *Collect.* Michaud et Poujoulat, t. XII, part. I. Il est à remarquer que Jeanne, dans la lettre à son fils que nous avons citée, dit qu'elle « craint de tomber malade, car elle ne se trouve guère bien ». Une lettre de la princesse douairière de Condé, du 12 juin, ne laisse entrevoir aucun soupçon de poison. « J'ai eu une piteuse arrivée en cette ville... y ayant trouvé la reine de Navarre à l'article de la mort, *laquelle est allée bien contente à Dieu*..... On se meurt extrêmement en cette ville..... Il m'a fallu veiller la reine de Navarre en sa maladie et ne l'ai abandonnée jusques à la mort. Soudain après, accompagnée de toute la maison de Bourbon, j'ai mené au roi et à la reine madame la princesse de Navarre, ma nièce, qui lui fit (au roi) la plus belle harangue qu'il fût possible pour son âge ». *Cabinet historique* publié par M. L. Paris, n° de septembre 1856, p. 229.

projets ni de changer ses relations avec le roi. Le mariage du nouveau roi de Navarre fut seulement ajourné à quelques semaines.

Ce n'était plus en effet le moment de reculer, quand les mines chargées par les huguenots éclataient coup sur coup dans les Pays-Bas! Les armateurs et les marins hollandais et flamands, réfugiés en Angleterre, avaient dressé des flottilles de corsaires, à l'exemple des Rochellois, et faisaient une guerre implacable aux Espagnols. Élisabeth n'était point encore décidée à entrer en lutte ouverte avec Philippe II : sur les plaintes réitérées du duc d'Albe, elle ordonna aux « Gueux de mer », comme on nommait les marins émigrés, de quitter les ports anglais, mais après leur avoir laissé tout le temps de s'organiser. Ils ne quittèrent la Grande-Bretagne que pour aller descendre en Hollande (1er avril)[1]. Presque toute la Hollande et la Zélande furent révoltées avant la fin du printemps. Marnix souleva des provinces entières avec son chant pieusement héroïque, le *Wilhelmus-Lied*[2]. La flotte royale de Hollande passa en partie aux insurgés, que renforcèrent des bandes de volontaires français et anglais. Dans la première quinzaine de mai, Louis de Nassau et La Noue[3] entrèrent en Hainaut à la tête d'un corps de protestants français : un double complot leur livra Valenciennes et Mons (23-24 mai). Les huguenots entrèrent dans ces deux villes aux cris de « France et liberté ». Pendant ce temps, la Frise commençait à se soulever : le comte de Berg envahissait la Gueldre et le comté de Zutphen (juin); le prince d'Orange s'apprêtait à le suivre avec près de vingt mille Allemands rassemblés sur le Rhin. Il se fit précéder d'une proclamation qui promettait aux catholiques des Pays-Bas toute sûreté pour l'exercice de leur culte.

Les Nassau avaient tenu leur parole : c'était à Charles IX

[1]. A Briel, dans l'île de Voorne.
[2]. Le *chant de Guillaume*, demeuré le chant national de la Hollande. Guerrier, diplomate, publiciste, théologien, poëte, Marnix fut tout et fit tout pour sa cause. Il publia, en même temps que le *Wilhelmus-Lied*, une vaste satire de l'église romaine en flamand, la *Ruche romaine (De Byenkorf)*; quelque chose d'intermédiaire entre Rabelais et Ulrich de Hutten. V. Quinet, *Marnix*, p. 66. Cet étrange livre eut un retentissement prodigieux.
[3]. Le chargé d'affaires d'Espagne avait tenté de faire assassiner La Noue avant son départ de France. Brantôme, *Vie de La Noue*.

maintenant à tenir la sienne. Il avait bien commencé. A la nouvelle de la descente des Gueux de mer en Hollande, son chargé d'affaires à Bruxelles avait signifié une protestation contre la tyrannie du duc d'Albe en Flandre et annoncé que, si l'impôt du dixième n'était supprimé, la France romprait avec l'Espagne [1]. Albe recula : il suspendit le dixième et revint provisoirement à l'abonnement annuel de deux millions. Le roi et la reine mère, à ce qu'il nous apprend dans une lettre à Philippe II (22 mai), lui renouvelèrent leurs protestations pacifiques. Le gouvernement de la France flottait comme un navire battu par des vents contraires, entre le parti de la guerre et le parti du duc d'Anjou, mené par le général de Jarnac et de Moncontour, Gaspard de Tavannes. Tavannes se plaignait amèrement que les vaincus fissent la loi aux vainqueurs, et Coligni lui répliqua en face que quiconque ne voulait pas la guerre avec l'Espagne « n'étoit point bon François et avoit la croix rouge dans le ventre ». Le roi penchait plus que jamais vers « les armes »; la reine mère le retenait, mais plus par l'hésitation qu'elle avait toujours devant les grands périls et les grandes résolutions, trait qui lui était commun avec Philippe II, que par un ferme propos de garder la paix. Les chances brillantes des Pays-Bas l'éblouissaient à son tour par moments [2].

La question fut deux fois posée dans le conseil du roi à la fin de juin et au commencement de juillet. Jean de Tavannes nous a conservé les harangues du maréchal, son père [3], et celles que le duc d'Anjou prononça d'après les inspirations du maréchal. On possède par contre un mémoire remis au roi par Coligni et rédigé par un jeune homme qui commençait une des carrières les plus actives et les mieux remplies de cette ère de prodigieuse activité : c'était du Plessis-Mornai. L'ex-garde des sceaux Morvilliers, esprit modéré, mais timide, répondit par un mémoire dans le sens de la paix. Mornai voit la grande chance de succès dans l'esprit militaire que les guerres civiles ont développé parmi toutes les classes de la population française, et montre tous les soldats, sans dis-

1. Lettre de Morillon à Granvelle (15 avril); ap. Michelet, *La Ligue et Henri IV*, p. 474, notes.
2. *Mém.* de Tavannes, p. 374, 382. Le témoignage très-circonstancié, très-fortement articulé du fils de Gaspard de Tavannes semble ici digne de foi.
3. Gaspard de Tavannes avait hérité du bâton de Vieilleville.

tinction de religion, prêts à courir en Flandre avec allégresse. L'argument le plus fort de Tavannes et de Morvilliers, c'est l'état déplorable des finances et le danger de soulever les populations catholiques de France si l'on augmente les impôts pour guerroyer contre l'Espagne. On craignait aussi une descente de la flotte espagnole en Provence si la flotte française descendait en Flandre [1].

La question ne fut pas résolue. La lenteur des négociations avec les puissances protestantes désolait Coligni et venait en aide au parti de la paix. Les prétentions trop hardies qu'on avait insinuées sur la couronne impériale refroidissaient les princes allemands, et la reine d'Angleterre hésitait beaucoup à transformer l'alliance défensive en alliance offensive. Elle voyait avec jalousie la réunion probable de la Flandre à la France. Elle reparla de Calais. Coligni se récria avec indignation, et dit que Flessingue vaudrait bien mieux que Calais pour les Anglais. C'était le partage des bouches de l'Escaut entre la France et l'Angleterre. Les Anglais accueillirent cette ouverture [2]. Mais les semaines, les mois s'étaient écoulés. Le duc d'Albe, lui, n'avait pas perdu un moment; il levait à son tour des masses de reîtres; Valenciennes était retombée en son pouvoir dès le 29 mai et il resserrait Mons. Genlis [3], un des chefs huguenots partis avec Louis de Nassau, était raccouru en France chercher du renfort. Il vit le roi, en reçut de l'argent et repassa la frontière avec quatre ou cinq mille volontaires réunis en Picardie, parmi lesquels beaucoup de catholiques. Louis de Nassau avait recommandé à Genlis d'éviter le combat et d'aller joindre le prince d'Orange sur la Meuse pour marcher avec lui au secours de Mons. Genlis ne suivit pas ces instructions; il entreprit de se jeter dans Mons avec son petit corps d'armée. Mais la trahison avait révélé aux Espagnols le secret de sa marche [4] : il fut surpris, près de Saint-

1. Tavannes, 375-378, 382. — De Thou, t. VI, l. LI, p. 342-370. — *Mém.* de du Plessis-Mornai, t. I, p. 1-18; 1626; — Charrière, *Nég. du Levant*, t. III, p. 229.
2. Walsingham, p. 247, 254-259. — La Mothe-Fénelon, t. VII, p. 298.
3. C'est lui qui s'appelait auparavant Yvoi.
4. L'Espagnol Bernardino de Mendoça, témoin oculaire, rapporte, dans ses *Commentaires mémorables* (l. VI, f° 145), qu'un gentilhomme, envoyé de la cour de France au duc d'Albe, donna tous les renseignements pour attaquer Genlis avec avantage. Albe, dit Tavannes (p. 383) fut averti par les ennemis des huguenots « qui étoient en France »; il n'y a pas à douter que ces « ennemis des huguenots » ne fussent

Guislain, par don Fadrique de Tolède, fils du duc d'Albe; les Français, assaillis dans une position désavantageuse, furent entièrement défaits et Genlis tomba entre les mains de l'ennemi (19 juillet). Les Espagnols trouvèrent dans ses bagages une lettre du roi de France, qui prouvait la pleine connivence de Charles IX avec les Nassau [1].

« Cette défaite vole en cour, change cœurs et conseils; la peur saisit la reine des armes espagnoles [2] ». Les esprits incertains se rallient au parti de la paix, qui presse le roi de désarmer l'Espagne par un désaveu éclatant; les huguenots et les politiques se déchaînent contre la lenteur du gouvernement à se déclarer et à jeter toutes les forces du royaume dans la balance : beaucoup de huguenots crient « guerre étrangère ou civile » !

C'est alors seulement qu'une lutte directe s'engage entre Catherine et l'amiral. La nouvelle qu'Élisabeth recule et rappelle ceux de ses sujets qui sont en Zélande et en Hollande avec les insurgés achève de décider la reine mère [3]. Catherine se met ouvertement à la tête du parti de la paix, et Coligni, n'espérant plus la gagner, ne la ménage plus et s'efforce d'arracher le roi à sa mère. Catherine est avertie par le comte de Retz (Gondi) et le secrétaire d'état de Sauve des « secrets conseils » de Charles IX avec Coligni; la vague pensée qui avait toujours flotté dans son esprit se fixe : le fantôme du meurtre prend corps; « elle tient conseil de se défaire de l'amiral [4] ».

Frapper l'amiral sans le roi, malgré le roi, serait d'une extrême audace : Charles IX pourrait répondre par la mort du duc d'Anjou. Catherine tâche de ressaisir le roi. Charles se montrait affligé et irrité du malheur de Genlis; il écrivait à son agent à Bruxelles de tâcher d'obtenir un bon traitement pour les prisonniers français, recommandation qui n'empêcha pas le duc d'Albe de les

---

son père Gaspard de Tavannes et le duc d'Anjou. — Le sort du capitaine La Minguetière, que Coligni avait envoyé aux Antilles, fut pareil à celui de Genlis : dénoncé aux Espagnols par leurs partisans de France, cet officier fut surpris et accablé dans une rade de Saint-Domingue ou Hispaniola.

1. Gachard, *Corresp. de Philippe II*, t. II, p. 269.
2. *Mém.* de Tavannes, p. 383.
3. Walsingham, p. 275.
4. *Mém.* de Tavannes, p. 386.

faire mettre à mort presque tous comme hérétiques [1]; il avait permis à l'amiral de lever de nouvelles bandes de volontaires; « quatre ou cinq jours durant, la guerre fut tenue pour certaine et il s'en parla publiquement comme de chose résolue [2]. Catherine réussit encore à empêcher le roi d'envoyer à la flotte rassemblée sur les côtes de Poitou l'ordre de mettre à la voile pour la Zélande. Il partit : il alla chasser quelques jours en Brie, pour s'arracher à la lutte qui bouleversait son âme pleine à la fois d'incertitude et de violence. Catherine court après lui, l'atteint à Montpipeau, s'enferme avec lui, et, fondant en larmes : « Puisque, après m'être sacrifiée pour vous, vous me donnez récompense si misérable, puisque vous vous cachez de votre mère pour prendre conseil de vos ennemis..., donnez-moi congé de me retirer au lieu de ma naissance..., donnez à votre frère le temps de se retirer hors du danger et présence de ses ennemis acquis en exposant sa vie pour conserver la vôtre... »

Charles ne fut pas touché, mais épouvanté : il comprit cette déclaration de guerre déguisée sous forme de plainte maternelle : il connaissait, dit Tavannes, sa mère et son frère, leur « finesse, ambition et puissance en son état ». Il demanda pardon à Catherine. Elle feignit de persister à s'éloigner : elle se retira à Monceaux; Charles la suivit, et, là, entouré d'Anjou, de Tavannes, de Retz et de Sauve, il se mit à la discrétion de sa mère, tout en regrettant amèrement ses rêves de gloire ! Catherine n'osa cependant lui avouer ses desseins contre Coligni.

L'amiral, durant les chasses du roi, était allé à Châtillon visiter ses enfants et la noble femme qui s'était récemment associée à sa destinée et dont le sein portait un gage de leur affection, un enfant qui ne devait jamais voir son père ! On fit bien des efforts pour empêcher l'amiral de retourner à la cour. Chaque jour, il était assailli de lettres qui lui rappelaient la trop fameuse maxime catholique, « qu'on ne doit garder la foi aux hérétiques », et lui remontraient la perversité de la reine mère, la détestable éducation du roi, dressé à « toutes violences et péchés horribles; sa « Bible est Machiavel; on l'a préparé, par le sang des bêtes, à

---
1. Genlis fut trouvé mort dans sa prison et l'on pensa qu'il avait été étranglé.
2. Relation de l'ambassadeur vénitien J. Micheli; ap. Ranke, t. I, l. IV, c. 3.

« verser le sang des hommes [1] : on lui a persuadé qu'un prince
« n'est point tenu d'observer un édit extorqué par ses sujets ».
Comme il arrive souvent, ceux qui observaient de loin la marche
des événements y voyaient plus clair que ceux qui étaient engagés au milieu de l'action. L'instinct populaire était d'accord avec
l'opinion des esprits réfléchis. L'abandon avec lequel se livraient
les chefs ne causait que terreur et qu'angoisses à une grande
partie des protestants. Lorsque Coligni monta à cheval pour se
rendre à Paris, une pauvre paysanne de ses « sujettes » vint se
jeter à ses pieds en pleurant : « Ah ! monsieur, ah ! notre bon
« maître, où vous allez-vous perdre ? Je ne vous verrai jamais, si
« vous allez une fois à Paris ; vous y mourrez, vous et tous ceux
« qui iront avec vous ».

« J'aime mieux être traîné mort par les rues de Paris », avait
dit récemment l'amiral, « que de rentrer dans la guerre civile [2] ».

Coligni ne fermait donc pas entièrement les yeux sur le danger ; mais les caresses du roi lui avaient inspiré une affection et
une confiance qui percent le cœur. Il semblait au vieux soldat que
l'heureux naturel de Charles IX surmontait peu à peu les vices
reçus du dehors, que le sang de France parlait plus haut que les
leçons des Birague et des Gondi !

Dans les premiers jours d'août, le nouveau roi de Navarre et le
prince de Condé firent leur entrée à Paris à la tête de huit cents

1. Charles IX, à la chasse, montrait une sorte de frénésie ; il éventrait de ses propres mains les animaux blessés ; il prenait plaisir à couper le cou aux ânes et aux mulets qu'il rencontrait : « il tuoit aussi des pourceaux et, sans épargner ses mains dans leur sang, leur arrachoit les entrailles et les habilloit avec autant d'adresse qu'auroit fait un garçon charcutier ». Papyre Masson, *Vie de Charles IX*, ap. *Archives curieuses*, t. VIII, p. 342. — Dans les comptes des dépenses de Charles IX, on trouve à diverses reprises des indemnités allouées aux propriétaires d'animaux que le roi a tués ou qu'il s'est amusé à faire étrangler par ses lévriers. *Archives curieuses*, t. VIII, p. 353 et suiv. Parmi « les péchés horribles » dont parle l'historien huguenot, on ne peut toutefois compter les vices où s'abîma Henri III : Charles ne fut jamais débauché ; il n'eut qu'une seule maîtresse et lui fut fidèle.

2. De Thou, l. LII. Coligni était probablement de retour à Paris lorsqu'il reçut, des magistrats de La Rochelle, une lettre, en date du 30 juillet, qui exprimait les plus vives appréhensions sur le véritable but du rassemblement de la flotte : plusieurs des chefs étaient connus pour d'implacables ennemis de la Réforme, et aucun nom ne reveillait des souvenirs plus sinistres que le nom du vieux baron de La Garde, le complice des massacres de Cabrières et de Mérindol. Bien des indices faisaient craindre aux Rochellois que la flotte royale ne fût destinée pour La Rochelle plutôt que pour Flessingue. Coligni s'efforça de dissiper leurs soupçons.

gentilshommes : ainsi que l'amiral, ils avaient repoussé avis, menaces et prédictions. Tous les hommes considérables des divers partis furent alors réunis à Paris ¹. Les Guises y étaient, entourés aussi d'une nombreuse noblesse.

Tout n'était pas perdu encore. En présence de Coligni, Charles IX rougit de sa faiblesse : il se débattit de nouveau contre son mauvais génie. S'il ne revint pas à la résolution de la guerre ouverte, il reprit la politique anti-espagnole ; le 9 août, il écrivit à son ambassadeur à Londres que la guerre ne se ferait pas de son côté en Flandre, à moins que les Espagnols ne prissent l'offensive, mais qu'il fallait « échauffer la reine d'Angleterre à se déclarer ouvertement, s'il est possible, contre le roi d'Espagne » et à agir en Zélande « des pieds et des mains » pour seconder, par cette diversion, le prince d'Orange qui marchait au secours de Mons ². Vers le même temps, il obligea Guise de donner la main à Coligni en sa présence. Le 13 août, il manda au grand maître de l'artillerie, Biron, de faire le relevé de ce qu'il y avait en France de canons et de munitions. Les armements continuaient en Champagne ³. Un succès du prince d'Orange, qui était en force sur la Meuse, une révolte de grande ville flamande, pouvait rejeter entièrement le roi dans les bras de l'amiral. Catherine, d'une part, le duc d'Albe, de l'autre, le sentaient bien. Aussi Catherine, à bout d'intrigue, n'avait-elle plus de pensée que le meurtre ; quant au duc d'Albe, au pieux exécuteur des arrêts de « saint Pie V », il en était à consulter, en désespéré, les devins et les nécromanciens et à rêver de recouvrer Mons par enchantement ⁴.

---

1. Une ordonnance du 5 juillet avait défendu, sous peine de la vie, de « renouveler aucune chose des querelles passées », de porter armes à feu et de « tirer épées en querelles », à la suite de la cour et dans la ville.

2. *Corresp.* de La Mothe-Fénelon, t. VII, p. 314. La réponse d'Élisabeth, en date du 22 août, où elle annonçait qu'elle ne rappelait pas les Anglais de Zélande, arriva trop tard !

3. Soldan, *La France et la Saint-Barthélemi* ; trad. de l'allemand par Ch. Schmidt ; Paris ; 1855 ; p. 131 ; note 175, d'après les Mss. de la Biblioth. imp. — Lettre de Morillon à Granvelle, du 11 août ; ap. Michelet, p. 407. Nous devons beaucoup à l'excellent travail de M. Soldan, le plus complet et le plus décisif qui existe sur les précédents de la Saint-Barthélemi, comme l'a déjà reconnu M. Michelet.

4. Lettre de Morillon à Granvelle, du 10 août ; ap. Michelet ; *Guerres de Religion*, p. 408, et *La Ligue et Henri IV*, p. 474 ; notes.

On touchait à l'époque fixée pour le mariage du roi de Navarre et de la princesse Marguerite. Le pape Grégoire XIII avait bien promis d'expédier la dispense de parenté au cardinal de Bourbon, qui devait célébrer le mariage ; mais il subordonnait la dispense à quatre conditions : « 1° que le roi de Navarre fît une secrète profession de foi (catholique) en présence du roi ; 2° qu'il y requît ou fît requérir de sa part la dite dispense ; 3° qu'il rétablît les ecclésiastiques des pays et terres de sa souveraineté en leurs biens et bénéfices, avec l'exercice de la religion catholique ; 4° qu'il épousât la sœur du roi en face de la Sainte Église, sans déguisement ni altération des cérémonies observées d'ancienneté ». Un consentement pareil était un refus. Le 31 juillet, Charles IX avait donc mandé à son ambassadeur à Rome de presser le pape de renoncer aux quatre points. Le roi donne toutes sortes de raisons pour obliger le pape à céder : il assure que c'est dans l'intérêt de la religion. Si le pape est inexorable, l'ambassadeur, en présence des cardinaux de Ferrare, de Lorraine et d'Este, priera le pape « de prendre en bonne part si le roi est contraint de passer outre incontinent audit mariage, comme il y est du tout résolu [1] ».

Le pape ne céda point. Le roi tint parole.

Le cardinal de Bourbon, lui, n'osait passer outre. On se joua de sa simplicité ; le roi feignit d'avoir reçu de Rome l'annonce que le nouveau bref arriverait en bonne forme par le prochain courrier. Sur cette assurance, le cardinal se laissa persuader de faire son office [2]. Les fiançailles furent célébrées le 17 août au Louvre [3]. Le

---

[1] Cette lettre importante a été publiée par M. L. Pâris, dans le *Cabinet historique*, 9ᵉ livraison ; septembre 1856. M. de Bouillé (*Hist. des ducs de Guise*, t. II, p. 192) donne un extrait de la lettre écrite, le même jour, par le roi au cardinal de Lorraine sur le même sujet et à peu près dans les mêmes termes.

[2] De Thou, t. III, l. LII, p. 118.

[3] Ce même jour, un des affidés de la reine mère, l'évêque de Valence, Jean de Montluc, partit pour aller en Pologne travailler à l'élection du duc d'Anjou : le roi de Pologne, Sigismond-Auguste, était mort le 7 juillet ; ce fut le dernier roi de la dynastie lithuanienne des Jagellons. Montluc, qui n'avait pas tout à fait oublié son ancien penchant pour la Réforme, fit entendre en partant au comte de La Rochefoucauld et à d'autres seigneurs huguenots qu'un grand désastre les menaçait et que ce qu'ils auraient de plus sage à faire, ce serait de reprendre le chemin de leurs maisons. — *Mém. de l'Estat de France*, t. I, f° 187, v°. Comme leur chef, ils se fiaient au roi : ils restèrent.

lendemain, lundi 18 août, le roi de Navarre et la princesse Marguerite furent mariés par le cardinal de Bourbon, oncle de l'époux, sur un échafaud élevé devant le grand portail de Notre-Dame, « avec certain formulaire, que les uns et les autres n'improuvoient point [1] ». L'épousée, accompagnée du roi, de la reine mère et de tous les princes et seigneurs catholiques, alla ensuite ouïr la messe dans le chœur ; le marié, pendant ce temps, se retira dans la cour de l'évêché et les huguenots se promenèrent dans le cloître et dans la nef. Comme le maréchal de Damville montrait à Coligni les drapeaux des vaincus de Moncontour appendus à la voûte de Notre-Dame, l'amiral s'écria qu'on en aurait bientôt « d'autres mieux séants » à loger en cette place, voulant parler de ceux qu'il espérait gagner sur les ennemis de la France [2] !

Et il pressa le roi de prendre enfin la grande résolution contre l'Espagne, maintenant que le gage d'alliance était solennellement donné aux réformés. Charles le pria en riant de lui laisser encore quelques jours « pour s'égayer et ébattre », promettant, « foi de roi, qu'il ne bougeroit de Paris qu'il ne l'eût rendu content [3] ».

Les « ébats » dont parlait Charles IX remplirent les quatre premiers jours de la semaine, du lundi 18 au jeudi 21 : dans les joutes et les mascarades figurèrent pêle-mêle, déguisés tantôt en dieux marins, tantôt en chevaliers errants, le roi et ses deux frères, le roi de Navarre, le prince de Condé, le duc de Guise et tous les jeunes seigneurs des deux religions. Les vieux huguenots voyaient ce « mélange » et ces « folâtreries » avec une répugnance et une défiance insurmontables. On avait représenté, dans un des divertissements, le paradis et l'enfer : trois chevaliers errants, qui étaient le roi et ses deux frères, défendaient l'entrée du paradis contre les autres chevaliers et les repoussaient vers l'enfer, où ils étaient traînés par les diables ; on ne manqua pas « d'allégoriser »

---

1. Davila prétend que, lorsque l'officiant demanda à Marguerite si elle consentait à prendre le roi de Navarre pour époux, elle ne répondit rien, mais que le roi son frère, lui mettant la main sur le cou, la força de baisser la tête, ce qui fut interprété à consentement. T. I, p. 321. L'anecdote est fort suspecte.
2. D'Aubigné, col. 536.
3. Le Réveille-Matin des François; Édimbourg, 1574; réimprimé dans les Archives curieuses, t. VII, p. 173.

et de dire que le roi avait « chassé les huguenots dans l'enfer ». Le duc d'Anjou, ordonnateur des fêtes, les avait semées d'inconvenances étranges et de gaîtés railleuses auxquelles les pensées qu'il portait dans son âme donnaient un caractère infernal. L'avant-goût du sang assaisonnait chez lui la débauche. Des rumeurs sinistres s'élevaient de moment en moment parmi les bruits de fête : « Comme, avant quelque tempête, la mer s'agite « d'elle-même, aussi y avoit-il déjà quelque horreur en l'esprit « d'aucuns du mal advenu tôt après. » Des émeutes, des meurtres avaient eu lieu à Troies et dans d'autres villes ; l'air était comme chargé de propos menaçants ; le dimanche 17, veille des noces, toutes les chaires de Paris avaient retenti de prédications incendiaires où s'était surtout signalée la furieuse éloquence du cordelier italien Panigarola [1].

Vers le 20, le roi, de l'avis de Coligni, fit venir à Paris le régiment des gardes, fort de douze cents arquebusiers, afin d'être en mesure de réprimer toute tentative des Guises.

Le jour même des noces, Charles IX avait écrit à Mandelot, gouverneur de Lyon, la lettre suivante :

« Monsieur de Mandelot, je vous fais cette lettre par le courrier « que j'envoie expressément vers vous, pour vous prier ne laisser « passer par ma ville de Lyon aucun courrier ni autre, quel qu'il « soit, allant en Italie, DANS SIX JOURS, à compter *du date* de cette « présente, sinon en vous faisant apparoir de passe-port de moi « bien et duement expédié et signé de l'un de mes secrétaires « d'état ; ce que je vous prie faire bien et duement observer, « comme de vous même, tenant le commandement que je vous « en fais si secret que l'on ne pense que ce soit chose qui vienne « de moi.

« Signé CHARLES [2]. »

Le *sixième* jour après la date de la lettre, ce fut le 24 août, jour de Saint-Barthélemi [3].

---

1. *Mém. de l'Estat de France*, t. I, fos 189-194. — *Le Tocsin contre les massacreurs* ; ap. *Archives curieuses*, t. VII, p. 43.

2. Cette pièce a été publiée par M. Paulin Pâris, parmi d'autres lettres extraites de la correspondance de Mandelot avec Charles IX et Henri III ; Paris, Crapelet, 1830.

3. On a prétendu que des ordres semblables avaient été donnés dans toutes les directions. Capilupi l'affirme ; d'autres l'indiquent.

Ce terrible rapprochement est cependant fortuit; Charles IX n'avait certainement en vue que d'arrêter les courriers expédiés en cour de Rome par le nonce ou par les Guises; à côté du roi, il est vrai, l'on avait d'autres pensées; mais ce qu'on méditait, à l'insu de Charles, devait s'accomplir avant le 24 août; c'était sans doute Catherine qui avait indiqué le chiffre de *six* jours, afin que la nouvelle des noces du 18 ne partît pas de Lyon pour Rome avant une autre nouvelle, qui allait la suivre et qui pourrait arriver à Lyon le 24.

Une trame meurtrière était ourdie autour du roi et de l'amiral. Catherine avait été quelque temps combattue entre sa timidité naturelle et son ardent désir de se délivrer de Coligni : elle avait espéré, par la scène de Montpipeau, obtenir du roi la perte de l'amiral; après un premier succès, elle avait échoué; une scène inverse la décida aux dernières extrémités. Le duc d'Anjou lui-même a révélé ces arcanes du crime : dans une nuit de trouble et d'effroi, sinon de remords, il a dicté de sa propre bouche l'histoire de son forfait et de celui de sa mère. « Toutes les fois, » dit-il[1], « que le roi avoit conféré en particulier avec l'amiral, la reine mère et moi nous le trouvions merveilleusement fougueux et refrogné, avec un visage et des contenances rudes, et encore plus ses réponses..... Comme j'entrai un jour dans la chambre du roi, sans me rien dire,

---

1. *Discours du roi Henri troisiesme à un personnage d'honneur et de qualité estant près de Sa Majesté à Cracovie, sur les causes et motifs de la Saint-Barthélemi*; ..... ap. *Mém. d'Estat* de Villeroi, t. II; p. 52; Paris; 1665. Henri III, étant roi de Pologne, au commencement de 1574, aurait dicté ce récit à son premier médecin Miron, une nuit que le souvenir des affronts qu'il avait reçus en Allemagne, à cause de sa participation à la Saint-Barthélemi, le jetait dans une insomnie fiévreuse. Le contenu de cette relation, avec l'affirmation de l'origine, a paru pour la première fois dans l'*Histoire de France* de P. Mathieu, historiographe des rois Henri IV et Louis XIII; Paris; 1631. Sans admettre que la confession de Henri III soit tout à fait complète et sans aucune réticence, nous la considérons comme le document capital de la Saint-Barthélemi, comme celui autour duquel il faut grouper tous les autres. C'est aussi l'opinion du savant et judicieux professeur de Giessen, M. Soldan (*La France et la Saint-Barthélemi*). M. Michelet accepte également le *Discours* de Henri III, tout en lui préférant, sur un point important, le témoignage de Marguerite de Valois. M. Ranke seul en conteste l'authenticité, mais sans donner ses motifs. Nous ne savons s'il aurait la pensée d'enlever ce document à Henri III pour l'attribuer au comte de Retz, à cause du rôle qu'y joue ce favori de Charles IX. Nous regrettons de n'avoir pu comparer le *Discours* de Henri III avec une pièce latine publiée à Cracovie, vers la fin de 1573, par ordre, dit-on, de Henri lui-même (*Vera et brevis Descriptio Tumultus postremi Gallici Lutetiani*), document rare, dont nous ne connaissons que le titre.

il se promena furieusement à grands pas, me regardant souvent de travers et mettant la main à la dague, de façon si animeuse que je m'attendois à être poignardé. Je fis si dextrement que, lui se promenant et me tournant le dos, je me retirai vers la porte que j'ouvris, et, avec une courte révérence, je fis ma sortie... » Charles IX était plus près de frapper Anjou que Coligni : certes, l'amiral ne l'engageait pas à lever le poignard sur son frère, mais il le conjurait de l'expédier au plus tôt en Pologne afin qu'il n'y eût plus deux rois en France. Catherine et Anjou, mis au pied du mur, prirent leur parti. Ils appelèrent en secret la duchesse de Nemours, la veuve du grand Guise, cette femme dans les veines de laquelle coulait le sang de Louis XII mêlé au sang des Borgia! Elle n'avait cessé de professer pour Coligni une implacable haine. Catherine lui déclara qu'elle lui mettait dans les mains la vengeance si longtemps poursuivie par la maison de Guise. Catherine voulait prendre le profit du meurtre, mais imposer l'exécution et la responsabilité à autrui. Sa pensée machiavélique allait plus loin : elle ne doutait pas que les huguenots ne courussent aux armes pour venger Coligni assassiné et n'assaillissent les Guises jusque dans leurs hôtels; le peuple de Paris se porterait au secours des Guises, les Montmorencis et leurs amis au secours des huguenots; toute la haute noblesse lorraine, huguenote et politique s'entr'égorgerait; les huguenots finiraient par être accablés sous le nombre, les Guises, épuisés par leur victoire même; et la royauté, demeurée en réserve pendant le conflit, resterait maîtresse du terrain jonché de morts [1].

Quelles que fussent les arrière-pensées, on s'accorda pour l'action. Le jeune Guise, dans sa joie furieuse, voulait d'abord que sa mère elle-même tuât d'une arquebusade l'amiral au milieu de la cour [2]; on revint à des moyens plus pratiques; on chargea du coup une main plus experte au crime, ce Maurevert qui avait déjà été attitré, durant la dernière guerre, pour assassiner Coli-

1. Les historiens ont été plus loin et ont prétendu que Catherine voulait terminer la boucherie en faisant massacrer les Guises à leur tour par les gardes du roi. *V.* les *Mem. de l'Estat de France*, f° 193; version adoptée par de Thou; l. LII; mais ceci était bien hardi pour elle!
2. Lettre du nonce Salviati, du 24 août; ap. Ranke, *Hist. de France*, etc.; l. IV, c. 3.

gni et qui avait tué à sa place un de ses lieutenants avec les circonstances les plus odieuses. On le fit venir avec mystère, et le maître d'hôtel du duc d'Aumale le cacha chez un chanoine, ancien précepteur du duc de Guise, dans une maison du cloître Saint-Germain-l'Auxerrois, sur le chemin du Louvre à la rue de Béthisi, où logeait l'amiral. Maurevert demeura là trois jours aux aguets. Le vendredi 22 août, au matin, comme l'amiral revenait du Louvre à pied, marchant lentement et lisant une requête, un coup d'arquebuse partit de derrière le rideau d'une fenêtre, lui emporta l'index de la main droite et lui logea une balle dans le bras gauche.

Coligni montra, de sa main mutilée, l'endroit d'où était parti le coup, envoya dire au roi ce qui lui était « advenu ; qu'il « jugeât quelle belle fidélité c'étoit, l'entendant de l'accord fait « entre lui et le duc de Guise [1] »; puis il regagna son hôtel, soutenu par quelques gentilshommes, tandis que sa suite enfonçait la porte du logis où s'était embusqué l'assassin ; on trouva l'arquebuse fumante encore, « mais non l'arquebusier ». Maurevert s'était élancé sur un cheval du duc de Guise qu'on lui tenait tout prêt et avait fui par les derrières de la maison. Il sortit de Paris par la porte Saint-Antoine ; deux gentilshommes protestants avaient retrouvé sa trace et le poursuivirent durant plusieurs lieues, mais sans pouvoir l'atteindre [2].

Les envoyés de Coligni trouvèrent le roi jouant à la paume avec le duc de Guise et Téligni, le gendre de l'amiral. Aux premiers mots, Charles brisa sa raquette en s'écriant : « N'aurai-je donc jamais de repos! » et, « avec un visage triste et abattu », il se retira dans sa chambre. Le duc de Guise s'éloigna en silence.

L'anxiété des conspirateurs fut extrême durant quelques heures : le coup était manqué; qu'allaient faire les huguenots? que ferait le roi? On ne tarda pas à voir entrer chez le roi son beau-frère de Navarre et son cousin de Condé, qui avaient couru visiter l'amiral ; ils venaient demander à Charles IX la permission de sortir à l'instant de Paris, puisque leurs vies n'y étaient pas en

---

1. *Mém. de l'Estat de France*, t. I, f° 193.
2. *Mém.* de Saint-Auban; ap. *Anc. Collect.*, t. XI, f°s 17-19.

sûreté. Le roi montra plus de colère et de douleur qu'eux-mêmes, criant que « c'étoit lui qui étoit blessé! » — C'est toute la France! reprit la reine mère ; on viendra bientôt attaquer le roi lui-même jusque dans son lit. Charles conjura les princes « de ne pas bouger de Paris et de lui laisser la punition et vengeance du malheur advenu », protestant de faire du coupable et de ses fauteurs telle justice qu'il en serait mémoire à jamais. Il délégua les poursuites à une commission dirigée par le premier président de Thou, fit fermer les portes de Paris, dans l'espoir d'empêcher l'évasion du meurtrier et de ses complices, dépêcha un détachement de ses gardes afin de protéger le logis de l'amiral, de concert avec les Suisses de la garde du roi de Navarre, expédia aux gouverneurs des provinces et aux princes protestants des lettres où il leur annonçait la criminelle entreprise tentée contre l'amiral et son intention de la châtier sévèrement.

Un sombre silence, précurseur des tempêtes, régnait par la ville; les gardes du roi étaient sous les armes au Louvre, les compagnies de la ville [1] à la Grève; les quarteniers avaient reçu du prévôt et des échevins l'ordre exprès d'empêcher qu'on fermât les boutiques et qu'on prît les armes dans les quartiers [2]. Les Guises et leurs amis attendaient, préparés à tout événement. Les plus hardis des huguenots criaient, en effet, qu'il fallait se faire justice à soi-même; mais la plupart des chefs, rassurés par les paroles de Charles IX aux princes, ne songeaient qu'à obtenir une vengeance légale et qu'à pousser les informations judiciaires. Les principaux des huguenots et des politiques se pressaient autour du lit de l'amiral, qui avait supporté avec sa fermeté ordinaire deux opérations cruelles : Ambroise Paré, premier chirurgien du roi, avait extrait la balle logée dans le bras gauche et coupé l'index fracassé par l'autre balle. L'amiral consolait ses amis, qui « pleuroient à chaudes larmes de le voir ainsi découper », s'estimant bien heureux », disait-il, « d'avoir été ainsi blessé pour le nom de Dieu », et il joignait ses prières à celles de ses ministres. Il chargea le maréchal de Damville et Téligni de

[1]. Soldats de police, qu'il ne faut pas confondre avec la milice bourgeoise des quartiers.
[2]. *Registres de l'Hôtel de Ville*; ap. *Archives curieuses*, t. VII, p. 211-212.

prier le roi de le vouloir bien visiter, parce qu'il avait à lui dire
« choses importantes et concernant son salut, lesquelles il étoit
« assuré qu'homme de son royaume ne lui oseroit découvrir [1] ».

Le roi, après avoir dîné à la hâte, se rendit chez l'amiral vers
deux heures de l'après-midi, accompagné de sa mère et de ses
frères. Il accabla Coligni de témoignages d'affection ; « Mon père,
lui dit-il, à vous la douleur de la blessure; à moi l'injure et l'outrage ! » et il protesta de nouveau, avec ses jurements accoutumés, d'en tirer une éclatante vengeance. L'amiral, qui ne savait
si ses blessures n'étaient pas empoisonnées, s'exprima en homme
« prêt à comparoître devant le trône de Dieu ». Il prit le ciel à
témoin de son attachement et de sa fidélité au roi et à l'État,
reprocha au roi de négliger la grande occasion que lui offrait la
Providence d'accroître glorieusement son royaume, réclama
contre la déloyauté de ceux qui communiquaient les secrets du
conseil privé au duc d'Albe, qui venait de faire pendre indignement les gentilshommes français pris en la défaite de Genlis; il
requit justice des violations de la paix commises récemment en
divers lieux par les catholiques [2]. Coligni demanda ensuite à
parler au roi seul. Charles fit signe à sa mère et aux courtisans
de s'éloigner de quelques pas. Ce fut un moment d'angoisse pour
Catherine et pour le duc d'Anjou. Ils ne doutaient pas que Coligni n'excitât le roi contre eux; entourés de deux cents gentilshommes protestants, qui encombraient l'hôtel de l'amiral, ils
croyaient lire sur tous les visages la haine et la menace. Catherine s'efforça d'abréger ce redoutable entretien; elle se rapprocha du roi et dit tout haut qu'il était dangereux de faire parler si
longtemps monsieur l'amiral, et que c'était assez pour lui donner
la fièvre, dont sur toute chose il se fallait garder en pareil cas.
Le roi, après un peu d'hésitation, se laissa emmener, mais après
avoir adjoint à la commission d'enquête, selon le vœu de Coligni,
le maître des requêtes Cavaignes et deux autres protestants [3].

Catherine et Anjou, pendant le retour de la rue de Béthisi au

1. *Mém. de l'Estat de France*, t. I, fos 197-200.
2. *Mém. de l'Estat de France*, fos 200-202. — *Le Réveille-matin des François; Archives curieuses*, t. VII. p. 178.
3. *Discours du roi Henri III*, etc.; ap. *Mém. d'Estat* de Villeroi, t. II, p. 56 et suiv. — *Vita Gaspardi Colinii*, p. 114.

Louvre, pressèrent le roi à plusieurs reprises de leur répéter le « discours secret » de l'amiral ; Charles se tut d'abord, puis éclata « en jurant par la mort Dieu » que ce que lui disait l'amiral était vrai : « La puissance et maniement d'affaires de tout l'État s'est « finement écoulée entre vos mains ; mais cette superintendance « et autorité me peut être quelque jour grandement préjudiciable « et à tout mon royaume, et je la dois tenir pour suspecte et y « prendre garde ; voilà ce dont il m'a bien voulu avertir, comme « l'un de mes meilleurs et plus fidèles sujets et serviteurs, avant « que mourir. Eh bien, mort Dieu, puisque vous l'avez voulu « savoir, c'est là ce que me disoit l'amiral [1] ».

Catherine et Anjou rentrèrent consternés : « nous demeurâmes », dit Anjou, « si dépourvus de conseil et d'entendement, que, ne pouvant rien résoudre à propos pour cette heure-là, nous nous retirâmes, remettant la partie au lendemain ». Ils dépêchèrent au roi, en attendant, le comte de Retz, Gondi, l'homme qui savait le mieux manier ce fougueux et mobile esprit, pour tâcher de le « rapaiser ». Retz le troubla, l'ébranla, mais, quoi qu'en ait écrit Tavannes, n'obtint rien.

L'attitude du roi demeura la même vis-à-vis des huguenots : Charles IX fit entendre de grandes menaces contre les Guises, que les informations recueillies par les commissaires compromettaient de plus en plus ; ordre fut donné d'arrêter quelques serviteurs de leur maison. Dans la matinée du samedi 23, les ducs de Guise et d'Aumale s'en vinrent trouver le roi et lui dirent « qu'il leur sembloit que Sa Majesté n'avoit point leur service à gré depuis assez longtemps... » qu'ils se retireraient de la cour si leur retraite lui était agréable. Le roi, « avec un mauvais visage et des paroles pires », leur répondit qu'ils s'en allassent où ils voudraient et qu'il les aurait toujours bien, s'ils étaient reconnus coupables de ce qui avait été fait à l'amiral. Ils sortirent du Louvre vers midi, montèrent à cheval bien accompagnés et se dirigèrent du côté de la porte Saint-Antoine ; mais ils ne sortirent pas de Paris et s'enfermèrent dans l'hôtel de Guise [2].

---

1. *Discours du roi Henri III*, etc.
2. *Mém. de l'Estat de France*, t. I, f⁰ 203. — L'hôtel de Guise est aujourd'hui l'hôtel des Archives, rue du Chaume, quartier du Temple.

Le roi, sur ces entrefaites, donnait aux réformés de nouvelles marques d'intérêt: il faisait prendre la liste générale des protestants qui se trouvaient à Paris; il offrait des logements à la noblesse huguenote autour de l'amiral; il invitait le roi de Navarre et le prince de Condé à faire coucher leurs amis au Louvre. La sécurité des princes protestants, de Téligni et de presque tout ce qui entourait l'amiral, était entière : le vidame de Chartres (Ferrières-Maligni) essaya par deux fois de les décider à quitter Paris; ses avis furent repoussés avec impatience. Ambroise Paré répondait de la vie du blessé, et ce grand crime manqué semblait promettre la perte de ses auteurs. La plupart des huguenots s'amusaient à de vaines clameurs contre les Lorrains, passant et repassant « à grandes troupes, cuirassés, devant le logis de MM. de Guise et d'Aumale », mais ils ne prirent aucunes précautions pour la nuit; se fiant sur la protection d'un détachement de la garde du roi et sur la tranquillité de la première nuit qui avait suivi la blessure de l'amiral.[1]

Dans l'après-midi, la reine mère et le duc d'Anjou mandèrent au jardin des Tuileries, chez Catherine, le comte de Retz, le chancelier Birague, le maréchal de Tavannes et le duc de Nevers. Des quatre conseillers qui aidèrent la veuve et les fils de Henri II à souiller nos annales d'une tache ineffaçable, trois étaient étrangers à la France. Ils arrêtèrent leur plan, puis allèrent, tous les six, trouver le roi dans son cabinet, au Louvre. Heure fatale, qui décida pour Charles IX de la gloire avec Coligni ou de la honte éternelle avec Catherine, du rachat de sa jeunesse égarée ou de sa damnation dans l'histoire. La destinée de la France était suspendue à un mot, à un geste d'une tête faible, d'un esprit sans boussole et sans frein, presque d'un insensé. Et le malheureux était seul, abandonné, au milieu de ces démons!

Nous avons le récit de ce conseil infernal, dicté par celui des complices qui fut Henri III[2]. Quelques autres écrits du temps complètent à peu près la lumière. Nous voyons cette mère impie distiller avec art le poison dans l'âme frémissante de son fils et

1. Tavannes, p. 386.
2. Comparer avec Tavannes et la reine Marguerite, qui intervertissent les faits, mais qui donnent des détails importants.

fermer autour de lui toute autre issue que celle du crime. « Les huguenots arment partout, lui dit-elle, non pour vous servir, mais pour se faire vos maîtres; l'amiral mande 6,000 reîtres et 10,000 Suisses; à l'intérieur, les chefs ont intelligence avec nombre de villes, communautés et peuples, tous d'accord pour mettre à néant votre autorité sous prétexte du bien public. Les catholiques, d'autre part, sont résolus d'en finir. Si vous ne voulez de leur conseil, ils ont arrêté d'élire un capitaine général et de faire ligue offensive et défensive contre les huguenots. Vous resterez seul entre les deux. Déjà Paris est sous les armes. — Comment cela? j'avais défendu qu'on s'armât dans les quartiers! — Les quartiers sont armés ».

Les démonstrations des huguenots et le bruit répandu par Anjou et par les Guises que le maréchal de Montmorenci, retourné pour quelques jours à son château de Chantilli après les noces, allait rentrer « à grand force » dans Paris [1] avaient en effet surexcité les masses et mis la milice bourgeoise sur pied.

La peur commença de gagner le roi. Anjou et autres appuyèrent ardemment Catherine. Elle continua. « Un seul homme est le chef et auteur de toutes les ruines et calamités : l'amiral joue le roi, fait de lui l'instrument de ses ambitions et de son parti, pousse l'État à sa perte en prétendant l'agrandir ! Que le roi ait mémoire de l'entreprise d'Amboise contre son frère, de celle de Meaux contre lui-même, lorsqu'il se vit contraint de fuir devant ses sujets révoltés ! »

Le souvenir de Meaux, Catherine le savait trop, faisait toujours sur l'orgueil de Charles IX l'impression du fer rouge sur une blessure.

« Les huguenots, reprit-elle, demandent vengeance sur les Guises. Eh bien! vous ne pouvez sacrifier les Guises; car ils se disculperont en accusant votre mère et votre frère!... et ils nous accuseront à juste titre... C'est nous qui avons frappé l'amiral pour sauver le roi [2]! Il faut que le roi achève l'œuvre, ou lui et nous sommes perdus ! »

1. *Réveille-matin des François*, p. 57.
2. Suivant la reine Marguerite, Retz aurait fait l'aveu, et non Catherine elle-même.

Charles IX fut comme pris de vertige. Il eut un accès de colère aveugle et folle contre tous et contre tout ; sa seule idée nette était qu'il ne voulait pas « qu'on touchât à l'amiral ; » puis, s'affaissant dans un morne abattement, il conjura tous ces sinistres conseillers de chercher quelque autre moyen de salut.

Tavannes, Birague, Nevers insistèrent sur la mort de l'amiral et des principaux chefs. Retz, s'il en faut croire Anjou[1], s'opposa, contre toute attente, à l'exécution d'un dessein qu'il avait, plus que personne, contribué à préparer. Était-ce peur, était-ce réveil de la conscience chez cet homme si corrompu ? « Vous allez déshonorer le roi et la nation françoise ;... vous allez retomber aux guerres civiles, et vous ne pourrez plus parler de paix ! Vous allez rappeler les armes étrangères et tant de calamités et ruines dont nous ni peut-être nos enfants ne verrons jamais le bout ».

Il y eut un moment de stupeur parmi les conjurés. L'homme qui avait perdu la jeunesse de Charles IX lui tendait la planche de salut ! Le roi allait échapper !

Ils reprirent leurs esprits et firent tous ensemble un effort désespéré. « Il est trop tard ! Les Guises vont dénoncer le roi même avec sa mère et son frère ! Les huguenots ne croiront pas à l'innocence du roi. Ils vont entreprendre contre toute la maison royale ! La guerre est infaillible ! Mieux vaut gagner une bataille dans Paris, où nous tenons tous les chefs, que la mettre en doute en la campagne ! »

Retz se tut. Le roi luttait depuis plus d'une heure et demie : « Mais mon honneur !... mais mes amis ! l'amiral !... La Rochefoucauld !... Téligni... » Catherine le vit haletant, épuisé : « Sire, vous refusez... donnez-nous permission, à moi et à votre frère, de prendre congé de vous, de partir[2]... »

Il comprit que Catherine et Anjou n'iraient pas loin et que le « capitaine général » des catholiques était tout trouvé. Il frémit.

« Sire, est-ce par peur des huguenots que vous refusez ?... »

---

1. *Discours du roi Henri troisiesme.* Jean de Tavannes et la reine Marguerite disent le contraire ; mais ni l'un ni l'autre n'étaient au conseil, et l'on ne voit pas pourquoi le duc d'Anjou aurait menti sur ce point.

2. S. Cavalli ; *Relatione di* 1574 (relation vénitienne inédite) ; ap. L. Ranke, *Hist. de France*, l. IV, c. III. — *Mém.* de la reine Marguerite.

Il se releva : il bondit, ivre et furieux : « Par la mort Dieu, puisque vous trouvez bon qu'on tue l'amiral, je le veux, mais aussi tous les huguenots de France, afin qu'il n'en demeure pas un qui me le puisse reprocher après. Par la mort Dieu, donnez-y ordre promptement!... »

Et il sortit comme un frénétique.

Catherine l'emportait. La race des Valois était dévouée aux furies!

Les conjurés passèrent le reste du jour, le soir et une grande partie de la nuit à préparer l'entreprise[1]. Le roi sorti, ils avaient débattu les têtes à proscrire. Frappera-t-on les princes? — Henri de Navarre, roi et beau-frère du roi! On recula. — Henri de Condé, le fils du mort de Jarnac? Le duc de Nevers, dont il venait d'épouser la belle-sœur, eut, dit-on, grand'peine à obtenir sa vie. Catherine comprit que tuer les Bourbons, c'était rendre les Guises trop forts. — Frappera-t-on les amis des huguenots, les Montmorencis? Retz, bientôt revenu de ses scrupules, le conseillait : Tavannes s'y opposa. On ne tenait pas le chef de la maison, qui était à Chantilli ; tuer les cadets en l'absence de l'aîné, c'était rendre un chef à la guerre civile [2].

On convint donc de ne tuer que les huguenots. Tous les huguenots? comme l'avait crié le roi en démence. Catherine prétendit depuis n'avoir « sur la conscience que le sang de cinq ou six [3] ». Hypocrisie! elle ne tenait qu'à la mort de ces cinq ou six, mais elle prévit et accepta la mort de tous les autres. Au point où en étaient les choses, il ne s'agissait plus d'assassinats isolés, mais de massacre, du massacre, tout au moins, de la noblesse venue avec les princes et l'amiral.

Dans la soirée, Catherine et Anjou mandèrent les duc de Guise, d'Aumale, de Montpensier et le bâtard d'Angoulême, fils naturel de Henri II. On se distribua les meurtres, « faisant un département des quartiers de la ville [4] : » aux Guises, l'amiral et la noblesse

---

1. *Discours du roi Henri troisiesme.*
2. *Mém.* de Tavannes, p. 386; — D'Aubigné, *Hist. univ.*, t. II, p. 16.
3. De Serres, *De statu religionis et reipublicæ*, t. IV, f° 33. — Brantôme; *Dames illustres ; Catherine de Médicis.*
4 *Discours du roi Henri troisiesme.* On avait la liste des huguenots et de leurs logis.

logée alentour dans le quartier de Saint-Germain-l'Auxerrois; à Montpensier, les gentilshommes de la suite de ses cousins, dans le Louvre même ¹. Un peu plus tard fut appelé le prévôt des marchands; c'était un président en la cour des aides, nommé Le Charron; on le mena chez le roi, et Charles IX, répétant docilement la leçon de sa mère, déclara au prévôt « avoir été « averti que ceux de la nouvelle religion se vouloient élever, par « conspiration, contre Sa Majesté et son État, et troubler le « repos de ses sujets et de la ville de Paris »; qu'il y voulait pourvoir et donner ordre pour sa sûreté et celle de ses sujets. « Pour prévenir lesdites conspirations », le roi enjoignit au prévôt de se saisir des clefs de toutes les portes de la ville, de faire retirer et enchaîner tous les bateaux, afin que personne ne pût entrer ni sortir; de faire mettre en armes tous les capitaines, lieutenants, enseignes et bourgeois des quartiers et dizaines « et les faire tenir « prêts par les cantons et carrefours de ladite ville, pour recevoir « et exécuter les commandements de Sa Majesté.... et aussi de « faire tenir l'artillerie de la ville prête pour la défense de l'Hôtel- « de-Ville et pour porter et mener où besoin seroit ». Il donna encore au prévôt « plusieurs autres commandements », tant pour lui en particulier que pour les échevins et le corps de ville ². Le prévôt fut saisi d'horreur quand il comprit ce qu'on exigeait de lui; il se récria, il parla de sa conscience, il protesta contre l'énormité d'un tel acte, et ne céda que devant des menaces de mort ³. Ses ordres, cependant, ne furent envoyés que le lendemain matin, quand l'œuvre de sang était déjà commencée, et l'autorité régulière de l'Hôtel-de-Ville n'eut point de part au grand forfait ⁴.

On s'était mis en mesure de se passer d'elle : le prédécesseur de Le Charron, l'ex-prévôt Marcel, affidé de la reine mère, avait

---

1. Relation d'Olargui, secrétaire de l'ambassade d'Espagne; ap. Gachard, *Bulletin de l'Académie de Bruxelles*, XVI, 252.
2. *Regist. de l'Hôtel-de-Ville*; ap. *Archives curieuses*, t. VII, p. 213-215. — Il y avait seize quartiers, que commandaient seize colonels élus par les capitaines et notables des quartiers; les quartiers se subdivisaient en cinquantaines et en dizaines.
3. Brantôme, *Vie de M. de Tavannes*. Tavannes menaça le prévôt et le fit menacer par le roi d'être pendu.
4. *Archives curieuses*, t. VII, p. 213-215.

été chargé de réunir extraordinairement à l'Hôtel-de-Ville les « plus factieux », suivant les propres termes du duc d'Anjou, entre les capitaines de quartiers et les meneurs des confréries. Marcel leur annonça que le roi avait résolu d'exterminer tous les séditieux qui, les années précédentes, avaient pris les armes contre lui et qui, en ce moment même, renouvelaient leurs criminelles entreprises. « Leurs princes et capitaines étant comme « en prison dans l'enclos de la ville de Paris, on commencera par « eux cette nuit-là; quant aux autres, le roi donnera ordre qu'on « leur fasse pareil traitement en chaque province; le signal sera « à l'*horloge* du Palais [1], qu'on sonnera au point du jour ». Les bons catholiques se reconnaîtront à un mouchoir blanc au bras gauche et à une croix blanche au chapeau [2].

Il n'est que trop facile de comprendre l'effet de ces paroles de sang tombant du haut du trône dans des esprits ulcérés par dix ans de guerre civile et faussés par les maximes perverses qui avaient envahi la chaire et le confessionnal. Les passions populaires, à grand'peine contenues depuis l'entrée des huguenots dans Paris, répondirent à l'appel de la royauté. La harangue de Marcel fut accueillie avec une joie sombre par les meneurs de quartiers, qui coururent éveiller leurs affidés. Les zélés s'armèrent et la ville commença de s'illuminer dans un farouche silence.

La nuit avançait : plusieurs seigneurs protestants avaient assisté au coucher du roi; Charles IX, qui s'était pris d'affection pour La Rochefoucauld, brave guerrier et joyeux compagnon, essaya de le retenir et de le faire coucher parmi les gentilshommes de sa chambre; La Rochefoucauld s'excusa; le roi le laissa partir. Une scène semblable se passait au coucher de la reine mère; mais, là, c'était de la propre fille de Catherine qu'il s'agissait et c'était Catherine elle-même, au contraire, qui l'obligeait à sortir! Comme la reine de Navarre prenait congé pour se retirer dans l'appartement de son mari, sa sœur la duchesse de Lorraine, tout en larmes, l'arrêta par le bras en disant : « Mon Dieu, ma sœur, n'y allez pas! » Catherine appela

---

1. Du Palais de Justice.
2. *Mém. de l'Estat de France*, f° 206, v°.

la duchesse, se courrouça fort contre elle et lui défendit de rien dire à Marguerite. « Vous l'envoyez sacrifier, s'écria la duchesse; s'ils découvrent quelque chose, ils se vengeront sur elle. — Quoi qu'il advienne, il faut qu'elle y aille, de peur de leur faire soupçonner quelque chose [1] ».

Vers minuit, les troupes prirent les armes dans le Louvre et autour du Louvre. Les douze cents arquebusiers du régiment des gardes furent distribués en partie le long de la rivière, en partie dans les rues et autour du logis de l'amiral, déjà gardé par cinquante hommes de ce corps que le roi avait envoyés dans une autre intention! Les Suisses catholiques et quelques enseignes françaises furent chargés de garder le Louvre. Le duc de Guise réunit les capitaines français et suisses et leur signifia « l'intention du roi ». Guise devait commencer, au point du jour, par le meurtre de l'amiral. Un peu avant le jour, le roi, la reine mère et le duc d'Anjou allèrent au portail du Louvre qui donnait du côté de Saint-Germain-l'Auxerrois « pour voir le commencement de l'exécution[2] ». On a dit que Charles IX avait eu là un dernier retour et disputé une dernière fois son âme aux deux démons qui l'entraînaient. Catherine aurait en toute hâte, pour l'empêcher de se dédire, envoyé sonner la cloche la plus voisine, celle de Saint-Germain-l'Auxerrois, au lieu de la cloche du Palais[3]. Le complice de Catherine, le duc d'Anjou, fait un tout autre récit. Suivant Anjou, comme son frère, sa mère et lui considéraient avec anxiété « les événements et la conséquence d'une si grande entreprise », un coup de pistolet se fit soudain entendre. Cette faible détonation, au milieu du silence qui régnait encore, eut quelque chose de si solennel et de si terrible que le roi, le duc d'Anjou et Catherine elle-même en furent tout éperdus et saisis d'effroi; s'il en faut croire Anjou, ils envoyèrent en toute diligence un gentilhomme vers M. de Guise, pour lui commander « de ne rien entreprendre sur l'amiral, ce seul commandement faisant cesser tout le reste;

---

1. *Mém.* de la reine Marguerite, p. 32. *V.* les détails donnés par Marguerite sur les horribles scènes qui se passèrent dans son appartement et sur les dangers qu'elle courut. — Il n'y a rien qui révèle plus à fond Catherine, cette « bonne mère » si vantée de MM. Alberi et Charrière, qui ont pris son masque pour son visage.
2. *Discours du roi Henri troisiesme.*
3. *Mém. de l'Estat de France*, p. 285-288.

« mais, tôt après », poursuit Anjou, « le gentilhomme, retournant, nous dit « que le commandement étoit venu trop tard !... Nous laissâmes « suivre le fil et le cours de l'entreprise [1] ». Un immense tumulte de hurlements, de cloches et d'arquebusades annonça que les « Matines de Paris » étaient commencées.

L'amiral, qui veillait entre son chirurgien, le grand Ambroise Paré, et son ministre Merlin, avait cru, aux premières rumeurs, que c'était une émeute suscitée par les Guises, et qui s'apaiserait à la vue des gardes du roi postés dans les deux maisons voisines de la sienne ; mais, lorsqu'il eut entendu le bruit des soldats se ruant en foule dans son logis qu'on leur avait ouvert sans défiance, lorsque retentirent les coups de feu tirés par les arquebusiers sur ses serviteurs et sur quelques Suisses protestants envoyés par le roi de Navarre, Coligni comprit enfin : il se leva : « Monsieur Merlin, dit-il, faites-moi la prière ! » et il ajouta : « je remets mon âme au Sauveur ! » En ce moment, un de ses gentilshommes, Cornaton, dont on a la relation, entra dans sa chambre : « Mon-« seigneur, c'est Dieu qui nous appelle ! — Il y a longtemps que « je me suis disposé à mourir. Vous autres, sauvez-vous, s'il est « possible ». Ses gens lui obéirent ; un seul, un Allemand, ne voulut point le quitter : les autres essayèrent de s'enfuir par les toits ; plusieurs furent atteints et massacrés dans la maison voisine ; le ministre Merlin et Cornaton s'échappèrent. Pendant ce temps, Cosseins, le capitaine aux gardes à qui le roi avait confié la protection de l'amiral et qui était des affidés du duc d'Anjou, enfonçait la porte de la chambre et s'y précipitait, avec l'Allemand Besme [2], familier du duc de Guise, le capitaine gascon Sarlabous, huguenot renié, et quelques autres.

A l'aspect de l'auguste vieillard « aussi peu troublé de la mort que s'il n'y eût eu bruit quelconque », les assassins français s'arrêtèrent : l'étranger avança : « N'es-tu pas l'amiral ? cria Besme. « — C'est moi, répondit Coligni ; jeune homme, tu devrois avoir

---

1. *Discours du roi Henri troisiesme.* L'incident du contre-ordre est peut-être une invention de Henri III pour diminuer l'horreur de son rôle. Tavannes dit aussi que Catherine eut peur au dernier moment.

2. Le Boësme, le Bohême ; son vrai nom était Dianowitz. C'était un Allemand d'origine slave.

« égard à ma vieillesse et à mon infirmité; toutefois fais ce que
« tu voudras; aussi bien ne feras-tu ma vie plus brève ![1] » Besme
lui plongea un épieu dans la poitrine en blasphémant, puis
« rechargea » sur la tête : tous les autres s'élancèrent alors sur la
victime qui tomba percée de mille coups.

« Besme », cria le duc de Guise, qui était resté dans la cour
avec son oncle d'Aumale et le bâtard d'Angoulême, « Besme, as-tu
« achevé? — C'est fait, dit-il. — Jette-le donc par la fenêtre que
« nous le voyions de nos yeux ».

Besme et Sarlabous jetèrent le mourant sur le pavé : le bâtard
de Henri II essuya la face sanglante pour la reconnaître et lui
lança un coup de pied [2]. Guise, à son tour, dit-on, frappa du
pied le martyr au visage. Un serviteur italien du duc de Nevers
coupa la tête de Coligni pour l'envoyer à Rome.

« Courage, soldats, s'écria le bâtard, nous avons heureuse-
« ment commencé : allons aux autres; le roi le commande ; c'est
« la volonté du roi ! » Et ils volèrent à de nouveaux meurtres,
tandis que la populace, accourue de toutes parts, s'acharnait sur
le cadavre décapité et le traînait en hurlant par les rues.

Au son de la cloche du Palais, qui répondait au bourdon de
Saint-Germain-l'Auxerrois, les bandes des zélés s'étaient mises en
mouvement dans tous les quartiers : elles furent guidées au carnage par les gardes du roi et par la noblesse du parti de Guise et
d'Anjou. Les Guises, le bâtard, Nevers, Montpensier, criaient que
les huguenots avaient voulu assaillir le roi dans son Louvre;
qu'ils avaient tué plusieurs de ses gardes; qu'on ne leur fît point
de quartier. « Saignez ! saignez ! » répétait Tavannes; « la saignée
« est aussi bonne en ce mois d'août comme en mai [3] ! » On égorgea sans rémission toute cette noblesse protestante que le roi
avait agglomérée dans le voisinage de l'amiral, pour aider à

1. Est-ce une allusion à la prédestination?
2. Ce bâtard, au rapport de l'ambassadeur d'Espagne Alava, avait affecté d'être
grand ami des Montmorencis et de l'amiral, au temps où Coligni avait la faveur du
roi. —Sur la mort de Coligni, V. Mém. de l'Estat de France, fos 207-209. — D'Aubigné,
col. 543. — De Thou, t. III, p. 129-130. — Davila, t. I, p. 326-327; et surtout le tragique tableau de M. Michelet, qui a tout résumé. Les Guises récompensèrent Besme
en le mariant à une de leurs parentes, une fille naturelle du cardinal de Lorraine !
V. R. de Bouillé, Hist. des ducs de Guise, t. II, p. 504.
3. Brantôme, Vie du maréchal de Tavannes.

défendre Coligni, et qu'il livrait maintenant aux bourreaux après Coligni même. La Rochefoucauld, avec qui Charles IX avait badiné jusqu'à onze heures du soir, entend tout à coup frapper à sa porte au nom du roi : on ouvre ; six hommes masqués entrent ; il croit que c'est le roi en personne qui le vient « fouetter par jeu » et prie qu'on le traite doucement : un des masques, c'était un valet de chambre du duc d'Anjou, lui enfonce un poignard dans le sein. Le gendre de l'amiral, Téligni, s'était réfugié sur un toit : la douceur de son caractère, son esprit, sa bonne grâce, lui avaient gagné tous les cœurs ; les courtisans qui le découvrirent n'eurent pas le courage de le frapper ; les gardes du duc d'Anjou l'arquebusèrent : la palme de la scélératesse appartint, dans cette horrible journée, aux gens des ducs d'Anjou et de Montpensier. Ce furent encore les gardes d'Anjou qui égorgèrent le seigneur de La Force et l'un de ses fils : tout le monde connaît la touchante histoire de l'autre fils, enfant de douze ans, qui resta toute la journée caché sous les cadavres de son père et de son frère aîné, contrefaisant le mort, jusqu'à ce qu'entendant, vers le soir, un homme du peuple détester à demi-voix la barbarie des meurtriers, il se découvrit à cet artisan, qui le sauva. Francourt, chancelier du roi de Navarre, Groslot, bailli d'Orléans, et la plupart de ces capitaines huguenots qu'on montrait aux Parisiens conspirant contre la vie du roi, furent surpris à demi nus et massacrés dans leurs lits, dans les « retraits », sur les toits. Ils ne purent ni concerter leur défense ni vendre chèrement leur vie.

Le massacre eut un caractère plus hideux encore dans l'intérieur du Louvre : le seigneur d'O, mestre de camp du régiment des gardes, fit appeler à tour de rôle les serviteurs du roi de Navarre et du prince de Condé et les gentilshommes que le roi lui-même avait invités à coucher dans les appartements de ces deux princes : à mesure qu'ils descendaient dans la cour, on leur ôtait leurs épées et on les livrait aux Suisses, qui les attendaient sous le vestibule. Ils furent mis en pièces sous les yeux du roi, dont ils réclamaient la foi à grands cris. Catherine et Anjou avaient traîné le roi à la fenêtre pour bien constater sa complicité. Là moururent l'héroïque Pardaillan et ce brave Clermont de Piles, qui avait enlevé naguère aux catholiques le fruit de la victoire de Moncontour par sa belle défense de Saint-Jean-d'Angéli. « Il lança au balcon du roi un cri foudroyant, le sommant de sa parole [1] ». Charles IX se tut! Le vieux Brion, gouverneur du petit marquis de Conti, frère du prince de Condé, fut massacré entre les bras de son élève, qui implorait vainement les bourreaux. Quelques gentilshommes rentrèrent en fuyant dans le Louvre; on les tua jusque dans les appartements des princesses. Un d'eux, déjà blessé et tout sanglant, se jeta sur le lit de la reine de Navarre et la saisit à bras-le-corps, comme pour s'en faire un bouclier contre les assassins qui le poursuivaient. Marguerite obtint sa grâce. Le roi « pardonna » à quelques seigneurs « qui passoient pour n'avoir que peu ou point de religion » et qui promirent de se faire catholiques.

Le roi de Navarre et le prince de Condé, tandis qu'on immolait leurs amis, leurs gardes, leurs domestiques, avaient été mandés par le roi : Charles leur déclara avec violence que tout ce qu'ils voyaient était fait par son ordre; « Je ne veux plus qu'une religion « dans mon royaume; la messe ou la mort? choisissez [2]! » Henri de Navarre, frappé de stupeur, rappela humblement au roi ses promesses et le pria de ne pas forcer sa conscience. Condé montra plus de fermeté; il répondit qu'il ne pouvait croire que le roi manquât à des serments sacrés; que, pour lui, il demeurerait ferme en la vraie religion, « quand il y devroit laisser la vie ». Le roi furieux le menaça de lui faire trancher la tête, s'il ne se ravisait sous trois jours.

Le carnage cependant s'étendait des environs du Louvre et de Saint-Germain-l'Auxerrois dans tout le reste de la ville. Les courtisans et les soldats avaient fait la principale « exécution » sur ces gentilshommes protestants avec lesquels ils jouaient et banquetaient la veille : des nobles, on passa aux magistrats, aux bourgeois, aux artisans accusés d'hérésie. Chacun dénonçait son voisin, son ennemi, ou le parent dont il devait hériter. Les chefs des massacreurs populaires, l'orfèvre Crucé, le boucher Pezou, le libraire Kærver, jaloux d'égaler les exploits des « princes catholiques », allaient de quartier en quartier, enfonçant les

---

1. Michelet, *Guerres de Religion*, p. 453. Tout ce chapitre est admirable.
2. Tavannes, p. 388. — D'Aubigné, t. II, p. 19.

portes des maisons suspectes de recéler des huguenots. Les uns étaient tués sur la place, après avoir donné tout ce qu'ils possédaient pour racheter leur vie ; les autres étaient traînés vers les prisons ; mais la plupart n'y arrivaient pas ; ils étaient poignardés en chemin ou jetés à l'eau. Qu'on se représente, disent les écrivains du temps, les rues pavées de cadavres sanglants, les portes obstruées par les mourants et par les morts, l'effroyable tempête formée de tant de bruits divers, les huées et les blasphèmes des meurtriers, les pitoyables cris des victimes, les détonations continuelles des arquebuses et des pistolets, le fracas des portes et des fenêtres brisées, les corps « détranchés » tombant des fenêtres ou traînés par les boues « avec des hurlements et sifflements étranges », les chariots encombrés de butin qu'emmenaient les massacreurs, les charrettes pleines de cadavres qu'on allait décharger à la rivière, où se venaient jeter de toutes parts de longs ruisseaux de sang ! Épouvantable spectacle qu'offrait le parti le plus fort se ruant sur le plus faible, pour lui arracher, non le pouvoir, mais la vie ; pour l'exterminer, non pour le vaincre ! Spectacle monstrueux dans son ensemble, plus exécrable dans ses détails. Ici ce sont des femmes grosses qu'on éventre ; là, des enfants de dix ans qui traînent et étranglent des enfants au berceau ; plus loin, des misérables qui ajoutent le viol au meurtre et au pillage. Le fanatisme n'est plus qu'un prétexte au débordement de tous les instincts de bête féroce qui se réveillent au sein d'une civilisation corrompue. Les courtisans « raffinés » du Louvre et les « truands » des Cours des Miracles fraternisent dans le vol et l'assassinat. Les princes et le roi même lèvent la dîme sur le « saccagement » des riches lapidaires huguenots ; les seigneurs de la cour terminent leurs procès à coups de poignard ; Bussi d'Amboise tue son cousin, le marquis de Resnel (de la maison de Croï), pour décider d'un héritage débattu entre eux ; l'intendant du duc de Montpensier, La Pataudière, assassine le général des finances de Poitou pour avoir sa place : le prévôt des maréchaux, Tanchou, emprisonne le secrétaire du roi Loménie, le force à céder à vil prix sa terre de Versailles au comte de Retz, et le tue après. Bon nombre de catholiques, et jusqu'à des gens d'église, furent massacrés pour de semblables motifs. Le jour de Saint-

Barthélemi coûta vraisemblablement la vie à deux mille victimes de tout âge et de tout sexe [1]. Entre tant de malheureux dont un si grand nombre s'étaient illustrés dans les combats, un seul sut faire payer cher sa tête aux bourreaux : c'était un homme de robe, appelé Taverni, lieutenant de la maréchaussée : enfermé chez lui avec un domestique, Taverni arquebusa, durant plusieurs heures, à bout portant, les furieux qui attaquaient sa maison; il fallut que les gardes du roi vinssent au secours des assaillants : Taverni mourut l'épée au poing, entouré des cadavres de ses ennemis [2].

Le « filet de mort » ne prit pourtant pas toute la proie. Beaucoup de gentilshommes, parmi lesquels Montgommeri et le vidame de Chartres, qui avait fait tant d'efforts pour décider ses amis à quitter la capitale, étaient logés hors les murs, dans le faubourg Saint-Germain, berceau de l'église réformée de Paris. L'ex-prévôt Marcel s'était chargé de lâcher sur eux un millier de ses gens de quartiers et de confréries. Les hommes de Marcel s'amusèrent en route à piller et ne franchirent pas la porte de la ville. Les huguenots du faubourg, éveillés au tumulte de Paris, crurent, comme d'abord Coligni, que c'était une émeute des Guises : ils voulurent aller au secours du roi ! ils coururent à la rivière. Comme ils s'étonnaient de voir tous les bateaux retirés

---

1. Les *Mém. de l'Estat de France*, le *Martyrologe protestant* de Crespin, le *Réveille-matin des François* et l'historien catholique Davila élèvent le nombre des morts au moins à dix mille; Brantôme dit plus de quatre mille; Capilupi, d'Aubigné, Adriani, trois mille; de Thou, Tavannes et le *Tocsin contre les massacreurs*, environ deux mille; La Popelinière, mille seulement. Le chiffre de deux mille dans la première journée nous paraît le plus vraisemblable. Il pouvait y avoir à Paris environ douze cents gentilshommes huguenots, dont la moitié peut-être périrent, avec bon nombre de leurs domestiques. Quant aux bourgeois et artisans de « la religion », ils n'étaient pas très-nombreux : les persécutions qui les avaient si souvent assaillis depuis 1562, et la privation de tout exercice de leur culte, avaient décidé une foule de protestants à quitter la capitale, et la paix de 1570 ne les avait certainement pas ramenés tous. *V.* les détails et la longue liste des morts dans les *Mém. de l'Estat de France*, fos 209-226. — D'Aubigné, 546-552. — De Thou, t. III, l. LII, p. 130-136. — Davila, t. I, p. 327-329. — *Histoire des cinq Rois* (par J. de Serres), p. 433-434. — *Mém.* de Saint-Auban, anc. collect., t. LXI, p. 19-21. — *Mém.* de la reine Marguerite, p. 33-35. — *Vie de du Plessis-Mornai*, p. 10. — La Popelinière, t. II, fº 65. — *Mercure de France* de novembre 1765, sur l'anecdote du jeune Caumont de La Force. — *OEconomies royales* (*Mém.* de Sulli), collect. Michaud, 2ᵉ série, t. II, p. 14-15. — *Mém.* de Mergéi, anc. collect., t. XLI, p. 87-98.
2. Pasquier, l. v; let. 2.

sur la rive droite, voici que des Suisses, des arquebusiers de la garde, des courtisans, montèrent sur les bateaux et « vinrent à eux, criant : tue ! tue ! et leur tirant arquebusades à la vue du roi, qui étoit aux fenêtres de sa chambre... On dit que le roi, prenant une arquebuse de chasse entre ses mains, en reniant Dieu, dit : — Tirons, mort Dieu ! ils s'enfuient [1] ».

Ils fuyaient, en effet, l'épouvante et la rage au cœur; « qui à pied, qui à cheval », ils gagnèrent les champs. Les chefs des « tueurs », avertis que la bande de Marcel n'avait pas fait son office, avaient, durant ce temps, couru à la porte de Bussi, par laquelle on sortait dans le faubourg : une clé prise pour une autre les retarda : Guise, Aumale, le bâtard d'Angoulême poursuivirent les cavaliers fugitifs jusqu'à Montfort-L'Amauri, mais ne purent les atteindre. Les échappés de la mort vécurent pour la vengeance ! Le roi, cependant, enivré de la vapeur du sang, brûlé d'une fièvre de meurtre, semblait moins un homme qu'une bête de proie : le crime, où s'épanouissaient sa mère et son frère, le rendait fou. Il « crioit « incessamment : Tuez ! tuez ! et ne voulut sauver aucun hugue- « not, sinon maître Ambroise Paré, son premier chirurgien [2],

---

1. *Mémoires de l'Estat de France*, f° 212, v°; *Réveille-matin des François*, ap. *Archives curieuses*, t. VII, p. 187; d'Aubigné, col. 551. Brantôme (*Vie de Charles IX*) assure que le roi « tira tout plein de coups, mais en vain, car l'arquebuse ne portoit si loin ». La tradition populaire veut que Charles ait tiré du balcon du rez-de-chaussée, que l'on voit à l'extrémité méridionale de l'aile du Louvre construite sous son règne par Jean Bullant, à l'angle sud des constructions de Pierre Lescot, près de la rivière. V. sur l'état du Louvre à cette époque, la première partie de l'ouvrage d'Androuet du Cerceau, publié en 1576, et le plan donné par M. Auguste Bernard (*Procès-verbal des États Généraux de 1593*; imprimerie royale; 1842). Brantôme et les écrivains protestants cités plus haut ne parlent pas du balcon, qui n'existait pas encore; ils disent que Charles tira de la fenêtre de sa chambre. Si c'est la chambre à coucher du roi qu'ils désignent, elle n'était pas dans cette aile, mais dans la partie des bâtiments de Pierre Lescot qui donnait sur la Seine, et qui est aujourd'hui masquée par les bâtiments de Perrault.

2. Brantôme, *Vie de Charles IX*. — Nous avons vu qu'il y eut quelques autres exceptions. — M. Malgaigne, dans sa savante *Introduction* aux Œuvres de Paré (1840), a voulu établir que Paré n'était pas huguenot; mais ses inductions ne nous paraissent pas pouvoir prévaloir sur les témoignages contemporains de Brantôme et de Sulli. — Un autre protestant illustre, Bernard Palissi, dut son salut à la protection de Catherine, et peut-être à l'oubli des massacreurs. Il était alors établi au jardin des Tuileries, où Philibert Delorme élevait à Catherine un élégant palais hors des murs de la capitale. — Nous n'avons pu découvrir l'origine de la tradition suivant laquelle Jean Goujon aurait été tué d'une arquebusade sur son échafaudage, pendant qu'il travaillait à ses bas-reliefs de la cour du Louvre. Son nom ne se trouve nulle part dans

« et sa nourrice ». Fervaques, un de ses officiers, implora en vain la grâce du capitaine Moneins, son ami intime ; peu s'en fallut que Charles ne le forçât d'égorger Moneins de sa propre main. « N'ai-je pas bien joué mon jeu? s'écriait le malheureux « insensé : n'ai-je pas bien appris la leçon et le latin de mon « aïeul le roi Louis onzième? — Il prit fort grand plaisir, dit « Brantôme, à voir passer sous ses fenêtres plus de quatre mille « corps de gens tués ou noyés qui flottoient aval de la rivière [1] ».

Tout ce que recélaient de dépravation les mœurs élégantes de la cour de Catherine s'étalait à nu comme dans d'horribles bacchanales : la cour alla passer en revue les cadavres qu'on avait entassés, en façon de trophée, devant la porte du Louvre; on vit les filles d'honneur de la reine mère, et Catherine elle-même, examiner avec des remarques obscènes les corps dépouillés des gentilshommes huguenots de leur connaissance [2] !

Le paroxysme de rage qu'avait éprouvé le roi fut suivi d'une sorte d'atonie : Charles fut « troublé en son esprit », dit d'Aubigné. Vers midi, le prévôt des marchands et les échevins, qui n'avaient, il faut le répéter, pris aucune part aux « Matines de Paris », tentèrent un louable effort pour arrêter les horreurs qui donnaient à Paris entier l'aspect d'une ville prise d'assaut; ils vinrent se plaindre au roi des « pilleries, saccagements et meurtres » que commettaient « plusieurs, tant de la suite de Sa Majesté que des princes, « princesses et seigneurs de la cour, tant gentilshommes, archers, « soldats de la garde et suite, que *toute sorte de gens et peuples* « *mêlés parmi et sous leur ombre* [3] ». Le roi, revenu à lui, leur

la liste des morts. L'incertitude où nous sommes sur la fin réelle de ce grand homme n'atteste que trop la honteuse indifférence qui a longtemps régné sur l'histoire de nos arts.

1. On trouve, dans les comptes de la ville de Paris, une allocation aux fossoyeurs du cimetière des Innocents, pour avoir enterré onze cents morts arrêtés aux coudes de la rivière près de Chaillot, d'Auteuil et de Saint-Cloud. Beaucoup de cadavres avaient dû être entraînés plus loin, et tous les cadavres n'avaient pas été jetés à la rivière. — Sauval, *Antiquités de Paris*, t. III, p. 654. Nous croyons cependant que Brantôme exagère.

2. *Mém. de l'Estat de France*, f° 216. — Brantôme, *Catherine de Médicis*. — L'Estoile, p. 26.

3. Cette phrase précise la physionomie du mouvement populaire, auquel des écrivains modernes, dans des intérêts de réhabilitation paradoxale, ont voulu donner un caractère beaucoup trop spontané, en effaçant le rôle prépondérant des princes et des gens du roi.

commanda « de monter à cheval et s'accompagner de toutes les forces de la ville (les compagnies soldées) et faire cesser lesdits meurtres, pilleries et séditions, et y avoir l'œil jour et nuit ». On fit, par le commandement du roi et de la ville, plusieurs cris et proclamations à son de trompe, afin d'arrêter les séditions : ordre fut expédié aux quarteniers de faire déposer les armes à leurs gens; défense à tous soldats de la garde du roi et autres de « piller ni méfaire ès maisons, personnes et biens de ceux de la religion nouvelle [1] ». En même temps, des courriers partaient dans toutes les directions, portant aux gouverneurs des provinces et des bonnes villes et aux ambassadeurs du roi près des princes protestants des lettres où Charles annonçait que « ceux de Guise », menacés par les amis de l'amiral, qui les soupçonnaient d'être les auteurs de sa blessure, avaient excité une émeute, forcé le corps de garde donné à l'amiral pour sa sûreté, et mis à mort « ledit amiral » avec un certain nombre de gentilshommes; que le roi « avoit eu assez à faire de se tenir le plus fort en son château « du Louvre avec ses frères » durant cette « lamentable » sédition, « advenue par la querelle particulière étant depuis long-« temps entre les deux maisons de Guise et de Châtillon [2] ».

Ainsi Charles IX reniait le grand forfait auquel il venait de prendre une part si éclatante. Il y avait là autre chose que la réaction d'une âme épuisée par l'orgie du crime. Charles avait signé; mais Catherine avait dicté. Catherine, tout en écrasant les huguenots, voulait éviter de rompre avec les souverains protestants et de s'enchaîner à la politique de Rome et de l'Espagne. Son premier projet avait été de susciter entre les Guises et les chefs huguenots une lutte fatale à ces derniers, sans que le roi eût besoin d'intervenir; maintenant elle faisait parler Charles IX comme si ce projet eût réussi; elle profitait du coup en essayant de le rejeter sur les Guises. Elle avait, dit-on, tiré d'eux la promesse de sortir de Paris aussitôt après « l'exécution [3] », promesse violée d'avance et sur laquelle il eût été naïf à Catherine de compter.

1. *Registres de l'Hôtel de Ville*, ap. *Archives curieuses*, t. VII, p. 217-221.
2. *Mém. de l'Estat de France*, f⁰ˢ 213-216.
3. *Mém. de l'Estat de France*, f⁰ 228, v⁰; — le *Réveille-matin*; *Archives curieuses*, t. VII, p. 191.

Catherine tenta donc d'arrêter le carnage, mais en vain. Les hordes de fanatiques et de pillards qu'elle avait déchaînées ne se laissèrent point arracher les armes des mains; les ordres du roi et du corps de ville furent également impuissants; les officiers du roi et ses gardes, qui l'avaient entendu le matin exciter leur zèle exterminateur, étaient les premiers à désobéir à des injonctions qu'ils ne pouvaient prendre au sérieux; ceux des chefs de la bourgeoisie qui voyaient avec horreur cet épouvantable débordement n'eurent ni le pouvoir ni l'énergie de lutter contre les forcenés qui menaient la multitude au carnage. La nuit, on égorgea dans les prisons; le lendemain, le surlendemain, le massacre continua dans la ville avec une nouvelle furie. On tua, entre autres, le 25 août, le seigneur de Beauvoir, ancien gouverneur du roi de Navarre, et l'estimable historien Pierre de La Place, président en la cour des aides. Le plus illustre des martyrs de la troisième journée, et, l'on peut le dire, le plus illustre de tous les martyrs après Coligni, fut le philosophe Ramus : on l'immola, moins comme ennemi de la messe que comme ennemi d'Aristote; l'orthodoxie philosophique voulut avoir ses victimes humaines comme l'orthodoxie religieuse. Ce fut au moins le prétexte. Ramus tomba sous les coups de bandits soldés par un ignare et envieux rival, le professeur Charpentier[1]. Le roi et la

1. Nous avons omis de dire que le célèbre mémoire présenté par Ramus au roi pour la Réforme de l'Université au commencement de 1562 répondait au vœu formulé par les États Généraux d'Orléans en 1561. Ramus, que les incidents du Colloque de Poissi avaient décidé à embrasser ouvertement la Réforme, fut chassé de Paris comme tous les réformés en juillet 1562, rentra, après la paix de 1563, à son collége de Presles et au collége royal (de France), et y encourut la mortelle inimitié de Charpentier pour avoir voulu le faire exclure de la chaire de mathématiques qu'il avait *achetée* d'un démissionnaire sans savoir un seul mot de la science qu'il devait enseigner. Charpentier se maintint, grâce à la protection des jésuites et du cardinal de Lorraine, et ce fut Ramus qui dut quitter de nouveau la place devant la guerre civile. Il laissa de nobles adieux à Paris; un testament du 1er août 1568, par lequel, rivalisant avec le royal fondateur du collége de France, il léguait 500 livres de rente pour l'établissement d'une chaire dont le titulaire enseignerait l'arithmétique, la géométrie, la musique, l'optique, la mécanique, l'astronomie et la géographie. La chaire serait remise au concours tous les ans : tous les professeurs du collége de France et les mathématiciens notables seraient juges. Il fit un long séjour en Allemagne, revint après la paix de 1570, après avoir refusé les offres les plus brillantes à l'étranger; mais il ne retrouva plus la chaire qu'il avait illustrée : un édit du 8 octobre 1570 interdisait l'enseignement à Paris aux non-catholiques. Le collége de France tombait en décadence avec la vieille université : les étrangers et les protestants ne venaient

reine mère avaient défendu qu'on touchât à l'homme qui était l'honneur des lettres françaises : on n'en tint compte.

Charles IX et Catherine devaient s'enfoncer plus avant dans la honte. Les ducs de Guise et d'Aumale, de retour de leur chasse aux fuyards, le lundi 25 au soir, avaient réclamé vivement contre les lettres qui rompaient la solidarité entre eux et le roi, et, comme pour appuyer leurs protestations, ils s'employaient à sauver ce qui restait de gentilshommes huguenots de la « tuerie [1] ». D'un autre côté, on eut avis que le maréchal de Montmorenci, voyant le roi renier le massacre, allait appeler à lui les politiques et les débris des huguenots, pour tirer vengeance des Guises. Le lendemain du crime, Charles IX et sa mère allaient se

plus étudier à Paris, et les zélés catholiques envoyaient leurs enfants, non plus aux vieux collèges, mais aux jésuites, qui, plus habiles et plus agréables dans leurs méthodes que les universitaires orthodoxes, faisaient « tomber les sorbonistes dans le mépris ». (*V.* une curieuse lettre de Languet à Camerarius; ap. Languet, *Epist.*, p. 141.

Ramus, exclu de l'enseignement oral, se rejeta sur l'enseignement écrit et demanda au roi sa protection pour rédiger en français le cours complet des arts libéraux. « Il y a eu France une foule de bons esprits capables de comprendre toutes les sciences et qui en sont privés parce qu'elles sont exposées dans des langues étrangères... Comme les Gaulois, avant l'arrivée de César, possédoient tous les arts libéraux dans leur langue, ainsi les Gaulois pourroient encore avoir des arts gaulois. » (*Discours au roi*, ap. *lettre à Zwinger;* dans Waddington, p. 232.) Le roi consentit, lui laissa son titre de professeur, doubla son traitement, et Ramus se mit à l'œuvre aux applaudissements du monde lettré : la *pléiade* elle-même salua le novateur national :

> Les vieux Gaulois avoient tous arts en leur langage;
> Mais Dis, l'un de leurs dieux, qui, riche, tient couverts
> Sous les obscures nuits mille trésors divers,
> Aux Champs Elysiens retint des arts l'usage.
> Il falloit donc avoir, pour là bas pénétrer,
> Les rappeler et faire en l'air Gaulois rentrer,
> Ce *Rameau* d'or, par eux redorant tout notre âge.

(Estienne Jodelle, vers publiés en tête de la *Grammaire françoise* de Ramus ; 1572.)

Les deux meilleurs Français de cet âge, Coligni et Ramus, furent tous deux interrompus, au moment le plus actif de leurs patriotiques entreprises, par la mort affreuse qui récompensa leur dévouement. L'évêque Montluc avait voulu emmener Ramus en Pologne pour l'assister dans l'affaire de l'élection du duc d'Anjou : Ramus comprit que sa vertu serait déplacée au milieu de ces intrigues et refusa. *V.* sur les dernières années de Ramus, les ch. v-ix de M. Waddington.

1. Ils sauvèrent le fameux Crussol d'Acier, déjà épargné une première fois à Moncontour. D'Acier se fit catholique un peu plus tard. Pomponne de Bellièvre, qui fut depuis chancelier de France, et d'autres catholiques, préservèrent aussi beaucoup de victimes. Par compensation, les Guises se défirent de plus d'un ennemi personnel, même catholique.

retrouver dans cette position que Catherine peignait si vivement la veille, c'est-à-dire entre deux partis dont aucun ne serait le parti du roi.

Il fallut bien se décider à avouer à la face du ciel ce qu'on n'avait pas craint de faire. On se reprit à la prétendue conjuration huguenote qui avait servi de prétexte auprès du peuple de Paris. De nouvelles lettres, démentant celles de la veille, annoncèrent aux gouverneurs et aux ambassadeurs près des états protestants que l'exécution de Paris avait eu pour but de prévenir « une maudite conspiration » tramée par l'amiral et ses alliés contre la famille royale; que le roi, du reste, voulait que ses édits de pacification fussent observés envers les réformés paisibles. Il était seulement prescrit aux gouverneurs de réprimer ceux des huguenots qui tenteraient de s'assembler en armes, et les gouverneurs étaient prévenus que le roi « remettoit sur la créance des porteurs le surplus de sa volonté [1] ». Quelles étaient ces instructions verbales supplémentaires ? Jean de Tavannes, qui se trouvait au centre de l'action, à côté de son père, dit positivement « qu'il fut mandé aux villes du royaume de tuer les chefs et factieux [2] ». Il est certain que l'ordre d'arrêter tous les huguenots un peu notables fut envoyé partout [3]; quant aux ordres de meurtre, on ne les adressa sans doute pas indistinctement à tous les gouverneurs ni à tous les chefs des corps de ville, mais seulement à ceux sur lesquels la cour croyait pouvoir compter : on ne dit pas probablement si nettement à tous les gouverneurs de faire, mais on leur laissa entendre qu'il fallait laisser faire : il suffisait de lâcher la bride aux confréries [4].

Le lendemain matin, 26 août, le roi, après avoir ouï une

1. *Mém. de l'Estat de France*, f° 228, v°.
2. *Mém.* de Tavannes, p. 388.
3. On a la lettre du roi à Matignon, lieutenant général en Basse-Normandie, pour qu'il ait à faire prendre Montgommeri; le roi ajoute : « Mais que l'on ne sache que je vous en ai écrit. » Isambert; *Anc. Lois françaises*, t. XIV, p. 256.
4. Suivant les *Mémoires de l'Estat de France*, f° 236, la reine mère avait envoyé, dès le 24, un courrier à Meaux, ville de son douaire, et dont les magistrats étaient ses créatures : le procureur du roi fit aussitôt arrêter un grand nombre de protestants; le 25, des scènes de meurtre et de pillage eurent lieu dans la ville; le 26, après l'envoi des secondes lettres du roi, deux cents prisonniers auraient été égorgés par une bande de furieux, à la tête desquels était le procureur du roi en personne. Ce chiffre paraît exagéré. — Le duc d'Anjou chargea ses gardes de parcourir les environs de

messe solennelle, alla tenir un lit de justice au parlement : il déclara que ce qui s'était fait le 24 août avait eu lieu par son ordre, qu'il n'avait pas trouvé d'autre moyen de prévenir les complots de l'amiral et des autres factieux contre sa vie, celle de ses frères, de sa mère et du roi de Navarre lui-même. Henri de Navarre avait été forcé de suivre Charles IX et dut entendre en silence les absurdes et lâches calomnies tombées de la bouche royale sur les cadavres de ses amis. Le premier président de Thou, qui tout bas « soupiroit et détestoit le règne présent », dit d'Aubigné, loua le roi tout haut, « pour s'accommoder au temps », comme l'avoue son fils l'historien, et commenta péniblement le mot de Louis XI : « Qui ne sait dissimuler, ne sait régner [1] ». Ordre fut intimé au parlement d'instruire contre Coligni et ses complices morts et vivants. C'était, dit-on, l'évêque d'Orléans, Morvilliers, qui avait suggéré à la cour l'idée « de faire aux

Paris, « pour surprendre et tuer les huguenots dans leurs maisons aux champs ». (*Ibid.*, fº 229.) Le chancelier de L'Hospital, retiré à Vignai, près d'Étampes, fut plusieurs fois menacé. Sa famille et ses amis le conjuraient de se cacher; il refusa : « Ce sera, dit-il, ce qu'il plaira à Dieu, quand mon heure sera venue! » Le lendemain, on vint lui dire « qu'on voyoit force chevaux sur le chemin, qui tiroient droit vers lui, et s'il ne vouloit pas qu'on leur fermât la porte — « Non, non, dit-il, mais, si la petite porte n'est battante pour les faire entrer, ouvrez la grande. » Ses serviteurs, contre son dire, tinrent très-bien la porte fermée. Quelques heures après, vinrent encore quelques chevaux, dont on avertit M. le chancelier, qui ne changea ni de visage ni de propos, mais montra une grande constance à recevoir la mort..... On trouva qu'on lui donnoit avis que sa mort n'étoit pas conjurée, mais pardonnée : il répondit qu'il ne pensoit avoir mérité ni mort ni pardon. » Brantôme, *Digression sur M. de L'Hospital*, dans la *Vie du connétable de Montmorenci*. L'Hospital survécut peu à la catastrophe qui avait dépassé ses plus sinistres prévisions. Il mourut le 13 mars 1573, après avoir abdiqué son titre de chancelier, qui fut donné à Birague, un des complices de la Saint-Barthélemi. L'Hospital exprima son désespoir de cette affreuse journée dans un poëme latin qui fut publié après sa mort. Sa fille, qui était protestante, avait été sauvée à Paris par la mère du duc de Guise.

1. L'avocat général Pibrac demanda timidement au roi si son intention n'était pas de faire finir les meurtres et les pillages. Charles répondit affirmativement. On posa des corps de garde par la ville. Les capitaines, cinquanteniers et dizainiers eurent ordre de mettre « en bonne et sûre garde » les réformés survivants, sans leur faire tort ni déplaisir. Le 27, fut publié un ordre du roi d'arrêter ceux qui continueraient à piller et massacrer, pour en faire justice. Il y eut toutefois encore maint huguenot massacré ou jeté à l'eau sans qu'on fît « aucune justice ». Le 29, un conseil extraordinaire fut formé à l'Hôtel de Ville, afin de rétablir l'ordre dans Paris; le premier président de Thou et plusieurs autres magistrats en faisaient partie avec le prévôt et les échevins. Le roi donna pouvoir à ce conseil de prononcer la peine capitale. *Registres de l'Hôtel de Ville*, ap. *Archives curieuses*, t. VII, p. 224-229.

morts quelque sorte de procès », pour sauver l'honneur de la couronne en masquant l'assassinat sous la calomnie [1]. Les « modérés » de l'église et de la magistrature se conduisirent pour la plupart avec une insigne lâcheté : deux d'entre eux, l'évêque Montluc et l'avocat général du Faur de Pibrac, écrivirent de pâles et sophistiques apologies d'un forfait qu'ils abhorraient au fond de l'âme [2]. La faiblesse, chez les hommes du parlement, fut poussée jusqu'au crime : après deux mois d'une procédure qui ne fut qu'un long mensonge, ils ne se contentèrent pas de renouveler contre la mémoire de Coligni l'arrêt lancé contre sa personne en 1569, pendant la guerre civile, et d'ordonner que l'anniversaire de la Saint-Barthélemi fût célébré à perpétuité par une procession dans Paris, pour rendre grâces à Dieu d'avoir sauvé le

---

1. D'Aubigné, col. 555. — De Thou, t. III, l. LII, p. 140. — Ce fut, dit-on, aussi Morvilliers, ou, suivant d'autres, Retz, qui conseilla de détruire les papiers de Coligni, de peur qu'on n'y retrouvât un jour la justification de ce grand homme et la condamnation de ses meurtriers. Coligni avait écrit, sur les guerres civiles, des mémoires dont la perte est irréparable. Dans son testament, Coligni conseillait au roi de ne pas donner un trop grand apanage ni trop de puissance à ses frères. La reine mère montra ce passage au duc d'Alençon, qui, étranger aux complots de sa mère et de ses frères, laissait percer ses regrets pour les victimes. « Voilà, lui dit-elle, votre bon ami l'amiral. — Je ne sais pas s'il m'étoit bon ami, répondit le jeune duc, mais il a montré par ce conseil combien il aimoit le roi. » L'ambassadeur d'Angleterre fit presque une même réponse, quand la reine mère disoit que l'amiral avoit conseillé au roi d'avoir toujours pour suspecte la puissance des Anglois. — Il étoit vraiment mal affectionné contre l'Angleterre, mais il se montroit en cela très-loyal serviteur de la couronne de France. » *Mém. de l'Estat de France*, f° 228. — Lettre de Walsingham, ap. *Mém. de Nevers*, t. I, p. 539.

2. L'éminent jurisconsulte Hugues Doneau, échappé au massacre, réfuta vigoureusement Montluc. De Thou cherche, non point à justifier, mais à expliquer la faiblesse de son père et de ses amis par une prétendue raison d'État. Ces hommes, monarchiques avant tout, voulaient empêcher, à tout prix, que l'horreur du crime ne retombât sur le roi et la royauté ; ils aimaient mieux la rejeter des bourreaux sur les victimes. La conduite du jurisconsulte Baudouin offrit un noble contraste avec celle des chefs du parlement. Ce savant, qui avait été l'ennemi personnel de Calvin, qui était redevenu catholique et qui était pauvre, refusa une grande somme d'argent offerte par le duc d'Anjou pour écrire une apologie du massacre. Ce trait console un peu du débordement d'infamies que suscita la Saint-Barthélemi. On ne saurait lire, sans un soulèvement de cœur, même les titres de tous ces pamphlets en vers et en prose, qui semblent écrits avec de la boue et du sang par des massacreurs ivres, mélange de fureurs stupides et de bouffonneries de charnier. La plupart sont réunis dans les recueils de L'Estoile, vol. n° 2, ap. Mss. de la Bibliothèque. La *pléiade* se déshonora en participant à ces ignominies ; Jodelle, qui tout à l'heure chantait Ramus, Baïf, Daurat, insultèrent au cadavre de l'amiral. Leur chef, Ronsard, au moins, eut la pudeur du silence.

roi et l'État; sur l'ordre de la cour, afin de donner quelque vraisemblance à la conjuration huguenote, ils impliquèrent dans le procès intenté aux morts deux des principaux membres du parti protestant échappés à la première fureur du massacre, le vieux capitaine Briquemaut et Arnaud de Cavaignes, maître des requêtes de l'hôtel du roi. Briquemaut, arrêté dans l'hôtel de l'ambassadeur d'Angleterre, et Cavaignes furent condamnés à mort et pendus sur la place de Grève, en présence du roi et de la cour qui assistèrent à leur supplice comme à une fête!

Le jour même où le lendemain du lit de justice, Charles IX et toute la cour étaient allés voir à Montfaucon les restes mutilés de l'amiral, suspendus par la populace aux piliers patibulaires. Quelques-uns des courtisans se bouchaient le nez à cause de la mauvaise odeur; le roi s'écria que « l'odeur d'un ennemi mort étoit très-bonne¹! »

Le 3 septembre, le général des monnaies Favier présenta au roi deux médailles commémoratives de « sa victoire »; l'une représentait Charles IX, assis sur son trône, le sceptre dans une main, une palme et une épée dans l'autre, et les pieds sur des cadavres, avec la légende *Virtus in rebelles;* au revers, les armes de France ornées de laurier et d'olivier, avec la devise du roi « accommodée au fait »; c'est-à-dire deux colonnes et la légende : *Pietas excitavit Justitiam.* L'Hospital avait eu le malheur de vivre assez pour voir cette profanation sacrilège de la devise qu'il avait donnée à Charles IX : *Piété et Justice.* L'autre médaille contenait l'effigie du roi avec la légende en français : « Charles IX, dompteur des rebelles; 24 août 1572 » : au revers, Hercule assommant l'hydre.

---

1. Brantôme.—Papyre Masson, *Vie de Charles IX*.—Au cadavre de l'amiral manquait la tête, enlevée par un Italien des gardes du duc de Nevers, qui la porta, dit-on, au pape ou au cardinal de Lorraine. Il est certain que la tête partit pour Rome, mais on ne sait si elle y arriva; on a, de Mandelot, gouverneur de Lyon, l'accusé de réception d'une lettre de Charles IX, qui enjoignait à ce gouverneur d'arrêter le porteur de la tête et de la lui ôter. On ignore si Mandelot put exécuter cet ordre. *Extraits de la Correspondance de Mandelot,* publiés par M. Paulin Pâris. — Peu après la visite du roi à Montfaucon, le corps de l'amiral fut enlevé de nuit par les gens du maréchal de Montmorenci, qui le mit en lieu de sûreté à Chantilli. Ces tristes et vénérables débris, après diverses fortunes, ont été réintégrés, en 1851, au château de Châtillon-sur-Loing, par un arrière-neveu du grand homme, un Montmorenci, propriétaire du manoir de l'amiral. V. l'art. CHATILLON de la *France protestante,* de MM. Haag.

Le 28 août, avait été célébré dans Paris un jubilé extraordinaire : le roi de Navarre et le prince de Condé résistèrent, l'un aux caresses, l'autre aux menaces de Charles IX, et ne le suivirent point à la procession. Le même jour, fut publiée une déclaration du roi sur « la cause et occasion de la mort de l'amiral et de ses complices » : le roi promettait toute sûreté et liberté aux « prétendus réformés », mais leur interdisait provisoirement, « pour obvier aux troubles et scandales, toutes assemblées quelconques, sous peine de confiscation de corps et de biens. » Il était expressément enjoint de relâcher ceux des réformés qu'on aurait arrêtés prisonniers, « si ce n'est qu'ils soient des chefs qui aient eu commandement pour ceux de la religion, ou qui aient fait des pratiques et menées pour eux, et pourroient avoir eu intelligence de la conspiration susdite[1]. » Dans les instructions jointes à la déclaration, Catherine et son fils confirmaient, au moins implicitement, l'ordre dont parle Tavannes, de tuer ou laisser tuer les « chefs et factieux », expédié dès le 25 août[2]. La cour, partagée entre le désir de se débarrasser une bonne fois de tous les meneurs protestants et la crainte de l'effet que produirait au dehors la continuation des massacres, variait misérablement de jour en jour : dans une lettre du 27 août, adressée aux officiers royaux de Bourges et d'autres villes, le roi, revenant sur ses lettres du 25 et sur le lit de justice du 26, se reprenait à déplorer la sédition qui avait coûté la vie à « son cousin l'amiral » et défendait étroitement « toute émotion et massacre[3] ». La déclaration du 28 août, comme on vient de le voir, fut rédigée dans un sens tout opposé ; enfin, une nouvelle lettre du 30 août, aux gens de Bourges, ordonna de tailler en pièces les huguenots qui

---

1. *Mém. de l'Estat de France*, f° 231, v° 232.
2. M. Boutiot, archiviste paléographe, a bien voulu nous communiquer une pièce caractéristique. C'est une lettre écrite de Paris, le 27 août, au maire de Troies par un agent du parti catholique, un marchand de Troies, nommé Belin.

« ..... Je vous ai écrit comment les choses étoient passées ; mais elles ont continué depuis jusques à présent et continuent encore avec une délibération de Sa Majesté de faire fin à exterminer *les religieux* (ceux de la Religion). Je crois que avez reçu lettres pour y satisfaire et être confirmation du roi envoyée par M. de Rancé pour achever l'exécution de sa volonté, non pas là seulement, mais par tout son royaume. Monseigneur de Guise m'a dit aujourd'hui que vous teniez la main à la garde des portes et faire faire bon guet comme l'on fait en cette ville (de Paris), etc. »

3. *Mém. de l'Estat de France*, f° 230.

s'assembleraient au lieu de se retirer paisiblement en leurs maisons, mais révoqua « *tout commandement verbal* que le roi avoit « pu faire à ceux qu'il avoit envoyés tant à Bourges qu'en autres « endroits du royaume, lorsqu'il avoit juste cause de craindre « quelque sinistre événement [1]. » Ces lettres du 30 furent encore contredites à leur tour par des dépêches et des commissions particulières.

Lorsqu'on reçut les lettres du 30 août, l'œuvre de sang était déjà bien avancée dans les provinces et dans les villes dont les gouverneurs et les magistrats étaient dévoués à la cour ou au parti fanatique. Les horribles scènes de Paris se répétèrent à Meaux, à Orléans et dans les petites villes voisines, à Angers, à Saumur, à Troies, à Bourges, à La Charité, à Lyon, à Rouen, à Toulouse, à Bordeaux et le long de la Garonne, mais successivement et par intervalles, depuis le massacre de Meaux, qui commença dès le 25 août, et celui d'Orléans, qui commença le 26, à la réception des lettres du prédicateur du roi, Arnaud Sorbin, jusqu'au massacre de Bordeaux, qui n'eut lieu que dans les premiers jours d'octobre, à la suite des prédications du jésuite Edmond Auger. Il y eut des villes, à Toulouse et à Rouen, par exemple, où les huguenots, entassés dans les prisons, restèrent trois semaines entre la vie et la mort avant de tomber sous le couteau [2]. Le gouverneur de Rouen, Carouges, eût désiré sauver les protestants ; il laissa fuir ceux qui voulurent quitter la ville ; mais, débordé par le parti fanatique, au lieu de lutter jusqu'au bout, il s'absenta pour ne pas voir ce qu'il ne croyait pas pouvoir empêcher ; il y eut, dit-on, à Rouen, cinq cents victimes [3]. Dans plusieurs cités, au contraire, les officiers du roi marchèrent à la tête des assassins et des pillards. A Troies, le bourreau refusa de prêter la main à la « tuerie » commandée par le bailli royal et approuvée par l'évêque, « disant qu'il n'étoit de son office d'exé- « cuter aucun sans qu'il y eût sentence de condamnation [4]. » A

---

1. *Mém. de l'Estat de France*, f° 255. — On a des lettres analogues envoyées au comte de Charni, lieutenant-général au gouvernement de Bourgogne ; mais il n'y est pas question des « ordres verbaux ». *Ibid.*, f° 268.
2. A Toulouse, cinq conseillers au parlement furent pendus « en robes rouges ».
3. Floquet, *Hist. du parlement de Normandie*, t. III, p. 116-136.
4. Le massacre eut lieu à Troies, le 4 novembre, au retour de Belin, dont nous

Bordeaux, le gouverneur Montferrand, après avoir longtemps hésité, se mit à la tête des massacreurs et tua, dit-on, de sa propre main, un conseiller au parlement, son ennemi personnel; les égorgeurs de Bordeaux portaient des bonnets rouges, ce qui les avait fait surnommer « la bande cardinale[1] ». A Lyon, le gouverneur Mandelot se contenta de laisser agir la portion la plus sanguinaire et la plus avide de la population catholique. Une multitude de protestants avaient été emprisonnés dans des couvents et dans l'archevêché, sur l'ordre du roi, qui avait enjoint à Mandelot de s'assurer des personnes et des biens de « ceux de la religion »; après quelques jours de pillage et de meurtres isolés, tous ces malheureux furent égorgés en masse par quelques centaines de bandits, que conduisaient trois ou quatre officiers de la ville : Mandelot, pendant ce temps, était allé à la Guillotière sous prétexte d'apaiser une émeute, et revint quand tout fut à peu près terminé. Des ordres verbaux de la reine mère, apportés de Paris par le procureur du roi de Lyon, avaient, dit-on, décidé Mandelot à fermer les yeux[2]. Le bourreau de Lyon, comme celui de Troies, refusa son ministère, et les soldats de la citadelle répondirent qu'ils n'étaient pas des bourreaux; les arquebusiers de la ville n'eurent pas cet honorable scrupule et prêtèrent main-forte à l'exécution. Plusieurs centaines de cadavres, entraînés par les flots du Rhône, allèrent porter l'épouvante dans les villes riveraines du Dauphiné et de la Provence. Les catholiques provençaux, malgré leur fanatisme, eurent horreur de ce spectacle; les habitants d'Arles ne voulaient plus boire les eaux de ce fleuve souillé. Dans aucune des villes qu'on vient de citer, les égorgeurs ne rencontrèrent de résistance collective : les réformés étaient frappés d'une stupeur qui ne leur laissait de courage que pour mourir[3].

avons cité la lettre, et qui paraît avoir apporté les instructions des Guises. *Mém. de l'Estat de France*, f° 332.

1. *Mém. de l'Estat de France*, f° 380.
2. Il prie le roi, dans une lettre du 2 septembre, de ne pas l'oublier dans les dons que fera Sa Majesté des biens de ceux de la religion. *Corresp.* publiée par M. Paulin Paris.
3. Parmi les victimes de Lyon se trouva le célèbre compositeur Claude Goudimel. — On ne peut rien affirmer de certain sur le nombre total des victimes : le *Martyrologe des réformés* le porte à trente mille; M. de Thou croit ce chiffre un peu exagéré;

Ce « déluge », pour employer une expression du temps, ce déluge de crimes ne ravagea pourtant pas la France entière : la terreur régna partout; partout il y eut des arrestations; mais il n'y eut point partout de massacres. Le maréchal de Montmorenci, gouverneur de l'Ile-de-France, le duc de Longueville, gouverneur de Picardie, Matignon, lieutenant-général du roi en Basse Normandie, Chabot de Charni, successeur de Tavannes dans la lieutenance-générale de Bourgogne [1], Sigognes, gouverneur de Dieppe, continrent dans leurs gouvernements le parti fanatique; on n'y vit que quelques meurtres isolés; le duc de Guise lui-même, rendant la pareille au roi et à la reine mère et faisant le généreux à leurs dépens, arrêta l'effusion du sang dans son gouvernement de Champagne, après avoir provoqué le massacre de Troies; Reims, Châlons et les autres villes champenoises ne furent point ensanglantées. La Bretagne et le Poitou demeurèrent assez tranquilles. La conduite des officiers municipaux de Nantes fut admirable. A la réception des lettres du duc de Montpensier, gouverneur de Bretagne, qui les invitait à traiter les huguenots de leur ville comme le roi avait traité les huguenots à Paris, les maire, sous-maire, échevins et juges-consuls de Nantes, réunis à l'Hôtel-de-Ville, décidèrent de ne point contrevenir à l'édit de pacification, et, avec l'aide de la milice bourgeoise, réprimèrent les fanatiques ameutés [2]. Il n'y eut que très-peu de sang versé en Dauphiné, grâce au lieutenant-général de Gordes. Le vicomte de Joyeuse préserva également presque tout le Languedoc, où les protestants, d'ailleurs, n'étaient pas disposés à se laisser immoler sans combat. Un exemple d'humanité bien plus inattendu fut donné par le gouverneur de Provence, par ce farouche comte de

---

le *Réveille-matin* ne parle de rien moins que de cent mille morts; Capilupi parle de vingt-cinq mille; La Popelinière, de plus de vingt mille; Papyre Masson, un des panégyristes de la Saint-Barthélemy, réduit les morts à dix mille. Ce dernier chiffre est trop bas; celui d'une vingtaine de mille semble le plus probable; il y a, dans le *Martyrologe* et dans les *Mémoires de l'Estat de France*, d'évidentes exagérations. Suivant de Thou, il y eut environ huit cents morts à Lyon, cinq cents à Rouen et à Orléans, deux cents à Toulouse et à Meaux.

1. La modération de Charni fut attribuée aux conseils de Jeannin, alors avocat distingué, depuis diplomate illustre.

2. *Bulletin de la Société de l'histoire du Protestantisme français;* t. I, p. 89; 1853. La lettre de Montpensier est citée textuellement d'après les registres de la ville.

Tende qui avait commis tant de barbaries durant les premiers troubles, qui avait fait la guerre à son père et qu'on accusait d'avoir fait assassiner son frère. Un courtisan, La Mole, lui ayant apporté des instructions du « conseil secret » pour faire mettre à mort les huguenots, il répondit « qu'il n'estimoit point que tels « commandements vinssent du mouvement du roi, et que, quand « le roi en personne lui commanderoit de les mettre à exécution, « il ne le feroit point[1] ». Est-ce le remords de ses cruautés passées qui lui dicta cette magnanime réponse[2]? Saint-Hérem, gouverneur d'Auvergne, à qui, de même qu'à Tende, on reprochait de grands excès, empêcha aussi les massacres sur le territoire qu'il gouvernait[3].

1. *Mém. de l'Estat de France*, f° 292.
2. Sur les événements du Midi, V. Pérussis, *Hist. des guerres du comtat Venaissin, de Provence*, etc., p. 140-141, ap. *Recueil* du marquis d'Aubais, t. I.
3. Il y a, dans les *Annales manuscrites d'Issoire*, des détails curieux à ce sujet : un officier, qui apportait à Saint-Hérem les dépêches de la cour (probablement la lettre du 25, qui ordonnait de se fier à la volonté du roi exprimée par les porteurs), se laissa dérober le paquet par un huguenot. Saint Hérem ne voulut pas se fier à la parole du porteur, se contenta d'emprisonner les huguenots et envoya demander de nouveaux ordres au roi. La première fureur étant apaisée, on lui commanda de les faire abjurer et de les remettre en liberté après. V. sur les *Annales manuscrites d'Issoire*, les renseignements donnés par M. Chasteau-Dubreuil, ap. *Annales scientifiques, littéraires et industrielles de l'Auvergne*, août-octobre 1839, Clermont-Ferrand. V. aussi l'*Hist. des Guerres de Religion en Auvergne*, par M. Imberdis. La belle conduite attribuée par d'Aubigné au vicomte d'Orte et la lettre fameuse que cite cet historien sont aujourd'hui chose fort contestée. « Étant arrivé à Bayonne le courrier qui venoit de faire mettre en pièces les hommes, femmes et enfants de Dax, qui avoient cherché leur sûreté en la prison, le vicomte d'Orte, gouverneur de la frontière, répondit aux lettres du roi en ces termes : « — Sire, j'ai communiqué le commandement de Votre « Majesté à ses fidèles habitants et gens de guerre. Je n'y ai trouvé que bons citoyens « et braves soldats, mais pas un bourreau. C'est pourquoi eux et moi supplions très « humblement Votre dite Majesté vouloir employer en choses possibles, quelque « hasardeuses qu'elles soient, nos bras et nos vies, comme étant, autant qu'elles dure« ront, vôtres. » D'Aubigné, *Hist. univ.*, col. 560. — On n'a retrouvé nulle part la lettre originale, et les pièces authentiques du temps sont peu favorables au vicomte d'Orte, gouverneur très-tyrannique et très-impopulaire à Bayonne. Toutefois ce ne sont pas là des preuves péremptoires : si la lettre est douteuse, le fait que les protestants furent épargnés à Bayonne est certain. V. le *Bulletin de la Société de l'histoire du Protestantisme français*, t. I, p. 208; 488. Quant à l'anecdote relative à Jean Hennuyer, évêque de Lisieux, elle est entièrement controuvée. Hennuyer, prélat savant, mais intolérant, n'était pas présent à Lisieux. Les contemporains attribuent exclusivement soit à Matignon, soit aux magistrats municipaux, le salut des réformés de Caen, de Lisieux, etc. V. une dissertation de l'abbé Lebeuf dans le *Mercure* de décembre 1748 et L. Dubois, *Recherches sur la Normandie*. — Un trait de magnanimité fameux et incontestable est l'action de Vezins, lieutenant du roi en Querci. Cet officier

Tandis que le massacre de Paris se répétait chez nous de cité en cité, la nouvelle de la Saint-Barthélemi retentissait dans toute l'Europe comme un coup de tonnerre. Les armes faillirent échapper aux mains des insurgés neerlandais : l'armée du prince d'Orange, qui avait envahi le Brabant, pris Malines et pénétré jusqu'aux portes de Mons, se dissipa. Mons se rendit. Il se fit dans tous les pays protestants un silence d'indignation et d'horreur. Le beau-père de Charles IX, le vertueux empereur Maximilien, versa des larmes sur les crimes de son gendre [1]. L'Espagne et l'Italie éclatèrent au contraire en hymnes d'allégresse. Philippe II rit, à ce qu'on prétend, pour la première fois de sa vie : il ne put trouver d'éloges assez forts pour le roi Très-Chrétien, pour la reine sa mère, pour le duc d'Anjou, pour les Guises; il feignit de croire tout ce que lui débita l'ambassadeur de France sur la longue préméditation du dessein royal et sur la nécessité des semblants d'hostilité contre l'Espagne afin de décevoir les huguenots [2], et

se trouvait à Paris lors de la Saint-Barthélemi, en même temps que Regnier, un des chefs protestants du Querci. Ces deux hommes s'étaient fait tout le mal possible pendant la guerre civile et ne cherchaient « que moyens de se couper la gorge ». Le jour fatal du 24 août, Regnier voit tout à coup entrer chez lui Vezins, l'épée au poing, suivi de quinze soldats. Regnier n'attendait que la mort. Vezins le force à monter à cheval, sort de Paris avec lui, l'emmène à petites journées jusqu'au fond du Querci sans lui dire un seul mot et le fait descendre sain et sauf à sa porte, en lui disant : « Ne pensez pas que la courtoisie que je vous ai faite soit pour avoir votre amitié, « mais pour avoir votre vie dignement. — Elle est à vous, et ne se peut plus employer « qu'à vous servir. — Seriez-vous donc si lâche que de ne vous ressentir point de la « perfidie que vous avez supportée ? — Cela ne dérogeroit-il point à ce que je vous « dois ? — Non ; je veux tout brave, amis et ennemis. » Et il le quitta, en lui faisant présent du cheval sur lequel il l'avait amené. D'Aubigné, col. 553. Ce trait est empreint d'une sauvage grandeur qui transporte bien loin du XVIᵉ siècle et qui rappelle les héros scandinaves. Il est à remarquer que les exemples de générosité qui tranchent au milieu de tant de traits ignobles furent donnés par des hommes violents, cruels même, mais auxquels les habitudes militaires avaient inspiré une certaine loyauté : la basse perfidie de la cour leur souleva le cœur.

1. *V.* la belle lettre de Maximilien II à Lazare Schwendi, ap. ancienne collection des *Mémoires sur l'Histoire de France*, t. I, p. 242.

2. Le duc d'Albe, lui, ne s'apaisa pas et traita fort durement la Saint-Barthélemi et ses auteurs. Granvelle s'entendait très-bien avec Albe sur Catherine. La correspondance manuscrite de Granvelle et de Morillon a de curieux passages. « On nous écrit, dit Granvelle, que le roi a fait dépêcher le chancelier de L'Hospital et sa femme, qui seroit un grand bien. Je n'ose dire où je voudrois que quelque autre femme (Catherine) fût logée où elle mérite. — C'est un beau décombre de L'Hospital et de sa femme, répond Morillon. Plût à Dieu que cette Jézabel que bien nous connoissons les suivît tôt. » Ap. Michelet, *La Ligue et Henri IV*, p. 175; notes.

il se hâta d'offrir ses secours pour l'entier achèvement de l'œuvre. Le cardinal de Lorraine donna 1,000 écus d'or au courrier qui lui apporta les dépêches et écrivit de Rome à Charles IX une lettre où l'ivresse déborde. Il le remercie de lui avoir « confirmé les nouvelles des très-chrétiennes et héroïques délibérations et exécutions faites non-seulement à Paris, mais par toutes les principales villes de France. — Sire, s'écrie-t-il, c'est tout le mieux que j'eusse osé jamais désirer ni espérer¹ ! » Le canon tira au château Saint-Ange; des feux de joie furent allumés dans toutes les rues de Rome; Grégoire XIII fit tout ce qu'eût pu faire Pie V lui-même, qui avait tant appelé le jour d'extermination : le pape, le sacré collége, les ambassadeurs des souverains catholiques allèrent processionnellement remercier Dieu aux églises de Saint-Marc et de la Minerve (l'église des dominicains), puis à l'église française de Saint-Louis, où le cardinal de Lorraine célébra la messe d'actions de grâces, comme en réponse au jeûne expiatoire ordonné à Genève². Un jubilé extraordinaire fut publié à Rome pour célébrer la double victoire remportée par l'Église sur les Turcs et sur les hérétiques, à Lépante et à Paris, et pour implorer du ciel l'élection d'un roi « vraiment catholique » en Pologne, pays fort disputé à l'influence romaine. Une médaille fut frappée, qui portait d'un côté le buste de Grégoire XIII, de l'autre l'ange exterminateur immolant les huguenots, avec l'exergue : *Hugonotorum strages* (massacre des huguenots)³. Le pape fit peindre par Vasari et exposer au Vatican, en « lieu très-apparent et honorable⁴ », un tableau représentant le massacre des hérétiques : ce tableau s'y voit encore; il porte cette inscription : *Pontifex Colignii necem probat* (le pontife approuve la mort de Coligni)⁵. La joie fut d'autant plus vive à Rome et à Madrid, que l'événement avait été moins attendu. Ni le pape ni le roi d'Espagne

---

1. *Manuscrits de la Bibliothèque*, collect. Dupuy, vol. CCXI; publié par MM. Champollion, dans les notes de l'Estoile, p. 25.
2. Ce jeûne est demeuré anniversaire à Genève, le 24 août.
3. Cette médaille est gravée dans l'ouvrage du jésuite Bonanni; *Numismata Pontificum*; Romæ; 1689; t. I, p. 336, in-f°.
4. Dans le vestibule de la Chapelle Sixtine.
5. *Recueil des Lettres missives de Henri IV*, publié par M. Berger de Xivrey; ap. Documents inédits, etc., t. I, p. 36. — La cour de France se hâta d'exploiter la reconnaissance du pape en lui demandant un prêt de 100,000 écus. Michelet, p. 478.

n'avaient pris au sérieux les vagues promesses et les paroles mystérieuses de Catherine. Le nonce et l'ambassadeur d'Espagne avaient été tenus en dehors des conciliabules de la reine mère [1].

Grégoire XIII s'empressa d'expédier en France un légat chargé de féliciter la cour, de demander la réception du concile de Trente et l'établissement de l'inquisition, et d'insinuer un projet de mariage entre le duc d'Anjou et une « fille d'Espagne ». Le saint père ne prévoyait plus d'obstacle à ses vœux dans le royaume très-chrétien. Mais le légat Orsini trouva la cour de France dans des dispositions bien différentes de ce qu'on supposait à Rome. On le fit prier de ne pas trop vanter la « grande journée » et les exploits du roi; on alla jusqu'à élever des difficultés sur sa réception. Le légat, en passant à Lyon, adressa néanmoins de grandes louanges à la bourgeoisie sur son zèle catholique et octroya publiquement l'absolution à tous les massacreurs qui se vinrent agenouiller devant lui sur la place de la cathédrale [2]; mais, arrivé à Paris, il échoua complétement dans sa mission : le roi et la reine mère s'absentèrent le jour de son entrée pour éviter l'embarras de répondre à ses compliments.

La cour de France ne pensait qu'à affaiblir le retentissement de cette victoire qui lui valait de si bruyantes félicitations et qu'à donner à la Saint-Barthélemi une couleur plus politique que religieuse. Tous les ambassadeurs accrédités auprès des puissances protestantes, Gaspard de Schomberg en Allemagne, Pomponne de Bellièvre en Suisse, La Mothe-Fénelon en Angleterre,

---

1. Capilupi et les autres écrivains italiens et espagnols du temps ont dit le contraire, pour associer plus directement la cour de Rome au mérite d'une si belle action; mais c'est une vanterie des Italiens. La correspondance manuscrite du nonce Salviati et les dépêches de Charles IX à Rome, du 24 août, prouvent que le nonce, d'une part, le pape, de l'autre, ne savaient rien. V. ce que disent de cette correspondance sir J. Mackintosh (*History of England*, t. III, p. 235; et *appendix*, p. 347-359), et M. de Sismondi, *Histoire des Français*, t. XIX, p. 179. Le nonce, après l'événement, en raconte les origines à sa cour tout à fait conformément à la relation du duc d'Anjou, preuve de plus de l'authenticité de cette relation. V. Soldan, *La France et la Saint Barthélemi*, p. 103-106 et 141-143; notes. Les dépêches de Charles IX, *ibid.*, p. 101-102, d'après les Mss. de Mesmes.

2. *Mémoires de l'Estat de France*, f° 267, v°. — De Thou, t. III, l. LIV, p. 197-198, et d'Aubigné, col. 620-621, assurent que le légat complimenta publiquement un scélérat nommé Boisdon, qui avait dirigé les égorgeurs et qui s'était baigné dans le sang avec une férocité inouïe. Ce Boisdon finit par être pendu à Clermont.

eurent ordre d'insister sur la prétendue conspiration de Coligni et sur la nécessité où le roi s'était trouvé de défendre par tous les moyens son trône et sa vie. En Pologne, l'évêque Montluc alla plus loin : dans une lettre à la diète polonaise, il prétendit que le duc de Guise avait tué Coligni malgré le roi, qui ne voulait que s'assurer de la personne des principaux huguenots, et que le duc d'Anjou avait été absolument étranger au massacre. Catherine essaya de continuer les négociations entamées avec Élisabeth pour le mariage de cette princesse et du duc d'Alençon, comme s'il ne s'était rien passé qui dût modifier les rapports de la France et de l'Angleterre. La reine d'Angleterre et la plupart des princes protestants d'Allemagne, croyant la Réforme anéantie en France et craignant que Charles IX ne s'unît contre eux à l'Espagne, continrent leur douleur et leur ressentiment, et n'osèrent repousser péremptoirement les explications et les protestations amicales que leur adressaient les bourreaux de leurs frères [1]. Catherine poussa Élisabeth à maintenir les auxiliaires anglais en Zélande et alla jusqu'à renouer des relations secrètes avec les Nassau, qui, forcés d'évacuer les provinces wallonnes, se maintenaient dans le nord des Pays-Bas à la tête des populations maritimes ; l'amertume au cœur, les Nassau se virent réduits à accueillir les agents de cette meurtrière.

Catherine était, dans tout ceci, fidèle à sa politique : étouffer le protestantisme en France sans s'unir à l'Espagne. Elle n'avait plus changé au fond depuis 1563 et croyait enfin toucher au but. La déclaration qui interdisait provisoirement l'exercice du culte réformé avait été suivie d'un ordre intimé à tous les protestants de se démettre de leurs charges et offices, aussi provisoirement, et « pour ne ramener au peuple nouvelle occasion de s'émouvoir »

1. Élisabeth fit cependant d'abord un accueil très-sévère à l'ambassadeur La Mothe-Fénelon; V. la *Correspondance* de celui-ci, t. V, p. 122. Les protestants anglais voulurent venger Coligni et ses amis sur Marie Stuart, de plus en plus menacée depuis la révolte de 1570. Le parlement demanda hautement la mort de la captive ; mais Élisabeth hésitait à faire tomber la tête d'une reine sur un échafaud et redoutait la vengeance des puissances catholiques. Elle refusa. Il n'en faut point faire honneur à son humanité; car elle avait entamé un traité avec les chefs du parti écossais opposé à Marie et fut sur le point de la leur livrer pour la mettre à mort en secret. Ce ne fut point par sa volonté que l'affaire manqua. V. les lettres publiées à ce sujet par M. Patrick Tytler, dans son *Histoire d'Écosse*.

(22 septembre); mais, en même temps, des lettres du roi et de la reine mère enjoignaient aux gouverneurs, aux cours de justice, aux corps municipaux, de faire cesser les meurtres et les pillages[1]. Une déclaration du roi, du 8 octobre, invita tous ceux des « prétendus réformés » qui avaient quitté la France « à l'occasion des choses advenues le 24 août » à rentrer dans le royaume avec promesse de toute sûreté en cas d'obéissance et menace de confiscation s'ils n'obéissaient. Par lettres patentes du 28 octobre, le roi prit sous sa protection tous les huguenots paisibles et soumis; mais d'autres lettres furent adressées aux gouverneurs des provinces, afin qu'ils pressassent les gentilshommes et toutes les personnes notables appartenant à la religion prétendue réformée de revenir à la religion du roi. Le roi, disaient ces dépêches, ne veut plus désormais souffrir en son royaume d'autre culte que le sien et n'estimera bons et loyaux sujets que ceux qui s'y rallieront (3 novembre).

L'effroi de périls toujours renaissants, la prostration où bien des esprits étaient plongés depuis la Saint-Barthélemi, la conviction de la ruine de la « Cause », entraînèrent les abjurations en grand nombre[2], non-seulement dans les contrées qui avaient été le théâtre des massacres, mais dans plusieurs des provinces qui en avaient été préservées. L'exemple des Bourbons devait avoir une grande influence : ils avaient persisté, durant quelques semaines,

---

1. V. l'ordre de démission, ap. *Mém. de l'Estat de France*, f° 301, et les lettres du roi au duc de Guise, gouverneur de Champagne, et à d'autres gouverneurs, *ibid.*, f°s 291-299. Voici une lettre adressée par Catherine, le 21 septembre, au corps de ville de Rouen. — « Messieurs, je ne vous puis céler que le roi monsieur mon fils n'ait trouvé « bien fort mauvaise l'émotion et meurtre advenu en la ville de Rouen de ceux de la « nouvelle opinion, pour être de très-pernicieux exemple à l'endroit de toutes les « autres villes de ce royaume où un tel acte seroit assez suffisant de rallumer le feu « que l'on voit déjà apaisé, la grâce à Dieu, et pour détourner beaucoup de ceux qui « sont prêts à se réduire au bon chemin et à notre religion catholique, qui est ce que « l'on désire le plus, au moyen de quoi je veux et entends qu'il soit fait punition de « ceux qui se trouveront principaux auteurs et coupables de ce maléfice, etc. » *Archives de l'hôtel de ville de Rouen*, tiroir 400, liasse 1. Il est presque inutile d'ajouter que « punition ne fut point faite ».

2. Il semble toutefois qu'on ait exagéré ce nombre : M. de Bouillé (*Hist. des ducs de Guise*, t. II, p. 525) donne des détails intéressants, d'après les Mss. de Colbert, sur la tournée que fit le duc de Guise dans son gouvernement de Champagne, mandant les gentilshommes huguenots dans chaque ville pour recevoir leur conversion. Il n'en comparut que sept ou huit à Meaux et à Reims, deux à Troies, six à Sens, sept à Provins.

dans des refus qui exaspéraient Charles IX; un jour, s'il en faut croire la reine Marguerite, Catherine lui proposa de faire casser son mariage avec le roi de Navarre. Un autre jour (c'était le 9 septembre), Charles se fit apporter ses armes pour aller en personne, à la tête de ses gardes, mettre à mort le prince de Condé. La jeune reine Élisabeth d'Autriche, qui n'avait cessé de pleurer depuis les « mauvaises journées », se jeta aux genoux de son époux et le désarma par ses prières. Charles fit venir Condé, et lui proposa de trois choses l'une : « Messe, mort ou Bastille ». Condé refusa la première, et laissa le choix des deux autres au roi. Cette fermeté finit cependant par fléchir, et Condé céda, presque en même temps que le roi de Navarre, aux exhortations du jésuite Maldonato et surtout de Sureau des Rosiers, un des plus fougueux ministres réformés, que la peur avait conduit à l'apostasie. Le roi n'eut point de scènes aussi violentes avec Henri de Navarre qu'avec Condé : Henri de Navarre avait bien le courage, mais non pas l'inflexibilité de caractère et la puissance de conviction qui font les martyrs; on espérait et l'on croyait à la cour qu'il tiendrait moins de sa mère que de son père, le faible roi Antoine. Les deux princes « convertis » écrivirent au pape, le 3 octobre, pour le prier de les recevoir au giron de l'Église : Grégoire XIII s'empressa de leur répondre par les lettres les plus affectueuses et de réparer, par sa ratification, les irrégularités du mariage du roi de Navarre. Henri fut contraint à quelque chose de pire : Charles IX le força d'assister à l'exécution de Cavaignes et de Briquemaut (29 octobre).

La « conversion » des deux Bourbons en entraîna bien d'autres. Dans presque toute la France, les protestants fidèles à leur foi ne résistaient qu'en fuyant, en se cachant, en cherchant à se faire oublier par leur silence et leur soumission. Plusieurs de ceux qui ne reniaient pas leur religion reniaient leur parti : les âmes faibles, qui ne jugent du droit que par le succès, doutaient de la légitimité d'une cause que le ciel avait laissé frapper d'un si terrible coup, condamnaient les prises d'armes, les rébellions passées, et revenaient aux doctrines d'obéissance passive et de « soumission aux puissances ».

Tout semblait succéder aux désirs de Catherine : elle croyait voir expirer à ses pieds le parti huguenot, et les résistances lointaines qui se manifestaient au fond de deux ou trois provinces n'étaient plus à ses yeux que les dernières étincelles d'un feu prêt à s'éteindre.

Catherine se trompait : les religions ne meurent pas sous le couteau des assassins; il ne fut pas donné au crime heureux de se reposer dans ses victoires.

Les grands, les princes de la « Cause » étaient morts, « reniés » ou en exil [1] : la petite noblesse protestante était désorganisée par la perte de ses chefs; mais la Réforme renfermait un élément populaire qui la sauva. La bourgeoisie huguenote releva la bannière qui échappait aux mains de la noblesse. Quelques villes où la tradition des libertés communales du moyen âge s'était ravivée au souffle de la Bible, et où la Réforme avait couvé des sentiments républicains; quelques cantons montagnards, dont les simples et robustes populations avaient retrempé la vieille austérité vaudoise dans le génie guerrier des livres hébreux, tels furent les asiles de la foi proscrite. Là, tandis qu'ailleurs reparaissait le dogme de la passivité, on en vint, au contraire, à se poser nettement la grande question : « Est-il permis aux sujets de prendre les armes « contre le magistrat qui abuse de son pouvoir ? » et l'on osa répondre : « Oui ! » Jusqu'alors les huguenots avaient couvert leurs insurrections du nom des princes du sang ; ils avaient opposé, comme on le disait, « le magistrat au magistrat; » ils n'avaient pas osé s'avouer qu'ils combattaient le souverain. Parmi les plus extrêmes violences des guerres civiles, ils avaient prétendu ne lutter que contre les mauvais conseillers qui trompaient ou violentaient le roi. Les crimes de la royauté dissipèrent le prestige religieux qui entourait le trône; on reconnut que « l'on « pouvoit être contraint de prendre les armes contre le roi, » sans manquer aux devoirs du citoyen envers l'État; qu'il fallait distinguer entre le roi et la couronne [2].

---

1. *V.* le touchant récit de l'évasion de la veuve et des enfants de l'amiral, racontée par le fils aîné de Coligni; ap. *anc. collection*, t. XXVII, p. 492. Cette famille infortunée se retira en Suisse, où tout un peuple l'entoura de respects et de consolations. Malheureusement, la noble veuve de Coligni voulut rentrer dans son pays natal : le duc de Savoie la fit arrêter et la retint captive jusqu'à la mort.

2. *V.* les débats qui eurent lieu à La Rochelle, ap. *Mémoires de l'Estat de France*, t. II, f° 175, v°

L'explosion se fit attendre quelques semaines : dans les premiers moments de stupéfaction qui suivirent la nouvelle de la Saint-Barthélemi, c'était beaucoup que de fermer ses portes et de ne pas tendre la gorge aux massacreurs. Dans le petit nombre de villes où les protestants avaient une supériorité décidée, comme à Sancerre, à Nîmes, à Montauban et même à La Rochelle, la plupart des gros bourgeois, des gens de robe et une partie des officiers municipaux opinaient pour qu'on se soumît aux ordonnances royales. Le dévouement des petites gens l'emporta sur le timide égoïsme des riches. Ceux-ci, à Sancerre, firent pis que d'entraver les mesures de défense : ils livrèrent le château aux gens du gouverneur de Berri, que les Sancerrois s'étaient excusés de recevoir dans leurs murailles ; le château fut pris et repris dans un même jour (10 novembre) ; les traîtres furent chassés du château et de la ville, et les Sancerrois se mirent ouvertement en insurrection. Jusqu'alors, tout en fermant leurs portes à la garnison que le roi leur avait enjoint de recevoir par lettres du 3 septembre, ils avaient gardé vis-à-vis de la cour l'attitude de la prière. Ils furent renforcés par des soldats, des paysans, des bourgeois échappés d'Orléans, de Bourges et des petites villes de la Loire. A Nîmes, les mêmes dissidences se manifestèrent, mais n'allèrent point jusqu'à la trahison ; les citoyens qui ne voulurent point participer à la résistance quittèrent spontanément la ville. Les Nîmois agirent avec prudence : ils refusèrent d'ouvrir au lieutenant-général Joyeuse, mais ils ne firent plus le prêche que de nuit, pour ne pas contrevenir trop ostensiblement à la déclaration du 28 août ; ils gagnèrent du temps, armèrent en silence et encouragèrent par leur exemple les petites villes et les bourgades du Vivarais et des Cévennes.

Dans la Haute-Guyenne, ce fut la noblesse qui prit l'initiative : les bourgeois de Montauban avaient d'abord résisté aux instances de ce Regnier qu'on a vu sauvé si miraculeusement par son ennemi Vezins et qui les sollicitait de prendre les armes. Regnier s'en retournait tristement, lorsqu'il rencontre la fameuse compagnie de Montluc[1], qu'on appelait la « cornette noire, » et trois

---

1. Montluc ne la menait plus et n'était plus lieutenant-général de Guyenne. Il s'était retiré chez lui en 1570, à la suite d'une dernière blessure.

ou quatre autres cornettes de cavalerie qui cheminaient en désordre vers Montauban, sans s'attendre à la moindre résistance. Regnier, avec quarante chevaux, en charge quatre cents, les met en pleine déroute et ramène cinquante gentilshommes prisonniers dans Montauban. Les bourgeois crurent reconnaître le doigt de Dieu et s'insurgèrent : la rébellion se propagea dans le reste du Querci, dans l'Albigeois et dans le Rouergue.

En Béarn, les huguenots refusèrent d'obéir à un édit extorqué, disaient-ils, à leur seigneur captif, et par lequel le roi de Navarre avait ordonné le rétablissement du culte catholique dans ses états, prohibé le culte réformé, enjoint l'expulsion des ministres et la restitution des biens d'Église (16 octobre). Les huguenots se maintinrent en possession de toute cette contrée.

La cour commença de s'inquiéter en voyant se fortifier et s'enhardir sur divers points la résistance; mais La Rochelle seule préoccupait Catherine bien plus que tout le reste. La reine mère commençait à pressentir dans cette cité l'écueil de sa fortune. A la nouvelle du massacre, les soldats et les marins protestants qui faisaient partie du corps de Strozzi s'étaient jetés dans la place; beaucoup d'autres gens de guerre et tous les ministres réformés des provinces voisines y arrivèrent à la file; plus de quinze cents bons soldats se joignirent à la garde bourgeoise, forte de seize cents hommes [1]. La cour essaya de prendre les Rochellois par la douceur : dès le 30 août, le roi leur avait écrit pour les assurer de sa bienveillance et de son intention de maintenir ses édits. On leur dépêcha envoyé sur envoyé; on leur fit écrire par le roi de Navarre; on leur offrit, « pour eux seuls, » l'exercice du culte réformé; on ne leur demandait que de renvoyer les « étrangers » retirés chez eux et de recevoir dans leurs murs, non point La Garde ou Strozzi, mais le grand-maître de l'artillerie Biron, que le roi avait nommé gouverneur de La Rochelle et de l'Aunis. Le choix de Biron était adroit; ce capitaine, lié avec les chefs des politiques, avait sauvé plusieurs huguenots à la Saint-Barthélemi, après avoir failli périr lui-même. Les Rochellois demandèrent qu'on éloignât les forces de terre et de mer qui menaçaient leur

---

1. La population de La Rochelle ne dépassait pas dix-huit mille âmes.

ville. Le roi promit; mais la promesse ne se réalisait pas, et Biron était aux portes, réclamant ouverture. Il y eut de l'hésitation dans le conseil de ville : les plus riches inclinaient à l'obéissance. Sur ces entrefaites arriva un messager de Montauban, qui venait engager « ceux de La Rochelle » à tenir ferme, et qui raconta comment les huguenots de Castres, ayant consenti à recevoir un capitaine envoyé par le roi, avaient été traîtreusement égorgés dans leurs maisons. L'assemblée générale de la commune se prononça tout d'une voix pour la fermeture des portes. Le massacre de Bordeaux, qu'on apprit quelques jours après [1], et les actes d'hostilité commis par les troupes de La Garde et de Strozzi affermirent les Rochellois dans la résolution de se défendre jusqu'à la mort.

La cour cependant ne se voyait qu'avec une extrême répugnance réduite à l'emploi de la force ouverte. Les agents qui travaillaient pour le duc d'Anjou en Pologne ne cessaient de répéter à ce prince et à sa mère que le seul moyen de rendre son élection possible était de témoigner la plus grande modération envers les protestants français; qu'il fallait prouver à tout prix que les massacres n'étaient pas l'œuvre de la cour. De là, ces délais accordés à La Rochelle et aux autres villes récalcitrantes; ces ordonnances doucereuses contrastant avec la continuation des égorgements; ces ordres de poursuites et de punitions qui ne furent exécutés nulle part contre les massacreurs. La cour tenta un dernier effort auprès des Rochellois. Après la capitulation de Mons, que le duc d'Albe respecta, contre toute attente, apparemment pour rendre plus odieuse par cette loyauté inattendue la perfidie du roi de France, Charles IX avait prié le duc d'Albe de renvoyer en France les protestants français de la garnison de Mons. Ces pauvres gens, et surtout leur chef, le brave La Noue, s'attendaient à partager le sort de ceux qui les avaient envoyés en Hainaut, mais Charles IX, au contraire, dépêcha le duc de Longueville, gouverneur de Picardie, chercher La Noue à la frontière, le fit amener à Paris, l'accueillit avec bienveillance, lui donna mainlevée des biens séquestrés du malheureux Téli-

---

1. Le baron de La Garde justifie ce massacre dans sa correspondance avec les Rochellois. *Mémoires de l'Estat de France*, f° 596, v°.

gni, son beau-frère, et le chargea de ramener à l'obéissance ses coreligionnaires de La Rochelle. Charles IX protesta de la sincérité de ses offres aux Rochellois. Il y allait de la vie à refuser cette commission : La Noue d'ailleurs croyait que La Rochelle ne pouvait éviter sa perte que par une transaction ; il accepta, promit de revenir quand le roi le rappellerait, mais déclara franchement à Charles IX que, tout en donnant aux Rochellois des conseils pacifiques, il ne se prêterait à aucun acte qui pût être préjudiciable à leurs libertés. Les Rochellois, étonnés de voir le héros de « la Religion », le Bayart des Huguenots, se présenter à eux au nom des bourreaux de leurs frères, reçurent d'abord La Noue assez mal. Comme il leur montrait son « bras perdu à « leur service, ils répondirent qu'ils pensoient trouver La Noue, « mais qu'ils ne le voyoient point ; que celui à qui ils parloient « avoit beau lui ressembler de visage, qu'ils ne le cognoissoient « point pour La Noue [1] »

La Noue parvint enfin à les convaincre de la pureté de ses intentions, et ils lui offrirent le choix entre trois partis : demeurer parmi eux en simple particulier, prendre le commandement général de la noblesse et du peuple, ou passer en Angleterre. La Noue accepta le commandement, et, chose singulière ! il l'accepta de l'avis d'un affidé de Catherine que la cour lui avait adjoint pour collègue et pour surveillant. La cour n'espérait certainement pas que La Noue trahirait les Rochellois en sa faveur ; mais elle savait qu'il ne manquerait pas non plus à sa parole envers le roi et qu'il ferait tous ses efforts pour disposer les Rochellois à accepter des conditions raisonnables. Il y a quelque chose d'admirable dans cette confiance imposée au crime même par la vertu.

L'hiver était arrivé durant tous ces pourparlers et la hardiesse croissait de jour en jour aux populations insurgées : la terreur faisait place à la soif de la vengeance. Le mouvement prenait un caractère de plus en plus démocratique et la plupart des ministres du saint Évangile prêchaient ouvertement le républicanisme théocratique de la Bible. Ils en rédigèrent, pour ainsi dire, la

---

1. D'Aubigné, col. 569.

charte. La Popelinière (t. II, f° 123) et les Mémoires de l'Estat de France (t. II, f° 37-42) nous ont conservé un plan d'organisation du parti protestant, rédigé, dit-on, dans un synode tenu en Béarn à la fin de 1572 ; c'est un véritable projet de république fédérative. « En attendant qu'il plaise à Dieu de changer le cœur du roi,
« ou de susciter un prince voisin qui soit manifesté, par sa vertu
« et marques insignes, être libérateur de ce pauvre peuple
« affligé, chaque ville élira un chef ou mayeur pour commander,
« tant au fait de la guerre que de la police civile ; le mayeur sera
« assisté d'un conseil de vingt-quatre hommes choisis, comme le
« mayeur lui-même, sans acception de qualité, soit des nobles,
« soit d'entre le peuple, tant de la ville que du plat pays ; au
« mayeur et aux vingt-quatre seront adjoints, pour les affaires
« d'importance, soixante-quinze autres conseillers formant, avec
« lesdits mayeur et vingt-quatre, le grand conseil des cent [1], qui
« décidera des lois à établir ou à réformer, des ordonnances de
« monnoies, levées de deniers, accord de trêves ou de paix, et
« des appels en matière criminelle. Les fonctions seront annuelles.
« Tous les chefs et conseils particuliers éliront un chef général, à
« la façon de dictateur romain, pour commander en la campagne,
« avec cinq lieutenants et un conseil par la même voie que
« dessus.... On usera de toute douceur envers les catholiques
« paisibles ; quant aux traîtres et séditieux armés, que nul d'eux
« ne soit épargné.... Que les chefs se souviennent de ne se fier
« jamais en ceux qui, tant de fois et par si insignes et prodi-
« gieuses trahisons, ont rompu la foi, se gardant bien de faire
« jamais de ces paix qui servent d'instruments à massacres ».

Ce programme audacieux ne fut pas tout à fait suivi : on n'élut point de « dictateur romain » et le parti ne fut pas assez fort pour mettre une armée en campagne ; mais chaque ville, chaque forteresse huguenote se montra décidée à résister jusqu'à la dernière extrémité. La cour avait été prête pour assassiner ; elle ne le fut pas pour combattre. Catherine retrouvait presque les mêmes embarras qui l'avaient poussée à la paix de 1570 : c'était moins encore l'argent et les soldats qui lui manquaient que les géné-

---

1. Ceci paraît emprunté aux institutions communales de La Rochelle, qui était régie par un mayeur, vingt-cinq échevins et soixante-quinze pairs.

raux; elle se retrouvait entre les Guises et les politiques, également suspects à ses yeux. Elle se décida à envoyer le duc de Damville dans son gouvernement de Languedoc, espérant compromettre ce maréchal avec les huguenots, dont il avait été autrefois l'ennemi acharné, et le détacher ainsi des autres politiques. Damville obéit; mais il mena la guerre fort mollement contre les gens de Nîmes et des Cévennes, et perdit beaucoup de monde au siège de Sommières, petite place des environs de Nîmes. Le marquis de Villars, successeur de Montluc dans la lieutenance générale de Guyenne, n'eut guère plus de succès, grâce à l'indiscipline de ses troupes mal nourries et mal payées, et il n'osa s'attaquer à Montauban. Sancerre, petite ville avantageusement située sur une haute colline, à peu de distance de la Loire, se défendit héroïquement contre quelques milliers d'hommes commandés par La Châtre, gouverneur de Berri. Les paysans réfugiés dans la ville se servaient de frondes avec tant d'adresse et de vigueur, que ces armes renouvelées des anciens en prirent le nom « d'arquebuses de Sancerre ».

Mais ce n'était pas là, tout le monde le comprenait, c'était à La Rochelle que se décidait le sort de la « Cause ».

Les Rochellois avaient mis à profit le temps qu'on leur avait laissé : tandis que La Noue, investi du commandement militaire par une transaction si bizarre, ajoutait de nouveaux ouvrages aux remparts de la ville, déjà si forte de sa position entre la mer et de vastes marais, le maire Jacques Henri, homme de tête et de cœur, approvisionnait largement la place et y maintenait un ordre rigoureux, avec l'assistance du conseil des cent et d'un conseil extraordinaire composé de quatre échevins, quatre pairs, quatre simples bourgeois et quatre réfugiés. Cinquante-sept ministres, animés d'une exaltation délirante, formaient, à côté ou au-dessus des autorités civiles et militaires, un troisième pouvoir presque également redoutable aux magistrats et à l'ennemi, mais qui, malgré ses écarts fanatiques, décuplait l'énergie de la défense en soufflant incessamment l'enthousiasme religieux dans tous les cœurs.

La cour, voyant ses offres repoussées, s'était résolue à de grands efforts. Biron et Strozzi avaient commencé les approches dans les premiers jours de décembre : durant tout ce mois et celui de janvier, les forces royales s'accrurent peu à peu ; des dons gratuits avaient été demandés au clergé et aux bonnes villes, qui allouèrent des sommes considérables pour la « destruction des derniers repaires de l'hérésie ». Le 11 février 1573, le duc d'Anjou vint prendre le commandement en chef ; il était accompagné de son frère le duc d'Alençon, de tous les princes, de la plupart des grands, de presque toute la noblesse de cour. L'absence du maréchal de Montmorenci et de ses deux plus jeunes frères était significative. Le roi de Navarre et le prince de Condé, pour prouver la sincérité de leur retour à l'église romaine, avaient été contraints de marcher dans les rangs catholiques, à côté des meurtriers de l'amiral, à côté des Guise, des d'Aumale, des Nevers, des d'Angoulême [1], des Retz, des Cosseins. On conçoit quel ordre et quelle union pouvaient subsister dans un camp formé d'éléments si disparates !

Jusqu'à l'arrivée des princes, les généraux assiégeants s'étaient contentés de fermer la mer autant que possible aux Rochellois, en construisant deux forts des deux côtés de la baie au fond de laquelle est située La Rochelle, et en établissant à l'ancre une grosse caraque de 1,200 tonneaux, bien munie d'artillerie, entre le port et la baie. Du côté de la terre, la connaissance des lieux avait presque toujours donné l'avantage aux assiégés dans les petits combats livrés au milieu des marais. Le duc d'Anjou arrivé, la ville fut serrée de plus près et l'on s'occupa d'asseoir les batteries ; mais les opérations furent très-mal conduites. Anjou n'avait plus pour guide Tavannes, qui se mourait en Bourgogne, et l'on vit ce que valait, livré à lui-même, le vainqueur de Jarnac et de Moncontour. Anjou s'occupa de choisir le logis le plus commode bien plus que le meilleur point d'attaque ; il s'établit, et la noblesse à son exemple, à une lieue de la tranchée. Les assiégés avaient beau jeu contre une armée ainsi distribuée et, dans leurs sorties, ils enlevaient des quartiers entiers avant que la

---

1. Il n'avait pas tenu au bâtard d'Angoulême que la Saint-Barthélemi ne recommençât à Paris dans l'hiver de 1572 à 1573 : le bâtard avait pris goût au pillage ; durant une absence de Charles IX, il s'avisa de supposer un ordre du roi pour égorger, à la tête d'une troupe de scélérats, les plus riches citoyens de Paris, sous prétexte d'hérésie. Le duc de Nevers, averti de ce projet, en empêcha l'exécution. De Thou, t. III, l. LIV, p. 200.

gendarmerie pût accourir au secours des fantassins. L'argent manquait : les dons gratuits ne suffisaient pas; les compagnies étaient incomplètes; l'artillerie n'était point en état. L'impuissance du gouvernement aggravait les conséquences des fautes du général en chef.

Les négociations furent rouvertes : les ministres huguenots ne purent empêcher la tenue des conférences; mais ils firent décider que La Rochelle ne traiterait pas sans les autres villes et églises réformées. Cette prétention fut rejetée bien loin. Les trames secrètes ne réussirent pas mieux aux assiégeants que les négociations publiques : quelques soldats s'étaient introduits dans la place comme déserteurs et devaient en livrer l'entrée; ils furent découverts, mis à mort et jetés par-dessus les murailles. La discorde régnait toutefois dans La Rochelle, quoique tout le monde fît son devoir les armes à la main. La Noue pensait que La Rochelle succomberait à la longue, si elle n'était secourue du dehors, et n'espérait pas ce secours, parce qu'il savait que la reine d'Angleterre, qui seule eût pu le fournir, était fort peu disposée à se brouiller avec la cour de France : il tâchait donc de sauver à tout prix La Rochelle par une transaction. Les ministres du saint Évangile traitaient de défiance impie ces calculs de la prudence humaine; ils comptaient sur des miracles pour sauver la « Cause » et venger les martyrs de la Saint-Barthélemi : ils allaient jusqu'à prétendre qu'on ne pouvait, sans péché, garder la foi « aux méchants et massacreurs » pris en guerre et qu'on les devait mettre à mort, quoiqu'ils eussent été reçus à merci : c'était se rapprocher de la maxime tant reprochée au catholicisme, « qu'on ne doit point garder la foi aux hérétiques [1] » Les gentilshommes soutenaient La Noue; le peuple, tout en conservant quelque respect pour La Noue, suivait les ministres. Des scènes très-violentes eurent lieu entre les ministres et ce capitaine : un d'eux, vieillard que le fanatisme exaltait jusqu'à la démence, osa donner un soufflet à La Noue. Ce sage guerrier, toujours maître de lui-même, arrêta ses officiers qui levaient déjà l'épée sur le téméraire et se contenta de le renvoyer à sa femme, afin « qu'elle le fît guérir de sa folie. »

1. *Mem. de l'Estat de France*, t. II, f° 177.

La situation de La Noüe, entre ses promesses à Charles IX et ses devoirs envers La Rochelle, était si pénible, qu'il avait dix fois cherché la mort pour s'en délivrer. Sur ces entrefaites, il fut sommé, au nom du roi, de tenir sa parole et de quitter la ville, puisque tout espoir de paix semblait perdu. Il obéit (14 mars) et resta dans le camp du duc d'Anjou, afin de profiter des occasions qui se présenteraient de servir ses coreligionnaires. L'aspect de ce camp, vu de plus près, dut rassurer La Noue sur le sort de La Rochelle : l'indiscipline et l'anarchie étaient au comble parmi les assiégeants; le jeune duc d'Alençon, jusqu'alors assez négligé par sa mère et ses frères, aspirait au rôle de chef de parti; il affectait de rivaliser avec le duc d'Anjou, regrettait tout haut l'amiral, groupait autour de lui les « nouveaux convertis », les politiques, tous les mécontents. La moitié de l'armée désirait que La Rochelle ne fût pas prise, quoique les mécontents, par bravade et par point d'honneur, s'exposassent autant que les autres à la tranchée et dans les escarmouches.

Dans la ville, au contraire, quelles qu'eussent été les dissidences, qui diminuèrent par le départ de La Noue, l'ardeur était unanime et la défense admirable : la mort du duc d'Aumale, tué d'un coup de canon le 3 mars, avait semblé justifier les prophéties des ministres; c'était le « commencement du jugement de Dieu sur les massacreurs! » Quoi qu'eût pu dire La Noue, les Rochellois attendaient avec confiance les secours de l'Angleterre; ils ne pouvaient croire qu'Élisabeth les abandonnât, et ils venaient d'être avertis que Montgommeri et leur ancien amiral Jean Sore assemblaient dans les ports anglais une petite armée de réfugiés huguenots. Après cinq semaines de batterie et d'escarmouches meurtrières, les assiégeants s'étaient enfin décidés à attaquer de pied ferme. Quatre assauts furieux furent repoussés avec un grand carnage (7-8-10-14 avril). Quatre fois le psaume LXVIII : *Que Dieu se montre seulement!* retentit comme un chant de victoire du haut des tours de La Rochelle. Les remparts n'étant guère abordables que sur un seul point, à cause des marais, la supériorité du nombre devenait presque inutile : quatre mille hommes en repoussèrent vingt mille. Les défenseurs de la ville avaient été renforcés par des auxiliaires inattendus; les femmes de La

Rochelle montèrent en foule sur les murailles et firent pleuvoir sur les assaillants du goudron bouillant, des cercles de fer rouge, des pots à feu et des pierres [1]. Elles faisaient jouer incessamment une machine qu'on appelait « l'encensoir » : c'était un mât tournant sur un pivot; à l'extrémité était attachée une chaudière qui versait des torrents de feu dans le fossé. Le boulevard de l'Évangile fut le cimetière de l'armée royale. Le duc de Nevers, le marquis de Mayenne, le comte de Retz, le colonel-général de l'infanterie Strozzi, du Guast, favori du duc d'Anjou, et bien d'autres, furent plus ou moins grièvement blessés. Cosseins, ce capitaine des gardes qui avait conduit les assassins de l'amiral, demeura mort sur la place [2]. Les assiégés s'enivraient de vengeance : les assiégeants étaient découragés; les soldats se plaignaient de la légèreté avec laquelle on prodiguait leur vie; les capitaines se défiaient les uns des autres; parfois, au milieu d'un combat, une panique sans motif apparent jetait le désordre dans toute l'armée. Ces défiances étaient assez fondées; car le duc d'Alençon, le roi de Navarre et le prince de Condé délibérèrent plusieurs fois de déserter avec tous leurs amis, pour aller se jeter dans Angoulême ou dans Saint-Jean-d'Angéli. Les assiégés étaient avertis de tous les mouvements, de tous les projets de l'armée royale.

Le 19 avril, les vigies signalèrent la « flotte d'Angleterre ». La joie que cette annonce répandit dans la ville fut de courte durée. Élisabeth n'avait osé secourir La Rochelle, de peur que Charles IX ne se vengeât en excitant les catholiques anglais à la révolte et en secourant les partisans de Marie Stuart, qui avaient repris les armes en Écosse et s'étaient emparés de la citadelle d'Édimbourg. La flotte signalée ne se composait que de petits bâtiments mal équipés par les réfugiés, qui avaient quitté à la hâte les ports d'Angleterre, de crainte d'être arrêtés par ordre d'Élisabeth. Cette

---

1. Les femmes huguenotes montrèrent la même intrépidité aux sièges de Sommières et de Sancerre. Là, comme à La Rochelle, on les voyait descendre dans les fossés, au milieu des arquebusades, pour aller dépouiller les morts et achever les blessés ennemis.

2. Maurevert était aussi à l'armée; mais on avait été obligé de lui donner un poste isolé, aucun chef de corps n'ayant voulu le recevoir ni entrer en garde avec lui. *Mémoires* du duc de Bouillon, ap. anc. collect., t. XLVIII, p. 14. Cette particularité prouve qu'il restait encore quelque étincelle de l'honneur français parmi ces hommes souillés de bien des crimes.

princesse avait même déclaré aux agents de la cour de France qu'elle consentait à ce qu'on traitât en pirates les Anglais embarqués avec Montgommeri. L'escadre huguenote n'essaya point de passer entre les forts et les navires catholiques, ni de forcer une estacade par laquelle les assiégeants avaient fermé le port de La Rochelle : Montgommeri fit parvenir quelques munitions aux Rochellois, puis se retira dans les parages de Belle-Isle. Le duc d'Alençon, le roi de Navarre et le prince de Condé, à l'aspect de la flottille protestante, avaient eu la pensée de se saisir de quelques vaisseaux pour aller joindre Montgommeri et passer en Angleterre. Ce fut La Noue qui les empêcha d'exécuter ce projet, qui eût fort embarrassé Élisabeth et n'eût point servi la cause des huguenots.

La retraite du « secours » n'abattit point le courage des assiégés : ils plantèrent un mai fleuri sur leurs remparts le premier jour de mai et continuèrent à braver assauts et canonnades. La disette commençait à les menacer; mais les coquillages de mer, très-abondants cette année-là, leur fournirent une ressource qu'ils comparèrent pieusement à la manne envoyée du ciel aux Hébreux. Le fer des huguenots, la désertion et une maladie dont les symptômes, décrits par les historiens, rappellent le choléra-morbus, décimaient l'armée royale, qui eût été depuis longtemps réduite à lever le siége, si des recrues venues de toutes les provinces et des mercenaires suisses ne l'eussent presque entièrement renouvelée. Des milliers de soldats[1] et plus de trois cents officiers de distinction avaient péri : le duc d'Anjou fut blessé légèrement le 13 juin et l'eût été peut-être mortellement, sans le dévouement de son écuyer de Vins, qui se jeta au-devant du coup dirigé contre le prince et reçut la balle dans le corps. Il n'en mourut pas.

La cour n'espérait plus emporter La Rochelle de vive force et les pourparlers avaient été rouverts; les nouvelles de Pologne hâtèrent la conclusion.

Le duc d'Anjou était roi, grâce à la dextérité des agents diplomatiques de sa mère. L'évêque Montluc et Gaspard de Schomberg,

---

1. De Thou et d'Aubigné prétendent qu'il mourut quarante mille hommes à ce siége, chiffre évidemment très-exagéré; d'autres disent vingt-deux mille.

Allemand attaché au service de France, avaient rivalisé de zèle et d'adresse. Schomberg avait employé, auprès des princes protestants d'Allemagne, les caresses, les protestations, les menaces indirectes, pour les empêcher de traverser les prétentions du duc d'Anjou et de servir en Pologne les intérêts de l'archiduc Ernest, fils de l'empereur et le plus redoutable des compétiteurs du duc d'Anjou. Schomberg avait montré à ces princes le danger d'accroître la puissance autrichienne, qui ne serait pas toujours dans les mains du tolérant Maximilien; il les avait effrayés d'un projet formé, disait-il, par le pape et le roi d'Espagne pour dépouiller les électeurs protestants de leur droit électoral; il avait fait voir au contraire la France toute prête, malgré « l'accident » de la Saint-Barthélemi, à se rapprocher des princes réformés et à reprendre les plans de Coligni sur les Pays-Bas. Schomberg travailla si bien, que la plupart des princes protestants d'Allemagne demeurèrent neutres, et que quelques-uns même favorisèrent le duc d'Anjou en Pologne et promirent d'appuyer auprès de la reine d'Angleterre les poursuites du duc d'Alençon. Schomberg signa un traité secret à Francfort avec Louis de Nassau, qui s'engagea, au nom du prince d'Orange, à placer la Hollande et la Zélande sous le protectorat de la France et à céder au roi toutes les conquêtes qui pourraient être faites sur l'Espagne, si Charles IX se décidait à embrasser la défense des provinces insurgées contre Philippe II (avril 1573). Louis de Nassau consentit à continuer de servir les prétentions de Charles IX à l'Empire et celles du duc d'Alençon à la main d'Élisabeth! Quelles angoisses durent ressentir l'ardent Louis de Nassau et l'austère Guillaume, avant de se décider à courber la tête devant les assassins de Coligni! Ils le firent à cause de l'abandon où les laissait Élisabeth, qui traitait en ce moment même avec Philippe II[1], et pour quelque argent destiné à sauver une héroïque ville hollandaise, Haarlem, qui soutenait un siège désespéré contre les Espagnols : l'argent ne vint pas à temps et Haarlem ne fut pas sauvé[2]! Louis de Nas-

1. 1er mai 1573. Les Anglais voulaient le rétablissement du commerce avec l'Espagne.

2. Haarlem fut emporté le 12 juillet 1573 et tout fut passé au fil de l'épée : une foule de réfugiés français y périrent. MM. Michelet et Quinet ont très-bien fait ressortir l'importance de l'élément français dans la révolution de Hollande. La France

sau laissa déborder son cœur et écrivit à Charles IX de terribles vérités[1].

Pendant ce temps, l'évêque Montluc agissait efficacement auprès de la noblesse polonaise : il caressait l'orgueil chevaleresque de cette valeureuse nation et son esprit d'indépendance[2]; insistait sur les rapports qu'une même vaillance, une même douceur et « humanité de mœurs[3] » établissaient entre la France et la Pologne et qui, suivant lui, avaient depuis longtemps inspiré aux deux peuples une affection réciproque ; il exposait les avantages de l'alliance française, trop puissante pour ne pas être efficace au besoin, trop lointaine pour devenir jamais oppressive, disculpait audacieusement le roi et le duc d'Anjou vis-à-vis des réformés, représentait aux catholiques la nécessité d'écarter les concurrents hérétiques ou schismatiques, tels que le fils du roi de Suède, le fils du tzar de Moscovie, le duc de Prusse, le vayvode de Transylvanie, à tous l'extrême péril auquel le choix d'un monarque autrichien exposerait la liberté polonaise. Montluc offrit toutes les garanties, accepta toutes les conditions ; les grands

---

protestante porta en Hollande son esprit avec son épée et anima de son ardente activité l'opiniâtre race teutonique.

1. V. sa lettre ap. Groën Van Prinsterer, t. IV, appendice, p. 81, et d'éloquents passages, ap. Michelet, La Ligue et Henri IV, p. 28, 497. « Vous touchez la ruine, écrit Nassau au roi : votre état baie de tous côtés, lézardé comme une vieille masure.... Où sont vos noblesses? où sont vos soldats?... Ce trône est à qui veut le prendre. »

2. « Par une spéciale grâce et bénéfice de Dieu, la Poulonne a été réservée, comme « un ferme rempart et assuré boulevard, pour soutenir, arrêter et repousser les « efforts et excursions des nations barbares... comme une forteresse inexpugnable « pour couvrir et défendre le reste des provinces chrétiennes. Vous seuls, presque « entre toutes les nations du monde, avez retenu le privilége et la faculté d'élire vos « rois, et, par même moyen, avez aussi très-constamment conservé jusques ici tous « autres ornements de liberté et dignité, là où les autres nations qui souloient être « aussi libres, étant maintenant dépouillées de toutes libertés, sont abattues et pro« sternées par terre, regardées des passants, non sans grand ébahissement, comme « charognes mortes de liberté éteinte. » Cette sortie républicaine contre l'Europe monarchique du XVIe siècle est assez piquante dans une harangue « faite et prononcée de la part du roi Très-Chrétien » par-devant « la noblesse de Poulonne ». V. la harangue de Montluc (du 10 avril 1573) et les Mémoires de son secrétaire J. Choisnin, dans le t. XI de la collect. Michaud. V. aussi les Mémoires de l'Estat de France, t. I, fº 433, vº, et t. II, fos 141-165. Les instructions de Montluc se trouvent parmi les manuscrits de Baluze, in-4º, cot. 10,339, Bibl. nat.

3. Parler de « l'humanité des mœurs » le lendemain de la Saint-Barthélemi dépassait les bornes de l'effronterie !

revenus des duchés d'Anjou, de Bourbonnais et d'Auvergne, apanage du prétendant, seront transférés en Pologne; le libre commerce sera établi entre la France et la Pologne, et protégé au besoin par une flotte française; le duc d'Anjou lèvera quatre mille Gascons pour aider les armées polonaises à récupérer les terres usurpées par le Moscovite en Lithuanie et en Livonie; le duc d'Anjou dotera l'université de Cracovie [1]. Les principaux membres de la noblesse catholique et protestante de Pologne venaient de signer un accord par lequel on s'engageait de part et d'autre à ne jamais permettre l'emploi de la violence en matière de religion. Montluc ratifia ce pacte au nom du duc d'Anjou; il fit plus : les « évangéliques » (protestants) polonais demandèrent « que le « roi Très-Chrétien rétablît en leurs biens, noblesse et honneurs, « tous ceux qui avoient été condamnés pour la prétendue conspi-« ration de Paris, ou leurs héritiers; que le libre exercice de la « religion fût accordé, comme par ci-devant, aux villes et places « qui avoient ledit exercice; qu'on fît diligentes informations « contre les massacreurs, et qu'ils fussent châtiés [2] ». Les instructions de l'ambassadeur français ne prévoyaient pas une semblable requête : Montluc, cependant, qui avait toujours soutenu que le massacre avait eu lieu contre la volonté du roi, ne pouvait refuser sans tout compromettre; il consentit; il jura au nom de Charles IX (4 mai). Cinq jours après, trente-cinq mille gentilshommes, réunis à cheval et en armes dans la plaine de Varsovie, proclamèrent le duc d'Anjou roi de Pologne. L'élection fut à peine un moment douteuse; dès que la majorité eut commencé à se déclarer, la minorité s'y réunit, afin d'éviter au pays les dangers d'une lutte intestine (9 mai 1573). Montluc expédia en France la nouvelle de sa victoire et ne tarda pas à se remettre en route suivi par une grande ambassade polonaise.

Quoique la cour de France ne sût pas encore toute l'étendue des engagements pris par Montluc, elle jugea qu'il importait de terminer la guerre civile avant l'arrivée des ambassadeurs polonais. C'était une consolation pour son amour-propre que d'accor-

---

1. Le savant jurisconsulte François Baudouin devait être chargé de réorganiser cette université; mais il mourut avant la fin de l'année.
2. La Popelinière, t. II, f° 177.

der volontairement à des considérations diplomatiques ce qu'elle eût été bientôt réduite à subir par impuissance. Le siège de La Rochelle avait dévoré toutes ses ressources. Les quatre secrétaires d'état, Brûlart, Pinart, de Sauve et Villeroi furent dépêchés successivement au camp du duc d'Anjou, afin de presser les négociations. Des députés de Montauban vinrent s'adjoindre aux commissaires des Rochellois, qui, bien que sans pouvoirs, stipulèrent au nom du parti tout entier. Ce n'étaient plus cette fois les princes du sang et les grands officiers de la couronne, les Bourbons et les Châtillons, qui traitaient avec le roi pour le parti réformé ; les noms roturiers des Jacques Henri, des Morisson, des Salbert, des Gargouillaud marquaient une nouvelle phase de l'histoire du protestantisme. Les conventions de paix, arrêtées le 24 juin, furent acceptées le lendemain par le peuple rochellois et par les réfugiés réunis sur le bastion de l'Évangile. Le roi les ratifia et les fit publier sous forme d'édit, dans le courant de juillet. Tout l'honneur et l'avantage du traité furent pour les trois principales villes confédérées. Le plein exercice du culte fut accordé à La Rochelle, à Nîmes et à Montauban, avec l'exemption de garnison et la promesse de ne pas construire de citadelle dans les trois villes. Les gentilshommes et autres ayant haute justice, qui avaient porté les armes avec les habitants desdites villes, étaient autorisés à célébrer dans leurs maisons les baptêmes et mariages, « sans plus grande assemblée que dix personnes, outre les parents, parrains et marraines ; » le reste des protestants devaient avoir seulement la liberté de conscience, avec amnistie pour tout ce qui s'était passé « depuis le 24 août dernier. » Ainsi, la résistance armée arrachait ce qui était refusé à la soumission. C'était un grand enseignement [1].

Moins heureuse toutefois, la courageuse ville de Sancerre n'obtenait pas le bénéfice de sa défense, prolongée, depuis plusieurs mois, à travers des souffrances inouïes. Les commissaires de La Rochelle ayant insisté vainement en faveur des Sancerrois, les partisans de la paix étaient parvenus à faire en sorte qu'on passât outre. Sancerre n'eut point de mention particulière dans le

---

1. V. l'édit dans La Popelinière, t. II, f° 183, et dans les *Mémoires de l'Estat de France*, t. II, f° 212.

traité. Il n'y a point, dans l'histoire de nos guerres de religion, d'épisode plus tragique que le siége de Sancerre, raconté avec une simplicité si touchante par le ministre Jean de Léri [1]. Les Sancerrois avaient mis à leur tête un homme d'un ferme courage, mais de peu de prudence, ce même Joanneau qui les avait si bien défendus en 1569. Joanneau, s'obstinant dans l'idée que la cour n'attaquerait point à la fois La Rochelle et Sancerre, ne s'était point assez tôt mis en mesure d'approvisionner sa ville : cette faute eut d'épouvantables conséquences; dès le mois d'avril, on fut contraint de manger les ânes et les mulets, puis les chevaux de service, puis les chiens, les chats, les souris : on se disputa les débris les plus immondes de toute substance animale ou végétale ; on créa, pour ainsi dire, des aliments monstrueux, impossibles. Et l'on vécut ou plutôt l'on agonisa ainsi des mois entiers ! Les enfants mouraient de faim entre les bras de leurs parents, qui ne tardaient pas à les rejoindre. On vit se renouveler les horreurs si fameuses du siége de Jérusalem : un père et une mère mangèrent leur fille morte de misère !

Ces hommes exténués par la faim triomphèrent cependant de tous les assauts : la conviction où ils étaient qu'on ne leur tiendrait aucune promesse, qu'on les traiterait comme leurs frères à la Saint-Barthélemi, leur prêtait une force surhumaine. Ils tinrent encore plusieurs semaines après la paix de La Rochelle; ils ne voulaient pas croire à la réalité de cette paix, et les assiégeants, qui haletaient après le sac de leur ville, ne cherchaient guère à les convaincre. L'arrivée de l'ambassade polonaise les sauva. La cour, craignant l'impression que produiraient sur les envoyés les horreurs de Sancerre, donna ordre au gouverneur de Berri, La Châtre, d'en finir à tout prix. La Châtre garantit la vie et les biens aux hommes, l'honneur aux femmes, la liberté de conscience à tous, moyennant une rançon de 40,000 livres au bénéfice de ses soldats. Sancerre ouvrit enfin ses portes le 19 août; la place fut démantelée. La capitulation fut observée vis-à-vis de la masse des habitants et des réfugiés ; mais, peu de temps après, l'ex-gouverneur Joanneau fut attiré hors de sa maison et

---

1. *Discours de la famine de Sancerre*; 1574; réimprimé ap. *Archives curieuses*, t. VII.

assassiné pendant la nuit ; le ministre La Bourgade eut le même sort.

Les ambassadeurs polonais étaient entrés à Paris le jour même de la capitulation de Sancerre ; ces étrangers excitèrent l'admiration du peuple par la richesse et la bizarrerie de leur costume semi-oriental, semi-fantastique [1], et l'étonnement de la cour par l'étendue et la variété de leurs connaissances, qui contrastaient avec l'ignorance des jeunes courtisans français. On remarquait dès ce temps l'aptitude singulière des hommes de race slave à parler les langues étrangères [2].

L'ambassade polonaise fut magnifiquement accueillie, et, le 10 septembre, dans une grande assemblée réunie à Notre-Dame, le nouveau roi de Pologne jura, sur les Évangiles, de conserver inviolablement tous les droits de ses sujets polonais et lithuaniens. Le roi de France jura ensuite d'accomplir tout ce que ses envoyés avaient promis de sa part, « conformément à ses instructions ». Les promesses faites en faveur des réformés français se trouvaient exclues de ce serment : les agents du pape et de Catherine étaient parvenus à détourner ceux des nonces polonais qui étaient catholiques d'appuyer à cet égard les réclamations de leurs collègues « évangéliques, » et Montluc avait été désavoué, selon son propre conseil.

Charles IX se montrait beaucoup plus satisfait de l'élévation de son frère que celui-ci ne l'était lui-même. Charles, poursuivant incessamment l'oubli dans des chasses furieuses, dans des exercices et des jeux d'une violence folle, la fièvre dans les veines, le visage décomposé, l'œil hagard, était de plus en plus incapable de l'attention soutenue et du sang-froid qu'exigent les affaires ; il ne pouvait ni commander ni souffrir qu'Anjou commandât sous son nom ; résigné au joug de sa mère, mais non à celui de son frère, il aspirait impatiemment à voir partir le roi de Pologne. Catherine, au contraire, et Henri encore davantage, en étaient presque à reprocher à Montluc d'avoir réussi. Quiconque avait été

---

1. Les Polonais avaient encore la tête rasée par derrière à la façon des Tartares et portaient des arcs et de larges carquois. De Thou, t. III, l. LVI, p. 280. Ils accoutraient eux et leurs chevaux de grands panaches et d'ailes d'aigles largement éployées.
2. De Thou, t. III, l. LVI, p. 280.

nourri dans cet ardent tourbillon de la cour des Valois, dans cette enivrante atmosphère de voluptés et de crimes, de parfums et de sang, ne pouvait plus s'en arracher sans tomber dans le marasme et l'atonie : Henri croyait partir pour l'exil plutôt que pour le trône. Ses regrets étaient redoublés par sa violente passion pour la princesse de Condé (Marie de Clèves), amour d'imagination qui n'empêchait pas Henri de se vautrer dans les débauches les plus grossières. Les rois de France et de Pologne ne se retrouvaient frères que dans l'orgie [1].

Charles IX ne tarda pas à penser que Henri prolongeait par trop ses adieux aux plaisirs de Paris. Lorsque le roi de Pologne laissa percer le désir de passer encore cet hiver en France, Charles s'emporta furieusement et, reniant Dieu selon son habitude, il dit à son frère, devant la reine mère, qu'il fallait qu'un des deux sortît du royaume. Henri se résigna et quitta Paris le 28 septembre, après que Charles lui eut octroyé une déclaration portant que l'acceptation de la couronne de Pologne ne dépouillait aucunement ni lui ni ses hoirs de leurs droits éventuels à la couronne de France. Le roi, les reines et toute la cour conduisirent lentement Henri vers les marches d'Allemagne : la petite vérole força Charles IX de s'arrêter à Vitri-sur-Marne. Catherine suivit Henri jusqu'à Blamont en Lorraine et se sépara enfin à grand'peine de ce fils, le seul être qu'elle ait jamais aimé. « Partez donc, lui dit-elle, mais vous n'y demeurerez guère [2] ».

La mauvaise santé de Charles IX, aggravée par des fatigues insensées [3], faisait prévoir qu'une phthisie pulmonaire ou quelque maladie accidentelle pourrait bien l'emporter avant peu. Il n'est

---

1. V. dans L'Estoile, p. 28, le récit d'une orgie à la suite de laquelle les deux rois s'en allèrent, avec une bande de courtisans, mettre au pillage la maison du prévôt de Paris, Duprat de Nantouillet, pour le punir d'avoir refusé d'épouser la Châteauneuf, maîtresse du roi de Pologne. La suite des deux rois vola plus de 50,000 francs à Nantouillet, tant en argent qu'en vaisselle. On regrette de voir le nom du roi de Navarre mêlé aux honteuses extravagances de ses beaux-frères, qui le trouvaient bon compagnon et le traitaient comme tout à fait sans conséquence. Il y avait quelque chose d'étrange et de sinistre dans ces parties de débauche où s'attablaient côte à côte tous ces jeunes princes qui s'entre-détestaient au fond de l'âme.

2. D'Aubigné, col. 667.

3. Durant des matinées entières, il épuisait à donner du cor ses poumons déjà malades ; il forgeait des armes ; il faisait à cheval des courses forcenées.

pas besoin de chercher là un nouveau crime. Catherine avait songé à un autre moyen de ramener Henri, au moins dans le voisinage de la France. Le comte Louis de Nassau était venu en Lorraine au-devant du roi de Pologne chercher ce faible secours d'argent (100,000 écus) qu'il lui fallait acheter si cher! Catherine promit à Nassau que Henri, une fois arrivé dans son royaume, déciderait ses sujets à s'unir aux Danois et aux protestants d'Allemagne pour secourir les insurgés neerlandais et qu'il armerait une flotte à Dantzick afin de descendre en Hollande. Elle rêvait de faire le roi de Pologne, à l'aide des Polonais, seigneur des Pays-Bas, et reprenait, au profit de son égoïsme maternel et avec des moyens chimériques, les projets que son illustre victime avait conçus avec profondeur au profit de la France.

Tandis que Catherine rêvait des conquêtes au dehors, le pouvoir, en France, croulait entre ses mains. L'édit de juillet 1573 était bien loin : les concessions qui avaient déjà tant coûté à Catherine étaient rejetées avec mépris; les huguenots du Languedoc et de la Guyenne, à la nouvelle du traité conclu avec les Rochellois, avaient demandé au roi la permission de s'assembler à Montauban et à Nîmes, afin de prendre connaissance de ce pacte. Les assemblées se réunirent le jour même de la Saint-Barthélemi, comme pour évoquer les ombres sanglantes des martyrs protestants, et toutes leurs résolutions furent inspirées par ce lugubre anniversaire. Le traité de La Rochelle fut désavoué tout d'une voix; le projet audacieux de constituer le parti réformé en fédération républicaine, déjà proposé et commenté à la fin de l'année précédente, fut adopté et mis à exécution : le Languedoc et la Haute-Guyenne formèrent deux grands gouvernements ou généralités, avec Nîmes et Montauban pour chefs-lieux; Saint-Romain, qui, d'archevêque d'Aix, s'était fait capitaine de huguenots, et le vicomte de Paulin furent chargés du commandement général, avec le concours des États « composés des plus notables des deux provinces »; chaque diocèse devait avoir en outre ses états particuliers ressortissant aux états de la généralité : les états de chaque généralité devaient se tenir tous les trois mois; les états des généralités réunies, tous les six mois. On arrêta que les revenus de tous les bénéfices ecclésiastiques seraient saisis, et toutes les villes et villages soumis à une cotisation pour les frais de la guerre. Les catholiques qui paieraient la cotisation de bon gré seraient préservés de toutes vexations. « L'union civile » de l'église réformée s'étendrait à tout le royaume au fur et à mesure des progrès de la Cause [1].

Les deux assemblées de Nîmes et de Montauban expédièrent au roi des députés qui trouvèrent Charles IX à Villers-Cotterets, comme il conduisait son frère à la frontière. Ils demandèrent que, pour établir une paix assurée contre les artifices des « méchants conseillers », le roi payât les garnisons entretenues par les réformés dans les villes qu'ils occupaient; qu'outre ces villes, le roi en donnât deux autres en garde aux réformés dans chaque province; que l'exercice public de la religion fût permis à tous par tout le royaume; que, « pour administrer justice à ceux de la religion », de nouveaux parlements composés de réformés fussent érigés en chaque province; que les réformés fussent déchargés du paiement des dîmes; que les auteurs, conseillers et exécuteurs des massacres fussent punis comme brigands et perturbateurs du repos public; que les arrêts rendus contre le feu amiral et les autres victimes fussent cassés, pour « fausse calomnie »; que la prétendue conspiration dont on chargeait leur mémoire fût révoquée en termes exprès; qu'il fût déclaré que les réformés avaient pris les armes justement et pour bonne occasion, depuis le 24 août 1572 [2].

La reine mère fut frappée de stupeur : « Si Condé, s'écria-t-elle, étoit encore en vie et qu'il fût au cœur de la France, qu'il fût dans Paris, avec cinquante mille hommes de pied et vingt mille chevaux, il ne demanderoit pas la moitié de ce que ceux-ci ont l'insolence de prétendre ! »

Voilà où en étaient la cour et le parti protestant un an après le grand massacre. Quelle leçon de la Providence !

Le roi, ou plutôt Catherine, se contint cependant, ne rejeta point entièrement l'audacieuse requête des huguenots et renvoya leurs députés au maréchal de Damville, afin de discuter avec lui les moyens de pacification (octobre 1573).

1. La Popelinière, t. II, fos 185-186-192.
2. La Popelinière, t. II, fos 186-189.

Les protestants ne fondaient plus seulement leur assurance sur leurs propres forces, qui, dans le Languedoc et la Guyenne, s'élevaient à près de vingt mille combattants. Il se manifestait des symptômes tout à fait nouveaux. D'une part, la masse de la faction ultra-catholique était plongée dans cette atonie qui suit les grands crimes : à travers les sophismes de la fausse science et le délire de la superstition, le cri de la conscience se faisait entendre ; si quelques-uns des massacreurs, comme Tavannes, finissaient dans l'impénitence, beaucoup d'autres mouraient furieux et désespérés. De l'autre part, l'indignation excitée par la Saint-Barthélemi dans les cœurs honnêtes [1], et les intérêts des grands qui avaient enfin pénétré le système de Catherine, et qui voyaient qu'elle ne visait qu'à les détruire les uns par les autres, contribuaient également à grossir le parti des politiques ou « catholiques paisibles », et à l'entraîner dans une alliance avec les huguenots contre la reine mère et les Guises. Tout semblait légitime à bien des gens pour arracher la France à Catherine. Les deux aînés des Montmorencis et le maréchal de Cossé répugnaient à tout ce qui pouvait être estimé rébellion ; mais les deux plus jeunes Montmorencis, Thoré et Méru, et beaucoup de leurs amis, étaient déjà complètement d'accord avec les huguenots et avec les Nassau, qui, tout en subissant la nécessité de traiter avec Catherine, n'avaient pas renoncé à venger leurs amis massacrés. Dès le mois de novembre, les politiques du Poitou, qui avaient à leur tête le lieutenant-général de la sénéchaussée de Poitiers, dépêchèrent des délégués à une assemblée huguenote tenue à Milhaud en Rouergue ; et ces envoyés professèrent les maximes les plus hardies contre les excès de l'autorité royale [2].

Les huguenots saisissaient vivement et habilement les occasions d'attirer à eux tous les mécontents. Lors de la présentation des fameuses requêtes de Nîmes et de Montauban, les députés des huguenots de Provence et de Dauphiné, qui s'étaient joints en route à leurs coreligionnaires de Languedoc et de Guyenne, avaient bien moins parlé de la religion que des impôts, et, tandis

---

1. « Cet acte me fit dès lors aimer les personnes et la cause de ceux de la religion » ; mot bien connu d'un catholique éminent, rappelé par M. Michelet.
2. La Popelinière, t. II, fo 207.

que leurs compagnons réclamaient la liberté générale du culte et la vengeance de la Saint-Barthélemi, ils avaient demandé, au nom du Tiers État de leurs provinces, la suppression de toutes les taxes pendant dix ans, et, ce terme écoulé, leur réduction au taux du règne de François Ier. L'appel aux États Généraux, lancé par les politiques, fut répété par les huguenots. On ne parlait que des vieilles libertés nationales, de la nécessité de mettre un frein au pouvoir arbitraire. La France était inondée de pamphlets où l'on criait ce « qu'en autre saison l'on n'eût osé dire à l'oreille ». Le *Discours de la servitude volontaire*, cette terrible déclamation d'Étienne de La Boëtie contre la royauté, exhumée, pour ainsi dire, du tombeau de son auteur, éclata comme une bombe parmi toutes ces matières inflammables. Au *Discours de la servitude volontaire* succédèrent les *Apophthegmes ou discours notables recueillis de divers auteurs contre la tyrannie et les tyrans*; le *Réveille-matin des François et de leurs voisins*; le *Discours des jugements de Dieu contre les tyrans, recueillis des histoires sacrées et profanes*; le *Traité du droit des magistrats sur leurs sujets*; le *Politique*, dialogue traitant de la *puissance, autorité et devoir des princes; des divers gouvernements; jusques où l'on doit supporter la tyrannie*, etc. Les pamphlets se confondaient avec les traités dogmatiques où l'on sondait les bases mêmes de la société.

Un des livres que produisit ce grand mouvement des esprits est demeuré justement célèbre : c'est la *Franco-Gallia* ou *Gaule françoise*, de François Hotman, savant jurisconsulte protestant [1], qui, sauvé par ses écoliers du massacre de Bourges, s'était retiré à Genève. Cet ouvrage, écrit avec un talent supérieur et une érudition historique mal digérée, mais fort étendue pour l'époque, manifeste une réaction éclatante contre le vieil esprit légiste qui puisait dans le droit impérial romain l'idéal de l'égalité civile sans liberté politique, de l'égalité sous un maître. Hotman a pour but de prouver que le pouvoir était électif chez les Gaulois et les premiers « François » (les Franks); que la royauté française avait été primitivement élective, quoiqu'on choisît d'ordinaire les rois dans une même famille; que l'assemblée générale de la nation

---

[1]. Chef, avec Doneau, de cette école dogmatique qui florissait à Bourges à côté de la grande école historique et scientifique de Cujas.

pouvait seule faire les lois, régler les impôts et décider de la paix ou de la guerre; qu'elle était supérieure aux rois et pouvait les déposer s'ils se rendaient indignes du trône; que ce droit politique de la France, base donnée à la monarchie par les « François » (les Franks) et les Gaulois librement réunis autour des Mérovingiens, avait subsisté onze siècles, jusqu'à ce qu'il eût été ruiné par les usurpations successives des rois. Hotman se trompe souvent dans les faits en transportant son idéal dans le passé; mais on sent un souffle puissant d'avenir dans cet appel enthousiaste à la « sacro-sainte autorité de l'assemblée nationale (*concilii publici*) », que ne sauraient remplacer ni le petit conseil privé du roi ni une assemblée de gens de justice (le parlement). L'imprescriptible souveraineté des nations sur elles-mêmes n'avait point encore été prêchée parmi nous avec tant de vigueur et d'autorité, et l'on peut dire qu'après la *Gaule françoise*, il faut aller jusqu'au *Contrat social* pour rencontrer dans notre littérature une œuvre de politique *républicaine*[1] supérieure en influence à l'œuvre de Hotman[2].

1. Nous prenons ici le terme de républicanisme dans le sens que lui donna la Réforme. « C'est sous l'influence du protestantisme que *république*, chose publique, mot appliqué jusque-là à tous les gouvernements, va devenir le nom propre du gouvernement collectif ». Michelet, *La Ligue*, etc., p. 32. Ce mot a subi trois phases; il a désigné 1º l'État en général, quelle qu'en soit la forme; 2º les gouvernements fondés sur la souveraineté inaliénable de la nation, que la forme de l'État soit ou purement élective, ou mélangée d'une délégation héréditaire implicitement révocable; c'est la phase de la Réforme; 3º les gouvernements purement électifs et démocratiques. Hotman, personnellement, malgré sa haine pour les représentants actuels de la royauté en France, est favorable au gouvernement mixte, dans les conditions où l'Angleterre le montrera un siècle plus tard.

2. La traduction de la *Franco-Gallia*, ainsi que tous les ouvrages cités ci-dessus, se trouvent réunis dans les t. II et III des *Mémoires de l'Estat de France sous Charles IX*. La *Franco-Gallia* a été analysée de main de maître par M. Augustin Thierry, dans ses *Considérations sur l'Histoire de France*. « Le livre de François Hotman », dit M. Augustin Thierry, « eut un succès immense, et son action fut grande sur les hommes de son siècle...... Elle survécut à la génération contemporaine des guerres civiles, et se prolongea même durant le calme du siècle de Louis XIV. Ce bizarre et fabuleux exposé de l'ancien droit public du royaume devint alors la pâture secrète des libres penseurs, des consciences délicates et des imaginations chagrines, plus frappées, dans le présent, du mal que du bien. Au commencement du XVIIIe siècle, sa réputation durait encore. » Ce qui est surtout *fabuleux*, ce sont les vues de Hotman sur les rapports respectifs des Gaulois, des Romains et des Franks : il n'est pas *fabuleux* en soutenant que le despotisme, le pouvoir absolu d'un seul, est moderne dans la Gaule et la France, si l'on excepte la phase impériale romaine. V. R. Dareste; *Essai sur Fr. Hotman*; 1850.

Hotman s'était adressé surtout aux opinions, aux intelligences; d'autres écrits remuaient plus violemment les passions : rien ne produisit peut-être autant d'impression que le *Stratagesme de Charles IX* et que *la France-Turquie*. Le premier de ces deux ouvrages n'était que la traduction française faite par un huguenot d'un discours rédigé en italien par un gentilhomme romain, Camillo Capilupi, familier du cardinal de Lorraine, quelques semaines après la Saint-Barthélemi : il n'y avait pas de satire au monde qui pût valoir ce panégyrique de « l'admirable dissimulation du Roi Très-Chrétien et de sa mère envers les huguenots ». La cour de France l'avait si bien senti, qu'elle avait tenté d'étouffer la publicité du discours de Capilupi. Quant à *la France-Turquie*, c'était un libelle qui accusait Catherine de vouloir réduire la France à la condition de la Turquie, où nul n'est grand et noble par soi-même et par sa naissance, mais seulement par la faveur du maître; où les biens et la vie de tous dépendent d'un clin d'œil du prince; où il n'y a pas même de propriété foncière, toute terre appartenant au fisc. L'auteur prétendait que Catherine avait puisé ce système dans les entretiens d'un certain Poncet, « chevalier de l'ordre du pape », qui avait longtemps voyagé en Orient. Catherine, pour s'attaquer systématiquement à toutes les existences aristocratiques, n'avait aucun besoin des avis du sieur Poncet; ce qui est vrai, c'est que le despotisme du « Grand Turc » était le gouvernement modèle aux yeux de Catherine et de la plupart des souverains d'Occident [1].

Catherine louvoya dans cette tempête : elle convoqua une sorte d'assemblée de notables à Saint-Germain, après avoir envoyé dans chaque province deux gentilshommes chargés d'examiner la situation; un de ces commissaires, le jeune Guillaume de Tavannes, fils du feu maréchal Gaspard, conclut nettement, dans son rapport, à la réunion des États Généraux. Un autre commissaire, André de Bourdeilles, sénéchal de Périgord, écrivit au duc d'Alençon en ces termes : « Si le roi, la reine et vous ne pourvoyez au« trement que par le passé (aux affaires publiques), je crains de

---

1. De Thou, t. III, l. LVII, p. 294. — D'Aubigné, col. 671-672. — Nous n'avons point à examiner ici si l'idée qu'on se faisait du gouvernement des Othomans était tout à fait exacte.

« vous voir bientôt aussi petits compagnons que moi ! » (15 mars 1574). Catherine promit d'assembler les États Généraux à Compiègne, espérant bien trouver moyen de se dégager de cette promesse.

Catherine avait recouru à la trahison pour rétablir ses affaires : elle avait chargé Biron de surprendre La Rochelle. Biron, quoique lié avec les politiques, était, avant tout, ambitieux et sans scrupule ; il accepta et ne réussit pas : le complot fut découvert ; le maire Jacques Henri en châtia les complices avec une rigueur impitoyable, et plusieurs des principaux citoyens de La Rochelle périrent sur l'échafaud comme traîtres (décembre 1573). Catherine se hâta de faire désavouer par le roi les « perturbateurs » qui avaient transgressé la paix « contre ses intentions ». Cette lâcheté fut inutile. La Noue, qui naguère exhortait les Rochellois à la paix, mais qui jugeait la situation bien changée, accourut dans leurs murs pour les décider à se joindre, avec leurs voisins des provinces poitevines, à l'Union Civile de Languedoc et de Guyenne. L'Ouest, tranquille depuis l'édit de juillet 1573, suivit le mouvement du Midi, et La Noue fut élu général des provinces poitevines, « en attendant qu'un plus grand se déclarât » (janvier 1574).

Ce grand, ce « chef général » qu'on attendait, c'était le duc d'Alençon : les mécontents espéraient avoir bientôt le plus jeune frère du roi à leur tête; Alençon avait promis de se déclarer dès qu'on lui enverrait une escorte suffisante pour protéger son évasion de la cour. Le maréchal de Montmorenci, ennemi des partis violents, tâcha de prévenir cette levée de boucliers en appuyant auprès du roi la demande faite par Alençon de la lieutenance générale du royaume, titre qu'avait possédé le duc d'Anjou, de 1567 à 1573. Le roi venait de renvoyer assez rudement de la cour le duc de Guise, après avoir aposté contre lui un assassin qui le manqua ; il était bien disposé pour Alençon par haine contre le roi de Pologne et contre les Guises[2]. Néanmoins Catherine fit repousser les prétentions de son plus jeune fils. C'était une question de vie ou de mort pour elle ; la lieutenance générale au duc d'Alen-

1. Lettres d'André de Bourdeilles, à la suite des Œuvres de Brantôme (son frère).
2. V. R. de Bouillé, t. II, p. 553-555, et Michelet, *La Ligue*, etc., p. 479, notes.

çon, c'eût été la chute immédiate de la reine mère, et peut-être l'exhérédation du roi de Pologne : les huguenots et une partie des politiques, lors de la mort de Charles IX, que bien des symptômes faisaient considérer comme imminente, eussent probablement tenté de changer, au profit d'Alençon, l'ordre de succession au trône. Catherine n'était pas femme à reculer devant aucune extrémité pour défendre sa cause et celle du roi de Pologne, et les mécontents n'eurent pas grand'peine à persuader au duc d'Alençon que sa mère avait consulté le pape et le roi d'Espagne sur le projet de lui faire subir le sort de don Carlos. Le roi de Navarre ne doutait pas non plus que sa vie n'eût été plusieurs fois menacée, tantôt par Catherine et le duc d'Anjou, tantôt par les Guises, et les Mémoires de la reine Marguerite donnent à entendre que le « Béarnois » ne se trompait pas. Catherine elle-même ne fut peut-être pas fâchée qu'on répandît ces bruits, qui devaient pousser les deux jeunes princes à quelque imprudence : elle s'estimait certaine d'être avertie de leurs desseins assez à temps pour les déjouer. Plus d'un confident du duc d'Alençon servait d'espion à la reine mère, sauf à la trahir à son tour quand la chance paraissait tourner contre elle. Rien de plus étrange que la composition du parti qui s'était groupé autour de ce jeune homme sans discernement et sans prudence. On y voyait pêle-mêle les plus graves personnages et la plus folle jeunesse de la cour, les hommes les plus respectables et les plus vils intrigants, les vengeurs et les bourreaux de la Saint-Barthélemi, des femmes galantes, des astrologues, des alchimistes. Catherine avait beau jeu dans ce chaos.

Le duc d'Alençon et le roi de Navarre avaient fixé leur départ au commencement du carême ; La Noue devait prendre l'offensive en Poitou dans la nuit du mardi-gras ; Montgommeri, descendre de l'île de Jersey en Normandie, et Guitri, à la tête d'un fort détachement de huguenots, s'avancer de nuit jusqu'auprès de Saint-Germain, où était la cour. Les princes étaient convenus de joindre Guitri, qui devait les conduire aux environs de Reims ; le duc de Bouillon La Mark viendrait les y chercher pour les mener dans sa ville de Sedan, bien placée pour attendre la jonction de Louis de Nassau et les secours des protestants d'Allemagne. Nassau était tout disposé à employer contre Catherine dix ou douze mille soldats levés avec l'argent qu'elle lui avait fourni.

Le coup n'était pas mal monté, mais la précipitation de Guitri et la faiblesse du duc d'Alençon perdirent tout. Guitri s'étant présenté en vue de Saint-Germain plusieurs jours avant l'époque convenue et avec une troupe peu nombreuse, Alençon s'étonna : son favori La Môle, voyant son irrésolution et jugeant l'affaire manquée, alla dénoncer l'entreprise à la reine mère. Alençon, mandé par Catherine, avoua tout; Montmorenci de Thoré, principal conducteur de la « besogne », s'enfuit, et la cour se retira précipitamment de Saint-Germain au faubourg Saint-Honoré, et de là au château de Vincennes. Catherine avait fait entendre au roi que c'était à sa vie que s'attaquaient les conjurés, et l'avait obligé de monter brusquement en litière à deux heures après minuit. « Au moins s'ils eussent attendu ma mort! » s'écriait le malheureux Charles IX; « c'est trop m'en vouloir¹! » Le duc d'Alençon et le roi de Navarre furent emmenés à Vincennes et surveillés de très-près, quoiqu'on ne les traitât pas ouvertement en captifs.

L'explosion, cependant, avait eu lieu dans l'Ouest à l'époque convenue. Tandis qu'un double manifeste, réclamant la convocation des États Généraux, était lancé au nom des réformés et des « catholiques paisibles, » La Noue et ses lieutenants s'étaient saisis de Fontenai, de Lusignan, de Royan, de Saint-Jean-d'Angéli, de Rochefort et de plusieurs autres places du Poitou et de la Saintonge. Montgommeri, débarqué dans le Cotentin, était maître de Saint-Lô, de Carentan, de Valognes, de Domfront. Montbrun guerroyait avec succès en Dauphiné. En Languedoc, le maréchal de Damville renouvelait de mois en mois, avec l'Union protestante, des trêves qui donnaient aux huguenots tout le temps d'accroître et d'organiser leurs forces. Catherine fit face à tout avec beaucoup d'énergie et d'activité : elle extorqua au duc d'Alençon et au roi de Navarre le désaveu public de l'entreprise de Saint-Germain et ordonna la formation de trois corps d'armée, dont aucun ne fut confié aux Guises ni à leurs créatures : le premier,

---

1. Brantôme, *Vie de Charles IX*.

en Normandie, fut donné au seigneur de Matignon ; le second, en Poitou, au duc de Montpensier ; le troisième, en Dauphiné et Languedoc, au prince dauphin d'Auvergne, fils du duc de Montpensier. Catherine n'oublia pas les expédients qu'elle préférait à la force ouverte : elle dépêcha Maurevert, « le tueur du roi, » en Poitou, pour assassiner La Noue, et tenta de faire empoisonner, ou, tout au moins, arrêter en trahison le maréchal de Damville ; ses émissaires échouèrent des deux côtés [1].

Catherine réussit mieux à la cour, non pas complétement toutefois. Malgré la déconvenue de Saint-Germain, le duc d'Alençon et le roi de Navarre n'avaient pas perdu l'espoir de s'échapper, et ce même La Môle, qui avait dénoncé le projet de départ à la reine mère, était maintenant le premier à pousser son maître à la rébellion. Il lui en coûta cher. Catherine avait l'œil ouvert et l'oreille aux aguets. Les deux beaux-frères voulaient tenter de s'enfuir le vendredi ou le samedi saint ; ils furent arrêtés le jeudi (8 avril). On saisit en même temps La Môle, le comte piémontais Coconas (Coconasso), autre affidé d'Alençon, l'astrologue Ruggieri et quelques subalternes, hommes d'épée ou d'intrigue. Les maréchaux de Montmorenci et de Cossé, attirés à Vincennes, y furent retenus dans une demi-captivité ; mais le prince de Condé s'échappa. Condé avait obtenu du roi la permission de visiter la Picardie, dont il était gouverneur titulaire : il trompa les surveillants qui l'entouraient, traversa la Champagne et parvint à gagner Strasbourg, d'où il écrivit aux églises réformées de France qu'il embrassait leur protection comme avait fait son père. Catherine n'en poussa que plus vivement ses avantages contre ses captifs : non-seulement La Môle, Coconas et les autres prisonniers d'un rang inférieur, mais les deux princes eux-mêmes, furent sommés de répondre par-devant une commission à la tête de laquelle était placé le premier président de Thou. Le duc d'Alençon se conduisit en enfant pusillanime ; le roi de Navarre en homme de cœur ; toutefois, ce n'est point à lui qu'on doit attribuer le mérite de la

---

1. D'Aubigné, col. 690. Maurevert finit par être tué par le fils du seigneur de Moy, qu'il avait assassiné à Niort. Damville se faisait garder par une espèce de géant, qui coupait un âne en deux d'un coup de sabre, et par un loup apprivoisé. On eût pu se croire revenu au temps de Frédegonde et des *berserkars!*

défense écrite qu'il présenta à Catherine, et qu'on a justement louée : un peu étourdi par le péril qu'il courait, il avait demandé conseil à sa femme, et Marguerite, quoiqu'elle n'eût pas pour lui beaucoup d'affection, lui avait prêté le secours de sa plume. Marguerite s'identifia merveilleusement avec la situation de Henri de Navarre, et fit tenir à son époux un langage ferme et digne, qu'il soutint, au reste, durant tout le cours de sa captivité. Il récrimina plus qu'il ne se justifia, et ne dissimula pas les amers souvenirs qu'il avait gardés de ses amis massacrés entre ses bras [1]. Catherine, jusqu'alors, n'avait eu que de l'indifférence pour le roi de Navarre; elle commença de le haïr et de le craindre [2].

Le procès de La Môle et de Coconas fut promptement expédié; Coconas confessa tout ce qu'il savait et peut-être davantage sur les projets de rébellion et de guerre « contre le roi ». On tortura barbarement La Môle sans lui arracher l'aveu d'un prétendu complot qu'on l'accusait d'avoir tramé avec l'astrologue et nécromant Ruggieri, pour donner la mort au roi par maléfice au moyen d'une figure de cire piquée au cœur. La Môle et Coconas furent condamnés à mort et exécutés (fin avril). L'un était un intrigant, l'autre, un scélérat. Charles IX lui-même ne pouvait voir Coconas sans horreur, depuis que ce misérable, croyant lui faire la cour, s'était vanté devant lui d'avoir racheté plus de trente huguenots des mains du peuple à la Saint-Barthélemi, pour se donner le plaisir de leur faire renier leur foi sous promesse de la vie et de les poignarder après « à petits coups ». Quant à La Môle, sa vie offrait un bizarre mélange de débauche et de superstition, assez commun parmi les catholiques de ce temps [3]. La Môle et

---

1. V. *Mémoires* de Marguerite de Valois, p. 40, et appendice, p. 185.
2. Le Laboureur, dans ses additions aux *Mémoires* de Castelnau, t. II, p. 551, attribue à la haine de Catherine pour Henri de Navarre une cause fort extraordinaire ; il dit avoir « appris de quelques mémoires » que Henri, se jugeant perdu, avait projeté de prévenir Catherine en l'étranglant de ses mains, avec le secours du propre fils de Catherine, du duc d'Alençon; que celui-ci n'eut ni le « courage » d'exécuter un tel dessein, ni la discrétion de le taire. Il est fâcheux que Le Laboureur n'ait pas fait connaître les *Mémoires* où il a puisé cette incroyable anecdote.—Le duc de Nevers, dans son *Journal des États de Blois*, p. 177, dit que Catherine, le jour de la mort de La Môle, craignit d'être poignardée par le duc d'Alençon. Cette « bonne mère » recueillait le fruit des leçons qu'elle avait données à ses enfants.
3. « Il ne se contentoit d'une messe tous les jours, ains en oyoit trois ou quatre, pensant être damné s'il y eût failli un jour. Le reste du jour et de la nuit, le plus

Coconas avaient pour maîtresses, celui-ci, la duchesse de Nevers; celui-là, la reine de Navarre; on assure que les deux princesses se firent apporter en secret les têtes de leurs amants et les embaumèrent de leurs propres mains.

A la suite des interrogatoires de La Môle et de Coconas, les maréchaux de Montmorenci et de Cossé avaient été envoyés à la Bastille, et le roi avait écrit aux gouverneurs des provinces que les maréchaux étaient les principaux auteurs des conspirations faites contre sa personne et son état (4 mai). L'épouvante régnait à la cour : on s'attendait à une seconde Saint-Barthélemi contre les princes, les maréchaux et leurs adhérents, et la reine de Navarre, qui connaissait sa mère, estimait le danger tellement sérieux, qu'elle offrit à son frère et à son mari de faire évader l'un d'eux sous les habits d'une de ses femmes. Mais ils ne se purent jamais accorder sur celui qui sortirait, « chacun voulant être celui-là »; le roi de Navarre ne doutait pas d'être abandonné sitôt qu'Alençon serait dehors [1]. Catherine ne cessait d'exciter Charles IX contre les prisonniers et n'eût pas été fâchée peut-être qu'il prît, dans un accès de colère, un parti violent dont elle n'eût point à porter la responsabilité directe; mais Charles n'était pas disposé à frapper son frère et son beau-frère. S'il fût revenu à la santé, on croit qu'il eût cherché à « mettre les deux maisons de Guise et de Montmorenci si bas, qu'elles ne s'en relevassent jamais », afin de détruire la « semence des factions »; mais ce n'eût point été au profit de Catherine, qu'il avait, dit-on, grand désir d'envoyer rejoindre son fils bien-aimé en Pologne [2]. Ce n'était là, au surplus, que les rêves d'un mourant : Charles s'éteignait de jour en jour; ses yeux caves, son teint à la fois livide et enflammé, ses lèvres brûlantes et desséchées, attestaient le feu intérieur qui le consumait. L'épuisement de ses forces avait mis fin à ces plaisirs fougueux par lesquels il semblait chercher à se

souvent il l'employoit à l'amour, ayant cette persuasion que la messe ouïe dévotement expioit tous les péchés et paillardises qu'on eût su commettre. De quoi le feu roi a dit souvent en riant que qui vouloit tenir registre des débauches de La Môle, il ne falloit que compter ses messes. » L'Estoile, p. 30. V. le procès de La Môle et de Coconas dans le t. III des *Mémoires de l'Estat de France.*

1. *Mém.* de Marguerite, p. 40.
2. De Thou, l. LVII, t. III, p. 317. — D'Aubigné, col. 699.

fuir lui-même; l'atonie succédait au délire. Un jour, la reine mère entra dans sa chambre, toute rayonnante de joie, pour lui annoncer l'heureuse issue de la guerre en Normandie : les espérances de Montgommeri avaient été déçues; le parti huguenot ne s'était pas relevé dans cette province, et Montgommeri, enfermé dans Domfront avec une poignée de soldats, avait été contraint de se rendre à Matignon le 26 mai. Charles écouta ce récit avec indifférence « et tourna la tête de l'autre côté ». Toute passion, toute volonté était morte en lui; il fit tout ce qu'exigea Catherine, pour pouvoir finir en repos. Le 29 mai, il manda aux gouverneurs des provinces d'obéir à sa mère tant que durerait sa maladie, et, s'il plaisait à Dieu faire sa volonté de lui, jusqu'à l'arrivée du roi de Pologne, son légitime successeur. Le lendemain, il signa une ordonnance conférant la régence à Catherine, qui l'accepta, était-il dit dans les lettres patentes, à la requête du duc d'Alençon, du roi de Navarre et d'autres princes et pairs de France. Charles mourut le même jour, 30 mai 1574. Il n'avait pas terminé sa vingt-quatrième année [1].

Sa fin fut si misérable, que les écrivains huguenots eux-mêmes en témoignent quelque pitié. Son sommeil court et rare était troublé par des visions hideuses : épuisé par de violentes hémorragies, il s'éveillait parfois baigné dans son sang, et ce sang lui rappelait celui de ses sujets versé à grands flots par ses ordres; il revoyait en songe tous ces cadavres flottant au fil de la Seine; il entendait dans les airs des cris lamentables. La nuit d'avant sa mort, sa nourrice, qu'il aimait beaucoup, quoique huguenote, et qui veillait près de son lit, l'entendit se plaindre, pleurer et soupirer : « Ah! nourrice, s'écrioit-il, que de sang et que de « meurtres! Ah! que j'ai eu un méchant conseil! O mon Dieu, « pardonne-les-moi, et me fais miséricorde! Je ne sais où je « suis, tant ils me rendent perplexe et agité! Que deviendra tout « ceci (tout ce pays)? Que deviendrai-je, moi, à qui Dieu le « recommande? Je suis perdu, je le sens bien! » Alors sa nour-

---

1. Il laissa de sa femme, Élisabeth d'Autriche, une fille qui mourut en bas âge, et de sa maîtresse Marie Touchet, fille du lieutenant particulier au présidial d'Orléans, un fils qui fut comte d'Auvergne, puis duc d'Angoulême. Sur sa fin, *V.* d'Aubigné, col. 698-699. De Thou, t. III, p. 316.

rice lui dit : « Sire, les meurtres et le sang soient sur la tête de « ceux qui vous les ont fait faire et sur votre méchant conseil [1] ».

Ses dernières paroles furent qu'il se réjouissait de ne laisser aucun enfant mâle qui portât la couronne après lui [2].

Ce prince si coupable et si malheureux, dont le nom a passé, chargé d'anathèmes, de génération en génération, était né avec les dons les plus brillants de l'esprit et de l'imagination, et avec moins de penchant au vice que la plupart de ceux de sa race ; il avait ce vif amour des arts qui avait fait la gloire de son aïeul François Ier, et l'on conserve de lui des vers bien supérieurs à ceux du vaincu de Pavie, de très-beaux vers adressés à Ronsard, qui eût pu puiser, dans cet essai d'une verve royale, des leçons de goût et de naturel [3]. Il n'aimait pas moins la musique que la poésie, et, durant sa dernière maladie, la mélodie seule avait le pouvoir de calmer un moment ses douleurs [4]. Trop d'exemples obligent d'admettre que l'unité de l'être humain peut se briser et que le sens du beau peut subsister parmi les ruines du sens moral ; une détestable éducation avait perverti dans Charles IX tous les dons de la nature. Lorsque la vraie gloire s'offrit à lui, lorsque l'occasion lui fut présentée d'arracher la France aux factions

---

1. L'Estoile, p. 31.
2. D'Aubigné, col. 699. — Brantôme, *Vie de Charles IX*.
3.
L'art de faire des vers, dût-on s'en indigner,
Doit être à plus haut prix que celui de régner.
Tous deux également nous portons des couronnes ;
Mais, roi, je les reçois ; poëte, tu les donnes.
Ton esprit enflammé d'une céleste ardeur
Éclate par soi-même, et moi par ma grandeur.
Si du côté des dieux je cherche l'avantage,
Ronsard est leur mignon, et je suis leur image.
Ta lyre, qui ravit par de si doux accords,
T'asservit les esprits dont je n'ai que les corps ;
Elle t'en rend le maître, et te sçait introduire
Où le plus fier tyran ne peut avoir d'empire ;
Elle amollit les cœurs et soumet la beauté.
Je puis donner la mort ; toi, l'immortalité.

On trouve, dans le *Recueil des anciens poëtes français* publié par M. Auguis, plusieurs autres pièces de vers de Charles IX. Il a laissé un traité de vénerie intitulé : *Chasses royales*, publié en 1625, in-8°.

4. « Il se mêloit dans le chœur des musiciens pour chanter en partie. » Papyre Masson, *Vie de Charles IX*: ap. *Archives curieuses*, t. VIII, p. 343.—Les registres de ses comptes attestent les dépenses qu'il faisait pour attirer à son service les plus habiles musiciens français et étrangers.

pour la faire rentrer dans ses vraies destinées par un grand élan vers ses frontières naturelles, par une éclatante et légitime conquête, l'infortuné n'eut pas la force de saisir cette occasion unique : il était trop tard pour lui; son âme troublée et sans boussole, sa raison vacillante le livrèrent, après de longs combats, aux infernales inspirations de sa mère, et, comme emporté des furies, il se précipita dans le gouffre de honte et de sang où allait le suivre le reste de sa race et où la France faillit s'abimer avec les Valois.

LIVRE LV

GUERRES DE RELIGION, *suite*.

Lettres, Arts, Économie sociale sous Charles IX et Henri III. — Établissement du système protecteur. — Catherine et les Tuileries. — Littérature politique et historique. — Jean Bodin. — Montaigne. — Henri III et Catherine. Désordres, profusions, inertie de Henri III. Il est déposé du trône de Pologne. — Le duc d'Alençon se met à la tête des confédérés huguenots et politiques. Le roi de Navarre s'échappe de la cour et retourne à la Réforme. Henri III est forcé de traiter. Paix de *Monsieur*. Désaveu de la Saint-Barthélemi. Restauration légale du culte protestant. Humiliation de la royauté. — Réaction catholique. Commencement de la Ligue. Unions provinciales. — Etats Généraux de Blois. Le roi et Catherine s'unissent à la Ligue. — Tentative pour faire réclamer par les États la suppression du culte réformé. — Les protestants reprennent les armes. — Rôle de Jean Bodin dans les États. Les États professent des maximes exclusivement catholiques, mais reculent devant la guerre. Henri III et Catherine reculent à leur tour. Les huguenots transigent après quelques échecs. Paix de Bergerac.

1574 — 1577.

Un grand mouvement d'idées politiques et philosophiques avait été suscité par les catastrophes que nous avons décrites; nous l'avons déjà indiqué à propos des pamphlets contre la Saint-Barthélemi et du livre de Hotman. Avant de poursuivre le triste récit des dernières années du règne des Valois, jetons ici un regard sur les suites très-diverses de ce mouvement et sur les œuvres illustres qu'il produisit; en même temps que nous revenons sur cette expansion d'idées, hostile dans l'origine au gouvernement de Catherine et de ses fils et qui en resta toujours indépendante, rappelons l'action exercée par Catherine sur d'autres manifestations de la vie nationale, sur les intérêts économiques ainsi que sur les beaux-arts. Le caractère propre des derniers Valois et de leur mère, caractère emprunté à l'Italie des âges de décadence, fut l'activité de l'esprit et de l'imagination parmi la ruine de tout principe et de toute moralité.

Catherine avait trahi les intérêts de la France en Amérique comme en Belgique : elle les servit en Orient; elle essaya de relever la marine du Levant aussitôt après la paix de 1570[1]; elle resserra les liens quelque temps relâchés entre la France et l'empire othoman; en 1569, les traités de commerce de la France avec la Porte furent renouvelés et amplifiés : le sultan Sélim II consentit que les Français ne fussent pas solidaires les uns pour les autres dans ses états; point de tribut que les daces (péages) ordinaires sur leurs marchandises. On voit, dans ce traité, que les Français avaient des consuls à Alexandrie, à Tripoli de Syrie et à Alger[2]. Le pavillon français flotta longtemps seul en Turquie avec celui de Venise; il couvrit longtemps, dans les mers othomanes, les marchandises anglaises, catalanes, génoises, siciliennes, ragusaises; l'Angleterre ne s'affranchit de l'intermédiaire du pavillon français dans le Levant qu'en 1599, et la Hollande qu'en 1612.

A l'intérieur, le garde des sceaux Birague, l'homme de Catherine, fit la tentative hardie de réglementer d'ensemble toute l'industrie et le commerce de la France. En mars 1571, un édit imposa des marques et d'autres prescriptions pour assurer la fidélité de l'aunage et le bon teint des draps; des visiteurs et auneurs furent chargés de la surveillance. En janvier 1572, une autre ordonnance défendit l'exportation des laines, lins, chanvres et filasses, « afin que les sujets du roi se puissent mieux adonner à la manufacture et en tirent le profit que fait l'étranger, lequel vient acheter communément, à petit prix, lesdits lins, chanvres, etc., les transporte et fait mettre en œuvre, puis après apporte les draps et linge, qu'il vend à prix excessif ». A la défense d'exporter les matières premières, correspondait la défense d'importer les matières ouvrées, draps, toiles, passements d'or et d'argent, velours, satins, armes, harnais, tapisseries. Les épiceries et drogueries n'entreront en France que par Marseille, Rouen, Bordeaux et La Rochelle. Ordre aux gouverneurs, baillis

---

1. Charrière, *Négoc. du Levant*, t. III, p. 108.
2. *Archives curieuses*, t. VI, p. 384.

et sénéchaux d'envoyer au roi un rapport semestriel sur la quantité des grains, vins et autres produits agricoles et industriels de leurs provinces et juridictions, afin de régler, d'après ces rapports, l'exportation et l'importation. Des commissions spéciales de gens notables dans chaque ville sont chargées de fixer le prix des vivres, denrées, étoffes, etc., et les salaires des ouvriers. Birague essaya bientôt après (juin 1572) de faire subir au taux de l'argent une baisse considérable; un édit défendit de constituer des rentes au-dessus de 6 p. 100; mais cette mesure était au moins prématurée; il fallut la révoquer en 1574. C'était le système prohibitif et réglementaire dans toute sa rigueur, tel qu'il était issu de l'antagonisme des républiques italiennes [1]. L'importation n'était pas heureuse et s'accordait mal avec les vœux des derniers États Généraux sur la libre exportation et importation.

Catherine de Médicis seconda personnellement les vues économiques de son ministre : elle donna de grands encouragements à la culture des mûriers et à l'éducation des vers à soie [2].

Cette femme étrange, nous l'avons dit, avait toutes les qualités

---

1. *V.* les édits dans Isambert, t. XIV, p. 232, 241, 252. — Une ordonnance d'octobre 1571 renouvela et amplifia la défense de saisir les instruments et animaux de labour et de ferme, ainsi que la personne et le lit du laboureur. *Ibid.*, 238.

2. *Archives curieuses*, t. IX, p. 121. Une pièce publiée en 1574, le *Discours sur les Causes de l'extresme cherté*, etc., peut servir de commentaire aux édits de Birague. On y voit que la liberté illimitée du commerce existait à peu près en fait avant ces édits; l'auteur se plaint qu'on laisse les marchands acheter les blés sur pied ou en grange; qu'on laisse exporter sans avoir assuré les besoins intérieurs. Le Languedoc et la Provence fournissaient alors du blé à la Toscane et à la Barbarie. Le peuple aimait quasi mieux la guerre que la paix, parce qu'en temps de guerre avec l'Angleterre et l'Espagne, les denrées se consommaient sur place; on vivait à meilleur marché. Une des causes de la cherté, dit l'auteur du *Discours*, ce sont les monopoles des marchands et artisans, qui se coalisent dans leurs corporations pour hausser leurs prix. La taxation officielle des prix était en effet, avec le régime des corporations, un mal nécessaire pour remédier à un autre mal. L'auteur du *Discours* dit que la France envoyait à ses voisins blé, vin, sel, safran, pastel, papiers, draps, toiles, graisses et pruneaux; elle recevait or, argent, étain, cuivre, plomb, acier, vif-argent, alun, soufre, vitriol, couperose, cinabre, huile, cire, miel, poix, brésil (bois d'Amérique), ébène, *fustel*, gaïac, ivoire, maroquins, toiles fines, couleurs de cochenille, écarlate et cramoisi, drogues, épiceries, sucres, chevaux, poisson salé. *Archives curieuses*, t. VI. — Une partie de ce *Discours* est empruntée à un travail du célèbre Jean Bodin (*Discours en response aux paradoxes de Malestroit touchant l'extresme enchérissement de toutes choses*; 1569). Cet enchérissement dont on se plaignait tenait aux modifications nominales des valeurs monétaires et à la multiplication des espèces d'or et d'argent. — Brantôme, qu'on ne s'attend guère à voir citer en matière d'économie politique, observe,

de l'esprit avec tous les vices du cœur. Nous avons déjà parlé de ce goût éclairé pour les arts qu'elle avait apporté de Florence, et de la protection spéciale qu'elle avait accordée au grand sculpteur Germain Pilon. Elle eut un goût plus vif encore pour l'architecture et l'art de la Renaissance se maintint à une certaine hauteur tant qu'elle vécut. Philibert Delorme, dans son *Traité de l'Architecture* (Paris, 1567) dédié à la « roine mère », la loue du grandissime plaisir qu'elle prend en l'architecture, « pourtrayant et esquichant (esquissant) » elle-même les plans et les profils des édifices qu'elle fait construire. Ce fut à Philibert Delorme, secondé de Jean Bullant [1], que Catherine confia la construction de son palais des Tuileries, commencé en 1564, après la destruction des Tournelles et l'aliénation de ce qui restait de l'hôtel Saint-Paul et des autres vieux palais du moyen âge appartenant au domaine royal dans Paris [2]. La fin tragique de Henri II fut le motif ou le prétexte de la démolition des Tournelles, que Catherine avait affecté de prendre en haine depuis cette époque, et qu'elle remplaça par un édifice destiné à réaliser le type de l'art tel qu'elle le concevait. L'idée grandiose de réunir les Tuileries au Louvre par une vaste galerie lui appartient, comme l'atteste de Thou (t. III, p. 401). Le palais de Catherine fut une des conceptions les plus heureuses de l'école franco-italienne : nulle part les lignes n'avaient été combinées d'une façon plus pittoresque, les effets d'ombre et de lumière, plus harmonieusement distribués ; cette élégante architecture, déjà « gâtée par les ouvrages lourds dont elle a été élargie et écrasée » au XVIIe siècle [3], a été complé-

dans sa *Vie de Coligni*, que le pillage des trésors d'église, durant la guerre civile, et la fonte de tant de châsses et d'objets précieux augmentèrent beaucoup la quantité des espèces en circulation. Mais ces nouvelles espèces durent en grande partie sortir de France pour payer les auxiliaires allemands. — A la mort de Charles IX, le marc d'argent était à 17 livres, le marc d'or à 200. La livre valait donc encore intrinsèquement environ 3 francs 23 centimes de notre monnaie. Il serait utile de comparer le tableau des exportations et importations donné par l'auteur du *Discours* avec les curieux détails de statistique que renferme la *Correspondance des ambassadeurs vénitiens*, t. I, *passim*.

1. *Archives curieuses*, t. XIII, p. 119.
2. L'hôtel Saint-Paul, « place vague et délaissée en ruine », les hôtels de Bourgogne, d'Artois, le Petit-Bourbon, etc., avaient été aliénés, moyennant rentes perpétuelles, dès 1552. — Isambert, t. XIII, p. 282.
3. Châteaubriand, *Études historiques*, t. IV, p. 203.

tement défigurée de nos jours, au moins du côté du jardin. Un autre édifice moins considérable, l'hôtel de Soissons, élevé pour Catherine par Pierre Lescot (vers 1572), a disparu; il n'en subsiste plus qu'une haute colonne cannelée, qui servait aux observations astrologiques de Catherine [1] : sceptique et crédule à la fois, Catherine ne se contentait pas d'essayer de lire dans les astres; les *Mémoires* de la reine Marguerite nous apprennent qu'elle se croyait douée d'intuitions de seconde vue!

1. On a conservé un autre monument des superstitions de cette reine. C'est un talisman qu'elle portait toujours sur elle et qui avait été fabriqué par un mathématicien, magicien et astrologue, appelé Regnier, le même qui l'avait engagée à faire élever la colonne de l'hôtel de Soissons. Ce talisman passait pour composé de sang humain, de sang de bouc et de divers métaux fondus ensemble sous les constellations en rapport avec la nativité de Catherine. Elle y était représentée nue, entourée de figures magiques et de noms de démons; — Ebuleb, Asmodel, Haciel, Haniel. — *V*. les notes au *Journal* de L'Estoile, édit. de La Haie, 1744, t. II, p. 160. — Dans cette cour bizarre de Catherine se pressaient pêle-mêle artistes et savants, astrologues, nécromants et empoisonneurs, tout ce que l'intelligence a de plus élevé, tout ce que le crime a de plus immonde. Ruggieri et Maurevert coudoyaient Jean Goujon et Palissi.

M. P. Lacroix (bibliophile Jacob) nous a communiqué la description d'un second talisman de Catherine : c'était un bracelet composé de dix chatons d'or renfermant diverses pierres.

« La première pierre est une pierre d'aigle ovale, sur laquelle est gravé en creux un dragon ailé. Au-dessus on lit 1559, année de la composition de ce talisman, qui est celle de la mort du mari de Catherine.

« La seconde est une agate singulière à huit pans, semée de petites taches zonées en forme de petits tubes, dont les orifices sont apparents des deux côtés.

« La troisième est une très-belle onyx de trois couleurs, ovale, portant cette inscription sur la tranche : *Gabriel, Raphaël, Michaël, Uriel.*

« La quatrième est une pierre de turquoise ovale et fort élevée, arrêtée par une bande d'or transversale.

« La cinquième est un morceau de marbre noir et blanc.

« La sixième est une agate brune ovale : sur une des faces sont gravés en creux, au milieu, un caducée, une étoile et un croissant; sur la tranche, à droite, est aussi gravé en creux le *Jéhovah*, accompagné de plusieurs caractères talismaniques; sur l'autre face, on voit la constellation du serpent, représentée entre le signe du Scorpion et le soleil : ces figures sont entourées de six planètes.

« La septième est un *morceau de crâne humain*, carré oblong.

« La huitième est une crapaudine ovale.

« La neuvième est un morceau d'or arrondi : sur la face convexe, la *main de gloire* sur un ombilic se trouve gravée en relief; dans la face concave, on voit le soleil et la lune en conjonction, aussi représentés en relief.

« La dixième et dernière pièce est une onyx de deux couleurs, exactement ronde, au milieu de laquelle est gravé le mot de *Publeni*, terme inconnu. »

— *Catalogue des tableaux, antiquités, pierres gravées,* etc., etc., *du cabinet de feu M. d'Ennery, écuyer*, par les sieurs Remi et Milliotti. — Paris, 1786.

On poursuivait, pendant ce temps, les constructions entreprises dans la période précédente : les autres arts, surtout la sculpture, continuaient à fleurir. Cependant les astres les plus brillants commençaient de s'éteindre à l'horizon. Jean Goujon n'était plus, de quelque manière qu'il ait terminé ses jours ; Primatice était mort en 1570 ; Philibert Delorme mourut en 1577. Il est juste d'observer que Catherine, à qui l'on reprochait si vivement de livrer la France à des ministres italiens, ne méritait pas le même reproche en ce qui concernait les arts ; elle faisait au contraire exécuter des monuments italiens par des artistes français. Mais il ne dépendait pas d'elle de créer des grands hommes. Aux gloires qui s'éteignaient ne succédèrent pas des gloires nouvelles [1] : le goût du beau se conserve difficilement au milieu de l'extrême corruption des mœurs, qui finit par fausser les esprits comme les cœurs.

Tandis que les beaux-arts, encore prospères, donnaient quelques signes de prochaine décadence, les lettres reprenaient au contraire l'essor dans une direction nouvelle. Depuis le grand souffle de Rabelais éteint, on avait vu en présence, dans les lettres, la poésie purement érudite et artiste de la Pléiade, et la prose dogmatique et sévère de la théologie protestante. L'école poétique de Ronsard, création artificielle du loisir et de la fantaisie, se sentait déjà à bout d'haleine : sa faible voix était étouffée par les tempêtes sociales ; quant à la littérature théologique, elle se transformait en politique. Derrière les politiques, revenaient à leur tour les philosophes.

Un flot d'écrits républicains continuait de battre le trône ensanglanté des Valois : le plus éminent de ces ouvrages, après la *Franco-Gallia* de Hotman, est un autre livre latin intitulé : *Vindiciæ contrà tyrannos, sive de principis in populum populique in pincipem legitimâ potestate* [2]. L'auteur, Hubert Languet, protestant français établi en Allemagne et ancien ami de Mélanchthon,

---

1. Il est juste de citer, néanmoins, deux architectes de grand mérite ; les deux Ducerceau père et fils : le père fut en outre un graveur habile et fécond ; l'on doit au fils une grande et belle construction, le Pont-Neuf, qu'il commença en mai 1578. L'Estoile, p. 100.

2. *Défenses contre les tyrans, ou du pouvoir légitime du prince sur le peuple et du peuple sur le prince.*

publiciste et diplomate, homme d'action et de plume, avait servi d'orateur à la grande ambassade envoyée par les princes allemands à Charles IX en 1570, et s'était trouvé à Paris au moment de la Saint-Barthélemi, pendant laquelle il montra un ferme courage; il épancha son indignation dans une œuvre où des principes analogues à ceux de Hotman sont formulés en termes bien plus virulents encore. Les rois tiennent leur couronne du peuple, et peuvent la « forfaire » pour félonie envers le peuple, comme un vassal « forfait » son fief envers son seigneur. C'est le droit et le devoir des États du royaume de déposer et de châtier le roi prévaricateur. Le tyrannicide est légitime en certains cas extraordinaires; cependant le droit de prendre le glaive n'appartient pas aux particuliers isolés et sans mission. Les *Vindiciæ contrà tyrannos* furent publiées par du Plessis-Mornai après la mort de l'auteur, sous le pseudonyme de *Junius Brutus* [1]. A ces agressions théoriques contre la royauté correspondaient les attaques personnelles contre les dépositaires du pouvoir royal : les coups portés à la reine mère par la *France-Turquie* furent redoublés par le *Discours merveilleux de la vie, actions et déportements de la reine Catherine de Médicis*, lancé dans le public durant la régence qui suivit la mort de Charles IX et précéda le retour de Henri III. Henri Estienne s'y cacha, dit-on, sous le masque d'un catholique.

Bien que la prose dominât nécessairement dans cette littérature toute militante des huguenots, la Réforme eut aussi ses poètes à opposer aux disciples « païens » de Ronsard. On sait les vingt éditions de Du Bartas, élève de Ronsard quant à la forme, élève qui exagéra les défauts du maître, mais qui puisa son inspiration dans une source tout opposée, et qui célébra la *Grande Semaine de la Création* au lieu de chanter *Phœbus* et *Cupido*. Le poëme de Du Bartas, sorte de confuse encyclopédie écrite en vers bour-

---

1. En 1581 ou 1582. La date de 1579 et la rubrique d'Édimbourg sont supposées. Presque tous les livres dont l'auteur et l'imprimeur voulaient éviter les recherches étaient censés imprimés à Édimbourg, comme plus tard en Hollande ou à Londres. V. la dissertation de Bayle sur le *Junius Brutus*, à la suite du t. V de son Dictionnaire; Amsterdam, 1734. Bayle reconnaît qu'aucun écrivain n'a fourni de meilleurs arguments que Languet en faveur « du droit du peuple ». Languet est en même temps très-opposé au gouvernement direct de la foule, qu'il traite « d'animal terrible et sans raison » (*bellua*).

soufflés, obscurs, quelquefois énergiques et grandioses, a conservé à l'étranger un renom traditionnel qu'il a perdu en France : il a eu l'honneur d'être réhabilité, d'une façon quelque peu paradoxale, par le grand Goëthe. Un autre poëte, bien supérieur à Du Bartas et trop peu lu de nos jours, quoique beaucoup moins oublié que l'auteur de la *Semaine*, c'est Théodore-Agrippa d'Aubigné. Quelle formidable inspiration que celle des *Tragiques*, ces vastes satires qui, réunies, enserrent la cour de Médicis dans un cercle de onze mille vers tracé par une plume d'airain avec le sang des martyrs ! Les imprécations enthousiastes des prophètes se mêlent à la verve amère et cynique de Juvénal dans cette œuvre étonnante, où la passion déborde avec une violence trop impatiente de frein et de limite, où le poëte est trop peu maître de lui-même et de son sujet, pour remplir les vraies conditions de l'art, mais où éclatent pourtant mille lugubres beautés. La rudesse sauvage de la langue ajoute encore à l'effet de l'idée et de l'image, car cette rudesse n'est ni de l'enflure ni de l'obscurité ; l'expression est claire et tranchante comme l'acier. Les *Tragiques* sont comme le chant de mort et de damnation des derniers Valois et de leur mère [1]. Plus tard, d'Aubigné fit de la satire en prose, où l'ironie remplaçait l'anathème (la *Confession de Sanci* ; — le *Baron de Fœneste*). Il déploya aussi dans l'histoire les fortes qualités de son esprit et de son âme.

À côté du groupe des révolutionnaires protestants, un autre groupe d'écrivains manifestait une tendance différente et représentait dans le monde des idées le parti politique, non point cette fraction hardie des politiques qui allait s'unir les armes à la main, contre la royauté, aux vengeurs de la Saint-Barthélemi, mais la tradition du gallicanisme et de la monarchie tempérée, soit par les États Généraux, soit par les parlements. C'étaient, pour employer le langage moderne, des patriotes monarchistes à côté des patriotes révolutionnaires [2]. Cette savante école, moins passionnée

---

1. Les premières des *Tragiques* furent écrites en 1577 ; mais elles ne furent publiées que bien des années après, en 1616. — La renommée de du Bartas commença vers 1575.

2. L'accusation de viser au démembrement de la France n'est nullement fondée contre les huguenots de ce temps : ils visaient à « l'union civile » avec les « catholiques

que l'école huguenote et plus adonnée aux lentes et paisibles études, mérite notre reconnaissance pour avoir fondé les bases de la science historique. Avant les bénédictins des XVIIe et XVIIIe siècles, les magistrats et les avocats du XVIe commencèrent à préparer les matériaux de l'histoire nationale, sous la double impulsion de la Renaissance qui leur ouvrait l'esprit et des révolutions qui développaient en eux le sens des faits.

Si les tentatives prématurées d'histoire générale de France essayées depuis Nicole Gilles jusqu'à Du Haillan et Belleforest avortèrent inévitablement, il n'en fut pas de même des travaux de ces érudits intelligents et sagaces qui, dans la seconde moitié du XVIe siècle, se mirent à fouiller les origines et les traditions nationales avec la même ardeur que la plupart des archéologues employaient à rechercher les souvenirs de Rome et de la Grèce. L'école historique s'était formée un peu avant l'époque où nous sommes parvenus ; mais elle prit alors un notable développement. Étienne Pasquier avait commencé de publier, dès 1560, ses intéressantes *Recherches de la France :* le président Fauchet, le greffier Du Tillet, compulsaient, celui-ci, son *Recueil des rois de France ;* celui-là, ses *Antiquités gauloises* et ses *Antiquités françoises*[1]. Les Pithou entamaient leurs travaux de polygraphes et d'éditeurs d'anciens monuments, et leur ami Loisel commentait le *Droit françois*, pendant que Jacques-Auguste de Thou se préparait à la grande histoire contemporaine dont l'exécution remplit sa vie. Le noyau de l'école était parlementaire et gallican : aux extrémités, Du Tillet confinait au parti catholique ; les Pithou étaient protestants, et Hotman lui-même, le plus éclatant des révolutionnaires, bien qu'il eût cherché dans les monuments des arguments politiques plutôt qu'une science désintéressée, a sa place incontestable dans le mouvement historique. On lui doit en partie ce progrès notable d'avoir reconnu l'origine teutonique des Franks, lorsqu'il opposa la tradition de leurs libertés germaniques

---

paisibles » et à un régime d'États Généraux. L'expérience les avait désabusés du rêve de conquérir la France entière à la Réforme.

1. Ces deux ouvrages de Fauchet ne parurent que beaucoup plus tard, en 1610. Les *Bibliothèques françoises* de du Verdier Vauprivas et de La Croix du Maine parurent en 1584. C'est à La Croix du Maine qu'on doit reporter l'honneur d'avoir fondé la bibliographie française.

à la tradition impériale romaine. L'originalité de Hotman est dans cette réaction contre l'esprit romain de ses confrères les légistes; mais il ne remonta pas suffisamment aux origines premières de la France et n'en eut pas le vif sentiment qu'avait Ramus. Le livre si curieux qu'il avait écrit en 1567 contre les Pandectes, sous le titre d'*Anti-Tribonianus*, et qui ne fut publié que dans le cours du XVIIe siècle, avait été le premier produit de sa réaction anti-romaine. Il n'y attaque point, toutefois, l'ancien droit romain, mais la grande compilation du siècle de Justinien qui sert de base à l'étude de ce droit, et démontre l'utilité de rédiger un code de lois où l'on prendrait surtout l'équité naturelle pour guide et où l'on fondrait le droit romain avec les meilleurs éléments des coutumes sous la forme la plus simple et la plus claire possible. Le vœu de Hotman s'est réalisé après plus de deux siècles !

De même que Hotman marque sa forte trace sur la lisière de l'histoire et de la politique, on voit apparaître, sur la limite commune de la politique, de l'histoire et de la philosophie, une figure plus imposante encore, celle de Jean Bodin. L'école monarchique modérée, ennemie des persécutions et de l'ultramontanisme, aboutit au livre de la *République*, livre dont le titre ne doit pas induire en erreur : *république* ne veut dire ici que l'État dans le sens le plus général. La *République* de Bodin [2] a vieilli; elle est tombée depuis longtemps dans le domaine de l'érudition pure; Bodin ne s'est point élevé à une hauteur métaphysique suffisante, il n'a point pénétré assez profondément dans l'essence du droit universel, pour placer son œuvre parmi ces créations typiques de l'intelligence humaine que les générations se passent à jamais de main en main; il n'a pas le rayon, surtout il n'a pas le verbe du génie; toutefois l'étendue et la fermeté de son esprit, la solidité de son savoir, l'originalité de ses vues, la droiture de ses intentions, la grandeur de l'entreprise qu'il a tentée, méritent à son nom une gloire durable, et son livre est demeuré un des principaux jalons

---

1. Pendant que Hotman attaquait les Pandectes, l'homme qui avait porté la lumière dans ce vaste recueil, le grand Cujas, était appelé à Paris, probablement par L'Hospital, pour y professer le droit romain. L'enseignement public du droit civil ne put cependant encore cette fois s'établir solidement à Paris; Henri III l'interdit de nouveau en 1579. — Les œuvres complètes de Cujas furent publiées en 1577.

2. Publiée en 1577.

de la science politique : il mène à l'*Esprit des Lois* bien plus directement que la *Franco-Gallia* ne conduit au *Contrat social*. Son point de départ est noble et religieux : avant de traiter du gouvernement des sociétés humaines, il se demande quel est le but des sociétés et répond que ce but est le même que celui des existences individuelles, « s'exercer en la contemplation des choses « naturelles, humaines et divines, en rapportant la louange du « tout au grand prince de Nature » (l. i, c. 1, p. 4). On est loin ici de Machiavel, que Bodin maltraite fort dans sa préface : l'écrivain français rend à la science politique la moralité que l'Italie dégénérée lui avait enlevée.

La famille et la propriété sont, aux yeux de Bodin, les bases nécessaires de la société : loin d'imiter la *République* de Platon, comme l'ont cru des écrivains qui n'ont lu de lui que son titre et qui l'ont rangé parmi les utopistes entre Thomas Morus et Campanella, il se défend, dès ses premières pages, d'avoir voulu « figurer une République en idée sans effet », et il réfute avec vigueur la théorie de la communauté. Il pousse même l'esprit de famille jusqu'à l'exagération, et tombe dans des opinions tout à fait rétrogrades, semi-juives, semi-romaines, sur l'autorité paternelle et maritale, et sur l'infériorité des femmes. Quant à la formation des premières sociétés, il l'attribue nettement à la force, à la conquête opérée par certaines familles sur d'autres; point d'âge d'or, point de contrat originel, point d'élection libre des chefs; seulement la « tyrannie » primitive est devenue « souveraineté » par le temps. Ceci n'amène pas très-logiquement le principe que les souverains sont établis directement de Dieu, comme il le prétend; mais Bodin n'a pas une conception philosophique de la souveraineté; il ne distingue pas la souveraineté que Dieu a donnée à toute société sur elle-même, d'avec l'exercice du pouvoir délégué ou consenti par la société à ses chefs. Il constate le fait présent, l'exercice actuel de la souveraineté, l'érige en droit absolu, arrive ainsi à distinguer trois sortes de souveraineté, la monarchique, l'aristocratique et la démocratique, et nie que ces trois formes politiques se puissent combiner entre elles, au moins sur le pied de l'égalité, la souveraineté étant une de sa nature; cette dernière partie de son argumentation est la plus solide, mais il n'en tire pas les conséquences logiques; la notion de l'unité nécessaire de la souveraineté eût dû le conduire à reconnaître qu'il ne saurait exister diverses sortes de souveraineté et à discerner l'essence sous les formes.

Il discute la valeur relative des trois principes de gouvernement, mais évidemment d'après un parti pris en faveur de la monarchie, et cherche moins la vérité politique en elle-même que la justification du droit monarchique français, tel qu'il le conçoit. Ce droit n'est pas le despotisme, et les rois en ont transgressé les principes en levant des impôts sans le consentement des sujets, ce qui est un attentat à la propriété; le roi doit respecter la liberté civile des sujets; le roi doit observer les conventions raisonnables passées entre lui et ses sujets [1]; mais, comme c'est à lui qu'appartient la souveraineté, il n'est point obligé d'obtempérer aux requêtes des États Généraux; il est supérieur aux États Généraux, quoiqu'il fasse bien de prendre leur avis, et le peuple n'a droit, dans aucun cas, de déposer ou de frapper le roi légitime [2]. Il n'est permis de désobéir au roi que si le roi ordonne le crime. Bodin est habile et fort dans les preuves historiques, mais généralement faible dans les raisons théoriques; cette insuffisance tient en partie aux qualités mêmes de l'auteur de la *République*; c'est bien moins un métaphysicien qu'un homme d'État: de même que Hotman et Languet sont républicains par haine des crimes de la royauté, Bodin est monarchiste par crainte de l'anarchie où il voit se précipiter l'État; son grand sens pratique l'avertit que ce républicanisme enfanté accidentellement par les querelles religieuses ne réussira pas à transformer la

---

1. Il cite, pour les flétrir, les exemples les plus célèbres de violation de la foi jurée, en ajoutant : « J'aime mieux citer des faits pris au dehors que certains faits domestiques que je voudrais voir ensevelis dans un éternel oubli. » *Externa libentius quam domestica recordor, quæ utinam sempiternâ oblivione sepulta jacerent!* C. vi. Cette allusion à la Saint-Barthélemi est moins claire dans l'original français que dans la traduction latine faite par Bodin lui-même et fort amplifiée.

2. Bodin ne reconnaît qu'à Dieu et « aux princes voisins » le droit de réprimer les souverains légitimes qui gouvernent tyranniquement : ainsi il dénie à la société le droit de déposer son chef, et l'accorde à des chefs étrangers; il faut avouer que cette conception du droit des gens est plus que bizarre, et que Bodin comprend peu le principe des nationalités. Autre inconséquence : il ne reconnaît pas au roi le droit d'établir des impôts arbitraires, et il ne reconnaît pas aux sujets le droit de résister au roi qui établit des impôts arbitraires.

France, et il se rejette vers le pôle opposé : pour remède aux mauvais rois, il invoque un grand roi : après les Valois il pressent Henri IV. Sa pensée se révèle assez clairement dans ses lettres à Pibrac[1].

Quant à la religion, l'opinion de Bodin est qu'on ne doit pas la laisser mettre en discussion dans les sociétés où règne l'unité religieuse, mais qu'une fois les sectes formées, il ne faut pas que le prince se fasse chef de parti et emploie la violence pour ramener les dissidents à son sentiment. Il entrevoit la séparation nécessaire du pouvoir judiciaire et du pouvoir législatif, et ne veut pas que le roi se mêle personnellement de rendre la justice. Il attaque vivement la vénalité des charges. En fait d'économie politique, il se rapproche des vues de Birague ; il est « protectioniste » très-prononcé ; il conseille de mettre des droits très-modérés sur l'importation des matières premières, des droits très-élevés sur les matières manufacturées, et de défendre ou de restreindre l'exportation des matières premières, afin de favoriser l'essor du génie manufacturier. Il recommande les impôts sur le luxe, la fixité dans les monnaies, blâme les priviléges des deux premiers ordres en matière d'impôts, mais prend la défense des nécessités de l'État contre ceux qui veulent reporter les impôts au chiffre nominal du temps de Louis XII, et qui n'ont point égard à la multiplication et par conséquent à l'avilissement de l'or et de l'argent depuis la découverte de l'Amérique.

La partie la plus véritablement philosophique de son livre est sa théorie de l'influence des climats sur le génie des peuples : là, n'étant plus arrêté ou entraîné par des considérations de politique contemporaine, il plane librement dans une région supérieure, où Montesquieu ne fera que le suivre. Il ne s'élève même que trop haut, car il se perd dans les espaces célestes. L'examen des influences qu'exerce sur les races humaines la diversité des régions du globe ne lui suffit pas, et il veut rattacher aux révolutions du système planétaire les révolutions des empires. C'est à l'astrologie qu'il demande la raison dernière de la politique et de l'histoire, en faisant néanmoins, au profit de la liberté humaine et du gou-

---

[1] V. les citations données par Bayle, art. BODIN.

vernement de la Providence, des réserves qui ne permettent pas de le confondre avec les adeptes fatalistes et matérialistes des sciences occultes. L'esprit de Bodin, si net, si positif dans la politique, se rapprochait, dans la philosophie, des opinions fantastiques de Corneille Agrippa et de Cardan. Sa vraie pensée, en matière de religion, est révélée par un livre resté manuscrit, l'*Heptaplomeres*[1], où il met aux prises, sous forme de dialogue, un philosophe théiste et mystique, un philosophe épicurien et sceptique, un juif cabaliste, un catholique, un protestant et un musulman. Le théiste, c'est lui-même ; le juif est son allié, et les conclusions implicites vont à la « religion naturelle », qui ne ressemble guère à celle du xviiie siècle : il s'agit ici de la religion des patriarches et des premiers hommes, et ce « naturel » est fort mêlé de surnaturel. Les impressions que cause cet ouvrage sont contradictoires à donner le vertige. Quand Bodin parle de certains dogmes de l'Église, il semble déjà entendre Voltaire, moins l'élégance de la forme ; quand il parle des bons et des mauvais esprits, il semble qu'on soit revenu à l'auteur du *Marteau des Sorcières*. Ce philosophe qui ne croit point à la divinité du Christ croit aux diables et aux maléfices, et il écrit un traité de la *Démonomanie* contre les téméraires qui nient la réalité du pouvoir des sorciers (1578).

Il serait injuste et ingrat de quitter Bodin sur ses faiblesses : rappelons que cet homme qui a encore un pied dans les superstitions du moyen âge avance l'autre vers l'avenir avec une hardiesse admirable ; que l'auteur de la *Démonomanie* est le père de la philosophie de l'histoire ; que, dès 1566, il avait publié la *Méthode pour l'étude de l'histoire*[2], œuvre moins vaste et moins approfondie sans doute que la *République*, mais peut-être d'un essor plus élevé ; qu'il y posait nettement le principe du progrès dans le genre humain du moins quant aux sciences, à l'industrie

---

1. Une traduction allemande en a été publiée en 1841 par M. Guhrauer, et M. H. Baudrillart en a donné une analyse étendue dans son savant ouvrage sur *Jean Bodin et son temps* ; Paris, 1853 ; in-8°. Les copies de ce livre se sont multipliées au xviie siècle. Il y a des passages très-remarquables contre la prédestination, contre les peines éternelles et surtout contre le péché originel collectif ; *V.* le beau morceau cité par M. Baudrillart ; « Chacun est son Adam à soi-même, etc., » p. 218.
2. *Methodus ad facilem historiarum cognitionem.*

et à l'organisation sociale ; qu'il y affirmait la supériorité des sociétés modernes sur les sociétés antiques ; qu'il y fondait l'union de l'histoire universelle avec le droit universel, dont le droit romain n'était, à ses yeux, qu'une forme particulière [1].

L'œuvre de Bodin, dans son ensemble, imprime un grand mouvement à l'esprit : elle fournit une ample matière à la méditation. Néanmoins son dogmatisme n'est pas de nature à s'imposer à ses contemporains ; les conclusions politiques qu'il formule soulèvent, dans la théorie et dans le fait présent, mille objections ; les conclusions religieuses qu'il voile ne sont que la bizarre création d'une fantaisie individuelle. Son œuvre est matière à méditations, disions-nous, mais aussi matière à doute.

Le dernier mot du temps, ce n'est pas au dogmatique Bodin à le donner, mais au grand douteur Montaigne. C'est ici le lieu de saluer ce nom illustre : l'ouvrage qui l'a immortalisé n'a paru que quelques années après l'époque où nous sommes parvenus [2] ; mais il avait été conçu durant les orages du règne de Charles IX, si toutefois il est permis de dire qu'il y ait une conception dans les *Essais*, ce miroir universel où la nature humaine vient poser tour à tour sous ses mille aspects, sans autre ordre et sans autre lien que le caprice d'une pensée vagabonde. Nous avons pu essayer d'analyser Calvin, et, jusqu'à un certain point, Rabelais même ; mais comment analyser Montaigne ? On peut esquisser le profil des Alpes ou des Pyrénées ; comment fixer l'aspect de l'Océan aux flots mobiles ?

De Rabelais et de Calvin à Montaigne, de la première moitié du xvie siècle à la seconde, quel changement !... Triste changement, il faut le dire. L'intelligence assurément n'a point baissé ; mais combien a diminué la force ! Où est la foi étroite, mais passionnée de l'homme du passé et du novateur, de Loyola et de Calvin !

---

1. V. l'analyse du livre de la *Méthode*, ap. H. Baudrillart, *Jean Bodin et son temps*, p. 145 et suiv. — « La première utilité de l'histoire est de servir à la politique. — La philosophie mourroit d'inanition au milieu de ses préceptes si elle ne les vivifioit par l'histoire. — Il faut chercher quelle est la vraie nature des peuples divers... attachons-nous à ces faits fondamentaux, naturels, qui ne sont pas d'institution humaine..... » De telles maximes en disent assez sur la portée du livre. Nous n'avons pu donner de Jean Bodin qu'une rapide esquisse : le tableau est complet chez M. Baudrillart.

2. Les deux premiers livres des *Essais* furent publiés en 1580 ; le troisième, en 1588.

Où est la forte espérance de Rabelais? Où est la volonté héroïque!
Rabelais aimait la science pour s'en servir à changer le monde :
Montaigne proteste avec effroi contre tout changement, contre
toute action; il aime à savoir pour savoir, et, qu'il s'étudie ou
qu'il étudie le monde, sa curiosité n'a pour but que lui-même.

— C'est que d'immenses événements ont passé dans l'intervalle :
de grandes persécutions qui n'ont pas détruit les persécutés; une
grande tentative de révolution qui n'a pas détruit les persécuteurs; l'ancienne religion ébranlée; la nouvelle point établie; la
société presque dissoute! Du choc des forces contraires est sorti
le chaos. L'esprit du siècle, naguère si expansif, est refoulé sur
lui-même : il s'interroge sur les causes de tant de calamités, sur
la valeur intrinsèque des doctrines pour lesquelles la France se
déchire; il réagit contre le dogmatisme; il ne voit plus les grands
côtés des deux croyances, mais les petits, les obscurs, les cho-
quants; il ne voit plus que les erreurs mêlées par les hommes
aux vérités éternelles. — Est-ce la peine de bouleverser la terre
pour d'insolubles questions de théologie scolastique? — Rien ne
vaut l'effort et le sang versé. — QUE SAIS-JE? que puis-je savoir?
— En religion, en politique, en tout, respectons les coutumes
établies, non comme bonnes, mais comme établies; qui sait si
nous gagnerions au change? Par exemple, « l'*équalité* (égalité)
est la première pièce de l'équité... la domination populaire est la
plus naturelle et équitable¹ ». Il est vrai; mais elle coûterait trop
cher à fonder, et durerait-elle ²? — N'y pensons pas. Accommo-
dons-nous de toutes choses extérieures, en y engageant la moindre part possible de nous-mêmes ³; subissons patiemment tous
les jougs?

Une seule réserve, toutefois! réserve qui embrasse tout un
monde! livrons l'homme extérieur, mais gardons l'homme inté-

---

1. *Essais*, l. I, c. 3.

2. Il ne préférait pas théoriquement la monarchie, comme Bodin : il pensait plutôt comme La Boëtie, moins la passion. « S'il eût eu à choisir », dit-il en parlant de La Boëtie, « il eût mieux aimé être né à Venise qu'à Sarlat, *et avec raison* ». (l. I, c. 28). Montaigne n'en fut pas moins, en pratique, le plus soumis des sujets, tandis que nous verrons le monarchiste Bodin agir en républicain.

3. S'il n'eût accepté, durant quelques années, les fonctions de maire de Bordeaux, son nom ne serait pas prononcé dans l'histoire contemporaine.

rieur. — Liberté de culte? — non pas : ceci est chose extérieure; affaire de police; mais liberté de conscience; liberté de croire ou de ne pas croire; franchise absolue de l'esprit. A l'autorité de régler nos actes; mais notre pensée n'est qu'à elle-même. Ici, nous changeons de sphère : révolution complète. Tout à l'heure, c'était le respect à toute coutume; ici, c'est la guerre à toute coutume, à toute convention, à tout préjugé, à toute superstition : guerre explicite à tous ces gens « qui nous content des fables, comme alchimistes, pronostiqueurs, *judiciaires* (astrologues), chiromanciens, *id genus omne*[1] »; guerre explicite à « la grossière imposture » des fausses sciences qui entravent le progrès des vraies; guerre implicite à d'autres gens qu'on ne nomme pas et qui donnent sinon le faux pour vrai, au moins le douteux pour certain. Est-ce donc la négation pure, qui, un jour, chez Voltaire, verra une absurdité ou une imposture dans toute chose mystérieuse? Il n'en est rien : nier, c'est encore se lier par la négation, et Montaigne ne veut être lié par chose quelconque. Ce qu'il met à la place du oui, ce n'est pas le NON; c'est le PEUT-ÊTRE [2].

Ce *peut-être*, il s'y déploie à l'aise : il se montre joyeux d'avoir tout autour de lui l'horizon ouvert sans routes, mais sans bornes; de se sentir l'œil et le pied libres; de pouvoir partout chercher, comparer, débattre sans conclure, choisir ou ne pas choisir. C'est la première période du doute, la période juvénile, où l'esprit ne sent que le plaisir d'avoir recouvré sa liberté. « Le doute est un bon oreiller ». Bientôt, « l'oreiller » devient plus dur; les rêves qu'on y fait sont moins souriants; on arrive du doute des *Essais* au doute de *Hamlet;* « Être ou ne pas être!... »

Où conduit, en effet, ce doute? Il ne s'arrête pas aux questions débattues entre les églises chrétiennes. Toute religion, toute philosophie, toute morale oscille dans une confusion universelle. Le spectacle des révolutions contemporaines n'a pas seul enfanté le scepticisme de Montaigne : bien d'autres causes y ont concouru : la comparaison incessante qu'amenait la Renaissance entre la civilisation antique et la civilisation chrétienne et dont

---

1. L. I, c. 31. — Nous sommes loin de Bodin!
2. *V.* deux passages très-remarquables sur le démon de Socrate et sur les stigmates de saint François, qu'il attribue à la force de l'imagination; l. I, c. 2 et 20.

on tirait des conséquences si diverses, les récits des voyageurs qui, depuis les grandes découvertes de la fin du xv⁵ siècle, apportaient des extrémités du monde mille témoignages de la variété des mœurs et des opinions humaines, ont poussé Montaigne à cette conclusion redoutable, que la morale varie suivant les temps et les lieux. Les croyances établies, le dogmatisme ancien sont impuissants à donner le mot de ces oppositions apparentes, s'ils ne s'interprètent et ne se complètent eux-mêmes par la double loi du LIBRE ARBITRE humain et du PROGRÈS providentiel, double loi dont l'antiquité et le moyen âge n'ont pas connu la concordance, que Bodin entrevoit, que Montaigne n'aperçoit pas et dont la révélation progressive fondera le dogme des temps nouveaux.

Pour être juste envers Montaigne, on doit se hâter d'ajouter que, si toutes les croyances systématiques sont ébranlées chez lui, il est bien loin de rompre avec les instincts de la conscience : son doute est plein de candeur; son esprit et son cœur restent droits et humains; l'amour du bon, du beau, du vrai surtout, subsistent en lui parmi tant de ruines, et le sentiment sauve en partie ce qu'a perdu la théorie. Montaigne n'a certainement pas construit d'édifice; mais il a entassé, sous une tente provisoire, les matériaux de l'esprit humain; les éléments d'une conception plus large, plus compréhensive que celles du passé sont là, dans cette immense étude de l'homme et de l'humanité, quand une pensée synthétique saura les dégager et les ordonner.

On ne jugerait pas la pensée de Montaigne à sa valeur, si on la suivait seulement dans la postérité apparente et immédiate de l'auteur des *Essais*, dans cette école de douteurs hardis d'esprit, timides de cœur, que résume Charron, et qui n'engendrera ni héros ni martyrs; on ne meurt pas pour un *peut-être*. Montaigne a des affinités plus illustres. Tout à l'heure le doute placide et rêveur deviendra le doute passionné et tragique, et le nouveau Montaigne s'appellera SHAKSPEARE [1]. Le doute prendra possession d'une nature non plus mélancolique et ardente au dedans, comme Shakspeare, mais puissamment extérieure, sensuelle et humaine,

---

[1]. Qui connaissait parfaitement l'auteur des *Essais* pour son père; on en a maintenant la preuve.

dominatrice et modérée à la fois, et douée à un degré héroïque de ces facultés d'action qui manquaient à Montaigne ; joignez-y une grande et périlleuse situation créée par la naissance et par la fortune ; et vous aurez Henri quatre, et cette tente provisoire du doute, dont nous parlions tout à l'heure, abritera la tolérance, la patrie et l'humanité.

La renommée de Montaigne devait avoir des phases très-diverses : durant la période contemporaine, elle s'accroît sans dépasser un cercle assez restreint d'esprits éclairés ; puis le grand courant de l'esprit français prend une direction opposée à celle de Montaigne ; le dogmatisme revient ; le xviie siècle jette autour de lui une affirmation générale ; Pascal lance l'anathème à Montaigne, qu'on rejette également au nom de Descartes et au nom de Bossuet ; mais bientôt le somptueux édifice du siècle de Louis XIV s'écroule, et Montaigne se relève, salué, comme un glorieux aïeul, par tout le siècle de Voltaire et de Rousseau. Il a cessé aujourd'hui d'exciter les orages ; il occupe dans le panthéon national sa place incontestée ; il vivra comme écrivain, tant que vivra la littérature française ; comme les autres grands écrivains de ce xvie siècle où les hommes avaient une individualité si forte, comme Rabelais, comme Calvin, il a sa langue à lui aussi bien qu'il a sa pensée ; langue souverainement libre, éternellement jeune, inimitable, et pourtant source féconde de rajeunissement pour la langue générale. Il vivra comme philosophe, tant que l'homme pratiquera l'axiome des *Essais* : « Connois-toi toi-même ! » Tout en nous inclinant devant une gloire si nationale, ne nous départons pourtant pas de toute réserve, et, sans oublier ce qui peut servir d'explication ou d'excuse, n'oublions pas que Montaigne, s'il est un des pères de la philosophie, a aussi engendré ou du moins personnifié le système de l'homme double, du divorce entre la pensée et les actes, entre l'opinion réelle et les conventions extérieures, qui a exercé et qui exerce une si malheureuse influence sur la moralité de la France. Dans la défaillance comme dans le bien, nous retrouvons Henri IV en Montaigne.

Le chaos dont nous allons être témoins n'expliquera et n'excusera que trop le doute universel de Montaigne. La femme qui voulait fonder l'ordre politique sur l'absence de tout principe croyait être à son but : Catherine n'avait plus à compter avec Charles IX, toujours frémissant sous son joug : elle allait régner avec son fils préféré ; nous verrons ce qu'ensemble feront du trône les deux auteurs de la Saint-Barthélemi.

Catherine eut d'abord un vigoureux élan : elle écrivit au nouveau roi de revenir sans délai, mais « en laissant quelqu'un » derrière lui qui fît en sorte que le royaume de Pologne lui demeurât ou à son frère. Charles IX, en mourant, lui avait, dit-elle, recommandé de faire faire bonne justice « des prisonniers qu'il savoit être cause de tout le mal du royaume » (Montmorenci, Cossé et Montgommeri); quant « aux frères » du roi, Alençon et Navarre, elle espérait qu'ils obéiraient [1]. Le même jour (31 mai), elle manda aux gouverneurs des provinces sa régence et l'avénement de Henri III : le duc d'Alençon et le roi de Navarre n'osèrent refuser de joindre à cette dépêche des lettres annonçant leur intention de rendre tout service et obéissance à la régente. Catherine traita dorénavant les deux princes avec plus d'égards, sans cesser de les tenir sous bonne garde; elle fit de nouvelles avances à La Noue, aux Rochellois, à leurs alliés des provinces poitevines, et autorisa le duc de Montpensier, Biron et Strozzi à conclure avec eux une trêve jusqu'à la fin d'août, afin d'attendre le retour du roi; elle consentit même à leur donner 70,000 livres pour payer leurs soldats pendant la trêve; mais, pendant ce temps, Matignon achevait d'écraser dans Saint-Lô les restes des compagnons de Montgommeri (10 juin) [2], et le parlement de Paris hâtait le procès de ce chef huguenot, qui s'était rendu sur la promesse ambiguë d'être remis sain et sauf aux mains du roi. On questionna cruellement Montgommeri afin de lui arracher l'aveu de la « conjuration du feu amiral » et des complots imputés aux maréchaux de Montmorenci et de Cossé; il brava toutes les tortures, fut condamné pour crime de lèse-majesté et racheta par l'héroïsme de sa mort les violences qu'il

---

1. La lettre de Catherine, également remarquable et par la vigueur politique du fond et par l'éloquence qui fait oublier l'incorrection de la forme, a été publiée par M. Ernest Alby, dans son *Histoire de Catherine de Navarre*, t. I, p. 286 et suiv.

2. Le commandant huguenot, Colombières, refusa toute capitulation, et se fit tuer sur la brèche avec son fils, enfant de dix ans.

avait commises dans la guerre civile (26 juin). Catherine avait montré contre lui un acharnement extraordinaire : on veut qu'elle ait poursuivi dans Montgommeri le meurtrier involontaire de Henri II; elle n'avait pas besoin d'un tel motif pour frapper son prisonnier; la position qu'avait prise Montgommeri à la tête des plus violents huguenots, et ses talents militaires, suffisaient pour le vouer à la mort. Si le maréchal de Montmorenci n'eut pas le même sort, c'est que Catherine n'osa l'immoler avant de tenir son frère Damville.

Damville ne se laissa pas prendre : il s'était mis sur la défensive à Montpellier et avait signé avec les protestants du Midi une nouvelle trêve (29 mai). Le parlement de Toulouse défendit de reconnaître la trêve et d'envoyer des députés aux États du Languedoc, convoqués par Damville à Montpellier pour le 2 juillet. L'assemblée générale des deux gouvernements huguenots du Midi se réunissait de son côté, sur ces entrefaites, à Milhaud en Rouergue : Damville se mit en communication avec cette assemblée, et l'on y rédigea un plan de confédération entre les réformés et les « catholiques paisibles : » le jeune Condé, qui était encore en Allemagne, où il cherchait à obtenir l'assistance des princes protestants, fut élu gouverneur général, en attendant la délivrance du duc d'Alençon et du roi de Navarre, et l'autorité de Damville, en qualité de gouverneur de Languedoc, fut reconnue par les huguenots, moyennant le maintien de l'organisation donnée à leur parti l'année précédente : il fut arrêté à Milhaud qu'on poursuivrait par tous les moyens la convocation des États Généraux du royaume (juillet-août). Ainsi, la politique de Catherine n'aboutit qu'à fortifier ses adversaires dans le Midi; une partie de la noblesse, des villes catholiques et des troupes royales demeurèrent attachées à Damville. Ce maréchal hésitait néanmoins encore à se déclarer ouvertement rebelle : il voulut tenter auparavant une dernière démarche auprès du nouveau roi, qui était en route pour revenir en France.

Henri III avait reçu à Cracovie, le 13 ou le 14 juin, la nouvelle de la mort de son frère, attendue comme le signal de sa délivrance. Le rude aspect de la « terre des Sarmates », les mœurs âpres et l'esprit indépendant de la noblesse polonaise, la fermeté et la hauteur aristocratique du sénat dans ses rapports avec le prince, n'avaient pas contribué à réconcilier Henri avec une couronne acceptée quasi par force. Il consuma le temps de son séjour en Pologne à rêver au moment où il pourrait la quitter; il feignait d'être malade pour se dispenser des devoirs de la royauté; il passait des journées entières à s'entretenir des plaisirs de la cour de France avec les jeunes courtisans qui l'avaient suivi; il écrivait des lettres passionnées à la princesse de Condé avec le « sang qu'il tiroit de son doigt [1] ». Parfois, pour regagner le cœur de ses sujets mécontents de cette façon de vivre, il leur donnait des fêtes bruyantes, où les Français tenaient tête de leur mieux aux Polonais, buveurs aussi infatigables que les Allemands, leurs voisins. Ce fut au milieu de ces fêtes que Henri apprit, avec une joie inexprimable, qu'il était roi de France. Il ne songea plus qu'au départ. Quelques-uns de ses conseillers lui représentèrent vivement que son intérêt, aussi bien que son honneur, lui prescrivait de ménager le peuple qui l'avait élu d'une manière si glorieuse; qu'il ne devait point abandonner la Pologne sans avoir mis ordre au gouvernement de ce pays en son absence et sans avoir préparé les voies à l'élection du duc d'Alençon en sa place. Il se débarrasserait ainsi de la façon la plus avantageuse pour la France d'un frère ambitieux et remuant, qui, de sujet dangereux, deviendrait un allié utile. Henri n'écouta rien : dans la nuit du 16 au 17 juin, il s'évada, comme un malfaiteur, du château de Cracovie, emportant pour 300,000 écus de pierreries de la couronne, fit vingt lieues sans débrider et gagna la Moravie, province autrichienne. Ses sujets, qui voulaient le contraindre à rester leur roi malgré lui, le poursuivirent jusqu'à l'extrême frontière.

Une fois hors du territoire polonais, Henri avait le choix entre deux routes, l'une par l'Allemagne centrale, l'autre, beaucoup plus longue, par l'Autriche et l'Italie. Ce fut cette dernière qu'il choisit. L'accueil qu'il avait reçu, l'année précédente, dans les pays protestants, n'était pas de nature à l'engager à y retourner : les peuples allemands avaient tenu peu de compte des ménage-

---

1. Mathieu, *Hist. de France*, t. I, p. 386.

ments que la politique imposait à leurs princes, et quelques-uns des princes eux-mêmes n'avaient pu contenir l'expression de leur ressentiment. Chez l'électeur palatin, Henri s'était vu entouré de réfugiés français, dont les propos menaçants lui avaient fait craindre une revanche de la Saint-Barthélemi; l'électeur lui avait montré dans sa galerie les portraits de l'amiral et des principales victimes du « massacre de Paris », en disant que c'étaient là les plus gens de bien et les meilleurs Français qu'il eût jamais connus, et que ceux qui les avaient fait mourir « étoient bien malheureux [1] ».

Henri se dirigea donc sur Vienne, où l'empereur Maximilien, qui désirait lui faire épouser sa fille, veuve de Charles IX, lui conseilla d'imiter en France la tolérance que lui-même avait pratiquée si heureusement en Autriche. Henri passa des états autrichiens sur les terres de Venise : le doge Louis Mocenigo, chef de ce gouvernement si renommé pour sa prudence, lui réitéra les avis de Maximilien; mais les plaisirs et les pompes de « Venise la belle », qui avait déployé toutes ses féeries pour fêter cet hôte royal, occupaient plus Henri que les graves entretiens du doge et des sénateurs. Le jeune monarque oubliait complétement le prétexte qui avait déguisé à ses propres yeux le ridicule de son évasion de Cracovie : au lieu de s'empresser d'aller retrouver cette France, où il se disait appelé par des intérêts si urgents, il employa près de deux mois à parcourir la Haute Italie, séjournant à Venise, à Ferrare, à Mantoue, à Turin, s'enivrant partout de spectacles, d'hommages et de voluptés. Les fêtes de Turin lui coûtèrent cher : il paya l'hospitalité du duc de Savoie en rendant à Philibert-Emmanuel Pignerol, Pérouse et Savigliano, les dernières positions qu'eût gardées la France dans les états de Savoie. La France ne conserva plus au delà des Alpes que le petit marquisat de Saluces, qui ne renfermait pas une place forte. En cédant ainsi les clefs de l'Italie, le gouvernement français déclarait implicitement qu'il renonçait sans retour à disputer la péninsule aux Espagnols. Le commandement de ces forteresses était alors entre les mains de Louis de Gonzague, duc de Nevers : cet

---

1. Mathieu, *Hist. de France*, p. 390; d'après la relation de Souvré, compagnon de voyage de Henri III.

étranger, que notre histoire n'avait guère eu à citer jusqu'alors que pour sa complicité dans le grand forfait de la Saint-Barthélemi, se montra meilleur Français que le roi de France : ne pouvant faire revenir le roi sur une résolution dictée par des favoris qu'avait achetés le duc de Savoie, il demanda solennellement acte de ses remontrances et décharge expresse du gouvernement qui lui avait été confié ; il fit enregistrer cette décharge au ci-devant parlement de Turin, retiré à Pignerol, puis au parlement de Grenoble, et le roi fut obligé d'envoyer son frère naturel, le grand prieur (le bâtard d'Angoulême), effectuer l'évacuation, à laquelle le duc de Nevers avait refusé de prêter la main [1].

Les concessions au dehors présageaient la violence au dedans : les sages conseils de l'empereur et du doge étaient déjà oubliés. Henri III était arrivé incertain en Piémont : il y trouva les agents de sa mère qui lui apportaient les instructions et les prières de Catherine. La reine mère, maintenant que son fils bien-aimé était roi, semblait ne plus douter de rien : elle, naguère si timide, ne rêvait plus que guerre et qu'écrasement. Elle l'emporta : Henri promit d'accabler les Montmorencis aussi bien que les huguenots. Le duc de Savoie, reconnaissant du moins par un bon avis la munificence de Henri III, lui avait, à son tour, conseillé la paix et avait tâché de lui faire recevoir en grâce le maréchal de Damville, qui s'était rendu à Turin dans cette espérance. Henri accueillit bien Damville, mais projeta sous main de le faire arrêter, d'après les instigations de sa mère et du chancelier Birague. Si le duc de Savoie eût consenti à cette trahison, c'en était fait des Montmorencis ; mais Philibert-Emmanuel avait eu de grandes obligations au feu connétable, allié de la maison de Savoie par sa femme ; il ne voulut pas laisser violer son sauf-conduit ; Henri n'osa pas trop insister, et Damville, averti, repartit à la hâte, « jurant », dit Mathieu, « de ne plus voir le roi qu'en peinture ». De retour en Languedoc, Damville signa le pacte préparé avec les huguenots et arbora l'étendard des confédérés dans Montpellier, dans Beaucaire et dans Lodève (octobre). Il publia un manifeste où il déclarait prendre les armes pour le

---

1. *V.* le Mémoire présenté au roi par le duc de Nevers, et les pièces à la suite, *Mém.* de Nevers, t. I, p. 1-68.

maintien de la couronne, la protection des « sujets d'icelle » tant de l'une que de l'autre religion, la liberté des princes et officiers de la couronne captifs ou exilés, et la restauration de la religion de l'État par le moyen du concile général ou national et des États Généraux [1].

Henri III, sur ces entrefaites, avait enfin passé la frontière le 5 septembre, au Pont-de-Beauvoisin : il y rencontra le duc d'Alençon et le roi de Navarre, que Catherine avait envoyés au-devant de lui. Les deux princes se justifièrent du mieux qu'ils purent et, n'osant se plaindre de Catherine, ils se plaignirent des injustes rigueurs de Charles IX. Henri III reçut de bonne grâce leurs protestations, les embrassa et leur déclara qu'ils étaient libres. Ils ne cessèrent pas néanmoins d'être surveillés de près.

La reine mère attendait à Bourgoin ce fils tant désiré; Henri et Catherine firent ensemble leur entrée à Lyon (6 septembre). Henri III y reçut une ambassade des princes protestants d'Allemagne, qui intercédaient auprès de lui en faveur de leurs frères de France. Il répliqua qu'il pardonnerait aux huguenots, à condition qu'ils déposassent les armes et vécussent désormais catholiquement; que ceux qui ne voudraient pas s'y soumettre videraient le royaume en emportant leurs biens. Il offrit cependant la liberté religieuse aux Rochellois et s'efforça de les détacher de la confédération, ainsi que Damville; mais les Rochellois et le maréchal ne virent qu'un piége dans les avances du roi, et Damville y répondit en faisant exécuter sommairement à Montpellier un homme que la cour avait, dit-on, suborné pour l'assassiner. Henri confirma le commandement des forces rassemblées en Poitou au duc de Montpensier, le commandement du Haut Languedoc au vicomte de Joyeuse et du Bas Languedoc au duc d'Uzès : le duc d'Uzès était ce même Crussol d'Acier, qui avait naguère mené si rude guerre aux gens d'église, et qui maintenant poursuivait ses frères les réformés, défendus par le catholique Damville. Les troupes réunies en Dauphiné furent placées sous les ordres de Saint-Lari de Bellegarde, un des favoris du roi, qui venait de lui donner le bâton de maréchal, apparemment pour le récompenser

---

1. La Popelinière, t. II, f° 262.

d'avoir servi d'instrument au duc de Savoie dans l'affaire de la restitution de Pignerol. Le vieux Montluc, appelé à Lyon, et gratifié d'une autre charge de maréchal, s'excusa sur ses blessures de prendre la conduite de la guerre en Guyenne, et donna au roi des conseils pacifiques tout à fait inattendus dans une telle bouche[1]. On ne l'écouta pas; on continua d'armer. Catherine n'écoutait plus personne : « Je ne m'en soucie, disait-elle, qui le trouve bon ou mauvais ! » Le pape avait accordé la levée de deux millions, en deux ans, sur le clergé de France, et Henri avait déjà trouvé sur pied, outre les compagnies françaises, six mille Suisses et un gros corps de reîtres mandés par Catherine; il y ajouta quatre mille Italiens. Le parti catholique était dans l'attente : malgré le mauvais succès du siége de La Rochelle, le nom du vainqueur de Jarnac et de Moncontour gardait encore une partie de son prestige; on ne doutait pas que Henri ne se mît en personne à la tête de ses armées pour frapper quelque grand coup.

Cette attente fut trompée : Henri proclama la guerre, mais ne la fit pas. Il passa deux mois à Lyon, bien moins occupé de régler les opérations militaires que l'étiquette de la cour : l'historien Mathieu nous a conservé (p. 402-405) le règlement rédigé alors sur cette matière. On y reconnaît l'intention de tenir à distance les grands, les nobles et tous les sujets et de substituer la réserve et la morgue du cérémonial espagnol ou anglais à ce facile accès près des rois, à cette familiarité qui était si chère aux Français. Le roi ne donna plus d'audiences publiques que trois fois par semaine : une balustrade entoura la table royale, afin que la cour et le peuple ne pussent plus approcher du roi pendant son dîner; le roi ne reçut plus de placets par l'intermédiaire des grands; chacun dut présenter lui-même sa requête. Les nouvelles manières qu'introduisait Henri III déplurent tellement à la noblesse, que

---

1. Blaise de Montluc mourut trois ans après (en 1577). Trois de ses fils étaient morts avant lui les armes à la main. Un des trois, Pierre-Bertrand de Montluc, périt glorieusement dans une entreprise patriotique (1569); il avait résolu de fonder un comptoir fortifié dans l'Afrique méridionale, afin d'assurer protection et asile au commerce français dans les mers de l'Afrique et de l'Inde. Il partit avec trois grands navires et douze cents soldats. En relâchant à Madère pour faire de l'eau, ses gens furent attaqués par les Portugais. Il opéra une descente, battit les Portugais et emporta d'assaut la ville de Funchal; mais il fut blessé à mort dans le combat, et sa mort fit manquer le but de l'expédition. De Thou, t. III, l. XLIV.

beaucoup de seigneurs quittèrent la cour. Henri ne les retint pas : à l'exemple de sa mère, il ne voulait se servir que d'hommes qui ne dussent qu'à lui leur fortune. C'était montrer peu de prudence que de mécontenter la haute noblesse au moment de se replonger dans une guerre de religion; mais, dans aucun cas, lors même que la paix eût régné en France, Henri n'eût été capable de soutenir le rôle qu'il s'imposait. L'ordre, l'esprit de suite, l'application aux affaires, le discernement dans le choix des hommes nouveaux qu'on voulait élever, l'empire sur soi-même et sur les autres, étaient ici les qualités indispensables ; Henri avait tous les vices contraires à ces qualités : il ne se fit plus absolu que pour se ruiner plus librement [1] : il accorda sa faveur exclusive à de jeunes aventuriers qui, pour la plupart, n'avaient d'autre mérite que leur bonne mine, leur licence et leur folle audace; livré tantôt à l'un, tantôt à l'autre, avec une passion aveugle, il ne voyait que par les yeux du favori du jour : s'il se rendait inabordable aux grands, ce n'était pas pour travailler aux affaires d'État, c'était pour vivre comme il avait fait en Pologne, enfermé avec quelques familiers. Jamais prince n'avait trompé à ce point l'opinion sur son compte : sa valeur, son ambition précoce, son élocution facile et brillante, les grâces extérieures de sa personne, avaient fait espérer un héros; mais cette surface séduisante cachait une âme gangrenée dès l'enfance : la débauche avait déjà éteint l'ardeur guerrière et l'activité de sa première jeunesse; tout était faux en lui, l'esprit, le cœur, le jugement; ses habitudes, puériles et fantasques jusqu'à l'extravagance, laissaient

---

1. Par l'ouverture des « acquits des deniers comptants », dont François Ier avait donné le premier exemple, il affranchit du contrôle de la chambre des comptes et du surintendant les fonds directement versés dans les mains du roi par les trésoriers. Jusqu'alors les secrétaires d'État et leurs commis étaient responsables des expéditions qu'ils signaient, et, lorsqu'on surprenait au roi quelque faveur particulière dérogeant aux ordonnances et aux règlements d'administration publique, ils étaient tenus de ne pas signer, et de faire des remontrances au roi pour mettre leur responsabilité à couvert. Henri III les déchargea de toute responsabilité, et leur enjoignit, par un nouveau règlement, d'expédier sans difficulté tout ce que le roi aurait une fois accordé par placet signé de sa main. C'était renverser la faible et dernière barrière qui arrêtât l'arbitraire. Depuis ces deux mesures, le désordre financier et administratif ne connut plus aucunes bornes. Le secrétaire d'État Villeroi considère ces innovations comme une des principales causes de la ruine de Henri III. *Mémoires* de Villeroi, ap. anc. collect., t. LXI, p. 173-177.

deviner des penchants monstrueux; les fantaisies d'une imagination déréglée et dépravée ne lui permettaient pas de suivre avec persévérance un plan quelconque; les attachements qui le subjuguaient n'étaient fondés que sur le caprice ou sur la communauté de vices. Une corruption mignarde et doucereuse, une méchanceté pateline, remplaçaient chez lui la frénésie de Charles IX; mais la déraison était presque la même chez les deux frères. Le sens moral détruit, la raison chancelait à son tour chez ces malheureux jeunes gens; les poisons dont vivait Catherine tuaient ses enfants.

Henri III quitta enfin Lyon le 16 novembre. Lorsqu'on le vit se diriger sur Avignon, au lieu de prendre la route de Paris et de Reims, on crut qu'il se réveillait, et qu'il allait monter à cheval contre les rebelles de Languedoc et de Dauphiné. Il avait envoyé aux capitaines protestants des bords du Rhône l'ordre de mettre bas les armes. « Comment », répliqua Montbrun, le fameux chef des réformés dauphinois, « le roi m'écrit comme roi, et comme « si je le devois reconnoître! Je veux qu'il sache que cela seroit « bon en temps de paix; mais, en temps de guerre, quand on a « le bras armé et le cul sur la selle, tout le monde est compa-« gnon[1] ». Montbrun agit en conséquence, et enleva au passage une partie des équipages du roi. Henri, mortellement offensé de cette audace, jura de n'accorder aucun quartier à Montbrun, si jamais il le tenait; mais il ne fit rien pour le prendre. Tandis que ses lieutenants assiégeaient quelques forteresses huguenotes, établi à Avignon, il faisait succéder aux plaisirs de Lyon les exercices d'une dévotion outrée : il s'affiliait à l'une des confréries de pénitents ou flagellants, autrement dits les « battus, » parce qu'ils « se battoient » à coups de fouet le dos et les épaules « pour la rémission de leurs péchés ». Ces congrégations, dont l'étrange costume, bien connu encore aujourd'hui dans les pays méridionaux[2], consiste dans une espèce de sac surmonté d'un capuchon percé seulement à l'endroit des yeux, et qui parcou-

---

1. Brantôme, *Vie de Montbrun.*
2. Leur caractère s'est modifié : elles ont supprimé leurs extravagantes flagellations et se livrent à des œuvres de charité qui n'ont que le tort d'affecter des formes bizarres; elles secourent les malades et les prisonniers et ensevelissent les morts.

raient les rues le soir à la clarté des torches et au triste chant du *Miserere*, étaient passées d'Italie dans la ville papale d'Avignon; mais jusqu'alors le bon sens de l'église gallicane avait repoussé leur fanatisme. L'exemple du roi entraîna toute la cour; il n'y eut pas jusqu'au roi de Navarre qui ne s'enrôlât parmi les pénitents blancs, noirs ou bleus; mais Henri III lui rendit la justice de dire « qu'il n'étoit guère propre à cela ». Henri III pensait accroître sa popularité par cette ostentation de bigoterie; mais son goût pour les spectacles bizarres l'y poussait au moins autant que la politique : la mort récente de la belle princesse de Condé (30 octobre), pour qui il avait étalé un amour romanesque, et dont il avait projeté de faire casser le mariage afin de la couronner reine de France, lui inspirait en ce moment, sinon une douleur sérieuse et profonde, au moins une prédisposition aux idées et aux images lugubres [1].

Les momeries d'Avignon coûtèrent la vie au cardinal de Lorraine : ce prélat et la reine mère, qui n'étaient guère plus dévots l'un que l'autre, n'avaient pourtant pas voulu demeurer en arrière; le cardinal, en suivant un soir la procession des « battus », les pieds à moitié nus et les épaules découvertes, fut pris du serein, fort dangereux dans ce climat, tomba malade et ne se releva plus. Il mourut le 26 décembre, fort regretté du parti ultra-catholique, mais emportant avec lui les malédictions des huguenots et des politiques, qui regardaient le cardinal et la reine mère comme les deux fléaux du royaume. Le rôle du cardinal avait baissé à mesure que celui de Catherine grandissait. Le jour de sa mort, un ouragan effroyable parcourut presque toute la France : « les catholiques lorrains » prétendirent y voir un indice du courroux de Dieu, qui privait le royaume d'un « si bon, si grand et si sage prélat »; les huguenots assurèrent que c'était le sabbat des diables qui venaient « quérir » l'âme du cardinal. Catherine, habituée à rejeter ses péchés sur autrui, dit tout haut à table, qu'on allait avoir la paix en France « puisque M. le cardinal de Lorraine étoit mort ». Elle fit, du reste, un

---

1. Il manifesta ses regrets de la manière la plus puérile : pendant quelques jours, il se montra en public tout couvert de petites têtes de mort brodées sur ses habits; il en avait jusque sur les cordons de ses souliers. Mathieu, p. 406.

grand éloge du défunt; mais « en derrière », elle dit que « ce jour-là étoit mort le plus méchant homme des hommes ! ». Le cardinal lui eût sans doute assigné le même rang parmi les femmes.

Les destinées de la maison de Guise reposèrent désormais sur la tête du duc Henri, alors âgé de vingt-quatre ans.

Le roi n'obtint pas de ces démonstrations dévotes l'effet sur lequel il avait compté : les zélés eussent mieux aimé lui voir revêtir la cuirasse que le sac des pénitents. Pendant que le roi se donnait la discipline dans les rues d'Avignon, le bruit des canons de Damville arrivait jusqu'à ses oreilles. Ce maréchal prenait Saint-Gilles et Aigues-Mortes presque sous les yeux de Henri III, puis allait présider à Nîmes l'assemblée générale des protestants et des « catholiques unis, » comme pour rivaliser avec les États de Languedoc ouverts par le roi en personne à Villeneuve-lez-Avignon (décembre 1574-janvier 1575). L'assemblée de Nîmes mit la dernière main à l'organisation d'une véritable république fédérative, où les deux religions étaient sur le pied de l'égalité [2].

Henri III essuya un affront plus sanglant encore : après plus de six semaines d'inaction à Avignon, il s'était décidé à reprendre le chemin du Nord, pour aller « recevoir son sacre » et réaliser des projets de mariage qui lui faisaient déjà oublier la princesse de Condé (10 janvier 1575). Il passa par le camp du maréchal de Bellegarde, qui assiégeait Livron, petite place huguenote de la rive gauche du Rhône. Quand les assiégés surent Henri si près d'eux, ils lui envoyèrent une salve d'arquebusades, et se prirent

1. L'Estoile, p. 48-49.
2. Par le règlement donné à Nîmes pour la conduite de la guerre, Damville fut reconnu protecteur général en l'absence du prince de Condé : les généraux provinciaux relevaient de lui; mais il ne pouvait rien faire d'important sans l'aveu de l'assemblée générale, composée, pour chaque province, de trois députés, un de la noblesse et deux du Tiers État, auxquels étaient ajoutés, provisoirement, un magistrat et un ministre. Ainsi, les huguenots, tant accusés d'esprit nobiliaire, établirent les premiers le fameux *doublement du Tiers*. On établit des chambres de justice mi-parties; outre les impôts ordinaires, on leva sur les biens d'église deux décimes; on mit de nouveaux droits sur l'exportation des marchandises. Les ministres réformés devaient être payés sur les plus clairs deniers ecclésiastiques et autres. Les blasphèmes étaient sévèrement défendus; les filles de joie, chassées de l'armée : chaque compagnie devait être accompagnée, soit d'un prêtre catholique, soit d'un ministre. La Popelinière, t. II, fos 262-267.

à crier mille injures au roi et à la reine mère. « Hau, massa-
« creurs! vous ne nous poignarderez pas dedans nos lits, comme
« vous avez fait l'amiral! Amenez-nous un peu vos mignons godron-
« nés (empesés) et parfumés; qu'ils viennent voir nos femmes; ils
« verront si c'est proie aisée à emporter [1] ! »

Les gens de Livron et leurs femmes tinrent parole : les femmes
combattirent sur la brèche à coups de pique et de pistolet ; on
vit, au plus fort d'un assaut, une vieille filer sa quenouille sur le
rempart. Les troupes royales, réduites à lever honteusement le
siège de cette bicoque, furent poursuivies et insultées dans leur
retraite par les assiégés, qui taillèrent en pièces une partie de
l'arrière-garde.

Ce fut sous ces auspices que Henri III alla se faire sacrer à
Reims. Il n'y arriva pas sans danger : le duc d'Alençon avait
recommencé à conspirer, ou plutôt on conspirait sous son nom;
un certain nombre de gentilshommes et de gens de guerre avaient
comploté d'attaquer la voiture du roi entre Reims et Saint-Mar-
coul, afin de « mettre le cadet à la place de l'aîné ». Le complot
fut éventé : Alençon jura n'y avoir pas consenti; Henri et Catherine jugèrent prudent d'étouffer l'affaire [2]. Le sacre eut lieu le 13
février [3] : ce fut le cardinal de Guise qui officia, le siège de Reims
étant vacant par la mort du cardinal de Lorraine. Quand l'officiant posa la couronne sur la tête du roi, Henri dit assez haut
qu'elle le blessait, et la couronne faillit tomber, ce qui fut interprété à mauvais présage.

Le surlendemain du sacre, Henri III épousa Louise de Lorraine, fille du comte de Vaudemont, chef d'une branche de
la maison de Lorraine. Ce n'était point une pensée politique,

1. *Recueil de choses mémorables*, etc. (attribué à d'Aubigné, cité dans les notes de L'Estoile, p. 51. De Thou, t. III, p. 405). Le mot de « mignon » n'avait point encore le sens infamant que les mœurs de Henri III y firent attacher bientôt après. Il ne signifiait que favori, compagnon de rang inférieur.

2. Mathieu, p. 410-412.

3. Il y eut, à cette occasion, une querelle fort vive pour la préséance, entre les ducs de Guise et de Montpensier : celui-ci, qui s'était laissé précéder par le feu duc François de Guise, comme plus ancien pair, aux sacres de Henri II, de François II et de Charles IX, voulut revenir là-dessus et réclamer la préséance comme prince du sang; Henri de Guise maintint « ses droits » avec une hauteur insultante; Montpensier n'assista point au sacre. Brantôme, *Vie de M. de Montpensier*. — R. de Bouillé, *Hist. des Guises*, t. III, p. 7.

mais une fantaisie amoureuse, qui avait dicté ce choix : Henri, après la mort de la princesse de Condé, s'était rappelé les charmes de Louise de Vaudemont, qu'il avait remarquée à son passage en Lorraine, lors du voyage de Pologne : il fit rompre brusquement une négociation matrimoniale entamée avec la cour de Suède, repoussa les avances de Philippe II, qui voulait lui donner une de ses filles, et conclut son mariage sans délai avec Louise. Cette jeune personne subit son élévation inattendue plutôt qu'elle ne s'en réjouit, et passa sur le trône plus silencieusement encore qu'Élisabeth d'Autriche, la veuve de Charles IX.

La conduite du roi à Reims scandalisa tous les gens graves. Les deux messes du sacre et du mariage ne purent être célébrées que le soir, contre la coutume de l'Église, parce que le roi avait passé ces deux journées à ajuster des pierreries et à composer d'abord sa toilette, puis celle de la nouvelle reine. Des sommes énormes furent dépensées en vaines pompes à Reims et à Paris, où Henri III fit son entrée solennelle le 27 février, tandis qu'on ne payait pas l'armée et que la détresse régnait dans tous les services publics. Arrivé à Paris, Henri recommença les simagrées d'Avignon et passa le carême à voyager d'église en église dans tous les quartiers de la capitale, afin de rendre les Parisiens plus dociles aux exactions qu'il méditait : il leva trois millions sous forme d'emprunt sur les bonnes villes ; Paris seul y fut pour un million « par capitation sur les plus aisés ». L'argent prêté par le parlement et le Châtelet fut employé à faire au favori du moment, Bérenger du Guast, un présent de 50,000 livres ; le roi avait donné l'année précédente à ce Du Guast les évêchés d'Amiens et de Grenoble, « pour en faire son profit » ; Du Guast vendit l'un 30,000, l'autre 40,000 francs : ce fut une « demoiselle » de la cour (L'Estoile lui donne une qualification moins honnête) qui acheta l'évêché d'Amiens pour le revendre avec bénéfice. Ces faits révèlent la situation de l'Église de France sous les derniers Valois. Plus de la moitié des bénéfices étaient en commende dans des mains laïques, et dans quelles mains !

Les trois millions empruntés au Tiers État, le million levé sur le clergé, furent bientôt engloutis : on créa des offices inutiles ou nuisibles ; on augmenta les droits et péages ; les maltôtiers italiens de la cour se mirent la cervelle à la torture pour imaginer des expédients nouveaux. Une nuit, la « vraie croix » que l'on conservait à la Sainte-Chapelle disparut : le bruit se répandit qu'on l'avait envoyée en Italie « pour gage d'une grande somme de deniers », du consentement du roi et de la reine mère. Le peuple avait Catherine « en si mauvaise opinion », dit L'Estoile, « que tout ce qui advenoit de malencontre lui étoit imputé ». Henri III ne tarda guère à partager l'impopularité de sa mère. Il y eut des émeutes à Paris et à Bordeaux contre la crue du droit sur les vins; à Marseille, contre une douane provisoire qu'on maintenait indéfiniment, quoiqu'elle eût été rachetée par la ville.

Des pourparlers cependant avaient été engagés avec les confédérés : l'inflexibilité catholique de Henri III fléchissait déjà, et il ne demandait plus que le repos. Au commencement d'avril, on vit arriver à Paris les députés du prince de Condé, du maréchal de Damville et du corps des associés « de l'une et de l'autre religion », les délégués des protestants de Languedoc, de La Rochelle, de Guyenne, de Provence et de Dauphiné se portant forts pour toutes les églises réformées du royaume. Ils aggravèrent de beaucoup les requêtes hardies présentées à Charles IX en 1573 : exercice public de la religion réformée par tout le royaume, avec égalité absolue entre ladite religion et la catholique romaine, toute autre religion étant interdite « sous peine de la vie »; chambres de justice mi-parties; châtiment des massacreurs; annulation des sentences rendues contre les victimes du massacre; mise en liberté et déclaration d'innocence des maréchaux prisonniers; décharge temporaire des taxes municipales pour les « associés », comme indemnité; paiement par le roi de l'arriéré que les protestants devaient à leurs auxiliaires allemands, avec 200,000 écus pour solder leurs autres dettes : exemption de tous impôts pour six ans aux provinces poitevines et aquitaniques, au Languedoc et au Dauphiné; réunion prochaine des États Généraux; réduction des tailles au taux du règne de Louis XII; remise aux associés de deux places de sûreté par gouvernement, outre les places qu'ils tenaient déjà [1]!

---

1. La Popelinière, t. II, fos 271-280.

C'était vouloir non-seulement humilier la royauté, qui l'avait si bien mérité, mais rendre tout gouvernement impossible par la suppression de l'impôt. Le roi se récria, mais ne rompit point : il se montra d'autant plus conciliant que les confédérés avaient le verbe plus haut. Il en vint à offrir la liberté de conscience partout, l'exercice du culte dans un lieu clos par bailliage ou sénéchaussée et dans presque toutes les villes occupées par les confédérés ; quatre places de sûreté ; l'érection de nouvelles chambres dans les divers parlements, où seraient appelés un certain nombre de conseillers huguenots ; l'annulation générale des arrêts rendus à l'occasion de la religion ; la restitution des biens et honneurs aux enfants de l'amiral « et autres de mêmes conditions.[1] ». Les députés se déclarèrent sans pouvoirs pour se restreindre à ces concessions.

La guerre et les négociations continuèrent simultanément. Durant l'automne et l'hiver précédents, le duc de Montpensier avait dû à la supériorité de ses forces quelques succès en Poitou : La Noue n'avait pu l'empêcher de prendre Fontenai (20 septembre 1574), puis Lusignan (25 janvier 1575). Montpensier détruisit de fond en comble, avec un vandalisme barbare, le château de Lusignan, qui passait pour le plus beau monument féodal de France ; on n'épargna pas même la tour de Mélusine, si célèbre dans les traditions merveilleuses du moyen âge[2]. Les paysans poitevins, bravant l'effroi superstitieux des « cris de Mélusine », accoururent en foule renverser les murailles et disperser les pierres de ce manoir si formidable à leurs aïeux.

Dans le Haut Languedoc, le vicomte de Joyeuse emporta et saccagea un assez grand nombre de forteresses huguenotes ; mais ces revers furent compensés par la levée de boucliers que fit le vicomte de Turenne dans l'Auvergne et le Limousin en faveur des confédérés. Ce jeune seigneur, élevé dans le catholicisme, s'était rapproché des huguenots par réaction contre les horreurs

---

1. *V.* la négociation dans les *Mémoires* de Nevers, t. I, p. 308-433.
2. C'était dans cette tour que se trouvait la fontaine hantée par la fée, moitié femme, moitié serpent, qui avait, disait-on, donné le jour à l'antique race de Lusignan ; légende issue de ces traditions primitives qui donnaient pour protecteur à chaque tribu, à chaque race, un dragon ou serpent fée.

de la Saint-Barthélemi, et finit par embrasser la Réforme. Favori du duc d'Alençon, il l'avait poussé de tous ses efforts dans le parti des « malcontents »; il était parvenu à s'échapper lors de l'arrestation des princes et des maréchaux, s'était retiré dans ses montagnes natales, puis s'était déclaré pour « l'union » en même temps que Damville. Il reçut le commandement des confédérés en Guyenne. Les confédérés s'emparèrent de Périgueux et de plusieurs villes du Périgord et du Limousin; mais ils essuyèrent une perte bien sensible en Dauphiné. Montbrun fut blessé et pris dans une rencontre. Henri III fut implacable envers l'audacieux capitaine qui l'avait bravé : il le fit condamner à mort par le parlement de Grenoble, et exécuter comme criminel de lèse-majesté (21 août). Les protestants dauphinois donnèrent pour successeur à Montbrun Lesdiguières, jeune officier de grand mérite, et redoublèrent de fureurs et de ravages afin de venger l'homme qui avait le premier tiré l'épée « pour l'Évangile ». La mort de Montbrun coûta la vie à Besme, le meurtrier de l'amiral. Ce misérable avait été arrêté par les protestants auprès de Jarnac, comme il revenait d'Espagne, où le duc de Guise lui avait confié une mission secrète. On le garda quelque temps prisonnier, dans l'espoir de l'échanger contre Montbrun; Montbrun mort, on expédia Besme.

En Provence, les catholiques zélés avaient pris le titre de « carcistes », du nom de leur chef, le comte de Carces; les protestants et les catholiques unis se qualifiaient de « rasats », parce qu'ils portaient la barbe rase, tandis que leurs adversaires se reconnaissaient à la longue barbe. Carcistes et rasats pillaient à l'envi le paysan. La situation du peuple des campagnes était intolérable dans les provinces qui étaient le théâtre de la guerre : aussi vit-on apparaître un symptôme nouveau; en Limousin, il y eut une insurrection populaire pour se soustraire aux exactions des deux partis; mais les pauvres paysans ne purent tenir tête aux soldats. Les misères publiques ne devaient pas tarder à s'accroître encore : les protestants d'Allemagne s'apprêtaient à rentrer en France. Le prince de Condé, après avoir longtemps échoué dans ses efforts, faute d'argent et de crédit, venait de signer un traité avec Jean Casimir pour la levée d'une armée allemande et suisse. Il avait été contraint de promettre à ce comte palatin le titre d'administrateur des évêchés de Metz, Toul et Verdun ; c'était compromettre essentiellement la réunion des Trois-Évêchés à la France et les relier à l'Empire [1].

Tandis que Henri III prenait le sceptre de France sous de si fâcheux auspices, il se voyait enlever son autre sceptre avec ignominie. Il avait reçu, durant l'automne précédent, à Lyon, des lettres de la diète polonaise, qui se plaignait énergiquement de son abandon, l'invitait à revenir pour une assemblée convoquée à Stezicka le 12 mai 1575, et le prévenait que, s'il ne comparaissait à Stezicka, la nation polonaise s'estimerait libre de procéder à l'élection d'un nouveau roi. Henri, ne voulant ni ne pouvant quitter la France et voyant qu'il fallait renoncer à la Pologne, eût dû employer tous ses efforts afin d'engager les Polonais à substituer son frère en sa place. Il ne fit rien pour atteindre ce but : il répondit aux Polonais que, la situation de la France ne lui permettant pas de rien promettre de positif quant à son retour en Pologne, il y enverrait quelques hommes notables et suffisants pour tenir sa place ; mais il n'expédia personne avant le printemps. Lorsque Pibrac, son envoyé, arriva en Pologne, sa déposition était décidée ; le décret en fut rendu le 15 juillet. Pibrac réussit cependant à faire renvoyer l'élection d'un autre roi au mois de décembre ; mais Henri n'y gagna rien : à la diète de Varsovie (décembre 1575), les suffrages ne se divisèrent qu'entre l'empereur Maximilien et le vayvode de Transylvanie, Étienne Bathory [2], qu'un parti proclama roi à condition qu'il épouserait la princesse Anne Jagellon, sœur du dernier roi de cette illustre race. La mort de Maximilien II (octobre 1576) arrêta la guerre civile prête à éclater en Pologne, et le Transylvain, revenu au catholicisme, fut reconnu généralement. Ainsi fut rompue cette alliance de la France et de la Pologne, qui pouvait avoir la plus grande et la plus heureuse influence sur l'avenir de la France et de l'Europe.

L'amour-propre de Henri III fut d'abord vivement blessé de la

---

1. Languet, *Epistolæ arcanæ*, t. I, p. 186.
2. Le dernier des Zapoly s'était éteint en 1571. Son successeur ne prit pas le titre de roi de Hongrie.

perte d'une de ses deux couronnes; mais cette impression fut bien vite effacée par d'autres qui le touchaient de plus près. Son grand souci en ce moment, c'étaient les entreprises de son frère. Le duc d'Alençon, si timide avant le retour de Henri, devenait plus hardi à mesure que le roi se montrait plus désordonné et moins apte au gouvernement. Les deux frères se détestaient : Charles IX, leur aîné, les avait haïs tous les deux, et leur sœur Marguerite partageait la haine d'Alençon contre le roi, qui divulguait sans ménagement les galanteries de cette princesse [1]. Vers la fin de mai, Henri, attaqué d'un violent mal d'oreille, s'était cru empoisonné par Alençon, et, voulant assurer sa vengeance avant de mourir, il avait exhorté le roi de Navarre à tuer Alençon afin de se faire roi de France après lui. Henri de Navarre était brouillé avec Alençon pour une coquette qui les jouait tous les deux au profit de la reine mère, la belle madame de Sauve : il n'en repoussa pas moins avec horreur le conseil du roi [2]; le roi guérit et ne songea plus à faire périr son frère, mais continua de le maltraiter. Le jeune prince s'évada et gagna Dreux, ville de son apanage, d'où il lança un manifeste contre les « étrangers et autres perturbateurs » qui trompaient le roi, accablaient d'impôts le pauvre peuple, en violation des anciennes lois et statuts du royaume, persécutaient les gens de bien, etc. Il déclarait prendre sous sa protection tous les Français des deux religions, en attendant les États Généraux et le concile (17 septembre). Les fédérés reconnurent aussitôt le duc d'Alençon pour chef suprême; mais, au moment où Alençon allait se placer à la tête des huguenots, en digne fils de Catherine, il envoyait secrètement assurer le pape qu'il n'entendait nullement embrasser la cause des prétendus réformés, mais seulement se servir d'eux pour rétablir la paix et l'ordre de l'État.

La révolte du duc d'Alençon, coïncidant avec l'invasion alle-

---

1. On prétendit que Henri III ne maltraitait Marguerite que par jalousie, et que les deux frères étaient rivaux auprès de la sœur. Rien n'est incroyable d'une telle famille. V. ce que dit Gomberville, l'éditeur des *Mémoires* de Nevers, t. I, p. 90.

2. Mathieu, p. 416-417. Mathieu, historiographe de France sous Henri IV et Louis XIII, déclare avoir appris cet incident de Henri IV lui-même. Cet historien, distingué d'ailleurs par son style énergique et coloré, contient beaucoup de renseignements précieux, surtout à partir du règne de Henri III.

mande, qui était imminente, jeta l'effroi dans l'âme de Henri III
et de Catherine : une grande partie de la cour montra une hésitation alarmante lorsque le roi ordonna aux courtisans de monter à cheval afin de poursuivre le prince fugitif; le duc de Montpensier, irrité contre le roi qui ne l'avait pas soutenu dans sa querelle de préséance avec Henri de Guise, refusa net d'aider le duc de Nevers à fermer au duc d'Alençon le chemin de la Loire. Henri III recourut à sa mère, qu'il avait écoutée pour résoudre la guerre, mais non pour la soutenir, et qui n'avait pas eu beaucoup à se louer de sa reconnaissance. Catherine courut après Alençon; il était déjà sur la Loire; elle ne le rejoignit qu'à Chambord (28 septembre). Alençon refusa d'entrer « en propos de paix » que les maréchaux ne fussent en liberté. Il fallut que Catherine fût bien terrifiée pour céder; car la ruine de la maison de Montmorenci était le but qu'elle poursuivait avec le plus d'acharnement. Au mois de juin dernier, une fausse nouvelle de la mort de Damville étant arrivée à Paris, Catherine avait pressé le roi de faire étrangler en secret les maréchaux captifs. Miron, premier médecin du roi, répandit le bruit que les deux maréchaux étaient menacés d'esquinancie, afin qu'on s'étonnât moins de leur fin subite. Déjà les bourreaux étaient prêts; Montmorenci et Cossé ne durent la vie qu'au grand maître de la garde-robe, Souvré, qui supplia le roi de différer l'exécution; tandis que Henri balançait, la mort de Damville fut démentie et Catherine à son tour recula [1].

Catherine se résigna aux exigences d'Alençon : elle écrivit au roi que, sans la paix, il était perdu; qu'il fallait ouvrir sur-le-champ les portes de la Bastille aux maréchaux. Les maréchaux furent libres dès le 2 octobre. Alençon n'alla pas moins joindre les confédérés du centre et de l'ouest sur les confins de la Touraine et du Poitou. Un premier corps d'auxiliaires allemands et de réfugiés français, commandé par Montmorenci de Thoré, qui avait embrassé le protestantisme à Genève, était déjà entré en

1. Mathieu, p. 418-419. — L'Estoile, p. 55. — L'Estoile rapporte que, lorsque Montmorenci se vit retirer tous ses serviteurs, il jugea sa fin proche et dit à un de ses gardiens : « Dites à la reine que je suis bien averti de ce qu'elle veut faire de moi : il n'y faut point tant de façons; qu'elle m'envoie seulement l'apothicaire de M. le chancelier Birague; je prendrai ce qu'il me baillera. »

France. Cette avant-garde, de quatre à cinq mille hommes, fut atteinte et dispersée en traversant la Champagne, par des forces triples que conduisaient le duc de Guise avec tous les princes de sa maison, Gondi, devenu le maréchal duc de Retz, Biron; Strozzi et les « mignons » du roi (10 octobre). La plupart des reîtres capitulèrent sur le champ de bataille et retournèrent chez eux; Thoré parvint, avec quelques centaines d'hommes, à rejoindre le duc d'Alençon. L'incident le plus notable de la journée fut la blessure que reçut le duc de Guise. Une arquebusade lui emporta une partie de la joue et de l'oreille gauche; il lui en resta une cicatrice qui lui valut l'héritage du surnom de « Balafré » qu'avait porté son père.

Cet échec n'était point assez considérable pour obliger les « malcontents » à diminuer leurs prétentions. Plus Catherine paraissait empressée de négocier, plus Alençon se montrait difficile. Catherine suivit son dernier fils de poste en poste par les tourmentes et les froides pluies d'automne : on ne peut s'empêcher d'admirer l'activité d'esprit et de corps que déployait cette femme étrange; les fatigues, les intempéries des saisons, la maladie même, ne l'arrêtaient pas. Elle s'était décidée à invoquer la médiation du duc de Montpensier, singulier médiateur! et même des deux maréchaux, qu'elle avait tenus, dix mois, entre la vie et la mort. Leur conduite à tous deux, surtout celle de Montmorenci, rendit plus odieuse encore la persécution qu'ils avaient subie. Montmorenci s'employa de tout son pouvoir à la paix au lieu de chercher à se venger[1].

Les conférences traînèrent cependant en longueur : la complication des intérêts et surtout des défiances faisait échouer tout ce qu'on proposait. Les huguenots rigides se défiaient du duc d'Alençon, et tout le monde se défiait de Catherine, jusqu'au roi lui-même. Les « mignons » de Henri lui insinuaient que la reine mère se ménageait entre les deux frères pour les dominer l'un par l'autre : l'ingratitude de Henri III, ou plutôt la justice du ciel, frappait ainsi Catherine dans la seule affection vraie qu'elle

---

1. Le roi donna à sa sœur naturelle Diane, épouse du maréchal de Montmorenci, le duché d'Étampes, Conci, Follembrai, etc. (février 1576). — Isambert, t. XIV, p. 277.

eût jamais éprouvée. On a une lettre de Catherine au roi, où elle se plaint des rapports des malintentionnés [1]. Henri prit l'alarme et s'excusa auprès d'elle. Il sentit ce qu'il avait à craindre s'il changeait en haine l'amour de sa mère, et les mignons n'osèrent pousser à bout Catherine. Un exemple tragique venait de prouver que la faveur du roi était une faible protection : le principal favori de Henri III, Du Guast, qui contrecarrait la reine mère, avait été, le 31 octobre, égorgé dans son lit par des hommes masqués; ce qui fut « un effet de la divine Providence », dit l'Estoile, « car il s'étoit vanté d'avoir pris ainsi dans le lit plus d'un huguenot à la Saint-Barthélemi. » Le baron de Viteaux, petit-fils du chancelier Duprat, fut poursuivi comme auteur du meurtre; mais des protecteurs puissants le sauvèrent. La reine de Navarre, que Du Guast avait mortellement offensée, passa pour avoir dirigé les coups de Viteaux. Le roi eut bientôt oublié Du Guast, esprit énergique et remuant, qui avait commencé à lui déplaire en l'exhortant à sortir de sa mollesse. Tandis que Catherine se débattait avec les « rebelles, » Henri employait son temps à faire des neuvaines aux « paradis » (tabernacles) des églises de Paris et à se promener en coche avec sa femme par les rues de la capitale et par les couvents d'alentour, pour prendre les « petits chiens damerets, au grand « déplaisir des dames auxquelles les chiens appartenoient [2]. » Son occupation la plus sérieuse était d'étudier la grammaire latine.

Les pourparlers n'aboutirent qu'à une trêve de sept mois (21 novembre). Catherine s'engagea, au nom du roi, à payer 500,000 livres aux troupes allemandes de Jean-Casimir, pour qu'elles ne passassent point le Rhin. Au duc d'Alençon furent accordées, comme places de sûreté, Angoulême, Niort, Saumur, Bourges et La Charité; au prince de Condé, Mézières. Le roi devait congédier ses troupes étrangères, sauf le régiment des gardes suisses et quelques compagnies corses. Les armées devaient être licenciées de part et d'autre aussitôt après la remise des six places, dont les garnisons seraient entretenues aux frais du roi. Le duc d'Alençon et « ceux de son parti » promettaient d'envoyer au roi,

---

1. Biblioth. nat., portefeuilles de Fontanieu, nos 337-338.
2. L'Estoile, p. 62.

en dedans le 1er janvier, des députés munis de pleins pouvoirs pour traiter d'une paix définitive. Le culte protestant était provisoirement autorisé dans les villes tenues par les confédérés et dans les places de sûreté [1].

Ces conventions étaient avantageuses aux confédérés; mais le roi ne les ratifia qu'avec l'intention de ne pas les observer. Les gouverneurs et les habitants de Bourges et d'Angoulême, avec la connivence du roi, refusèrent d'ouvrir leurs portes au duc d'Alençon. L'on donna au duc, en échange d'Angoulême, Cognac et Saint-Jean-d'Angéli; mais Mézières fut refusée au prince de Condé sans compensation, et le roi, au lieu de congédier ses troupes étrangères et de payer Jean-Casimir, négocia la levée de six mille Suisses et de huit mille reîtres. Le 12 décembre, Henri III, qui avait récemment réitéré ses emprunts forcés sur la magistrature parisienne, demanda au corps de ville de Paris un nouveau secours de 200,000 livres pour la solde des Suisses. L'assemblée de l'hôtel de ville répondit par des remontrances d'une extrême vivacité sur les abus de l'État et de l'Église, sur les profusions et dons immenses prodigués sans cause raisonnable, sur la vénalité des offices et l'incapacité des titulaires, sur les bénéfices donnés à personnes mariées et devenus l'objet de trafics simoniaques. L'orateur de la ville rappela au roi le testament de saint Louis, qui, en mourant, défendait à son fils « d'imposer tailles sans grande nécessité, car autrement le roi ne seroit plus roi, mais tyran [2] ». La hardiesse de ce langage annonçait que la royauté aurait bientôt à compter avec les catholiques comme avec les protestants. René de Villequier, une des sangsues publiques désignées par les remontrances du corps de ville, interrompit avec arrogance et menaça l'orateur; mais le roi, qui sentait mieux la gravité de l'incident, fit signe au favori de se taire, discuta fort modérément avec les magistrats municipaux, et obtint enfin à grand'peine ce qu'il avait demandé.

Cela ne le tira point d'embarras : il eut à se repentir de n'avoir pas suivi les conseils de sa mère, qui, fort revenue de ses ardeurs

---

1. *Mém.* de Nevers, t. I, p. 99-104.
2. La Popelinière, t. II, f° 293. — L'orateur parisien assura que, depuis quinze ans, Paris et l'Ile-de-France avaient fourni à la couronne plus de 36 millions.

guerrières, voulait qu'on observât la trêve et qu'on gagnât du temps. Les confédérés ne se laissèrent pas prendre au dépourvu. Tandis que le duc d'Alençon faisait grand bruit d'une prétendue tentative d'empoisonnement dirigée contre sa personne, le prince de Condé marchait en avant. Condé et Jean-Casimir entrèrent en France par la Lorraine, au commencement de janvier 1576, à la tête de dix-huit mille combattants allemands, suisses, français et wallons : la reine d'Angleterre avait avancé de l'argent pour solder les troupes allemandes. Les chefs huguenots et politiques de l'Ouest et du Centre se mirent en mouvement pour joindre leurs auxiliaires. Le 5 février, un événement grave compliqua encore la situation.

Le roi de Navarre, depuis qu'on l'avait adroitement brouillé avec le duc d'Alençon, paraissait avoir oublié ses projets d'évasion et ses justes ressentiments. On ne soupçonnait plus ni mâles pensées ni désirs de liberté chez ce jeune homme enchaîné par les voluptés de la cour plus que par la surveillance de ses geôliers : Henri III le leurrait de l'espoir d'obtenir la lieutenance générale du royaume, et « faisoit de bons contes » en arrière, avec le duc de Guise et les mignons, sur la crédulité du Béarnais. Les galanteries scandaleuses de sa femme achevaient de rendre sa position honteuse et insoutenable.

On se trompait sur son insensibilité apparente : Henri de Navarre sentait son abaissement et rougissait parfois de lui-même; parfois les ombres de sa mère et de l'amiral troublaient le sommeil de ses nuits. Un soir, deux de ses serviteurs, les seuls qui eussent conservé le cœur huguenot, l'entendirent soupirer dans son lit et chanter à demi-voix un verset du psaume LXXXVIII :

> Tu m'ôtes, pour comble d'ennuis,
> L'ami que j'avois cru fidèle ;
> C'est en vain que ma voix l'appelle
> Dans l'état funeste où je suis.
> Hélas! au fort de ma détresse,
> Chacun se cache et me délaisse !

« Sire, s'écria l'un des deux (c'était l'historien-poëte d'Aubi-
« gné), sire, il est donc vrai que l'esprit de Dieu travaille et
« habite encore en vous? » Et il le pressa de tout risquer pour sor-

tir d'esclavage. Henri commença d'en former sérieusement le dessein. Les belles dames de la cour, qui l'avaient retenu jusqu'alors, contribuèrent à le décider en lui révélant les railleries du roi; les dames ne se plaisaient qu'à faire de mauvais tours au roi, pour punir ses manières discourtoises et surtout les « étranges amours » dont elles le soupçonnaient. Plusieurs seigneurs catholiques s'offrirent au roi de Navarre et promirent de le rendre maître de trois ou quatre places, s'il se déclarait. Le départ fut ajourné au 20 février, pour avoir le temps de préparer ces entreprises. Henri de Navarre affectait de paraître si persuadé et si satisfait des promesses du roi, que Henri III ne le faisait plus observer de si près. Le 3 février, le roi de Navarre alla coucher à Senlis, et passa la matinée du lendemain à courre le cerf; comme il rentrait à Senlis, il rencontra d'Aubigné et deux ou trois autres des siens arrivés au galop de Paris : « Sire, dit d'Au-
« bigné, nous sommes trahis, le roi sait tout : le chemin de la
« mort et de la honte, c'est Paris; ceux de la vie et de la gloire
« sont partout ailleurs! — Il n'en faut point tant; partons! » répondit le roi de Navarre.

Ils coururent toute la nuit à travers les forêts, traversèrent la Seine à Poissi vers le point du jour, et, le lendemain, atteignirent Alençon sans encombre. Le roi de Navarre y présenta un enfant au baptême en plein prêche, au chant du psaume;

> Seigneur, le roi s'éjouira
> D'avoir eu délivrance.

Il y rassembla un petit corps de noblesse, alla gagner la Loire à Saumur et entama les hostilités dans l'Anjou et le Maine. On rapporte que, lorsqu'il eut passé la rivière de Loire, jetant un grand soupir et levant les yeux au ciel, il dit ces mots : « Loué
« soit Dieu qui m'a délivré! On a fait mourir la roine ma mère à
« Paris; on y a tué M. l'amiral et tous mes meilleurs serviteurs;
« on n'avoit pas envie de me mieux faire, si Dieu ne m'eût gardé;
« je n'y retourne plus qu'on ne m'y traîne [1] ».

Henri de Valois et Henri de Bourbon ne devaient plus en effet se revoir qu'à l'heure dernière de la monarchie des Valois.

1. L'Estoile, p. 66. Sur l'évasion du roi de Navarre, V. d'Aubigné, col. 770-778.

L'accès de ferveur qui avait repris le roi de Navarre au moment de sa délivrance ne dura guère : les seigneurs catholiques qui l'avaient suivi le conjurèrent de ne pas compromettre ses intérêts en abjurant avec éclat le catholicisme; il resta près de trois mois dans l'hésitation, sans faire aucun acte de religion; conduite qui suggéra aux huguenots des comparaisons peu à son avantage entre lui et le prince de Condé.

Celui-ci était en ce moment au cœur de la France avec l'armée de secours : les forces auxiliaires avaient pénétré en Bourgogne par le Bassigni, punissant sur leur chemin les moindres résistances par de cruels ravages. Le beau château des Tavannes, à Lespeilli, fut ruiné de fond en comble en haine du feu maréchal Gaspard. La ville de Nuits, ayant attendu le canon pour capituler, fut mise à feu et à sang par les Allemands, malgré les efforts du prince de Condé; les reîtres passèrent sur le corps d'un détachement français que le prince avait donné pour sauvegarde aux habitants. Le zèle religieux n'était plus qu'un prétexte pour les mercenaires allemands; la France devenait pour ceux-ci ce qu'avait été l'Italie pour tout le monde au commencement de ce même siècle, une riche proie à dévorer, un champ ouvert au libre essor de toutes les passions brutales.

Condé et Jean-Casimir traversèrent la Loire à La Charité, et opérèrent leur jonction avec le duc d'Alençon dans le Bourbonnais, sans que le jeune duc de Mayenne[1], qui commandait l'armée royale, eût les moyens de s'y opposer. Le commandement avait été confié cette année à Mayenne, sans doute parce qu'on le craignait moins que son frère aîné Henri de Guise. Il ne put rien entreprendre : une effroyable anarchie régnait dans l'armée royale, qu'on ne payait pas, et qui s'en dédommageait en saccageant le pays plus impitoyablement que les étrangers eux-mêmes. La désolation des campagnes ne saurait s'exprimer[2].

---

[1]. Charles IX, en 1573, avait érigé le marquisat de Mayenne en duché-pairie. Les historiens contemporains appellent souvent Mayenne le duc du Maine pour le duc de Mayne; le nom de la ville dont il portait le titre s'écrivait indifféremment Mayne ou Mayenne.

[2]. Les souffrances populaires amenèrent en Vivarais un incident remarquable. Catholiques et confédérés conclurent ensemble une trêve, sans l'aveu du maréchal de Damville ni du duc d'Usez, et se promirent secours mutuel pour chasser les pil-

Les confédérés, forts de plus de trente mille hommes, s'avancèrent dans le Gâtinais, pour appuyer par l'effroi de leur approche les prétentions exorbitantes que leurs députés signifiaient au roi. Catherine, accompagnée du maréchal de Montmorenci, était revenue trouver le duc d'Alençon, d'abord en Touraine, puis en Gâtinais. Elle voyait la situation sous des couleurs assez sombres : Henri III avait trompé ses espérances à tous égards ; les vues qu'elle avait pensé réaliser par le bras d'un roi guerrier, actif et persévérant lui semblaient dorénavant impraticables ; déjà elle s'était trouvée réduite, d'une part, à faire amende honorable au chef de la maison de Montmorenci, de l'autre, à laisser le commandement militaire à un Guise. Malgré ces concessions et ces sacrifices, on n'était point en état de soutenir à force ouverte la lutte qu'on avait provoquée ; les troupes étrangères mandées par le roi n'arrivaient pas, et les délais ne servaient qu'à grossir le parti des « malcontents ». Catherine jugea qu'il fallait subir la paix à tout prix, qu'il fallait tout accorder, non pas pour ne rien tenir, mais pour ne tenir les engagements pris qu'envers une partie des confédérés, et opérer ainsi, après le traité, cette séparation des politiques et des réformés qu'on n'avait pu obtenir avant. Regagner le duc d'Alençon et l'enlever aux huguenots, dont on le savait mécontent parce qu'ils ne cédaient point à ses caprices despotiques; se réconcilier avec les Montmorencis, qu'on avait tenté en vain d'accabler, afin de n'avoir plus affaire qu'aux seuls huguenots, tels étaient les nouveaux plans de Catherine. Henri III la laissa faire, et la paix fut conclue dans les derniers jours d'avril. C'était la cinquième depuis treize ans.

Jamais de telles conditions n'avaient été imposées à la couronne : libre et public exercice du culte réformé par tout le royaume, sans restriction de temps, de lieux ni de personnes, à l'exception de Paris et de la cour, en attendant qu'un « libre et saint concile général » eût réuni tous les sujets du roi en une même foi et religion; défense d'inquiéter désormais les prêtres et religieux mariés, et légitimation de leurs enfants; création de

lards et démolir les forts qui leur servaient de repaires. De Thou, t. III, l. LXII, p. 485.

chambres mi-parties dans les huit parlements de France, pour juger les causes des protestants et des « catholiques-unis »; rétablissement du roi de Navarre, du prince de Condé, du maréchal de Damville et de tous leurs adhérents dans leurs charges, offices et possessions; désaveu des « désordres et excès faits à Paris et autres villes le 24 août 1572 et jours suivants, au grand déplaisir du roi »; restitution des biens confisqués aux veuves et enfants des victimes, avec exemption d'impôts pour six ans; annulation des sentences rendues contre « ceux de la religion prétendue réformée » depuis le temps de Henri II, et nominativement contre Coligni, Montgommeri, Montbrun, Briquemaut et Cavaignes, ainsi que contre les « catholiques-unis », La Môle, Coconas et autres (rapprochement dont le scandale dut faire bondir le cœur des vieux huguenots)! abolition des processions et des monuments fondés en mémoire de la mort du premier prince de Condé, de la Saint-Barthélemi, etc.; déclaration qu'Alençon, Navarre, Condé, Jean-Casimir et leurs partisans n'avaient rien fait que pour le service du roi; octroi de huit places de sûreté, pour un temps illimité, aux réformés et catholiques-unis; suppression des garnisons et des gouverneurs établis dans les villes de l'intérieur du royaume depuis la mort de Henri II; enfin réunion des États Généraux en dedans six mois..... Les seuls articles qui pussent adoucir un peu l'humiliation du parti catholique, c'étaient le maintien du paiement des dîmes aux ecclésiastiques par les protestants comme par les orthodoxes, et l'annulation des ventes des biens d'église faites par les confédérés [1].

L'édit de paix devait être juré par tous les officiers royaux et municipaux, habitants notables des villes, seigneurs et gentilshommes.

Avec le traité furent publiées des lettres patentes qui octroyaient au duc d'Alençon, en accroissement d'apanage pour lui et ses hoirs mâles, les duchés d'Anjou, de Touraine et de Berri, avec tous les droits, revenus, péages, nominations aux offices et bénéfices, etc., qui en dépendaient, le roi ne se réservant que le ressort et la souveraineté. C'était un vrai démembrement du

---

[1]. La Popelinière, t. II, fos 209-305.

domaine royal. On assigna en outre au duc une pension de 100,000 écus.

Des articles secrets promettaient des pensions et d'autres faveurs aux chefs du parti, « pour réparer leurs ruines et refaire leurs maisons », dit d'Aubigné. Le roi de Navarre et le prince de Condé devaient entrer en possession effective des gouvernements de Guyenne et de Picardie, dont ils n'avaient eu jusqu'alors que le titre. Catherine promit à Jean-Casimir, outre de grands avantages personnels, 3,600,000 livres, dont moitié comptant, pour payer ses troupes et pour acquitter l'arriéré dû par les réformés aux auxiliaires allemands depuis les premières guerres civiles[1]. Jean-Casimir voulut bien renoncer à ses prétentions sur Metz, Toul et Verdun.

Telle était la situation de la France, « l'an quatrième de la trahison », comme disaient les huguenots : voilà les fruits qu'avait portés la Saint-Barthélemi ! Impuissance, abaissement, ignominie du gouvernement qui avait ordonné ce grand forfait, et désorganisation toujours croissante de l'État ! La réaction armée contre la Saint-Barthélemi avait donné au monde une grande leçon morale et infligé à une royauté parjure une juste expiation ; mais, en satisfaisant à l'ordre moral, elle ne rétablissait pas l'ordre matériel, et les calamités nouvelles qu'elle avait ajoutées aux calamités passées allaient ramener une nouvelle réaction en sens contraire ; la France tournait dans un cercle de misère et de ruine !

Lorsqu'on sut les conditions du traité de paix, un long cri de douleur et de colère s'éleva des profondeurs de la masse catholique. Eh quoi ! tant d'efforts, de luttes et de carnage n'aboutissaient qu'au triomphe de l'hérésie ! Terrassée, noyée dans son sang, elle se relevait victorieuse par le bras des « faux catholiques » et des étrangers ; on la reconnaissait comme l'égale de l'Église ; on l'autorisait à installer ses prêches dans toutes les bonnes villes, en face des cathédrales naguère profanées par ses sectateurs ! Les hommes les moins exaltés s'indignaient en pensant que l'or arraché aux sueurs de la France allait récompenser

---

1. L'Estoile, p. 70. — Davila, t. I, p. 390. — M. de Thou dit que les Allemands réclamaient jusqu'à 12 millions pour leur solde et l'arriéré ; t. III, p. 189.

des mercenaires étrangers d'avoir ruiné nos campagnes. Les Allemands et les Suisses de Jean-Casimir campaient encore sur le territoire français, attendant leur salaire, et les plaintes de la Champagne et de la Bourgogne, ravagées par ces bandes avides, retentissaient dans le reste des provinces; on n'entendait que récriminations amères contre ces politiques, ces *publicains*, qui, sous prétexte du *bien public*, avaient appelé les Allemands en France, bouleversé l'État et démembré le domaine de la couronne. Les catholiques oubliaient qu'il y avait à peu près autant d'étrangers de leur côté que du côté de leurs adversaires, et que ceux-ci, après tout, n'avaient fait que se défendre.

L'irritation n'était pas moins vive dans le parti catholique contre le roi et sa mère : il est facile de comprendre quel effet durent produire le désaveu de la Saint-Barthélemi et la réhabilitation des victimes sur ces bourgeois de Paris qui avaient encore dans l'oreille la voix des agents de Catherine intimant à l'hôtel de ville, dans la nuit fatale, l'ordre d'exterminer les « conspirateurs hérétiques »! Le peuple applaudit trop souvent à la violence ouverte, mais ne pardonne jamais à la cruauté hypocrite et lâche. Henri III fut perdu désormais dans l'esprit des masses catholiques, qui s'indignèrent de le voir flétrir des fureurs excitées par sa mère et par lui, et qui n'allèrent pas chercher si le pacte honteux qu'il venait de signer cachait l'arrière-pensée de quelque nouvelle trahison envers les huguenots. Le courroux populaire redoublait quand on songeait que les trésors prodigués depuis deux ans à d'indignes favoris auraient suffi à soutenir la guerre et à repousser les Allemands. En ce moment même, le roi levait de nouveaux emprunts forcés sur les corporations judiciaires et sur les notables bourgeois de Paris, et saisissait, contrairement à la foi publique, une partie des rentes de l'hôtel de ville. Une sourde agitation régnait dans Paris : le clergé de Notre-Dame refusa de chanter le *Te Deum* pour la paix, et le peuple empêcha qu'on n'allumât le feu de joie accoutumé devant l'hôtel de ville. Le parlement de Paris résista opiniâtrement à l'établissement de la chambre mi-partie, fit toutes sortes d'affronts au président calviniste nommé par le roi, et parvint à l'obliger à se retirer. Le clergé jeta les hauts cris en apprenant que le roi envoyait l'évêque de Paris, frère du maréchal de Retz, demander au pape l'autorisation d'aliéner 200,000 livres de rente des biens de l'Église. Les biens du clergé allaient, disait-on, servir à payer les reîtres des hérétiques. Les protestants, de leur côté, prirent ombrage de cette mission et prétendirent que cet argent était destiné à recommencer la guerre. Telle devait être dorénavant la position de Henri III entre deux partis qui ressentaient à son égard une égale défiance.

La fermentation populaire était à la fois spontanée et fomentée : de hautes ambitions étudiaient et exploitaient ses symptômes. La maison de Guise n'était point affaiblie, comme l'avaient espéré Catherine et Henri III, par la mort du cardinal de Lorraine. Le duc Henri de Guise avait hérité des talents politiques de son oncle, comme de la vaillance et de la popularité de son père : très-inférieur à son père en génie militaire, il le surpassait par ces dons extérieurs qui séduisent les masses ; il jugeait bien où visaient le roi et la reine mère ; il savait qu'au fond, lui et les siens n'étaient pas moins odieux que les Montmorencis ; il crut l'instant venu de placer sa puissance hors de l'atteinte du roi et de se faire une position inébranlable à côté du trône et dominant le trône. On peut même croire qu'une éventualité plus hardie se présenta dès lors à son esprit. Secondé par ses frères et ses cousins, il mit en mouvement les innombrables créatures de sa maison, qui remplissaient tous les corps militaires, judiciaires, financiers, municipaux [1] : il n'eut pas besoin de stimuler le zèle des gens d'Église, et surtout des jésuites, qui, par leur supériorité intellectuelle et surtout par la merveilleuse unité de leurs manœuvres, traînaient à leur remorque les anciens ordres monastiques et recevaient incessamment les inspirations de Rome et de l'Espagne sans y assujettir complètement leur formidable esprit de corps et leur politique propre.

Ce fut sur ces entrefaites que l'idée d'une grande ligue catholique fut lancée. Cette idée résultait si naturellement de la situation, qu'elle pouvait éclore dans la tête du premier venu d'entre les zélés catholiques aussi bien que dans le cerveau d'un chef de

1. Les Guises et leurs affidés disposaient de cinq gouvernements de provinces et de quinze évêchés.

parti. C'était à une ligue fortement organisée que les « hérétiques » et les « politiques » avaient dû leurs succès : pourquoi les « bons chrétiens » ne feraient-ils pas une ligue aussi, afin de défendre la religion que le roi abandonnait? Cette idée avait été agitée sous Charles IX toutes les fois que le pouvoir royal semblait incliner du côté des huguenots ; elle avait eu un commencement d'exécution dans plusieurs provinces [1]. Il était temps de la réaliser : on n'avait que trop différé!...

Un des articles secrets du traité de paix détermina l'explosion. Catherine avait promis de mettre Condé en possession du gouvernement de Picardie et de la forte ville de Péronne. Toute la Picardie fut en rumeur lorsque la promesse de la reine s'ébruita. La perspective d'être gouvernée par les huguenots et de voir une de ses villes devenir un foyer d'hérésie mécontenta au dernier point cette province toute catholique. Les passions et les intérêts d'un homme puissant hâtèrent la crise. Le seigneur d'Humières, un des principaux barons de Picardie, affectionné aux Guises, ennemi personnel des Montmorencis et catholique ardent, était gouverneur de Péronne, Roie et Montdidier. Résolu à tout entreprendre plutôt que de céder au prince de Condé la plus importante de ses places, il réunit dans des conférences secrètes l'élite de la noblesse du Santerre, de l'Amiénois, du Vermandois, puis les ecclésiastiques et les bourgeois les plus zélés de Péronne et des autres villes picardes. Les jésuites le secondèrent avec ardeur. Il sortit de ces conciliabules deux actes d'une portée incalculable.

Le premier est rédigé au nom des « prélats, sieurs (seigneurs), gentilshommes, capitaines, soldats, habitants des villes et plat pays de Picardie », lesquels protestent que la résolution qu'ils ont été contraints de prendre ne tend à aucun changement de « l'ancienne et première institution de ce royaume », mais seulement à une Sainte Union pour obvier aux desseins des rebelles, ennemis de Dieu et de la couronne. Ils exposent le danger que courrait la Picardie et Paris même, si l'on souffrait que la ville de Péronne fût érigée en place d'armes de « ceux de la nouvelle religion ». « Par ces raisons très-justes, les susdits prélats, sieurs, gentils-

---

1. En Guyenne, sous Montluc; en Bourgogne, sous Tavannes; en Champagne, sous Henri de Guise. *V.* ci-dessus, p. 160, 161, 202, 232.

« hommes, bons habitants, tous confrères et associés en la pré-
« sente très-chrétienne union, se sont résolus, après avoir préa-
« lablement appelé l'aide de Dieu, avec l'inspiration de son
« Saint-Esprit, par la communion et participation de son précieux
« corps, d'employer leurs vies et biens, jusques à la dernière
« goutte de leur sang, pour la conservation de ladite ville et de
« toute la province en l'obéissance du roi et en l'observance de
« l'église catholique, etc..... Pour cet effet, supplient Sa Majesté
« de se ramentevoir avec quelle fidélité la noblesse de Picardie et
« les citoyens de Péronne lui ont conservé et à ses prédécesseurs
« icelle ville, tant contre les ennemis étrangers que conspirations
« domestiques.... s'assurent de la protection du roi leur souverain
« seigneur ; et d'être assistés universellement par tous les princes,
« prélats et seigneurs de ce royaume ».

Ils jurent ensuite, après de nouvelles protestations de fidélité
au roi, à ses lieutenants et gouverneurs, officiers et justiciers,
« d'honorer, suivre et servir le chef principal de ladite confédération, en tout et partout et contre tous », et, s'il le faut « crever
tous à ses pieds pour son service » ; de protéger les ecclésiastiques et le pauvre peuple, de conserver et défendre les villes unies
et associées avec eux, et les places et châteaux qui reconnaîtront
l'autorité du chef de l'Union ; de tenir secrètes les résolutions du
conseil de l'Union, et découvrir tout ce qu'ils sauront être fait au
préjudice d'icelle ; de se garder fidélité les uns aux autres et de
s'entre-secourir, au péril de leurs vies ; de remettre leurs débats
et querelles au jugement du conseil. Suivent les articles sur les
rapports entre le conseil qui sera élu et les gentilshommes de
chaque quartier (canton) ; sur les moyens de propager l'Union et
de l'organiser militairement ; sur les serments et assurances réciproques que se donneront les gentilshommes, les corps de ville
et les ecclésiastiques : chacun des dix ou douze cantons de la province aura son chef particulier sous le chef général ; « sera aussi
« dépêché quelque gentilhomme d'entre nous, avec lettres de
« créance, aux confédérés des nations voisines de France qui cou-
« rent même fortune que nous, pour les avertir de notre union,
« leur jurer assistance et fidélité, et prendre le même (serment)
« d'eux.... Nous entretiendrons un gentilhomme à la cour, pour

« nous avertir des résolutions de ceux qui sont ralliés aux pro-
« vinces de Normandie, Picardie, Champagne, etc., et de ce qu'il
« apprendra en cour... On avisera aux moyens d'envoyer en cour
« vers S. M., toutes et quantes fois qu'il en sera besoin, pour
« recevoir les commandements de S. M.[1] ».

Cet acte était donc destiné à être communiqué au roi, au moins sommairement, malgré tout ce qu'il avait de menaçant pour l'autorité royale, et malgré le dangereux article sur l'union avec les « confédérés des nations voisines », qui semblait avoir été glissé là par les agents de l'Espagne, et qui révélait l'intention des associés de traiter directement avec les catholiques étrangers.

Une seconde pièce, plus secrète, probablement envoyée toute dressée par le duc de Guise et ses amis aux ligueurs picards, fut répandue rapidement de Paris et de Picardie dans le reste des provinces. Cet acte s'adressait à toute la noblesse catholique de France et non plus seulement de Picardie. On peut le regarder comme l'acte constitutif de la Ligue.

« Au nom de la sainte Trinité,

« I. L'association des princes, seigneurs et gentilshommes catholiques doit être et sera faite pour rétablir la loi de Dieu en son entier, remettre et retenir le saint service d'icelui selon la forme et la manière de la sainte Église catholique, apostolique et romaine, abjurant et renonçant toutes erreurs au contraire;

« II. Pour conserver le roi Henri troisième, par la grâce de Dieu, et ses successeurs rois très-chrétiens, en l'état, splendeur, autorité, service et obéissance qui lui sont dus par ses sujets, ainsi qu'il est contenu par les articles qui lui seront présentés aux États (généraux), lesquels il jure et promet garder à son sacre et couronnement, avec protestation de ne rien faire au préjudice de ce qui sera ordonné par lesdits États.

« III. Pour restituer aux provinces de ce royaume et États d'icelui les droits et prééminences, franchises et libertés anciennes, telles qu'elles étoient du temps du roi Clovis, premier roi chré-

---

1. La Popelinière, t. II, fos 319; 320. — D'Aubigné, col. 824-830. — Cet acte, d'après L'Estoile, p. 72, paraît être de juin 1576.

tien, et encore meilleures et plus profitables, si elles se peuvent inventer sous la protection susdite.

« IV. Au cas qu'il y ait empêchement, opposition ou rébellion à ce que dessus, *par qui et de quelle part qu'ils puissent être*, seront lesdits associés tenus d'employer tous leurs biens et moyens, même leurs propres personnes, jusques à la mort, pour punir, châtier et courir sus à ceux qui les auront voulu contraindre et empêcher, etc.

« V. Au cas que quelques-uns des associés, leurs sujets, amis ou confédérés fussent molestés, oppressés et recherchés, pour les cas dessus dits, *par qui que ce soit*, seront tenus lesdits associés employer leurs corps, biens et moyens pour avoir vengeance de ceux qui auront fait lesdites oppresses et molestes, *sans nulle acception de personnes.*

« VI. S'il advenoit qu'aucun des associés, après avoir fait serment en ladite association, se voulût retirer ou départir d'icelle, sous quelque prétexte que ce soit, tels réfractaires de leurs consentements seront offensés en leurs corps et biens, en toutes sortes qu'on se pourra aviser, comme ennemis de Dieu, rebelles et perturbateurs du repos public.

« VII. Jureront lesdits associés toute prompte obéissance et service au chef qui sera député... et seront les défaillants et délayants punis par l'autorité du chef et selon son ordonnance.

« VIII. Tous catholiques des corps des villes et villages seront avertis et sommés secrètement par les gouverneurs particuliers d'entrer en ladite association, fournir duement d'armes et d'hommes pour l'exécution d'icelle, selon la puissance et faculté de chacun.

« IX. Ceux qui ne voudront entrer en ladite association seront réputés pour ennemis d'icelle, et poursuivables par toutes sortes d'offenses et molestes.

« X. Il est défendu auxdits associés d'entrer en débats ni querelles l'un contre l'autre sans la permission du chef, etc.

« XI. Si, pour fortification, ou pour plus grande sûreté des associés, se fait quelque convention avec les provinces de ce royaume, elle se fera en la forme dessus dite et aux mêmes conditions. »

Suit la formule du serment :

« XII. Je jure Dieu le créateur, touchant cet Évangile, et sur peine d'anathématisation et damnation éternelle, que j'ai entré en cette sainte association catholique selon la forme du traité qui m'y a été lu présentement, loyaument et sincèrement, soit pour y commander où y obéir, et promets, sur ma vie et mon honneur, de m'y conserver jusques à la dernière goutte de mon sang, sans y contrevenir ou me retirer, *pour quelque mandement*, prétexte, excuse ni occasion que ce soit[1]. »

Ici la pensée des promoteurs de la Ligue est à peu près sans voile : il est question d'un chef suprême de l'Union pour toute la France ; on ne parle de l'autorité du roi que pour annoncer assez clairement l'intention de la subordonner aux États Généraux ; on se promet, non-seulement de recouvrer les anciennes libertés provinciales, mais d'en inventer de nouvelles. Les chefs catholiques avaient profité des leçons de leurs adversaires et prenaient dans la *Franco-Gallia* les appâts qu'ils présentaient au peuple. La pensée de révolution politique s'associe ouvertement à la pensée de conservation religieuse. On expose, avec une crudité cynique, les moyens de terreur à employer pour entraîner dans la Ligue, puis pour y retenir les incertains et les timides, et pour briser toute opposition, vînt-elle du trône. Aucune société secrète n'eut jamais de plus redoutables statuts. Le caractère en est à la fois plus fédéraliste au fond et plus dictatorial dans la forme que chez les ligues protestantes, qui sont loin de ce terrorisme. Jamais non plus, les huguenots, tout en appelant les étrangers, ne s'étaient liés à eux par des serments « d'assistance et de fidélité » en termes généraux.

L'intitulé même de cette charte fondamentale de la Ligue atteste l'erreur des historiens qui ont prétendu attribuer à la Ligue un caractère exclusivement populaire et municipal, afin de l'opposer au caractère prétendu féodal et nobiliaire du parti protestant.

---

1. La Popelinière, t. II, f° 330, v° 321. — D'Aubigné, col. 830-832. — De Thou, t. III, l. LXIII, p. 494. — Davila. t. I, p. 395. — Palma Cayet, *introduction à la Chronologie novennaire,* p. 13-14.

Le pacte constitutif de la Ligue fut rédigé par des princes, au nom de la noblesse, tandis que le pacte de la fédération protestante, après la Saint-Barthélemi, avait été rédigé par des bourgeois et assignait le premier rôle à la bourgeoisie.

D'après les termes de l'acte constitutif de la Ligue en Picardie, la Champagne et la Normandie suivaient déjà la même impulsion; Paris, le grand centre du parti catholique, n'avait sans doute point attendu l'exemple de la Picardie pour travailler à la « Sainte Union [1] ». Le premier organisateur de la Ligue à Paris fut un président au parlement, Hennequin, assisté du parfumeur La Bruyère et de son fils, conseiller au Châtelet. Mais l'opposition du premier président de Thou et l'absence d'un motif spécial, tel que celui qui émouvait la Picardie, obligèrent les ligueurs parisiens à s'envelopper de quelque mystère.

La Ligue, à peine éclose, agissait : Jacques d'Humières avait été élu chef de la Sainte Union en Picardie; une troupe de ligueurs s'étaient jetés dans Péronne pour défendre cette ville contre le prince de Condé. Le prince sentit que le roi n'emploierait pas la force pour l'installer dans son gouvernement, et il demanda Cognac et Saint-Jean-d'Angéli en échange de Péronne. Condé retrouva dans les pays poitevins la Ligue qui lui avait fermé la Picardie : la Sainte Union venait d'être signée par une partie de la noblesse poitevine, sous les auspices du duc de Thouars, chef de la maison de La Trémoille. Les catholiques de Saint-Jean-d'Angéli et de Cognac se mirent sous la protection de la Ligue.

Les conditions de la paix étaient presque partout transgressées, soit par les populations, qui insultaient et maltraitaient les protestants au sortir du prêche, soit par les gouverneurs royaux eux-mêmes. Deux des clauses les plus importantes de l'édit de paix restaient sans exécution : la suppression des garnisons dans les villes de l'intérieur et la prestation générale du serment d'observer le traité. Le roi de Navarre, qui s'était enfin décidé à rentrer solennellement dans l'église réformée, mais qui montrait la plus grande modération envers les catholiques, se vit refuser

---

1. Suivant M. de Thou, t. III, p. 493, le mouvement général aurait commencé à Paris.

l'entrée de Bordeaux, comme Condé celle de Péronne. Le roi de Navarre se plaignit en vain; la cour ne voulait pas même lui renvoyer sa femme. Les mauvais procédés de la cour envers les deux princes huguenots contrastaient avec les caresses faites au nouveau duc d'Anjou, qu'on installait en grande pompe à Bourges, à Tours, dans les cités de son apanage [1]. On prodiguait aussi les avances à Damville. Le plan de Catherine se développait ainsi parallèlement au mouvement de la Ligue.

Les princes réformés se firent justice à eux-mêmes : ils se saisirent, sans effusion de sang, Condé, de Saint-Jean-d'Angéli, le roi de Navarre, d'Agen. Condé occupa en outre Brouage, forte position maritime; un capitaine huguenot s'était déjà emparé de La Charité-sur-Loire (septembre 1576). Jean-Casimir, qu'on ne payait pas et qui était encore sur la frontière avec son armée, avait envoyé récemment à la cour des réclamations menaçantes. Henri III parut comprendre le double péril où il se trouvait entre la Ligue et les huguenots; il s'efforça de se débarrasser à tout prix des Allemands. Il livra en gage à Casimir pour 600,000 écus de pierreries de la couronne, avec des otages et la garantie du duc de Lorraine pour le reste. Casimir consentit enfin à congédier ses gens, au grand regret des huguenots, après que le roi eut protesté de son intention d'exécuter le traité sur tous les points.

Henri III, en effet, obligea les promoteurs secrets de la Ligue, Guise, Mayenne et leur beau-père, le duc de Nemours, à jurer l'édit de paix, et dépêcha au duc de Montpensier, gouverneur de Bretagne, des instructions afin de dissoudre les associations qui se formaient dans cette province, « lesquelles ne pouvoient être que subtiles inventions de méchants... à très-mauvaise et pernicieuse intention [2] ». Apparemment que les gens du roi n'avaient découvert qu'en Bretagne les douze articles secrets, si menaçants pour la couronne; car on ne voit pas que Henri ait adressé de pareils mandements aux gouverneurs des autres provinces, et il paraît avoir toujours été en assez bons rapports avec les ligueurs de Picardie.

---

1. *V.* dans les *Mém.* de Nevers, la liste des officiers et des domestiques du duc d'Anjou; aucun souverain n'avait une plus nombreuse maison; t. I, p. 577.
2. *Mém.* de Nevers, t. 1, p. 110. — Cette pièce est du 31 août 1576. On y voit que les États de Bretagne se tenaient régulièrement chaque année.

Malgré quelques actes favorables à l'observation de la paix, Henri III n'avait pas le projet de résister au mouvement catholique; il visait seulement à en ôter la direction aux Guises et à le régulariser par le moyen des États Généraux, qu'il comptait tourner contre ces mêmes huguenots qui en avaient provoqué la convocation. Il voulait se faire imposer par les États la rupture des conditions accordées au parti protestant et tirer d'eux les ressources nécessaires pour écraser les réformés, ou, du moins, pour les réduire à l'impuissance. Ce plan n'aurait eu quelque chance de succès qu'entre les mains d'un prince moins décrié : quoi que fît désormais Henri III, il ne pouvait plus regagner l'estime ni l'affection des masses. En ce moment même, des « pasquils » (pamphlets, satires) en vers et en prose, des placards outrageants, semés dans Paris, probablement par les agents des Guises sous le nom des huguenots, révélaient au peuple les vices infâmes du roi, tournaient en dérision sa bigoterie hypocrite et ses goûts puérils, et le couvraient de honte et de ridicule [1]. Ces beaux « mignons », parés, frisés et fardés à la mode des femmes, qui entouraient le roi jour et nuit et qu'on haïssait déjà comme

---

1. *V.* les pièces insérées dans le journal de L'Estoile : *Les Vertus et propriétés des mignons*, etc.; *Les titres donnés par le peuple de Paris au roi Henri III* :

« Henri, par la grâce de sa mère, incert roi de France et de Pologne imaginaire, concierge du Louvre, marguillier de Saint-Germain-l'Auxerrois et de toutes les églises de Paris, gendre de Colas (son beau-père s'appelait Nicolas de Vaudemont), gauderonneur (empeseur) des collets de sa femme et friseur de ses cheveux, mercier du palais, visiteur des estuves, gardien des Quatre-Mendiants, père conscript des Blancs-Battus et protecteur des Caputtiers (Capucins, nouvellement introduits en France). »

Et ce pasquil :

    Le roi, pour avoir de l'argent,
    A fait le pauvre et l'indigent
        Et l'hypocrite.

    Le grand pardon il a gagné;
    Au pain, à l'eau il a jeûné
        Comme un hermite.

    Mais Paris, qui le connoît bien,
    Ne voudra plus lui prêter rien
        A sa requête;

    Car il en a jà tant prêté
    Qu'il a de lui dire arrêté :
        Allez en quête!

des sangsues publiques, étaient dénoncés à l'indignation populaire, comme attirant le courroux du ciel sur la France par le péché monstrueux qui formait, disait-on, le lien de leur confrérie.

L'ouverture des États Généraux avait été fixée au 15 novembre, à Blois. Les élections eurent lieu dans le courant de septembre, au milieu d'une fermentation universelle. La Ligue exerça, surtout parmi la noblesse, mal en défense contre une action collective fortement combinée, une influence que secondèrent les officiers royaux, qui avaient reçu l'ordre d'écarter autant que possible les huguenots et leurs fauteurs. Ceux-ci se plaignirent que, dans un grand nombre de bailliages et de sénéchaussées, on ne les eût point appelés aux réunions électorales et qu'on n'eût publié les convocations qu'aux prônes des paroisses, pour éviter de leur faire connaître les jour et heure d'assemblée. La crainte des violences du parti ligueur éloigna beaucoup d'entre eux des réunions; quelques nominations qui leur étaient favorables furent, dit-on, annulées illégalement. Perdant tout espoir de balancer la majorité, et prévenus que le dessein du roi et des ligueurs était de faire demander par les États le rétablissement de l'unité religieuse, ils prirent leurs précautions en conséquence : le roi de Navarre, le prince de Condé et le maréchal de Damville résolurent, d'accord avec tout le parti des confédérés, d'envoyer à Blois des députés chargés de protester contre toute violation de l'édit de paix, contre toute intervention des États Généraux dans le fait de la religion, réservé à un « libre et saint concile »; suivant les termes de l'édit, et de demander qu'on retardât l'ouverture des États jusqu'à l'entière exécution du dernier traité et jusqu'au rétablissement de la tranquillité publique. Les députés des deux princes, du maréchal et des protestants et catholiques-unis eurent défense d'entrer en conférence avec le reste de l'assemblée, « afin qu'ils ne fussent vus approuver ce qu'on y voudroit résoudre à la pluralité des voix [1]. »

Les États ne s'ouvrirent point au jour fixé : le roi, la reine mère et la cour ne s'installèrent au château de Blois que du 17 au 18 novembre, et les députés n'arrivèrent que successivement

1. La Popelinière, t. II, fos 336-339.

dans la seconde quinzaine du mois. Le nouveau duc d'Anjou entra dans Blois avec le roi; Catherine était parvenue à le réconcilier avec son frère : on tenait, sur toutes choses, à le compromettre dans ce qui se préparait.

Le roi avait promis de démanteler la ville de Blois, pour assurer la liberté de l'assemblée : on ne remplit pas cette promesse, et Blois et les environs furent au contraire gardés par des troupes assez nombreuses; ce fut encore un des griefs des huguenots.

L'ouverture des États fut précédée d'un grand scandale. Un avocat au parlement de Paris, nommé David, homme turbulent et assez mal famé, étant mort à Lyon, au retour d'un voyage à Rome, des huguenots s'emparèrent de ses papiers et y trouvèrent des documents extraordinaires qu'ils se hâtèrent de livrer à la publicité. C'était un mémoire dans lequel on avançait que, « com-« bien que la race de Capet eût succédé à l'administration tempo-« relle du royaume de Charlemagne, elle n'avoit point succédé à « la bénédiction apostolique affectée à la postérité dudit Charle-« magne tant seulement; » au contraire, l'usurpation « dudit Capet » a attiré sur lui et sur les siens une malédiction perpétuelle, qui a rendu ses successeurs désobéissants à l'Église et, pour ruiner ladite Église, introduit l'erreur damnable, que les Français appellent libertés de l'église gallicane, laquelle n'est autre chose que le refuge des hérétiques.

Mais les héritiers légitimes de Charlemagne, poursuivait-on, subsistent, fidèles au saint-siége, aimant la vertu, pleins de vigueur en esprit et en corps, tandis que la race de Capet « est abandonnée à sens réprouvé », les uns étant « frappés d'un esprit d'étourdissement et de stupidité » ; les autres, hérétiques et excommuniés. L'occasion est venue de rendre la couronne aux vrais héritiers. Il faut d'abord que monseigneur de Guise soit le seul chef et conducteur des ligues qui seront pratiquées « contre l'abominable secte »; puis, que le saint-père soit requis d'approuver, par forme de pragmatique-sanction entre le saint-siége et le royaume, les articles qui seront jurés par les États, depuis le chef jusqu'aux membres. Tout prince du sang qui s'opposera aux volontés des États sera déclaré incapable de succéder à la couronne; les seigneurs, gentilshommes et autres, coupables de même rébellion, seront proscrits; leurs biens confisqués; leurs têtes mises à prix. Les États jureront fidélité au pape et au concile de Trente; les édits en faveur des hérétiques seront révoqués. Le roi sera prié de nommer le duc de Guise son lieutenant-général. Les États requerront que le frère du roi, suivant l'exemple très-saint du Roi Catholique à l'endroit de son propre fils, soit mis en jugement pour le crime de lèse-majesté divine et humaine qu'il a commis en se joignant aux hérétiques. Le jour de ladite requête, la Sainte Union prendra les armes dans tout le royaume pour se saisir du frère du roi et de ses complices, et exterminer partout les hérétiques et leurs associés. La victoire achevée, le frère du roi et ses complices punis, le duc de Guise, par l'avis et permission de Sa Sainteté, enfermera le roi dans un monastère, comme fit son ancêtre Pépin à Childéric; le duc de Guise sera proclamé roi et fera que le saint-siège soit pleinement reconnu des États du royaume par l'abolition des libertés de l'église gallicane[1].

L'éditeur huguenot donnait cette pièce étrange comme « l'extrait d'un conseil tenu à Rome » durant le voyage que l'évêque de Paris (Gondi) y avait fait récemment par ordre du roi. Guise et ses amis rejetèrent bien loin ces calomnies inventées, disaient-ils, par les hérétiques, et Henri III crut d'abord, en effet, à une fraude huguenote. Il fut bien obligé de changer d'opinion lorsque son ambassadeur en Espagne, Saint-Goard, lui eut expédié une copie de la même pièce, qui avait été envoyée de Rome à Philippe II[2]. Le mémoire trouvé dans les papiers de David était-il l'œuvre de cet avocat, ou lui avait-il été remis par les chefs de la Ligue, comme le veut l'historien de Thou? Cette seconde version n'est pas probable; David semble avoir été un de ces enfants

---

1. Le Mémoire de David paraît avoir été rédigé en mai 1576; l'avis de l'éditeur huguenot est daté du 15 novembre. — V. les *Mémoires de la Ligue*, t. I, p. 1-7; Paris, 1725; Amsterdam, 1758. Ce recueil, publié de 1589 à 1599, par le ministre Simon Goulard, est pour l'histoire de la Ligue ce que sont les *Mémoires de Condé* pour la première guerre civile; mais il est bien moins complet. V. aussi de Thou, t. III, p. 506, et ci-dessus, p. 32, sur la prétendue origine carolingienne des princes lorrains. Il est bon d'observer que, si cette origine eût été vraie, l'héritier de Charlemagne n'eût point été le duc de Guise, mais le duc de Lorraine.

2. De Thou, t. III, p. 508. — De Thou dit tenir cette circonstance de la bouche même de Saint-Goard.

perdus des factions, qui en révèlent prématurément la pensée la plus secrète; le duc de Guise put l'encourager indirectement, lui laisser sonder le terrain en cour de Rome, mais ne lui donna pas officiellement une telle commission. Ce qui paraît attesté, c'est que le cardinal de Pellevé, archevêque de Sens et créature des Guises, qui séjournait alors à Rome, accueillit vivement le projet de David, en parla au consistoire et le communiqua au roi d'Espagne. Les révélations de M. de Saint-Goard à ce sujet influèrent sans doute sur la conduite ultérieure de Henri III.

Au moment de la réunion des États, le roi ne semblait avoir d'autre pensée en tête que de pousser l'assemblée contre les huguenots. A mesure de leur arrivée à Blois, les députés étaient circonvenus, d'un côté par le roi, la reine mère et leurs affidés, de l'autre par les agents de la Ligue; la cour et la Ligue paraissaient agir de fort bon accord. Catherine mandait un à un les députés les plus notables et les pressait de s'unir à ceux de leurs collègues qui voulaient présenter requête au roi « pour qu'il n'y eût plus deux religions en France »; beaucoup hésitaient à provoquer ainsi le retour de la guerre civile et alléguaient qu'ils « n'avoient pas pouvoir de ce faire par leurs cahiers [1] ». Au sortir de ces royales conférences, les députés tombaient dans des conciliabules où on leur présentait à signer un nouveau formulaire général de la Ligue, beaucoup moins violent, moins agressif que les douze articles, et rédigé de manière à pouvoir être mis sous les yeux du roi; cependant les intentions secrètes du parti se trahissaient encore par deux clauses importantes : l'une était l'engagement d'employer biens et vies « à l'exécution de la résolution qui seroit prise par les États », phrase qui, malgré les correctifs monarchiques dont on l'avait environnée, tendait à attribuer le pouvoir souverain aux États; l'autre promettait obéissance

---

1. *Mémoires* de Nevers, t. I, p. 175. — Le duc de Nevers, dans son *Journal des séances du conseil privé pendant les États de Blois*, rapporte les propres paroles de Catherine sur ses « pratiques et menées ». Ces paroles de Catherine justifient les plaintes des huguenots sur ce qu'on avait induit une partie des députés à changer leurs cahiers. Il n'y a dans les *Mémoires* de Nevers qu'un extrait du journal du duc : ce journal est imprimé en entier, mais fort incorrectement, dans les preuves de L'Estoile, t. III, p. 66 et suiv.; édit. de La Haie, 1741 (publiée par Lenglet-Dufresnoi). L'original est aux manuscrits de Béthune; Bibl. nat., vol. 8,800.

au roi, et, après lui, « à toute la postérité de la maison de Valois ». La substitution de ces mots, « maison de Valois », à ceux de « maison royale », équivalait à l'exclusion des Bourbons [1]. Beau-

[1]. Voici les principaux articles de cet acte, qui fut adopté presque sans variantes par toutes les associations provinciales :

« Au nom de la sainte Trinité et de la communion du précieux corps de Jésus-Christ, avons promis et juré, etc., de tenir inviolablement les choses accordées et par nous soussignées, à peine d'être à jamais déclarés parjures, infâmes, indignes de toute noblesse et honneur.

« 1º Étant connu d'un chacun les grandes et malheureuses pratiques et conjurations faites contre l'honneur de Dieu et notre sainte Église catholique et contre l'état et monarchie de ce royaume de France et maison de Valois... et que les longues et continuelles guerres et divisions civiles ont tellement affoibli et réduit nos rois en telle nécessité, qu'il n'est plus possible que d'eux-mêmes ils puissent soutenir la dépense nécessaire pour la conservation de notre dite religion et dignité royale, etc.;

« Nous avons estimé être très-nécessaire... de nous montrer plus affectionnés à la conservation de notre dite religion que ceux qui sont dévoyés à l'avancement d'une fausse et nouvelle opinion.

« Par ainsi jurons de nous employer de toutes nos puissances à remettre et maintenir l'exercice de notre religion catholique et romaine, en laquelle nous et nos prédécesseurs avons été nourris et voulons vivre et mourir.

« Aussi jurons toute obéissance, honneur et service au roi Henri, à présent régnant, et, après lui, à toute la postérité de la maison de Valois.

« Promettons d'employer nos vies et nos biens pour la manutention de son état, conservation de son autorité et exécution de ses commandements, qui, par lui, ses lieutenants généraux et autres ayant de lui pouvoir, ou bien par celui qui sera élu pour notre chef, nous seront faits.

« Jurons d'employer nos biens et nos vies pour l'entière exécution de la résolution prise par les États Généraux convoqués par la bonté et providence de notre dit roi, en ce qui dépendra de la manutention de notre religion, conservation de la grandeur et autorité de notre roi, bien et repos de sa patrie.

« En reconnoissance des promesses que dessus, sera priée très-humblement Sa Majesté de nous vouloir maintenir en nos anciennes franchises et libertés.

« Et, pour l'effet que dessus, tous soussignés, promettons de nous tenir prêts, bien armés, montés et accompagnés selon nos qualités, pour, incontinent que nous serons avertis, exécuter ce qui nous sera commandé par le roi, etc., tant pour la conservation de notre province que pour aller ailleurs s'il est besoin...... Il sera ordonné quelque solde à ceux qui n'auront moyen d'acheter des chevaux et des armes et les entretenir.

« Et si aucun des catholiques de la province, requis d'entrer en ladite association, faisoit difficulté ou usoit de longueur, il sera abandonné de tous, et délaissé, et exposé à toutes injures et oppressions qui lui pourront survenir, sans qu'il soit jamais reçu en la compagnie, amitié et alliance des soussignés, associés et confédérés.

« On se défendra mutuellement, etc. Les querelles seront remises à l'arbitrage du lieutenant du roi, ou du chef par nous élu.

« Et, s'il est avisé, pour le service du roi, pour le bien et repos de ladite province, etc., qu'il soit besoin de prendre correspondance avec les autres provinces, nous promettons les secourir et leur aider, etc.

« Avons promis et juré d'entretenir les articles susdits et les observer de point en point, sans avoir égard à aucunes amitiés, parentages ni alliances que nous pourrions

coup de députés signèrent; d'autres résistèrent; le seigneur de Blanchefort, député de la noblesse de Nivernais, déclara qu'il ne pouvait souscrire à un tel acte et se dire serviteur du roi, et se prononça vivement pour le maintien de la paix. Un député du Tiers-État fit circuler un petit traité anonyme, où il imputait aux étrangers un dessein généralement concerté de perdre la France, enveloppait les conseillers italiens de la reine mère dans les mêmes incriminations que les agents de Philippe II, et accusait les chefs des ligues de viser à se faire chacun seigneur de sa province [1].

Le roi, que les opposants prétendaient défendre, ne voulait pas être défendu. Henri III avait décidé officiellement en conseil privé qu'il accepterait la requête que lui feraient les Trois États afin « qu'il n'y eût qu'une religion en son royaume [2] », et il avait ratifié la Ligue de Picardie en ces termes : « Après avoir entendu « le contenu aux articles ci-dessus, avons permis à nos sujets « du pays de Picardie d'exécuter ce qui est porté par iceux, et « octroyé de lever sur eux les deniers nécessaires » (2 décembre).

L'acte approuvé par le roi n'est plus le premier modèle de la Ligue de Picardie; ce n'est guère qu'une copie du nouveau formulaire général que Henri avait agréé et qu'il adressa, ce même jour 2 décembre, aux gouverneurs des provinces, pour le faire signer dans leurs gouvernements, en les invitant à user de diligence et à lui renvoyer les rôles des signatures en dedans un mois ou six semaines [3]. L'association du Nivernais fut approuvée

avoir avec ceux du parti contraire, etc., et semblablement de tenir secrète la présente association » (*Mém.* de Nevers, t. I, p. 458).

1. *Extraits du recueil manuscrit du seigneur de Blanchefort*, ap. *Mém.* de Nevers, t. I, p. 436-473. — C'est Blanchefort qui nous a conservé le *Traité du député du Tiers Estat*, qu'il faudrait peut-être attribuer au savant jurisconsulte Gui Coquille, collègue de Blanchefort dans la députation du Nivernais. Les *Mémoires* de Nevers, que nous avons si souvent à citer, ne sont point un récit continu, mais un recueil de pièces dont la moindre partie est l'ouvrage du duc de Nevers.

2. *Mémoires* de Nevers, p. 166.

3. La lettre du roi aux gouverneurs se trouve dans les Manuscrits de Béthune, Biblioth. nat., vol. 8826, f° 160. — Le nouvel acte de la Ligue de Picardie, signé par le roi, *ibidem*, vol. 8832, f° 9. L'article sur l'exécution de la résolution prise par les États Généraux se termine par cette réserve : « sans préjudice de nos libertés et franchises anciennes, auxquelles entendons être toujours pleinement et entièrement maintenus et conservés ». A la fin de l'acte se trouve une promesse de protection à ceux

le 5 décembre; celle du Languedoc, le 7; celle de Champagne, le 11; la ligue de Normandie le fut vers le même temps[1]. On remarque, dans l'acte de Champagne, une modification grave : Henri III s'est ravisé et a fait remplacer cette phrase : « l'exécution de la résolution prise par les États », par celle-ci : « l'exécution de ce qui sera commandé par S. M. après avoir ouï les remontrances des États ». Il négocia ensuite avec d'Humières et d'autres chefs ligueurs l'adoption de cette modification dans les actes déjà ratifiés.

Malgré tant et de si puissantes influences, malgré l'abstention des huguenots et de leurs confédérés[2], les adversaires de la guerre civile disputèrent le terrain dans les réunions préparatoires des États. Chacun des trois ordres s'était divisé en douze bureaux correspondant aux douze anciens gouvernements de France; et chacun des douze bureaux dut mettre d'accord ses cahiers particuliers avant qu'on procédât à la discussion du cahier général de l'ordre. Le débat fut très-animé dans le bureau du Tiers État de l'Ile-de-France. Le cahier de Paris demandait que le roi unît tous ses sujets en une même religion, nonobstant tous édits : le cahier de Vermandois[3] réclamait le maintien de la

---

de la religion prétendue réformée qui ne s'opposeront pas à la Sainte Union et « ne contreviendront à chose quelconque de la religion catholique ». Le roi fit insérer dans tous les actes des ligues cette réserve en faveur de la liberté de conscience sans culte. — La pièce sans date, citée par M. Capefigue, *Hist. de la Réforme et de la Ligue*, t. IV, p. 40, d'après les manuscrits de Béthune, vol. 8832, f° 67, et qu'il appelle « la charte de la ligue de Picardie », n'est qu'une délibération du conseil de l'association picarde, dans laquelle on annonce plusieurs mesures à soumettre au roi avant la signature du nouveau formulaire. Ces mesures étaient très-acerbes contre les personnes et les biens des hérétiques, et Henri III ne les agréa pas.

1. Ligue de Nivernais; manuscrits de Béthune, Bibl. nat. vol. 8866, f° 45. — De Languedoc, *ibid.*, vol. 8823. — De Champagne; ap. *Mém. de Nevers*, t. I, p. 114. — De Normandie, sans date; manuscrits de Béthune, vol. 8832, f° 5. — Le volume 8832 des manuscrits renferme beaucoup de pièces diverses sur la Ligue, ordres des chefs, formules de réception, mémoires, instructions, etc. La formation de la Ligue en Normandie avait été provoquée par le roi lui-même; V. le *Journal du duc de Nevers*, ap. L'Estoile; édit. de 1744, t. III, p. 63. Le roi parlait, écrivait, pour « échauffer les esprits »; il trouvait tout le monde « trop froid et paresseux à poursuivre ladite association »; *ibid.*, p. 71.

2. Un seul protestant, le seigneur de Mirambeau, député de la noblesse de Saintonge, prit part aux opérations de l'assemblée.

3. Le bailliage de Vermandois, ordinairement compris dans la Picardie, délibérait cette fois avec l'Ile-de-France : à ce bailliage se trouvaient réunis non-seulement Soissons et Reims, mais Châlons.

paix et la tenue d'un concile général ou national sous deux ans pour régler le fait de la religion. Le cahier de Vermandois avait été rédigé sous l'inspiration de Jean Bodin, Angevin de naissance, mais établi à Laon, où il exerçait la charge de procureur du roi du bailliage. L'illustre député de Vermandois défendit énergiquement son ouvrage contre l'avocat Versoris, député de Paris, personnage tout dévoué aux Guises et aux jésuites. Le bureau se trouva partagé et l'article de la religion fut ajourné (3 décembre). Le bureau du Tiers État de Bourgogne arrêta que le roi serait requis « de maintenir ses sujets en la religion romaine, pourvu que cela se fît sans rentrer en guerre [1]. »

Il y eut aussi de vives discussions dans les autres bureaux, et l'on put reconnaître que la prépondérance du parti ligueur était beaucoup moins décidée dans le Tiers État que dans la noblesse. Les trois ordres, cependant, informés que les huguenots et leurs adhérents s'apprêtaient à protester contre l'assemblée, s'entendirent pour prier le roi de passer outre aux oppositions qui pourraient être faites (4-5 décembre).

La séance royale eut lieu, le 6 décembre, dans la grand'salle du château de Blois: on y compta cent quatre députés du clergé, soixante-douze de la noblesse, cent cinquante du Tiers État; un certain nombre arrivèrent encore à Blois depuis la séance [2]. Tous les yeux cherchèrent en vain les Guises parmi les princes et les conseillers qui accompagnaient Henri III: les Guises étaient absents, soit pour détourner les soupçons du roi par cette indifférence affectée, soit pour éviter de céder le pas au duc de Montpensier et à son fils; car Henri III, revenant sur ce qui s'était passé à son sacre, venait d'arrêter, par une déclaration royale, que les princes du sang auraient dorénavant le pas sur les autres

1. V. le *Journal du Tiers État*, par J. Bodin; réimprimé dans le t. XIII des *États Généraux*, p. 212-315. Après le *Journal* de Bodin, la pièce la plus intéressante qu'on possède sur les États de 1576 est le *Recueil des propositions et conclusions faites en la chambre ecclésiastique des Estats*, par Guillaume de Taix, doyen de l'église de Troies et député du clergé du bailliage de Troies, ap. *Meslanges historiques, depuis l'an* 1390 *jusques à l'an* 1580 (par Camusat); Troies, 1619.

2. La liste des députés donne la qualification de « laboureur » à un député du bailliage de Montfort et Houdan (Ile-de-France). C'était la première fois sans doute que l'agriculture était directement représentée dans nos assemblées nationales. Ce député se nommait Nicolas Guyet.

pairs, quelle que fût la date d'érection de leur pairie. Cette mesure était significative.

Quand le roi entra, toute l'assemblée se leva, la tête découverte, « et ceux du Tiers État un genou en terre, jusques à ce que le roi et les reines se fussent assis [1] ». Henri III prononça, « d'une grâce et action très-belle », dit Bodin, un discours rédigé, dit-on, par l'évêque d'Orléans, Jean de Morvilliers. Les paroles du roi offrirent un étrange contraste avec sa conduite. Il affecta beaucoup de réserve et de modération, tâcha de se justifier, ainsi que sa mère, de toute participation aux maux de la France, rappela comme quoi, dès qu'il eut atteint l'âge de porter les armes, il avait, d'une part, exposé sa vie à tous les hasards de la guerre pour essayer de mettre fin aux troubles, et, de l'autre, prêté l'oreille à toutes raisonnables conditions de paix; il déclara, qu'après avoir bien considéré les inconvénients « qui étoient de tous côtés à craindre, il avoit choisi finalement la voie de la douceur et de la réconciliation », et se proposait de travailler autant que possible à l'affermissement de la paix. Henri voulait éviter de prendre, aux yeux des huguenots et surtout des princes étrangers, l'initiative de la rupture du traité : il voulait que les États eussent l'air de lui forcer la main; son autorité croulait déjà, et il la ruinait davantage encore volontairement dans l'opinion! Le chancelier Birague termina par quelques mots sur la malheureuse situation des finances, dont les états seraient communiqués aux trois ordres. Les trois ordres remercièrent le roi, par l'organe de l'archevêque de Lyon Pierre d'Espinac, du seigneur de Rochefort et du prévôt des marchands Nicolas L'Huillier, président en la chambre des comptes.

Les députés ne perdirent pas de temps : dès le lendemain, les trois ordres délibérèrent, chacun en particulier, non pas sur les requêtes à présenter au roi, mais sur le sort qu'auraient les requêtes une fois présentées. On voulait s'assurer que les réclamations des États ne seraient pas considérées comme de simples doléances, dont la cour déciderait à sa fantaisie après la séparation de l'assemblée. Le Tiers État arrêta que le roi serait supplié de faire donner règlement, par des juges sur le choix desquels

1. *Ordre tenu aux Estats*, etc. Paris, Robert Lemagnier; 1577.

les États pourraient lui faire des remontrances, aux articles qui lui seraient proposés; douze députés de chaque ordre seraient appelés à discuter avec les juges du roi, et le règlement ainsi adopté demeurerait loi inviolable. Les deux autres ordres avaient débattu en même temps des propositions analogues, et trois commissions de douze membres chacune furent chargées de s'entendre pour rédiger collectivement la requête, et la porter au roi. Les trois commissions réunies, l'archevêque de Lyon, d'Espinac, annonça qu'il s'était trouvé sur le bureau une requête anonyme, portant qu'on prierait le roi d'accorder d'avance force de loi à tous les articles qui seraient arrêtés unanimement par les États, « touchant l'honneur de Dieu, le repos public et le service du roi », et de décider les articles qui seraient en discord entre les trois ordres, par l'avis de la reine mère, des princes du sang, des pairs de France et autres conseillers du conseil privé, dont la liste serait révisée et épurée, et enfin de douze députés de chaque ordre. Cette proposition, dont personne n'avait osé assumer la responsabilité nominale, fut adoptée aussitôt par la noblesse et par le clergé. Le Tiers État donna son assentiment à condition que, « ès « articles où l'un des États seulement auroit intérêt, les deux « autres n'auroient qu'une voix. » La requête fut présentée au roi, « de bouche seulement », pour en atténuer la hardiesse, par les trois commissions réunies, et l'archevêque de Lyon, qui parla pour tous, protesta qu'on n'avait dessein de toucher en rien à la souveraineté du monarque.

Ce palliatif n'abusa point Henri III sur la portée d'une pareille tentative : il dissimula son ressentiment et répondit assez doucement qu'il ne pouvait promettre d'avance son adhésion à des demandes inconnues, ni transférer son autorité aux États, mais qu'il consentait de donner aux commissaires la liste des membres de son conseil privé, pour en choisir un certain nombre qui connaîtraient des affaires des Etats avec les trente-six commissaires des trois ordres, lesquels n'auraient pas cependant voix délibérative. Les délégués des États n'osèrent insister (12 décembre)[1].

---

1. *Procès-verbal du clergé;* ap. *Recueil des États Généraux*, t. II, p. 114-123. — *Journal* de Bodin, ap. *États Généraux*, t. XIII, p. 220-223 (ce sont deux recueils différents). *Recueil* de Guillaume de Taix, f°s 16-19.

Henri III redoubla d'efforts pour absorber les États dans la question religieuse et les détourner ainsi de leurs entreprises sur son autorité. Il ne laissait rien à faire en faveur de la Sainte Union au duc de Guise, qui venait d'arriver à Blois : il employa caresses et menaces afin d'entraîner le baron de Sénecé, orateur élu de la noblesse, qui refusait de conclure « à ce qu'il n'y eût qu'une religion »; il fit agir le duc de Nevers auprès des députés du Lyonnais, partisans de la paix; il rédigea de sa propre main la requête qu'il voulait se faire présenter [1].

Le chapitre de la religion devait figurer le premier dans les trois cahiers généraux.

Dès le 19 décembre, l'ordre de la noblesse vota la requête de l'unité religieuse avec la proposition de mesures de rigueur contre les ministres et contre les gentilshommes qui leur donneraient asile : le huguenot Mirambeau protesta inutilement. Ce vote attestait la réaction qui s'était produite dans la noblesse depuis les États Généraux de 1560. Le vote de l'ordre ecclésiastique sur le même sujet n'était pas douteux; mais un autre article du chapitre de la religion souleva dans le sein du clergé un violent orage : c'était l'affaire de la réception du concile, toujours en suspens depuis treize ans. Les évêques voulaient requérir la réception intégrale des canons de Trente; les chanoines, les curés et les religieux s'y opposèrent énergiquement : les évêques, à Trente, ayant obtenu, en échange de leur soumission au pape, une autorité presque absolue sur le clergé séculier et régulier de leurs diocèses, le clergé repoussait de toutes ses forces l'adoption d'une telle discipline. On en vint aux injures. Claude de Saintes, ce moine turbulent qui avait été promu à l'évêché d'Évreux, traita d'hérétiques les adversaires du concile, et fut rudement rabroué par trois ou quatre doyens. On transigea enfin à grand'peine et l'on convint de requérir la publication du concile, sous toute réserve des libertés de l'église gallicane [2]. Le clergé résolut aussi de demander le rétablissement des libres élections ecclésiastiques, mais sans espoir de l'obtenir : le roi se

---

1. *Journal du duc de Nevers*, ap. *Mém.* de Nevers, t. I, p. 167-168.
2. Les députés de Bourgogne, de Picardie et quelques autres protestèrent contre cette transaction. *États Généraux*, t. XIV, p. 125.

montrait trop décidé à garder le choix des prélats et des bénéficiaires (18-20 décembre).

L'article sur la suppression du culte prétendu réformé avait été voté par le clergé, le 22 décembre; le 26, l'ordre ecclésiastique envoya des députés au Tiers État pour l'exhorter à soutenir la cause de la religion et du concile, et à s'entendre avec les deux autres ordres à mesure de la discussion des articles, afin de fondre les trois cahiers généraux en un seul. Le Tiers déclina cette proposition. Le Tiers témoignait beaucoup de réserve et de défiance vis-à-vis des deux ordres privilégiés, et il les laissa débattre entre eux leurs cahiers article par article, sans consentir à prendre part à leurs conférences[1]; grand changement depuis 1561, où la noblesse et le Tiers s'étaient, au contraire, ligués contre le clergé.

La lutte sur la question religieuse fut bien plus opiniâtre dans le Tiers État que dans la noblesse. Avant qu'on arrivât au cahier général, le combat s'était renouvelé, le 15 décembre, dans les bureaux; Bodin et Versoris avaient été derechef aux prises; Versoris affirma que le roi entendait et voulait qu'il n'y eût plus qu'une religion en France. « C'est donc l'ouverture de la guerre? » s'écria Bodin; et il conclut, comme la première fois, au maintien de l'édit de pacification. L'intervention du roi avait produit son effet : Bodin se trouva seul de son avis dans le bureau de l'Ile-de-France; la majorité conclut, comme les députés de Paris, à prier le roi de « réduire tous ses sujets à la religion romaine », en ajoutant toutefois ces mots : « par les plus douces et saintes

---

1. V. Guillaume de Taix, sur ces conférences, fos 28-29. — La noblesse requérait que les ministres huguenots fussent punis de mort; le clergé observa « qu'en son ordre, on ne demandoit jamais effusion de sang ». On ne la demandait pas en effet explicitement, mais on avait l'habitude de la sous-entendre. La noblesse, par compensation, requérait la liberté de conscience, « sans aucune recherche », pour tout le reste des huguenots; le clergé répliqua que le dû de sa charge était de rechercher et ramener à l'Église toutes les âmes perdues. La noblesse demandait que les deux tiers des revenus ecclésiastiques fussent destinés aux pauvres et aux réparations des édifices religieux; le clergé prétendit que cet article « étoit du tout injuste ». La noblesse voulait limiter le revenu des cardinaux et évêques; on lui fit entendre « de grandes raisons, pour lesquelles il ne falloit point, pour cette heure, toucher là ». La noblesse voulait prendre part aux élections ecclésiastiques; le clergé voulait faire ses élections tout seul. La royauté les mit d'accord en gardant pour elle l'objet de la contestation.

voies que S. M. avisera ». Bodin accepta cette rédaction, qui laissait voir qu'au fond la majorité n'était pas favorable à la guerre. L'opposition de Bodin avait cependant aussi alarmé qu'irrité les ligueurs : le 16 décembre, l'assemblée du Tiers État reçut une députation envoyée par les villes de Soissons, Reims et Châlons, pour désavouer Bodin, comme ayant « demandé deux religions ». Les ligueurs étaient parvenus à entraîner ces trois cités à cette démarche, dans des réunions municipales auxquelles on n'avait point appelé ceux des gens du « plat pays » qui avaient droit de prendre part aux élections. Mais, comme Bodin n'avait fait qu'exprimer le vœu du cahier de Vermandois, le désaveu fut réputé nul.

Le 26, tous les bureaux du Tiers réunis votèrent sur le chapitre de la religion. Sept bureaux contre cinq décidèrent que le roi serait prié de réduire tous ses sujets au catholicisme « par les meilleures et les plus saintes voies que faire se pourroit », d'interdire tout exercice de religion prétendue réformée, de bannir les ministres, diacres et surveillants, et de prendre en sa protection tous les autres, en attendant qu'ils se réduisissent à la religion catholique. La majorité fut formée par les gouvernements de l'Ile-de-France, Normandie, Champagne, Languedoc, Orléans, Picardie et Provence; les gouvernements de Bourgogne, Bretagne, Guyenne, Lyonnais et Dauphiné avaient proposé que « l'union de la religion » se fît « par voies pacifiques et sans guerre ! ». Ce n'était pas là une victoire bien décisive pour la Ligue. Un résultat aussi incomplet, arraché par tant d'intrigues, montrait la force du parti de la paix dans la bourgeoisie, et semblait prouver que les protestants et les catholiques-unis avaient eu tort de s'abstenir et de croire leur cause perdue d'avance auprès des États.

Les députés du roi de Navarre, des confédérés et des églises réformées, conformément à leurs instructions, ne s'étaient pas présentés dans les réunions des États; parmi eux se trouvait l'historien La Popelinière. Ils repartirent précipitamment après le vote des trois ordres contre la religion protestante. Le roi leur avait donné

1. *Ordre des Estats tenus à Blois*, etc.; ap. *États Généraux*, t. XIII, p. 138-163.

une réponse évasive. Le 28 décembre, on reçut de fâcheuses nouvelles de Guyenne et de Poitou. Les huguenots avaient prévenu l'attaque dont on les menaçait : ils avaient repris les armes, à la voix du roi de Navarre et du prince de Condé, déclarés, l'un chef, l'autre lieutenant-général de la Contre-Ligue. Bazas, La Réole et quelques autres places étaient tombées entre leurs mains. Ce fut une belle occasion au parti de la paix de récriminer contre ses adversaires : la querelle fut vive entre les Méridionaux; les députés du Tiers État de Guyenne reprochèrent aux députés de Toulouse de renouveler, par leur fanatisme, les calamités du Midi. Henri III invita les trois ordres à expédier des commissaires au roi de Navarre, au prince de Condé et au maréchal de Damville, pour les sommer de mettre bas les armes et d'obtempérer au vœu des Trois États de France. De nouveaux débats s'élevèrent sur la forme des instructions à donner aux envoyés : le Tiers État fit adoucir « plusieurs paroles aigres et piquantes » proposées par les deux autres ordres, et retrancher tout ce qui eût pu être interprété comme une dénonciation de guerre et un engagement de contribuer « aux frais d'icelle », quoique les commissaires du clergé eussent assuré que c'était le roi qui voulait que l'on employât ces expressions. Le Tiers, par compensation, consentit qu'on professât, dans les instructions, les maximes de droit public les plus exclusivement catholiques [1]. Les envoyés

1. *V.* les instructions aux envoyés; ap. *Mém.* de Nevers, t. I, p. 445-452. — « Lesdits sieurs remontreront au seigneur roi de Navarre que... la profession de la religion catholique, apostolique et romaine n'est point seulement l'ancienne coutume, mais la principale et fondamentale loi du royaume, et la forme essentielle qui donne le nom et le titre de chrétien à nos rois; qu'il y a différence entre les lois du roi et les lois du royaume; que celles-ci, d'autant qu'elles ne peuvent être faites qu'en générale assemblée de tout le royaume, avec le commun accord et consentement des gens des Trois Etats, aussi depuis elles ne peuvent être changées et innovées qu'avec l'accord et consentement desdits Trois Etats..... Etant d'ailleurs assez connu d'un chacun, comme la religion catholique....., soit en sa naissance du temps de Clovis, ou en cérémonie du temps du roi Charlemagne, n'a été reçue à la seule volonté des rois, mais consentie et approuvée en générale assemblée des Trois États, avec serment et promesse réciproquement faits, tant par les rois que par les sujets, de n'en autoriser ni tolérer autre, et ont voulu que le roi en son sacre, que tous les officiers en leur réception, sur le crucifix en fissent serment public et protestation, de laquelle il est très-certain qu'ils ne peuvent plus varier, pour quelque cause, occasion et prétexte que ce soit, non plus que de la Loi Salique, étant ladite loi de religion beaucoup plus fondamentale que n'est celle-là..... Et est la couronne de France si conjointe à la religion catholique,... que non-seulement elle n'a pu souffrir aucun qui n'en ait été

partirent dans les premiers jours de janvier 1577, accompagnés de Biron, que Henri III dépêchait vers le roi de Navarre : Bodin avait refusé de figurer parmi eux; il se sentait plus utile dans l'assemblée.

Le roi semblait se confirmer de plus en plus dans ses dispositions belliqueuses : il ne cessait de répéter que le premier serment fait à son sacre annulait tous les serments contraires; que l'édit de pacification était sans valeur, ayant été accepté par force; qu'il était mineur quand il l'avait signé, attendu qu'il n'avait point alors vingt-cinq ans accomplis. Cette minorité jusqu'à vingt-cinq ans était un argument peu orthodoxe en droit monarchique. Henri demanda des avis écrits à tous les membres de son conseil, non pas sur la résolution à prendre, mais sur les moyens d'exécuter sa résolution bien affermie, c'est-à-dire de soutenir la guerre¹. Le 8 janvier, Henri III manda les députés des Trois États de Bourgogne, province dont l'ardeur catholique paraissait un peu amortie, et les pressa d'organiser la Ligue dans leur pays : il chargea le duc de Mayenne, gouverneur de Bourgogne, de leur communiquer l'acte d'association; mais les députés s'excusèrent de rien faire sans consulter les États Provinciaux. Le 12 janvier, le roi approuva l'acte de la ligue de Paris et de l'Ile-de-France, qui offrait deux mille cinq cents fantassins et cinq cents chevaux;

singulier protecteur et professeur, mais aussi que les sujets ne sont tenus d'obéir aux rois qu'après leur sacre... les États du royaume ne vouant fidélité et obéissance au roi qu'aux conditions de son premier serment (celui du sacre)..... »

L'adoption de cette dernière maxime par les Trois Ordres ramenait au moyen âge et renversait d'un seul coup toute la doctrine résumée par les légistes dans leur fameux axiome : « Le roi ne meurt jamais. » Les principes professés par les États de 1576 sur l'identification du catholicisme avec la monarchie devaient avoir prochainement de grandes conséquences; nous aurons à revenir sur ce sujet. — Il y a de la profondeur dans la distinction établie par les États entre les lois du roi (les ordonnances) et les lois du royaume : — Plus loin, le rédacteur des mêmes instructions attribue « aux cours de parlements », comme étant « une forme des Trois États raccourcie au petit pied, » le pouvoir de suspendre, modifier et refuser les édits royaux. Cette clause est évidemment l'ouvrage des gens de robe.

1. Tous ces avis, écrits dans le courant de janvier, sont insérés dans les *Mémoires de Nevers*, t. I, p. 179-289. Celui du duc de Guise (p. 247) est curieux : le redoutable Henri de Guise se fait le plus petit qu'il peut; « il n'est pas capable de donner conseil; il n'est qu'un jeune soldat; il a si peu d'expérience », qu'il se sent plus propre à exécuter les commandements du roi qu'à lui « bailler » son avis. Il se contente de recommander qu'on protège « ceux de la nouvelle religion qui se contiendront doucement en leurs maisons ».

cet acte était conforme aux autres, si ce n'est que le roi fit ajouter à l'article promettant obéissance « au roi régnant, et, après lui, à la postérité de la maison de Valois », ces mots : « et aux autres qui, après ceux de la maison de Valois, seront appelés par la loi du royaume à la couronne[1] ». C'était une garantie rendue aux Bourbons et une barrière contre les Guises.

Tout n'était pas consommé parce qu'on avait ratifié la Ligue et obtenu des États une déclaration contre le culte protestant : il s'agissait maintenant de tirer des trois ordres les ressources nécessaires pour changer les paroles en actes. Les dons volontaires des ligues provinciales ne pouvaient suffire; leurs levées ne pouvaient guère être que la réserve de l'armée régulière, et le roi ne voulait pas se mettre entièrement à leur discrétion. D'ailleurs, outre les dépenses à venir, la couronne avait à liquider un immense arriéré. Vers la fin de décembre, le premier président de la chambre des comptes, Nicolaï, était venu exposer aux Trois États le « fonds des finances : » on avait dépensé, de 1560 à 1575, 225 millions, sur lesquels 102 restaient dus[2] : le revenu ne montait qu'à un peu plus de 12 millions et demi, et le roi, à cause de l'intérêt de la dette, se trouvait en déficit annuel de près de 11 millions[3]. Le tableau n'était pas rassurant, et les rapports des commissions nommées par les trois ordres afin de conférer avec Nicolaï ne calmèrent pas l'agitation générale. Les commissaires du Tiers État firent entendre que l'exposé de ce président était tout à fait insuffisant et plein de réticences, qu'en montrant le mal on n'en voulait pas laisser voir les causes; la liste des dons et des pensions n'avait pas été communiquée aux délégués des États, et l'on ne doutait pas qu'une grande partie des dettes ne fussent usuraires ou même frauduleuses. Le clergé n'était pas plus satisfait que le Tiers État : il avait donné 60 millions en seize ans; il servait encore en ce moment les rentes de l'hôtel de

---

1. Manuscrits de Dupuy, vol. 87. L'acte est imprimé dans les *Mémoires de Nevers*, t. I, p. 627, mais avec une date erronée.
2. La vente des charges et offices avait produit 20 millions durant ces seize années. Guillaume de Taix, f° 39.
3. Il paraît que, dans l'espoir d'obtenir davantage, on avait empiré le tableau d'une situation déjà bien mauvaise : le revenu réel dépassait, dit-on, 16 millions. Guillaume de Taix, f° 58, v°.

ville, jusqu'à concurrence de 1,200,000 livres par an, et le pape venait, de plus, d'autoriser, sans son consentement, la vente de ses biens jusqu'à concurrence de 50,000 écus de rente, ce dont le roi pouvait tirer près de 4 millions. L'ordre ecclésiastique était à bout de sacrifices ; il voulait bien encore contribuer à solder la Ligue, mais non plus jeter son or dans le gouffre du trésor royal. La noblesse, de son côté, si elle prenait sa part des frais de la Ligue, n'entendait nullement servir sans solde dans les compagnies d'ordonnance.

Les deux ordres privilégiés se concertèrent pour tâcher de rejeter le fardeau sur le Tiers État : la noblesse, d'accord avec le clergé, proposa que la taille et le taillon fussent rendus intégralement à leur destination première, c'est-à-dire à l'entretien de l'armée[1]. Une grande partie de ces deux impôts avait été appliquée au paiement des rentes constituées par le roi et des gages de ses officiers. La noblesse se souciait peu de ce que deviendraient les créanciers et les officiers du roi, qui appartenaient presque tous à la bourgeoisie, pourvu que la gendarmerie fût payée. Le Tiers repoussa énergiquement ce projet, ainsi que la prétention que manifestaient les deux premiers ordres de faire payer leurs députés par le Tiers. Il fallut chercher d'autres expédients ; on fit beaucoup de propositions ; mais on ne trouva rien de praticable[2].

Les nouvelles du Midi continuaient d'être alarmantes : la plupart des petites villes et des forteresses dauphinoises étaient au pouvoir des confédérés ; la guerre s'étendait en Languedoc et en Provence.

Le roi, cependant, pressait sans relâche les trois ordres de « faire fonds pour ses affaires : » le 11 janvier, il défendit à tous les députés de quitter Blois que les cahiers ne fussent arrêtés, et qu'il ne leur eût donné leur congé ; il prévint les trois ordres de préparer, pour le 17, leurs réponses à son discours d'ouverture, quoique les cahiers généraux ne fussent pas terminés. En consé-

---

1. D'après les termes du projet de la noblesse, la « lance » ne faisait plus alors que trois chevaux au lieu de six.

2. De Taix, f° 39. — J. Bodin, p. 230-242. — Il paraîtrait, d'après les débats qui eurent lieu, que les ordonnances douanières de Birague n'avaient point été appliquées d'une manière suivie.

quence, le 15, l'adversaire de Bodin, Versoris, élu orateur du Tiers État, lut devant l'assemblée du Tiers son projet de harangue : le résultat du débat qui s'éleva sur cette lecture fut le renversement de la faible majorité si péniblement conquise par les ligueurs; Bodin l'emporta; la majorité revint sur la décision du 26 décembre et arrêta que l'orateur demanderait la réunion de tous les sujets du roi au catholicisme par « doux moyens et sans guerre ». Le président Aimar, député et maire de Bordeaux, avança que c'était par « conciles et par réformation des abus » que se devait opérer l'union religieuse [1]. La discussion financière avait déterminé cette éclatante réaction.

L'assemblée du Tiers recommanda en outre à son orateur de réclamer le rétablissement des élections ecclésiastiques et de « toucher au vif » la mauvaise administration des finances et les malversations des « étrangers » (des Italiens). On décida qu'on ne ferait aucune offre de nouveaux subsides, les députés n'y étant nullement autorisés par leurs cahiers, qui ne contenaient au contraire que des doléances sur l'excès des impôts. Toute l'œuvre du roi et des ligueurs était ainsi sapée par la base.

Henri III témoigna son mécontentement contre le Tiers État, dans la séance royale du 17 janvier, par une vengeance puérile. Suivant le cérémonial, lorsque les trois ordres répondaient au roi, chaque orateur s'agenouillait en commençant sa harangue, et son ordre se tenait debout et la tête découverte, jusqu'à ce que le roi eût commandé à l'orateur de se lever et à ses collègues de s'asseoir. Ce commandement fut donné au clergé et à la noblesse, dès que leurs orateurs eurent prononcé quelques phrases; mais le roi laissa Versoris à genoux pendant une demi-heure et le Tiers État debout, tant que dura le discours de son représentant. Aux États d'Orléans, ainsi que l'observe Bodin, le Tiers État « avoit été autant privilégié que les autres ». Versoris, personnellement, n'avait pourtant pas encouru le ressentiment du roi; il eut même la hardiesse d'enfreindre ses instructions et d'omettre la restriction : « sans guerre. »

Cette supercherie fut inutile, comme la séance royale elle-

---

1. *Journal de Bodin*, p. 247-250.

même : les trois ordres n'avaient fait que des offres vaguement générales; le roi et les agents de la couronne renouvelèrent leurs efforts et leurs menées, pendant que les États achevaient leurs cahiers généraux[1]. Le 23 janvier, Henri fit proposer au Tiers État un plan financier inventé par trois ou quatre intrigants, entre lesquels figurait ce chevalier Poncet, qui passait pour avoir conseillé à la reine mère d'établir en France un gouvernement à la turque. C'était là une mauvaise recommandation. Le plan de réforme financière consistait dans la suppression de tous les subsides, aides et gabelles, et dans leur remplacement par un impôt unique, qui serait payable par feu, le minimum à 12 deniers, le maximum à 30 livres, et qui, disait-on, rapporterait 15 millions par an[2]. Le roi demandait en outre deux millions comptant pour les premiers frais de la guerre. Le duc d'Anjou, que sa mère et son frère compromettaient de plus en plus vis-à-vis de ses anciens alliés, se transporta successivement, les 28, 30 et 31 janvier, dans les trois chambres des États, afin de les exhorter à « secourir le roi »; dans la chambre de la noblesse, il signa le premier un engagement de servir à ses frais tant que durerait la guerre; les Guises signèrent immédiatement après lui. Le clergé, après une assez longue résistance, consentit à octroyer la solde de quatre mille fantassins et mille cavaliers pour six mois, estimée à 525,000 livres, à condition que l'argent ne passerait point par les mains des gens du roi. Le clergé débattit en outre la part qu'il pourrait supporter des frais de la Ligue et qu'il porta d'une demi-décime à une décime, pour le plus, du revenu ecclésiastique. Le Tiers fut inflexible; il se déclara sans pouvoirs, et pour l'octroi des deux millions et pour le plan financier.

Le roi était furieux contre Bodin, qui était arrivé peu à peu,

---

1. La majorité du Tiers, entraînée par les gens de robe, requit dans son cahier la suppression des juges consuls : les députés de Paris, de Troies, d'Orléans, d'Auxerre, etc., protestèrent. *Journal* de Bodin, p. 253.

2. C'était là ce qu'on disait aux États, pour ne pas les effrayer, mais on comptait sur un produit double. On calculait sur environ trois millions de feux (*Journal* de Nevers, ap. L'Estoile, édit. de 1744, t. III, p. 120-123). — A cinq têtes par feu, la France n'aurait eu qu'environ quinze millions d'habitants; ce chiffre, probablement un peu trop faible, se rapproche de ceux que donnent les ambassadeurs vénitiens dans leurs curieuses observations statistiques. Marc-Antonio Barbaro parle de quinze à seize millions d'habitants. *Corresp. des ambass. vénit.*, t. II, p. 148.

par la seule supériorité de son intelligence et de son caractère, à diriger tous les mouvements de son ordre. La conduite du député de Vermandois était d'autant plus noble qu'il était pauvre et qu'il renonçait volontairement à la faveur et à la fortune, sans être soutenu, dans sa généreuse abnégation, par les ardentes passions religieuses et politiques qui eussent animé à sa place Hotman ou Languet. Contrairement à bien d'autres, il était plus indépendant et plus hardi dans sa conduite que dans ses livres. Les députés de Paris, tremblant que Henri III, en cas de refus, ne se rejetât sur les rentes de l'hôtel de ville, qui s'élevaient à 3,132,000 livres, « remuèrent ciel et terre » en faveur des demandes du roi; ils ne réussirent qu'à exciter dans l'assemblée une véritable émeute contre eux. Les cahiers furent présentés au roi le 9 février, sans que le Tiers eût fait aucune concession. Les cahiers renouvelaient les requêtes de 1560 et 1561 sur la périodicité des États Généraux et Provinciaux, et le Tiers revendiquait avec énergie les vieilles libertés municipales démolies pièce à pièce par la royauté [1].

Sur ces entrefaites revinrent les députés envoyés par les États aux trois chefs des confédérés. Condé n'avait pas même voulu ouvrir les lettres que lui adressait une assemblée « pratiquée et corrompue, » dit-il, « par les ennemis du royaume. » Le roi de Navarre, que les commissaires des États trouvèrent occupé au siège de Marmande, avait versé des larmes quand l'archevêque de Vienne, chef de la députation, lui avait parlé des nouvelles calamités que la résistance des prétendus réformés allait attirer sur la France; mais il rejeta ces calamités sur ceux qui conseillaient au roi de rompre la paix par lui jurée. Il chargea les commissaires d'une réponse pour « messieurs les gens tenant les États de Blois » : il y conjurait l'assemblée, par les arguments les plus

---

1. Il demande « que toutes élections des prévôts des marchands, échevins, capitouls, etc., se fassent librement...... et ceux qui par autres voies entreront en telles charges en soient ôtés et leurs noms rayés des registres. — Qu'il soit permis aux maires et échevins, capitouls, jurats, consuls, etc., de faire leurs assemblées générales et particulières, sans demander permission aux cours de parlement, baillis, sénéchaux et autres officiers, et sans qu'ils soient tenus de les y appeler. — Que les maires, échevins, capitouls, etc., qui avoient anciennement la juridiction tant civile, criminelle que politique, y soient réintégrés. » *Cahier du Tiers Estat*, ap. Mss. de la Biblioth. SF. 595, 2, f° 32, v°, f° 112, 2°.

forts et dans les termes les plus conciliants, de revenir sur la dangereuse requête qu'elle avait présentée au roi. Quant à l'exhortation qu'on lui fait de quitter sa religion, « il prie Dieu que, si sadite religion est la bonne, comme il croit, il veuille l'y confirmer et assurer ; que, si elle est mauvaise, Dieu lui fasse entendre la bonne et illumine son esprit pour la suivre... et, après avoir chassé de son esprit toutes erreurs, lui donne force et moyen pour aider à les chasser de ce royaume et de tout le monde, si c'est possible ! ».

Cette alternative, ainsi posée, ne témoignait pas d'une conviction bien sérieuse et choqua tant soit peu les ministres du saint Évangile : le Béarnais leur semblait beaucoup plus politique que religieux.

Le maréchal de Damville répondit, à peu près comme le roi de Navarre, sur la nécessité de maintenir l'édit de paix.

Le rapport des commissaires affermit encore la majorité du Tiers État dans ses dispositions pacifiques. Le Tiers était, en ce moment, engagé dans un débat très-important avec les deux autres ordres. On a vu qu'à l'ouverture de la session, le roi, à la requête des États, avait promis de réduire son conseil privé et d'admettre douze commissaires de chaque ordre à discuter, avec le conseil, le jugement des cahiers. Le Tiers avait dès lors exprimé quelque défiance sur le rôle que rempliraient les trois commissions et n'avait adhéré à la requête que sous condition. Le roi, en recevant les cahiers, venait de promettre la réduction du conseil privé à vingt-quatre membres, sans compter les princes; il s'agissait donc maintenant de choisir les trente-six délégués. Le Tiers s'y refusa formellement, à l'instigation de Bodin : ce qui s'était passé depuis le début de la session l'avait éclairé sur le danger de remettre les pouvoirs des États à des commissions que l'on pourrait transformer en « États Généraux au petit pied, » ambulatoires à la suite du roi. La grande question, aux yeux des députés de la bourgeoisie, c'était de ne pas autoriser l'aggravation de l'impôt; or, il était à craindre que douze députés ne se laissassent entraîner à accorder ce qu'avaient refusé cent cinquante et

1. *Journal* de Bodin, p. 283-291.

que la cour ne maintînt les commissions en permanence après en avoir séduit les membres : la France aurait été livrée à un despotisme légalisé par une représentation mensongère, comme il arrivait en Castille depuis Charles-Quint. Jusqu'alors on avait fréquemment subi par force des impôts arbitraires ; mais cet arbitraire n'était point déguisé et les droits du peuple ne se prescrivaient pas. Le roi trahit sa pensée à cet égard en insistant sur la nomination des trente-six délégués, après quoi, dit-il, « tous les autres députés s'en pourroient retourner. » L'assemblée du Tiers pria le roi de l'excuser de faire cette élection et décida que sa mission était terminée (12-19 février). Le clergé, sur les représentations de Bodin, s'abstint également de nommer des délégués [1].

Le roi, désespérant d'obtenir un secours direct du Tiers, convoqua les trois ordres, et leur demanda leur consentement pour vendre les biens du domaine jusqu'à concurrence de 300,000 livres de rente à perpétuité (20 février). Le Tiers s'opposa à l'aliénation du domaine. Plusieurs députés influents avaient été gagnés ; Bodin fut inébranlable : il déclara que le roi n'était que simple usager du domaine ; que le fonds appartenait au peuple, et ne pouvait être aliéné sans procuration expresse du peuple ; qu'eût-on même des pouvoirs à ce sujet, l'intérêt public défendrait de s'en servir. La majorité lui resta fidèle ; le roi en pleura de colère. « Ils ne « me veulent secourir du leur, ni me permettre que je m'aide du « mien ! voilà, dit-il, une trop énorme cruauté [2] ». Henri III avait plus à se plaindre de lui-même que des autres.

Le Tiers, sommé derechef ou d'autoriser l'aliénation ou de fournir d'autres ressources, répondit que le roi, si ses affaires étaient urgentes, se pouvait accommoder de la moitié des rentes constituées par les villes et communautés, en exceptant les rentes dues aux veuves et aux pupilles, lever des emprunts sur les financiers et partisans, et vendre encore quelques portions du domaine de l'Église.

On recommençait à parler de paix, non-seulement dans le Tiers État, mais dans la noblesse et même dans le clergé, qui

1. *Journal* de Bodin, 276-283-293-295.
2. Guillaume de Taix, f° 64, v°.

voyait ses biens saccagés dans plusieurs grandes provinces. L'idée d'une transaction gagnait du terrain. Le 28 février, le duc de Montpensier, qui avait été envoyé par Henri III, après Biron, vers le roi de Navarre, exposa successivement aux trois ordres le résultat de sa mission. Ce féroce persécuteur des huguenots s'était singulièrement modifié depuis sa querelle avec les Guises; il s'était rapproché de la branche aînée de sa maison, et montrait une tiédeur qui scandalisait fort les fanatiques dont il avait tant de fois excité la furie. Il lut devant les Trois États un discours fort bien raisonné et assez éloquent, qui n'était certainement pas son ouvrage, et qui concluait à la tolérance, au moins provisoire, de la « nouvelle opinion ». Cette conclusion, venant d'un tel homme, produisit une vive impression; le Tiers État l'adopta sur-le-champ. L'ancienne majorité, devenue minorité, se trouva réduite aux gouvernements de Champagne, de Picardie, d'Orléans et de Languedoc; les députés de Paris avaient quitté l'assemblée pour aller presser l'organisation de la Ligue dans la capitale [1] (28 février).

Pendant ce temps, le conseil privé délibérait dans le château de Blois : le vent tournait; la cour se préparait à un grand changement de front. Dès le milieu du mois précédent, la reine mère s'était sensiblement refroidie; elle avait commencé à insinuer qu'on était allé trop vite; elle se querella même avec Henri III à ce sujet [2]. Loignac, un des officiers des gardes, ayant déclaré au roi qu'il avait dix hommes prêts à aller tuer le roi de Navarre, elle dit qu' « il le falloit seulement prendre ». Dès le 9 février, elle mit en avant dans le conseil de « permettre quelque religion (réformée) en attendant le concile général ». Cette proposition souleva les clameurs des zélés; le cardinal de Bourbon s'écria qu'il avait deux neveux dans l'hérésie, mais qu'il leur servirait lui-même de bourreau, s'ils restaient huguenots et rebelles [3].

1. *Journal* de Bodin, p. 305-314.
2. « Le dix-neuvième janvier, la roine pleura en son cabinet, se plaignant des trois qui avoient conseillé au roi de faire la guerre..... Le vingt-deuxième janvier, la roine se plaignit à moi..., qu'elle n'ose rien faire à part, et que le roi le trouve mauvais... que je voyois bien qu'elle ne pouvoit pas tout ce qu'elle vouloit. » *Journal* de Nevers, ap. *Mém.* de Nevers, p. 159-170.
3. *Journal* de Nevers, p. 172.

Le 28 février, le débat se rouvrit, à propos de la réponse à faire aux cahiers des États. Cossé, Biron et plusieurs autres, puis le duc de Montpensier et son fils, opinèrent en faveur de la paix; les ducs de Guise, de Mayenne et de Nevers, les cardinaux de Bourbon, de Guise et d'Este, et le duc d'Anjou lui-même, d'après les instances que le roi lui en avait faites en particulier, soutinrent « l'unité de religion ». Catherine les réfuta vivement; les deux partis attendaient avec anxiété la décision du roi. Henri prit enfin la parole et dit que, les États ne lui ayant pas donné les ressources nécessaires pour exécuter sa résolution première, il ne pouvait déclarer son intention « d'entretenir une seule religion dans le royaume »; qu'il ajournait donc l'article de la religion après les autres articles des cahiers [1].

Le 1er mars, le roi licencia les députés de la noblesse et du Tiers État; le 2, les députés du clergé [2]. Le 3, il renvoya Biron au roi de Navarre, afin de rouvrir les pourparlers.

Les hostilités entamées furent poursuivies simultanément avec les négociations, mais dans le seul but d'arriver à une transaction un peu avantageuse.

Bien des motifs durent contribuer à ce revirement de Henri III : les refus du Tiers État, les menaces de Jean-Casimir et la crainte du retour des reîtres, les révélations de l'ambassadeur de France en Espagne sur l'authenticité du projet de l'avocat David, les conseils d'hommes éclairés et dévoués à la couronne, tels que le premier président de Thou, Bellièvre, l'évêque Montluc, et, par-dessus tout, la puissante influence de la reine mère. La Ligue était à la fois plus menaçante au fond pour la dynastie et moins généralement populaire que ne l'avait cru Henri III. A Paris même, où les quarteniers et les dizainiers de la milice bourgeoise colportaient l'acte d'association de maison en maison, elle rencontrait une opposition assez forte; beaucoup de gens notables

---

1. *Journal* de Nevers, p. 173-178.
2. Le clergé, avant de se séparer, signa un acte par lequel il protestait solennellement contre toute aliénation ultérieure de ses biens meubles et immeubles, et jurait de s'y opposer par interdictions, excommunications, censures, etc., à moins de consentement universel du clergé, donné en vue du salut de l'État et de la religion. *États Généraux*, t. XIII, p. 315. — Cet acte fut réitéré dans les assemblées ecclésiastiques de 1579, 1582 et 1585.

refusaient de la signer, ou ne la signaient qu'avec des restrictions qui en changeaient le caractère. Amiens, la principale cité de la province où la Ligue était éclose, venait d'opposer un refus absolu à d'Humières, qui, après avoir obtenu les adhésions des corps municipaux de Péronne et de Montdidier[1], était entré dans Amiens, à la tête de la noblesse ligueuse, pour y faire recevoir l'acte d'association (15 février). Amiens députa vers le roi, et acheta de lui 6,000 francs l'exemption de signer la Ligue[2]. Cette répugnance d'une partie de la bourgeoisie fit concevoir à Henri III la possibilité de se débarrasser de la Ligue, après qu'on s'en serait quelque peu servi pour affaiblir les huguenots. Ce fut à cette idée qu'il s'arrêta, après bien des oscillations, renonçant à regret et par nécessité au dessein d'accabler les protestants, comme il avait renoncé à perdre les Montmorencis.

Il y eut du moins, grâce aux ligueurs, quelque activité dans l'exécution des nouveaux plans de Henri III. Deux petits corps d'armée furent réunis, l'un sur la Loire, l'autre sur la Charente, principalement avec les ressources fournies par la Ligue[3]. Le duc d'Anjou consentit à prendre le commandement de l'armée de la Loire contre ses alliés de la veille, à l'assistance desquels il devait tout. On lui donna pour lieutenants-généraux les ducs de Guise, d'Aumale (fils du duc tué devant La Rochelle) et de Nevers. L'armée de la Charente fut confiée au duc de Mayenne, que la cour affectait de préférer à son frère aîné, pour tâcher de diviser la maison de Lorraine. Le duc d'Anjou se dirigea contre La Charité-sur-Loire, qui capitula (1er mai); on ne dut l'observation de la capitulation qu'au duc de Guise, qui empêcha le duc d'Anjou

---

[1]. L'acte d'association, souscrit le 13 février 1577, par le corps municipal de Péronne, a été publié par le père Maimbourg, *Hist. de la Ligue*, p. 527-538, avec la liste des gentilshommes picards signataires de la Ligue, au nombre d'environ deux cents. Une seconde liste de signatures se trouve dans les manuscrits de Béthune, vol. 8832, f° 17, avec l'acte d'adhésion des manants et habitants de Montdidier, *ibid.*, f° 13.

[2]. De Thou, t. III, l. LXIII, p. 519-522. — L'Estoile, p. 83. — *Journal* de Bodin, p. 241. — D'Aubigné, col. 854.

[3]. Le roi essaya d'obtenir en détail des corps municipaux une partie des fonds que lui avaient refusé les Etats : il demanda 1,200,000 francs aux bonnes villes, dont 300,000 à la ville de Paris. Paris n'accorda que 100,000 francs, après deux mois de débats. L'Estoile, p. 85. — *V.* dans Isambert, t. XIV, p. 326-327, plusieurs édits bursaux, créations d'offices et de priviléges à prix d'argent.

de céder aux clameurs des soldats, avides de meurtre et de pillage. Le duc d'Anjou s'empressa de revenir jouir de sa gloire à la cour. Le roi et la reine mère lui donnèrent deux fêtes somptueuses au Plessis-lez-Tours et à Chenonceaux. Les dames « les plus belles et honnêtes de la cour » firent le service des banquets, tantôt habillées en hommes, tantôt « à moitié nues et ayant les cheveux épars comme épousées [1] ».

Le duc d'Anjou retourna joindre ses troupes, qui avaient mis le siège devant Issoire. Issoire se rendit à discrétion. L'armée catholique se dédommagea d'avoir manqué le sac de La Charité ; hommes, femmes, enfants, tout fut passé au fil de l'épée (12 juin) !

Le duc de Mayenne n'eut pas moins de succès dans les provinces poitevines. Le parti confédéré était en pleine dissolution dans ces contrées. Non-seulement la plupart des politiques firent défection à l'approche de l'armée royale, mais la discorde régnait entre la bourgeoisie protestante d'une part, la noblesse et les soldats de l'autre ; le prince de Condé, qui s'était fixé à La Rochelle, était brouillé tout à la fois avec une partie de la bourgeoisie et avec une partie de la noblesse. L'indiscipline était sans bornes parmi les troupes réformées, que la guerre de partisans avait habituées à une licence effrénée. La ferveur des premiers temps était bien loin, et les règlements des assemblées générales n'existaient plus que sur le papier. Tonnai-Charente, Rochefort, Marans, tombèrent presque sans résistance au pouvoir de Mayenne, qui, le 22 juin, entreprit le siége de Brouage, forteresse bâtie au bord de la mer et au milieu des marais salants. La plupart des troupes qui avaient pris Issoire vinrent rejoindre Mayenne. On attachait beaucoup de prix à la conquête de Brouage, qui devait enlever aux huguenots leur seconde place maritime et les ressources qu'ils tiraient des salines de l'Aunis. Brouage se défendit vaillamment, tandis que la flotte rochelloise et une flotte catholique armée à Bordeaux manœuvraient dans les parages de Ré, d'Oléron et d'Arvert, l'une pour ravitailler, l'autre pour bloquer Brouage. L'escadre bordelaise, renforcée

---

1. L'Estoile, p. 86.

par quelques galères et par des vaisseaux de Bretagne et de Bayonne, prit les deux principaux navires rochellois, occupa l'île d'Oléron et se rendit maîtresse de la mer. Brouage fut obligé de se rendre (16 août). Le roi de Navarre, qui guerroyait en Gascogne plutôt en intrépide chef de partisans qu'en prince et en général [1], n'avait pu réunir des forces suffisantes pour secourir Brouage : le désordre n'était pas moindre autour de lui qu'autour de Condé; les gentilshommes catholiques qui l'avaient suivi lors de son évasion de la cour étaient à chaque instant prêts à s'entr'-égorger avec d'Aubigné et les autres zélés huguenots.

Les intrigues de la cour avaient, sur ces entrefaites, obtenu un grand succès en Languedoc : le maréchal de Damville s'était enfin laissé entraîner à suivre l'exemple du duc d'Anjou : il avait rompu avec ses alliés et levé l'étendard contre eux dès les premiers jours de mai [2]. Les huguenots se défiaient de lui et avaient pris leurs précautions; Montpellier et les autres places qu'il avait livrées aux confédérés ne suivirent pas sa défection; son frère Thoré et son neveu Châtillon, l'aîné des fils de l'amiral Coligni, le remplacèrent dans le commandement, ravitaillèrent de vive force Montpellier, qu'il assiégeait, et s'apprêtaient à lui livrer bataille; déjà l'on était en ligne sous les murs de Montpellier, quand La Noue, dépêché en courrier par le roi de Navarre,

---

1. *V.* les *OEconomies royales* de Sulli, t. I, p. 23-76, sur les exploits et les dangers du roi de Navarre. D'Aubigné, col. 915, raconte, sur cette petite guerre de Gascogne, un fait intéressant, qui fournit une nouvelle preuve de l'authenticité sinon de la lettre, au moins du fait attribué au vicomte d'Orte. Un parti huguenot, ayant surpris un détachement de milice de Bayonne et de Dax, égorgea les gens de Dax jusqu'au dernier et renvoya les Bayonnais au vicomte d'Orte, avec armes, chevaux et bagages, « avec charge de lui dire qu'ils avoient vu le différent traitement qu'on faisoit aux soldats et aux bourreaux. » — Les huguenots « élevoient au ciel l'action rare et sans exemple et la gloire des Bayonnois. » — Une autre anecdote, rapportée par d'Aubigné, col. 940, mérite d'être citée : c'est la mort héroïque de vingt-deux soldats huguenots, qui, enfermés dans une maison du faubourg de Pons par tout un corps d'armée, s'y défendirent plus de deux heures. On mit le feu à la maison; ils n'en continuèrent pas moins leur résistance. « Cela émut les capitaines de leur offrir la vie, à quoi ils ne voulurent jamais entendre; mais, lorsque les planchers brûloient sous leurs pieds, ils se touchèrent la main à la vue de tous, et, brûlant, tiroient arquebusades, jusqu'à ce que les deux derniers se prirent par la main, levant leurs armes en haut, et se jetèrent dans le feu. »

2. Il passa d'un extrême à l'autre; car, peu de temps auparavant, il avait proposé au roi de Navarre d'appeler les Turcs à Aigues-Mortes. La Noue fit rejeter ce projet. *Vie de du Plessis-Mornai,* p. 39.

se jeta entre les deux armées et proclama la nouvelle de la paix (2 octobre).

La paix, en effet, avait été signée à Bergerac le 17 septembre, malgré les efforts des Guises et des agents du pape et de l'Espagne. Le pape avait offert 900,000 livres au roi pour sa part des frais de la guerre. Henri III et Catherine ne se laissèrent pas éblouir par quelques succès partiels, et les conditions proposées par les plénipotentiaires du roi ne furent pas retirées. Le roi de Navarre, de son côté, montra beaucoup de modération. Un double traité fut conclu, l'un public, l'autre secret. Par le premier, l'exercice du culte réformé était restreint à une ville par bailliage ou sénéchaussée, outre les places tenues actuellement par les confédérés; les seigneurs hauts-justiciers ou possesseurs de pleins fiefs de haubert avaient la liberté du culte dans leurs maisons, pour eux et pour tous ceux qu'ils y voudraient admettre, les simples feudataires, pour eux et leurs familles et pour leurs amis, jusqu'au nombre de dix seulement, sauf dans le rayon de deux lieues autour de la cour et de dix lieues autour de Paris. Des chambres nouvelles devaient être érigées dans tous les parlements, et ces chambres, dans les parlements de Bordeaux, Grenoble, Aix et Toulouse, compteraient un président protestant sur deux et un conseiller protestant sur trois. Les protestants gardaient pour six ans les huit places de sûreté assignées par la paix de 1576. Le reste des articles était conforme aux conditions de la dernière paix, sauf une clause qui cassait et annulait toutes ligues, associations et confréries, faites ou à faire, sous quelque prétexte que ce fût, au préjudice du présent édit [1]. Après avoir fait retrancher des actes de la Ligue les clauses les plus menaçantes pour l'autorité royale, Henri III s'enhardissait à supprimer la Ligue elle-même, en l'enveloppant dans le décret qui dissolvait la confédération huguenote.

Le traité secret accordait au roi de Navarre et aux réformés le droit de concourir au choix des juges dans les chambres nouvelles

---

1. La Popelinière, t. II, f° 385; son histoire se termine au traité de Bergerac; elle fut condamnée, en 1581, dans un synode réformé tenu à La Rochelle, moins pour ses erreurs que pour l'impartialité que l'auteur avait affectée, impartialité qui est parfois chez lui de la faiblesse envers les puissances. — Les articles secrets sont dans Dumont, *Corps diplomatique*, t. V, p. 309.

et la solde de huit cents hommes pour la garde des places de sûreté, garantissait les priviléges de La Rochelle, octroyait au prince de Condé Saint-Jean-d'Angéli en garde pour six ans, en attendant que le roi pût le mettre en possession du gouvernement de Picardie, promettait de garantir contre l'inquisition tous les sujets du roi en pays étranger, et assurait l'état civil des prêtres et des religieux mariés et de leurs enfants.

C'étaient à peu près, avec les places de sûreté en plus, les conditions offertes par Henri III en 1575. La paix était établie sur des bases assez raisonnables; les bons citoyens espérèrent qu'elle pourrait durer, quoiqu'elle mécontentât les deux partis extrêmes. La cour semblait résignée à l'observer[1] : le roi de Navarre et les protestants modérés s'en contentaient : si le menu peuple des villes lui était peu favorable, la bourgeoisie éclairée et la population des campagnes l'accueillaient avec joie. L'avortement de la Ligue aux États de Blois avait ajourné les plans de la faction lorraine. Après tant d'efforts, tant de sang, tant de crimes, on était revenu à la paix qui précéda la Saint-Barthélemi, avec un grand épuisement moral et matériel et un opprobre ineffaçable de plus.

1. Henri III l'appelait « sa paix » par opposition à la paix de 1576, qu'on avait nommée « la paix de Monsieur ».

LIVRE LVI

GUERRES DE RELIGION, SUITE.

DERNIÈRES ANNÉES DES VALOIS. HENRI III ET SES MIGNONS. Scandales de la cour. — Ordre du Saint-Esprit. — Guerre des Pays-Bas. Le prince d'Orange et don Juan d'Autriche. Le duc d'Anjou aux Pays-Bas. Rupture entre les Flamands et les Wallons. — Résistances des États Provinciaux à Henri III. — Ordonnance de 1579. — Crises financières. — *Guerre des amoureux*. — Le roi de Navarre reprend les armes. Transaction de Fleix. — Union d'Utrecht. Les Provinces-Unies proclament la déchéance de Philippe II au nom de la LOI DE NATURE. Le duc d'Anjou est élu seigneur des Pays-Bas. — Épernon et Joyeuse. Folies du roi. — Conquête du Portugal par Philippe II. Intervention de Catherine. Expédition malheureuse aux Açores. — Le duc d'Anjou tente d'usurper le pouvoir arbitraire aux Pays-Bas. Son désastre et sa mort. — Henri III invite le roi de Navarre à revenir au catholicisme. Il refuse. Menées de Henri de Guise et de Philippe II. Explosion catholique contre l'héritier hérétique du trône. Renaissance de la LIGUE. Conseil secret de Paris. — Revers des protestants en Flandre. Assassinat du prince d'Orange. Complots contre la vie d'Élisabeth et du roi de Navarre. — Les Provinces-Unies s'offrent à Henri III. — Traité secret entre les chefs de la Ligue et l'Espagne. Le pape autorise. Révolte des ligueurs. — Henri III refuse les Provinces-Unies et capitule avec la Ligue. Traité de Nemours. La Réforme proscrite.

1577 — 1585.

Le traité de Bergerac ne rendit pas l'ordre et le repos à la France : les deux ligues catholique et protestante n'étaient que nominalement dissoutes; les hommes de parti n'étaient pas réconciliés avec la tolérance [1], et une autre classe d'hommes, plus

---

1. *V.* l'avis de du Plessis-Mornai au roi de Navarre, sur la requête des catholiques béarnais, demandant l'exercice de leur culte. Mornai conclut à la négative. *Mémoires* de du Plessis Mornai, t. I, p. 65, édit. de 1624. *V.* aussi les *Mémoires* de Marguerite de Valois, p. 159-160, sur les violences qu'essuyaient les catholiques du Béarn quand ils essayaient de faire quelque acte de religion. Le Béarn, étant, comme la Basse-Navarre, réputé indépendant du royaume de France, n'était pas soumis aux édits du roi. Il y a toutefois des distinctions importantes à faire sur la question de tolérance : si les Hollandais interdisaient chez eux le culte catholique, c'était moins par passion religieuse que par mesure de défense politique et de salut public contre des adversaires qui proscrivaient absolument le culte réformé.

dangereuse encore que les fanatiques, ne partageait point l'épuisement du reste de la nation, car elle vivait des souffrances publiques : c'était la classe des soldats, des « aventuriers », qui, à la faveur de la désorganisation générale, reprenaient les mœurs atroces des compagnies du xive siècle. Beaucoup de châteaux et plusieurs places fortes, dans les montagnes de l'Auvergne, des Cévennes, du Dauphiné, étaient occupés par des bandes de brigands, dont le plus grand nombre avaient arboré la bannière de la Réforme et que les chefs protestants n'osaient désavouer qu'à demi. Ces bandes se soucièrent peu de l'édit du roi et n'abandonnèrent pas de bon gré leurs repaires. Les chefs protestants eux-mêmes ne voulaient pas évacuer leurs places fortes que l'exécution de l'édit ne fût complétement assurée de la part du roi. Les lieutenants du roi cherchaient à surprendre les places que ne rendaient pas les huguenots. Ainsi Damville se ressaisit du château de Beaucaire en faisant assassiner le gouverneur; Biron fut introduit dans Agen par les habitants catholiques, comme le roi de Navarre venait de quitter cette ville avec sa petite cour[1]. L'évêque de Valence, le vieux diplomate Jean de Montluc, envoyé par le roi, parvint enfin à faire conclure un accord entre les catholiques et les protestants du Languedoc, pour l'observation de la paix et la répression des brigandages (avril 1578). Il y eut quelque chose d'analogue en Dauphiné, mais à des conditions que la cour ne ratifia pas. Il fallut bien plus de négociations pour appliquer les conventions de Bergerac, qu'il n'en avait fallu pour les conclure.

Henri III, cependant, s'était réinstallé à Paris et ne s'en éloigna désormais guère. Il avait repris de plus belle ses démonstrations

---

1. M. Bazin, dans sa notice sur Henri IV, servant d'introduction à l'édition des *OEconomies royales* (*Mémoires* de Sulli) de la collection Michaud (2e série, t. II), attribue la défection des Agenais à une fort vilaine action dont le roi de Navarre aurait été le témoin ou le complice. Il raconte que les jeunes seigneurs de la cour de Navarre « s'avisèrent, au milieu d'un bal, d'éteindre les chandelles pour faire main-basse sur les dames. » Les habitants d'Agen, « pères, maris, amants et frères », se seraient vengés en livrant leur ville à Biron. Nous n'avons trouvé d'allusion à ce fait que dans un pamphlet ligueur de 1586, l'*Avis d'un catholique anglois*, pièce très-éloquente, très-violente et très-calomnieuse : du Plessis-Mornai, dans sa réfutation de cette pièce, en appelle à tous les habitants d'Agen contre une fable qu'il repousse avec indignation. — *Mémoires de la Ligue*, t. I, p. 437.

dévotes, processions, pèlerinages, dons aux églises, fondations de couvents : il semblait vouloir indemniser les zélés en spectacles et en pompes religieuses, des proscriptions dont il les sevrait. Ses protestations et ses bienfaits lui gagnèrent le cœur de quelques moines. Le feuillant dom Bernard[1] « dépeignoit le roi tellement attaché au crucifix, que ce n'étoit plus lui-même, mais Christ qui vivoit en lui[2] ». Le fameux jésuite Edmond Auger, devenu confesseur de Henri III, prétendait aussi que la France « n'avait eu de longtemps prince aussi religieux[3] ». Mais ces voix amies trouvaient peu d'échos : si altéré que fût le sens moral dans les masses catholiques, elles ne pouvaient croire à la sincérité de pieuses pratiques qui servaient d'assaisonnement à l'orgie. Les scandales de la cour ne se renfermaient pas dans l'enceinte du Louvre : le roi et les courtisans promenaient leurs bacchanales à travers la ville et initiaient les femmes de la bourgeoisie aux mœurs des dames de la cour[4]. Ce n'était pas la peine de se faire lire si souvent le livre *du Prince* par de doctes Florentins pour ne point apprendre à imposer la moindre contrainte à ses vices. Henri se croyait un profond politique parce qu'il arrangeait à ravir des plans raffinés dans son cabinet ; mais, aussitôt qu'il passait de la théorie à la pratique, ses fantaisies déréglées bouleversaient tous ses calculs. Il avait toujours la pensée d'abaisser les grands au profit d'hommes nouveaux ; il fit quelques choix bien entendus : il donna le bâton de maréchal à Biron, à Matignon, à d'Aumont, braves et habiles capitaines, libres d'engagements envers les partis et disposés à ne servir que la couronne ; mais il perdit le bénéfice de ces choix en élevant des misérables, tels que René de Villequier et François d'O, les Narcisse et les Pallas qui présidaient

[1]. Les feuillants étaient une réforme ascétique des bernardins, fondée en 1577 par Jean de la Barrière, dans le diocèse de Rieux.
[2]. D'Aubigné, col. 969.
[3]. *Ibid.*
[4]. *V.* l'énergique tableau que fait d'Aubigné, dans ses *Tragiques*, des fêtes où Henri III, vêtu en femme, étalait

> Cet habit monstrueux, pareil à son amour,
> Si qu'au premier abord, chacun étoit en peine
> S'il voyoit un roi-femme ou bien un homme-reine.

V. aussi L'Estoile, p. 84.

dans sa cour impure à des mystères dignes de Néron et d'Elagabale. C'étaient Villequier et d'O, le beau-père et le gendre, tous deux connus, surtout Villequier, par leurs habitudes infâmes, qui avaient introduit la plupart des mignons auprès de Henri III. L'exécration qu'inspirait Villequier était au comble depuis qu'il avait poignardé sa femme enceinte à Poitiers, presque sous les yeux du roi, « qui haïssoit cette dame, pour ce qu'elle avoit médit de Sa Majesté en pleine compagnie, » et qui accorda, sans difficulté, rémission d'un crime ordonné ou consenti par lui [1]. Ce fut là le successeur que donna Henri III au maréchal de Montmorenci dans le gouvernement de Paris et de l'Ile-de-France [2]. Quant à d'O, il obtint la surintendance des finances et son faste impudent afficha bientôt à tous les yeux l'immensité de ses concussions.

Rien, dans notre histoire, n'offre la moindre analogie avec cette cour de Henri III : il faut remonter aux époques les plus dépravées de l'antiquité romaine pour retrouver un pareil mélange de débauche et de férocité, de folie et de légèreté sanguinaire. Des goûts d'art et de littérature surnageaient dans ce chaos immonde : Henri III honorait fort Ronsard et combla de faveurs le poëte Desportes, agréable écrivain, moins éclatant et plus sage ou plus timide que Ronsard ; Henri III encourageait les arts comme sa mère, pourvu qu'ils se prostituassent à ses vices. C'est un trait de ressemblance de plus avec la cour des Césars. Néron aussi était artiste ! Ce qui donne un caractère particulier à la cour de Henri III, c'est d'une part l'association de la bigoterie au libertinage le plus hideux [3]; de l'autre, un reste d'esprit chevaleresque,

---

1. L'Estoile, p. 89. — Villequier prétexta l'inconduite de sa femme, qui était notoire et dont il ne s'était jamais soucié. Il prétendit en outre qu'elle avait voulu l'empoisonner, de concert avec un amant.

2. Ce maréchal mourut en mai 1579.

3. V. L'Estoile, passim, et la Confession de Sanci, à la suite des Mém. de L'Estoile, édition de La Haie, 1744, t. V, p. 220-227. Quoiqu'on ne puisse ajouter une foi entière à ce sanglant libelle de d'Aubigné, il y a beaucoup de vraisemblance dans le récit qu'il fait des terreurs de Henri III et de ses complices, et des pratiques superstitieuses qu'ils entremêlaient à leurs ignobles plaisirs, pour conjurer le courroux du ciel. Henri III n'était pas systématiquement incrédule ni sceptique ; moins complétement hypocrite et plus absurde que ne le pensaient ses sujets, il cherchait d'étranges accommodements de conscience ; il mêlait de puériles superstitions à ses débauches, comme autrefois Louis XI à ses cruautés. — Le volume 661 des manuscrits de Dupuy,

vicié, corrompu, mais encore hardi et aventureux jusqu'à la démence. Les jeunes courtisans se jouent de la mort avec une sorte de frénésie; ils se font un point d'honneur de défier, pour des femmes perdues de débauche, mais brillantes d'esprit, d'audace et de volupté, les mêmes dangers que bravaient les anciens chevaliers pour les chastes « dames de leurs pensées ».

On n'entendait parler que de duels, de guet-apens, d'assassinats : la cour était à la fois un lieu de prostitution et un coupe-gorge. On peut voir dans le journal de L'Estoile l'interminable liste des meurtres impunis. Les gens de qualité ne connaissaient plus d'autre justice que celle du poignard et de l'épée. On assassinait ses rivaux d'amour, d'intérêt, d'ambition. Si les maris égorgeaient les femmes, celles-ci parfois le leur rendaient bien : témoin l'ancienne maîtresse de Henri III, la Châteauneuf, qui, s'étant mariée par amour à un Italien et l'ayant surpris en flagrant délit d'infidélité, le poignarda, « virilement » de sa propre main, dit L'Estoile. Les favoris du roi, de « Monsieur [1] » et des Guises se dressaient des embuscades aux portes du Louvre et des Tuileries, à la barbe du grand prévôt, dont la juridiction, autrefois si redoutée, n'était plus qu'une sinécure. Quand on en venait à un duel, à un combat loyal et réglé d'avance, le combat singulier n'était plus environné des formes solennelles d'autrefois; on n'appelait plus le « jugement de Dieu »; chacun n'invoquait d'autre Dieu que sa fureur et que le patron qu'il servait [2]. Le plus

---

recueil d'anecdotes tirées de la conversation de « divers grands personnages », et principalement du président du Vair, confirme les inculpations de d'Aubigné, en y ajoutant quelques traits : Henri III y est accusé d'actions d'une méchanceté infâme. Son cabinet aurait été le théâtre de viols hideux. — Le manuscrit accuse le poëte Desportes d'avoir été l'instrument d'une « bonne partie des galanteries » du roi. « Il en avait écrit la vie en chiffres, mais il la brûla aux barricades. »

1. Ce fut dans la seconde moitié du XVIᵉ siècle qu'on donna ce titre bizarre à l'aîné des frères du roi ou au puîné de ses fils.

2. Cette transformation du duel, importante dans l'histoire de nos mœurs, appartient aux règnes des derniers Valois. Le combat singulier devient purement individuel et en dehors des lois, qui doivent bientôt le poursuivre à outrance, sans pouvoir l'anéantir. Le « cérémonial des gages de batailles » disparaît sans retour à partir du règne de Henri II. Le dernier exemple connu est le combat de Daguirre et de Fendille, postérieur de deux ans au fameux duel de Jarnac et de La Châtaigneraie. V. Brantôme, *Traité des duels*, et les curieuses *Recherches sur l'histoire des duels en France*, publiées par le marquis de Fortia d'Urban, à la suite de sa *Vie de Crillon*, t. II et III.

fameux de ces combats eut lieu le 27 avril 1578, au Marché aux Chevaux, sur l'ancien emplacement des Tournelles. Trois des mignons du roi, Caylus, Livarot et Maugiron, en vinrent aux mains avec d'Entragues, Riberac et le jeune Schomberg, créatures du duc de Guise. Maugiron et Schomberg restèrent morts sur la place ; Caylus et Riberac moururent de leurs blessures. Le roi se tint enfermé plusieurs jours : il embrassa les cadavres sanglants de ses favoris, fit tondre leurs têtes, emporta et serra leurs blonds cheveux, commanda d'exposer leurs corps sur des lits de parade comme on faisait pour les princes, obligea toute la cour d'assister à leurs funérailles et leur érigea de somptueux mausolées dans l'église Saint-Paul. Ses regrets eussent touché, si l'on eût pu les attribuer à une amitié honnête ; mais ils ne firent qu'exciter l'indignation populaire. On appela l'église Saint-Paul le « sérail des mignons ». Un troisième favori ne tarda pas à y rejoindre ses compagnons ; c'était Saint-Mesgrin, jeune et beau gentilhomme bordelais. Il fut massacré un soir en sortant du Louvre, au coin de la rue Saint-Honoré, par des hommes masqués que conduisait, dit-on, le duc de Mayenne (21 juillet 1578). Maugiron était mort en blasphémant ; la dernière parole de Saint-Mesgrin fut une plaisanterie obscène [1]. Saint-Mesgrin avait séduit la duchesse de Guise, et les Guises ne laissèrent pas longtemps le roi et ses mignons rire à leurs dépens. Il n'y eut aucunes poursuites : le roi n'osa s'attaquer aux Lorrains. Henri III se contenta d'honorer Saint-Mesgrin, comme ses devanciers, par de pompeuses funérailles, et de faire célébrer la mémoire des trois victimes par ses poëtes de cour [2]. La douleur de Henri fut peu durable ; les morts furent bientôt oubliés et remplacés.

Ce qui ne passa point avec les regrets du roi, ce fut sa haine sourde contre les Guises et la crainte qu'ils lui inspiraient. Le désir d'élever un rempart contre leurs entreprises paraît avoir été un des principaux motifs d'une institution fameuse qu'établit Henri III peu de mois après la mort des trois mignons. L'ordre de Saint-Michel, prodigué sans choix ni mesure, était tombé dans

---

1. L'Estoile, p. 98-100.
2. V. les vingt-deux sonnets d'Amadis Jamain, dans L'Estoile, p. 103.

l'avilissement¹ ; Henri résolut de fonder un nouvel ordre militaire. Il emprunta le titre et une partie des statuts d'un ordre du Saint-Esprit érigé, au milieu du xiv° siècle, par un roi de Naples de la maison d'Anjou, et depuis longtemps oublié². Les lettres d'institution furent publiées au mois de décembre 1578. Henri déclarait placer son nouvel ordre sous l'invocation du Saint-Esprit, en mémoire de ce qu'il avait été élevé aux deux trônes de Pologne et de France le jour de la Pentecôte. Le but annoncé était le maintien de la religion catholique et la restitution de la noblesse en sa dignité et splendeur. « L'ordre du Saint-Esprit, était-il dit, se composera au plus de cent chevaliers commandeurs, dont neuf commandeurs ecclésiastiques, à savoir : quatre cardinaux, quatre autres prélats et le grand aumônier. Les commandeurs ecclésiastiques auront droit d'examen sur la foi et les mœurs des candidats nommés par le roi. Tout chevalier devra être gentilhomme de « trois races paternelles au moins », prêter serment de vivre et mourir en la foi catholique, de maintenir l'ordre selon son pouvoir, de se dévouer entièrement au roi grand-maître, la grande-maîtrise étant unie indissolublement à la couronne. Les rois prêteront le serment comme grands-maîtres à leur sacre. Les chevaliers ne doivent prendre pension, gages ni états d'aucun autre prince que du roi, ne pas sortir du royaume sans sa permission, lui révéler tout ce qui importe à son service. Tous les chevaliers doivent communier le 1ᵉʳ jour de l'an et le jour de la Pentecôte, fêtes principales de l'ordre. Les chevaliers seront passibles de dégradation pour cause d'hérésie, sacrilége, trahison ou fuite de bataille. Les débats seront jugés par le roi, de l'avis des confrères-commandeurs ³.

On a voulu voir d'infâmes symboles dans les insignes de l'ordre du Saint-Esprit. On a prétendu que les chiffres entrelacés du col-

1. Henri III donna le collier de Saint-Michel à un homme qui lui avait fait cadeau de deux de ces petits épagneuls qu'il aimait tant. Brantôme, *Eloge du maréchal de Tavannes.*

2. Les statuts de l'ordre du « Saint-Esprit au droit désir » existent encore à la Bibliothèque, fonds La Vallière, n° 36 *bis*. C'est un des plus beaux manuscrits en miniature du moyen âge. Henri III, par une ridicule vanité, avait ordonné de le brûler afin de cacher son plagiat. Le garde des sceaux de Cheverni le conserva secrètement. *V.* la note de MM. Champollion, p. 110 de leur édition de L'Estoile.

3. Isambert, t. XIV, p. 350.

lier désignaient les mignons du roi et sa sœur, la reine de Navarre. Quoi qu'il en soit, la liste des premiers chevaliers désignés par le roi ne permet pas de considérer l'ordre comme une confrérie de mignons. La plupart sont de grands seigneurs, de vieux capitaines ou des diplomates que le roi tâche d'enchaîner à ses intérêts. Henri III crut habile d'englober le duc de Guise dans une seconde promotion, afin d'avoir prise sur lui par les engagements qu'imposaient les statuts.

Henri espérait se servir de cette institution pour séduire les principaux partisans des Lorrains et des huguenots : il avait compté annexer aux brevets de chevaliers du Saint-Esprit, non pas seulement des exemptions et des priviléges notables, mais des commanderies formées aux dépens des grandes abbayes de France ; le pape, mécontent de la paix de Bergerac[1], ne consentit pas à cette nouvelle aliénation des biens de l'Église, et Henri fut obligé d'y renoncer. La création de l'ordre du Saint-Esprit fut loin d'avoir les résultats dont le roi s'était flatté.

Henri, méprisé de tout le monde, avait tout le monde à craindre : son frère lui causait autant de peur que les Guises. Le duc François d'Anjou, à qui le traité de 1576 avait fait, pour ainsi dire, un royaume dans le royaume, était redoutable, en effet, par sa position, sinon par sa capacité, et, quoiqu'on l'eût brouillé avec les huguenots, il avait encore bien des moyens de troubler l'État. Ce n'était pas précisément son dessein : son ambition avait pris un autre cours ; il n'avait jamais cessé d'aspirer à la main de la reine d'Angleterre [2] : il visait de plus, maintenant, à la souveraineté des Pays-Bas. C'était toujours le projet de Coligni, mais sous une forme bien moins avantageuse à la France, puisqu'il ne s'agissait plus de l'union des Pays-Bas à la couronne.

La terrible lutte provoquée dans ces contrées par la tyrannie

---

1. Il est à remarquer que la cour de Rome, tout en déclamant contre ceux qui pactisaient avec les hérétiques, traitait de son côté avec eux dans le comtat Venaissin, où les fils des malheureux Vaudois, soutenus par les huguenots des provinces voisines, avaient exercé plus d'une fois de sanglantes représailles. *V.* Pérussis, p. 221-222. — De Thou, t. III, p. 632.

2. Élisabeth, de son côté, affectait de prendre beaucoup d'intérêt à lui, et les instigations secrètes de l'ambassadeur d'Angleterre n'avaient pas été sans influence sur les entreprises du jeune prince, lorsqu'il n'était encore que duc d'Alençon. *V.* Murdin, p. 338.

espagnole, avait, depuis la Saint-Barthélemi, fait retentir l'Europe de ses vicissitudes. Après le massacre de Paris et la ruine des espérances fondées sur le secours de la France, la résistance des insurgés s'était concentrée dans les provinces de Hollande et de Zélande, à l'abri des marais, des canaux, des bras de mer sans nombre, qui découpent en mille forteresses naturelles ces grèves mobiles, peuplées d'intrépides marins. La terreur même qu'inspirait la férocité des Espagnols fut le salut des rebelles. Chaque ville se défendit jusqu'à la mort et usa une armée sous ses murs. Les mutineries des troupes espagnoles ne servirent guère moins l'insurrection : chaque conquête, chaque victoire, était immanquablement suivie d'une révolte causée par les retards de la solde; le roi de tant de royaumes, le possesseur des trésors des Indes, ne pouvait payer son armée [1], ni entretenir dans la mer du Nord une flotte capable de dompter les matelots rebelles de la Hollande. Il eût mieux fait d'employer à cet usage l'or qu'il dépensait à soudoyer ses créatures en France. Le système d'extermination sembla confesser son impuissance. Le duc d'Albe, malade, épuisé, fut rappelé sur sa demande maintes fois réitérée (novembre 1573) : Philippe II lui donna pour successeur don Luis de Requesens, ancien gouverneur du Milanais, qui commença par faire abattre la fameuse statue qu'Albe s'était fait élever dans la citadelle d'Anvers, et par proclamer une amnistie un peu moins étroite que celle de 1572. Ces modifications dans le système du gouvernement pouvaient diminuer le mécontentement des provinces restées catholiques, mais non pas faire tomber l'insurrection protestante. La guerre continua, toujours plus acharnée : tandis que deux escadres armées à Anvers étaient détruites dans l'Escaut par les rebelles et que Middelbourg était arraché aux Espagnols, Louis de Nassau arrivait sur la Meuse à la tête d'un corps d'armée allemand, levé avec l'argent de la France. Catherine de Médicis, comme on l'a dit ailleurs, s'était dès lors rapprochée secrètement des Nassau. Louis fut battu et tué près de Grave (14 avril 1574). Les Espagnols étaient presque toujours vainqueurs sur terre et vaincus sur mer. La bataille de Grave fut

---

1. Elle avait été portée jusqu'à 54,000 hommes. *V.* Mignet, *Antonio Perez et Philippe II*, p. 20; 3ᵉ édit., 1854.

suivie du siége de Leyde. Comme la ville, après une résistance meurtrière, allait succomber à la famine, survinrent les grandes marées de l'équinoxe; la Sud-Hollande perça ses digues et s'ensevelit sous les flots pour sauver Leyde; l'armée espagnole faillit être engloutie et n'échappa que par une retraite désastreuse (octobre 1574).

L'empereur Maximilien offrit de nouveau sa médiation : Philippe, cette fois, l'accepta; il faisait alors une immense banqueroute de 58 pour 100, retardée en vain quelques années par des impôts qui avaient ruiné le commerce de l'Espagne et écrasé, à son tour, cette Castille longtemps ménagée par Charles-Quint (1575)[1]. La médiation de l'Empereur fut cependant infructueuse. Philippe se résignait à des concessions politiques, mais refusait toute concession religieuse. Les conférences se rompirent avec éclat : les provinces insurgées déférèrent l'administration suprême au prince d'Orange, assisté d'un conseil de vingt et un membres élus par les États, et interdirent chez elles le culte catholique. Philippe II résolut de tourner tous ses efforts contre les rebelles des Pays-Bas : dès l'année précédente, il avait conclu, pour la première fois, une trêve avec le Turc, renonçant à disputer Tunis aux musulmans et à défendre cette portion des conquêtes de Charles-Quint[2]. Les Espagnols ressaisirent l'avantage sur les insurgés par de brillants exploits : ils traversèrent à gué des bras de mer de deux lieues de large, sous le feu des escadres neerlandaises; ils reconquirent quelques parties de la Hollande et de la Zélande; mais la mort du gouverneur Requesens (mars 1576) interrompit des succès qui n'avaient rien de décisif et amena des révolutions surprenantes. L'autorité se trouva provisoirement entre les mains du conseil d'état, composé en majeure partie de Flamands et de Wallons. Sur ces entrefaites, une nouvelle sédition d'une extrême violence éclata parmi les troupes espagnoles : plusieurs milliers de soldats quittèrent la Zélande sans ordre et se mirent à saccager la Flandre

---

1. V. Ranke, l'Espagne sous Charles-Quint, Philippe II et Philippe III, ch. IV, § 11.
2. Les Vénitiens, mécontents de la conduite des Espagnols après la bataille de Lépante, s'étaient décidés à renoncer à l'île de Chypre et à conclure la paix avec les Turcs par l'entremise de la France. Les Espagnols alors avaient reporté les hostilités des mers de Grèce sur les côtes d'Afrique, et avaient repris Tunis en 1573. Ils l'évacuèrent l'année suivante.

pour s'indemniser de leur solde arriérée. La Belgique perdit patience : le conseil d'état appela les populations aux armes, emprisonna ceux de ses membres qui voulurent soutenir « les étrangers » et lança un arrêt de proscription contre les Espagnols, tout en protestant de sa fidélité au roi (juillet 1576). Les troupes italiennes et une partie des troupes allemandes se rallièrent aux Espagnols, et la lutte s'engagea partout entre l'armée et le peuple. Les vieilles bandes espagnoles eurent le dessus en diverses rencontres sur des masses inaguerries; une de leurs divisions saccagea Maëstricht; puis le principal corps marcha au secours de la citadelle d'Anvers, qu'assiégeaient les habitants. Les Espagnols n'étaient pas six mille : cette poignée d'hommes intrépides et féroces triompha de la nombreuse population d'Anvers, assistée d'un corps de troupes allemandes et wallonnes. Les Espagnols se ruèrent de la citadelle dans la ville comme un torrent furieux, renversant, massacrant, incendiant tout. L'hôtel de ville fut brûlé avec huit cents maisons; sept mille habitants furent égorgés, et la horde victorieuse se partagea, au milieu des débris fumants, les trésors accumulés par le commerce dans la puissante cité d'Anvers. Le butin s'éleva, dit-on, à plus de six millions (4 novembre 1576). Tout le commerce européen fut ébranlé par le contre-coup de cette catastrophe.

Quatre jours après la prise d'Anvers, les États Généraux des provinces catholiques des Pays-Bas, convoqués à Gand par le conseil d'état, signèrent un traité d'alliance avec la Hollande, la Zélande et le prince d'Orange, sous la condition que les réformés n'auraient dans les pays catholiques que la liberté de conscience sans culte public, et que le culte catholique serait libre dans les deux provinces protestantes (8 novembre).

Au moment même du sac d'Anvers et du traité de Gand, un nouveau gouverneur arrivait envoyé par Philippe II. C'était le propre frère de Philippe, le vainqueur de Lépante, don Juan d'Autriche. Les États Généraux entrèrent en pourparlers avec don Juan, mais sans le recevoir et sans interrompre les négociations qu'ils avaient entamées en France, en Angleterre, en Allemagne. Jean-Casimir, à peine de retour de France, leur promettait ses secours; Élisabeth hésitait; elle s'était rapprochée de Philippe II après la Saint-Barthélemi.[1]. En janvier 1576, le prince d'Orange, dans un moment de détresse, lui avait offert le protectorat ou même la souveraineté de la Hollande et de la Zélande. Elle avait refusé et promis seulement ses bons offices auprès de Philippe II. Son attitude commença à devenir plus favorable après le traité de Gand. Pendant ce temps, Henri III refusait d'intervenir par les armes dans les affaires des Pays-Bas ; mais son frère le duc d'Anjou accueillait avec transport les ouvertures faites par les agents des Provinces-Unies.

Don Juan d'Autriche n'apportait avec lui que sa renommée : sans renforts, sans argent, il dut traiter à tout prix avec les confédérés, par la médiation du nouvel empereur Rodolphe II, fils et successeur de Maximilien II[2]. Il accepta les conventions de Gand et promit que les troupes étrangères évacueraient les Pays-Bas sous quarante jours, moyennant 600,000 florins, et que toutes les places fortes seraient remises aux délégués des États (12 février 1577). Philippe II ratifia (7 avril). Philippe subit, à son tour, ce qu'il avait tant reproché aux Valois, le pacte avec l'hérésie !

Humiliation inutile : la paix de Gand ne subsista point. Personne ne l'observa. Le parti catholique belge, d'accord avec don Juan, visait à faire imposer par la majorité des États Généraux à la Hollande et à la Zélande la suppression du culte réformé[3] : les deux provinces répondirent en refusant de laisser rétablir chez elles le culte romain. Le parti catholique zélé ne fut point assez fort pour décider la majorité des provinces à s'armer contre les provinces dissidentes ; les protestants regagnaient beaucoup de terrain en Brabant et en Flandre. La position de don Juan devint intolérable.

Il en sortit par un coup de main. Les Espagnols et les Italiens avaient quitté les Pays-Bas, tout chargés de dépouilles sanglantes ;

---

1. Le commerce entre l'Angleterre et la Flandre avait été rétabli avant même le rappel du duc d'Albe ; les ports anglais avaient été fermés aux *Gueux de mer*, qu'Élisabeth fit poursuivre comme pirates. Requesens, en retour de ces bons procédés, avait expulsé les réfugiés catholiques anglais et fermé le séminaire anglais de Douai, foyer de conspirations orthodoxes. Le séminaire de Douai fut transféré à Reims, sous la protection du cardinal de Lorraine et de son neveu et successeur de l'archevêque Louis de Guise, un des frères du duc Henri.
2. Rodolphe avait été élu roi des Romains, à l'unanimité, en 1575.
3. E. Quinet, *Marnix*, p. 107.

mais les troupes allemandes n'étaient point parties; don Juan se mit à leur tête et se saisit de Namur et de Luxembourg (juillet 1577). La Belgique reprit les armes; on démolit partout les citadelles : le prince d'Orange fut appelé à Bruxelles par les États et proclamé rewaerd (gouverneur) de Brabant. La noblesse catholique, alarmée de l'ascendant que ce choix donnait aux réformés et ne voulant pas néanmoins se soumettre à don Juan, manda secrètement de Vienne l'archiduc Mathias, jeune homme de vingt-deux ans, frère de l'empereur Rodolphe (octobre 1577). Le prince d'Orange accepta l'archiduc pour le dominer et le laissa proclamer gouverneur des Pays-Bas par les États Généraux, en se réservant, comme lieutenant du gouverneur, l'autorité effective. C'était un fait grave que d'opposer ainsi la maison d'Autriche à elle-même. Mathias, cependant, désavoué, au moins officiellement, par l'empereur, n'avait donné aux États Généraux que sa personne et son nom : les États renouèrent plus activement leurs négociations avec la reine d'Angleterre et le duc d'Anjou. Élisabeth était fort irritée d'un téméraire projet de don Juan, qui lui avait été révélé par le prince d'Orange : don Juan, avant son arrivée en Belgique, avait tramé avec la cour de Rome un plan de révolution dans la Grande-Bretagne; il prétendait soulever les catholiques anglo-écossais, délivrer Marie Stuart, l'épouser et détrôner Élisabeth. Philippe II, après un premier refus, s'était laissé arracher un consentement éventuel. La crainte que les Français n'intervinssent seuls dans les Pays-Bas eut probablement autant d'influence sur Élisabeth que son ressentiment contre don Juan. Elle conclut un traité défensif avec les États Généraux, leur envoya un corps de troupes, prit des engagements pour la solde d'une armée allemande que levait Jean-Casimir, mais ne cessa d'exhorter les États à garder des ménagements envers leur souverain légitime, ni d'assurer Philippe II qu'elle ne voulait qu'empêcher l'établissement de la domination française en Belgique. Le duc d'Anjou, de son côté, après que la paix eut été rétablie en France par le traité de Bergerac, pressa vivement le roi son frère de seconder ses desseins.

Les affaires des Pays-Bas subirent, au commencement de l'année suivante, une nouvelle péripétie. Les troupes espagnoles étaient revenues d'Italie ; de nouvelles levées comtoises, allemandes et lorraines avaient rejoint don Juan ; ce prince prit l'offensive et, le 31 janvier 1578, défit les confédérés à Gembloux. Beaucoup de places du Hainaut et du Brabant retombèrent entre ses mains. Ces revers, qui devaient disposer les États Généraux à payer plus chèrement les secours du dehors, décidèrent le duc d'Anjou à se déclarer. La reine mère était assez favorable à ses vues. Tous ses fils devaient régner ; c'était là sa seule idée fixe. Quant à Henri III, il ne voulut point aider un frère qu'il haïssait et qu'il ne trouvait déjà que trop puissant ; mais il ne s'opposa pas sérieusement à son entreprise et trouva moyen de mériter à la fois le ressentiment du duc d'Anjou et celui du roi d'Espagne. Le duc d'Anjou, après avoir passé quelques semaines à se quereller avec son frère, qui voulait le retenir par force à la cour comme autrefois et qui le laissait insulter par ses mignons, s'échappa du Louvre le 14 février 1578 et se retira dans sa ville d'Angers, d'où il expédia au parlement un factum assez aigre contre les désordres du gouvernement, les concessions faites aux hérétiques, etc. On eût dit, au ton de cette pièce, qu'il voulait se mettre à la tête de la Ligue pour faire révoquer le dernier traité de paix. Le roi se hâta d'envoyer la reine mère à Angers pour apaiser « Monsieur. » Celui-ci ne tenta rien à l'intérieur, démentit ses déclamations catholiques en renouant avec La Noue et d'autres capitaines huguenots, et s'occupa de lever des soldats pour la guerre de Flandre. Le roi, sur les plaintes et les menaces de l'ambassadeur d'Espagne, prescrivit quelques demi-mesures qui entravèrent un peu, mais n'empêchèrent pas la réalisation des projets du duc. Sept mille volontaires français des deux religions, la plupart gentilshommes, entrèrent en Belgique, après avoir exercé, chemin faisant, de tels ravages dans la Picardie et la Champagne, qu'on sonna partout le tocsin sur eux comme sur des ennemis publics. Le duc d'Anjou avait passé la frontière vers le 10 juillet, et s'était rendu à Arras, et de là à Mons, précédé d'un manifeste où il se disait autorisé, par les anciens droits de la France sur la Flandre, à embrasser la défense d'un peuple opprimé. Le 15 août, les États Généraux conclurent alliance avec le duc d'Anjou, le déclarèrent « défenseur de la liberté des Pays-Bas, » l'autorisèrent à garder les places qui seraient conquises sur la rive droite de la Meuse, lui accordèrent trois villes de sûreté, et lui promirent, « en cas que ci-après ils voulussent prendre un autre prince, de le préférer à tous autres[1]. » Les provinces insurgées n'avaient encore rien fait de si hardi que de formuler nettement une telle éventualité dans un acte officiel.

Tandis que les Français entraient dans les Pays-Bas par le Hainaut, Jean-Casimir y pénétrait par la Gueldre avec vingt mille Allemands. Plusieurs régiments anglais et écossais figuraient en outre dans l'armée des États. Si toutes ces forces eussent agi avec ensemble, les Espagnols eussent été accablés ; mais la coalition n'offrait qu'un chaos d'intérêts contraires. Le duc d'Anjou, la reine d'Angleterre, l'archiduc Mathias, le prince d'Orange, le prince Jean-Casimir, avaient tous des tendances et des vues particulières. La discorde régnait parmi les Belges eux-mêmes : l'accord qu'une commune haine contre les Espagnols avait un moment établi entre les catholiques et les protestants était déjà rompu. Le protestantisme, en dépit des conventions de Gand, avait violemment débordé dans les provinces du nord-est, ainsi que dans le Brabant et dans la Flandre ; le peuple des grandes villes flamandes et brabançonnes revenait avec passion à la Réforme et recommençait à envahir les églises et à chasser les moines. Les États Généraux, emportés par ce mouvement, modifièrent les conventions de Gand et autorisèrent chaque province à faire ce qu'elle jugerait convenable au sujet de la religion. Il s'ensuivit une véritable guerre civile entre les Flamands et les Wallons, qui, dominés par leur noblesse catholique et par leur clergé, repoussèrent les novateurs et se mirent à faire des incursions en Flandre, tandis que Gand s'organisait en une espèce de république protestante. Wallons et Flamands, tout occupés de leurs querelles, cessèrent de contribuer aux frais de la guerre contre l'ennemi commun, contre l'Espagnol : les Flamands recherchèrent l'appui de Jean-Casimir ; les Wallons, du duc d'Anjou. Tout ce grand appareil de guerre dressé contre les Espagnols s'en alla en fumée. « Le duc d'Anjou, las de demeurer si longuement en Flandre pour si peu y faire », dit L'Estoile, repassa en France au mois de

---

1. Dumont, *Corps diplom.*, t. V, p. 320.

janvier 1579, sans autres exploits que d'avoir enlevé aux Espagnols Binch et Maubeuge. Don Juan était mort à Namur, le 1ᵉʳ octobre 1578, d'une maladie en grande partie causée par le chagrin d'une grande destinée avortée ; mais sa mort fut plus nuisible qu'utile aux provinces insurgées ; car il eut pour successeur un homme qui lui était supérieur en talents militaires et politiques, Alexandre Farnèse, fils du duc de Parme et de cette Marguerite d'Autriche qui avait gouverné les Pays-Bas et que le duc d'Albe avait si fatalement remplacée [1].

Durant cette guerre dévastatrice dans les Pays-Bas, la France ne jouissait qu'avec défiance d'une paix orageuse et troublée. La reine mère, en août 1578, était allée reconduire la reine de Navarre à son mari, qui ne l'avait pas revue depuis qu'il s'était échappé de la cour, et débattre avec ce prince les difficultés relatives à l'exécution du traité de Bergerac. Le roi de Navarre ne montra pas beaucoup d'empressement à recevoir une femme dont les galanteries avaient jeté du ridicule sur son nom et une belle-mère qu'il détestait à juste titre. La première entrevue, à La Réole, fut assez froide ; on convint de tenir une seconde conférence à Nérac, après que le roi de Navarre aurait consulté les chefs de son parti et les délégués des églises réformées. Catherine et sa fille allèrent, en attendant, passer le reste de l'année en Languedoc.

Tandis qu'on négociait dans le Midi, des incidents graves surgissaient dans d'autres parties du royaume. Les exactions auxquelles recourait le roi pour satisfaire l'avidité de ses mignons commençaient à rencontrer une résistance menaçante. Henri avait demandé au clergé une décime et demie ; le clergé avait refusé. Henri avait envoyé en un seul jour vingt-deux édits bursaux à vérifier au parlement ; le parlement n'avait consenti qu'à grand'peine à enregistrer « quelques-uns des moins méchants », dit

---

1. Sur tout ce qui regarde don Juan d'Autriche, ses projets de se faire roi de Tunis, puis de se faire roi d'Angleterre, ses rapports avec Philippe II, l'assassinat de son secrétaire Escovedo par l'ordre secret de Philippe, *V.* Mignet, *Antonio Perez et Philippe II*, c. I-III. M. Mignet établit qu'on a exagéré la portée des plans ambitieux de don Juan et de ses relations particulières avec le duc de Guise, et réfute l'opinion accréditée sur un pacte mystérieux conclu entre don Juan et Guise pour dominer à la fois Philippe II et Henri III. *V.* aussi, sur les événements des Pays-Bas, Gachard, *Préface* du t. IV de la *Corresp. de Guillaume le Taciturne*.

L'Estoile. Les États Provinciaux, ordinairement si dociles, s'agitaient d'une façon redoutable ; les États de Bourgogne sommèrent pour ainsi dire le roi de remettre les impôts que payait leur province sur le pied du règne de Louis XI, conformément à leur pacte de réunion avec la France, demandèrent que les articles présentés à l'unanimité par les derniers États Généraux reçussent force de loi, et attaquèrent sans ménagements les profusions du roi envers ses favoris (novembre 1578). Henri plia, comme de coutume, recourut en quelque sorte à la médiation du duc de Mayenne, gouverneur de Bourgogne, exempta les Bourguignons des édits bursaux, et leur donna de belles paroles pour le reste. La Normandie, la Bretagne, l'Auvergne, témoignaient les mêmes dispositions que la Bourgogne. L'orateur des États de Normandie, Clérel, chanoine de Notre-Dame de Rouen, fit aux commissaires du roi une réplique très-hardie : — « Jusques à quand sera-ce « que le mauvais conseil fera croire au roi qu'il peut sans fin et « sans mesure lever deniers, même contre les privilèges et lois « de ce pays, sans en demander l'avis de son peuple ? Jusques à « quand la flatterie fera-t-elle entendre au roi qu'il n'est pas tenu « aux lois, au serment fait à son sacre, et à l'observation des « contrats avec ses sujets, outre le droit des gens ?... Dieu, qui « est par-dessus les rois, les peut confondre en abîme, comme il « sait bien, quand il lui plaît, transférer les royaumes où l'ini- « quité abonde et la justice est ensevelie ». Les États de Normandie demandèrent que les impôts fussent remis comme au temps de Louis XII, et, « en ce faisant, et non autrement », accordèrent pour un an la taille telle qu'elle était « du temps dudit roi » : ils réclamèrent aussi la réduction des offices et charges comme au temps de Louis XII, « suppliant, pour fin, Sa Majesté de ne trouver mauvais que, si la malice de ceux qui sont auteurs de telles levées de deniers extraordinaires et d'édits pernicieux continue, lesdits États s'y opposent par toutes voies dues et à eux possibles, et cependant empêchent lesdits États l'exécution de la demande de Sa Majesté, jusques à ce qu'elle ait satisfait à leurs très-justes requêtes [1] ». Le roi avait envoyé des édits bursaux au parlement de Rouen et à la cour des aides de Norman-

1. *Archives curieuses*, t. IX, p. 263.

die, pour les publier aussitôt après la clôture des États ; les États en furent avertis et formèrent opposition ; les deux cours ajournèrent l'enregistrement, afin d'en référer au roi (novembre 1578).

C'étaient les provinces les plus catholiques qui prenaient cette attitude d'énergique opposition, et Henri III crut, non sans raison, reconnaître là l'esprit de la Ligue et la main des Guises. Ceux-ci ne négligeaient aucune occasion de protéger et de s'attacher quiconque avait quelque grief à élever contre le gouvernement royal ; ils accoutumaient les provinces, les communes, les corporations, à voir en eux les défenseurs des libertés publiques aussi bien que de la religion. Henri III, effrayé, accorda des faveurs pécuniaires aux Guises, pour obtenir d'eux une espèce de trêve tacite, et n'en devint que plus désireux de maintenir à tout prix la paix avec les protestants. Catherine, entrant dans ses vues, s'efforça de ramener le roi de Navarre au catholicisme et à la cour. Elle racontait douloureusement à son gendre les « entreprises des Guisards » et lui représentait que, « s'il s'obstinoit dans l'hérésie, tous les états catholiques pourroient bien s'unir pour le déclarer déchu de son droit de succession à la couronne, droit de tant plus considérable, vu la mauvaise santé de Monsieur [1] ». Les « filles de la reine » s'exprimaient sans beaucoup de ménagement sur les « amours infâmes » du roi, et l'on prévoyait que Henri III, rongé de maladies honteuses, n'aurait jamais de postérité [2]. C'étaient là des chances bien éloignées. Le roi de Navarre résista. Catherine, n'ayant pu le séduire lui-même, tâcha de séduire ses amis, de débaucher ses serviteurs, de semer autour de lui des germes de discorde et de trahison ; mais, en attendant, elle lui fit, à Nérac, de nouvelles concessions touchant l'interprétation du traité de Bergerac. Les articles de Nérac, signés le 28 février 1579, furent tenus secrets, de peur de soulever les clameurs du parti catholique [3].

---

1. D'Aubigné, col. 976.

2. Dès 1575, le bruit courait que le roi et son frère « ne vivroient pas et seroient stériles. Cette opinion », dit l'ambassadeur vénitien Jean Michel (*Relations des ambassadeurs vénitiens*, t. II, p. 234), « est imprimée dans l'esprit de chacun. » Il courait toutes sortes de prédictions à ce sujet. La reine mère y ajoutait foi et songeait déjà à se préparer à l'événement ; ibid., p. 246-248.

3. Dumont, *Corps diplomat.*, t. V, p. 336. — D'Aubigné (col. 978) fait un curieux

Catherine passa dans le Midi presque tout le reste de l'année 1579, tâchant de prévenir le retour de la guerre civile, non point en travaillant franchement à l'exécution des conditions de paix, mais en minant le parti huguenot par de secrètes intrigues. Elle se rendit en Dauphiné pour travailler à ramener sous l'obéissance royale le marquisat de Saluces, dont le maréchal de Bellegarde, ancien favori à demi disgracié, venait de se saisir par une sorte de conspiration. Bellegarde, s'appuyant en apparence sur les protestants, en fait sur le duc de Savoie et le roi d'Espagne, aspirait à se faire du marquisat une principauté indépendante sous la protection de Philibert-Emmanuel, qui, témoin de la désorganisation croissante de la France, n'aspirait qu'au moment d'en profiter et osait bien jeter des regards de convoitise sur la Provence et le Dauphiné. Bellegarde ne se soumit pas; il mourut peu de temps après, naturellement ou autrement, et le marquisat de Saluces rentra sous le commandement des officiers royaux. La conduite plus que suspecte du duc de Savoie en cette occasion ne contribua pas peu à décider le roi et son conseil à agréer une requête adressée depuis assez longtemps à la France par la majorité des cantons helvétiques; la couronne de France reçut Genève sous sa protection, comme alliée des Suisses. Cet acte, plus conforme aux intérêts de l'État qu'à ceux de l'Église, arraché à Henri III par quelques vieux diplomates, fut un nouveau sujet de déclamations pour les zélés.

Le roi, cependant, poursuivait ses négociations avec les provinces qui avaient si mal accueilli ses commissaires l'année précédente. A force de remontrances, de caresses et de menaces, les États Provinciaux devinrent un peu plus traitables : la Normandie accorda environ 300,000 écus pour la taille, le taillon et les gages des officiers. Le roi fit cesser toutes poursuites contre les

---

tableau des conférences tenues à Nérac entre la reine mère et les chefs protestants. Catherine parodiait le langage biblique des ministres pour tâcher de les battre avec leurs propres armes. Elle disait que « les pieds sont beaux de ceux qui portent la paix, » appelait le roi « l'oint du Seigneur, l'image du Dieu vivant », s'écriait sans cesse : « J'atteste l'Éternel ! devant Dieu et ses anges. — Tout ce style, qu'ils appeloient, entre les dames, le langage de Canaan, s'étudioit le soir au coucher de la reine, et non sans rire; la bouffonne Atrie (mademoiselle d'Atri, une des filles de la reine) présidant à cette leçon. »

personnes qui avaient excité et dirigé la résistance à ses demandes, se référa, quant à la plupart des vœux exprimés par la Normandie, à une grande ordonnance dont la rédaction s'achevait en ce moment, et promit de ne plus lever d'argent sans l'aveu des États [1]. Cette transaction fut très-mal reçue d'une partie de la population normande. Les refus d'impôt se multipliaient. Les mécontents de Bretagne parlaient aussi de « secouer le joug de la tyrannie ». L'Auvergne et le Dauphiné n'étaient pas moins agités; mais, là, c'était contre la noblesse autant que contre l'autorité royale que remuait le peuple, presque également opprimé par les gens de guerre et par les seigneurs, qui reprenaient, à la faveur de l'anarchie, leurs vieilles habitudes de despotisme féodal. Les montagnards de ces provinces voulaient organiser une « ligue de l'équité [2] ».

Le parlement de Paris fit de louables efforts pour calmer les esprits et rétablir l'ordre dans son vaste ressort; une commission de ses membres alla tenir les Grands Jours à Poitiers et siégea plusieurs mois dans les provinces de l'Ouest. Quelques-uns des gentilshommes qui avaient commis le plus de brigandages furent exécutés à mort.

Avant les Grands Jours de Poitiers, le roi s'était acquitté de la parole donnée aux États Provinciaux : une grande ordonnance, élaborée depuis deux ans par les hommes les plus éminents de la magistrature, avait été signée par le roi en mai 1579, en réponse aux plaintes et doléances des États Généraux de Blois. Un premier édit sur la police du royaume avait été publié aussitôt après la paix de Bergerac (en novembre 1577) [3]. L'ordonnance de mai

---

1. Voy. *Remontrances faites au roi par les députés des Trois Estats de Normandie, en la continuation de l'assemblée d'iceux tenue à Rouen le quinzième jour de mars*, etc.; Rouen, 1579; ap. *Recueils de Fontanieu*, t. CLVII; Biblioth. nat.

2. L'Estoile, p. 117-118.

3. En voici les principales dispositions. Le commerce des grains est libre de province à province. Les corps municipaux doivent toujours avoir des réserves de grains suffisantes pour nourrir leurs villes pendant trois mois. On ne peut, sous peine de confiscation, garder plus de deux ans le blé en magasin. Des mesures rigoureuses sont prescrites pour empêcher les monopoles et accaparements, et pour assurer la régularité des marchés. — Les officiers royaux doivent tenir la main à ce que, dans chaque district, il y ait toujours au moins deux tiers de terres cultivées en blé pour un tiers en vigne. — Le droit sur le bétail est perçu sur la valeur de chaque bête, ce qui équivaut au droit au poids, le seul équitable. — Le pain, le vin, les

1579, bien plus vaste et d'un caractère plus général, renferme trois cent soixante-trois articles, et compte parmi les principaux monuments de notre ancienne législation. La plupart des dispositions ne faisaient que consacrer les vœux des cahiers de 1576. Soixante-quatre articles sur l'état ecclésiastique déterminent certaines règles d'âge, de bonnes mœurs et de bonnes lettres pour les nominations royales aux prélatures et bénéfices, rétablissent les élections seulement pour les abbayes chefs d'ordre, excluent à l'avenir les étrangers des archevêchés, évêchés et abbayes chefs d'ordre, abolissent les réserves pour les bénéfices à la nomination du roi, afin de mettre un terme au scandale des prélats non consacrés et non officiants. Les archevêques et évêques seront promus aux saints ordres et consacrés trois mois après leurs provisions obtenues; les abbés et prieurs seront tenus de se faire promouvoir à l'ordre de prêtrise un an après leurs provisions, à peine de déposition. Nul ne pourra plus tenir deux archevêchés, évêchés ou cures paroissiales. La résidence est obligatoire, sous diverses peines. Il est interdit aux évêques et à leurs vicaires de rien exiger pour la collation des ordres. Suivent diverses mesures pour frapper la simonie, favoriser les séminaires et obliger les couvents à entretenir de jeunes religieux

---

étoffes sont taxées : le prix assigné au velours est énorme; le maximum va jusqu'à 6 écus l'aune (ce qui représente peut-être 140 francs); les bas de soie d'Espagne et de Naples s'élèvent jusqu'à 7 écus. Les articles de 1575, sur l'exportation et l'importation, sont renouvelés. — Le loyer que les maîtres exigeaient des apprentis est réduit de moitié : ce loyer était un des traits caractéristiques du régime de la corporation fermée. Il fallait payer pour apprendre à travailler, puis payer encore pour avoir le droit d'exercer l'industrie acquise. — Les rédacteurs de cette ordonnance font preuve de bonnes intentions, mais ils exagèrent fort, comme on le faisait le plus souvent, l'action réglementaire du pouvoir. Ils portent quelques atteintes graves au droit naturel : par exemple, la défense aux serviteurs de quitter leurs maîtres sans le gré de ceux-ci, ou sans cause « légitime et raisonnable », et de se marier malgré leurs maîtres, sous peine de perdre les gages qui leur sont dus. — Un règlement d'édilité prescrit le nettoyage des villes par courants d'eau ou enlèvement d'immondices : plusieurs de ces articles sont encore en vigueur. — Les tueries, écorcheries, tanneries, etc., doivent être transférées hors des villes. Cette mesure n'a été réalisée que de nos jours, et ne l'est pas même encore entièrement. — L'assemblée générale de la police, composée des officiers royaux et des officiers de la ville, élira dans chaque quartier deux personnes notables qui auront charge de la police, avec droit de prononcer jusqu'à un écu d'amende. C'est l'origine des tribunaux de simple police. *Archives curieuses*, t. IX, p. 177-236. — Une déclaration d'octobre 1579 permet l'exportation des laines moyennant un droit. Isambert, t. XIV, p. 465.

dans les écoles et les universités. La profession des religieux et religieuses est fixée à seize ans ! celle des prêtres, à vingt-cinq. Les confréries, assemblées et banquets de gens de métiers et artisans sont défendus derechef. Toute célébration de mariage doit être précédée de trois bans publiés au prône. Des peines très-sévères sont décrétées contre le prêtre qui procéderait à la célébration sans s'être assuré de l'accomplissement de cette formalité. Des mesures sont prescrites pour assurer le paiement des dîmes. Les curés et vicaires sont maintenus dans le droit de recevoir les testaments.

Les articles 65 et 66 ont pour but de remédier aux abus, dilapidations et concussions énormes qui avaient lieu dans les hôpitaux.

Les articles 67 à 88 concernent les universités et l'enseignement public. Défense à l'université de Paris de faire des leçons ou de conférer des degrés en droit civil. Défense aux supérieurs, « senieurs », principaux et régents de faire et permettre jouer aux écoliers farces, tragédies, comédies, etc., contenant lascivetés ou scandales contre aucun état public ou personne privée, sous peines graves. Règlements sur l'exercice de la médecine, chirurgie et apothicairerie.

Les articles 89 à 209 sont relatifs à l'administration de la justice. Le conseil privé ou conseil d'État n'aura plus juridiction (sa juridiction n'était qu'une usurpation sur le grand conseil et les autres tribunaux). Plus de commissions extraordinaires. Le roi ne donnera plus de lettres d'évocation. Le roi promet de ne plus vendre ni laisser vendre les offices. Les officiers seront réduits, par voie d'extinction, au nombre où ils étaient à la mort de Henri II. « Ladite réduction faite », les cours souveraines présenteront des candidats au roi pour les offices vacants. Le roi choisira les officiers inférieurs sur des listes d'éligibles dressées par les officiers royaux et les notables du ressort et renouvelées tous les trois ans. L'article 183 répète, en termes rigoureux, la défense de faire aucunes associations et ligues dedans et dehors le royaume, déclarant « tous ceux qui s'oublieront tant que d'y contrevenir, criminels de lèse-majesté et proditeurs de leur patrie, incapables et indignes, eux et leur postérité, de tous états, offices, titres, honneurs, etc., et leurs vies et biens confisqués, sans que lesdites peines leur puissent jamais être remises. » Suivent des mesures contre les violences, meurtres et guet-apens. Le roi n'entend accorder aucunes lettres de grâce pour ces sortes de crimes; s'il en octroie par importunité, il défend aux juges d'y avoir égard[1]. On renouvelle les défenses de prêter à intérêt, sous peine d'amende et de bannissement; en cas de récidive, confiscation de corps et de biens. L'absurdité de pareilles rigueurs attestait seulement le manque de lumières des légistes en matière d'économie et l'impuissance de réprimer un fait économique inévitable. On ne voulait admettre que les constitutions de rentes viagères ou perpétuelles, avec aliénation de capital; cependant on tolérait les banques. — Les Grands Jours se tiendront, chacun an, durant trois mois au moins, dans les provinces les plus éloignées du siège des parlements; les gouverneurs, baillis et sénéchaux y devront assister. — Une commission sera chargée de recueillir les ordonnances des prédécesseurs du roi, de réduire par ordre, en un volume, celles qui se trouveront utiles et nécessaires[2], et de rédiger, réformer et éclaircir les coutumes particulières et locales de chaque province[3]. Toutes les anciennes ordonnances non révoquées doivent être observées. Les maîtres des requêtes de l'hôtel sont chargés de veiller à l'exécution des ordonnances dans leurs chevauchées périodiques, et de présenter des rapports sur ce sujet au garde des sceaux[4].

1. La conduite de Henri III offrait un scandaleux contraste avec ces mesures législatives. On a vu sa lâche complicité dans l'assassinat d'une femme (madame de Villequier) : il fut encore, sur ces entrefaites, l'instigateur d'un autre meurtre ; ayant surpris le secret des galanteries de Bussi d'Amboise, favori du duc d'Anjou, avec la dame de Montsoreau, il avertit le mari et l'excita à la vengeance. Bussi fut attiré dans un piége et massacré en trahison (L'Estoile, p. 117). — Le duc d'Anjou, fatigué des manières hautaines de son favori, fut accusé d'avoir consenti à sa perte.

2. Ce travail fut exécuté sous la direction du président Brisson, qui le publia sous le titre de *Code Henri*. Les ordonnances de Henri III y sont réunies aux anciennes ordonnances conservées. — Voy., sur le *Code Henri*, une lettre fort intéressante de Pasquier (t. II, p. 220) à Brisson. Pasquier compare le droit romain au droit français, fait ressortir les différences essentielles qui les distinguent, et se plaint de la trop grande servilité de nos juristes envers le droit romain. Ses idées se rapprochent un peu de celles de Hotman sur ce sujet.

3. La réformation de la Coutume de Paris fut commencée en 1580, par le premier président de Thou, assisté de quatre conseillers. — L'Estoile, p. 121.

4. Les fonctions de garde des sceaux étaient alors remplies par Hurault de

Les articles 210 à 255 regardent le mode de réduction des offices au nombre indiqué. Tous les offices non vérifiés en parlement sont supprimés. Les conseillers au parlement de Bretagne seront « moitié François, moitié Bretons » ; les présidents, procureur et avocat du roi seront « François ». Toutes lettres et édits qui augmenteront dorenavant le nombre des officiers des cours souveraines sont déclarés nuls d'avance. Le roi ni ses successeurs ne pourront augmenter ce nombre. Quant à la suppression requise par le Tiers État des siéges des juges consuls, lesdits siéges seront maintenus dans les villes principales et capitales des provinces « ès quelles il y a grand train et trafic de marchandises ». Le conseil du roi avait ici toute raison contre le Tiers État, ou plutôt contre les gens de robe qui avaient parlé en son nom.

Les articles 256-328 concernent la noblesse et l'armée. Des amendes arbitraires frapperont les usurpateurs des titres de noblesse. Les roturiers qui achètent des fiefs nobles ne seront point pour cela mis au rang des nobles. Toutes les fois qu'un parlement présentera des candidats au roi pour un siége vacant, un des candidats devra être noble. Le cumul des états et offices est interdit, dans l'intérêt général de la noblesse. Les gouvernements de provinces sont réduits à douze comme autrefois. Les gouverneurs établis dans les villes pendant les troubles sont supprimés. Il est interdit aux gouverneurs des provinces de donner des lettres de grâce, de légitimation, etc., et de s'entremettre du fait de la justice. Il est interdit à tous officiers de lever ni laisser lever aucuns deniers sans lettres patentes du roi,

Cheverni, le vieux chancelier de Birague ayant quitté les sceaux en 1578, après avoir reçu le chapeau de cardinal. On l'accusa d'avoir empoisonné sa femme pour se rendre apte aux dignités ecclésiastiques. — Quelques ordonnances dignes de mention avaient été publiées dans les dernières années du ministère de Birague. Une déclaration du 14 juin 1575 avait ordonné que tous les poids et mesures fussent réduits à une règle uniforme (Isambert, XIV, 275). Deux siècles s'écoulèrent avant qu'on en vînt à l'exécution. — Juin 1575, création de quatre arpenteurs et priseurs jurés en chaque juridiction (ibid.). — Octobre 1576, établissement à Paris d'un hôpital pour les pauvres honteux, et d'une maison d'éducation pour les enfants pauvres (ibid., p. 310). — Janvier 1577, titres de noblesse accordés aux prévôts des marchands et échevins de Paris. On sait que tous les bourgeois de Paris avaient, depuis le quatorzième siècle, les priviléges « utiles » de la noblesse (p. 318). — Juin 1578, établissement des receveurs des dépôts et consignations (ibid., 344).

à peine de confiscation de corps et de biens [1]. Tous les capitaines des places fortes doivent être « naturels François ». Renouvellement des dispositions de l'ordonnance d'Orléans contre les exactions des seigneurs envers leurs sujets. Tous gens d'armes et archers des ordonnances doivent être nobles, à moins qu'ils n'aient d'abord servi dans l'infanterie. Quiconque abandonnera son enseigne au combat sera dégradé de noblesse. Peine de mort contre les gens d'armes coupables d'extorsions et de violences envers le peuple ; ils pourront être jugés sans appel par les juges présidiaux. Il n'y aura pas plus d'un goujat pour trois soldats dans les compagnies d'infanterie, qui seront dorenavant de trois cents hommes. C'était le commencement d'une réforme importante dans l'organisation des armées, que cette réduction du nombre des valets.

Les articles 329 à 340 sont relatifs au domaine. Dans les aliénations ultérieures, il n'y aura plus de cession des droits régaliens. Révocation des ventes, cessions, transports imaginaires et simulés, dont les deniers ne sont tournés au profit du roi ni de ses prédécesseurs, ainsi que des dons faits aux dépens du domaine, si ce n'est à la mère et aux frère, sœurs et belles-sœurs du roi. Les portions du domaine aliénées à deniers comptants seront retirées des mains des acquéreurs, auxquels on paiera en échange 10 pour 100 d'intérêt en Normandie, 8 1/3 partout ailleurs. Mesures pour la conservation des forêts. (D'après les fréquentes ordonnances rendues à ce sujet, il paraîtrait que les bois de l'État étaient fort mal aménagés, et mis au pillage par les voisins et par les forestiers eux-mêmes.)

Dans les vingt-trois derniers articles, il est question de la perception des aides et tailles, des réquisitions, de la comptabilité, de la voirie, etc. La modération est recommandée dans la perception. Les exactions des sergents sont punies de mort. Tous dons royaux excédant 1,000 écus doivent être vérifiés par les gens des comptes (c'était un retour apparent sur les trop fameux « acquits

---

1. Vaines menaces ! efforts impuissants pour arrêter cette féodalité nouvelle qui renaissait de la corruption d'une monarchie gangrenée. Chaque gouverneur dans sa province, chaque capitaine dans sa place forte, était plus maître que le roi, et regardait son gouvernement comme une propriété héréditaire.

au comptant », mais qui n'arrêta pas les profusions du roi). Les dons octroyés par le roi ne seront acquittés qu'en fin d'année, après les dépenses ordinaires soldées. Suivent des mesures pour contraindre les seigneurs propriétaires de droits de péage, barrages, etc., d'entretenir les ponts, chemins et chaussées. Les grands chemins seront bordés d'arbres, pour en marquer la largeur et empêcher les empiétements. Défense à tous étrangers de lever banques sans un cautionnement de 15,000 écus. On n'établira plus les jurés des métiers à titre d'offices, mais par élection. L'élection libre est rétablie pour toutes les charges municipales[1].

L'ordonnance de 1579, si elle eût été pleinement exécutée, eût fort amélioré la condition de la France; mais ce n'était encore là, à beaucoup d'égards, qu'un leurre pour l'opinion publique, et le monarque qui venait de signer cet édit solennel donna bientôt à ses sujets l'exemple de le fouler aux pieds. Ce ne fut pas toutefois avant d'avoir exploité l'impression favorable produite par l'apparition de l'édit. Henri III affecta de s'éprendre d'un beau zèle pour la réforme des abus; il chargea des commissaires de parcourir le royaume, d'assister à la tenue des « États Généraux des provinces qui se régissent par États, lors assemblés selon la convocation que Sa Majesté a accoutumé d'en faire annuellement »; les commissaires devaient en outre assembler les États particuliers de chaque bailliage ou sénéchaussée, dans les contrées qui « ne se gouvernent point par États Provinciaux », recueillir toutes les plaintes, y faire droit ou en référer au roi. Leurs instructions étaient excellentes, si le roi avait eu le vouloir et la force de les réaliser; mais son but n'était que d'obtenir de l'argent sans être obligé de rappeler les États Généraux du royaume. Les commissaires devaient éluder toutes les propositions relatives aux États Généraux, et offrir de justifier aux délégués choisis par les États Provinciaux de l'emploi des subsides qui seraient octroyés[2].

Le roi, pendant ce temps, était aux prises avec le clergé, qui prétendait que les engagements pécuniaires par lui contractés

---

1. Isambert, t. XIV, p. 380-463.
2. Voy. les instructions des commissaires et les pièces y relatives dans les *Mém. de Nevers*, t. I, p. 605-621.

envers la couronne en 1561 [1] et 1567 étaient expirés. Il n'y avait pas eu d'assemblée ecclésiastique depuis 1567, quoique l'assemblée de cette année-là eût décrété qu'il s'en tiendrait une tous les cinq ans. Le roi aimait mieux traiter avec des syndics généraux permanents, de même qu'il eût souhaité avoir près de lui des délégués permanents du Tiers État, ce qu'avait empêché Jean Bodin. Mais le clergé se refusait à reconnaître dorénavant les engagements de ses syndics, qui avaient doublé les décimes annuelles assignées en 1567 au paiement des rentes de l'hôtel de ville [2]. Le roi fut obligé d'autoriser la réunion d'un synode à Melun en juin 1579. L'épiscopat, dominant l'assemblée, requit de nouveau la publication du concile et le rétablissement des élections ecclésiastiques, et se plaignit avec virulence de la situation où le roi réduisait l'Église : vingt-huit évêchés étaient laissés en vacance, et leurs revenus dévorés par des laïques; sur plus de huit cents abbayes à la nomination du roi, il n'y avait pas cent abbés réguliers : tout le reste était en commende ou en économat, livré à des laïques, à des gens de guerre, à des femmes. Le clergé signifia qu'il ne paierait plus les rentes de l'hôtel de ville. A cette nouvelle, Paris en fureur se souleva; les boutiques furent fermées, et le peuple s'apprêtait à prendre les armes, si le parlement ne fût intervenu et n'eût cité tous les membres de l'assemblée du clergé à comparaître devant le procureur général. Le clergé s'irrita, mais finit par céder, au moins autant par crainte des Parisiens que du roi. Il octroya 1,300,000 livres par an pour six ans, après avoir déclaré que, jusqu'à ce que Dieu eût inspiré au roi la volonté de restituer les élections au clergé, « ne seroit

---

1. Les engagements de 1561 (voy. ci-dessus, p. 89) avaient eu pour but le rachat du domaine, mais la cour avait recommencé à l'aliéner à mesure que le clergé le rachetait; car on voit, d'après un *Traité des finances de France*, dont le fond est extrait de la *République* de Bodin, qu'en 1580, le domaine, valant plus de 50 millions, était aliéné presque tout entier pour 15 ou 16. Ce traité renferme des renseignements intéressants : on y voit, par exemple, comment procédaient les corps municipaux pour imposer leurs communautés. On convoquait l'assemblée de ville (assemblée générale de la commune); on prenait son consentement; on envoyait l'état sommaire du projet d'impôt au chancelier, qui autorisait. — *Archives curieuses*, IX, 371. — Sur l'ensemble de l'état économique, V. le curieux ouvrage intitulé : *Le Secret des Finances*, « premier essai méthodique de statistique, publié par un protestant sous le pseudonyme de Froumenteau (en 1580) ». H. Baudrillart; *Jean Bodin et son temps*, p. 87.

2. Les rentes garanties par le clergé s'étaient élevées de 630,000 à 1,202,000 livres.

reçu dans les églises, assemblées et communautés aucun évêque ou autre bénéficier diffamé de simonie, « confidence [1] », ou faisant pension des fruits de son bénéfice à personnes laïques »(décembre 1579-janvier 1580). Le roi publia, en février 1580, un édit sur les plaintes et remontrances du clergé; l'édit enjoint aux archevêques de tenir des conciles provinciaux tous les trois ans [2].

À peine l'accord fut-il conclu entre le roi et le clergé, que les protestants recommencèrent la guerre civile par une agression inattendue. Tout en désirant le maintien de la paix, Henri III en observait mal les conditions, autant par impuissance que par mauvais vouloir. L'exercice du culte réformé, dans presque tout le nord de la France, était ou interdit ouvertement, ou entravé de mille manières; les protestants se plaignaient de dénis de justice et de vexations de tout genre. Le roi de Navarre ne pouvait entrer en possession effective de son gouvernement de Guyenne, ni se faire recevoir dans les villes du Querci et de l'Agenais, sénéchaussées qui avaient été assignées en dot à sa femme contrairement aux ordonnances qui défendaient de démembrer le domaine au profit des filles de roi. Les huguenots, au reste, n'étaient pas plus fidèles au traité que leurs rivaux. Ce n'étaient, de part et d'autre, qu'embûches et que surprises de forteresses, tentées par des particuliers sans autorisation des chefs.

Malgré ces griefs réciproques, on n'eût probablement pas rouvert les hostilités sans une petite perfidie de Henri III, qui tourna au détriment de son auteur. Henri III s'avisa un jour d'écrire au

---

1. L'ecclésiastique tenant bénéfice en « confidence » était une espèce d'homme de paille cachant le laïque qui percevait effectivement les fruits. — Sur cette assemblée du clergé, voy. de Thou, t. III, p. 677-678. — Mathieu, t. I, p. 448-455. — *Histoire ecclésiastique*, t. XXXV, p. 409-421.

2. Un autre article, provoqué par les plaintes du clergé contre les excès des hobereaux campagnards, ordonne aux personnes ayant seigneuries ou maisons fortes et de difficile accès hors des villes d'élire domicile en la plus prochaine ville où siège une juridiction royale. Les assignations, sommations, exploits, signifiés au domicile élu, vaudront comme s'ils étaient signifiés au domicile réel. En matière criminelle, à défaut d'élection de domicile, l'ajournement se pourra faire à son de trompe dans la ville la plus voisine. Isambert, XIV, 465. Cette mesure était importante, et l'on peut s'étonner que la magistrature ne l'eût pas fait adopter plus tôt; les gens de justice étaient souvent exposés aux plus grands dangers en allant porter leurs significations dans les manoirs des seigneurs.

roi de Navarre que sa femme le trahissait pour le vicomte de Turenne, ce jeune seigneur nouvellement converti à la Réforme, qui était aussi important dans le parti par ses qualités personnelles que par ses vastes domaines. Marguerite s'était raccommodée avec son mari et servait d'intermédiaire entre lui et le duc d'Anjou; Henri III voulait rompre cette bonne intelligence et pousser le roi de Navarre à quelque extrémité contre Turenne, ce qui eût désorganisé le parti protestant dans la Guyenne. Mais le roi de Navarre ne fut pas la dupe de Henri III : il n'était nullement jaloux de sa femme, à qui il ne demandait que de la tolérance pour ses propres galanteries et qu'un peu de décence extérieure. Il montra la lettre du roi aux deux accusés et crut ou feignit de croire à leurs protestations d'innocence. Marguerite ne respira plus que vengeance contre Henri III. Toutes les beautés de la cour de Nérac se liguèrent avec la reine et pressèrent leurs amants de se mettre en campagne contre ce monarque discourtois, cet ennemi des dames. La guerre qui s'ensuivit en prit le nom de « Guerre des Amoureux. » Le duc d'Anjou ajouta ses instances secrètes à celles des dames. Il voulait réduire Henri III à acheter sa médiation et à porter la guerre dans les Pays-Bas, afin d'en débarrasser la France. Le roi de Navarre se laissa entraîner : il remit à chacun des principaux chefs protestants la moitié d'un écu d'or, en les prévenant de se tenir prêts pour le jour où ils recevraient l'autre moitié [1].

Avant que le roi de Navarre et ses amis fussent en mesure d'agir, le prince de Condé, qui vivait assez mal avec son cousin, s'était mis en mouvement pour son compte particulier. Ne pouvant rien obtenir de la cour relativement à la possession du gouvernement de Picardie, il se rendit secrètement dans cette province, donna rendez-vous à la noblesse huguenote du pays sous les murs de La Fère, s'empara de cette petite ville sans effusion de sang, le 29 novembre 1579, et se hâta de s'y fortifier. Le roi parut plus embarrassé qu'irrité et entra en négociation avec Condé. L'hiver se passa sans autre incident; au printemps, le signal convenu entre les chefs huguenots fut donné, et la levée de boucliers,

[1]. D'Aubigné, col. 989-990. — De Thou, t. III, p. 802. — Sulli, Œconomies royales, p. 27.

préparée par la cour de Nérac, eut lieu le 15 avril 1580. La « Guerre des Amoureux » ne débuta point heureusement : de soixante villes ou forteresses que le roi de Navarre et ses amis avaient compté emporter par surprise ou par intelligences, trois ou quatre seulement tombèrent en leur pouvoir. La prise d'armes n'avait pas été générale : les plus sages des protestants la désapprouvaient[1]; La Rochelle avait refusé de s'y associer et les cités du Bas Languedoc ne remuèrent pas. Le roi de Navarre jugea nécessaire de relever le courage de ses partisans par quelque coup d'éclat. Il poursuivit avec héroïsme une guerre entreprise avec légèreté. Malgré les vieux capitaines du parti, il résolut d'attaquer, avec trois ou quatre mille hommes à peine, la forte ville de Cahors, occupée par le sénéchal de Querci, par ce Vezins qui s'était montré si magnanime à la Saint-Barthélemi, et qui avait sous ses ordres près de deux mille soldats, outre la population armée. Dans la nuit du 4 au 5 mai, les huguenots firent sauter deux portes de Cahors avec des pétards, machine de guerre nouvellement inventée, forcèrent les corps de garde et se précipitèrent dans la ville. En un instant, le peuple et la garnison se trouvèrent sur pied, et un horrible combat s'engagea de rue en rue, de poste en poste, de barricade en barricade. Ce combat dura quatre jours et quatre nuits. Les renforts qui arrivaient successivement aux deux partis en changèrent la face à diverses reprises. Dix fois le roi de Navarre fut supplié par ses lieutenants d'ordonner la retraite; ses armes étaient faussées en vingt endroits; ses pieds saignants et déchirés le soutenaient à peine : il répondit qu'il ne sortirait de la ville que mort ou vainqueur, et tint parole. Vezins, grièvement blessé, évacua enfin la place avec tout ce qui put le suivre.

Cette action annonça au monde un grand guerrier de plus et fonda la renommée du roi de Navarre, mais ne suppléa pas à

1. D'Aubigné raconte une anecdote qui fait bien comprendre le dégoût profond que la guerre civile inspirait aux gens honnêtes et sérieux du parti. — Quelques gentilshommes poitevins, s'étant emparés de Montaigu, essayèrent de s'y maintenir honorablement sans détrousser les voyageurs ni ravager les campagnes; il ne leur vint pas trente volontaires de renfort. Ils changèrent de conduite et commencèrent à rançonner les bourgeois et les paysans et à saccager les églises; en quelques jours, ils eurent quatorze cents hommes sous leurs ordres. — *Histoire universelle*, col. 991. — C'est presque toujours dans ce beau livre qu'il faut chercher les traits caractéristiques qui mettent en lumière la vraie physionomie du temps.

l'insuffisance de ses ressources et n'eut qu'une médiocre influence sur le sort de la campagne. Henri III, obligé, à son grand déplaisir, de soutenir la guerre, publia une déclaration en faveur des prétendus réformés qui ne se joindraient point aux rebelles (3 juin 1580), se remit à vendre les charges vacantes et à créer de nouveaux offices en dépit de l'édit de mai, demanda au clergé des décimes extraordinaires, en sus des sommes accordées pour six ans, et leva trois corps d'armée : le premier contre Condé et sa ville de La Fère ; le second contre le roi de Navarre et ses Gascons; le troisième, contre Lesdiguières, chef des protestants dauphinois. Dans le Bas Languedoc, Châtillon, fils aîné de l'amiral, était opposé à son parent Damville, qui avait pris le titre de duc de Montmorenci depuis la mort du maréchal François. Les deux cousins se ménagèrent réciproquement et les résultats furent presque nuls de ce côté. Il n'en fut pas de même en Guyenne ni en Dauphiné : le maréchal de Biron, très-supérieur en forces au roi de Navarre, lui enleva Mont-de-Marsan et d'autres places, vint le braver jusque dans Nérac, et l'eût réduit à de grandes extrémités s'il ne se fût cassé la cuisse en tombant de cheval. L'accident de Biron ralentit les opérations offensives des catholiques.

Du côté du Dauphiné, l'insurrection des paysans, dite la « Ligue de l'Équité », contre les agents du fisc et contre la noblesse, avait paru d'abord devoir servir la cause des huguenots; mais les paysans, défaits par les troupes royales, capitulèrent avant que Lesdiguières eût pu les joindre, et la division se mit parmi les protestants, dont une très-grande partie refusa de prendre les armes. Le duc de Mayenne, général de l'armée royale en Dauphiné, profita de ces dispositions avec une modération habile[1] et pacifia presque entièrement le Dauphiné, plus par douceur que par force.

Le troisième corps d'armée, aux ordres du maréchal de Matignon, avait entamé, au mois de juin, le siège de La Fère. Le prince de Condé n'était plus dans la place; il l'avait quittée pour

---

1. Il fit les plus grandes avances à des seigneurs huguenots, leur garantissant toute liberté religieuse s'ils voulaient s'attacher aux intérêts des Guises. Le duc de Guise se conduisait de même. Les Guises tentèrent même de traiter secrètement avec Jean-Casimir. — L'Estoile, p. 129. — *Vie de du Plessis-Mornai*, p. 49.

passer en Allemagne, où, faute d'argent, il ne réussit pas à lever une armée. Ses lieutenants, n'espérant point de secours, rendirent La Fère, le 12 septembre, par une capitulation honorable.

Henri III ne profita pas des succès de ses armes pour pousser à bout les rebelles. Il ne désirait pas la ruine entière du roi de Navarre; il redoutait trop les Guises. Henri haïssait désormais la guerre civile, et comme servant la faction lorraine, et comme troublant son repos. Le duc d'Anjou, raccommodé avec lui l'année précédente, offrit sa médiation; Henri balança quelque temps, puis accepta. Le duc d'Anjou partit pour la Guyenne, suivi de la reine mère et de son cortége ordinaire, « l'escadron volant ». Des conférences s'ouvrirent au château de Fleix en Périgord. On discuta moins sur les conditions de paix que sur les moyens d'en assurer l'exécution, et l'on renouvela quasi textuellement le traité de Bergerac et les conventions de Nérac (26 novembre). Cette issue de la guerre attesta la coupable légèreté avec laquelle la guerre avait été renouvelée. Le traité de Fleix rétablit en France, pour quelques années, une paix, ou plutôt une trêve sans sécurité et sans repos, durant laquelle s'amassèrent des tempêtes plus formidables que toutes celles qui avaient jusqu'alors bouleversé notre patrie.

Le duc d'Anjou ne s'était employé à la paix avec tant de zèle qu'en vue des grands intérêts qu'il avait aux Pays-Bas. La paix mettait à sa disposition tous les aventuriers que ne soldaient plus les partis, et il avait enfin arraché au roi son frère des promesses de secours. Il n'était pas retourné en Flandre depuis le mois de janvier 1579, faute d'y pouvoir rendre sa présence efficace; mais il avait fait une démarche dont il espérait d'importants résultats : il était passé en Angleterre, peu accompagné et sans être attendu, afin d'aller en personne demander la main d'Élisabeth (août 1579). Quoiqu'il fût petit et mal fait et que la petite vérole lui eût cruellement labouré le visage, sa jeunesse et sa vivacité parurent plaire à Élisabeth, qui l'accueillit fort gracieusement et qui conclut avec lui un traité préliminaire. Anjou repassa le détroit avec bonne espérance; mais, après qu'il se fut éloigné, la négociation languit jusqu'après la paix de Fleix.

Pendant ce temps, les Espagnols avaient repris le dessus dans les Pays-Bas : le prince de Parme, confirmé, par son oncle Philippe II, dans le gouvernement que lui avait remis don Juan au lit de mort, y déployait le génie d'un grand capitaine et d'un grand politique. Il avait obligé les auxiliaires allemands des confédérés à capituler et à évacuer la Belgique, et il avait profité des discordes religieuses entre les Flamands et les Wallons pour se rapprocher de ceux-ci et les préparer à rentrer sous l'obéissance du Roi Catholique. Les provinces du Nord, inquiètes des dispositions que montraient les Wallons, avaient resserré leur confédération par un acte fameux sous le titre d'Union d'Utrecht, et qui, signé d'abord par les représentants de la Hollande, de la Zélande, d'Utrecht, de la Gueldre, de Groningue, de l'Over-Issel et de la Frise, fut ensuite accepté par les principales cités du Brabant et de la Flandre flamingante (janvier-juin 1579). L'Artois, le Hainaut et la Flandre wallonne, sauf Tournai et Cambrai, répondirent à l'Union d'Utrecht par la Contre-Union d'Arras (avril 1579). Ces deux actes peuvent être considérés comme le point de départ de la séparation entre la Belgique et la Hollande [1] : c'est l'élément wallon, ou de langue française, qui a formé la Belgique [2]. Les Wallons, en se séparant définitivement des Hollandais et des protestants, ne crurent pas se livrer à la merci des Espagnols : ils firent leurs conditions. C'étaient les mêmes que celles de la pacification de Gand : le maintien de toutes les anciennes libertés et le renvoi des troupes étrangères. Le prince de Parme accepta. Les Espagnols laissèrent pour la seconde fois d'effroyables adieux aux Pays-Bas et surpassèrent les horreurs du sac d'Anvers. Ils emportèrent d'assaut Maëstricht, qui s'était longtemps défendu avec héroïsme sous la direction de l'ingénieur français Taupin [3]. Dix-huit mille habitants furent passés au fil de l'épée ou précipités dans la Meuse (29 juin 1579)! La ville resta longtemps déserte.

Par le départ des troupes étrangères, la lutte se ralentit et se

---

1. Le vieux nom gaulois de Belgique s'était donné jusque-là aux Pays-Bas entiers depuis leur réunion sous une seule domination.

2. L'élément flamand ou teutonique fut, peu après, arraché à la Hollande, et, plus tard, une partie de l'élément wallon revint à la mère-patrie, à la France.

3. Plusieurs centaines de femmes, organisées en compagnies, combattaient sur les brèches avec leurs maris et leurs frères.

trouva concentrée entre les Wallons[1] et les confédérés d'Utrecht. Le désordre qui régnait dans la Flandre et le Brabant et la supériorité militaire des populations wallonnes permirent cependant au prince de Parme de maintenir ses avantages contre des adversaires supérieurs en nombre. La rupture avec les Wallons et les succès des généraux de Philippe II ne firent que pousser les confédérés d'Utrecht aux résolutions les plus extrêmes. Les États Généraux, assemblés à Anvers, se décidèrent à briser les derniers liens qui les unissaient à la maison d'Autriche et à élire un nouveau prince. La promesse éventuelle faite au duc d'Anjou en 1578 fut remplie : malgré les protestants de Gand, qui voulaient qu'on élût la reine d'Angleterre, la majorité de l'assemblée, appuyée par le prince d'Orange, se déclara en faveur de François de Valois, et les ambassadeurs des Provinces Unies vinrent en France offrir à ce prince le sceptre qu'il souhaitait avec tant d'ardeur, tandis que son rival, l'archiduc Mathias, quittait tristement les Pays-Bas, où il n'avait apporté qu'un nom qu'il n'était point en état de soutenir. Le duc d'Anjou signa, au Plessis-lez-Tours, le 19 septembre 1580, le pacte présenté par les États Généraux. Les conditions qui lui étaient imposées resserraient son autorité dans des bornes fort étroites et faisaient de lui le chef d'une république plutôt qu'un souverain. Les États avaient pris en outre leurs précautions pour que leurs provinces ne fussent pas réunies à la couronne de France dans le cas où le duc d'Anjou succéderait à Henri III. La Hollande et la Zélande se réservaient une indépendance intérieure presque absolue sous l'administration du prince d'Orange, qu'elles avaient élu leur gouverneur et « souverain chef » (*overhooft*). Le duc d'Anjou garantissait le secours de la France aux confédérés.

Les difficultés relatives à l'application du traité, et d'autres circonstances, en retardèrent encore de près d'un an la publication. Ce fut seulement le 26 juillet 1581 que les États Généraux des Provinces-Unies, assemblés à La Haie, proclamèrent François de Valois seigneur souverain des Pays-Bas, après avoir renoncé à

---

[1]. Outre les provinces de l'Union d'Arras, le prince de Parme était maître des provinces de Namur, Luxembourg et Limbourg, et l'évêque de Liége était l'allié de Philippe II.

l'obéissance du roi d'Espagne. — « Les sujets », était-il dit dans l'acte de déchéance rédigé par Marnix de Sainte-Aldegonde, « les sujets ne sont pas créés de Dieu pour l'usage du prince, ni pour lui obéir en tout ce qu'il commande de juste ou d'injuste, et le servir comme esclaves; mais le prince est établi pour les sujets, afin de les gouverner selon droit et raison. S'il ne le fait pas, et qu'il les opprime au lieu de les défendre, leur ôtant leurs priviléges et anciennes coutumes, il ne doit plus être tenu pour prince, mais pour tyran, et ses sujets, selon droit et raison, ne le doivent plus reconnaître pour leur prince, quand ils ne l'ont pu, par prières, requêtes et remontrances, détourner de ses entreprises tyranniques. Nous donc, SUIVANT LA LOI DE NATURE, pour la tuition et défense de nos personnes et de nos droits, priviléges, anciennes coutumes et libertés de notre patrie, de la vie et de l'honneur de nos femmes, de nos enfants et de notre postérité, avons déclaré et déclarons le roi d'Espagne déchu de sa souveraineté sur ce pays [1]. »

Bien que les États fissent valoir, dans l'acte de déchéance, les contrats et serments réciproques qui donnaient un caractère tout conditionnel à l'obéissance que la plupart des provinces des Pays-Bas prêtaient à leur prince, il y avait loin des vieilles révoltes flamandes à cette révolution procédant au nom des droits donnés de Dieu à l'homme, et de la LOI DE NATURE. Rien de si grand n'était sorti jusque-là du protestantisme. Le principe d'émancipation religieuse amenait le principe d'émancipation politique, et celui-ci se déployait avec une rigueur de logique et une conscience de lui-même que l'autre n'avait pas eues si pleinement. Les Néerlandais, par l'organe d'un homme de langue française [2], appliquaient solennellement les doctrines professées naguère en France par Hotman. La *Franco-Gallia* fut à la révolution des Pays-Bas ce que devait être deux siècles plus tard le *Contrat social* à la révolution d'Amérique.

Ce premier coup porté au principe monarchique eut dans toute

1. Dumont; *Corps diplomatique*, t. V, p. 413-421.
2. Sur le caractère si français, si gaulois de cet homme qui fut un des deux fondateurs de la Hollande, sur sa gaieté héroïque si opposée à la morosité de Calvin, sur son christianisme large et aimable, sur ses idées fécondes sur l'éducation, *V.* Quinet, *Marnix*, p. 149-153.

l'Europe un vaste retentissement; la stupeur qu'il causa indiqua que l'on en pressentait les conséquences. Une grande partie des provinces insurgées, malgré leurs justes et implacables ressentiments, malgré cette mer de sang qui les séparait de Philippe II, eurent un moment d'hésitation et d'effroi; un député de Frise, quand on lui présenta l'acte de déchéance à signer, fut pris d'un tel saisissement qu'il en mourut.

La conduite du roi de France offrait un triste contraste avec les grandes choses qui se passaient si près de nos frontières. Henri III, pressé, menacé par Philippe II, désavouait le duc d'Anjou, publiait, contre les levées de gens de guerre, des ordonnances qu'il ne faisait pas exécuter, et avilissait de plus en plus l'autorité royale aux yeux de l'étranger, en se déclarant impuissant à réprimer les entreprises de son frère. Tandis que Henri jouait ce pitoyable rôle vis-à-vis de l'ambassadeur d'Espagne, il se laissait entraîner par sa mère à une démarche éclatante en faveur du duc d'Anjou; il envoyait en Angleterre une solennelle ambassade pour décider le mariage de son frère et d'Élisabeth. Les envoyés de France reçurent un accueil magnifique; le contrat de mariage fut dressé, conformément aux articles préalables arrêtés deux ans auparavant. Élisabeth accordait à son futur époux l'exercice du culte catholique, qu'elle avait autrefois refusé en pareille occurrence à Henri III, alors duc d'Anjou (11 juin 1581). Tout fut réglé, sauf réserve de « certains éclaircissements réciproques », que devaient se donner la reine et le duc d'Anjou[1]. Le duc ne prit pas trop garde à cette restriction glissée par Élisabeth à la suite du contrat : il ne croyait pas que la couronne d'Angleterre pût désormais lui échapper, non plus que celle des Provinces-Unies, et, plein d'espoir et d'allégresse, il passa la frontière des Pays-Bas vers le milieu d'août, à la tête de quatorze ou quinze mille combattants, parmi lesquels figuraient, avec la fleur de la noblesse protestante, une multitude de gentilshommes catholiques, et même un cousin-germain du duc de Guise, le marquis d'Elbeuf. Cette armée, qui s'était rassemblée lentement et sans obstacle dans l'est et le nord du royaume, avait préludé à ses exploits contre l'étranger en saccageant la France.

1. Dumont, *Corps diplomatique*, t. V, p. 406-411.

La ville impériale de Cambrai, occupée militairement par les maîtres des Pays-Bas depuis Charles-Quint, avait suivi les Wallons dans leur révolte contre l'Espagne, mais non pas dans leur retour à l'obéissance de Philippe II ; elle avait refusé d'entrer dans l'Union d'Arras, et s'était mise sous la protection du duc d'Anjou. Le prince de Parme la bloquait depuis quelques mois, lorsque le duc d'Anjou entra dans le Cambrésis. Un corps de cinq mille hommes de troupes royales françaises suivait l'armée du duc, comme pour l'empêcher de rien tenter « contre le service du roi », mais lui servait en réalité d'arrière-garde. Le prince de Parme ne se jugea point assez fort pour soutenir le choc ; il leva le blocus, et le duc d'Anjou entra en triomphe dans Cambrai (18 août).

Là se bornèrent ses hauts faits : au bout de bien peu de jours, il se trouva hors d'état d'entretenir son armée. Aussi désordonné que tous les princes de sa famille, il avait déjà épuisé ses revenus et l'argent donné en secret par son frère et par sa mère : il eût attendu inutilement de nouveaux subsides de Henri III, qui, en ce moment même, dissipait en profusions inouïes des sommes suffisantes pour conquérir les Pays-Bas. D'autres inquiétudes assaillirent le duc relativement à son mariage. Élisabeth avait tout à coup manifesté la prétention de faire signer à Henri III, préalablement au mariage, un traité d'alliance offensive et défensive contre l'Espagne, et Henri n'était nullement disposé à une résolution aussi énergique. Le duc d'Anjou licencia la plus grande partie de ses troupes, alla de nouveau plaider sa cause en personne auprès d'Élisabeth, et laissa le champ libre au prince de Parme, qui se dédommagea d'avoir manqué Cambrai en prenant Tournai (30 novembre 1581).

Henri III était fort éloigné de vouloir jeter ouvertement dans cette lutte tout le poids des forces de la France : il souhaitait bien que la révolte des Pays-Bas continuât d'occuper le roi d'Espagne, mais non pas que le duc d'Anjou obtînt des succès décisifs et devînt un puissant souverain. C'était là un jeu bien dangereux à jouer devant un voisin tel que Philippe II. Mais Henri III semblait indifférent à tout péril qui n'était pas immédiatement sur sa tête. Pareil à l'usufruitier infidèle qui dévore le fonds de l'héri-

tage avec les revenus, il vivait en homme qui s'estime assuré de
ne pas revivre dans ses enfants; sa seule préoccupation, c'était la
fortune de deux favoris, Joyeuse et La Valette, qu'il avait choisis
dans la troupe des mignons. L'un était le fils du lieutenant-général de Languedoc; l'autre, issu de ce Nogaret qui avait joué un
grand rôle dans la lutte de Philippe le Bel contre Boniface VIII,
fut depuis le fameux duc d'Épernon [1]. Il les voulait, disait-il,
faire si grands, que l'envie ni la fortune ne les pussent détruire.
C'était pour eux qu'il multipliait les édits bursaux, qu'il aggravait
arbitrairement les aides et gabelles, qu'il imposait au parlement,
à coups de lits de justice, l'enregistrement des inventions fiscales
de ses financiers italiens [2]. Le peu de suite immédiate qu'avait eu
l'orage provincial de 1578 encourageait Henri à tout oser. Il
dépassa, durant l'automne de 1581, tout ce qu'on eût pu attendre
de son extravagance. Il créa ses deux mignons, l'un duc de
Joyeuse, l'autre duc d'Épernon, et, en faveur du double mariage
qu'il projetait entre eux et les deux sœurs de la reine, il leur
accorda la préséance sur tous les autres ducs et pairs, excepté les

1. L'audace, l'énergie de ces deux jeunes gens, ont fait nier par M. Michelet les
ignominieuses relations qui leur furent attribuées avec le roi; on peut douter que
cette induction négative suffise : l'histoire de l'Empire othoman, les fortunes du sérail,
offrent maints exemples pareils.
2. Le 4 juillet 1581, lit de justice pour l'enregistrement forcé de neuf édits bursaux. Le premier président de Thou dit tout haut, en présence du roi, « que, selon
la loi du roi, qui est son absolue puissance, les édits pouvoient passer, mais que,
selon la loi du royaume, qui est la raison et l'équité, ils ne devoient ni ne pouvoient
être publiés. » Le chancelier Birague, par le commandement du roi, ordonna qu'on
passât outre (L'Estoile, p. 133). Isambert, XIV, 593. — Dans une autre occasion,
Birague dit effrontément que les édits présentés étaient « injustes, mais nécessaires. »
Le 8 juillet, le droit de 10 sous par muid de vin, perçu à l'entrée des villes, est
doublé pour six ans; point d'exemption pour personne (ibid., 499). Le 10 décembre,
établissement des jurandes et maîtrises dans ceux des arts et métiers qui n'y étaient
point astreints jusqu'alors. Le but est de percevoir une espèce de droit de patente.
L'imprimerie réclama et se fit exempter comme « art libéral » (ibid., 509-549).
— Quelques-unes de ces inventions fiscales eurent un bon résultat : par exemple, la
création d'un bureau de contrôle des actes extra-judiciaires en chaque siége royal,
pour assurer la date et l'authenticité des actes; c'est l'origine des receveurs de l'enregistrement (juin 1581); Isambert, XIV, 493. — Un autre édit du 20 mai avait
établi un bureau de douanes en chaque ville du royaume : les nouveaux droits portaient sur les objets de luxe (ibid, 492). — La gabelle du sel avait été cruellement
aggravée par un édit qui contraignait chaque habitant des villes et villages de France
« à prendre, par chacun an, aux magasins établis par le roi, telle quantité de sel
qu'il seroit, par les commissaires à ce députés, avisé lui être nécessaire » (L'Estoile,
p. 134).

princes du sang et les princes des maisons de Lorraine, de Savoie, de Longueville (Orléans-Dunois) et de Nevers. Le 24 septembre, le nouveau duc de Joyeuse épousa Marguerite de Lorraine-Vaudemont : le roi constitua en dot à chacun des époux 300,000 écus d'or ; l'autre sœur de la reine étant trop jeune pour pouvoir épouser sur-le-champ le duc d'Épernon, Henri donna d'avance à celui-ci une dot égale à la dot de Joyeuse, afin de prévenir toute jalousie entre eux. Toute la famille du duc de Joyeuse eut part à ses prospérités : son père, depuis longtemps lieutenant-général du gouvernement de Languedoc, fut nommé maréchal de France à la place du vieux Cossé, qui venait de mourir ; un de ses frères fut promu à l'archevêché de Narbonne, puis obtint le chapeau de cardinal, à la recommandation du roi. Joyeuse lui-même ne tarda pas à être investi de l'amirauté de France : le duc de Mayenne en avait eu la survivance après son beau-père, le marquis de Villars, successeur de Coligni ; il la vendit, fort contre son gré, 120,000 écus à Joyeuse, sur les instances du roi qui en paya le prix. L'autorité exorbitante de l'amiral, qui exerçait un pouvoir presque souverain sur les choses de la mer, fut encore accrue pour rendre cette charge plus digne du favori [1]. Le roi, toujours attentif à tenir la balance égale entre les deux mignons, racheta de la même façon à Strozzi la charge de colonel-général de l'infanterie et en gratifia d'Épernon, ainsi que des gouvernements de Boulogne et de Metz, Toul et Verdun. Le frère aîné de d'Épernon fut nommé gouverneur du marquisat de Saluces. Henri III eût bien voulu amener Guise à céder la charge de grand maître à d'Épernon ; mais Guise, moins maniable que Mayenne, refusa net.

On pourrait encore, à la rigueur, chercher un but politique dans l'élévation de ces « champignons en une nuit poussés », comme disaient les faiseurs de « pasquils ». Henri III avait choisi parmi ses jeunes familiers les deux plus capables de soutenir un rôle politique ; d'Épernon surtout le prouva dans la suite. Mais il est impossible de voir autre chose que de la démence dans les monstrueuses prodigalités qui signalèrent les noces de Joyeuse. Jamais épousailles de roi n'avaient rien offert de comparable à

---

1. *V.* aux ÉCLAIRCISSEMENTS n° 3, l'ordonnance sur la marine.

cet immense banquet de dix-sept jours, entremêlé de mascarades, de pantomimes, de tournois, de bals, de concerts, de joutes nautiques, de feux d'artifice. Les seigneurs et les dames changeaient d'accoutrements à chaque festin, et tous les habits étaient de toile d'or ou d'argent, brodés de perles et de pierreries. On avait couvert de brocart d'or et d'argent jusqu'aux chariots et aux machines des divertissements. Il en coûta au roi, suivant les historiens les plus graves, 1,200,000 écus d'or (près de onze millions de notre monnaie, qui en représentaient trente peut-être de valeur relative). C'était la solde d'une armée.

L'indignation redoubla quand on vit le roi prendre de force, sur l'argent destiné au paiement des rentes de l'hôtel-de-ville, 100,000 écus pour les frais d'un voyage que les ducs de Joyeuse et d'Épernon allaient faire en Lorraine chez les parents de la femme de l'un et de la fiancée de l'autre (mars 1582). A chaque instant ce monarque insensé semblait se complaire à violer toutes les lois morales et sociales. Peu de jours après cette grave atteinte à la foi publique, il envoya ses gardes forcer la Conciergerie, pour mettre en liberté un parent du duc d'Épernon, convaincu d'avoir assassiné un gentilhomme entre les bras de sa mère et de sa femme. L'exemple du roi fructifia : quelque temps après, le peuple chargea les archers et les sergents du Châtelet en pleine Grève et délivra de leurs mains un condamné qu'ils menaient pendre. Mais le peuple était plus excusable que le roi : Henri avait arraché un scélérat à un juste châtiment; le peuple, ému d'un sentiment de compassion et d'équité naturelle, sauva un malheureux en butte à une rigueur outrée et barbare [1].

En présence d'actes comme ceux que le roi commettait incessamment, c'était une dérision que de parler de justice et d'envoyer des commissaires du parlement tenir les Grands Jours à Clermont et à Troïes, « pour réprimer les excès journaliers des gentilshommes et autres sur le pauvre peuple ». Les parlementaires du moins n'étaient pas complices de cette dérision, et beaucoup d'entre eux, malgré les progrès de la corruption, faisaient leur devoir avec conscience, sinon avec succès [2].

1. L'Estoile, p. 144, 145, 151.
2. Isambert, XIV, 486. — 25 juin 1582, formation, dans le parlement de Paris,

Tandis que Henri III mangeait la France avec ses mignons, son frère était en Angleterre, où Élisabeth l'avait appelé. Anjou avait été accueilli avec de grandes démonstrations de tendresse; sa vue parut lever tous les obstacles, et, le 22 novembre 1581, Élisabeth lui passa son anneau au doigt en gage de fiançailles. Cette nouvelle se répandit rapidement dans la Grande-Bretagne, en France, dans les Pays-Bas, et l'on en fit des feux de joie à Anvers et à Bruxelles. Les puritains anglais et les ligueurs français se déchaînèrent à l'envi contre une alliance que ces deux partis extrêmes présentaient, chacun dans leur sens, comme la ruine de la foi. Leurs craintes eurent bientôt lieu de se calmer : Élisabeth, assiégée par les clameurs de son peuple et par les remontrances de ses plus intimes conseillers et des dames de sa maison, retira sa parole, tout en affectant un vif chagrin d'une rupture que sa raison, disait-elle, imposait à son cœur. Élisabeth, malgré ses prétentions virginales et ses quarante-neuf ans, avait le cœur et les sens assez inflammables; toutefois il est douteux qu'elle ait

d'une commission pour la poursuite des banqueroutiers frauduleux, qui se multipliaient « davantage que par le passé » (Isambert, XIV, 514).—17 septembre, déclaration sur les lettres de naturalisation obtenues par les étrangers et les bâtards. Ceux-ci n'avaient pas d'état civil, et étaient réputés « aubains » s'ils ne se faisaient naturaliser (Ibid. , 517). — 2 novembre 1582, mandement adressé aux prévôts des villes, pour faire admettre partout le calendrier ecclésiastique réformé par ordre du pape Grégoire XIII et envoyé par lui aux rois et princes de la chrétienté. On s'était aperçu, depuis longtemps, d'une déviation dans le calendrier de Jules César, en usage dans toute la chrétienté. Le calendrier julien évaluait l'année à trois cent soixante-cinq jours un quart, ce qui la faisait trop longue de onze minutes huit ou dix secondes; cette erreur avait amené, en douze siècles et demi, une variation de dix jours, qui jetait la confusion dans le cycle des fêtes religieuses. Grégoire XIII eut l'honneur d'accomplir d'après le système de l'astronome romain Lilio, la réforme réclamée par les besoins de l'Église autant que par la science. On retrancha dix jours de l'année 1582; l'équinoxe du printemps, sur laquelle se réglait la Pâque, fut reportée et fixée au 21 mars, où elle se trouvait au temps du concile de Nicée, et l'on supprima trois bissextiles sur quatre siècles, ce qui réduisit la différence entre l'année civile et l'année réelle ou astronomique à moins d'un jour sur quatre mille ans. Le calendrier « grégorien » fut accepté par les peuples catholiques; la plupart des réformés le repoussèrent longtemps à cause de son origine; la raison et la science ont fini par vaincre leurs répugnances. Les Russes seuls, entre les nations chrétiennes, ont persisté dans leur opposition. Parmi les astronomes que consulta la cour de Rome, on remarque le nom d'un grand seigneur français, François de Foix-Candale, qui s'illustra par son goût pour les sciences, et qui, le premier peut-être, mesura la hauteur des Pyrénées béarnaises. *V.* les *Mémoires* de J.-A. de Thou, collection Michaud, t. II, p. 298, et son *Histoire*, t. IV, l. LXXVI, p. 91.

jamais été sincère dans le cours de cette négociation où elle varia dix fois; à peine eut-elle retiré sa parole, qu'elle fit espérer au duc d'Anjou que la rupture ne serait pas définitive; elle le traitait comme un amant en particulier et en public, et le retint encore plus de deux mois à sa cour. Les amis du prince en vinrent à soupçonner Élisabeth de ne viser qu'à l'empêcher de s'établir en Flandre. Elle le laissa enfin repartir au commencement de février 1582, après lui avoir prêté 30,000 livres sterling, et le fit conduire par l'amiral d'Angleterre et le comte de Leicester à Flessingue, et de là à Anvers, où il fut proclamé duc de Brabant en grande pompe le 19 février [1].

Le nouveau souverain des Pays-Bas fit bientôt l'épreuve des difficultés de sa position : l'inégalité qu'il y avait entre sa puissance réelle et l'éclat de ses titres, l'insuffisance de ses ressources, les soupçons des protestants contre les catholiques, des Flamands contre les Français, l'incompatibilité qui existait entre les graves et ombrageux réformés de la Neerlande et la jeunesse insolente et frivole qui avait suivi le prince, lui suscitèrent bien des chagrins et bien des périls. Une telle entreprise voulait une âme plus haute et une plus forte main. Le duc de Brabant n'eût pas gouverné trois mois sans l'aide du prince d'Orange. On l'accusa cependant bientôt de jalouser et de haïr ce ministre nécessaire, plus maître que le souverain, et, une tentative d'assassinat ayant été faite sur la personne de Guillaume de Nassau, le peuple d'Anvers commençait à menacer les Français, lorsque heureusement on découvrit que l'assassin était Espagnol. C'était un jeune Basque, Jauregui, commis d'un banquier espagnol d'Anvers. Son patron l'avait poussé au crime afin de gagner, par son entremise, 25,000 écus d'or promis par Philippe II à qui tuerait le prince. Des théologiens espagnols avaient autorisé d'avance le meurtre, et un dominicain d'Anvers en avait reçu la confidence en confession. Le dominicain fut exécuté avec Jauregui : on le compta au nombre des martyrs de son ordre [2].

1. *Mémoires* de Nevers, t. I, p. 551 et suivantes.
2. Voyez *Sancti Belgii ordinis prædicatorum*, par le père Hyacinthe Choquet, Douai, 1628. Le prince d'Orange avait répondu à l'arrêt de proscription que Philippe II avait lancé contre lui, non pas en provoquant à son tour l'assassinat du roi proscripteur, mais en lui affichant le nom d'assassin sur la face dans sa terrible *Apologie*, écrite par

Cette prime à l'assassinat inaugurait le système de violence désespérée où s'était rejeté Philippe après avoir échoué dans un essai tardif de transaction; système à outrance qui produisit *l'armada*, l'intervention acharnée dans la Ligue, et qui ruina l'Espagne pour des siècles.

Le prince d'Orange, rétabli de sa blessure, mena le duc de Brabant faire son entrée, comme comte de Flandre, à Bruges et à Gand. Ces vaines cérémonies n'arrêtaient pas les progrès lents, mais continus, du prince de Parme, qui portait le fer et le feu jusque sous les murs de Gand et d'Anvers. Il avait eu l'habileté d'arracher à la passion aveugle des Wallons l'autorisation de rappeler les troupes étrangères. Rallié par de puissants renforts espagnols, italiens, allemands et comtois, il resta maître de la campagne jusqu'à l'hiver[1]. Le froid, la disette, l'inondation des polders, l'empêchèrent d'obtenir des succès plus décisifs.

Henri III regardait, les bras croisés, ce qui se passait en Belgique, et néanmoins la France se compromettait de plus en plus vis-à-vis de l'Espagne. Ce n'était plus seulement le frère, mais la mère du roi, qui s'attaquait à Philippe II. Un grand et triste événement avait récemment fait retentir l'Europe : un trône longtemps glorieux s'était écroulé; le royaume de Portugal n'existait plus! Le jeune roi don Sébastien ayant péri sur le champ de bataille d'Alcazar, dans une chevaleresque et téméraire invasion du Maroc (17 juin 1578), la couronne de Portugal s'était trouvée sans autre héritier que le cardinal-archevêque de Braga, grand-oncle du feu roi, vieillard qui alla bientôt rejoindre son neveu dans la tombe, et qui laissa cet illustre héritage en proie au premier occupant (31 janvier 1580). Quatre prétendants étrangers et deux nationaux réclamèrent la couronne : parmi les quatre étrangers figuraient Philippe II et Catherine de Médicis.

---

le Français Villers. Il y dévoile, dans ses vices comme dans ses crimes, le tyran qui, tapi au fond de son Escurial, méritait bien mieux qu'autrefois Louis XI le titre d'*universelle araigne* (araignée), tendant ses filets de mort sur le monde. *V.* Michelet, *la Ligue et Henri IV*, p. 137.

1. Suivant de Thou (t. IV, l. LXXVI, p. 87), le prince de Parme avait soixante mille combattants, dont trente mille tenant la campagne. Cette armée coûtait la somme immense de 2,000,000 par mois. Philippe II ne réussissait à maintenir ces forces sur pied qu'en ne tenant plus aucun autre engagement.

Philippe était fils d'une sœur du cardinal-roi; Catherine descendait par sa mère de Robert, comte de Boulogne, fils aîné d'Alphonse III, roi de Portugal, qui, en 1254, avait répudié sa première femme, mère de ce Robert, et dépossédé ensuite le fils du premier lit au profit d'un puîné. Catherine voulait revenir sur une prescription de plus de trois siècles. Les deux candidats nationaux étaient le duc de Bragance, mari d'une nièce du cardinal-roi, et don Antonio, prieur de Crato, bâtard d'un frère de ce cardinal. En Portugal, comme chez nos anciens ducs normands, la bâtardise n'était point un titre absolu d'exclusion, et les étrangers, au contraire, étaient exclus par la loi fondamentale.

La force suppléa au droit : tandis que don Antonio se faisait proclamer roi à Santarem, une armée espagnole passait la frontière sous les ordres du vieux duc d'Albe. Les vices et l'incapacité d'Antonio facilitèrent le triomphe des envahisseurs[1]; Antonio fut battu et chassé de Lisbonne, puis de tout le Portugal, pendant que le duc de Bragance se soumettait au vainqueur, et réservait ainsi, à son insu, les chances de sa postérité. Philippe II fut reconnu par les cortès portugaises assemblées à Tomar (avril 1581), et le Portugal fut réuni à l'Espagne. Cette réunion indiquée par la nature, si elle eût été accomplie à des conditions équitables et libres, eût pu être une source de prospérité pour les deux peuples : accomplie sous les auspices de Philippe II, elle ruina le Portugal sans autre profit pour l'Espagne que de lui fournir les moyens de troubler le monde quelques années de plus. Les magnifiques colonies des Portugais dans les Indes Orientales, l'Afrique et le Brésil se soumirent à Philippe II; la plus grande partie de l'archipel des Açores, cette importante station où touchaient, au départ et au retour, les flottes de Lisbonne et des Indes, tenait encore pour don Antonio, qui s'était réfugié en France. Si l'on eût pu défendre les Açores, Philippe II eût été mal assis dans la possession du Portugal. Catherine de Médicis associa ses intérêts à ceux du prétendant fugitif, et, malgré la répugnance de Henri III, qui se conduisit envers sa mère comme envers son frère, elle envoya, dès 1581, quelques secours aux Açores; puis elle arma,

---

1. Le duc d'Albe se montra aussi féroce envers les catholiques portugais qu'envers les hérétiques néerlandais : il y eut 2,000 moines de massacrés.

en son nom et avec son argent, une flotte de cinquante-cinq voiles à Dieppe et à Bordeaux, y embarqua cinq mille soldats, sous les ordres de son parent Philippe Strozzi, et chargea Strozzi de conduire aux Açores don Antonio. La flotte française opéra une descente, le 15 juillet 1582, dans l'île de San-Miguel, une des Açores, occupée par les Espagnols : les premiers succès des troupes débarquées furent compromis par les fautes de don Antonio et de Strozzi. La flotte espagnole eut le temps d'arriver au secours de l'île, et l'on fut obligé d'accepter la bataille, contrairement aux ordres de la reine mère. Le choc fut terrible : la valeur et l'opiniâtreté étaient égales de part et d'autre; mais les vaisseaux espagnols, moins nombreux que les français, leur étaient fort supérieurs en dimensions et en artillerie. Un assez grand nombre de bâtiments français furent pris ou coulés bas; le navire de Strozzi, enveloppé par la flotte espagnole, fut enlevé à l'abordage après une défense héroïque. Strozzi fut tué, et la jeune noblesse qui l'avait suivi fut massacrée ou prise autour de lui. L'amiral espagnol, Santa-Cruz, fit décapiter ou pendre tous ses prisonniers, comme violateurs de la paix entre les couronnes d'Espagne et de France. Il y eut en France une indignation extrême.

Le prétendant et les restes de la flotte regagnèrent la France : l'île de Terceire se défendit quelque temps encore contre les Espagnols, et Catherine, sans être découragée par le désastre de son expédition, envoya l'année suivante à Terceire deux mille cinq cents soldats; mais ce petit corps d'armée, assailli par des forces très-supérieures, fut réduit à évacuer l'île par capitulation, et les Açores suivirent la destinée de la monarchie portugaise (août 1583). La conquête du Portugal renouvela le prestige de la puissance espagnole, que les événements des Pays-Bas avaient un peu affaiblie.

Les attaques de la maison de Valois avaient excité chez Philippe II une sourde colère, que n'apaisaient pas les désaveux et les excuses de Henri III. Le Roi Catholique s'apprêtait à tirer enfin parti de l'immense réseau d'intrigues qu'il avait depuis si longtemps étendu sur la France, et à mettre le feu aux mines chargées par la Ligue. A partir de l'année 1580, sa correspondance avec le duc de Guise était devenue très-active. Les jésuites et les

moines de toutes couleurs ne cessaient de travailler l'esprit du
peuple, et la cour de Rome aiguillonnait sans relâche le zèle de
la faction par des brefs et des bulles secrètes.

Les avertissements ne manquèrent point à Henri III sur les
périls qui le menaçaient : de terribles révélations lui furent faites
vers le temps du désastre de Strozzi. Un certain Salcède, Espagnol d'origine, avait offert au nouveau duc de Brabant les services
d'un « régiment [1] » de volontaires qu'il avait levé en Champagne.
Son père, ennemi personnel du cardinal de Lorraine, avait été,
quoique catholique, enveloppé dans le massacre de la Saint-Barthélemi. Le duc de Brabant accueillit Salcède comme un ennemi
naturel des Guises et de Philippe II. Quelques circonstances suspectes éveillèrent toutefois l'attention du prince d'Orange sur cet
homme, dont la réputation était détestable, et qui avait été condamné par le parlement de Rouen à être « suffoqué en eau
chaude », pour crimes de fausse monnaie et d'incendie. Le prince
d'Orange apprit que Salcède, allié, par les femmes, aux princes
lorrains de la branche de Vaudemont, s'était réconcilié avec les
Guises par l'intermédiaire du duc de Lorraine, qui lui avait fait
obtenir sa grâce du roi, et qu'il avait séjourné au camp du prince
de Parme, avant de se présenter au duc de Brabant. On arrêta
Salcède à Bruges (21 juillet 1582). A peine cet aventurier fut-il
emprisonné, que, sans attendre la question, il fit, devant le duc
de Brabant, la déposition la plus effrayante. Il raconta que le
duc de Guise l'avait chargé, au printemps dernier, d'espionner
l'armement naval préparé sous le commandement de Strozzi, afin
d'expédier des renseignements au roi d'Espagne. A son retour,
Guise lui avait communiqué le plan d'une vaste conspiration pour
enfermer le duc de Brabant entre les ligueurs de France et le
prince de Parme, à qui l'on était convenu de livrer Calais. Le duc
de Nemours devait amener sur Lyon une armée levée par le pape
et le duc de Savoie, et un autre corps d'armée devait descendre
en France par Bayonne et le Béarn. On comptait être bientôt en
mesure de « mettre le roi en cage et la France entre les mains
du roi d'Espagne ». Son rôle, à lui, Salcède, était de surprendre

---

1. Ce mot de régiment, espagnol d'origine, s'était introduit en France sous
Charles IX ; c'était la réunion de plusieurs enseignes d'infanterie en un corps.

Dunkerque avec son régiment. Il assurait avoir vu, sur la liste des conjurés, les hommes qui passaient pour les plus attachés au roi, jusqu'au duc de Joyeuse lui-même! Si l'on en croyait Salcède, presque tous les capitaines et les gouverneurs des provinces et des places frontières étaient du complot, ainsi que les chefs de la bourgeoisie des principales villes.

Le duc de Brabant informa aussitôt le roi de la confession de Salcède. Henri, flottant de la peur à l'incrédulité, pria son frère de lui envoyer le prisonnier. On amena Salcède de Bruges à Vincennes, où il fut interrogé par le roi lui-même. Il rétracta sa déposition, arrachée, dit-il, par la violence. Le roi le livra au parlement. Salcède avoua de nouveau à la torture, et fut condamné à être tiré à quatre chevaux (25 octobre). Henri III, pour éclaircir ses doutes, assista, caché, à la dernière « question » qui fut donnée à ce misérable, puis à son exécution, « afin de voir s'il ne diroit pas quelque autre chose ». Il mourut en se rétractant derechef, à l'instigation, dit-on, d'un jésuite. Ses confessions et déclarations furent lacérées et mises au feu comme calomnieuses [1].

Elles l'étaient certainement en partie : Salcède semblait avoir multiplié au hasard les conjurés, afin de se cacher dans la foule ; il avait dit ce qu'il supposait plutôt que ce qu'il savait et outré les proportions du complot, pour tâcher de diminuer la part qui lui revenait dans le crime ; probablement cette part ne devait pas se borner à surprendre une place forte, et le prince de Parme, sinon le duc de Guise, l'avait chargé de quelque entreprise sur la personne du duc de Brabant. Le prince de Parme, pas plus que son oncle Philippe II, ne connaissait les scrupules en matière d'assassinat politique.

Quoi qu'il en fût des déclarations de Salcède, si les détails et l'étendue véritable de la conjuration catholique étaient incertains, la conjuration elle-même ne l'était pas. Henri continua cependant de vivre comme s'il eût étouffé les projets qui menaçaient son trône, en étouffant leur révélation. Il irritait, comme à plaisir, la haine populaire. Voulant réparer les conséquences des effroyables

---

1. V. les pièces dans les *Preuves* de L'Estoile, édition de 1744, t. III, p. 230-268. — *Lettres de Busbecq*, ap. *Archives curieuses*, t. X, p. 65. — De Thou, t. IV, l. LXXV.

profusions de 1581, il décida, en vertu de son bon plaisir, sur la fin de 1582, que les « villes closes » auraient à payer, dans le courant de l'année suivante, un impôt extraordinaire de 1,500,000 écus, et que les tailles seraient doublées pour six ans. La ville de Paris, quoique fort ménagée, car on ne lui demandait que 200,000 francs pour sa part des 1,500,000 écus, refusa formellement de payer. Le roi prit les 200,000 francs de vive force sur l'argent des rentes, dans les caisses du receveur de la ville (janvier 1583). Le même incident se répéta deux années de suite.[1] Ces grandes levées de deniers, qui frappaient sur le peuple en général, étaient accompagnées d'exactions particulières, d'espèces d'avanies à la turque, sur les individus et les corporations ; par exemple, les marchands de vin et les marchands de sel furent frappés individuellement de taxes proportionnées à la fortune qu'on leur supposait.

Cette race des Valois paraissait vraiment saisie « d'un esprit d'étourdissement et de stupidité », comme l'avait dit l'avocat David dans son fameux mémoire. En ce moment même le duc d'Anjou et de Brabant se perdait honteusement par une action qui était à la fois une extravagance et un crime, réalisant ainsi les prévisions de Jean Bodin, qui l'avait bien jugé et qui avait tâché de le détourner de l'entreprise de Flandre [2]. Il avait été rejoint, au commencement de l'hiver, par huit ou neuf mille hommes de troupes françaises et suisses, que conduisaient le duc de Montpensier [3] et le maréchal de Biron. Catherine avait arraché le consentement du roi à l'envoi de Biron, et les troupes étaient soldées, au moins en partie, par la reine mère. Le duc de Brabant se crut en état de tout entreprendre, non pas contre l'ennemi, mais contre ses propres sujets : jaloux du prince d'Orange, irrité des bornes imposées à son pouvoir, il s'abandonna sans réserve aux inspirations de son nouveau favori Fervaques, courtisan turbu-

1. L'Estoile, p. 151-156. — Le chevalier de Seurre, homme franc et hardi, ayant reproché au roi sa conduite en termes assez vifs, Henri III le frappa et voulut le tuer. Ibid., p. 170.

2. *Mémoires* de Nevers, t. I, p. 558. Bodin était alors attaché à la maison du duc d'Anjou.

3. François de Bourbon, auparavant connu sous le titre de prince dauphin d'Auvergne ; son père, le vieux duc Louis, était mort le 23 septembre 1582.

lent et corrompu, qui avait servi tour à tour Charles IX, Henri III et le roi de Navarre, et avait accompagné celui-ci dans son évasion en 1576. Malgré les représentations de Biron, le duc résolut d'occuper militairement, par surprise, Anvers, Bruges, Dunkerque, Ostende et plusieurs autres places importantes, d'en chasser les troupes flamandes et d'y établir son autorité absolue sur les ruines du pouvoir des États [1]. L'exécution de ce dessein, que le duc de Brabant ne communiqua ni au duc de Montpensier, homme honnête et loyal, ni aux protestants français de son armée, fut fixée au 16 janvier 1583. Le coup réussit à Dunkerque, à Dixmude, à Dendermonde, à Berg-Saint-Winox, à Vilvorde, mais échoua tant à Bruges qu'à Ostende, à Alost et à Nieuport. La question se décida le lendemain à Anvers, où quelques circonstances avaient obligé le duc de différer de vingt-quatre heures. La plus grande partie des troupes sur lesquelles comptait le duc avaient été appelées autour d'Anvers, sous prétexte d'une expédition en Gueldre et en Frise. Le duc sortit de la ville pour se mettre à la tête de ses soldats, ou plutôt pour se mettre à l'abri des chances de l'entreprise : une des portes d'Anvers fut saisie en trahison et la garde égorgée; Fervaques se précipita dans l'intérieur de la ville, à la tête d'un gros corps d'infanterie et de cavalerie, aux cris de : « Vive la messe! ville gagnée! » Le duc de Brabant resta hors des murailles, attendant le succès. Le tumulte qui s'éleva de tous les quartiers de la ville, le son des cloches, le bruit du canon et de la mousqueterie lui annoncèrent bientôt que le succès était au moins disputé; mais, lorsqu'il vit de loin un grand nombre de fuyards se précipiter du haut des remparts dans le fossé, il crut la victoire décidée, et commençait à se railler de ces « pauvres bourgeois » qui faisaient si bien le saut. Il ne tarda pas à reconnaître que ces prétendus bourgeois étaient ses propres soldats. La porte avait été reprise et refermée; le canon des remparts fut tourné contre les troupes qui étaient encore au dehors, et tout ce qui était entré avec Fervaques fut tué ou pris par les habitants levés en masse. Il y eut douze ou quinze cents morts, parmi lesquels un fils de Biron et beaucoup

---

1. Suivant Mathieu (t. I, p. 480), Catherine aurait été la complice de Fervaques.

de seigneurs et de gentilshommes[1]. Fervaques et plusieurs centaines d'officiers et de soldats restèrent prisonniers entre les mains d'un peuple justement courroucé.

Le duc fut contraint de battre en retraite à travers un pays inondé par l'ouverture des écluses : il faillit y périr avec le reste de ses troupes et ne gagna Dendermonde qu'à grand'peine. La « folie d'Anvers » ne fut point réparée. Il y eut bien quelque ombre de réconciliation : Henri III, redoutant le triomphe des Espagnols dans les Pays-Bas, se hâta d'offrir sa médiation aux États Généraux, et, s'engageant plus avant qu'il n'avait fait jusqu'alors, promit positivement son assistance. La crainte que le duc de Brabant ne traitât avec les Espagnols[2] décida les États à accepter l'intervention du roi, d'après l'avis du prince d'Orange, toujours favorable au parti le plus prudent. Un nouveau traité fut signé le 26 mars entre les États Généraux et le duc de Brabant, qui retira ses soldats des places surprises le 16 janvier, à l'exception de Dunkerque. Mais la confiance et la concorde ne revinrent pas : la province de Flandre, excitée par les meneurs populaires des protestants de Gand, ne reconnut point les conventions agréées par les États et ne voulut plus concerter sa défense avec les Français. La faction espagnole et catholique relevait la tête, d'autre part, dans toutes les cités de Brabant et de Flandre, et le prince de Parme profitait activement des dissensions de ses ennemis. Le duc de Brabant, bourrelé de chagrin et de honte, quitta le théâtre de ses revers, vint débarquer à Calais dans le courant de juin et se retira dans les terres qu'il avait sur l'Oise et sur la Marne. A peine était-il sorti des Pays-Bas, que le prince de Parme emporta derrière lui Dunkerque, Nieuport et Dixmude. Les pro-

1. L'Estoile, p. 157, raconte à ce sujet une anecdote qui peint bien le digne frère de Henri III. Le comte de Saint-Aignan, gouverneur d'Anjou, brave seigneur que le duc avait poussé malgré lui dans cette funeste échauffourée, s'était noyé dans le fossé d'Anvers. Comme on parlait au duc de cette mort : « J'en suis bien marri », dit-il; puis, se prenant à rire : « Je crois, dit-il, que qui eût pu prendre le loisir de contempler à cette heure-là Saint-Aignan, lui eût vu faire une plaisante grimace ! »

2. Le duc avait envoyé offrir à l'ambassadeur d'Espagne à Paris de renoncer à son traité avec les Provinces Unies, moyennant la cession en toute souveraineté de Cambrai, de Bruges et de Dunkerque, ainsi que des places qu'il pourrait enlever « aux rebelles du roi d'Espagne ». Ap. Capefigue, La Réforme et la Ligue, t. IV, p. 182.

grès du prince de Parme en Flandre ne furent plus désormais interrompus.

Henri III, sur ces entrefaites, essayait, à sa manière, de regagner le peuple, les prêtres et la cour de Rome. Après avoir fêté le carnaval de 1583, en courant Paris, masqué avec ses mignons, et en commettant « mille insolences », dit L'Estoile, il célébra le carême par des dévotions extraordinaires. Il introduisit à Paris, d'accord avec le nonce du pape, les « Blancs-Battus » d'Avignon, sous le titre de « pénitents de l'Annonciation de Notre-Dame [1] », et fit la procession solennelle de la nouvelle congrégation, le 25 mars. Les pénitents, couverts de sacs de toile blanche, défilèrent deux à deux sous une pluie battante, du couvent des Augustins jusqu'à Notre-Dame, où ils achevèrent, « tout percés et mouillés, leurs mystères et cérémonies ». Les Parisiens ne virent là qu'une mascarade de plus. Le lendemain, le fameux prédicateur Poncet, qui prêchait le carême à Notre-Dame, ne craignit pas de traiter, en pleine chaire, les pénitents de « confrérie des hypocrites et athéistes ». Il les accusa d'avoir terminé leur procession par une orgie : « Malheureux hypocrites, s'écria-t-il, vous vous moquez de Dieu sous le masque, et portez par contenance un fouet à votre ceinture ! Ce n'est pas là, de par Dieu, où il le faudroit porter ; c'est sur votre dos et sur vos épaules, et vous en étriller très-bien ; il n'y a pas un d'entre vous qui ne l'ait bien gagné [2]. »

Le roi se contenta de reléguer Poncet pour quelque temps dans son couvent, à Melun [3]. Henri ne se vengeait que lorsqu'il le pou-

---

1. Les statuts de cette congrégation, réimprimés dans le t. X des *Archives curieuses*, sont assez curieux. A travers un mélange d'œuvres de charité et de pratiques minutieuses, on y remarque cet article caractéristique : « Qui jurera le nom de Dieu ou commettra quelque autre péché mortel scandaleux et public, pour la première fois, demeurera une heure à genoux devant le grand autel et dira le chapelet de Notre-Dame ; pour la seconde, troisième et quatrième fois, donnera un écu aux pauvres et dira les sept psaumes, et, s'il continue, pour chacune fois, donnera deux écus aux pauvres et jeûnera un jour au pain et à l'eau. » La plupart des confrères interprétaient ces pénitences, si régulièrement tracées, comme un tarif du péché. Le tarif acquitté, on avait la conscience nette et l'on recommençait. Le jésuite Anger, confesseur de Henri III, « excusait tout », dit-on, « par les œuvres compensatoires ». *Manuscrits* de Dupuy, vol. 661.

2. L'Estoile, p. 160.

3. « Avant qu'il partît, le duc d'Épernon le voulut voir, et en riant, lui dit : « Monsieur notre maître, on m'a dit que vous faites rire les gens à votre sermon ; cela n'est

vait faire sans péril : il n'eût osé traiter ce « prêcheur » populaire comme un pauvre gentilhomme beauceron, qui fut pendu pour avoir écrit un « pasquil » contre le roi.

Malgré le peu de succès de ses débuts, Henri III continua ses démonstrations de pénitence : la cour devint plus retenue, au moins à l'extérieur; on ne parlait que de la conversion du roi; ce n'étaient que pèlerinages, pour prier la Sainte Vierge de faire obtenir des enfants au roi. Henri et sa femme allèrent à pied de Paris à Notre-Dame « de dessous terre » (la crypte de la cathédrale de Chartres), et de là à Notre-Dame de Cléri [1]. Un édit fut publié contre le luxe des habits « pource que Dieu est grandement offensé, et la modestie s'en va presque du tout éteinte. » Le roi remit au clergé deux décimes extraordinaires qu'il lui avait demandées, déclara qu'il voulait qu'on observât l'édit de 1579 sur les bénéfices, et promit, par une proclamation, l'abolition prochaine des nouveaux subsides et impôts, en recommandant à ses fidèles sujets de ne point adhérer aux rebelles et séditieux qui s'efforçaient de remuer le royaume « sous ombre desdits impôts » (mai 1583) [2].

---

guère beau; un prédicateur comme vous doit prêcher pour édifier, et non pas pour faire rire. — Monsieur, répondit Poncet, je veux bien que vous sachiez que je ne prêche que la parole de Dieu, et qu'il ne vient point de gens à mon sermon pour rire, s'ils ne sont méchants et athéistes; et aussi n'en ai-je jamais tant fait rire en ma vie comme vous en avez fait pleurer. » L'Estoile, p. 160. Ce hardi prêcheur, qui avait hérité de la verve, mais aussi du mauvais goût des Maillard et des Menot, était un homme honnête et désintéressé. Il n'avait cédé qu'à une indignation sincère et non point aux instigations des factieux.

1. Le manuscrit de Dupuy (vol. 661) prétend que Henri essaya de recourir à d'autres expédients, et qu'il voulut persuader à la reine « de recevoir M. de J... (Joyeuse?) dans son lit ».

2. L'Estoile, p. 162. Henri III avait eu dernièrement une nouvelle révélation sur les vœux et les espérances des ultra-catholiques. Du Plessis-Mornai lui avait dénoncé un livre publié à Paris, en 1580, par un archidiacre de Toul, François de Rosières, et que les censeurs et les magistrats avaient laissé circuler sans obstacle. C'était un gros volume latin intitulé : *Stemmata Lotharingiæ et Barri ducum* (Généalogie des ducs de Lorraine et de Bar), et dédié au duc de Lorraine. L'auteur faisait descendre les princes lorrains, non plus seulement de la « lignée des Carlinghes » ou de Charlemagne, mais de Pharamond et de Clodion le Chevelu, et laissait deviner des conclusions analogues à celles de l'avocat David contre la postérité de l'usurpateur Capet. Henri III fit amener Rosières de Toul à Paris et le fit enfermer à la Bastille; mais la maison de Lorraine, aidée de la reine mère, qui tendait à se lier d'intérêts avec le duc Charles de Lorraine, son gendre, eut encore le crédit d'empêcher que l'affaire fût remise au parlement. Rosières en fut quitte pour demander pardon au roi, en présence des ducs

Les mécontents de toute sorte ne se calmaient pas et les intrigues étrangères devenaient très-menaçantes. Le duc de Savoie Charles-Emmanuel, fils et successeur de Philibert-Emmanuel, mort en 1580, fomentait tout ce qu'il y avait d'éléments de désordre dans le midi du royaume et caressait l'espoir d'une éclatante revanche des malheurs de sa maison. Quant au roi d'Espagne, il venait de faire une démarche fort extraordinaire. A la nouvelle de l'entrée du duc de Montpensier et du maréchal de Biron en Flandre, vers le commencement de 1583, Philippe II, mécontent, à ce qu'il semble, de l'inaction de la Ligue après la découverte du complot de Salcède, avait fait proposer au roi de Navarre un subside considérable s'il voulait recommencer la guerre contre Henri III : il lui demandait seulement de ne pas empiéter, au profit de sa religion, au delà des termes du dernier édit et de se contenter de « s'accroître en ce qui seroit du temporel [1]. Le Navarrais louvoya, remercia l'Espagnol de sa bonne volonté et prévint Henri III des offres de Philippe, afin de rendre Henri plus favorable à une requête importante qu'il lui présentait : le temps fixé pour la restitution des places de sûreté allait expirer, et les protestants en sollicitaient la prolongation comme indispensable à leur sécurité et à leur existence. Convaincus que leurs ennemis attendaient l'abandon de leurs places pour les accabler, ils étaient bien résolus à ne pas se dessaisir de cette garantie; ils resserraient l'organisation politique de leur parti et avaient donné au roi de Navarre un conseil composé de deux élus de chaque province.

Le messager par lequel le roi de Navarre dénonça au roi de France les propositions de Philippe III était un jeune homme réservé à un rôle glorieux dans notre histoire : c'était Maximilien de Béthune, baron de Rosni. Il s'était attaché, dès son enfance, à la fortune du roi de Navarre, sur la foi d'un astrologue qui lui

---

de Lorraine, de Guise et de Mayenne, qui s'étaient hâtés de le désavouer, tout en sollicitant sa grâce (26 avril 1583). Le livre fut lacéré devant l'auteur et supprimé, mais sans flétrissure publique. Henri III le fit réfuter par le publiciste huguenot du Plessis-Mornai et par le poëte catholique Ponthus de Thiard. De Thou, t. IV, l. LXXVIII. — Rosières rappelle dans son livre « les Matines pieusement célébrées de Saint-Barthélemi ». — *Mémoires de la Ligue*, t. I, p. 7-20. — L'Estoile, p. 162. — *Vie de du Plessis-Mornai*, p. 64.

1. *Vie de du Plessis-Mornai*, p. 66. — *Œconomies royales*, t. I, p. 43.

avait prédit une haute destinée conjointe à celle de ce prince, qu'attendait la couronne de France.

Henri III ne parut pas très-préoccupé de la communication faite par le roi de Navarre, et, fort peu de temps après, il compliqua la situation vis-à-vis de son beau-frère par des scènes scandaleuses qui couvrirent de honte la maison royale. La reine de Navarre, ennuyée de la petite cour de Nérac, que n'animaient plus les jeunes seigneurs huguenots partis pour la Flandre, était revenue à la cour de France dans les premiers mois de 1582. Elle avait recommencé à s'y mêler de mille cabales, à se quereller avec le roi, à se railler des mignons. Henri éclata. Un jour, en présence de toute la cour, il accabla sa sœur d'injures, lui nomma l'un après l'autre tous les amants qu'elle avait eus, l'accusa d'avoir eu un enfant d'un certain Harlai de Champvallon[1], depuis son retour à Paris, et finit par lui ordonner de repartir pour la Gascogne. Marguerite obéit; mais à peine avait-elle fait quelques lieues, qu'elle fut rejointe par des archers de la garde du roi, qui démasquèrent ses dames[2] pour voir s'il n'y avait point d'hommes parmi elles, en arrêtèrent deux et les emmenèrent prisonnières ainsi qu'une dizaine des gens de Marguerite. Le roi ne permit de continuer le voyage qu'après avoir fait subir un interrogatoire aux prisonniers sur les déportements de sa sœur (août 1583).

Le roi de Navarre refusa de recevoir une femme qu'on lui renvoyait sous le coup de tels outrages, et dépêcha du Plessis-Mornai à Henri III pour lui demander justice contre Marguerite si elle était coupable, ou contre ses calomniateurs si elle avait été injustement accusée. Il ne pouvait agir autrement sans manquer à sa propre dignité aux yeux de toute la France. Henri III, fort embarrassé des suites de ses ridicules violences, ne soutint ni ne désavoua nettement ce qu'il avait fait : il eût voulu que le roi de Navarre tirât un voile sur ce que lui-même avait dévoilé au grand jour et reprît sa femme sans condition. La négociation traîna plusieurs mois, mêlée au débat des places de sûreté. Phi-

1. L'historien Dupleix rapporte que, de son temps, cet enfant vivait encore et s'était fait capucin sous le nom de frère Ange. — V. aussi Tallemant des Réaux, t. I, p. 164, 2e édit.

2. Les dames portaient alors, en voyage et à la promenade, des demi-masques de velours noir, qu'on appelait des loups.

lippe II, croyant l'occasion bonne, renouvela ses offres au roi de Navarre, et insinua qu'il lui donnerait sa fille en mariage s'il voulait divorcer avec Marguerite et revenir au catholicisme; qu'il se chargerait de moyenner le divorce en cour de Rome. Le roi de Navarre refusa, « ne voulant être instrument de la ruine de l'état duquel il étoit né conservateur[1]. » — « Vous ne savez ce que vous « faites de refuser, » lui dirent les agents espagnols; « nos mar- « chands sont prêts! » Ils entendaient les Guises. Le roi de Navarre, au commencement de 1584, envoya de nouveau du Plessis avertir le roi des dispositions de l'Espagne, ainsi que d'un complot tramé par le duc de Savoie en Provence. Le duc de Savoie croyait pouvoir compter, au dehors, sur les forces espagnoles du Milanais, au dedans, sur Montmorenci-Damville et sur les ligueurs[2]. L'air, pour ainsi dire, était plein de cabales et de conspirations.

Du Plessis arriva au moment où Henri III congédiait une assemblée de notables qui avait siégé à Saint-Germain, de novembre 1583 à février 1584. L'assemblée, composée des princes catholiques, des grands, des conseillers d'État et d'un certain nombre d'évêques et de membres du parlement de Paris, avait été convoquée, en apparence, pour travailler à la correction des abus, en réalité, pour couvrir de quelque ombre de légalité les exactions du roi et pour relever l'autorité royale. On parla beaucoup de réformes; mais la seule importante qu'on exécuta fut de former une commission dans le parlement et la chambre des comptes pour rechercher les malversations des financiers. Un incident assez grave fut soulevé : les parlementaires voulurent faire proclamer solennellement par l'assemblée cet ancien principe gallican, que le roi et ses officiers ne peuvent être interdits ni excom-

1. *Vie de du Plessis-Mornai*, p. 76.
2. Les querelles des Montmorencis et des Joyeuses, en Languedoc, étaient arrivées jusqu'à la guerre civile. Plusieurs villes, excitées par le maréchal de Joyeuse, ayant refusé toute obéissance à Montmorenci, celui-ci prit de vive force Clermont-Lodève et menaça Lodève d'un pareil traitement (novembre 1583). Le roi envoya l'ordre à Joyeuse et à ses partisans de reconnaître l'autorité du gouverneur de la province (L'Estoile, 179). Au milieu de ces désordres, il n'y eut point d'États en Languedoc cette année-là, et les impôts, pour 1584, furent départis arbitrairement dans ce pays par les trésoriers de France (*Mémoires* de Philippi, *Ancienne Collection*, t. XLVI, p. 433).

munis pour actes relatifs à leurs fonctions, et que le roi a droit d'empêcher l'exécution des bulles papales de cette nature données contre les magistrats ou même contre les évêques : les prélats présents alléguèrent des scrupules de conscience et refusèrent d'opiner. Ce refus indiquait les progrès de l'ultramontanisme dans le haut clergé.

Henri III s'émut enfin quelque peu des symptômes menaçants qui se manifestaient de toutes parts. Il témoigna savoir gré au roi de Navarre et de sa fidélité et de son consentement à reprendre sa femme, sans autre satisfaction que de vagues paroles sur les calomnies auxquelles peuvent être exposées « les princesses les plus vertueuses »; il accueillit très-bien du Plessis-Mornai[1], lui accorda 100,000 écus de subside secret pour « son maître » et parut incliner à une politique plus énergique. Le duc d'Anjou était venu passer le carnaval à la cour : Henri lui promit de l'aider à défendre Cambrai contre les Espagnols et fit même venir à Paris les députés des Pays-Bas protestants pour négocier avec eux : il s'engageait à se déclarer si les États Généraux le reconnaissaient comme l'héritier de son frère. Il ordonna la levée d'un gros corps suisse et s'occupa de munir les frontières. Sa conduite inquiéta sérieusement les Guises.

Une circonstance très-grave influait sur les dispositions du roi : son frère était atteint d'un mal incurable, d'une phthisie dont la débauche avait hâté les progrès. Le duc d'Anjou et de Brabant, condamné des médecins, ne devait pas tarder à rejoindre dans la tombe François II et Charles IX, et Henri III allait rester seul de

---

1. Du Plessis présenta au roi un Mémoire, vraiment inspiré par l'esprit de Coligni, sur les « moyens de diminuer la grandeur d'Espagne ». Il recherche tous les points vulnérables du colosse espagnol; il propose, entre autres expédients, de faire révolter les Indes portugaises, en ouvrant à leur commerce la voie de la mer Rouge et de la Méditerranée, au lieu de celle du Cap de Bonne-Espérance, ce que l'alliance du Turc rendait praticable. V. *Mémoires* de du Plessis-Mornai, t. I, p. 357. Ce recueil de lettres et de pièces diplomatiques est d'un haut intérêt. Mornai, théologien, soldat et publiciste, qui mettait une prodigieuse activité diplomatique au service d'une profonde conviction, était vraiment l'âme du parti protestant. Un incident curieux, qui concorde avec le projet de du Plessis, c'est qu'en 1582 une ambassade turque était venue proposer au duc de Brabant de faire d'Anvers l'entrepôt de tout le commerce de l'empire othoman avec le nord de l'Europe. Les marchandises auraient été débarquées à Marseille, de là voiturées jusqu'à Bordeaux, puis rembarquées pour Anvers, où l'entrepôt aurait été tenu par dix-huit négociants turcs. De Thou, t. IV, l. LXXVI.

cette race sur laquelle passait et repassait incessamment la faux de la mort. Dès le mois d'avril, Henri III, parlant de la fin prochaine de son frère, disait hautement devant sa cour que le roi de Navarre était désormais son seul héritier. Du Plessis-Mornai apprit au roi de Navarre, par une éloquente lettre, qu'il allait être la seconde personne de l'état et l'exhorta de se montrer digne des destinées que Dieu lui préparait. « Ces amours si découverts, et auxquels vous donnez tant de temps, ne sont plus de saison : il est temps, sire, que vous fassiez l'amour et à toute la chrétienté et particulièrement à la France [1] ! »

Le roi confirma ces paroles par une démarche importante. Ses deux favoris, qu'il avait grand'peine à maintenir en paix, affectaient des tendances contraires : Joyeuse se montrait catholique outré ; Épernon penchait vers les politiques, et Henri III n'était pas fâché de cette divergence qui aidait son système de bascule. Épernon, sur l'ordre du roi, alla en Guyenne conférer avec le roi de Navarre. Avant qu'Épernon fût parvenu à sa destination[2], la catastrophe prévue avait eu lieu : le duc d'Anjou était mort à Château-Thierri, le 10 juin 1584, léguant au roi Cambrai, la seule ville qu'il eût conservée dans les Pays-Bas, avec tous ses droits sur ces provinces. Ses vastes domaines, qui valaient 400,000 écus de rente, furent réunis à la couronne. Personne ne regretta ce malheureux prince, aussi faux et aussi vicieux que ses frères.

Épernon continua sa route : il était chargé d'instructions peu conformes aux souhaits de du Plessis et des zélés huguenots; il allait presser le roi de Navarre d'abjurer la réforme et de revenir à la cour. Les temps étaient changés depuis les conférences de Henri et de Catherine à Nérac : la sincérité des avances de Henri III était beaucoup plus vraisemblable et l'intérêt du roi de Navarre à changer de religion était beaucoup plus plausible.

---

1. *Mémoires* de du Plessis-Mornai, t. I, p. 355. L'objet des amours de Henri de Navarre était alors Corisande d'Andouins, comtesse de Grammont et de Guiche, qui avait succédé à mademoiselle de Fosseuse, qui avait succédé à mademoiselle Rebours, qui avait succédé à mademoiselle de Tignonville, etc. La « belle Corisande » fixa Henri pendant quelques années.

2. Il était alors malade des écrouelles, ce qui fait observer malignement à Busbecq que Henri III avait là une belle occasion d'éprouver la vertu attribuée aux rois de France de guérir les écrouelles. Busbecq, *Epist.* 43 *ad Rodolp. Cæsar.*, 10 décembre 1584.

Les catholiques qui s'étaient attachés à la personne du Béarnais joignirent leurs instances à celles d'Épernon : Henri de Navarre hésita. Il n'était point impie, bien moins encore hypocrite : on rencontre çà et là dans sa vie des élans religieux sincères ; mais ce qui résulte de toute sa conduite, c'est qu'il n'eut jamais de croyances bien arrêtées sur les points qui séparaient les deux religions ; la réaction qui s'était opérée en lui contre un double fanatisme avait amené dans son esprit l'incertitude, sinon l'indifférence à cet égard[1]. Il croyait, par compensation, à deux dogmes nouveaux méconnus à Rome et à Genève : la tolérance et l'humanité !

S'il ne se rendit pas aux désirs de Henri III, ce fut donc moins par une conviction formelle que par point d'honneur, par crainte de s'avilir en trafiquant de sa foi, sans même être assuré de ne point faire un marché de dupe. Après qu'il aurait abandonné le parti protestant au prince de Condé, son parent et son rival, le parti catholique abandonnerait-il les Guises pour venir à lui ? Cette conversion intéressée serait-elle acceptée ? Quel fond faire sur l'appui d'un homme tel que Henri III, et quelle position pour un homme de cœur que de dépendre du caprice des mignons !

Henri de Navarre refusa de quitter sa religion, tout en protestant de son dévouement pour le roi et en lui offrant les services de tout son parti contre les ennemis de la couronne.

Pour se rendre compte de la situation que ce refus faisait à la France, il faut comprendre que le peuple, à tort ou à raison, ne regardait pas l'ouverture de la succession royale comme une éventualité lointaine : on parlait d'un roi de trente-trois ans

---

1. Le grand sceptique Montaigne adjugeait nettement au scepticisme et le roi de Navarre et le duc de Guise. « Pour la religion dont tous les deux font parade », disait-il un jour au jeune de Thou, « c'est un beau prétexte pour se faire suivre par ceux de leur parti ; mais la religion ne les touche ni l'un ni l'autre : la crainte d'être abandonné des protestants empêche seule le roi de Navarre de rentrer dans la religion de ses pères, et le duc ne s'éloigneroit pas de la confession d'Augsbourg, que son oncle Charles, cardinal de Lorraine, lui a fait goûter, s'il pouvoit la suivre sans préjudicier à ses intérêts. » Notice sur J.-A. de Thou et sur ses *Mémoires*, ap. collection Michaud, XI, 265. Peut-être ne faut-il pas prendre tout à fait au pied de la lettre les paroles de Montaigne : ce qui nous paraît évident, c'est que la tournure critique et « rationaliste », comme on dit aujourd'hui, de l'esprit du Béarnais devait le rendre peu sympathique au catholicisme romain, et que, d'une autre part, bien des choses devaient le choquer dans le dogmatisme de Genève.

comme d'un vieillard décrépit; on était universellement persuadé que Henri III, usé par ses habitudes infâmes, mourrait jeune et sans postérité, et le bruit se répandait que sa raison commençait à s'altérer. Sous quelques mois, un nouveau règne ou une régence allait peut-être s'ouvrir. L'héritier de Henri III, suivant le droit monarchique, était un parent très-éloigné, chef d'une branche qu'un laps de plus de trois siècles séparait de la souche royale [1], mais que la disparition successive de toutes les branches intermédiaires, issues de saint Louis, avait rapprochée peu à peu du trône. Cet héritier était un hérétique ! Un hérétique allait être roi de France ! On conçoit quelles formidables passions soulevait cette seule pensée dans ces masses catholiques qui, durant vingt années de batailles, de massacres, de trahisons et d'outrages réciproques, avaient mis entre elles et le calvinisme des fleuves de sang ! L'avénement d'un roi huguenot, c'était, dans l'opinion de la majorité du peuple, la destruction violente de toutes les croyances et de toutes les habitudes nationales, et tel qui se fût résigné à la « paix de religion », à la tolérance de la Réforme, ne se résignait pas à voir la Réforme sur le trône. L'oppression exercée sur les catholiques dans les pays protestants était un texte fécond pour les jésuites et pour tous les prêcheurs orthodoxes. Ils avaient exploité les ravages des réformés dans les églises de Flandre et de Brabant pour dépopulariser l'alliance du duc d'Anjou avec les Provinces-Unies : ils tiraient maintenant du régime établi en Angleterre des arguments plus puissants encore contre le roi de Navarre. Les complots des jésuites et des catholiques exilés, complots qui grandissaient d'une manière effrayante depuis que Philippe II avait adopté une politique à outrance, et qui menaçaient à la fois la vie d'Élisabeth et la nationalité même de l'Angleterre [2]; les habiles menées des Guises en Écosse pour s'emparer du jeune roi Jacques VI et le tourner contre Élisabeth et la Réforme [3]; les tentatives du pape et de Philippe II sur l'Ir-

1. Si l'on eût appliqué à l'héritage royal les règles ordinaires du droit civil, le roi de Navarre eût été exclu, comme n'étant plus à un degré successible. Les ligueurs ne négligèrent pas cet argument accessoire.
2. Le foyer de ces complots était le séminaire catholique anglais de Reims, dirigé par les jésuites et patronné par les Guises.
3. Ils réussirent un moment : leur affidé d'Aubigné, d'une branche des Stuarts éta-

lande, suffisantes pour aggraver les maux de cette île, non pour l'affranchir du joug anglais, avaient amené d'année en année des mesures plus acerbes contre les « papistes ». Les statuts contre les sujets anglais qui niaient la suprématie religieuse de la reine Élisabeth n'avaient guère été d'abord que comminatoires ; on les exécutait maintenant à la rigueur : des bills de proscription avaient été lancés contre tous les prêtres romains et quiconque leur donnerait asile ; la commission ecclésiastique, chargée de surveiller la foi et les mœurs publiques, avait été investie de pouvoirs qui la mettaient quasi au niveau de l'inquisition espagnole[1] ; Walsingham, l'ex-ambassadeur en France, avait organisé en face de la police européenne de Philippe II et des jésuites une contre-police terrible qui pénétrait dans les réduits les plus mystérieux du jésuitisme[2] ; toutes les menées étaient éventées ; les conspirateurs « papistes » encombraient les prisons, et, de temps à autre, le bruit d'exécutions sanglantes arrivait sur le continent, avec un lugubre retentissement que centuplaient les voix innombrables de la chaire catholique. La parole ne suffisait pas : on s'adressait aux yeux ; le duc de Guise fit afficher sur les murs des églises de Paris, exposer dans les cimetières des gravures et des tableaux représentant les tourments effroyables qui étaient, disait-on, infligés à tous les bons catholiques en Angleterre. « Voilà, criaient les prédicateurs, voilà quel sera le sort de la France sous l'allié de la Jézabel anglaise ! Déjà les couteaux sont prêts pour nous égorger : Augsbourg et Genève se rapprochent ; un boute-feu des calvi-

---

blie en France, capta l'affection du jeune roi et fit périr l'ex-régent Morton, chef du parti hostile à Marie Stuart. Mais le protestantisme était trop fort en Écosse : d'Aubigné fut écrasé dès qu'on s'aperçut qu'il voulait restaurer le « papisme », et Jacques VI resta protestant.

1. Avec cette différence morale, qu'il ne faut jamais oublier dans ces comparaisons, que l'inquisition était l'application logique et à froid du principe de persécution en tous temps et en tous lieux, et que les persécutions protestantes dont il s'agit étaient l'arme exceptionnelle d'une défense désespérée.

2. V. ce qu'en dit M. Michelet, la Ligue et Henri IV, p. 167. Walsingham avait acheté bon nombre de prêtres et même de jésuites ; il avait des hommes à lui jusque dans le fameux collège romain du Gesù. En 1583, les premières entreprises contre la vie d'Élisabeth ayant échoué, Guise avait formé le projet de descendre en Angleterre avec quatre mille aventuriers pour soulever les catholiques ; Philippe II fit ajourner et manquer l'affaire. Il se défiait de Guise, non sans raison ; Guise voulait faire le coup sans les Espagnols, ou, du moins, aider les catholiques anglais à renvoyer les Espagnols après que le coup aurait réussi.

nistes a parcouru l'Allemagne, les Pays-Bas et l'Angleterre, pour réunir toutes les forces de l'hérésie et préparer une nouvelle invasion de la France¹! »

Les passions et les préjugés avaient assurément la part principale dans l'opposition qui menaçait l'héritier huguenot; mais il n'y avait pourtant pas que des passions; il y avait là une profonde question de droit national, que la victoire du principe monarchique a plus tard rejetée dans l'ombre, mais sur laquelle il faut ramener la lumière si l'on veut connaître tous les éléments de la Ligue. Sans doute, la transmission du sceptre de mâle en mâle par droit de primogéniture était devenue, par l'œuvre des siècles, la loi de la monarchie; mais cette loi, si considérable qu'elle pût être, était-elle le principe unique de la constitution de l'État? Les États Généraux de 1576 avaient répondu d'avance : « La profession de la religion catholique n'est point seulement l'ancienne coutume, mais la principale et fondamentale loi du royaume... Il y a différence entre les lois du roi et les lois du royaume : celles-ci, d'autant qu'elles ne peuvent être faites qu'en générale assemblée de tout le royaume, AUSSI ELLES NE PEUVENT ÊTRE CHANGÉES QU'AVEC L'ACCORD ET CONSENTEMENT DES TROIS ÉTATS... La religion catholique en sa naissance, au temps de Clovis, n'a été reçue à la seule volonté des rois, mais consentie et approuvée en générale assemblée des Trois États... et est la couronne de France si conjointe à la religion catholique, que les sujets ne sont tenus d'obéir aux rois qu'après leur sacre, les États du royaume ne vouant fidélité au roi qu'aux conditions de son premier serment. »

La réponse, erronée dans la forme, avait du vrai dans le fond, sauf réserve du sens historique du terme de catholicisme² : il était

---

1. Le roi de Navarre avait envoyé un ambassadeur, Ségur-Pardaillan, aux souverains protestants, afin de leur proposer une alliance défensive et non point offensive. V. les pièces dans le t. Iᵉʳ des *Mémoires de Mornai*, p. 199, et sa *Vie*, p. 68. Ces pièces furent publiées, par des mains ennemies, sous le titre du *Boute-feu des calvinistes*: Francfort, 1584. La mission de M. de Ségur avait en même temps pour but de tenter un rapprochement religieux, souvent essayé en vain, entre les luthériens et les calvinistes. Henri III avait fait faire quelques recherches sur la plainte de l'ambassadeur anglais; on trouva les planches des gravures contre Élisabeth à l'hôtel de Guise. V. R. de Bouillé, *Hist. des Guises*, t. III. p. 139.

2. Le catholicisme de saint Remi était assurément fort loin du « papisme » de Loyola.

vrai que le pacte de Clovis et de saint Remi, de l'armée franke et de la Gaule chrétienne, avait enfanté la France du moyen âge. Prétendre qu'on naissait roi indépendamment de ce pacte primordial et que le prince pouvait y déroger sans que la société l'en eût délié en se déliant elle-même, c'était détruire les principes fondamentaux de l'ancienne France et changer la base de la société[1]. La nation seule avait le droit de transformer ainsi les conditions de son existence, d'abolir le système de la religion d'État comme d'abolir les Trois États eux-mêmes, ainsi qu'elle le fit deux siècles plus tard. C'est bien à tort que l'on a confondu cette grande question avec celle de la suprématie temporelle des papes sur les rois, et du droit de déposer les rois réclamé par le saint-siège. Qu'on prenne pour exemple l'homme qui a été le type le plus glorieux de la France au moyen âge, saint Louis : certes, saint Louis ne déposait pas sa couronne aux pieds du pape; il ne reconnaissait point aux Grégoire et aux Innocent le droit de déposséder les princes suivant leurs caprices; mais croit-on qu'il eût reconnu à un hérétique le droit de succéder à sa couronne? Saint Louis, et tout le moyen âge catholique avec lui, eût déclaré le prince hérétique déchu, *ipso facto*, de ses droits.

Or, la doctrine du moyen âge sur la monarchie conditionnelle, bien que minée depuis longtemps par le travail opiniâtre des légistes en faveur de la monarchie pure et sans condition, dominait encore dans la majorité du peuple : les passions populaires, ce qu'on n'a pas suffisamment constaté, s'appuyaient donc véritablement sur une ancienne tradition de la France. Est-ce à dire que la Ligue ait été nationale dans son esprit et dans sa conduite? On a déjà vu et l'on verra bien le contraire; ses promoteurs furent pour la plupart des hommes d'intrigue et de faction ou des fanatiques étrangers à tout sentiment de patriotisme; mais beaucoup de gens de bonne foi furent entraînés par eux tout en se croyant de bons Français, des défenseurs de la vieille France.

Dans une première phase, en 1576, la Ligue avait avorté : la bourgeoisie catholique, quoique mécontente des concessions ac-

---

1. Il faut dire que les réformés ne posaient pas ainsi la question et ne prétendaient point déroger au pacte religieux de la France primitive, de la *Franco Gallia* ; ils prétendaient au contraire l'interpréter mieux que les « papistes ».

cordées aux hérétiques par la paix de 1576, avait reculé devant le fardeau d'une guerre offensive; mais la situation était bien changée : il ne s'agissait plus seulement, pour les catholiques, de ramener par force les huguenots à l'unité, mais de se mettre eux-mêmes en défense contre le joug imminent, ou prétendu tel, d'un roi huguenot. Les agents du parti ligueur firent sentir cette profonde différence au peuple. La Ligue réorganisa secrètement ses cadres là où elle avait déjà existé, et s'introduisit là où elle avait été repoussée en 1576. Ce fut comme un travail souterrain qui mina de proche en proche le sol de la France durant les derniers mois de 1584 et les premiers de 1585.

Deux documents importants nous ont été conservés sur la seconde période de la Ligue à Paris : le premier est le *Dialogue du Maheustre et du Manant*, pamphlet ligueur, publié à la fin de 1593, et attribué par l'historien contemporain Palma Cayet (*Chronologie novennaire*, page 19) à Cromé, un des membres du fameux *Conseil des Seize;* l'autre est le journal de Nicolas Poulain, lieutenant-général de la prévôté de Paris, qui, après s'être engagé dans la Ligue, en livra les secrets à Henri III[1]. Suivant le *Dialogue du Maheustre*, la réorganisation de la Ligue aurait été toute spontanée parmi la bourgeoisie et le clergé de la capitale[2]. L'écrivain ligueur en attribue la gloire à un proche parent de François Hotman, aussi ardent catholique que son parent était zélé protestant. Charles Hotman, sieur de La Rocheblond, receveur de l'évêque de Paris, « mû de l'esprit de Dieu », dit l'auteur du *Dialogue*, commença de conférer sur les dangers de la religion et de la chose publique avec trois hommes d'église, Prévost, curé de

---

1. Le Journal de Poulain commence le 2 janvier 1585, jour de son entrée dans la Ligue, et va jusqu'aux barricades de 1598. Il est inséré à la suite du Journal de L'Estoile, dans l'édition de 1744, t. II, et dans celle de MM. Champollion. — A la date de mai et septembre 1588, les comptes de Henri III mentionnent des sommes de 200 et 250 écus données à Poulain. *Archives curieuses*, t. X, p. 432. — Un troisième document, qui complète les deux autres, mais qui n'est que du siècle suivant, est le livre de Delezeau, conseiller d'État, intitulé : *De la religion catholique en France*. Il a été publié dans les *Archives curieuses*. — Le *Dialogue du Maheustre et du Manant* se trouve à la suite de la *Satire Ménippée*, t. III, édition de 1726, Ratisbonne.

2. Ce qui porte à en douter fort, c'est que cette réorganisation coïncide avec l'arrivée à Paris de l'ambassadeur espagnol Bernardino de Mendoça, le plus violent des boutefeux de Philippe II, qui, chassé d'Angleterre, passa en France avec ordre de forcer Guise et le parti catholique à agir.

Saint-Séverin[1], Boucher, curé de Saint-Benoît, depuis si fameux, et de Launoi, chanoine de Soissons[2]. Ces quatre « premiers piliers de la Ligue » s'ouvrirent à quelques autres « affectionnés catholiques », gens d'église, gens de loi ou de négoce. La Ligue parisienne ne s'étendit que progressivement et avec mystère ; il y allait du crime de lèse-majesté, d'après l'article 183 de l'ordonnance de 1579. La ville fut partagée en cinq arrondissements, sous cinq chefs : le marchand Compans, pour la Cité ; le procureur Crucé pour l'Université et les faubourgs de la rive gauche[3] ; le maître des comptes La Chapelle-Marteau, le commissaire Louchart et le procureur Leclerc, pour les divers quartiers de la ville : ces cinq chefs recevaient et transmettaient aux associés les avis d'un conseil ou comité directeur peu nombreux, dont ils faisaient partie. Les cinq chefs d'arrondissement, et La Rocheblond avec eux, étaient chargés de recruter parmi les « gens de bien », mais sans révéler aux néophytes l'existence du conseil secret[4]. L'auteur du *Dialogue du Maheustre* prétend qu'on n'enrôlait personne qu'après examen de bonne vie et mœurs ; ce qui est vraisemblable, c'est qu'on n'enrôlait que des gens déterminés. Les membres laïques du conseil secret étaient pour la plupart des tribuns de basoche et de comptoir, bien connus dans les corps de métiers et les compagnies bourgeoises : chacun se chargea de « pratiquer » la corporation à laquelle il appartenait : qui, les procureurs ; qui, les huissiers ; qui, les clercs du greffe ; qui, les agents des monnaies et les sergents à pied et à cheval ; deux des meneurs embauchèrent les mariniers, au nombre de

---

1. Davila, t. I, p. 442, le qualifie « d'homme de rare doctrine et d'abondante éloquence ». C'était un des professeurs les plus estimés de l'université, bien déchue, il est vrai.

2. Protestant converti : après sa conversion, il avait soutenu contre les réformés, dans un ouvrage de polémique, « que, pour aucun prétexte de religion ni autre, il n'est permis de prendre les armes contre son roi. » Son livre avait été approuvé par plusieurs docteurs de Sorbonne, entre lesquels figuraient Rose et Prévost, qui, depuis, devinrent deux des principaux chefs de la Ligue contre Henri III. Ch. Labitte, *De la Démocratie chez les Prédicateurs de la Ligue*, p. 88.

3. Ce n'est pas l'atroce massacreur de 1572, qui était orfèvre.

4. Les cinq chefs s'en adjoignirent ensuite onze autres, afin que chaque quartier de Paris eût son directeur. Ce fut là l'origine des SEIZE, qui acquirent une si redoutable célébrité. Delezeau, c. 4. La plupart appartenaient à la petite bourgeoisie. Les personnages plus considérables du parti se tenaient derrière et leur laissaient l'honneur et le péril de ces postes hasardeux.

cinq cents, « tous mauvais garçons » ; un potier d'étain et un charcutier « pratiquèrent » les bouchers et charcutiers, « qui sont plus de quinze cents hommes ; » le commissaire Louchart enrôla les maquignons, au nombre de plus de six cents : organisés comme l'étaient les métiers, quand on avait les têtes de corps, on avait tout le reste. Les grands corps judiciaires et financiers furent entamés à leur tour. Le président Hennequin, le premier instigateur de la Ligue à Paris en 1576, était mort : Le Maistre, président aux enquêtes, reprit ses traces dans le parlement, mais sans beaucoup de fruit, tandis que le président de Neuilli travaillait la cour des aides : ce Neuilli a laissé une détestable réputation ; on l'accusait d'avoir contribué au meurtre de son prédécesseur, le respectable président de La Place, afin d'hériter de sa charge ; le président Le Maistre était au contraire un homme considéré, qui s'amenda et qui servit plus tard la France dans une occasion fameuse [1].

Aussitôt le noyau de la Ligue fortement reconstitué à Paris, le conseil secret s'était mis en rapports permanents avec le duc de Guise et avait dépêché dans les principales villes des émissaires qui pressèrent « les bons catholiques » de s'organiser partout, à l'exemple des Parisiens, et d'entrer en correspondance avec eux, « afin de ne faire qu'un corps par une même intelligence en toute la France, sous la conduite des princes catholiques et conseils des théologiens, pour combattre l'hérésie et la tyrannie [2]. » Les seigneurs attachés aux Guises travaillaient l'esprit de la noblesse avec autant d'activité, sinon avec autant de succès. L'exhérédation du roi de Navarre et le renversement des mignons étaient le double mot d'ordre que donnaient partout les moteurs de la Ligue.

1. *V.* le *Journal de Poulain*. On avait enrôlé Poulain, à cause de sa charge de lieutenant de la prévôté, qui permettait d'acheter des armes sous son couvert sans éveiller les soupçons ; ce qui se fit incessamment de janvier à juillet 1585. Hotman de La Rochebloud était le trésorier de la Ligue, et de grands personnages fournissaient l'argent. L'auteur du *Dialogue du Maheustre* avoue qu'on recevait « des doublons d'Espagne à pleines mains », p. 443. Sur tous ces personnages, *V.* les Remarques à la suite de la *Satire Ménippée*, t. II, p. 93, 102, 133, 134, 116, etc., les articles qui portent leurs noms, dans Moréri et dans Bayle, et le curieux ouvrage de M. Ch. Labitte sur les *Prédicateurs de la Ligue*, chap. I, § 3-6.

2. *Dialogue du Maheustre*, 438-439.

On rejetait l'héritier de la couronne : il fallait en désigner un autre ; la voix du peuple, surtout à Paris, n'eût point hésité : le flot de la faveur populaire soulevait Guise et le poussait vers les marches du trône. Mais le duc Henri ne céda point à des ardeurs trop hâtives : il voyait quels obstacles le séparaient de ce but qu'il osait à peine s'avouer à lui-même. La vaste coalition sur laquelle il s'appuyait était d'accord pour détruire, non pour réédifier : non-seulement la branche aînée de la maison de Lorraine, au profit de laquelle tournaient les fables de l'origine « carlingienne », n'eût point accepté l'élévation de sa cadette ; mais Henri de Guise n'était assuré ni du duc de Mercœur, chef de la branche de Vaudemont, ambitieux et dissimulé, ni même de son propre frère Mayenne. Quant à Philippe II, il voulait bien un lieutenant, mais non point un égal. Les princes étrangers et les grands seigneurs français visaient au démembrement de la France, plutôt qu'à un changement de dynastie. D'une autre part, la noblesse et la haute bourgeoisie étaient trop imbues des habitudes de la monarchie pour accepter, sans transition, une révolution dynastique ; Henri de Guise mit tout d'accord en ajournant tout. Il lui fallait un prête-nom, un manteau à l'ombre duquel il pût préparer à loisir ses machines : il le trouva dans le cardinal de Bourbon, vieillard bigot, voluptueux et inepte[1], que gouvernait un favori intrigant et cupide. Le favori vendit son maître à Guise. Ce fut là le candidat que l'on présenta aux ligueurs et à l'Europe catholique ; héritier sexagénaire d'un roi de trente-trois ans. Le roi de Navarre exclu pour hérésie, le cardinal son oncle devenait en effet le successeur présomptif de Henri III[2]. Guise exalta cette tête faible et vaniteuse, lui parla de se faire relever de ses vœux et d'épouser la duchesse douairière de Montpensier[3]. L'oncle du

---

1. De Thou le représente comme hébété par la crapule et par la passion du jeu ; t. IV, l. LXXXI, p. 255.

2. On essaya de démontrer que le cardinal était premier prince du sang, indépendamment de la question d'hérésie. Un docteur italien, Mateo Zampini, fit une dissertation pour prouver que la représentation n'avait pas lieu en ligne collatérale et que l'oncle, étant plus près d'un degré que le neveu, devait lui être préféré. François Hotman réfuta Zampini, et l'auteur de la *Franco Gallia* se montra fort monarchique dans sa réponse, à présent que le représentant du droit monarchique était huguenot. V. Bayle, article HOTMAN.

3. Sœur des Guises. Le feu duc de Montpensier l'avait épousée, en secondes noces,

chef des Bourbons et la mère des derniers Valois servirent d'instruments à Henri de Guise pour travailler à la ruine des Valois et des Bourbons. Catherine de Médicis, persuadée, d'après le rapport du premier médecin Miron [1], que le roi ne pouvait tarder à perdre la raison, voulait se mettre en mesure de ressaisir la régence et de recommencer son règne, « comme si elle croyoit ne devoir jamais mourir [2]! » Elle rêvait l'abolition de la Loi Salique au profit du fils de sa fille aînée, la duchesse de Lorraine. Guise feignit d'entrer dans ses vues et la gagna ainsi plus qu'à demi à la Ligue, et, par elle, ceux des grands officiers de la couronne et des conseillers du roi qui étaient habitués à suivre ses inspirations : les Cheverni, les Bellièvre, les Villeroi. Guise trompa celle qui avait passé toute sa vie à tromper. Vis-à-vis de Philippe II, c'était un autre langage; Guise n'ambitionnait que d'être le bras de cette tête suprême du catholicisme; il ne travaillait qu'à mettre la France sous les lois du Roi Catholique et n'attendait sa récompense que de Philippe. Il parlait à tous la langue de leurs passions, et gardait pour lui seul son audacieuse pensée.

La situation générale de la chrétienté devait encourager la Ligue à tout oser : la lutte était engagée avec plus d'acharnement que jamais entre les deux principes religieux, et, sur beaucoup de points, le catholicisme reprenait l'avantage et chassait son rival de poste en poste. En Allemagne, la Réforme reperdait tout ce qu'elle avait gagné de terrain depuis le traité de Passau. L'empereur Rodolphe avait les sentiments de sa mère, digne sœur de Philippe II, et non ceux de son père Maximilien; il avait retiré violemment aux protestants autrichiens la liberté religieuse accordée par son père. La maison ducale de Bavière et la plupart des princes ecclésiastiques suivaient le même plan, malgré toutes les résistances. Un grand coup fut tenté en sens contraire. L'archevêque électeur de Cologne, Gebhard Truchses, se maria et embrassa le luthéranisme. Cet événement menaçait d'amener l'élection d'un roi des Romains protestant, en donnant la majorité aux réformés dans le

en 1570, dans le temps où il était uni aux Guises contre la branche aînée des Bourbons.

1. *Mém. de Nevers*, t. I, p. 163.
2. *Come che lei stimi di non aver mai a morire! Relations des ambassadeurs vénitiens*, t. II, p.

collége électoral. Les catholiques ne perdirent pas de temps : le pape lança une sentence de déposition contre Truchses et fit élire à sa place Ernest de Bavière. L'empereur, la maison de Bavière et le prince de Parme soutinrent par la force des armes le candidat orthodoxe; Jean-Casimir prit en vain la défense de l'archevêque luthérien; les électeurs protestants hésitèrent à entrer en guerre contre l'empereur et à transgresser le traité de Passau. Gebhard Truchses succomba et fut réduit à se réfugier en Hollande (1583-1584).

La diplomatie romaine déployait une activité prodigieuse : elle réveillait les querelles religieuses de la Suisse, pour isoler Genève et préparer le succès des projets du duc de Savoie contre cette métropole de l'hérésie; elle s'efforçait de regagner le roi de Suède au catholicisme et faillit y réussir; elle pénétrait jusque dans la cour à demi barbare du tzar de Moscovie.

En Belgique, le prince de Parme s'avançait de succès en succès. Les petites villes étaient prises les unes après les autres. Les grandes étaient livrées à une anarchie dont le parti catholique profitait pour négocier avec les Wallons et le lieutenant de Philippe II. Le catholicisme avait été là plutôt étourdi qu'abattu; si le menu peuple lui était contraire, les classes aristocratiques pesaient de tout leur poids en sa faveur. La défense était entravée par mille intrigues : on poussait le parti de l'indépendance à se perdre par son exagération même; à Gand, le démagogue protestant Hembyze était devenu l'agent secret de l'Espagne, ce qui peut donner une idée du chaos où se débattait la Flandre. Le prince d'Orange, assailli d'injustes soupçons, entravé dans tous ses desseins, s'était retiré en Zélande. Ypres, après un blocus de neuf mois, s'était rendue à la mi-avril 1584. Bruges traita quelques semaines plus tard (25 mai). L'interdiction du culte protestant et l'expulsion des réformés étaient à peu près les seules conditions qu'imposât le prince de Parme : il se montrait facile sur tout le reste; les villes conservaient leurs priviléges en capitulant. Cette politique réussit mieux que celle du duc d'Albe.

Mais le lieutenant de Philippe II et le parti romain ne s'en tinrent pas à cette politique; des moyens plus odieux furent mis en usage. Les jésuites avaient repris à leur compte cette doctrine du tyrannicide que les protestants avaient appliquée à François de Guise, et combinaient dans leur enseignement, comme on l'a montré [1], la théorie du moyen âge sur l'excommunié, mis hors la loi et hors la nature, avec le principe de l'antiquité sur le droit et le devoir du citoyen de mettre à mort l'usurpateur de la république, le « tyran illégitime [2] ». Philippe II et Marie Stuart étaient donc pour eux « la république légitime »; Élisabeth et le prince d'Orange, comme tout chef protestant, étaient le « tyran illégitime ». Guillaume, le libérateur, le héros de l'humanité, lui qui, après avoir présidé à l'affranchissement de la Hollande protestante, eût voulu accorder en Hollande le culte libre aux catholiques, Guillaume travesti en tyran, cela en dit assez sur ce génie de l'équivoque jésuitique qui dénature tout, l'esprit et le sens moral, les idées et les mots. Le prince d'Orange, après avoir échappé à deux ou trois tentatives d'assassinat, fut enfin, le 10 juillet, à Delft, blessé mortellement d'un coup de pistolet [3], par un jeune fanatique comtois, Balthasar Gérard, qui avoua avoir été encouragé au meurtre par un jésuite et un cordelier et par le prince de Parme [4]. Le meurtre du prince d'Orange se rattachait à une série de grands attentats combinés contre les chefs du protestantisme. Au mois de février précédent, William Parry, membre de la chambre des communes d'Angleterre, avait été condamné à mort pour un complot contre la vie d'Élisabeth [5]. Deux projets d'assassinat furent ourdis contre le roi de Navarre, dans le courant de cette même année, et découverts avant d'arriver jusqu'à l'exécution [6].

1. M. Michelet, *La Ligue et Henri IV*, p. 124.
2. V. les étranges citations de Mariana; *ibid*. Le jésuite historien et casuiste discute les procédés licites et illicites pour se défaire du tyran. « Défendu de l'empoisonner dans une coupe; permis de l'empoisonner par la selle de son cheval, etc., » et les raisons incroyables de ces distinctions!
3. Il fut frappé entre sa sœur et sa femme, Louise de Coligni, fille de l'amiral et veuve de Téligni!
4. Le jésuite lui dit qu'il serait martyr; le prince de Parme, qu'il serait immortalisé. Ce malheureux, nature héroïque perdue par des maximes perverses, montra dans les tortures une impassibilité stupéfiante et périt livré à d'effroyables supplices que Guillaume avait demandé, en pareille occasion, qu'on épargnât à ses assassins. V. la notice extrêmement curieuse publiée par M. Gachard dans les *Bulletins de l'Académie royale de Belgique*, t. XXIII, n° 10. La famille de Gérard eut de grandes récompenses honorifiques et pécuniaires de Philippe II.
5. V. les Pièces dans le t. I des *Mémoires de la Ligue*.
6. D'Aubigné, col. 1086.

Philippe II et son lieutenant avaient cru abattre l'insurrection neerlandaise avec le prince d'Orange. Gand, en effet, ouvrit ses portes deux mois après la mort de Guillaume de Nassau, et la Flandre entière, sauf Ostende, L'Écluse et quelques forteresses, rentra définitivement sous la domination catholique (17 septembre 1584) : Bruxelles et Malines, bloquées par un ennemi maître de tout le plat pays, ne pouvaient tarder de suivre l'exemple de Gand, et le siége d'Anvers était déjà commencé; mais les Provinces-Unies du Nord restèrent inébranlables. Maurice de Nassau, jeune homme de dix-huit ans, fils du prince assassiné, fut élu gouverneur héréditaire de Hollande et de Zélande, et son cousin, Guillaume de Nassau, gouverneur héréditaire de Frise; les Provinces-Unies, poussées par Marnix, offrirent au roi de France la souveraineté qu'avait eue son frère avec une autorité plus étendue (juillet-août 1584).

Ceux des capitaines français qui n'étaient point enchaînés aux Guises pressaient le roi d'accepter : la reine mère, par une absurde contradiction, tout en favorisant secrètement la Ligue dans l'intérêt de la branche aînée de Lorraine, demeurait fidèle à son hostilité contre le grand patron de la Ligue, contre Philippe II, et poussait à la guerre contre l'Espagne [1]. La perplexité de Henri III était extrême : il n'avait pas même osé accepter ouvertement le legs que lui avait fait son frère de la ville de Cambrai : c'était Catherine qui en avait pris possession, en garantie de ses prétentions sur le Portugal! Et maintenant on voulait qu'il défiât Philippe II à une lutte mortelle! Cette idée le bourrelait d'angoisse et de terreur : il se sentait environné de piéges, dénué des ressources matérielles et surtout de la force morale nécessaires pour soutenir une telle querelle [2]. Il tergiversa selon sa coutume, et ne sut dire franchement ni oui ni non.

---

1. En même temps, toujours chimérique, elle rêvait une transaction avec Philippe II sur les Pays-Bas et le Portugal « au moyen de quelque mariage ». *Relation de l'ambass. vénit. Priuli*, ap. Ranke, l. v, *affaires étrangères*.

2. Il y a, dans la correspondance de Henri III avec M. de Villeroi, un monument intéressant de la situation morale de ce prince. C'est une longue lettre, pleine de tristesse et d'amertume, où il compare ce qu'il aurait pu être et ce qu'il est; il sent et avoue sa dégradation sans ménagement pour lui-même. Il refait son règne par la pensée. « Il étoit en nous de ne tomber où nous sommes!... Si nous eussions pris la voie salutaire avec le courage qui étoit nécessaire, nous fussions en termes tout contraires

Cependant, à mesure que les bruits souterrains de la Ligue montaient jusqu'à lui, Henri faisait quelques pas vers les huguenots et les Neerlandais. Il avait autorisé la tenue d'une assemblée générale des huguenots à Montauban (septembre 1584); il accorda aux délégués de cette assemblée la conservation des places de sûreté pour deux années encore. Le 11 novembre, il publia une déclaration de lèse-majesté contre les promoteurs et adhérents de ligues et associations. En même temps, il s'efforçait de regagner l'opinion publique : il diminua la taille de 700,000 livres pour l'année 1585; il supprima un grand nombre d'offices, et déclara criminel de lèse-majesté quiconque « bailleroit ci-après mémoires et feroit poursuites pour l'établissement d'offices inutiles et à la charge du peuple [1] ». Il promulgua, le 1er janvier 1585, un long règlement sur l'ordre de la cour et des conseils, et sur la réforme de divers abus [2], et s'entoura d'une

---

à ceux que nous sommes et tomberons désormais de plus en plus!... » Il regrette de n'avoir pas « bâti de bonne heure sur le fondement de la bienveillance de ses sujets » et de ne s'être pas laissé conduire « à la raison, et non à l'irrésolution, perte de toutes les monarchies..... Il y eut un roi en la Judée, je ne sais si ce fut Roboam, qui, par mauvais conseil, fut perdu; Dieu en garde le roi de France! » Il rappelle le temps de force et d'union de la France, « le temps où le roi de France ne devoit rien, ains avoit deniers en sa bourse, et, par même moyen, ne faisoit subsides nouveaux et à la grande charge du peuple, et ne le laissoit manger horriblement sans se remuer..... Ce temps-là, misérable que je suis, n'est plus, et nous fuyons tant que nous pouvons le chemin de le revoir!... »

Il laisse percer, dans toute cette lettre, un sourd ressentiment contre sa mère, un mélange singulier de colère et de crainte; sans la nommer, il laisse entendre que c'est elle qui a commencé et qui achèvera de le perdre, en l'entraînant à une guerre qu'il n'est plus capable de soutenir. Quelque dégoût qu'inspire le caractère de Henri III, on ne saurait se défendre d'un sentiment de compassion en voyant ce méprisable et malheureux monarque sonder ainsi du regard l'abîme à mesure qu'il s'y enfonce. Au reste, on peut douter que, même dans les moments où il rougissait de son abaissement, il en comprit bien les vraies causes, tant son esprit et son cœur étaient faussés! Dans cette lettre, qui est du 14 août 1584, il paraît plus inquiet des huguenots que des ligueurs.

Cette pièce a été publiée par M. Ernest Alby, dans la *Revue du XIXe siècle*, t. VI, livraison 14, no 2.

1. *Mém.* de Nevers, t. I, p. 633. — Isambert, t. XIV, p. 591.

2. Les peines contre les blasphémateurs sont renouvelées. — Les candidats aux prélatures doivent avoir vingt-sept ans au moins; leurs vie, mœurs et doctrine seront examinées par le grand-aumônier. — Le roi déclare avoir mis fin à la vénalité des offices de judicature et vouloir en faire autant pour les autres offices. — Défense aux titulaires de résigner leurs offices à prix d'argent. — On n'accordera plus les confiscations et amendes « avant le jugement ». — Les violences commises à la cour seront déférées au parlement dans le ressort duquel se trouvera le roi. — Défense à tous de

nouvelle garde particulière de quarante-cinq gentilshommes, ayant « bouche en cour » et 1,200 écus de gages, qui devaient jour et nuit veiller sur sa personne.

Ce leurre de réforme ne ramena pas plus l'opinion que la déclaration contre les promoteurs de ligues n'arrêta les ligueurs. Le cardinal de Bourbon avait accepté sans réserve le rôle que lui assignait Henri de Guise. Le 16 janvier 1585, un traité secret fut signé, au château de Joinville, entre les ducs de Guise et de Mayenne, stipulant tant en leurs noms qu'aux noms du cardinal de Guise et des ducs d'Aumale et d'Elbeuf [1], les commandeurs Tassis et Moreo, représentants de Philippe II, et François de Roncherolles, sieur de Maineville, représentant du cardinal de Bourbon et principal agent du duc de Guise auprès du conseil secret de la Ligue à Paris [2]. Les parties contractèrent union perpétuelle, afin d'extirper les sectes et hérésies de la France et des Pays-Bas, et d'exclure du trône de France les princes hérétiques ou « qui permettroient impunité publique aux hérétiques ». Les princes français contractants s'engageaient à faire interdire l'exercice de l'hérésie en France, à poursuivre, « à outrance et jusqu'à

présenter au roi avis et inventions pour recouvrer deniers à la « foule » du peuple, sous peine de bannissement, d'amende, ou même du fouet ou de l'estrapade, selon la qualité des personnes. — Suivent des dispositions assez curieuses sur l'étiquette de la cour. Nul ne se couvrira en présence du roi sans son commandement, excepté les princes, les cardinaux, MM. les ducs de Joyeuse et d'Épernon, et M. le chancelier. Nul ne s'asseoira devant le roi sans son ordre. Quand Sa Majesté paraîtra en public, à l'église, à la promenade, etc., nul ne s'approchera d'elle sans son ordre, et se tiendra chacun un peu éloigné. — Nul n'entrera au cabinet du roi sans y être appelé, excepté MM. les ducs de Joyeuse et d'Épernon. — On ne doit, durant le dîner du roi, parler qu'à voix haute, et de choses d'honneur et de vertu. — Il y aura désormais trois conseils : le conseil d'État, le conseil privé, le conseil des finances. Les deux premiers sont composés des mêmes personnes; seulement, les heures des séances et les matières différent; les princes, les cardinaux et les grands officiers de la couronne y siégeront avec trente-trois autres membres, au choix du roi, servant alternativement par tiers. Toutes les affaires politiques sont attribuées au conseil d'État; le conseil privé aura le contentieux. Le conseil des finances, beaucoup moins nombreux, ne se compose que des affidés du roi. — Les priviléges de tout genre prodigués aux deux mignons par ce règlement étaient on ne peut plus maladroits dans de telles circonstances. V. *Archives curieuses*, t. X, p. 299 et suiv. — Un édit de février 1585 rétablit les soldats invalides dans les places de « religieux laïques » à eux assignées en chaque abbaye et prieuré et usurpées par les bénéficiaires pour leurs domestiques. Isambert, XIV, 594.

1. Le marquis d'Elbeuf avait été récemment créé duc et pair.
2. Henri III, plus tard, appelait Maineville *Maineligue* (Mène-Ligue).

les anéantir », les hérétiques qui ne se voudraient point remettre en l'obéissance de l'Église et à faire recevoir entièrement les décrets du saint concile de Trente. Le cardinal de Bourbon, échéant la mort du roi régnant, s'obligeait à ratifier le traité du Cateau-Cambresis, à abjurer toute alliance avec le Turc [1], à faire cesser « toutes navigations illicites vers les Indes et îles appartenant à Sa Majesté Catholique », c'est-à-dire à abandonner le monopole de la navigation des Deux Indes aux Espagnols. Les princes français contractants devaient aider Philippe par tous les moyens à recouvrer Cambrai; Philippe s'engageait à leur payer un subside de 600,000 écus dans les six premiers mois de la prise d'armes, et 50,000 écus par mois tant que durerait la guerre, le tout remboursable à l'avénement du cardinal de Bourbon « ou de son successeur ». Tous princes, officiers de la couronne, seigneurs, gentilshommes, villes et communautés de France avec lesquels les princes contractants avaient ou pourraient avoir intelligence, et spécialement les ducs de Mercœur et de Nevers, étaient compris de droit dans le traité. Les parties s'interdisaient de traiter séparément avec Sa Majesté Très-Chrétienne ou autre prince quelconque, au sujet de ladite union [2]. Par deux actes supplémen-

[1]. Au mois de novembre 1581, une ambassade othomane était venue apporter au roi la confirmation des anciens traités de la Porte avec la France : le sultan Mourad avait offert à Henri III de l'aider au besoin de ses forces navales et l'avait convié à se faire représenter dans la cérémonie de la circoncision de son fils aîné, ce qui fit dire aux ligueurs que le roi était parrain du fils du Grand Turc. V. les pièces concernant les relations de la France avec l'empire othoman sous Henri III, insérées dans le t. III du *Journal* de L'Estoile, édit. de 1744, p. 338 et suiv. On y voit que les Français étaient exempts du droit d'aubaine en Turquie. Le même vol. 9592 des *Manuscrits* a fourni aux *Archives curieuses* une relation intéressante présentée au roi, le 30 mars 1585, par le sieur de Germigni, son ambassadeur à Constantinople. — M. de Germigni a maintenu la préséance française sur l'ambassadeur espagnol et sur tous les autres. Il a obtenu autorisation pour la nouvelle compagnie fondée par des armateurs de Marseille pour la pêche du corail sur la côte de Tunis. Le prince de Valachie a été rétabli dans sa dignité à la recommandation de Henri III. L'ambassadeur a protégé efficacement les chrétiens d'Orient, sauvé la vie à un visiteur apostolique envoyé par le pape aux églises catholiques du Levant, fait recevoir des jésuites et des observantins à Péra, obtenu le renouvellement des priviléges du mont Sinaï et de Jérusalem. *Archives curieuses*, t. X, p. 175.

[2]. Le traité dans Dumont, *Corps diplomatique*, t. V, p. 411 : les articles supplémentaires dans les *Commentaires* de Tassis. Le traité principal, qui porte la date du 31 décembre 1584, est antidaté, suivant Tassis. Un écrit du temps assure que la Ligue promit en outre de livrer à Philippe II Lyon ou Marseille en gage; mais le traité n'en parle pas. V. Ranke, *Hist. de France*, l. v, origine de la Ligue.

taires, Guise et Mayenne s'engageaient à livrer à Philippe II le prétendant de Portugal, don Antonio, à condition qu'il se contenterait de le retenir sous bonne garde, et le cardinal de Bourbon promettait à l'Espagne la cession de la Basse Navarre et du Béarn. Ce pacte peut se résumer en quelques mots; il livrait l'intérieur à l'ultramontanisme, les frontières et l'extérieur à l'Espagne. On peut juger si nous avons eu tort d'avancer que la Ligue fut toujours anti-nationale dans sa direction [1].

Quelques semaines avant le traité de Joinville, le cardinal de Bourbon, les princes lorrains et le duc de Nevers avaient dépêché à Rome le père Mathieu, jésuite lyonnais, que son zèle infatigable fit surnommer le « courrier de la Ligue. » Mathieu était chargé de réclamer les conseils et l'appui du saint-père. Il fut accueilli à bras ouverts et revint, en janvier 1585, annoncer que le pape, après en avoir délibéré avec le cardinal de Como, son premier ministre, et le général des jésuites [2], autorisait la prise des armes contre les hérétiques, avec ou sans la permission du roi [3], « levant tout scrupule de conscience à cet égard. » Grégoire XIII accordait verbalement indulgence plénière pour cette œuvre sainte et promettait qu'aussitôt que les catholiques auraient levé l'étendard, il déclarerait le roi de Navarre et le prince de Condé incapables de succéder au trône de France. « Le pape, » ajoutait Mathieu, « *ne trouve pas bon qu'on attente à la vie du roi;* car cela ne se « peut faire en bonne conscience; mais, si l'on se pouvoit saisir « de sa personne, et ôter d'auprès de lui ceux qui sont cause de « la ruine de ce royaume, et lui donner gens qui le tinssent en

---

[1]. Ce qui ne détruit pas ce que nous avons dit de la bonne foi d'une partie des ligueurs. On ne leur disait pas tout; mais le comité de Paris fut complice.

[2]. Le général des jésuites avait récemment éloigné de la cour de France le père Edmond Auger, confesseur de Henri III, parce que ce religieux, attaché sincèrement à son royal pénitent, travaillait contre la Ligue. Le père Jouvenci, *Histoire de la Société de Jésus;* Rome, 1718, l. XVI, n° 24, p. 377.

[3]. Le père Mathieu cite la réponse du pape en italien : « Consente, et lauda che lo faciano, et leva loro ogni scrupulo di conscienza... instando el regno havera anco esso per ben fatto; ma, quando fosse altrimente, non per cio havevanno a resistere..., » Lettres du père Mathieu au duc de Nevers, ap. *Mémoires* de Nevers, t. I, p. 655. — Dans une autre lettre au duc de Nevers, signée Martelli, que nous pensons n'être qu'un pseudonyme du père Mathieu, on répète que le pape autorise les princes catholiques à prendre les armes contre les hérétiques et contre ceux qui les favoriseront, de quelque qualité qu'ils soient, « même royale »; *ibid.,* p. 652.

« bride et lui donnassent bon conseil, on trouveroit bon cela [1]. »

Le duc de Nevers, mécontent du roi, mais peu affectionné aux Lorrains, ne s'était engagé qu'avec hésitation dans la Ligue [2] : l'autorisation secrète du pape ne lui parut pas suffisante ; il voulait une bulle solennelle, que la prudente cour de Rome se refusait à lancer, de peur de pousser l'Allemagne protestante à quelque résolution désespérée. Il prit lentement le chemin de l'Italie pour aller conférer en personne avec le pape, sauf à ne pas dépasser la Provence, si un dessein qu'il avait formé sur cette contrée réussissait. Les princes lorrains n'étaient pas disposés à attendre son retour les bras croisés.

La crise approchait : à chaque instant de nouveaux agents neerlandais accouraient supplier Henri III de se résoudre à intervenir dans les Pays-Bas avant que la Belgique entière fût perdue. Vers la fin de janvier, une grande ambassade vint offrir au roi douze villes de sûreté et 100,000 écus par mois, dont la reine d'Angleterre garantissait une partie. Élisabeth, exaspérée par les complots qui assaillaient son trône et sa vie, alarmée des grands préparatifs maritimes de l'Espagne, menacée, du côté de l'Écosse, par des efforts toujours renouvelés pour tourner contre l'Angleterre le fils de Marie Stuart, avait, depuis un an, chassé l'ambassadeur d'Espagne comme complice des conspirateurs anglais, et, changeant brusquement de système, appelait elle-même dans les Pays-Bas ces Français qu'elle n'y avait jamais vu pénétrer qu'avec jalousie : elle voulait empêcher à tout prix le triomphe de Philippe II, et espérait sans doute que les Provinces-Unies tomberaient des mains défaillantes de Henri III dans les siennes.

Le faible monarque, n'osant faire aux envoyés neerlandais une réception publique, leur avait ordonné de s'arrêter à Senlis, puis les avait mandés secrètement à Paris. Avant qu'il les eût reçus, l'ambassadeur d'Espagne, ce même Bernardino de Mendoça qu'Élisabeth avait expulsé d'Angleterre, le somma de ne point

---

1. *Mémoires* de Nevers, t. I, p. 657. Quelqu'un avait donc chargé Mathieu de débattre s'il serait « bon d'attenter à la vie du roi » ?

2. En signant la Ligue, le 15 décembre 1584, il avait fait ses réserves en faveur de l'autorité royale et contre toute dérogation aux lois fondamentales de l'état, qui tendrait à élever au trône des princes que n'y appellent point le sang ni la Loi Salique. *Mémoires* de Nevers, t. I, p. 636.

écouter ces rebelles excommuniés et de ne pas attirer sur lui la juste vengeance de S. M. Catholique. L'insolence de l'Espagnol rendit, pour un moment, quelque dignité à Henri III : il répondit que les Flamands n'étaient point des rebelles, mais des peuples injustement opprimés ; que la France avait toujours été le refuge des malheureux ; qu'un roi de France ne tremblait devant personne, et que ni menaces ni dangers ne le feraient dévier de la générosité de ses ancêtres envers ceux qui recouraient à sa protection. Quelques jours après (12 février), il donna audience aux représentants des Provinces-Unies, les accueillit fort gracieusement et demanda quelque délai pour délibérer mûrement sur leurs offres.

Le 23 février, on vit entrer à Paris une ambassade anglaise qui apportait au roi l'ordre de la Jarretière et venait le presser d'accepter les propositions des Neerlandais. Henri, au grand scandale des zélés catholiques, reçut avec solennité le ruban de la Jarretière dans l'église des Augustins (28 février). Henri semblait près de se décider.

Il était trop tard : ce qui eût été praticable à l'époque de la mort du duc d'Anjou était devenu impossible. La Ligue était prête, le roi ne l'était pas. Le prince de Parme et l'ambassadeur d'Espagne sommèrent le duc de Guise d'exécuter le traité de Joinville et le menacèrent, dit-on, de tout révéler au roi s'il différait encore d'agir. Guise et Mayenne appelèrent autour d'eux à Joinville la noblesse ligueuse de Champagne et de Bourgogne, dépêchèrent des agents en Suisse et en Allemagne, afin de faire marcher les Suisses catholiques et les reîtres qu'ils avaient pratiqués ; puis ils se séparèrent : Guise, pour se saisir de Châlons (21 mars) ; Mayenne, pour s'emparer de Dijon. La noblesse ligueuse de Picardie, que dirigeait le duc d'Aumale, alla chercher le cardinal de Bourbon à son château de Gaillon et le conduisit à Péronne, au berceau de la Ligue.

Les premiers bruits de ces mouvements surprirent Henri III au milieu des débauches accoutumées du carnaval. L'étincelle de résolution qu'il avait montrée s'évanouit aussitôt : il déclara publiquement qu'il voulait « garder la paix avec le roi d'Espagne » et congédia les ambassadeurs des Provinces-Unies, en leur disant qu'il ne pouvait rien pour eux jusqu'à ce que la tranquillité fût rétablie dans son royaume, et en les renvoyant à la reine d'Angleterre et au roi de Navarre. Il prit cependant quelques mesures de défense. Le 28 mars, il publia une déclaration contre ceux qui faisaient des levées de gens de guerre, ordonnant de leur courre sus; il dépêcha des recruteurs en Allemagne et en Suisse; il manda à Paris les princes du sang catholiques[1], les grands, la noblesse, qui ne mit pas beaucoup d'empressement à répondre à l'appel; il fit garder militairement les portes de la capitale, et, « bien averti », dit L'Estoile, « que la plupart des marchands et du menu peuple de sa ville de Paris tenoient le parti de la Ligue, » il changea, d'autorité, tous les capitaines et lieutenants de la milice bourgeoise et les remplaça par des officiers royaux (30 mars). Mais, en même temps, il se hâtait d'entamer les négociations et d'expédier la reine mère en Champagne vers le duc de Guise (29-30 mars).

Le 31 mars, le manifeste de la Ligue, imprimé à Reims, fut publié à Péronne. Rédigé, au nom de « Dieu tout-puissant, roi des rois », il exposait, dans les termes les plus propres à émouvoir l'imagination populaire, les griefs et les sujets d'alarme « des gens de bien »; les prétentions des ennemis de l'Église à la succession du roi, dans le cas où S. M. décéderait sans lignée, comme « il est trop à craindre »; l'appui que rencontraient ces prétentions parmi ceux qui, s'étant « glissés en l'amitié du roi », s'étaient « comme saisis de son autorité », avaient « tiré à eux tout l'or et argent de ses coffres », et accablé ses sujets « d'infinies oppressions »; les préparatifs des hérétiques, qui retenaient des villes et places fortes qu'ils eussent dû avoir remises dès longtemps entre les mains du roi, et leurs pratiques chez les princes protestants d'Allemagne « pour avoir des forces afin d'opprimer les gens de bien plus à leur aise ».

« Pour ces justes causes et considérations », Charles de Bourbon « premier prince du sang », cardinal, etc., « comme celui à

1. C'étaient, outre le cardinal de Bourbon, les trois jeunes frères du prince de Condé et le duc de Montpensier. Les trois jeunes Condés étaient restés à la cour depuis l'évasion de leur aîné et persévérèrent toujours dans le catholicisme. Un des trois avait reçu le chapeau rouge et s'appelait le cardinal de Vendôme; les deux autres portaient les titres de prince de Conti et de comte de Soissons.

qui touche de plus près de prendre en sauvegarde la religion et l'état, assisté de plusieurs princes du sang, cardinaux et autres princes, pairs, prélats, officiers de la couronne, gouverneurs de provinces, seigneurs, gentilshommes, de beaucoup de bonnes villes et communautés, etc., faisant la meilleure et la plus saine partie de ce royaume », déclarait avoir juré de tenir main-forte à ce que la sainte Église de Dieu fût réintégrée en la vraie seule catholique religion, que la noblesse jouît de sa franchise tout entière [1], que le peuple fût soulagé des nouvelles impositions établies depuis Charles IX, que les parlements fussent remis en la plénitude de leur juridiction, et tous les sujets du royaume maintenus en leurs gouvernements, charges et offices, sans qu'on les leur pût ôter que par jugement[2], enfin que les deniers levés sur le peuple fussent dorénavant employés à l'effet auquel ils sont destinés, et que les États Généraux fussent tenus au moins une fois tous les trois ans; protestant de poser les armes « aussitôt qu'il aura plu à S. M. faire cesser le péril qui menace la ruine du service de Dieu et de tant de gens de bien », mais de plutôt mourir tous que de les poser sans cette condition, « avec désir d'être amoncelés dans une sépulture consacrée aux derniers François, morts en armes pour le service de Dieu et de leur patrie [3] ».

Cette pièce n'était signée que par le cardinal de Bourbon; mais on répandit partout, avec le manifeste, une liste des chefs de la Ligue, où l'on faisait figurer tous les princes catholiques de l'Europe. On y donnait aux ducs de Lorraine et de Guise le titre de lieutenants-généraux de la Ligue. Le duc de Lorraine avait, en effet, renoncé pour la première fois à la neutralité qu'il avait gardée depuis l'origine des guerres civiles de France.

Le roi répondit, dans le courant d'avril, au manifeste de la Ligue, par une déclaration où il s'exprimait, non point en souverain répliquant à des rebelles, mais en accusé se justifiant devant ses juges. Il rappelait le zèle religieux dont il avait donné tant de preuves; il n'avait, disait-il, accordé la paix aux préten-

1. La noblesse se plaignait d'être obligée de payer sa part des aides et droits sur les denrées et marchandises. Cet article des griefs de la Ligue n'était rien moins que « démocratique ».
2. Ainsi, la Ligue demande l'inamovibilité de tous les emplois.
3. *Mém. de la Ligue*, t. I, p. 56.

dus réformés que par nécessité; il éludait la question de la succession royale, parlait de son âge, de sa santé florissante, de l'espoir que Dieu lui donnerait des enfants, et terminait en « priant » les chefs « desdits remuements d'armes » de se départir de toutes ligues et voies de fait, et, comme ses parents et serviteurs, de se rallier à lui afin de pourvoir à la restauration du service de Dieu et du bien public [1].

Cette faible réponse, rédigée, dit-on, par le secrétaire d'État Villeroi, redoubla l'audace des princes ligués, déjà bien assez encouragés par les nouvelles qu'ils recevaient de tous les points de l'horizon. L'explosion de la Ligue en 1585 fut la contre-partie de ce qu'avait été le grand mouvement des huguenots en 1562. La Champagne presque entière, la plus grande partie de la Picardie, de la Bourgogne et de la Normandie, Reims, Châlons, Soissons, Mézières, Péronne, Amiens, naguère opposé à la Ligue, Abbeville, Rouen, Dijon, Mâcon, Auxonne, s'étaient livrés sans coup férir : François d'O, ancien favori, jaloux de la fortune de Joyeuse et d'Épernon, avait ouvert les portes de Caen au duc d'Elbeuf. Le roi chargea le duc de Montpensier et le maréchal d'Aumont de s'assurer d'Orléans : d'Entragues, gouverneur d'Orléans, tourna le canon de la citadelle contre les troupes du roi et, secondé par le peuple, força le duc et le maréchal à la retraite (7 avril). Bourges et le gouverneur du Berri, La Châtre, se déclarèrent aussi pour la Ligue. Angers en fit autant, et la Bretagne, irritée des exactions du roi, fut entraînée sans peine par son gouverneur, le duc de Mercœur, qui trahit le roi son beau-frère en faveur de ses cousins de Guise, ou plutôt en faveur de ses propres intérêts. Mercœur nourrissait les prétentions les plus téméraires; il avait épousé une descendante des Penthièvres, issue, par les femmes, des anciens ducs de Bretagne, et caressait l'espoir de faire valoir un jour « les droits de sa femme ». Henri III lui en avait fourni les moyens en lui accordant le gouvernement de Bretagne à la mort du vieux duc de Montpensier [2].

Tandis que Mercœur soulevait la Bretagne, Elbeuf la Norman-

---

1. *Mém. de la Ligue*, t. I, p. 63. — *Mém.* de Nevers, t. I, p. 647.
2. Mercœur paya une indemnité au fils du duc de Montpensier, comme si le gouvernement de Bretagne eût été une propriété de famille.

die, Aumale la Picardie, Guise, après avoir amené en grande pompe le cardinal de Bourbon de Péronne à Reims et à Châlons, quartier général de la Ligue, avait été joindre le duc de Lorraine dans les Trois-Évêchés : Verdun leur fut livré par le bailli, par le chapitre et par les habitants, malgré le gouverneur (20 avril); Toul eut le même sort; Metz, où le duc d'Épernon avait mis une bonne garnison et dont les habitants étaient en grande partie protestants, ne remua pas. Le duc de Guise rentra en Champagne, pour écouter les propositions d'accommodement qu'apportait la reine mère; mais les prétentions des ligueurs étaient telles que les pourparlers tenus à Épernai ne purent aboutir.

La grande cité de Lyon venait aussi d'arborer l'étendard de la Ligue. Le gouverneur Mandelot, mécontent que le duc d'Épernon eût changé malgré lui le commandant de la citadelle, excita secrètement le peuple à se soulever et à assaillir cette forteresse, qui n'était point en état de défense et qui fut emportée par escalade et rasée (5 mai). Les principales villes du Dauphiné suivirent l'impulsion de Lyon.

Toutes les nouvelles n'étaient pas cependant aussi mauvaises pour le roi. Les Ligueurs avaient échoué en Provence, quoiqu'ils y eussent habilement combiné leurs tentatives. Le manifeste de la Ligue avait été envoyé par Guise et Mayenne au parlement d'Aix dès le 19 mars, douze jours avant la publication, pour tâcher de séduire ce corps si connu par son zèle catholique. Le duc de Nevers, qui se dirigeait, disait-il, vers l'Italie, s'était arrêté à Avignon, afin de profiter de ce qui se préparait. Quatre galères, envoyées par le grand-duc de Toscane sous prétexte d'escorter Nevers, étaient arrivées dans la rade de Marseille et devaient prêter appui à l'insurrection. Le 9 avril au soir, le second consul de Marseille, La Motte-Dariès, et le capitaine quartenier Boniface donnèrent le signal par un fratricide, en égorgeant dans sa maison le général des finances de Provence, propre frère du capitaine Boniface : ils appelèrent le peuple aux armes, arrêtèrent tous les huguenots de la ville et, le lendemain, en massacrèrent quelques-uns afin d'entretenir la fermentation populaire; puis ils se saisirent du fort de Notre-Dame de la Garde et écrivirent à de Vins¹, chef de la noblesse ligueuse de Provence, d'accourir à Marseille avec ses amis. De Vins fut prévenu; un citoyen très-influent, nommé Bouquier, rallia la bourgeoisie et la décida à s'opposer à l'entrée de la gentilhommerie ligueuse; le menu peuple hésita; Dariès et Boniface, abandonnés de la multitude, furent arrêtés par Bouquier et par ses amis, qui mandèrent d'Aix le grand prieur (le bâtard d'Angoulême), gouverneur de Provence. Dariès et Boniface furent condamnés à mort et décapités, aux acclamations du peuple (13 avril)². Le duc de Nevers, qui avait compté s'emparer du gouvernement de Provence, voyant le coup manqué, abandonna la Ligue, en prétextant des scrupules de conscience, et passa en Italie, auprès du nouveau pape Sixte V, qui venait d'être élu à la place du vieux Grégoire XIII, mort le 10 avril.

La Ligue n'avait pas réussi non plus à Bordeaux : le maréchal de Matignon, lieutenant-général du roi en Guyenne, était parvenu à se faire élire maire de cette ville, et, par son crédit sur la bourgeoisie autant que par ses mesures militaires, il prévint la rébellion. Michel de Montaigne, son prédécesseur dans la mairie de Bordeaux, l'aida sans doute efficacement.

En Bourgogne, tandis que Jean de Tavannes, un des fils du maréchal Gaspard, donnait Auxonne à la Ligue, son frère Guillaume de Tavannes et son beau-frère Chabot de Charni maintenaient Chalon et Beaune sous l'obéissance du roi. En Languedoc, le maréchal de Joyeuse parvint à contenir Toulouse; le maréchal de Montmorenci repoussa les avances des Guises et se rapprocha de ses anciens alliés les huguenots.

Les moyens de résistance ne manquaient point au roi : la plus grande partie des troupes étaient encore fidèles; la reine d'Angleterre offrait six mille auxiliaires; les Vénitiens, qui avaient intérêt à empêcher la ruine de la couronne de France, offrirent des secours d'argent. Il ne venait point de reîtres au roi : Schomberg, comte de Nanteuil, dépêché par Henri III en Allemagne,

---

1. C'était ce même de Vins qui, au siége de La Rochelle, en 1573, s'était jeté au-devant d'une arquebusade destinée au duc d'Anjou. Mal récompensé de son dévouement, il avait pris le parti de la Ligue.
2. *Histoire véritable de la prise de Marseille*, etc., ap. *Mémoires de la Ligue*, t. I, p. 78. — Autre relation, ap. *Archives curieuses*, t. X.

avait été arrêté à son passage en Lorraine ; mais, à défaut de reîtres, les Suisses arrivaient ; pour quatre mille que recevaient les ligueurs, il en venait huit mille à Henri III. Les hostilités s'étaient engagées sur la Loire à l'avantage des gens du roi. D'Entragues et La Châtre, à la tête des ligueurs de l'Orléanais et du Berri, ayant attaqué Gien, ville où les protestants étaient en force, le duc d'Épernon et le maréchal d'Aumont marchèrent contre eux et les obligèrent de lever le siége. L'autre favori, Joyeuse, empêcha le duc d'Elbeuf de rejoindre avec ses Normands les ligueurs des provinces du centre et le repoussa des environs de Beaugenci jusqu'en Basse-Normandie. En Poitou, le duc de Montpensier, aidé par la jeunesse protestante de Loudun, de Thouars, de Fontenai, dissipa les levées de la Ligue avant que les Bretons eussent pu intervenir (juin). Les réformés, sentant que c'était pour eux une question de vie ou de mort, avaient partout couru aux armes et pressaient le roi d'accepter leur assistance.

Mais les huguenots inspiraient à Henri III encore plus de crainte et d'aversion que les ligueurs : un de ses deux mignons, Joyeuse, et la plupart de ses conseillers, le conjuraient de se réconcilier à tout prix avec les catholiques plutôt que de s'allier aux hérétiques ; ses propres sentiments, ses souvenirs, ses superstitions, le faisaient assez de lui-même pencher de ce côté. Dès le commencement de la révolte, il avait écrit au roi de Navarre pour le prier de rester immobile, de laisser les ligueurs porter les premiers coups et « montrer leurs mauvais desseins » ; il lui avait promis, s'il obéissait, de ne signer aucun traité à son préjudice. Les protestants furent donc réduits, durant quelques semaines, à guerroyer avec leurs plumes et non avec leurs épées. Mornai fut le héros de cette guerre de pamphlets, où joutèrent huguenots, ligueurs et « catholiques royaux ». Ce fut lui qui dressa la déclaration que publia le roi de Navarre, le 10 juin[1] « contre les calomnies publiées contre lui et la protestation de ceux de la Ligue ». Cette pièce était écrite avec une modération

---

1. La reine Marguerite, avec qui Henri de Navarre n'avait plus vécu maritalement depuis l'affront de 1583, venait de le quitter à la fin de mai pour se jeter dans Agen, qu'elle insurgea au nom de la Ligue. Sa séparation d'avec son mari fut cette fois définitive.

digne et habile. Le roi de Navarre s'adressait à tous les rois, princes, états et nations de la chrétienté, et spécialement au roi « son souverain seigneur » et au peuple de France, pour se justifier à leurs yeux d'être « hérétique, relaps, persécuteur de l'Église, perturbateur de l'État, ennemi juré de tous les catholiques », ainsi que l'en accusaient « ceux qui couvrent leur mauvaise intention du zèle de la religion et du bien public. » Il déclarait croire aux symboles de la foi catholique et apostolique, et admettre les décrets des plus anciens, célèbres et légitimes conciles, comme de tout saint et légitime concile général ou national qui pourrait être assemblé derechef, prenant la conscience des catholiques à témoin que le concile de Trente n'avait été ni libre ni universel. Il invoque la solidarité avec tous les « grands et saints personnages » qui, depuis cinq siècles, avaient élevé la voix contre les abus de l'Église, sans être hérétiques pour cela : il se dit innocent du « schisme » qui était antérieur à sa naissance, réfute les projets qu'on lui attribue en rappelant la modération qu'il a toujours témoignée envers les catholiques, énonce ce principe que « pourvu que le fonds de bonne conscience y soit, la diversité de religion n'empêche point qu'un bon prince ne puisse tirer très-bon service indifféremment de ses sujets ». C'était bien plus ici le tolérant Henri de Navarre qui parlait que le rigide calviniste Mornai. Henri fut toujours fidèle à cette maxime.

Enfin, après avoir récriminé contre les conjurations de « ceux de la Ligue » depuis 1576, pour prouver sa sincérité et la « feintise » de ses ennemis, il propose, tant en son nom qu'au nom du prince de Condé, de remettre au roi les places de sûreté et les gouvernements qui leur ont été confiés, à condition que « ceux de la Ligue » renoncent pareillement aux gouvernements qu'ils tiennent. Il termine par jeter un démenti à la face des ligueurs et par adresser un défi chevaleresque au duc de Guise, en priant le roi de lui permettre de vider la querelle avec le chef de la Ligue, un à un, dix à dix, vingt à vingt, afin d'éviter la grande effusion du sang de la noblesse et la misère et désolation du peuple [1].

1. *Mémoires de la Ligue*, t. I, p. 120.

La déclaration officielle du roi de Navarre avait été précédée d'un vigoureux pamphlet de Mornai, « l'Avertissement sur l'intention et le but de MM. de Guise ». Il y attaquait, dans un langage singulièrement monarchique, les projets d'usurpation des prétendus héritiers de Pharamond et de Charlemagne, imputait toutes les charges qui pesaient sur le peuple aux guerres suscitées par les Guises, comme si les profusions du roi n'eussent été toutes flagrantes encore; il faisait sonner bien haut les bonnes intentions de Henri III, les commencements de réforme qu'interrompaient les troubles, et allait jusqu'à hasarder quelques mots de justification sur la faveur d'Épernon et de Joyeuse. C'était, pour le vertueux Mornai, pousser un peu loin l'esprit diplomatique. On conseilla aux Guises de répondre, et ce fut l'archevêque de Lyon, d'Espinac, qui rédigea leur réponse d'après les notes du duc de Nevers : le rédacteur se récrie sur l'absurdité des desseins d'usurpation imputés aux princes lorrains et confesse nettement que, suivant le témoignage des historiens, « le dernier de la race de Charlemagne mourut sans enfant mâle », et que, par conséquent « ceux de Lorraine », descendissent-ils de Charlemagne par les femmes, seraient exclus du trône en vertu de la Loi Salique. Le duc de Guise n'osa désavouer cette pièce, mais il pensa probablement que ses amis l'avaient trop bien défendu[1].

Les avances des huguenots à Henri III ne leur servirent guère.

La veille du jour où le roi de Navarre signa sa déclaration à Bergerac, le 9 juin, les chefs de la Ligue, après deux mois de négociations, avaient présenté leur dernière résolution à la reine mère. Ils voulaient que le roi enjoignît, par un édit, à tous ses sujets de faire profession de la religion catholique, qu'il jurât cet édit en son parlement de Paris, et le fît jurer par tous les pairs, officiers de la couronne, conseillers d'État, membres des parlements, gouverneurs des provinces, etc.; qu'il retirât par force aux huguenots leurs places de sûreté; qu'il quittât la protection de Genève, source de l'hérésie; enfin qu'il fît exécuter sur-le-champ l'édit par les forces de la Ligue et de « ses autres sujets catholiques ».

---

1. *Mém. de la Ligue*, t. I, p. 79 et 149. — *Mém.* de Nevers, t. I, p. 693.

Les chefs ligueurs ne parlaient même plus de l'exclusion du successeur hérétique, tant ils avaient dépassé ce point de départ : il ne s'agissait plus de défendre l'Église et la couronne très-chrétienne, mais d'attaquer, d'écraser, d'anéantir les dissidents.

Henri III vacillait, en proie à cette irrésolution qu'il appelait lui-même « la perte des monarchies ». Il avait plus de troupes que le duc de Guise, qui n'avait pas encore réuni en Champagne douze mille combattants, y compris les Suisses, les Allemands et quelques Wallons envoyés par le prince de Parme. Si la bourgeoisie se montrait plus ligueuse qu'en 1576, la caste militaire, la noblesse, au contraire, hésitait à s'armer contre le roi. Épernon et Guillaume de Tavannes, accouru de Bourgogne auprès du roi, le conjuraient de prendre vivement l'offensive; mais, pour quelques conseils énergiques, Henri en recevait bien davantage de timides ou d'insidieux : Villeroi, Bellièvre, Cheverni, tous les affidés de sa mère, grossissaient à ses yeux les forces de la Ligue et l'effrayaient des dispositions de Paris; si l'on attendait les ligueurs sous les murs de la capitale, Paris était comme une mine chargée qui éclaterait à l'approche de l'ennemi; si, au contraire, le roi s'éloignait avec l'armée, Paris s'insurgerait derrière lui. Un seul échec perdrait tout. Le roi céda premièrement sur le principe de l'édit, qui n'avait été que faiblement contesté par Catherine, puis sur les sûretés exigées par les ligueurs. Le 7 juillet, tout fut conclu à Nemours, où le duc de Guise avait transféré son quartier-général. Catherine promit que tout exercice de la nouvelle religion serait défendu, sous peine de confiscation de corps et de biens; que les ministres sortiraient du royaume, un mois après la publication de l'édit, et tous les autres hérétiques obstinés, six mois après, sous la même peine. Le roi aura pour agréable tout ce qui vient d'être fait pour la conservation de la religion. Soissons sera donné pour place de sûreté au cardinal de Bourbon; Dinan et Le Conquêt, au duc de Mercœur; Châlons, Verdun, Toul et Saint-Dizier, au duc de Guise; Beaune et le château de Dijon, au duc de Mayenne; Rue, au duc d'Aumale; le tout pour cinq années. Le duc d'Elbeuf aura le gouvernement du Bourbonnais; les cardinaux de Bourbon et de Guise, les ducs de Mercœur, de Guise et de Mayenne, auront chacun une garde à cheval aux frais du roi. Quelques avantages sont promis aux principaux auxiliaires des princes lorrains. Le roi prend à son compte les soldats étrangers levés par la Ligue [1].

Le 13 juillet, le roi se rendit auprès de la reine mère à Saint-Maur et y reçut les hommages des cardinaux de Bourbon et de Guise et des ducs de Lorraine et de Guise. Le 18 juillet, le roi alla en personne au parlement faire publier la révocation des édits de tolérance et la proscription de la religion prétendue réformée. Au sortir du Palais, Henri III fut accueilli par des acclamations auxquelles ses oreilles n'étaient plus depuis longtemps habituées : c'était l'aumône du vainqueur à cette royauté dépouillée et rendue à merci. Ces clameurs fanatiques saluaient la ruine de la France. L'expérience de vingt-cinq années de désastres était perdue. En religion, le système espagnol triomphait et l'inquisition frappait à nos portes; en politique, la France se précipitait à la fois vers une révolution dynastique et vers un démembrement.

1. *Mém.* de Nevers, t. I, p. 686.

FIN DU TOME NEUVIÈME.

ÉCLAIRCISSEMENTS

I

JODELLE ET LES MYSTÈRES.

La Pléiade de Ronsard, qui aspirait à rivaliser avec les anciens dans toutes les branches de l'art poétique, ne pouvait manquer d'aborder le plus vaste et le plus difficile de tous les genres, le genre dramatique. Les circonstances étaient propices; car le théâtre du moyen âge périssait frappé de mort violente au milieu de sa popularité : longtemps l'auxiliaire et le complément du culte, il menaçait d'en devenir la parodie, depuis que l'esprit critique s'était éveillé et que la naïveté grossière se transformait en cynisme; c'était prêter de dangereuses armes aux pamphlétaires de la Réforme que de faire descendre de leur sphère céleste la Vierge et les saints pour les traduire sur la scène, parmi les circonstances les plus triviales de la vie réelle, sous la figure de pesants bourgeois et de gauches artisans. Les auteurs des Mystères, quoiqu'il y ait bien de l'or dans leur fumier, abaissaient trop souvent leurs sujets au niveau de la foule inculte, au lieu d'élever les spectateurs au niveau du sujet : le peuple riait et ne s'édifiait plus; les représentations, accompagnées de toutes sortes de désordres, prenaient le caractère de longues *fêtes des fous*, de véritables saturnales : les théologiens et les magistrats commencèrent à s'émouvoir. Paris vit les derniers beaux jours des Mystères durant l'hiver de 1540 à 1541, lorsque les confrères de la Passion jouèrent à l'hôtel de Flandre les *Actes des Apôtres*, gigantesque machine de cinquante mille vers, qui mettait en mouvement près de cinq cents personnages [1]; et dont la représentation avait récemment duré quarante jours consécutifs dans l'amphithéâtre romain de Bourges. Il y eut de grands scandales : les gens du roi portèrent plainte, et, après quelques années d'oscillations, un arrêt du parlement défendit aux confrères de jouer désormais des mystères tirés des saintes Écritures et leur permit seulement des sujets « profanes et honnêtes » (1548). Ainsi finit le théâtre religieux du moyen âge, presque en même temps que son architecture religieuse. Les Mystères furent prohibés en France et en Angleterre presque simultanément, quoique par des motifs opposés : le gouvernement anglais les interdit comme favorisant les superstitions papistes; la disparition des drames religieux dégagea les éléments du drame national, qui existaient confusément dans la littérature anglaise, et ces éléments, avant la fin du siècle, enfantèrent les créations les plus imposantes qui eussent illustré la scène depuis les jours de Sophocle et d'Euripide. La France n'alla pas si vite ni si droit dans cette carrière, et la Renaissance ne sut d'abord jeter sur notre scène, à la place du vieux drame catholique, qu'un mannequin antique sans mouvement et sans vie. Cependant ce siècle si intelligent, et pourtant si aisé à décevoir dans ses enthousiasmes, se laissa surprendre jusqu'à voir un grand homme dans Jodelle, le tragique de la *Pléiade* : la

---

[1] On recrutait les acteurs à son de trompe dans les carrefours. — Les *Actes des apôtres* étaient l'œuvre des frères Gréban, écrivains du temps du Louis XI.

première représentation de la première tragédie renouvelée des Grecs, la *Cléopâtre* de Jodelle, jouée par l'auteur et ses amis devant le roi, la cour et les savants du collége de France, passa pour l'inauguration d'une ère de gloire, pour la réouverture du théâtre d'Athènes, et, le soir, la *Pléiade*, ivre de joie, offrit solennellement au nouveau Thespis, parmi les cris d'*Evohé*, le bouc orné de fleurs et de lierre qui récompensait les vainqueurs dans les jeux de la Grèce. Les réformés crièrent au paganisme et accusèrent la Pléiade d'avoir sacrifié un bouc au « faux dieu Bacchus »; c'était chose moins périlleuse d'être païen que « luthériste », et personne n'inquiéta la « secte » de Ronsard.

La vogue de Jodelle et de ses émules ne dépassa point le cercle des courtisans et des lettrés, et le peuple demeura complétement indifférent à cette tragédie de collége, qu'il ne comprenait pas et qui ne valait guère la peine d'être comprise. La banalité des conceptions et l'imitation servile des formes grecques attestaient que l'inspiration tragique était chez nous muette encore. Jodelle et les siens annoncèrent le projet de remplacer les farces et les sotties ainsi que les mystères, et de ressusciter la comédie après la tragédie : leurs comédies valent mieux que leurs pièces sérieuses; toujours licencieuses, elles sont quelquefois spirituelles; mais leurs pièces comiques, quoi qu'ils en puissent dire, ne diffèrent pas essentiellement des anciennes farces; et la meilleure est bien loin de la farce de *Patelin*, ce vieux prototype de la comédie française, que personne n'a surpassé jusqu'à Molière. La seule trace qu'ait laissée cette école sur notre scène, c'est l'introduction du grand vers alexandrin dans la poésie dramatique. Le mérite n'en est pas à Jodelle, mais à La Péruse.

II

ÉLECTIONS AUX ÉTATS GÉNÉRAUX DE 1560.

Les *Archives curieuses de l'Histoire de France* (t. IV, p. 416) donnent un extrait des Registres de l'Hôtel de Ville de Paris, contenant le procès-verbal ou plutôt le résumé officiel des assemblées préparatoires du Tiers État de Paris. Cette pièce jette beaucoup de lumière sur la façon dont on procédait aux élections des députés et à la rédaction des cahiers de remontrances.

Il n'y avait rien de bien établi ni de bien régulier à cet égard : la longue interruption des assemblées nationales avait fait perdre les anciennes traditions. A la réception des lettres du roi (François II), qui convoquaient les États Généraux, le prévôt des marchands, les quatre échevins et les vingt-quatre conseillers de la ville se réunirent et conclurent de « rechercher, avec grande diligence, les registres anciens ou chroniques qui ont été faites du temps du roi Charles huitième, pour semblable fait, s'il est possible d'en trouver quelque chose ». Si « l'on n'en peut recouvrer », on mandera sans délai aux quarteniers de signifier à leurs dizainiers qu'ils aient à appeler huit ou dix notables bourgeois de chacun des seize quartiers, les maîtres de tous les métiers et les gardes de la marchandise (espèce de syndics chargés de veiller à l'observation des statuts des métiers), « pour eux ouïr faire les remontrances au roi ». Ainsi, tous les maîtres et jurés des corps de métiers furent appelés à cette première assemblée; mais, quant aux bourgeois, propriétaires et habitants d'autres états et conditions, ce furent les quarteniers et les dizainiers qui choisirent et amenèrent avec eux ceux qu'ils jugèrent « les mieux avisés », en nombre fort limité. Il faut excepter, bien entendu, les membres du parlement et des autres cours souveraines, qui non-seulement étaient appelés en masse, mais tenaient le haut bout dans toutes les réunions de la bourgeoisie. L'assemblée formée de ces éléments se réunit le 16 octobre 1560 ; le prévôt des marchands lut les lettres du roi, mit la matière en délibération ; « et a été conclu que messieurs des cours souveraines seroient priés de mettre par écrit les doléances et remontrances qu'ils aviseront être bonnes pour montrer à l'assemblée des États par les délégués de ladite ville (de Paris), et de les envoyer au bureau d'icelle (aux prévôts et aux échevins) ; et pareillement que les maîtres et gardes des marchandises et des confréries de chaque métier mettront par écrit, chacun en leur égard, leurs remontrances et doléances, et l'apporteront, dedans huitaine, au greffe de la ville, pour après le tout être vu en autre assemblée générale qui y pourra augmenter ou diminuer, si l'on voit que bon soit ; alors sera élu un ou plusieurs députés pour porter la parole et aller faire lesdites remontrances. »

L'autre assemblée générale, ainsi annoncée, se tint le 8 novembre, dans la grande salle de l'Hôtel de Ville. Le 4, un cri public, « fait par les carrefours de Paris », avait convoqué tous marchands, maîtres, gardes des corps de métiers, communautés des marchandises, etc., « et toutes autres personnes, de quelque état et condition qu'ils soient » (c'est-à-dire tous les propriétaires et gens établis). On lut le recueil des doléances rédigé comme il a été dit ci-dessus, et « le populaire dit à haute voix qu'elles lui sembloient bonnes ». Sur la demande du prévôt des marchands, l'assistance consentit que « lesdits articles fussent tenus pour arrêtés et accordés » et, comme tels, signés du greffier de la ville et communiqués aux autres états (la noblesse et le clergé étaient assemblés à l'évêché sous la présidence du prévôt de Paris). Les élections n'eurent lieu que dans une troisième séance, le 23 novembre : il fut conclu, « par la plus grande et la plus saine partie des assistants, que M. le prévôt des marchands ira porter les doléances du Tiers État de ladite ville et les proposer au roi ; si besoin est, appeler avec lui un des échevins, « tel qu'il voudra choisir », et élire d'autres pour être présentés et leur tenir compagnie. Ont été élus, M. l'avocat du Gué pour conseiller de ville, M. du Moulin, procureur du roi et de ladite ville, et sire Claude Marcel, pour bourgeois ; et iront honorablement, avec compagnie et train honnête, comme il appartient à la ville capitale, la plus excellente et renommée du royaume ».

Il est évident qu'il n'y eut, dans ces élections de Paris, ni double degré ni scrutin ; que les choix se firent de vive voix et comme par acclamation, et qu'en fait la grande majorité des citoyens dut être dans l'impossibilité de prendre part aux délibérations et aux élections : le bureau de la ville et un certain nombre de personnes groupées autour de lui, et maîtresses de la salle par droit de premier occupant, durent faire à peu près ce que bon leur sembla.

III

ORDONNANCE MARITIME.

Sous l'amirauté de Joyeuse, fut publiée, en mars 1584, une ordonnance en cent articles, espèce de code de la marine, très-important à étudier pour l'histoire de notre droit maritime. Nous croyons utile d'en analyser ici les principales dispositions. — L'amiral non-seulement a juridiction sur toute la marine, mais nomme les vice-amiraux, commissaires, capitaines et gardes des côtes, îles, ports et havres. Toutes les amendes des juridictions maritimes de première instance appartiennent à l'amiral, avec moitié des amendes prononcées « ès tables de marbre » (juridictions supérieures). — Tous les maîtres de navires en partance doivent fournir caution et prendre congé de l'amiral ou de ses lieutenants, et présenter un rapport sur leur voyage au retour. Le tiers des épaves appartient au roi, le tiers à l'amiral, le tiers au trouveur, si le marchand ne réclame son bien dans l'an et jour. Le dixième de toutes les prises faites à la guerre appartient à l'amiral. — En cas de guerre, les congés (lettres de marques) doivent être délivrées par l'amiral ou par ses lieutenants, après examen de l'état du navire et de l'équipage. — Diverses mesures sont prescrites pour réprimer la piraterie et régler la distribution des prises faites légitimement. Le propriétaire du navire n'avait qu'un huitième : on lui donne un quart, un quart et demi à l'avitailleur, un quart et demi aux mariniers et compagnons de guerre, le dixième de l'amiral déduit. Sur ce dixième, l'amiral doit fournir la poudre et autres munitions de guerre. — Le nombre des hommes d'équipage exigé, relativement au tonnage, est exorbitant. On exige douze hommes et deux pages (mousses) pour un bâtiment de trente à quarante tonneaux, et ainsi à proportion. La rencontre des pirates était chose tellement habituelle, que tout navire de commerce devait être en état de livrer bataille : cette nécessité ruineuse était un des grands obstacles au progrès du commerce maritime. Par malheur, l'armement des navires servait presque aussi souvent à l'attaque qu'à la défense, et chacun faisait le pirate à l'occasion, quand il était le plus fort. — La justice criminelle, en mer, est déléguée aux capitaines, ils peuvent prononcer jusqu'à la peine de mort inclusivement, avec l'avis et opinion de sept des principaux et officiers du navire. — Art. 65. En temps de guerre, les navires armés qui découvriront un bâtiment en vue pourront courir après pour savoir s'il est ami ou ennemi, le semondre d'amener ses voiles, et, s'il refuse, l'attaquer. Les conséquences de son refus retomberont sur lui. Les motifs allégués sont la ressemblance de construction entre les navires amis ou ennemis, et aussi « que bien souvent, dans les navires amis et alliés, sont marchandises appartenant aux ennemis, ou bien marchandises prohibées. » — Art. 69. « Et, pour ce que, par ci-devant, sous couleur de pratiques et intelligences qu'ont aucuns de nos alliés et confédérés avec nos ennemis, lorsqu'il y avoit aucune prise faite sur mer par nos sujets, plusieurs procès se suscitoient par nosdits alliés, voulant dire que les biens pris en guerre leur appartiennent, sous ombre de quelque part et portion qu'ils avoient avec nosdits ennemis, dont se sont ensuivies grosses condamnations à l'encontre de nosdits sujets, au moyen de quoi nosdits sujets ont depuis craint équiper navires en guerre pour endommager nos ennemis... avons ordonné et ordonnons que, si les navires de nosdits sujets font, en temps de guerre, prises sur mer d'aucuns navires appartenant à autres nos sujets ou à nos alliés... èsquels y ait biens, marchandises ou gens de nos ennemis, ou bien aussi navires de nos ennemis, èsquels y ait personnes, marchandises ou autres biens de nos sujets ou alliés, que le tout soit déclaré de bonne prise, comme si le tout appartenoit à nos ennemis ; mais pourront nosdits alliés faire leur trafic par mer dedans navires qui soient de leur obéissance et par leurs gens et sujets, sans y accueillir nos ennemis, lesquels biens et marchandises ils pourront mener et conduire où bon leur semblera, pourvu que ce ne soit munitions de guerre, dont ils *voulsissent* (voulussent) fortifier nos ennemis, auquel cas nous permettons à nos sujets les prendre et amener en nos ports et havres, et lesdites munitions retenir selon l'estimation raisonnable qui en sera faite par notredit amiral ou son lieutenant. »

Les deux articles qu'on vient de citer nous font connaître les doctrines légales du XVIe siècle sur l'application du droit des gens aux choses de la mer, et particulièrement sur le fameux « droit de visite », la plus grave des questions que soulèvent les relations maritimes des peuples.

L'ordonnance de 1584 renferme encore quelques autres dispositions intéressantes. Les « bourgeois, » victuailleurs et armateurs ne sont pas responsables des délits et déprédations commis par les équipages, à moins de complicité constatée. — Les armateurs qui feront construire des vaisseaux du port de plus de trois cents tonneaux seront gratifiés de deniers ou autres priviléges. Le but est d'encourager « la navigation de longs voyages. » — En temps de guerre, l'amiral peut accorder « trêves pêcheresses » aux ennemis, sauf réciprocité, et, à défaut de trêve générale, « sauf-conduits particuliers à semblables conditions que les ennemis les bailleront à nos sujets. » Les navires de guerre chargés de protéger la pêche seront payés par les pêcheurs ou leurs bourgeois (armateurs); de même les navires de guerre qui escorteront les expéditions marchandes.—Suit un réglement sur les instruments de pêche, sur l'examen de capacité des maîtres de navire par deux anciens maîtres, en présence de l'amiral ou de ses lieutenants et de deux échevins ou notables bourgeois de la ville; de même pour les lamaneurs (pilotes jurés). — Établissement de maîtrises, jurandes et gardes des métiers pour les charpentiers et calfateurs de navires. Nul ne pourra être maître en ces métiers qu'il n'ait été apprenti trois ans et qu'il n'ait fait un chef-d'œuvre. Leur main-d'œuvre est taxée.

L'ordonnance sur la marine fut enregistrée au parlement de Rouen le 17 avril 1584, et au parlement de Paris le 20 juin. L'amiral, duc de Joyeuse, consentit que la connaissance des polices d'assurances restât aux prieurs et consuls des marchands.

L'édit est dans le recueil d'Isambert, t. XIV, p. 546 et suivantes.

FIN DES ÉCLAIRCISSEMENTS.

TABLE DES MATIÈRES

CONTENUES DANS LE TOME NEUVIÈME.

CINQUIÈME PARTIE.

GUERRES DE RELIGION.

LIVRE LI. — GUERRES DE RELIGION.

LES LETTRES, LES ARTS ET LES SCIENCES SOUS HENRI II. CUJAS. Ramus. Palissi. — FRANÇOIS II. Catherine de Médicis et Marie Stuart. GOUVERNEMENT DES GUISES. Les Bourbons, les Montmorencis et les Châtillons. — Philippe II, Paul IV et l'inquisition. — Supplice d'Anne du Bourg. — CONJURATION D'AMBOISE. La Renaudie. Premières insurrections protestantes. Cruautés des Guises. Guerre de pamphlets. Appels aux États Généraux. — Le chancelier de L'HOSPITAL. Édit de Romorantin. — Les Français évacuent l'Écosse. — Assemblée des notables à Fontainebleau. Coligni présente les requêtes des réformés. La persécution suspendue. — Convocation des États Généraux. Projets terribles des Guises. Arrestation et procès du prince de Condé. Mort de François II. Avénement de Charles IX au trône et de Catherine de Médicis au pouvoir (1559-1560). 1

LIVRE LII. — GUERRES DE RELIGION. (Suite.)

MINORITÉ DE CHARLES IX. CATHERINE DE MÉDICIS. Le roi de Navarre lieutenant-général du royaume. ÉTATS GÉNÉRAUX D'ORLÉANS. — La noblesse et le Tiers État se prononcent pour la tolérance. — Les poursuites pour hérésie suspendues. ORDONNANCE D'ORLÉANS. — Réaction dans le parlement. — Progrès des réformés. — Le TRIUMVIRAT. — Édit de juillet. — ÉTATS GÉNÉRAUX DE PONTOISE. Accord de la noblesse et du Tiers État contre le clergé, les parlements et les favoris. Les biens du clergé menacés. — COLLOQUE DE POISSI. — Transaction de la couronne et du clergé. — État violent de la France. Troubles de Paris. Édit de tolérance. — Le roi de Navarre passe aux catholiques. — Massacre de Vassi. Les catholiques s'emparent du roi. — Première GUERRE DE RELIGION. CONDÉ et COLIGNI. Les protestants maîtres d'Orléans et de la Loire, de Rouen, de Caen, de Poitiers, du Dauphiné, d'une grande partie de l'Ouest, du Centre et du Midi. Dévastations iconoclastes. — Combat dans Toulouse. Négociations inutiles. Les deux partis appellent l'étranger. — Atroce réaction. Les catholiques reprennent Angers, Blois, Tours, Poitiers, Bourges. — Guerre terrible en Guyenne, Languedoc, Dauphiné, Provence. — Les catholiques livrent Turin au duc de Savoie. Les protestants livrent le Havre aux Anglais. — Mort du roi de Navarre et sac de Rouen. — Bataille de Dreux, Siége d'Orléans. Assassinat du duc de Guise. — Paix d'Amboise (1560-1563). 63

LIVRE LIII. — GUERRES DE RELIGION. (Suite.)

CHARLES IX, suite. — Les partis après la paix. — Le Havre repris aux Anglais. — Majorité de Charles IX. — Fin du CONCILE DE TRENTE. Ses décrets disciplinaires repoussés en France. — Catherine de Médicis change de politique. — Mort de Calvin. — Voyage de la cour autour du royaume. Griefs des huguenots. Querelles des Guises, des Montmorencis et des Châtillons. Entrevue de Bayonne. — Assemblée et ordonnance de Moulins. — LES JÉSUITES EN FRANCE. — SAINT PIE V. Idéal du système de persécution. — Révolte des protestants aux Pays-Bas. Réaction et vengeances de Philippe II. Le DUC D'ALBE. — Projets contre les chefs protestants en France. Condé et Coligni préviennent Catherine. Ils tentent d'enlever le roi. Levée en masse des protestants. — SECONDE GUERRE CIVILE. — Surprise d'un grand nombre de places. Combat de Saint-Denis. Mort du connétable. Les deux partis rappellent les étrangers. Catherine plie. Paix de Longjumeau. — Mort de Don Carlos et d'Élisabeth de France. Guerre du duc d'Albe et de Guillaume de Nassau. — La paix de Longjumeau violée par les catholiques. Trahison de Catherine. Condé et Coligni lui échappent. LA ROCHELLE et JEANNE D'ALBRET. Commencements de HENRI DE NAVARRE (Henri IV). — Les sceaux enlevés à L'Hospital. Édit proscrivant le culte réformé. — TROISIÈME GUERRE CIVILE. — Les protestants reprennent l'offensive. Fureurs de la guerre. Le DUC D'ANJOU (Henri III) et Tavannes. Combat de Jarnac. Meurtre de Condé. Coligni commande au nom de Henri de Navarre. — Masses de troupes étrangères en France. Pie V défend de faire quartier aux hérétiques. — Guerre des Pyrénées. — Les protestants assiégent Poitiers. HENRI DE GUISE. — La tête de Coligni mise à prix. — Bataille de Moncontour. — Constance de Coligni. Il relève les huguenots. Il ressaisit le Midi et marche sur la Loire. Catherine cède. Traité de Saint-Germain (1563-1570). 159

LIVRE LIV. — GUERRES DE RELIGION. (Suite.)

CHARLES IX, suite. CATHERINE ET COLIGNI. — Les partis après la paix. Le PROBLÈME DE LA SAINT-BARTHÉLEMI. Dispositions de Catherine, de Charles IX, de Coligni, du duc d'Anjou. Prépondérance des *politiques* sur les zélés catholiques. Avances aux protestants. Négociations avec l'Angleterre, l'Allemagne et les mécontents des Pays-Bas. Coligni veut donner à la France la Belgique et des établissements en Amérique. Coligni à la cour. Sa faveur près du roi. Jalousie de Catherine. — Charles IX refuse d'entrer dans la *Sainte Ligue* contre le Turc. Bataille de Lépante. — Question de la guerre avec l'Espagne. Lutte dans le conseil entre le parti de Coligni et le parti du duc d'Anjou. — Mort de Jeanne d'Albret. — Révolte de la Hollande et de la Zélande contre Philippe II. Invasion du Hainaut par les protestants français. Défaite de Genlis. — Efforts désespérés de Catherine contre Coligni.

Violentes fluctuations de Charles IX. Catherine conspire avec Anjou et les Guises l'assassinat de Coligni. — Mariage du roi de Navarre et de Marguerite de Valois. — Coligni blessé en trahison. Les protestants demandent vengeance. LE CONSEIL DE LA SAINT-BARTHÉLEMI. Angoisses du roi. Catherine entraîne Charles IX. Nuit du 24 août. Mort de Coligni et MASSACRE DE PARIS. — Variations, hypocrisie, contradictions de la cour. — Faiblesse du parlement. — Massacres dans les provinces. — Effet au dehors. Réjouissances à Rome. — Catherine renoue avec les puissances protestantes. — Conversion forcée des Bourbons. Le culte réformé interdit *provisoirement*. — Résistances locales. QUATRIÈME GUERRE DE RELIGION. Siéges de La Rochelle et de Sancerre. La Noue et Jacques Henri. Résistance invincible. Traité de La Rochelle. — Le duc d'Anjou roi de Pologne. — Le traité de La Rochelle est rejeté par les huguenots du Midi. Fédération protestante. Les huguenots réclament plus qu'avant la Saint-Barthélemi. — Rapprochement des politiques et des huguenots. Violente réaction contre la royauté. Déluge de pamphlets. La *Franco Gallia* de Hotman. — La guerre recommence. Complots et arrestation du duc d'Alençon et du roi de Navarre. Mort de Charles IX. Catherine régente (1570-1574). 269

LIVRE LV. — GUERRES DE RELIGION. (*Suite.*)

LETTRES, ARTS, ÉCONOMIE SOCIALE SOUS CHARLES IX ET HENRI III. — Établissement du système protecteur. — Catherine et les Tuileries. — Littérature politique et historique. — JEAN BODIN. — MONTAIGNE. — HENRI III ET CATHERINE. Désordres, profusions, inertie de Henri III. Il est déposé du trône de Pologne. — Le duc d'Alençon se met à la tête des confédérés huguenots et politiques. Le roi de Navarre s'échappe de la cour et retourne à la Réforme. Henri III est forcé de traiter. Paix de *Monsieur*. Désaveu de la Saint-Barthélemi. Restauration légale du culte protestant. Humiliation de la royauté. — Réaction catholique. Commencement de la LIGUE. Unions provinciales. — États Généraux de Blois. Le roi et Catherine s'unissent à la Ligue. — Tentative pour faire réclamer par les États la suppression du culte réformé. — Les protestants reprennent les armes. — Rôle de Jean Bodin dans les États. Les États professent des maximes exclusivement catholiques, mais reculent devant la guerre. Henri III et Catherine reculent à leur tour. Les huguenots transigent après quelques échecs. Paix de Bergerac (1574-1577.) 282

LIVRE LVI. — GUERRES DE RELIGION. (*Suite.*)

DERNIÈRES ANNÉES DES VALOIS. HENRI III ET SES MIGNONS. Scandales de la cour. — Ordre du Saint-Esprit. — Guerre des Pays Bas. Le prince d'Orange et don Juan d'Autriche. Le duc d'Anjou aux Pays-Bas. Rupture entre les Flamands et les Wallons. — Résistances des États Provinciaux à Henri III. — Ordonnance de 1579. — Crises financières. — *Guerre des Amoureux*. — Le roi de Navarre reprend les armes. Transaction de Fleix. — Union d'Utrecht. Les Provinces-Unies proclament la déchéance de Philippe II au nom de la LOI DE NATURE. Le duc d'Anjou est élu seigneur des Pays-Bas. — Épernon et Joyeuse. Folies du roi. — Conquête du Portugal par Philippe II. Intervention de Catherine. Expédition malheureuse aux Açores. — Le duc d'Anjou tente d'usurper le pouvoir arbitraire aux Pays-Bas. Son désastre et sa mort. — Henri III invite le roi de Navarre à revenir au catholicisme. Il refuse. Menées de Henri de Guise et de Philippe II. Explosion catholique contre l'héritier hérétique du trône. Renaissance de la LIGUE. Conseil secret de Paris. — Revers des protestants en Flandre. Assassinat du prince d'Orange. Complots contre la vie d'Élisabeth et du roi de Navarre. Les Provinces-Unies s'offrent à Henri III. — Traité secret entre les chefs de la Ligue et l'Espagne. Le pape autorise. Révolte des ligueurs. — Henri III refuse les Provinces-Unies et capitule avec la Ligue. Traité de Nemours. La Réforme proscrite (1577-1585.) 468

FIN DE LA TABLE DES MATIÈRES DU TOME NEUVIÈME.

PARIS. — IMPRIMERIE DE J. CLAYE, RUE SAINT-BENOIT, 7.

www.ingramcontent.com/pod-product-compliance
Lightning Source LLC
Chambersburg PA
CBHW072020240426
43667CB00044B/1559